下城年鉴

XIACHENG YEARBOOK

2021

杭州市下城区地方志编纂研究室 编

方志出版社

图书在版编目（CIP）数据

下城年鉴. 2021 / 杭州市下城区地方志编纂研究室编. -- 北京 : 方志出版社，2021.11
ISBN 978-7-5144-4966-2

Ⅰ. ①下… Ⅱ. ①杭… Ⅲ. ①区（城市）—杭州—2021—年鉴 Ⅳ. ①Z525.54

中国版本图书馆CIP数据核字（2021）第263992号

下城年鉴（2021）

编　　者：杭州市下城区地方志编纂研究室
责任编辑：李晓晓

出 版 者：方志出版社
地址　北京市朝阳区潘家园东里9号（国家方志馆4层）
邮编　100021
网址　http://www.zgfzcb.cn
发　　行：方志出版社图书经销中心
电话（010）67110500
经　　销：各地新华书店

印　　刷：南京凯德印刷有限公司
开　　本：889毫米×1194毫米　1/16
印　　张：25
字　　数：630千字
版　　次：2021年11月第1版　2021年11月第1次印刷
印　　数：0001~1000册

ISBN 978-7-5144-4966-2　定价：280.00元

下城区地方志编纂委员会

顾　　问	刘　颖			
主　　任	柴世民			
副 主 任	林炳达	谢渐升	何　伟	任雁鸣
成　　员	王振霄	哈军礼	丁向崧	吴　俊
	沈潮建	郑天华	凌　智	杨能丹
	史　梁	房雪峰	黄　伟	杨晓萍
	蔡延平	江海灵	朱卫东	孙丽萍
	高晓岚	邵兰珍	孔　奇	卢名辉
	章　柯	袁　俊	吴　琳	李　驷
	冯琼梅	吴　昊	吕东东	林　丽

下城年鉴编辑部

主　　编	林　丽			
副 主 编	朱　旭			
特约编审	余显幕			
执行主编	周子荣			
编　　辑	朱　旭	刘　沁	陈　玲	周子荣

数字下城

2020

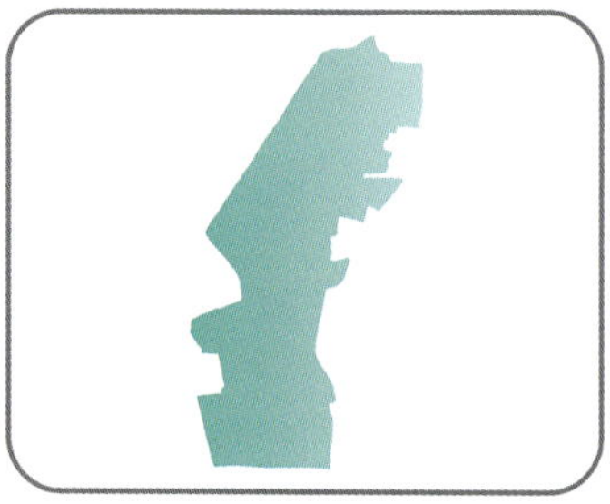

城区面积
31.46平方千米

户数
13.31万户

户籍人口
43.22万人

地区生产总值
1134.38亿元

第二产业增加值
46.85亿元

第三产业增加值
1087.53亿元

商贸业增加值
181.41亿元

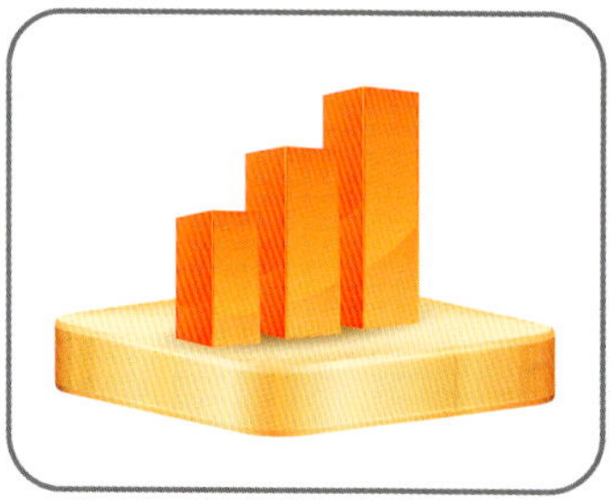

金融业增加值
445.39亿元

文化产业增加值
65.46亿元

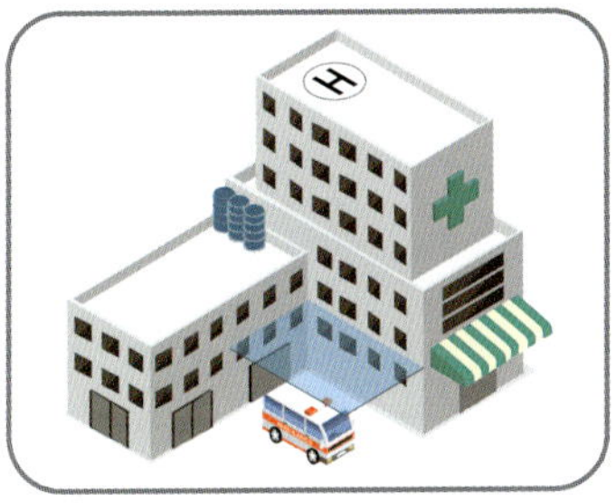

健康产业增加值
128.87亿元

数字经济核心产业增加值
25.13亿元

社会消费品零售总额
538.05亿元

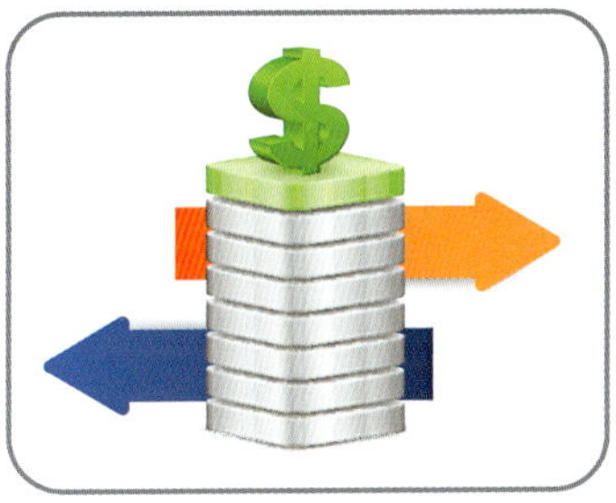

实际利用外资
6.20亿美元

财政总收入
145.68亿元

地方一般公共预算收入
81.23亿元

固定资产投资
195.35亿元

货物进出口总额513.80亿元
其中：进口总额307.95亿元
出口总额205.85亿元

专利申请量7428件
授权数4447件
其中：发明专利申请量3832件
授权数1342件

下城区鸟瞰图

（吴海平 摄）

武林商圈夜景 （区商务局 供稿）

2020年10月7日，杭州国际戏剧节在国大城市广场开幕 （区商务局 供稿）

2020年8月8日，太阳马戏在新天地太阳剧场举行周年庆活动（区商务局 供稿）

2020年8月31日，长安马自达氧气音乐节在杭州新天地启幕（区商务局 供稿）

2020年7月24日，杭州嘉里中心城中里巷开街（区商务局 供稿）

2020年11月19日，杭州中国丝绸城步行街夜市重新开市。图为丝绸城步行街夜景（区融媒体中心 供稿）

2020年1月3日，中共杭州市下城区委十届七次全体（扩大）会议在区行政中心举行　（区融媒体中心 供稿）

2020年7月18日，中共杭州市下城区委十届八次全体（扩大）会议在区行政中心举行　（区融媒体中心 供稿）

2020年1月17—19日，杭州市下城区第十五届人民代表大会第四次会议在区行政中心举行　（区融媒体中心 供稿）

2020年1月16—18日，中国人民政治协商会议第五届杭州市下城区委员会第四次会议在区行政中心举行

（区融媒体中心 供稿）

2020年4月，下城区“平安区”建设实现“十五连冠”，被省委、省政府授予“一星平安金鼎”

（区委办 供稿）

2020年1月8日，第七届下城区道德模范（“感动下城”公德人物）颁奖仪式在杭州文化广播电视集团演播厅举行
（区融媒体中心 供稿）

2020年1月10日，下城区“不忘初心、牢记使命”主题教育总结大会在区行政中心举行 （区融媒体中心 供稿）

2020年2月29日，杭州德胜食品市场恢复营业。图为市场工作人员对进入市场的市民进行体温测量

（区融媒体中心 供稿）

2020年3月27日，下城区重大项目推进“百日攻坚”暨创建“旧改”示范城区动员大会在区行政中心召开

（区融媒体中心 供稿）

2020年4月13日，下城区女子巡逻队队员帮助辖区学校执勤

（区融媒体中心 供稿）

2020年4月22日，下城区委书记刘颖（左六），区委副书记、区长柴世民（左三）到树兰（杭州）医院慰问援鄂返杭的中国工程院院士李兰娟（左五）等医务人员

（区融媒体中心 供稿）

2020年8月，下城区入选省级夜间经济试点城市。图为龙游路夜市一角

（区融媒体中心 供稿）

2020年1月21日，区委书记刘颖（右一）到天水街道“鲍大妈”聊天室创始人鲍倩家走访慰问，并送上新春祝福 （区融媒体中心 供稿）

2020年10月29日至11月2日，亚洲设计管理论坛暨生活创新展在浙江展览馆举行 （区融媒体中心 供稿）

2020年11月10日

2020年9月24日，浙江国际进口（武林洋淘）博览会在浙江展览馆正式开幕 （区融媒体中心 供稿）

大巡游”活动在延安路举行 （区融媒体中心 供稿）

2020年11月25日，第十四届中国国际女装设计大奖赛总决赛暨颁奖晚会在新天地中央活力区太阳剧场举行 （区融媒体中心 供稿）

2020年2月13日，区委书记刘颖（左二）到朝晖街道检查新冠肺炎疫情防控工作　（朝晖街道 供稿）

2020年2月25日，区委副书记、区长柴世民（右二）到潮鸣街道检查新冠肺炎疫情防控工作　（区融媒体中心 供稿）

2020年2月，武林街道中北社区在豆腐巷新冠肺炎疫情检测登记点对出入人员进行健康检查（武林街道 供稿）

2020年，长庆街道组织党员志愿者服务队开展新冠肺炎疫情防控工作（长庆街道 供稿）

2020年2月，潮鸣街道组织党员志愿者成立新冠肺炎疫情防控工作站，开展疫情防控工作（潮鸣街道 供稿）

2020年2月，东新街道在辖区商务楼宇设立新冠肺炎疫情防控点，对进出人员进行健康检查（东新街道 供稿）

2020年2月12日，下城区疾病预防控制中心党总支组织党员对某农贸市场进行疫点消杀　　（区卫生健康局 供稿）

2020年2月1日，区卫生健康局防疫科工作人员为辖区居家观察人员送上抗疫物资　　（区卫生健康局 供稿）

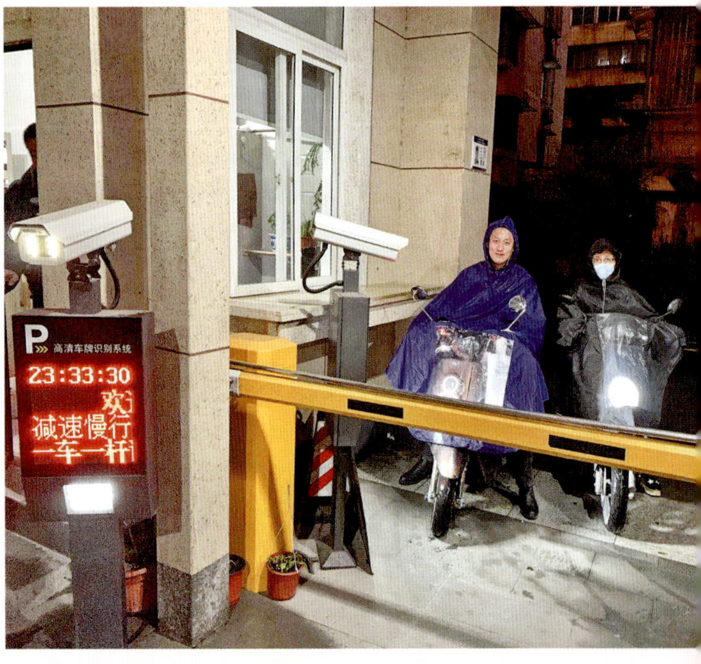

2020年1月24日，下城区抗疫应急小分队冒雨开展疫情排查　　（区卫生健康局 供稿）

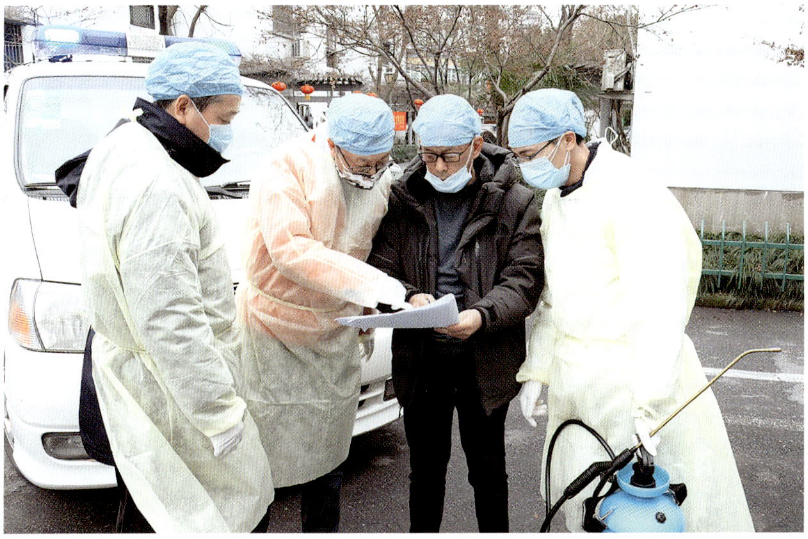

2020年1月28日，区卫生健康局医务人员对新冠肺炎医学观察人员的生活垃圾处理情况进行检查

（区卫生健康局 供稿）

2020年4月26日，区医务人员在青蓝小学帮助低年级学生做手部消毒

（区卫生健康局 供稿）

2020年11月5日，区卫生监督所委托第三方机构对辖区医疗机构开展现场采样监测

（区卫生健康局 供稿）

2020年7月7日，下城区在区行政中心大厅举办“战疫·先锋”纪实故事油画展（区委办 供稿）

2020年8月30日，下城区马拉松协会成立仪式暨“华蒙杯”100千米超马接力赛在区体育中心体育场举行（区融媒体中心 供稿

2020年9月12日，“东恒杯”首届长三角水上运动节在杭州城北体育公园举行（区融媒体中心 供稿

2020年9月29日至10月4日，第十届中国国际动漫节分会场活动在新天地举行（区委宣传部 供稿）

2020年9月16—18日，全国文化和旅游消费工作现场会在杭州嘉里中心举行

（区文广旅体局供稿）

2020年10月29日，第十四届杭州文化创意产业博览会在杭州白马湖会展中心举行。图为下城区在博览会上设立的展馆

（区委宣传部 供稿）

2020年11月9日，下城区中小学生田径运动会在区体育中心举行

（区融媒体中心 供稿）

2020年，下城区实施老旧小区综合改提升造工程。图为改造后的文晖街道河西南38号院 （区融媒体中心 供稿）

2020年，下城区实施老旧小区二次供水改造提升。图为三塘园二次供水泵房　　（区融媒体中心 供稿）

2020年，下城区持续实施老旧小区加装电梯工程。图为电梯加装后的潮鸣街道锦园小区住宅楼　　（区融媒体中心 供稿）

2020年，下城区实施绿化景观提升工程。图为景观提升后的文晖街道打铁关社区人行道绿化景观

（区融媒体中心 供稿）

下城区行政区划图
半山街道
石桥街道
东新街道
上塘街道
笕桥街道
拱墅区
江干
跨贸小镇
都市枫林
永佳苑
永佳南苑
永佳东苑
佳美大厦
半山旧货交易市场
泗龙湖邸
北上新城
元都新景
永富大厦
杭州装饰材料市场
华丰北苑
怡乐银座
华悦大厦
华丰工业经济园
永锦苑
华丰南苑
华丰东苑
亿城嘉园
杭州公交集团
杭州轴承厂
杭州汽轮动力集团
风华新语公寓
水岸晶座
丰禾苑
甘长石苑
窑浜公寓
石桥苑
景翠公寓
石大路货运市场
杨家春晓
中大银泰城
世嘉新座
西文东苑
万家星城
新天地中心
香源公寓
西文北苑
漾河人家
星城发展大厦
西文公园
欣景苑
区电子商务产业园
新华集团经济园
杨家沁苑
中国（杭州）跨境贸易电子商务产业园
冯家园
水印康庭公寓
西联广场
西悦大厦
区中西医结合医院
中国(杭州)国际人力资源产业园
区行政服务中心
灯塔豪园
万和玺园
城北体育公园
三立时代广场
三塘小区
东新园小区
区法院
锡铂园
浙江大学城市学院
浙江树人大学
德胜路铁
半山路
石桥路
华丰中路
同协路
东新路
沈半路
石祥路
长城街
杭玻街
永祥街
上塘河
康桥河
白塘桥路
兴业街

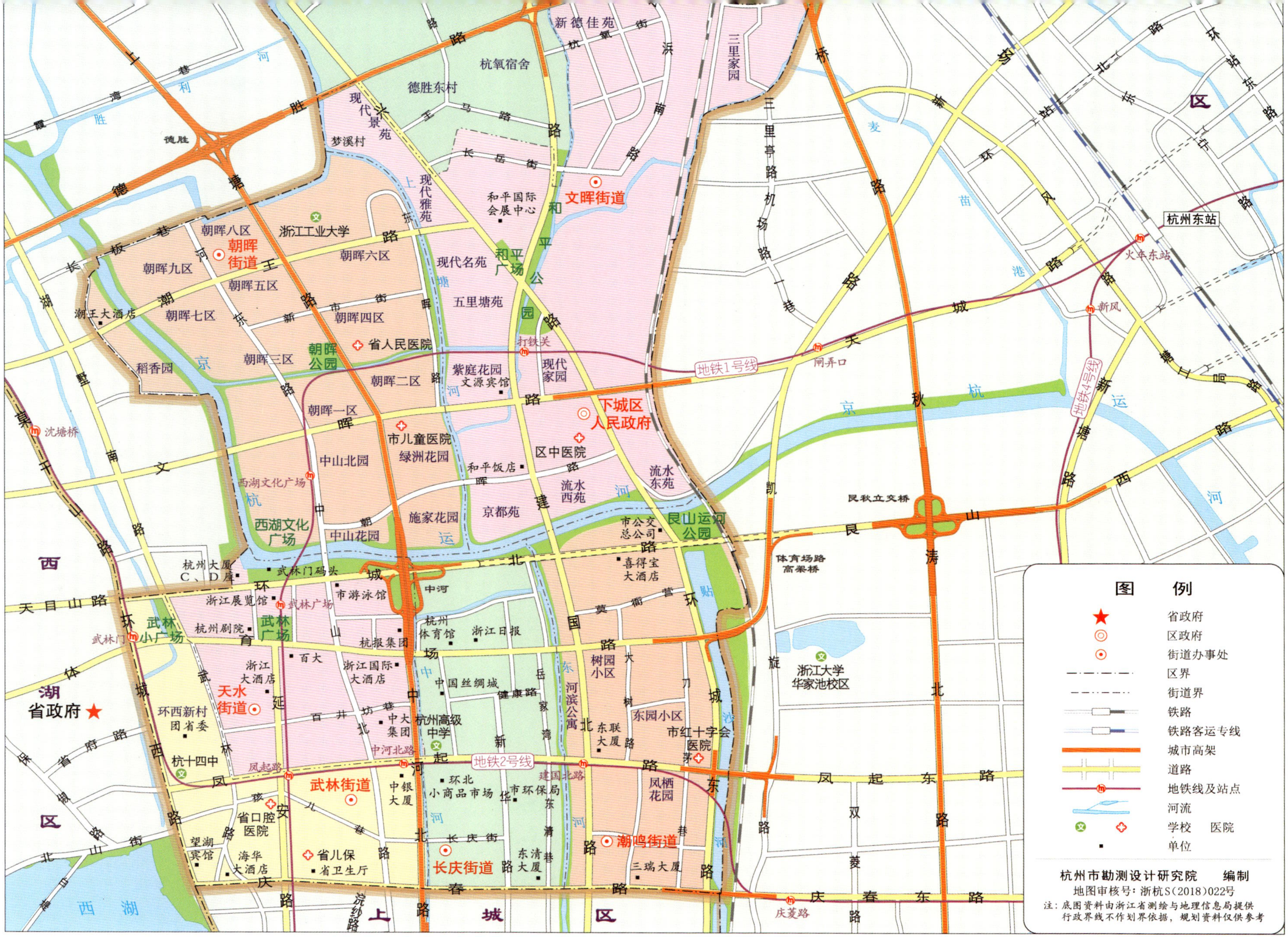
图例
省政府
区政府
街道办事处
区界
街道界
铁路
铁路客运专线
城市高架
道路
地铁线及站点
河流
学校
医院
单位
杭州市勘测设计研究院 编制
地图审核号：浙杭S(2018)022号
注：底图资料由浙江省测绘与地理信息局提供
行政界线不作划界依据，规划资料仅供参考
下城区人民政府
省政府
文晖街道
朝晖街道
天水街道
武林街道
长庆街道
潮鸣街道
杭州东站
火车东站
新风
闸弄口
打铁关
武林广场
西湖文化广场
武林门
沈塘桥
中河北路
建国北路
凤起路
庆菱路
地铁1号线
地铁2号线
地铁4号线
艮山运河公园
西湖文化广场
武林广场
武林小广场
朝晖公园
和平广场
浙江大学华家池校区
浙江工业大学
杭州高级中学
杭十四中
省人民医院
市儿童医院
区中医院
市红十字会医院
省口腔医院
省儿保
浙江展览馆
杭州剧院
杭州体育馆
浙江日报
杭报集团
中国丝绸城
浙江国际大酒店
浙江大酒店
百大
中大集团
中银大厦
环北小商品市场
市环保局
东清大厦
三瑞大厦
东联大厦
树园小区
东园小区
凤栖花园
河滨公寓
市游泳馆
杭州大厦C、D座
武林门码头
喜得宝大酒店
市公交总公司
和平饭店
京都苑
流水西苑
流水东苑
施家花园
中山花园
中山北园
绿洲花园
紫庭花园
文源宾馆
现代家园
五里塘苑
现代名苑
和平国际会展中心
现代雅苑
现代景苑
梦溪村
德胜东村
杭氧宿舍
新德佳苑
三里家园
朝晖一区
朝晖二区
朝晖三区
朝晖四区
朝晖五区
朝晖六区
朝晖七区
朝晖八区
朝晖九区
稻香园
浙王大酒店
环西新村
团省委
望湖宾馆
海华大酒店
省卫生厅
艮秋立交桥
体育场路高架桥
天目山路
环城北路
环城西路
体育场路
凤起东路
庆春东路
庆春路
中河
上城区
西湖区
西湖
京杭运河
上塘河
贴沙河

编辑说明

一、《下城年鉴》是杭州市下城区地方志编纂研究室承编的年度资料性文献。2018年起，每年出版一卷，逐年记录下城区自然、政治、经济、文化、社会和生态建设等方面基本情况，旨在为各级党政机关、研究机构及社会各界了解和研究下城提供基本资料，为日后编纂各类志书积累史料。本卷为第4卷。

二、《下城年鉴（2021）》编纂以马克思列宁主义、毛泽东思想、邓小平理论、“三个代表”重要思想、科学发展观、习近平新时代中国特色社会主义思想为指导，坚持辩证唯物主义和历史唯物主义的立场、观点和方法，着重反映下城区深入贯彻落实习近平总书记考察浙江、杭州时重要讲话精神，忠实践行“八八战略”，统筹推进疫情防控和经济社会发展的重要事件。记述时限为2020年1月1日至12月31日。

三、《下城年鉴（2021）》采用分类编辑法，基本结构为类目、分目、条目3个层次，条目为基本记载单位。全书设特载、专记、年度聚焦、大事记、区情概览、中国共产党杭州市下城区委员会、杭州市下城区人民代表大会、杭州市下城区人民政府、中国人民政治协商会议杭州市下城区委员会、中国共产党杭州市下城区纪律检查委员会杭州市下城区监察委员会、民主党派·工商联、群众团体、外事·侨务·港澳台事务、法治、军事、经济管理、特色产业、工业、特色产业园（街区）、投资促进·区域合作、财政·国家税务·金融、城区建设、城区管理、环境保护、科技、教育、文化·体育、卫生健康、人力资源和社会保障、社会生活、街道、人物、统计资料、附录、索引35个类目，设分目209个，收录条目1014个、随文图照149幅、表格20张。全书内文条目的标题统一用黑体表示，不同层次的标题在字号、字体和版式上有所不同。

四、《下城年鉴（2021）》在保持年鉴框架基本稳定的前提下，对部分内容进行调整、充实，突出下城特色，增加信息量，增强可读性。2021年卷《下城年鉴》设立《下城区新冠肺炎疫情防控和复工复产工作》《下城区“十三五”期间经济社会发展情况综述》专记，年度聚焦内容全部更新。新增“数字资源管理”“仲裁”“案例”“建筑业”“驻地学校”“全国脱贫攻坚先进个人”“浙江省抗击新冠肺炎疫情先进个人”等分目。“提案办理协商”分目名称改为“提案和社情民意信息”等。

五、《下城年鉴（2021）》数字、标点遵循国家出版规定，即GB/T15834—2011《标点符号用法》、GB/T15835—2011《出版物上数字用法》。计量单位采用国务院1984年2月发布的中华人民共和国法定计量单位。

六、《下城年鉴（2021）》所采用的稿件由区直属各单位、街道和市垂直部门提供，并经供稿单位审核。文中主要数据由下城区统计局提供，部分数据由各单位提供，由于统计口径等原因，有的数据与统计资料不尽相同，引用时请以区统计局提供的数据为准。

七、《下城年鉴（2021）》具有双重检索系统，卷首刊有中文目录和英文目录，卷末配有主题索引、图照索引和表格索引，主题索引和图照索引采用主题分析法。

1 特　载

2 专　记

3 年度聚焦

4 大事记

5 区情概览

6 中国共产党杭州市下城区委员会

8 杭州市下城区人民政府

9 中国人民政治协商会议杭州市下城区委员会

10 中国共产党杭州市下城区纪律检查委员会 杭州市下城区监察委员会

11 民主党派·工商联

12 群众团体

13 外事·侨务·港澳台事务

14 法 治

15 军　事

16 经济管理

17 特色产业

18 工 业

19 特色产业园（街区）

20　投资促进·区域合作

21　财政·国家税务·金融

22　城区建设

23 城区管理

24 环境保护

25 科　技

28 卫生健康

29 人力资源和社会保障

31 街 道

32 人 物

33 统计资料

34 附 录

35 索 引

Contents

Special Report

Exclusive Chronicle

Highlights of the Year

Chronicles of Major Events

District Overview

Hangzhou Xiacheng District Committee of the Communist Party of China

People's Congress of Hangzhou Xiacheng District

People's Government of Hangzhou Xiacheng District

Hangzhou Xiacheng Committee of Chinese People's Political Consultative Conference

Commission for Discipline Inspection of CPC Xiacheng District Committee,Supervision Commission of Xiacheng

Democratic Parties & Federation of Industry and Commerce

Mass Organization

Foreign Affairs; Overseas Chinese Affairs;Hong Kong, Macao and Taiwan Affairs

Rule of Law

Military Affairs

Economic Management

Characteristic Industries

Industry

Characteristic Industrial Parks(Blocks)

Investment Promotion & Regional Cooperation

Finance & Taxation & Banking

Urban Construction

Urban Governance

Environmental Protection

Science & Technology

Education

Culture & Sports

Hygiene & Health

Human Resources & Social Security

Social Life

Street

Figures

Statistics

Appendix

Index

深入学习贯彻党的十九届五中全会精神 奋力开启高质量发展高品质生活新征程 争创社会主义现代化国际大都市一流核心区

——在区委十届十次全体（扩大）会议上的报告

（2020 年 12 月 16 日）

中共杭州市下城区委书记 刘 颖

同志们：

这次区委全会的主要任务是：高举习近平新时代中国特色社会主义思想伟大旗帜，深入贯彻习近平总书记考察浙江、杭州时的重要讲话精神，全面落实党的十九大和十九届四中、五中全会精神以及省委、市委全会精神，听取区委常委会工作报告，审议通过《关于制定下城区国民经济和社会发展第十四个五年规划和二〇三五年远景目标的建议》，进一步动员全区上下忠实践行“八八战略”，以“重要窗口”“头雁战队”排头兵的使命担当，奋力开启高质量发展、高品质生活的社会主义现代化国际大都市一流核心区建设新征程。

下面，我代表区委常委会报告四个方面的工作：

一、区委十届七次全会以来的主要工作

区委十届七次全会以来的这一年，极不平凡。面对国际国内形势的深刻复杂变化，特别是突如其来的新冠肺炎疫情冲击，区委常委会坚决贯彻习近平总书记重要指示精神，按照中央和省委、市委决策部署，团结带领全区广大干部群众克难攻坚、奋力拼搏，坚决打赢疫情防控和经济社会发展“双线战役”。一年来，全区上下蹄疾步稳、稳中求进，大力实施经济转型行动，稳增长、调结构、促改革，夯实了可持续发展的坚实基础。一年来，全区上下众志成城、勠力同心，大力实施美丽下城行动，全域整治、全力拆违、全面提升，把美丽

写在了下城大地上。一年来，全区上下真心为民、全心惠民，大力实施民生福祉行动，抓投入、重实干、善服务，让幸福荡漾在群众的心坎上。一年来，全区上下栉风沐雨、夙兴夜寐，大力实施平安下城行动，优机制、压责任、防风险，确保了下城一方平安。一年来，全区上下凝心聚力、砥砺前行，大力实施党建引领行动，求创新、强队伍、优作风，汇聚了迈入新时代的强大动力。在全区上下的共同努力下，今年以来，下城区成为杭州市主城区中最早产生并延续至今的疫情防控绿色低风险区，前三季度全区GDP增速6.3%，位列全省各县（市、区）第三、全市第二。固定资产投资增速、社会消费品零售总额增速、实际到位外资总量和完成率、城镇居民人均可支配收入增速等多项经济指标全市领先，连续十五年被省委、省政府命名为“平安区”，夺得全省首批“一星平安金鼎”。

1.我们坚定不移举旗帜、拥核心，下城事业更有方向。区委常委会深入学习贯彻习近平新时代中国特色社会主义思想和党的十九届四中、五中全会精神，增强“四个意识”，坚定“四个自信”，做到“两个维护”。我们始终把学深悟透习近平新时代中国特色社会主义思想作为最大政治任务，每当习近平总书记发表重要讲话、作出重要指示，都及时通过区委常委会会议、区委理论学习中心组学习会、专题工作部署会、调研宣讲等多种方式进行传达学习。召开区委十届八次全会，深入学习贯彻习近平总书记今年春天在浙江、杭州考察时的重要讲话精神，进一步动员全区广大党员干部干在实处、走在前列、勇立潮头。举行党的十九届五中全会精神专题学习会，组织全区党员干部认真学习《习近平谈治国理政》第三卷，大力营造学用结合、知行合一的浓厚氛围。严格落实意识形态工作责任制，发挥融媒体矩阵传播优势，唱响主旋律，弘扬正能量，让党的创新理论“飞入寻常百姓家”。坚决贯彻习近平总书记关于疫情防控和复工复产重要指示精神，按照党中央和省委、市委决策部署，全力打好疫情防控人民战争、总体战、阻击战。我们第一时间实行“硬隔离+软服务”，构建“大脑+大妈”“网络+网格”“人防+技防”的精密智控体系。第一时间打出“一名党员一幢楼”“一个支部一楼宇”“企企铺铺见党员”等一系列组合拳。第一时间做好“六稳”工作，落实“六保”任务，出台企业和人才返岗复工“暖心双十条”等多个惠企政策，兑现资金7.2亿元，惠及8.3万家（人）次；推出“亲清在线”下城平台，上线政策18条，兑现资金3.4亿元，惠及近8万家（人）次；不折不扣落实各项减税降费政策，1—11月共为企业降本减负26.5亿元。

2.我们坚定不移转方式、调结构，经济发展更有质量。区委常委会紧紧抓住经济建设中心不动摇，认真贯彻新发展理念，坚持稳中求进工作总基调，危中寻机、化危为机，推动经济高质量发展迈出新步伐。一是全力以赴抓项目推进。恒隆广场、杭州中心、东新路整治工程等重点项目率先复工。坚持每季度举行扩大有效投资重点项目集中开工仪式，嘉里数创港、北景园生态公园电竞场馆等53个重点项目实现新开工，总投资达623亿元。上半年组织重大项目“百日攻坚”，下半年开展重点工作与重点项目“百日冲刺”，全力推动项目早建成早投产早见效。中欧创新产业基地等“152工程”项目顺利开工建设，蓝绿双城TOD项目等固定资产总投资亿元以上产业项目超额完成目标任务。全区23个攻坚克难保发展重点项目取得新突破，浙金钢材市场、浙江省工业品市场、长隆公寓、重机宿舍一期等搬迁清零刷新下城速度。启动存量工业用地提升改造，推进浙金创新型产业用地建设。完成土地出让535亩，收储314亩，土地出让金收入再超200亿元。二是多措并举抓消费升级。“云直播”“云采购”“车享节”“云上丝绸”等线上线下消费活动有序启动。成功举办“浙里来消费·万企联动促万亿消费”暨“云购武林”、2020浙江国际进口博览会（武林洋淘）等大型促销活动，推动消费市场加速回暖升级。推进省级夜间经济试点城区建设，杭州中国丝绸城高品质步行街精彩亮相，“武林夜市”“城中里巷”成为网红打卡地。三是精准发力抓双招双引。举行6次招商引资重大项目签约活动，36个涵盖新基建、大健康等多个行业领域的重点产业项目花落下城，落地注册资金259亿元。阿斯利康中国东部总部及杭州国际生命科学创新园分别在浙洽会和上海进博会上成功签约，日本“都之漫”项目入选全省“云招商”成果展示榜。积极推进企业上市，新增过会企业1家、报会2家、辅导备案1家。全面完成人才生态“黄金30条”配套文件制定，优化提升区“513武林英才”“518武林英杰”计划。成功举办中国杭州国际人力资源峰会等重要活动，新认定高层次人才873名，人才集聚度进一步提升。

3.我们坚定不移破难点、创亮点，改革攻坚更有成效。区委常委会积极发挥改革的突破和先导作用，依靠改革应对变局、开拓新局，为高质量发展提供强大动力。我们召开区委深化改革委员会会议，出台助力改革攻坚20条意见，为全区改革把方向、谋大局。发挥改革在“战疫情、促发展”中关键作用，推动武林商圈向“吃住行游购娱”体验式消费迭代，推动3岁以下婴幼儿照护服务试点走在全省前列，这两项工作的相关经验做法先后在浙江省改革权威刊物《领跑者》上予以宣传并全省推广。全国街道服务管理创新实验区建设稳步推进，召开全国街道体制改革和服务管理创新现场会，街道政务信息地方标准即将出台。综合行政执法改革持续深化，“基层一支队伍管执法”改革被评为全省县乡法治政府建设“最佳实践”项目。“最多跑一次”改革持续走深，政务服务2.0建设取得新成果。城市大脑数字驾驶舱体系日益成熟，多次在全市大会上作经验交流。在全省率先上线杭州社区智治在线下城平台，开发“最多录一次”应用场景，社工表单填报量减少70%以上。武林商圈“通停通付”改革首破商圈停车难问题，成为全市推进公共场所服务大提升的样板。积极探索区块链等新型技术的创新应用，会同雄安新区等地参与有关国家标准的编制工作。全区改革氛围日益浓厚、亮点频出，在全市改革攻坚大比武中名列前茅。

4.我们坚定不移防风险、强治理，平安和谐更有基础。区委常委会坚决担起保一方平安的政治责任，毫不动摇把平安下城作为基础性工程抓细抓实。我们聚焦“五好两确保”总体目标，齐心协力打赢社区组织换届攻坚战，全区75个社区党组织换届全部一次性顺利完成选举。在全市率先试点党建引领社区治理，圆满召开全市深化城市基层党建工作暨党建引领社区治理试点成果交流会，其经验做法得到市委主要领导批示肯定，相关调研课题首次荣获全市党政系统优秀调研成果一等奖。我们以“百姓同心弄，问题终点站”亲民理念为指导，推动区、街道、社区三级社会矛盾纠纷调处化解中心建设全覆盖，矛盾化解率和群众满意率达90%以上，进京、省、市越级访人次同比大幅下降。围绕“清仓见底”要求，区四套班子领导主动包案，在去年全力推动28件信访积案化解的基础上又攻坚化解了14件，荣获全省“无信访积案”县（市、区）。成功创建全市首批“新时代枫桥式退役军人服务中心”。持续深化群防群治，“武林大妈”工作站向75个社区提质扩面，“三和交流室”获评第五届中国青年志愿服务项目大赛金奖，“黄飞华爱心车队”让爱随着车轮传遍杭城每个角落。全力打好扫黑除恶专项斗争三年收官之战，新侦破恶势力犯罪团伙案件10个。全面完成我区所有17家存量网贷机构按期清退，稳妥推进私募基金风险处置。圆满完成全区政府隐性债务化解工作，成为全省第一个实现政府隐性债务清零的县（市、区）。强化安全生产隐患排查整治，持续开展道路交通安全专项治理，全区安全生产形势总体稳定。

5.我们坚定不移补短板、惠民生，百姓生活更有品质。区委常委会牢固树立以人民为中心的发展思想，把人民对美好生活的向往作为奋斗目标，努力让城市更有温度、生活更有温情、百姓更有温暖。我们始终坚持人民至上，落实“四问四权”，建立健全民生实事监督机制，把安置房建设、既有住宅加装电梯、二次供水设施改造等民生实事办到百姓心坎上，总投资30.14亿元的区级10项民生实事项目全面完成，其中4项超额完成。统筹推进全区52个老旧小区综合改造提升，小天竺社区、河西南38号小区成为全市旧改样板，流水北苑、麒麟街小区、环北新村小区被推荐上报住建部旧改先进典型。组建红色物管联盟，全区无物业老旧小区实现“小区管家”服务全覆盖。筹建蓝领公寓3200余套，在全市率先实现“三年任务，两年完成”，让城市外来建设者住上温馨家园。我们深入实施名校、名师、名校长工程，新建成投用校园5所，完成公办中小学、幼儿园空调安装及教室照明环境提升工程，打造全域优质、人民满意的“美好教育”。全面推广“舒心就医”，做实家庭医生签约服务和基本公共卫生服务。在全省率先运行“智慧养老”信息平台，启动低保对象电费减免政策直通车，加快推进无障碍环境建设和“残疾人之家”星级提升，强化民生兜底保障。自觉增强对口帮扶、山海协作、区县协作的政治责任感，与黎平、巴东共同谱写东西部协作新篇章，“山凤凰”关爱基金助力200多名贫困家庭女生实现求学梦想。我们深入践行“两山”理念，全力抓好中央生态环保督察问题整改，第一轮67件信访件全部办结销号并纳入长效管理，第二轮56件信访件均已按要求开展整改。开展“美丽下城”创建暨“城市环境大整治、城市面貌大提升”百日集中攻坚行动，成为全市唯一考核成绩优秀“七连冠”的城区。成立全市首个城市精细化管理“红旗班”，植入“云上城管”3.0系统，推出道路健康“智慧路长”，城市管理精细化、品质化、国际化水平再上新台阶。积极发挥“宣传员、示范员、监督员”“三员”作用，深入推广“志愿、自治、智能”“3Z”模式，生活垃圾分类工作成效全市领先。深入实施亚运城市行动，成功举办2020首届长三角水上运动节、全国全民体能大赛总决赛、中国国际女装设计大奖赛等活动，彰显下城文化魅力。

6.我们坚定不移强监督、严执纪，从严治党更有力度。区委常委会坚决落实管党治党的政治责任，坚持把抓好党建作为最大政绩，把党风廉政建设和反腐败工作纳入全区工作总体布局。我们认真学习贯彻习近平总书记关于巡视工作的重要论述精神，积极配合省委巡视组对下城区的巡视，诚恳接受监督，坚决立行立改，以高质量高标准抓好巡视问题整改落实的新成效，扎实推动全面从严治党向纵深发展。充分发挥巡察利剑作用，开展3轮区委巡察，覆盖9个区直部门和26个社区，对7个社区开展巡察“回头看”，移交问题线索10件，立案5件，党纪政务处分4人。深入推进专项整治行动，坚决制止餐饮浪费行为，严防“会所中的歪风”反弹回潮。持续保持严惩腐败的高压态势，对顶风违纪者严肃查处、通报曝光，持续释放越往后执纪越严的信号。全区受理处置问题线索144件次，给予组织处理68人次，立案审查（调查）54件，党纪处分32人、政务处分5人、开除党籍8人，采取留置措施4人，移送司法5人，查处区管干部案件2件。精准运用监督执纪“四种形态”，对苗头性问题早发现早处置，全年批评教育、通报、诫勉等组织处理30人。

一年来，区委常委会大力加强自身建设，始终把学懂弄通做实习近平新时代中国特色社会主义思想作为首要政治任务，带头增强“四个意识”、坚定“四个自信”、做到“两个维护”。我们严守政治纪律和政治规矩，认真落实“三会一课”、民主生活会等制度，增强党内政治生活的政治性、时代性、原则性、战斗性。深入贯彻习近平法治思想，严格落实党政主要负责人法治建设第一责任人职责，推动全区各项工作在法治轨道上稳步前行。严格执行民主集中制和“三重一大”决策机制，认真贯彻《中国共产党地方委员会工作条例（试行）》，自觉维护集体领导和班子团结。我们坚持干字为先，率先垂范，区四套班子领导领衔推进攻坚克难保发展重点项目，开展信访积案化解攻坚，组织重点课题调研，扎实推进“走亲连心三服务”，营造比学赶超、奋勇争先的干事创业氛围。我们带头执行中央八项规定精神和廉洁自律准则，全面履行“一岗双责”，旗帜鲜明反对“四风”，自觉接受各方监督，努力为全区党员干部作表率。我们坚持加强和改进党对人大、政府、政协工作的全面领导，全力支持人大、政府、政协、监委以及审判机关、检察机关依法开展工作，密切与各民主党派、无党派和非公经济人士的团结合作，扎实做好民族宗教、侨务、对台、非公经济、新阶层人士等工作，重视发挥工青妇等群团组织作用，有效汇聚起推动下城经济社会发展的强大合力。

回顾一年来的工作，我们要为下城干部点赞。一年来，全区广大干部在纵深推进高质量发展、高品质生活的全域中央商务区建设，奋力打造世界名城一流核心城区的生动实践中展现了新风采：一是格局大、有情怀。面对新时代、新形势，我们始终不忘初心、牢记使命，把党的事业作为第一责任，把民生福祉作为第一追求，锁定“两高两区”的目标和当好建设“重要窗口”“头雁战队”排头兵的定位，坚持战略性思维、大格局谋划、高强度投入，从而凝聚了全区上下的共识和社会各界的力量，取得了一个又一个胜利成果。如今，干出一流业绩、造福一方百姓，已经成为下城干部的政治自觉。二是决心强、有定力。面对新使命、新目标，我们始终认清复杂形势、直面问题挑战，心往一处想、劲往一处使、智往一处谋，以破茧成蝶的信心和凤凰涅槃的决心，全面推进攻坚克难保发展等一系列专项行动，攻克了一道又一道历史遗留难题，啃下了一块又一块“硬骨头”，也留下了一个又一个难忘的瞬间。如今，争先创优、克难攻坚已经成为下城干部的思想自觉。三是作风实、有办法。面对新任务、新要求，我们始终坚定信念不动摇、紧盯目标不放松，既坚持实干至上、行动至上，又敢于担当、以上率下；既稳扎稳打、久久为功，又比学赶超、互学互鉴，在全区上下营造“热起来、干起来、比起来”的良好氛围，从而把一个又一个美好蓝图转化为精彩亮相。如今，“想干事、能干事、干成事”，已成为下城干部的行动自觉。

回首一年来的工作，我们还欣慰地看到，百姓的口碑更好了，下城的美誉度更高了。今天我们走在旧改完成后的小区里，常常听到居民群众评价：“居民小区的墙变白了，党员干部的脸变黑了。”这“一白一黑”的鲜明对比，从一个侧面真实地反映出，只要我们把百姓的事放在心上，百姓也一定会把我们装在心坎里。我们的工作也得到了社会各界的好评，今年以来《人民日报》等国家级主流媒体累计报道下城区的工作经验和成果就达570余次。

同志们，在这不平凡的2020年，我们的付出值得肯定，我们的成绩值得自豪。这是以习近平同志为核心的党中央总揽全局、英明决策的结果，是省市党委、政府正确领导、亲切关怀的结果，是区四套班子同心同德、凝心聚力的结果，是各街道、部门、市直驻区单位和社区、经合社克难攻坚、苦干实干的结果，是各位老领导、各民主党派、工商联、群众团体和辖区各企事业单位、驻区部队积极参与、大力支持的结果。在此，我代表中共下城区委，向为我区经济社会事业发展作出贡献的广大干部群众和社会各界，表示衷心的感谢和崇高的敬意！

在充分肯定成绩的同时，我们也清醒地看到工作中存在的差距和不足，主要表现在：对旧动能乏力新动能不足的危机意识还不够强，发展质量和效益有待进一步提升；城市治理精细化品质化水平还不够高，北部武林新城在基础设施建设、产业导入等方面需持续发力，南部武林都市在城市有机更新等方面需加大力度；教育、文化、卫生、养老等社会民生事业与群众期望还有差距，疫情冲击下暴露出来的公共服务供给短板有待加快补齐；干部队伍结构还不够合理，少数领导干部的干事热情和能力素质也有待提升。对此，我们一定要高度重视，认真研究并加以解决。

二、深刻认识和科学把握下城发展新的阶段性特征，坚决扛起“重要窗口”头雁战队的使命担当

党的十九届五中全会是在我国进入新发展阶段、实现中华民族伟大复兴关键时期召开的一次具有里程碑意义的重要会议。会议审议通过的《中共中央关于制定国民经济和社会发展第十四个五年规划和二〇三五年远景目标的建议》，提出了“十四五”时期发展的指导思想、遵循原则、主要目标和重大任务举措，是开启全面建设社会主义现代化国家新征程的纲领性文件和行动指南。省委十四届八次全会、市委十二届十一次全会，对贯彻落实党的十九届五中全会精神、描绘“十四五”发展蓝图、展望二〇三五年远景目标、高水平推进社会主义现代化建设进行了全面布局、系统部署、整体安排。其中，省委全会提出要忠实践行“八八战略”，奋力打造“重要窗口”，争创社会主义现代化先行省；市委全会提出要高水平打造“数智杭州·宜居天堂”，加快建设社会主义现代化国际大都市。作为省会城市核心城区，我们有底气、有信心、也有责任当好“重要窗口”“头雁战队”的排头兵，争创社会主义现代化国际大都市一流核心区。

在“十三五”规划指导下，五年来，我区地区生产总值年均增长6.50%，GDP和社会消费品零售总额按原统计口径双双突破千亿元

大关，经济运行稳中有进，改革创新实现突破，文化事业繁荣发展，生态环境持续改善，治理效能明显提升，社会大局和谐稳定，政治生态风清气正，人民生活更加美好，交出了经济社会发展的高分答卷。“十三五”收获满满，“十四五”豪情满怀。今天提交全会审议的《关于制定下城区国民经济和社会发展第十四个五年规划和二〇三五年远景目标的建议》，全面落实中央和省委、市委要求，立足我区实际，回应群众期盼，紧扣争创社会主义现代化国际大都市一流核心区的战略目标，提出了“十四五”时期我区经济社会发展的总体要求、主要目标、重大任务、重要举措和二〇三五年远景目标，通篇贯穿了系统观念、系统方法和创新思维理念，是指引我区高水平推进社会主义现代化建设的好建议。

我们贯彻好党的十九届五中全会精神，落实好中央和省委、市委、区委“十四五”规划建议，必须坚持正确的历史观、大局观、发展观，对照坐标系，找准新方位。一是从历史进程的时间节点看，2021年是建党100周年，2022年是党的二十大召开之年、杭州亚运会举办之年，2023年是“八八战略”实施20周年，2024年是新中国成立75周年，2025年是“十四五”收官之年，2035年是远景目标实现之年。我们必须立足这些重要时间节点来谋大事、抓要事，力争每年有突破、两年大提升、五年开新局。二是从国际国内形势看，“十四五”时期区别于以往五年规划期的，就是中华民族伟大复兴进入加快实现期，世界百年未有之大变局进入加速演变期。实现中华民族伟大复兴，是我们构建新发展格局的时代背景；世界百年未有之大变局，是我们构建新发展格局的国际背景。我们要更加自觉地胸怀“两个大局”，增强机遇意识和危机意识，准确识变、科学应变、主动求变，不断从危机中育新机，于变局中开新局，在构建新发展格局中推动经济行稳致远。三是从我区新的阶段性特征看，当前，城区与城区之间的综合实力竞争日趋激烈，人民对美好生活的向往总体上也已从“有没有”转向“好不好”，区情社情民情舆情交织，风险型社会特征更加明显。为此，我们必须提高工作的前瞻性、科学性、能动性，努力打牢高质量之基、激活竞争力之源、走好现代化之路。

新形势需要新担当、呼唤新作为。区委常委会综合研判形势后认为，迈入新发展阶段，我们必须坚决扛起“重要窗口”头雁战队的使命担当，重点把握以下六个方面的新要求：

1.锚定发展新目标。“十四五”是我国全面建设社会主义现代化国家的开局起步期，是实现中华民族伟大复兴进程中的关键期，也是浙江省争创社会主义现代化先行省的重大机遇期，我市“亚运会、大都市、现代化”的重要窗口期，我区实现新的更大发展的重要攻坚期，意义重大、影响深远。站在“两个一百年”奋斗目标历史交汇点上，我们要锚定“争创社会主义现代化国际大都市一流核心区”战略目标，进一步树立历史眼光，拓宽工作视野，把握发展规律，力争在高质量发展、高品质生活等方面交出新的高分答卷。

2.增强发展新动能。“十四五”以及更长时期的发展，对加快创新提出了更为迫切的要求，数字变革正在推动生产方式、生活方式和治理方式实现根本性重塑。经过“十三五”的持续奋斗，我区高质量发展的根基夯得更实，经济建设的步子走得更稳，但是对照争创社会主义现代化国际大都市一流核心区的目标要求，我区在综合能级提升、资源要素集聚、新动能培育等方面还需下深功夫。“十四五”时期，我们要牢牢把握新时代的历史机遇，主动适应全球新一轮科技革命和产业变革新趋势，深化数字经济和新制造业“双引擎”驱动，坚持“数字产业化”“产业数字化”“城市数字化”一体推进，加快培育我区未来经济竞争新优势。

3.打开发展新通道。在中央全面深化改革委员会第十五次会议上，习近平总书记强调，加快形成以国内大循环为主体、国内国际双循环相互促进的新发展格局。我们必须找准在国内大循环和国内国际双循环中的新定位，充分发挥省会城市核心城区的比较优势，积极融入“一带一路”、长三角一体化发展等国家战略，进一步提升中心城区综合能级和核心竞争力。要不断强化武林商圈优势地位，打造链接传统消费、引领新消费的中央商务区核心商圈，助力杭州国际消费中心城市建设。要以浙江自贸区扩区赋能为契机，持续扩大对外开放，进一步打开国内国际双循环的战略新通道。

4.优化发展新环境。在全球化遭遇逆流、外部大环境充满不稳定性、世界经济持续低迷、全球产业链供应链加速重构的大背景下，我们要更加坚持做好自己的事，用持续稳定高效的市场经济环境保证发展的确定性，让企业和人才吃下“定心丸”。要纵深推进“最多跑一次”改革，更好保护和激发市场主体活力。要借力杭州举办2022年亚运会，提高城区建设管理和公共服务水平，全力凸显中心城区知名度、美誉度和影响力，吸引更多国际投资落地生根、开花结果。

5.提升发展新成色。新发展阶段是以人民福祉为中心的发展阶段，必须把不断满足人民群众对美好生活的需要置于突出位置，激发发展活力，补齐民生短板，让改革发展成果更多更公平惠及全区人民。要加快经济高质量发展，促进人的全面发展和社会全面进步，维护社会公平正义，让人民群众有更多的获得感、幸福感、安全感。要完善风险闭环管控的大平安机制，将矛盾纠纷化解在基层，将和谐稳定创建在基层。

6.夯实发展新保障。当好建设“重要窗口”“头雁战队”排头兵，关键在于干部队伍。我们要始终把握正确的政治方向，持续弘扬“两战”中激发出来的正能量，以实际行动展现“重要窗口”建设者、维护者、展示者的风采。要深入学习领会习近平总书记关于系统观念、系统方法的重要论述，并将其充分运用到经济社会发展和党的建设各领域各方面各环节。要牢固树立“没有走在前列也是一种风险”的忧患意识，持续推动思想大解放、观念大更新、作风大转变。

三、聚焦关键争先创优，奋力谱写社会主义现代化国际大都市一流核心区建设新篇章

深入学习贯彻党的十九届五中全会精神，聚焦高质量发展、高品质生活，争创社会主义现代化国际大都市一流核心区，必须全面协同、全员行动、全力以赴。具体的工作任务，规划建议稿已经作了全面部署。这里，着重强调具有引领性、突破性的六个方面重点举措：

1.坚持创新驱动战略，厚植城区发展潜力。站在新的历史起点，下城要实现经济发展从“追逐者”到“领跑者”的转变，必须把坚持创新作为一项重大战略：聚焦“从0到1”的原始创新。坚持从无到有，瞄准数字经济、人工智能、生命健康等科创领域，加大投入，确保每年R&D经费占GDP比重稳步上升。深入实施名校名所名院工程，积极培育引进院士专家工作站、省级研究院等产学研机构，做优做大基础创新平台。重视“从1到100”的科技转化。坚持从有到优，深化科技创新平台链条建设，大力推动众创空间+科技企业孵化器+产业园平台体系扩容增效。支持科技转移中心和专业科技服务机构建设，疏通基础研究、应用研究和产业转化双向链接的快车道。切实加强知识产权保护力度。推动“从100到N”的企业成长。坚持从优到强，建立健全科技创新综合服务体系。加快初创型成长性科创企业发展，推动创新链上中下、大中小企业协同发展。加大数字经济行业领军企业的培育和引进，形成“引育一个、带动一批、辐射一片”的产业聚集效应。

2.融入新发展格局，巩固提升产业实力。作为省会城市核心城区，要发挥下城独特的区位、要素、环境优势：促进投资、提振消费协同发力。强化招商引资“一把手”工程，加快引进“压舱石”型项目。协调推进恒隆广场、杭州中心、嘉里数创港等在建项目和浙金创新型产业园、杭氧北地块等待建项目，争取尽快投产、尽早见效。全力推进东新路、北景园生态公园等基础设施建设。发挥商贸业全市集聚优势，加快构建线上线下融合的“互联网+”消费生态，全力打造“智慧武林商圈”典范。推进武林广场、西湖文化广场、嘉里中心等互通互融，以一体化大商圈助推消费升级。积极发展首店经济、网红经济，持续推进10大夜间经济创建示范项目。国有企业、民营企业比翼齐飞。坚持“两个毫不动摇”，构建亲清政商关系，依法保护民营企业产权和企业家权益。深入实施“凤凰行动”“雄鹰行动”“雏鹰行动”，培育领军型企业、高成长企业、隐形冠军企业。深化区属国企改革，推动国有企业和民营企业良性竞争、相互协作、共同发展。有效市场、有为政府深度融合。深入实施优化营商环境“10+N”行动，

拓展群众和企业全生命周期“一件事”联办。深化政务服务2.0建设，全力打造“指尖上的行政服务中心”。优化资源要素市场化配置，创新土地、能源等公共资源交易新模式、新平台。全面落实民间资本准入公平待遇，促进内外资公平竞争。

3.持续全面深化改革，激发体制机制活力。我们要在新时期实现跨越式发展，就必须坚定不移地将改革进行到底：巩固深化改革成果。深入推进“最多跑一次”改革，引领撬动各领域改革提质增效。协调解决全国街道服务管理创新实验、3岁以下婴幼儿照护等重点改革推进中的问题，确保出经验、出标准。推广武林商圈公共服务大提升经验，推动公共场所“五化”提升取得新成效。发挥改革集成效应。推进改革创新由“分散式”向“集成式”迈进，释放“1+1>2”的整体效益。将党建引领社区治理、综合行政执法改革等最新成果集成运用到小区，打造我区改革靓丽金名片。推动整体智治变革。加强5G、大数据、区块链等新兴技术在社会治理中的应用，以数字化改革撬动各领域各方面改革。

4.精心雕琢城市品质，彰显现代都市魅力。我们要展示省会城市核心城区的形象和风采，就必须精心塑造城市整体形象：优化城市空间布局。坚持“一盘棋”理念，统筹南北区块发展，唱好“武林都市”与“武林新城”双城记。积极推进老旧住宅、低端市场、低效用地的拆迁和空间拓展，实现“腾笼换鸟”。全力建设美丽城区。做好中央环保督察问题整改的“后半篇文章”。深化“五水共治”“五气共治”“五废共治”，成片推进“雨污分流”“清肠行动”。持续开展生活垃圾分类，全面推进源头管理。打造新型智慧城市。高水平推进区、街、社区城市大脑数字驾驶舱建设，加快形成高效运行、智能监管的全域治理新形态。推动重点场馆、城市路桥、地下管网等公共设施智慧赋能，提升道路交通、生态环境、建设工地等领域的智慧管理水平。精心擦亮文化名片。优化公共文化资源配置，深化“文化长廊”建设，积极推进大运河国家文化公园、特色文化街区建设。创新实施文化惠民工程，全面布局区、街道和社区三级公共文化设施网络。融入亚运城市，建设体育强区。推进商旅文深度融合，全新打造一批文旅融合“金名片”。

5.时刻谨记民生福祉，提升为民服务能力。我们要把人民对美好生活的向往作为奋斗目标，多谋民生之利，多解民生之忧，更好地在服务人民中践行初心使命：以服务为先。优化公共服务供给，加大资金投入力度，统筹推进就业、教育、医疗、养老、居住等各项民生事业。创新公共服务提供方式，鼓励支持社会力量参与服务供给，满足居民多层次多样化需求。持续抓好安置房建设、老旧小区综合改造提升等民生实事。以保障为要。补齐民生领域短板，花大力气解决“一老一小”问题。落实特困、低保、残保等重点困难群体救助政策。继续做好对黎平、巴东等地的对口帮扶。以平安为底。建立健全风险处置机制，守牢金融债务、安全生产、食品药品、环境污染等风险底线。充分发挥矛盾纠纷调处化解中心作用，实现矛盾纠纷化解“最多跑一地”。擦亮“武林大妈”“公羊会”“和事佬”金字招牌，完善“大脑+大妈”模式，实现立体化智能化社会治安防控。

6.加速人才集聚态势，涵养发展内生动力。面对日趋复杂的环境，要推动高质量发展、培育发展新优势，必须加快塑造“人才红利”：做优政策吸引人才。深入实施“人才强区”战略，深化“513武林英才”“518武林英杰”计划，构建与省会城市核心城区发展相适应的人才政策体系，打造引才育才“强磁场”。做大平台培养人才。用好人力资源产业园、海外人才创新创业大赛等平台，加强人才和项目对接，争取更多人才项目落地。发挥企业主体作用，布局海外“人才飞地”，打造高端人才“蓄水池”。做好服务留住人才。充分发挥人才生态“黄金30条”效益，积极构建“全生命周期”人才创业创新服务体系，让好的政策“快速”落地、好的服务直达人心，打造人才生态“一流区”。

四、坚持和完善党领导经济社会发展的体制机制，为实现高质量发展、高品质生活提供根本保证

我们要巩固深化“不忘初心、牢记使命”主题教育成果，坚定不移地坚持和加强党的全面领导，推动新时代我区党的建设再上新

台阶。

1.坚决做到“两个维护”。坚持以习近平新时代中国特色社会主义思想武装头脑，切实提高政治站位，把准政治方向，坚定政治立场，明确政治态度，严守政治纪律。建立健全保障“两个维护”的制度机制，推动全区干部践行“两个维护”最坚决、贯彻总书记指示最有力、爱戴总书记感情最真挚，做到党中央提倡的坚决响应、党中央决定的坚决照办、党中央禁止的坚决杜绝，始终在思想上政治上行动上与以习近平同志为核心的党中央保持高度一致。

2.深化清廉下城建设。锲而不舍落实中央八项规定精神，大力整治形式主义、官僚主义，持续整治群众身边的腐败问题和不正之风，推动基层减负工作走深走实。精准运用“四种形态”，处理好监督、支持、保护的关系，让干部感受到监督、习惯被监督，让群众知道有监督、参与监督，以监督促进基层治理。深入打击涉黑涉恶腐败及其“保护伞”，以坚强的定力推进党风廉政建设和反腐败斗争，让群众在全面从严治党中感受到公平正义。

3.广泛团结各方力量。建立健全党委“总揽全局、协调各方”的领导机制和工作机制，支持人大、政府、政协、监委、法院、检察院和群团组织依法依章履行职能、开展工作。人大、政府、政协、监委、法院和检察院党组要自觉接受区委领导、向区委负责，工会、共青团、妇联等群团组织要更好发挥党联系广大群众的桥梁纽带作用。创新互联网时代群众工作机制，充分调动一切积极因素，巩固和发展最广泛的统一战线，把人民群众紧紧团结在党的周围。

4.浓厚干事创业氛围。深入贯彻新时代党的组织路线，突出实践标准、实绩依据，树立正确选人用人风向标，健全干部成长选育管用全链条机制。加强年轻干部培养，让其多到重点项目、基层一线等关键岗位历练成长。积极营造比学赶超氛围，让“比干劲、比作为，学思路、学方法，创先进、创一流”成为检验干部作风的重要标尺。持续提升干部队伍的学习力、凝聚力、应变力、发展力，确保中央和省委、市委、区委的决策部署不折不扣予以落实。

下城区新冠肺炎疫情防控和复工复产工作

2020年突如其来的新冠肺炎疫情，是中华人民共和国成立以来遭遇的传播速度最快、感染范围最广、防控难度最大的重大突发公共卫生事件，下城区作为杭州中心城区，人口流动大，防控要求高，突发变数多。面对严重的疫情，下城区坚决贯彻习近平总书记重要指示精神，按照中央和省、市决策部署，担当作为，精准施策，全面织密织牢疫情防控网，全力做到疫情防控和经济社会发展“两手抓、两必胜”，疫情防控取得重要的阶段性成果。

疫情初发阶段，区委、区政府高度重视，严阵以待。1月21日，区委、区政府研究部署全区疫情防控工作。区卫生健康局发布《新型冠状病毒感染的肺炎防控知识》。1月22日，根据省卫生健康委通报要求，下城区成立疫情防控工作领导小组，下设综合协调组、疫情处置组、医疗救治组、宣教信息组4个专项组，实行疫情防控统一领导、统一指挥、统一行动。1月23日，按照省、市重大突发公共卫生事件一级响应工作要求，立即停办新春文旅等人员聚集活动，全部关闭景点、演艺吧等场所，对车站、地铁站、码头等公共场所全面开展防控。1月25日，下城区发现第一例新冠肺炎确诊病例，第一时间送医院救治，并于当日设立第一集中医学观察隔离点，收治密切接触者和居家管理人员。1月27日，下城区召开疫情防控工作领导小组会议，研究各项具体防控举措，要求加强防控期间值班值守和抗疫物资保障。2月4日，领导小组办公室发布《下城区疫情防控工作实施“十个严控”的通告》，对小区和单位实施全面的“大包围+硬隔离”，以“大脑+大妈”“网格+网络”“人防+技防”的精密智控体系，管住“大门”、守好“小门”。2月6日起，全区无新增新冠肺炎确诊病例。2月10日起，下城区逐步开展复工复产工作，配备健康指导员，对全区3000多家规模以上企业和5000多家小微企业进行疫情防控和复工复产指导，先让部分行业和企业有序“动起来”。2月19日，银泰百货武林店成为全市首个复市复业的大型商业综合体。3月3日，下城区召开全区“战疫情、促发展”工作推进会，引导全区上下努力把疫情耽误的时间“抢”回来，将疫情造成的损失“夺”回来，确保实现疫情防控和经济社会发展“两不误、两促进”。4月下旬，全区中小学校分批复学复课。5月中旬，根据省、市部署，将疫情防控从应急状态转为常态化防控，下城区成为全市主城区中第一个绿色低风险区。疫情防控期间，市四套班子主要领导先后到下城区指导工作并给予充分肯定。下城区坚持统筹谋划和基层首创相结合，形成一系列具有特色的做法，被《人民日报》、中央电视台、新华社等国家级主流媒体报道170多次。主要做法是：

一、聚焦党建引领，努力交好疫情大考下的"红色"答卷。全区上下深入学习贯彻党的十九届四中、五中全会精神和习近平总书记视察浙江、杭州重要讲话精神，坚持"两手硬、两战赢"，充分发挥基层党组织战斗堡垒作用和党员先锋模范作用，打出"一名党员一幢楼""一个支部一楼宇""企企铺铺见党员""机关党员突击队"等一系列组合拳，让党旗在战疫一线高高飘扬。发动"武林大妈""潮爸潮妈""公羊会""黄飞华爱心车队"等金牌志愿服务团队，协助社区开展重点人群摸排、登记和上报工作。借助城市大脑平台，加强联防联控，有关部门群发防疫短信近30万条，完成居民家庭基本情况摸排86.66万户次，确保排查"不漏一户、不漏一人"。利用"云药房""云随访""云监测"的智慧医疗力量，为疫情防控期间的便民惠民服务开辟第二战场。其中1call系统"云随访"形成"上门指导—自主上报—数据分析—分类处理—精准干预"的健康监测流程闭环管理，该系统累计上传数据19906人次。推出"五心通行证"、"红色送餐队"、"爱心接驳站"、集中医学观察点"十个一"健康服务包等暖心举措，生动诠释"隔离不隔情、隔门不隔心"的善治温情。

二、聚焦全年目标，努力交好疫情大考下的发展答卷。下城区组建企业复工专班，构建由区发改经信局牵头负责、各行业主管部门和街道履行属地职责的"条抓块保"工作机制，统筹做好复工复产涉及的各项工作。引入3支专业团队组建辖区复工复产健康指导专家库，选配392名业务骨干担任企业健康指导员，为疫情防控期间企业复工复产保驾护航。落实楼宇、园区疫情防控主体责任，及时提供政策解读、疾病预防、消杀指导、健康教育等方面的防护信息，加快推进楼宇、园区复工工作。探索"容缺受理"机制，推进信誉好、资质优且急需复工的民生保障、医疗物资、交通运输等企业先行复工。组织重大项目"百日攻坚"，开展重点工作与重点项目"百日冲刺"，恒隆广场、"杭州中心"、东新路整治工程等17个省、市重点项目较早复工，223个区重点项目总体进度良好。全区25150家企业分批如期实现复工复产，102个工地全部复工。坚持每季度举行扩大有效投资重点项目集中开工仪式，嘉里数创港、北景园生态公园电竞场馆等53个重点开工项目总投资623亿元。举行招商引资重大项目签约活动7次，56个涵盖新基建、大健康等多个行业领域的重点产业项目落户下城。阿斯利康中国东部总部及杭州国际生命科学创新园分别在第二十二届中国浙江投资贸易洽谈会和第二届中国国际进口博览会上签约，日本"都之漫"项目入选全省"云招商"成果展示榜。全区23个攻坚克难保发展重点项目取得新进展，浙金钢材市场、浙江省工业品市场、长隆公寓等项目搬迁清零。启动存量工业用地提升改造，推进创新型产业用地建设。全年出让土地35.67公顷，收储土地20.93公顷，收取土地出让金200多亿元。推进企业上市，新增香港证券交易所上市企业1家，报证监会待审核企业2家，被列入上市辅导期备案企业1家。全年全区完成生产总值1134.38亿元，比上年增长8.0%；增速列全市第一位。

三、聚焦转型升级，努力交好疫情大考下的创新答卷。下城区加快推进"云上消费"工作，依托"夜间经济""双街示范""智慧商圈""汽车消费"等载体，进一步加大消费促进力度，滞后的消费需求逐步被激活。2月20日，武林商圈所有商业体恢复经营，"云直播""云采购""车享节""云上丝绸"等线上线下消费活动有序启动。举办"浙里来消费・万企联动促万亿消费"暨"云购武林"、浙江国际进口博览会（武林洋淘）等大型促销活动，推动消费市场加快回暖升级。国庆节黄金周期间，杭州大厦、银泰百货武林店、国大城市广场实现销售额3.68亿元，比上年同期增长41.5%，其中杭州大厦增长71.1%，武林商圈成为全国恢复最快的热门商圈之一，相关经验做法被全省改革领域权威刊物《领跑者》转发。推进省级夜间经济试点城区建设，杭州中国丝绸城打造成为高品质步行街，"武林夜市"、城中里巷等商圈成为网红打卡地。

四、聚焦数字赋能，努力交好疫情大考下的智慧答卷。依托杭州城市大脑下城"1+8+X"数字驾驶舱体系，首创"工地复工精密智控管理系统"，构建"大脑+大妈""网络+网格”“人防+技防”的精密智控体系，创新“推码十招”，开发“健康码智能门禁系统”，建立健全精密智控机制，做到“智网恢恢、疏而不漏”。3月9日，下城区商业综合体租金减免政策在市级“亲清在线”平台率先上线，上线政府出台的减免政策18条，兑现资金3.4亿元，惠及企业和个人8万余家（人）次。

五、聚焦营商环境，努力交好疫情大考下的服务答卷。下城区开通驻企服务“直通车”，打造8支健康指导员队伍，深化“走亲连心三服务”活动，助推复工复产工作。加大财政扶持力度，率先出台企业和人才返岗复工“暖心双十条”等惠企政策，不折不扣落实各项减税降费政策，全年为企业降本减负26.5亿元。组建“下城金融联盟”，该联盟帮助74家重点企业获批银行优惠贷款14.32亿元，联盟成员机构为辖区4000多家企业和个体工商户投放贷款186.9亿元。深化“驻企服务”工作机制，为全区1346家重点企业配备驻企服务员883名，驻企服务员采用“点对点”“店小二”“帮帮团”等模式，对主要楼宇、园区实行组团式服务，累计走访企业30259家次，解决问题4709个。举办百家机构服务大学生“双创”等活动，着力破解“六难”问题，落实“六保”任务，促进“六稳”工作。鼓励辖区外贸企业出口转内销，组织产品直播带货专场活动，为外贸企业开拓国内市场搭建新的平台，全力推动惠企政策落地见效。

在守土尽责的同时，下城区主动扛起省会城市核心城区的应有担当，全力做好市防疫指挥部交办的32架次国际商业航班入境人员的集中隔离管控工作，积极协调辖区医疗机构派遣援鄂医疗队，树兰（杭州）医院、杭州康静医院、杭州怡康医院、杭州康馨康复医院的29名医护人员义无反顾奔赴援鄂一线，以实际行动体现新时代医疗人员的担当和情怀。在这场惊心动魄的抗疫大战中，下城区涌现许多可敬可爱的先进典型、可歌可泣的感人故事，生动地展现下城人的平凡与伟大。

下城区在过去的300多个日日夜夜，上下目标一致、信念一致、步调一致、行动一致，双线并进、共同抗疫，为高水平推进社会主义现代化国际大都市一流核心区建设，打赢经济社会发展进程这场遭遇战、阻击战、攻坚战，积累了弥足珍贵的疫情防控经验。

第一，制度优势是最根本的保证。全区疫情防控工作之所以能取得阶段性重要成果，是以习近平同志为核心的党中央和省、市委坚强领导的结果。“船重千钧，掌舵一人。”面对新冠肺炎疫情大战大考，习近平总书记作为党中央核心、全党核心，亲自指挥、亲自部署，多次召开会议、多次听取汇报、多次做出重要指示，要求各级党委政府及有关部门制订周密方案，组织各方力量开展防控。与疫情对垒中，中国共产党的“主心骨”作用更加彰显，中国特色社会主义制度无可比拟的政治优势、组织优势、密切联系群众优势、集中力量办大事优势集中展现。一场抗疫战争变成全国上下连成一条心、拧成一股绳的集体自觉，“中国之治”与“西方之乱”形成鲜明对比，中国速度、中国力量、中国精神获得国际社会的充分肯定和高度评价。实践告诉人们，只有始终坚持政治统领、对标看齐，增强“四个意识”、坚定“四个自信”、做到“两个维护”，才能牢牢把握疫情防控主动权，不断从胜利走向新的胜利。

第二，基层组织是最坚强的堡垒。全区疫情防控工作之所以能取得阶段性重要成果，是充分发挥基层党组织战斗堡垒作用和共产党员先锋模范作用的结果。疫情防控和复工复产两个战场都是主战场，都是考验广大党员干部初心使命和能力担当的“硬标尺”，也是检验基层党组织战斗力、凝聚力的“试金石”。大战面前，全区各级党组织和广大党员干部挺直硬脊梁、露出铁肩膀、亮出真本事，做到哪里任务险重，哪里就有党组织坚强有力的工作、哪里就有党员当先锋做表率，织密织牢具有下城特色的“红色防控网”，为战胜疫情提供坚强保障。在抗疫斗争中，下城区近5000名党员身兼“五员”即排查员、防控员、宣传员、互助员、信息员，以“零死角、零盲区、零疏漏”为目标，对重点楼宇、重点居民楼进行分幢包干，累计联系服务居民近10万户，上报解决实际问题2000多个。推行“企企铺铺见党员”，全区建立工作组团90多个，选派联系企业党员、走访店铺党员880多名，深入楼宇（园区）、沿街商铺进行分片包干，服务企业5462家、沿街商铺7600多个，精准高效服务企业。系牢“党建联盟”红色纽带，区、街道、社区三级实现党建联盟全覆盖，600多家成员单位通过发挥各自专业、资源、平台等优势，为疫情防控贡献重要力量。实践告诉人们，只有始终坚持党建引领、示范带动，让党旗在疫情防控和复工复产第一线高高飘扬，才能不断夯实基层基础，确保在重大斗争中经得住考验。

第三，唯实唯先是最有力的导向。全区疫情防控工作之所以能取得阶段性重要成果，是全区上下以实干为先、用实绩说话的结果。疫情不由人，时间不等人，更加需要坚持唯实取向，让想干事、能干事、干成事的精兵强将脱颖而出。下城区坚持用共产党员的政治荣誉感激发一线人员的责任担当，做好对一线表现突出、符合条件的人员发展入党工作，年内有7名申请对象被纳入入党积极分子进行重点培养，1名入党积极分子被吸收为中共预备党员。坚持以疫情防控一线中的真实表现作为干部选拔任用的重要标准，1名社区党委书记被提拔为街道班子领导，12名表现突出的社区干部被纳入正职后备管理，并从全区统筹调剂主任科员职数给区卫生健康局，专项用于激励一线医护人员职级晋升。坚持以典型示范引领推动形成争当先锋的浓厚氛围。对100名“一名党员一幢楼”积极分子和8名社区干部、8名街道干部、8名部门干部等不同战线上的先进典型进行通报表扬，并通过线上线下各种宣传渠道对先进典型的先进事迹进行展示。实践告诉人们，只有始终坚持实干导向、实绩至上，以“有为才能有位”的信条筑牢实干家们成长的舞台，才能激励整个干部队伍知重负重、恪尽职守，在“两战”一线更好地践行使命担当。

第四，改革创新是最有效的路径。全区疫情防控工作之所以能取得阶段性重要成果，是各街道部门创新破难、善作善成的结果。面对疫情防控及复工复产的双重挑战，没有既定的“公式”，也没有现成的“答案”。在全区统筹推进、压实属地责任的基础上，尤其是各街道和社区守土有责、守土尽责，积极探索、大胆创新，实施“大包围+硬隔离”等创新举措，为全区交出“两战”的高分答卷打下坚实基础，也为全市乃至全省提供可复制可借鉴的“下城方案”。其中，人流如织的武林商圈在全市率先有序复工开放，与天水街道数字战“疫”、精密智控密不可分。武林街道构建“武林店小二”线上平台，“复工达产、云上共享、健康家园、活动开展”四大模块各具特色、功能齐全，为辖区企业提供“一站式”暖心服务。长庆街道每幢楼成立由五大员组成的应急组，涵盖排查、宣传、法律咨询等八大功能，每组包一幢楼，线上线下联动，排查处置结合，以“动态楼宇”模式助推企业有序复工。潮鸣街道依托城市大脑数字驾驶舱开发应用防控模块，形成动态监测区域热力图，精准实现对留观人员和辖区农贸市场、沿街商铺等重点场所的实时管控，形成立体式疫情防控体系。朝晖街道建立由公安、卫生、社区组成的三人小组，对列入居家医学观察人员推出代领代买等“六服务”举措，以管家式贴心服务为他们解决后顾之忧。文晖街道在严格防控守牢“第一道门”的前提下，听民意、聚民智、重实效，面向空巢老人等不同群体推出红橙黄绿蓝的“五心通行证”，以温情抗疫情，用行动暖人心。东新街道充分发挥数字驾驶舱“智能、互联、在线、开放”的优势，利用小区智能安保系统，实现对返杭人员尤其是重点疫区人员的实时排查和精准防控。石桥街道采用智能无人机加入一线防疫队伍，开展空中巡逻、红外测温、文明劝导、知识科普等工作，不仅有效拓展巡察范围、节省人力物力，也显著提升防控质效。实践告诉人们，只有始终坚持改革驱动、创新发展，鼓励引导基层首创、八仙过海、各显神通，才能化被动为主动、变挑战为机遇，不断提升中心城区治理现代化水平。

第五，人民群众是最深厚的伟力。全区疫情防控工作之所以能取得阶段性重要成果，是社会各界守望相助、并肩作战的结果。疫情防控拉远人们的物理距离，却让大家的心贴得更近。因为万众一心，就没有翻不过的山，心手相连，就没有迈不过的坎，越是困难时刻，越要凝聚起同舟共济的磅礴力量。面对政策宣传、人员摸排、信息登记、卡口值守、居家服务等繁重琐碎的工作任务，全区社区工作者（包括物业和保安）始终夜以继日、轮番作战，任劳任怨、恪尽职守，用自己的辛苦指数和奉献指数，换来群众的安全感和幸福感。广大居民业主识大体、顾大局，全社会唱响爱心接力的大合唱。杭州华东医药集团有限公司、杭州英特药业集团有限公司、杭州东恒石油有限公司等企业以捐款捐物、志愿服务的形式支援防疫行动，积极履行社会责任，彰显家国情怀和大义担当。热心志愿者、外卖员、快递员、环卫工人等，无数平凡的人们，在战“疫”一线咬牙坚持，有一分热，发一分光。实践表明，只有凝聚人心、汇聚民力，最大限度激发广大市民群众的责任意识、自律观念、奉献精神、友爱情怀，才能构筑起坚不可摧的“无形防线”，筑牢疫情防控的铜墙铁壁。

第六，人文精神是最坚固的纽带。全区疫情防控工作之所以能取得阶段性重要成果，是最大限度地增强社会信心、凝聚社会共识的结果。要打好这场战“疫”，和谐稳定的社会环境，积极向上的舆论氛围至关重要。下城区切实抓好舆论引导，主动回应群众关切，深入基层防控一线，用镜头和文字讲好下城抗疫故事，用大量“沾泥土”“带露珠”“冒热气”的宣传报道，为打赢下城疫情防控阻击战汇聚强大正能量。同时抓好精准打击。全区政法战线干警以铁军排头兵的姿态，迅速从假期安保模式切换至战时模式，依法打击扰乱医疗秩序、防疫秩序、市场秩序、社会秩序等违法犯罪行为，为构建和谐有序的社会环境提供坚强保障。实践表明，只有始终坚持守牢舆论阵地、弘扬人文精神，才能持续营造强信心、暖人心、聚民心的良好氛围，为打赢“两战”提供强大精神力量。

（楼创能　邵琴燕　鲁　剑）

下城区“十三五”期间经济社会发展情况综述

“十三五”时期，面对国际国内错综复杂的形势，下城区以习近平新时代中国特色社会主义思想为指引，坚决贯彻习近平总书记考察浙江、杭州时的重要讲话精神，全面落实中央和省、市委各项决策部署，坚持新发展理念，争当“重要窗口”“头雁战队”排头兵，较好地实现“十三五”规划确定的主要目标任务，为“十四五”时期高质量发展和世界名城一流核心城区建设打下坚实基础。

1.经济综合实力不断跃升

“十三五”时期，下城区经济社会保持稳健发展，呈现稳中向好态势。2020年，全区生产总值突破1000亿元大关，达1134.38亿元，比2019年增长8.0%。按可比价格计算，“十三五”时期年均增长6.8%。2020年第三产业增加值达1087.53亿元，占地区生产总值的95.9%，与2015年相比，占比提高1.6个百分点，产业增加值成为区域经济发展的核心支撑。楼宇经济、总部经济优势明显，2020年税收超1亿元楼宇55幢，超10亿元楼宇3幢，楼宇平均入驻率92%，税收贡献率每平方米3047元。总体经济实力较强，获评全国综合实力百强区。

经济发展含金量不断提升。财政总收入由2015年的137.45亿元（2015年统计口径，下同）增至2020年的145.68亿元。居民人均可支配收入由2015年的48316元（2019年以前无分城区数据，这是杭州市的人均可支配收入）增至73565元。居民收入来源日趋多元，包括工资性收入、经营净收入、财产性收入和转移净收入等。

2.重点产业特色鲜明

2020年，金融服务业增加值占地区生产总值的40%。辖区集聚中国工商银行、中国农业银行、中国银行三大银行浙江总部及摩根士丹利（中国）股权投资管理有限公司、万向信托股份公司、浙江金融控股有限公司、杭州银行等重要金融机构，金融服务业涵盖投资、保险、证券、融资租赁等行业门类。商贸服务业持续繁荣发展，辖区集聚杭州大厦、杭州银泰百货有限公司、杭州联华华商集团有限公司等龙头企业，社会消费品零售总额按原口径统计突破1000亿元大关，成为全省首个社会消费品零售总额破1000亿元的县（市、区）。文化产业中，传媒设计、电竞数娱等行业发展亮点增多，杭州经纬国际创意产业园等文创园区快速发展，亚运电子竞技场馆（未正式命名）落户下城。健康产业成为新兴产业，华东医药股份有限公司、浙江英特药业有限责任公司等龙头企业稳步壮大。浙江通服信息科技有限公司、杭州浮云网络科技有限公司等行业骨干企业，全国第一个区块链服务网络（BSN）孵化基地正式挂牌，形成一定的发展特色与优势。“十三五”期间，固定资产投资规模逐年增长，累计完成750亿元。2020年，受新冠肺炎疫情影响，投资额仍达195.35亿元，比上年增长33.2%。房地产市场坚持“房住不炒”定位，开发投资逐年扩大，2020年房地产开发投资156.56亿元，增长30.8%。商品房销售面积11.51万平方米。

3.产业布局日趋合理

“十三五”期间，下城区围绕五大主导产业，加强区域空间统筹，逐步优化产业功能布局。“武林都市”发展格局加快提升，杭州嘉里中心、国大城市广场、汇金国际大厦建成投用，延安路国际化商业大街、武林路国际商业街区实现转型，杭州中国丝绸城成为省级高品质商业特色街区，中央商务核心区优势不断彰显，金融、商贸等服务业不断集聚，武林商圈的全省龙头地位进一步巩固。“武林新城”建设拉开框架，城市功能逐步优化，人力资源产业园集聚斯坦顿大通国际咨询公司、万宝盛华大中华有限公司等各类人力资源机构142个，形成较为完整的人力资源产业链。下城数字经济产业园成功引入阿斯利康中国东部总部，新天地综合体全面建成，带动下城北部走上产业能级提升之路。

4.发展空间扩容升级

“十三五”期间，下城区全力推进城中村连片改造和传统市场外迁，加快土地收储出让，实现沈家、草庵、长木、石桥、杨家、永丰、华丰“七村”拆迁基本清零，浙金钢材市场、浙江省工业品市场等传统专业市场完成搬迁，腾出可利用土地380多公顷，保障重点项目建设按时序进行。杭州恒隆广场、“杭州中心”、嘉里数创港等重大项目开工建设，浙江数字出版印刷大楼、浙江省农都农产品流通产业园、武林之星博览中心等项目即将竣工交付，阿斯利康生命科学创新园、杭州音乐文化艺术中心、亚运电竞场馆等重大项目在“十三五”时期落地，为产业发展提供高质量集聚空间。

5.开放创新全面展开

“十三五”期间，下城区积极融入长三角一体化发展、浙江大湾区大花园大通道大都市区建设、杭州市大城北规划建设等重大战略，深化对外合作交流，全面做深全球产业链招商，进一步打开对外开放、创业创新新格局。全区自营进出口总额由2015年的31.88亿美元增至2020年的74.04亿美元。服务贸易出口额达10.06亿美元。2020年下城区实际利用外资6.2亿美元，比2015年3.08亿元增长2.01倍。创新经济加快引领，企业科技创新和产学研合作步伐加快。2016—2020年，全区新增国家高新技术企业174家、省级科技中小型企业480家。跨贸小镇创客基地、福地创业园、东新创客工厂等众创空间串珠成链，双创孵化“摇篮”不断提升，发展后劲持续增强。

6.全面深化改革成效显著

“十三五”期间，下城区推动“最多跑一次”改革不断深化，改革有序向公共场所和机关内部延伸扩面，“最多跑一次”基层服务站街道实现全覆盖。至2020年末，90%以上民生事项身份证“一证通办”，88%的个人事项就近可办，在全市率先实现一个半小时内完成企业开办。深化工程建设项目审批制度改革，实现项目100%上线审批，建立重点项目绿色通道和容缺审批机制。国企改革稳步有序，组建下城区国有投资控股集团有限公司、下城区城市建设投资发展集团有限公司、下城区市政园林工程有限公司三大国有平台，出台区国有企业经营管理办法，资本运作、城市开发和产业发展能力不断加强。积极落实中央和省市减税降费降本政策，2020年下城区出台减负政策18条，兑现资金3.4亿元。出台人才生态“黄金30条”，下城区营商环境持续优化。新生市场主体不断涌现。实施“凤凰行动”计划，大力支持企业上市和并购重组。至2020年末，下城区有境内外上市公司11家，“新三板”挂牌企业7家。

7.文化软实力不断提升

2020年，下城区文化及相关特色产业增加值65.46亿元，比2019年增长6.5%。文化设施基本实现社区全覆盖。2020年，全区建成城市书房、城市书吧7个，总面积2700平方米，藏书3.5万册。公共图书馆虚拟网络基本全覆盖。实施文化惠民工程，下城区率先达到省级公共文化服务标准。体育事业加快发展。2020年末，全区公共体育设施总面积92万平方米，人均1.7平方米。人均期望寿命86.14岁。健康素养水平38.54%。

8.城区环境面貌持续改善

“十三五”期间，下城区深入推进城区基础设施和生态环境建设，完成G20峰会市政改造保障任务。如期完成7条主次干路、29条支小路建设及8条河道整治工程，新建地下空间117万平方米，新增公共停车泊位3978个。积极配合杭州地铁建设，累计完成300多项地铁征迁任务。有序推进老旧小区综合改造，2016—2020年实施929幢旧住宅改造，加装电梯91台，完成34个小区二次供水设施改造、97个小区雨污分流整治、800幢房屋“清肠行动”，小区管家实现全覆盖。构筑绿化网络体系，新增扩绿23.2万平方米，全区绿地面积从2015年的521.96万平方米增加到2020年的547万平方米。“十三五”期间，化学需氧量、氨氮、二氧化硫和氮氧等主要污染物排放量连年下降。2020年，城区PM2.5平均浓度降至30微克/立方米，比2015年下降27微克/立方米；环境空气优良天数334天，比2015年增加92天。

9.百姓生活品质提质增效

实施精准就业服务，2017—2020年，下城区新增就业10.52万人，平均每年净增3.88万人，下城区成功创建省级“无欠薪区”。社会保障覆盖面不断扩大，2020年全区基本养老保险、基本医疗保险参保率分别达98%、99%以上。全力打造全域优质、人民满意的“美好教育”，2017—2020年有11所学校建成启用，完成公办中小学、幼儿园空调安装及教室照明环境提升。深入实施名校、名师、名校长“三名”工程。全区区管卫生机构由2015年的200个增至2020年的356个，卫生技术人员由2015年的2883人增至2020年的8013人。卫生医疗机构床位由2015年的4109张增至2020年的13262张。在全省率先探索3岁以下婴幼儿照护服务，扩大“舒心就医”、预约就诊等智慧医疗服务范围，成功创建第三批全国健康促进区。实施精准帮扶和托底救助，“智守e家”养老服务综合体建设加快推进，居家养老服务照料中心实现全覆盖，2020年辖区每百名老人拥有床位5.7张。先后建成蓝领公寓3252套(间)，为全市首个完成建设蓝领公寓任务的城区，让城市外来建设者住上温馨家园。

10.城市治理能力显著提高

深化“平安下城”建设，持续推动社会治理体系和治理能力现代化，下城区连续十五年被省委、省政府命名为“平安区”，并被授予“一星平安金鼎”。加快推进城市治理智慧化，在全市率先启用“城市大脑”区县平台，完成区、街道两级数字驾驶舱建设，城区精细化管理水平逐步加强。积极构建街道政务信息化标准流程，获评全省唯一的全国社区治理和服务创新实验区。加强党建引领小区治理，打通城市治理最末端。打造“枫桥经验”城市版，长庆派出所入选全国首批“枫桥式公安派出所”，“武林大妈”工作站覆盖全区。全力推进扫黑除恶专项斗争，严厉打击各类违法犯罪活动。坚持“战疫情促发展”，下城区成为杭州市主城区中最早产生并延续至今的疫情防控绿色低风险区，2020年全区生产总值比2019年增长8.0%，位列全省各县(市、区)第二、杭州市第一，实现疫情防控和经济社会发展“两手硬、两战赢”，为全市取得疫情防控阶段性成果创造许多可借鉴的“下城经验”。

11.东西部扶贫协作成果扎实

自2018年实施脱贫攻坚战三年行动以来，下城区委、区政府主要领导亲自抓，分管领导具体抓，四套班子领导共同参与，各职能部门和街道合力推动。深化双方高层互访，积极落实财政帮扶资金，加强人才交流、产业扶贫、社会帮扶和劳务协作，全力助推贵州黎平县、湖北巴东县打赢脱贫攻坚战。三年来，下城区落实帮扶资金2.65亿元；选派142名教育卫生专业技术人员赴黎平、巴东挂职；帮助两县名优特农产品进入浙江市场，实现销售额10088.83万元；引导浙商企业在两地新增投资10.77亿元；动员社会各界捐资捐物价值7033.49万元。实施“山凤凰”计划，开展“名誉村长”活动，深化教育帮扶，推进消费扶贫。通过精准扶贫，黎平县、巴东县于2020年退出贫困县，下城区脱贫攻坚工作取得扎实成果。

(区发改经信局　区统计局)

重点领域改革攻坚取得新成果

2020年，面对突如其来的新冠疫情，下城区认真贯彻中央和省市委改革决策部署，锚定“战疫情、促发展”目标，发挥好改革的突破和先导作用，依靠改革应对变局、开拓新局，全力护航“六稳”“六保”工作，奋力交出“两手硬、两战赢”的高分答卷，为全区高质量发展提供强大动力。

改革氛围更加浓厚。下城区以“最多跑一次”改革为引领，突出“党建+”“智慧+”“服务+”三条赋能主线，全力发挥改革在战疫情、惠民生、优治理中关键作用。全区承担市级重点改革任务4项、省部级改革试点3项，区内各层面自主开展改革任务73项，改革氛围日益浓厚，全面深化改革呈现“点上突破出亮点、面上开花出经验”的生动局面。2项改革登上浙江省改革权威刊物《领跑者》，1项改革获评全省县乡法治政府建设“最佳实践”项目，并在另一个改革权威刊物《竞跑者》上宣传推广，1项改革获省改革创新最佳实践案例优秀奖，下城区在全市各区县（市）改革攻坚大比武中名列第四。

以改革“战疫情、促发展”。下城区发挥改革“关键一招”作用，以改革助力战疫情、赋能高质量发展。依托区、街道、园区“三位一体”城市大脑数字驾驶舱体系，充分发挥大数据、人工智能等技防作用，配合群防群治，走出“城市大脑+武林大妈”的“大数据+网格化”联防模式，下城区成为主城区最早的绿色低风险区。针对工地复工，开发并上线全市首个“工地智能复工系统”，通过智慧赋能从技术手段保障企业落实防控主体责任。集成改革助力商圈复工复产。面对疫情对商圈的巨大冲击，下城区打出“党建联盟”凝聚商圈发展合力、“云购武林”创新商圈消费模式、“多元场景”丰富商圈消费业态、“智慧服务”提升商圈消费体验的系列组合拳，助推商圈强势回弹。4—5月，武林商圈实现营业额32.3亿元，比上年同期增长4.8%，成为全国恢复最快的热门商圈之一，相关经验做法被《领跑者》刊物宣传推广。

重大试点出经验、立样板。全国街道服务管理创新实验稳步推进。在街道内部科学设置“六办三中心”，39项政务服务在街道直接办结。在全市率先制定基层窗口人员《作业指导书》，打造4个标准化综合窗口，实现“一窗受理、受办分离”。率先发布“杭州社区智治在线下城平台”（社区微脑），整合辖区公安、城管、街道等监控资源，实现智慧管理、智能服务，群众获得感和满意度持续提高。推进街道数字化平台、标准化流程打造和智能化服务、社会化应用，拟订街道政务信息化省级地方标准，探索建立社区智治在线平台建设地方标准。3岁以下婴幼儿照护服务示范领跑。在全省率先探索5种照护服务模式。开发“舒心照护”平台，设立全省首个婴幼儿照护实训基地、全市首个基层社区卫生服务中心母乳喂养门诊，推出优惠政策换普惠价格举措，实现“全链条”数字赋能、“全周期”科学指导、“全方位”协同服务。全区托幼“供需差”显著减小，为婴幼儿照护服务“浙江模式”做出示范。综合行政执法改革破题开局。通过力量整合、权限下放、部门协同、智慧赋能，探索基层“一支队伍管执法”。成立全省首个综合执法队，承接首批城管、住建、卫健、文体、人社5个部门16个方面的288项行政处罚权力事项。建立健全案件移送处理和协作配合机制，实现跨部门跨层级跨区域联动响应。全面整合基层治理平台，建立统一指挥、智能分析、协同运作的“街道驾驶舱”，执法事件从发现、流转到处置、反馈，全程实现网上网下闭环式管理、智慧化分析、可视化指挥。年内，该项改革从长庆街道向其他7个街道延伸。8月3日，下城区试点城市街道综合行政执法改革的经验做法，在省委改革办《竞跑者》刊发。

“自选动作”创特色、显成效。全区各单位梳理汇总77项改革任务清单，改革工作不断向纵深拓展。区委组织部承接全市唯一的加强新时代党建引领社区治理综合试点，探索党建共建“红色纽带”、社区党员“包楼联户”等10项长效机制。区卫生健康局试点提升医养结合服务能力，完善基础设施、提高医护业务能力、优化医生签约服务等，推进社区卫生服务中心、医养机构、老年人家庭的微观赋能。区审管办探索政务服务2.0建设，推进无差别全科受理，做大“网上办”自助办理区，“线上办”“视频办”“不见面审批”等多项场景落地见效，第一批215个事项进驻“综合窗口”，商事登记领域率先实现“零窗口”。区住建局、东新街道、下城交警大队等单位点上破题，大胆探索物业综合管理站、“扫码停车”、“马上赔”等亮点做法，推动下城区改革从“盆景”变成“风景”。

“公共场所”有品质、更便捷。下城区落实省、市改革会议精神，对照九大领域公共场所服务大提升要求，梳理确定全区重点攻坚项目和责任单位清单，召开专题会议分解落实。以武林商圈“停车难”问题为切入口，推动商圈服务大提升。依托城市大脑枢纽，次第推进“停车引导”“先离后付”等应用场景落地覆盖，创新推出区域联动停车、优惠互认的“通停通付”模式，首次打通城市大脑停车系统和商场核销体系，让“先离场后付费”有全新的体验；首次实现不同商场场库间优惠互认，商圈泊位资源配置更加灵活。10月，商圈预期平均泊位指数1.65，比上年同期上升34%，平均调头率下降65%，平均延误指数下降7%，场库日流转车次增至800辆以上。（王　凯）

“武林新城”建设推进

2020年，下城区加快在北部城中村集聚地建设“武林新城”，以期早日与南部武林商圈相呼应，形成南北均衡发展新格局，将“武林新城”打造成为全市“大城北”区域发展的重要增长极。“武林新城”开发包括交通畅达、市政共享、生态文化彰显、幸福生活保障和新兴产业腾飞等专项行动。“武林新城”范围北至临丁路，南至德胜路，西至上塘河，东至协同路，总面积16.06平方千米。此前，该区域为杭州市重工业区，拥有杭州制氧机厂、杭州重型机械厂、杭州汽轮机厂等国有大中型企业，并有长木、草庵、沈家等7个城中村。

“武林新城”建设启动以来，下城区举全区之力，克难攻坚，不断刷新建设速度。先后完成新城道路、桥梁、排水管网方案研究及7个重要片区城市设计成果，完成64个项目规划方案和城市设计审批。城中村改造征迁和签约基本清零。浙江工业品市场用28天时间，完成760户商户腾退，用10天时间完成杭州重型机械厂宿舍危房搬迁清零，成为高质量、高速度搬迁的“下城样本”。22个校园、19条道路、9条河道，以及杭州城北体育公园南地块、沈家经济合作社留用地等产业类项目建设加快。2020年末，新城数字经济产业园区、生态休闲中心，以及进口商品、文化娱乐、电竞赛事、健康服务、创意设计六大中心得到整合，充电桩、变电站、5G站点等配套基础设施初见雏形，公园、绿地、河道、道路初步成片成网。杭州观成实验学校武林小学、杭州安吉路实验学校新天地校区、杭州北景园老人公寓等6个项目建成。安置房项目开工28个，建筑总面积322万平方米。安置房项目中15个项目完成预期工程进度。位于新城北部的永丰·印象城项目集购物、餐饮、娱乐、文化于一体，项目设计由石桥街道永丰经济合作社与贝诺建筑设计咨询（上海）有限公司签约，将为周边居民提供优质的生活购物环境。东新路提升改造项目按计划推进。东新路是上城、下城、江干三区横贯大城北范围重要的城市交通主干道，是“武林新城”的新名片。提升改造工程以“一路繁华”为理念，把东新路打造成为“一轴连三区、双星连多点”的规划结构。（刘景昕）

党建引领社区治理

2020年，下城区被确定为党建引领社区治理全市唯一的综合试点城区。区委将试点工作作为重要的政治任务，列入全区重点改革项目，形成“全面试、试全面”的整体推进合力。成立由区委书记刘颖任组长，区委常委、组织部部长沈华锋和副区长樊峥任副组长、13个相关部门主要负责人参加的党建引领社区治理试点工作协调小组，下设试点工作专班。刘颖多次主持召开座谈会，听取各方面意见，并召开试点工作动员会，进行试点工作部署。下城区以打造“一核多元、共治共享”的幸福家园共同体为目标，明确12项具体试点任务，先后召开街道部门推进会议、专班会议20多次，期间举行互看互学等打擂比武活动，以“齐心协力创一流，比学赶超争上游”的实际行动，推进省会城市核心城区党建引领社区治理工作。

下城区党建引领社区治理试点的主要做法和特点：

一是“党建+共建”，构筑“一核引领”的组织体系。区委加强顶层设计、面上统筹，通过完善上下贯通、执行有力的组织体系，实施党对社区治理工作的全面统一领导。在区级层面，整合现有社区建设治理相关议事机构，组建由区委书记任主任的区委社区建设和治理委员会，建立城市党建引领社区治理现代化“1+2+N”（指一个核心文件、两个重要的配套文件和后续一系列子文件）组成的制度体系。在街道层面整合组建相关领导小组，发挥社区党组织统领作用，形成三级联动的指挥机制。在小区层面，试点建立115个小区党组织，推动社区“党员活动主阵地、在职党员报到地、党建共建实践地、凝聚群众核心地、矛盾纠纷调处地”实体化运作。深化“一名党员一幢楼”“一个支部一楼宇”“企企铺铺见党员”等战疫情、促发展的经验做法，建立全省首个机关事业单位离退休干部临时党支部，全面推行党员亮身份、包楼联户等有效举措，引导近4200名在职党员到居住地小区报到，以红色细胞激活社区治理。横向联动上，推进区域化党建共建“红色纽带”工程，形成720多个党建共建项目，吸引582家省市单位、辖区企业走进小区、服务居民。其中，天水街道武林商圈党建联盟与省商务厅、银泰百货武林店等17多个单位签订共建协议，覆盖基层党组织1125个，参与党员1.5万人，为建设“国际一流繁华商圈”注入动力。

二是“公转+自转”，健全多元参与的治理机制。下城区探索“力量下沉”新路子，深入推进基层整合审批服务、执法力量改革全省试点工作，将132项审批服务和288项执法事项下放至街道。成立全省首个街道物业综合管理工作站并在全区8个街道实现全覆盖，推动基本公共服务向基层延伸。东新街道在物业工作站建立“小区治库”，17个部门机构的22名专家定期驻点服务、协同调处。完善“三方协调”，全面推行小区党组织与业委会“交叉兼职”，全区业委会成员中党员占比达61.3%。健全“小区党支部、业委会、物业企业”新三方治理架构，实行“民主事项党组织先议、重大事项上级党组织先审”的原则，全区物业信访投诉量比上年下降40%。朝晖街道绿洲花园小区党组织牵头推行“两方周会、三方月会、四方专会”制度，合力办好小区民生实事50多项，物业费收缴率从67%提升至98.6%。完善“百姓议事”制度，落实“四问四权”工作，健全以小区为单位的议事协商组织，推动“百姓议事”“民情恳谈会”等载体向小区延伸。文晖街道流水北苑小区在旧小区改造中，搭建“百姓畅谈社”平台，协商解决电梯加装等意见建议60多条，为高质量办好民生“关键小事”打下良好群众基础。

三是“大脑+大妈”，优化社区服务的供给模式。下城区深化全国街道服务管理创新实验区建设，在全市率先发布“社区智治在线”平台，利用城市大脑数字驾驶舱，实现主动提醒、信息预警、在线办理、精准派单，月均处理事件1.8万件。针对基层报表多等减负难点，开发“最多录一次”模块，打破条块和系统数字壁垒，实现“一次录入、一库汇聚、自动统计、一对多”的分发共享要求，达到减系统、减表单、减字段“三减”目标，社工表单填报量减少70%以上。培育壮大以“武林大妈”“公羊会”为代表的金牌志愿服务团队，组建微帮扶等483个社区服务团队。推进党建引领青春社区全市试点工作，引导专业能力强的热心青年投身社区治理。源自武林街道的“武林大妈”将邻里熟人优势运用到社区治理中，“闪耀的红马甲”成为全市基层治理创新的一张金名片。探索成立街道社会工作站、社区特色社会工作室，深化“项目社工”建设，34名转型社工累计承接各级公益创投项目97个，为居民提供专业化、精细化服务。在全市首创无物业管理老旧小区“小区管家”服务模式并实现全覆盖，为无物业管理的老旧小区提供街巷保洁、绿地养护、垃圾分类、公共设施维修保养等八项综合性服务，受惠居民9.5万户。其中长庆街道“小区管家”受理电控门、楼道灯等报修900多次，服务对象满意率95%以上。

四是“常态+长效”，夯实资源统筹的保障基石。下城区注重育强社区干部队伍，确保“有人管事”。选派社区两委成员担任小区助理，确保50%以上时间进小区、进网格、进楼道服务群众。突出以评促干，推行社区创新活力指数评估体系，实现“社区干得好不好，由老百姓说了算”。通过导师帮带、压岗锻炼、打擂比武等方式，全面提升社区干部综合能力素质。潮鸣街道实施“雏雁成长”工程，分批选派60多名社区后备干部到街道重点科室及旧小区改造施工现场、维稳工作一线锻炼，对其中表现突出的15名干部予以提拔重用，全区想干事、能干事、干成事的氛围日益浓厚。加大经费保障力度，确保“有钱办事”。推动社会治理和服务重心下移，通过社区党建工作经费倾斜、社区党组织服务群众专项经费项目化安排等措施，保障小区党组织活动经费。引导社会资金投向社区治理。石桥街道石桥社区建立全省首家社区发展基金会，项目化对接居民需求，助推为居民办好事、办实事，累计受惠居民1.1万人次。建强党群服务阵地，确保“有场所干事”。将小区党群阵地建设作为小区党组织服务党员群众的窗口平台，在全市率先出台基层党群服务中心地方标准，推进区、街道、社区三级党群服务中心全覆盖。全区建成小区和特色街区等各类党群微阵地86个、居家养老服务（照料）中心75个、3岁以下婴幼儿照护服务机构41个，下城区基本形成“10分钟党群服务圈”。（刘暑云）

基层治理数字化转型加快

2020年6月，下城区作为省、市民政部门社区智治在线建设的唯一试点城区，开发并上线“杭州社区智治在线——下城平台”。平台以“全周期管理”理念为引领，以城市社区实现精密智控、精准服务、整体智治为目标，从打造预防管理、事件管理、修复管理的闭环流程入手，全面构建社区智慧治理新模式，推动社区治理和服务从经验判断型向数据分析型、被动应付型向主动推送型转变。

依托“城市大脑”，打造社区治理的“智治云”。平台与杭州城市大脑、“基层治理四平台”等数字化平台信息进行快速流转，打通公安、民政、社保、城管等部门数据及小区物业、智能安防、市政服务、社会服务机构等信息系统，构建实时动态的基础信息和基础资源数据库。年内，平台接入“云上城管”“民生保障”“亲邻e站”“智慧养老”等业务系统11个，所有数据由区数据资源管理局统一管理、分配和维护，确保信息安全。建立健全事件预测预警、公共资源配置、危机事件应对等体系，在应急情境下，向社区开放数据应用权限，加强对重点区域、重点人群的管控和应急处置。疫情常态化防控期间，社区通过平台实时掌握确诊人数、治愈人数、密切接触者人数、人员及车辆进出及健康码申请率等信息，为社区实现“精准智控”提供数据支撑。平台从邻里友善度、居民参与度、居民满意度、社区组织力、社区服务力5个维度，实时收集细化指标参数，自动形成动态社区创新活力指数。将民生服务需求与社区服务力量、资金投入、服务设施建设等民生服务供给进行匹配，形成动态社区民生服务五色图。“一图一指数”实时反映社区治理和民生服务现状。

围绕“减负增效”，打造社工爱用的“好帮手”。平台在传统社工入户走访采集信息的基础上，拓

2020年9月17日，天水街道社会治理综合服务中心投入使用

（天水街道　供稿）

展居民在线申报、政务数据联通、AI设备识别等数据采集途径，以“一次录入、多方共享”理念，着力破解基层多平台录入问题。通过优化信息数据比对确认流程，实现基础信息变动实时提醒，让社区工作者走访居民更有针对性。对各类民生保障信息数据进行实时归集，全年完成1.16万名民生保障对象数据归集，并实现民生服务对象数字化档案管理。以民政保障政策为依据，通过大数据分析，实现服务升级、到期主动提醒。全年平台推送主动服务和预警信息1.12万条。完善集发现问题、解决问题、办理反馈、监督评价于一体的闭环式管理流程，社区通过平台短信、语音、视频电话等功能向上级部门、街道驾驶舱实时上报需要协调解决的问题，并依托“移动单兵”和“1Do”实时派单系统，实现专职社区工作者、助老服务员、社区志愿者、社会工作者等服务力量线上线下联动指挥，各类事件处置响应到场时间从原来15分钟缩短到5分钟。全区社区平台月均事件处置1.73万件。

拓展“智慧场景”，打造实时在线的“民情通”。下城区创新推进“1Call办”（“一个电话就能办”）极简政务服务模式，利用人工智能+移动终端平台，以聊天场景化服务方式，为老百姓提供24小时贴心政务在线咨询和办理服务。年内，下城交警大队、区残疾人联合会、区人力社保局等部门单位的8个事项在“1Call办”上实现全流程“零跑次”“视频办”。疫情防控期间，居家观察人员通过“1Call办”自主报送当日体温、健康状况及意见建议，后台自动收集、汇总每日打卡数据，大幅度地减轻基层社会工作者的负担。研发“亲邻E站”居民应用端，搭建居民线上说事、议事、评事平台，拓宽居民线上参与社区治理路径，实现居民困难诉求线上征集反馈，社区公共事务线上参与协商，社区公开事项线上监督评价。平台不断丰富“智慧下城”微信公众号应用场景开发，通过“智慧停车”系统，居民就近便可找到停车场及空车位。在“亲邻E站”，社区、社会组织、志愿服务机构可实时发布服务活动、微心愿认领、志愿者招募等信息，方便居民就近找到社区、物业公司、长者照护机构等服务资源，以及自己爱好的文化娱乐活动资讯，在线开展咨询和报名。（李道法）

平安下城建设获“一星平安金鼎”

2020年，下城区与各街道、各区直部门签订平安下城建设责任书。制定《2020年度创建“平安下城”工作手册》，提出在全区范围内开展更高水平的平安下城创建活动。全区围绕省级“平安区”创建争先进位目标，坚持最高标准，落实最严要求，建立健全调研督导、问题通报等工作机制，部署开展矛盾纠纷积案化解等涉稳问题专项行动，夯实平安下城建设基础。4月14日，在全省平安建设表彰大会上，下城区连续15年被省委、省政府命名为“平安区”，夺得全省首批“一星平安金鼎”。

坚持“以月保季、以季保年”工作思路，以机制推动平安下城建设工作。健全联动宣传机制，组建宣传报道工作群，推出微经验、微故事、微典型，交流经验做法。在全市率先开办自导自演的“下城政法”官方抖音号，由“武林大妈”志愿者参加演出，全年抖音号拥有粉丝25.9万，获点赞量93.6万次，抖音号与“平安下城”官方微信号同时在浙江政法微信影响力排名中进入前十。推出有影响力的网格员典型，其中，“最美网格员”邵莉静的事迹在中央政法委网上“致敬，最美网格员”直播活动中，点击量超过107万次；长庆街道御跸社区郑红亚获评中央政法委“平安卫士”和浙江省十佳网格员。强化通报扣分机制，统一行业监管标准，建立“红黑榜”制度，对在暗访指标及专项工作指标中落后或失分较多的单位进行通报，解决工作责任不实、整改效率不高等问题。建立专班常态化督查机制，将扫黑除恶专项斗争纳入平安下城建设督查内容，强化督查结果应用，以督查促进整改。全年开展暗访检查和专项督查168次，整改各类问题435个。

凝聚内部合力，抓好涉稳问题化解。通过搭建平台、回应诉求、依法处置、畅通网贷平台投资人对话渠道等举措，网贷平台涉案资产处置取得明显成效。至年末，全区追回被骗资金7.74亿元，网贷平台案件追赃挽损率45.98%。开展涉疫情风险隐患和涉稳问题集中摸排和滚动排查，按照“谁主管、谁负责”的属地管理原则下发责任清单，把28件涉稳事件纳入项目化监管，通过领导包案、专班运作，推动涉稳事件逐一化解，年内化解20件，化解率92.86%。全年完成重大决策（重大项目）社会风险评估101件，保障浙江省工业品市场搬迁等全区重点项目的推进。

抓好市域社会治理现代化试点，做好亮点培育、总结和宣传工作，梳理提炼创新项目15个。持续提升数字赋能基层社会治理。推进智能治理基础建设、智能治理深度应用、智能安全风险防控，上线“社区智治在线——下城平台”。推进街道和社区矛盾纠纷调处化解中心建设，中心突出“研判分析、统筹指挥、联合作战”功能，让矛盾纠纷调解力量有效形成整体合力，坚持源头治理和社区、街道、全区三个层面联动，真正实现“小事不出社区、大事不出街道、矛盾不上交”。

擦亮“武林大妈”金字招牌，开发线上“武林大妈”数字驾驶舱，采用“码上报”形式，建立“武林大妈”掌上单兵系统，探索建立“大脑+大妈”的治理模式。出台《“武林大妈”参与重大活动工作机制（试行）》，建成“1+8+75+X”（“1”指一个区级中心，“8”指8个街道服务中心，“75”指75个社区服务站，“X”指多个平安志愿者服务点）服务中心、社区服务站和志愿者服务点。新冠肺炎疫情期间，“武林大妈”志愿团队每天出动志愿者3000多人，承担卡点管控、隔离管控、信息排查、日常服务、宣传引导、心理疏导、复工复产、后勤保障等疫情防控八大员职责，该做法被《人民日报》、中央电视台等中央主流媒体连续报道。12月28日，区“武林大妈”志愿者服务指导中心与浙江省人民医院联合成立“武林大妈”浙人医工作室，旨在创新“枫桥经验”，进一步擦亮“武林大妈”品牌，架起医患沟通桥梁，努力建设医患和谐、百姓信赖、政府放心的平安医院，也为组织动员社会组织参与平安下城建设探索新的路径。

在平安建设实践中，下城区将人工智能、大数据、云计算等新技术运用到政务公开、信息互通、意见收集等平台中，将互联网新理念、新思维融入共建共治共享全过程，完善风险闭环管控的大平安机制，有效提升治理效能。长庆街道派出所作为“枫桥式”基层派出所，不断创新探索群众参与社会治理的模式，通过“全科网格”“三治融合”等载体和渠道，吸引更多群众参与矛盾化解、公益服务，使基层治理、平安建设成为全社会共同行动。至年末，全区累计自建各

疫情期间，武林大妈团队在小区卡口测温和检查健康码 （区委政法委 供稿）

类监控2670个，社会面接入监控6375路，建成人脸识别系统1312路；牵头建成智安小区150个，接入视频门禁系统住宅1359栋。实现100%区域视频监控全覆盖。统一地址库实现核查人口36.56万人，累计完成地址编码33.46万个。全区刑事案件立案数和八类暴力犯罪案件立案数均比上年下降。

（谈龙河）

十件民生实事完成

2020年，下城区深入贯彻习近平总书记考察浙江、杭州时的重要讲话精神，始终坚持发展为了人民、发展成果由人民共享的理念，努力在推动高质量发展过程中办好各项民生实事。面对突如其来的新冠肺炎疫情，按照“两手硬、两战赢”要求，坚持统筹兼顾，在集中力量做好疫情防控工作的基础上，紧紧围绕民生需求和既定目标任务，健全项目联审联批、问题联动协调、进度联合督查等机制，及时调整节点计划，高标准、高速度、高质量抓好落实，努力让人民群众的获得感、幸福感、安全感更加充实、更有保障、更可持续。年内，下城区10件民生实事全面完成，其中5件超额完成。

2020年6月10日，下城区城投集团举行民生实事“一党员一项目”活动启动仪式

（区城投集团　供稿）

一、坚持目标导向，用心用情用力办好民生实事

（一）安置房项目建设。下城区城中村改造涉及27个安置房项目，总面积317.7万平方米，年内全部开工，并完成白田畈、草庵香积寺北、草庵香积寺路以南等12个安置房项目地下部分工程。在安置房建设中融入未来社区理念，将武林新城内的社区打造成新型城市功能单元。

（二）校园建设和公办中小学校、幼儿园空调加装和教室照明环境提升。下城区开工建设杭州汽轮机公司幼儿园等3所校园。竣工并启用安吉路教育集团新天地实验学校等4所校园，新增教学班105个、学位数4320名。改造杭州市青春中学等2所校园。完成44所校园66个校区1304个教室空调安装，改造70个校区19934盏教室护眼灯，实现全区公办中小学及幼儿园空调加装和教室护眼照明灯全覆盖。在空调和照明安装中分别引入物联网模块和光线传感器模块，实现云端精准智能管控。

（三）老旧小区综合改造提升和美丽小巷建设。下城区超额完成麒麟街小区、石板巷小区等51个老旧小区综改造提升工程，改造总面积251.92万平方米。河西南38号小区成为2020年全市首个竣工验收项目，小天竺、知足弄社区和流水北苑小区成为全市老旧小区改造最佳案例。完成御跸弄、蝶飞巷等7条美丽小巷改造，结合改造工作，挖掘街巷的历史文化底蕴，讲好小巷故事。

（四）既有住宅电梯加装。下城区克服管线迁改、一票否决等难题，与旧小区改造工作相结合，自加压力，全年完成102台加装电梯联合审查和开工任务，其中86台电梯完成加装。加装电梯中，艮园17幢2单元加装电梯融合化粪池改造，为全市首个；春丰苑7幢2单元加装电梯系全市首台无障碍电梯；横燕子弄19幢1单元加装电梯为全市疫情后开工最早；朝晖七区5幢1单元加装电梯，为全市主城区交付最早；流水西苑47幢加装电梯为全区惠及住户最多。

（五）二次供水设施改造。下城区超额完成24个小区二次供水设施改造项目，改造总量列全市第一，惠及居民4.7万人。与市水务集团开展党建共建，打造现代名苑样板工程。改造速度全市领先，

90天工期完成三塘柳园二次供水项目。通过改造，小区水质提升、水压稳定，居民喝上放心满意的自来水。

（六）街道级综合为老服务中心建设。下城区全年建成武林街道、长庆街道、文晖街道、石桥街道等5个示范型街道级综合为老服务中心，总面积约5700平方米。改造标准在省定每户6000元的基础上增加一倍，为1.2万元。完成生活困难老人家庭适老化改造70户、困难残疾人家庭无障碍改造87户，改造任务均超额完成。

（七）街道级社区卫生服务中心和社区卫生服务站改造。年内，下城区完成朝晖街道、东新街道、石桥街道社区卫生服务中心和仓桥社区、环北社区、中北社区、东新园社区卫生服务站提升改造，通过硬件改造，增强公共卫生服务和基本医疗服务功能，美化诊疗环境，提高居民就医舒适度。

（八）社区文化家园建设。下城区以“文化驿站、共享空间”为定位，超额完成环北新村社区、安吉社区、刀茅巷社区、艮山门社区等22个社区文化家园建设任务。年内，富春园社区文化家园被评为市五星级社区文化家园，环西社区文化家园被评为市四星级社区文化家园，十五家园、三里家园、天堂园社区文化家园被评为市三星级社区文化家园。

（九）实行“小区管家”服务。下城区在灯芯巷社区、凤麟社区等32个以无物业老旧住宅小区为主的社区，全面推进“小区管家”服务工作，实现全区所有无物业老旧小区“小区管家”全覆盖，有效破解老旧小区物管难题，提升服务管理专业化水平。

（十）省级垃圾分类示范小区、市级垃圾分类达标街道和市级垃圾分类示范小区创建。下城区完成新鼎家园等5个省级高标准垃圾分类示范小区、8个市级垃圾分类达标街道和20个市级垃圾分类示范小区创建工作，实现全域322个小区16万余户家庭、272个机关事业单位生活垃圾分类全覆盖。全区垃圾总量连续3年负增长。

二、聚焦百姓所需，把民生实事办到百姓心坎上

（一）坚持问需于民，“干什么”让百姓选。下城区把群众需求摆在首位，突出解决群众关注的热点难点、急事难事。在落实省市民生实事的基础上，通过区门户网站、“下城发布”微信公众号、24个代表联络站、民情座谈会等平台同步征集民生需求，经票决确定10件区级民生实事。同时与省级23件、市级19件、街道级52件、社区级89件实事形成五级联动、上下衔接、互为补充的民生实事工作体系。年内，小天竺社区“回四弄”打造成为全市首个老旧小区改造样板楼。针对老龄化程度高的现状，累计建成居家养老服务照料中心79个、自办型老年食堂27个、助餐点6个，服务覆盖全部社区。回应就学需求，深入实施名校、名师、名校长“三名”工程，打造全域优质“美好教育”，建设高标准高质量美好校园，全年新启用校园4所，“十三五”期间实现规划建设校园41所，教育投入近70亿元。

（二）坚持问计于民，“怎么干”让百姓提。下城区坚持百姓事百姓议、百姓事百姓决的群众工作方法，把群众参与作为重要环节，充分发动群众、依靠群众，注重汇集群众的智慧与力量，努力实现最广泛的群众认可和群众满意。为破解小天竺社区停车难题，“小区管家”上门对小区内每家每户的车辆信息进行排摸登记，配合社区积极组织居民议事会，共同商定“先到先停、一进一出”的停车方案，体现公平公正、资源共享。在天堂园、流水东苑等社区文化家园建设中，发动居民讲解老厂改革发展史、演绎老厂创业故事，激发居民参与文化家园建设的热情，把社区文化家园打造成为社区思想道德教育的好阵地。在垃圾分类推广过程中，引导居民建言献策，组建志愿者开展“专人专管”工作，推动“定时定点”投放全面实行，全区垃圾投放点从原来的4500多处减少至800多处，每个投放点均由居民志愿者“专人专管”，先后有1235名专管员上岗履职，有效提高分类效果。

（三）坚持问绩于民，“好不好”让百姓评。下城区坚持把群众满意作为根本要求，帮一把带一把，做一件成一件，努力把实事办好，好事办实。在残疾人家庭无障碍设施改造中，坚持将居住需求和服务需求相结合，将雪中送炭和锦上添花相结合，在提供硬件设施免费提升改造的同时，健全助残服务保障机制，规范助残员照护服务，帮助照顾起居，完成87户家庭无障碍设施改造，获得居民好评，并被《人民日报》报道。围绕居民对二

次供水改造的需求，自加压力，完成24个小区二次供水改造任务。坚持问绩于民，邀请居民群众通过现场实查、群众评议、座谈交流和问卷调查等方式，对实事落实情况进行绩效评价。推进社区卫生服务机构硬件提升工作，下城区成为全国首个“社区卫生服务医患友好度示范区”，4个社区卫生服务中心被评为“全国百强社区卫生服务中心”。

三、聚焦多元创新，全力打造民心工程下城样板

（一）下城区坚持把凝聚人心、服务群众的原则贯穿于落实民生实事的全过程。特别是在老旧小区改造、二次供水、电梯加装等居民意见难以统一的项目中，注重发挥基层组织和社会力量的号召力和凝聚力，延伸触角抓好服务。在老旧小区综合改造提升工程中，引导社会组织和居民群众积极参与，组建“潮爸潮妈志愿者服务队”等志愿力量，带动居民探讨研究老旧小区改造“10+X”个性化模式，共同将项目困难化解在家门口。引导狮子联会、乐善养老等公益机构，公益资助2户低保老人实施适老化改造。通过民生实事，凝聚社会多元主体合力，推动实现政府治理、居民自治和社会调节的良性互动。

（二）下城区坚持将民生实事与基本民生保障相结合，将创新服务和精准服务相结合，破解难点堵点。在建好综合为老服务中心和推进适老化改造的基础上，持续关注老年人的需求，推进硬设施和软服务双提升。首创“养老顾问”制度，遴选出具有社会工作师职业资格的项目社工，组建养老顾问团队，为低保低边失能老人提供一对一专业服务。以老旧小区改造为契机，通过增设智能门磁门禁、烟感报警等设施，对高龄、孤寡、独居等重点服务人员实时监测动向，降低意外事件发生率，努力实现“居家养老”向“居家享老”转变。兴和公寓加装电梯实施“浅底坑”施工技术，在电梯基坑与基础垫层之间进行管线架空，一次性攻克大量管线无法迁改的难题，实现整幢电梯加装的目标。

（三）下城区坚持将现代化智治作为完善长效管理的重要途径，率先建成“城市大脑”下城数字驾驶舱系统，共享全域信息资源，对项目实施精准化、专业化管理。围绕民生实事工程类项目，应用数字化工地管理模块，动态监管实事项目建设情况，及时协调解决问题。创建“智慧校园”，在竣工校园全面覆盖智能多媒体教学系统。开发启用民生保障平台，实时归集民政、企退、就业、残联等民生服务数据，实现民生服务从“被动应对”到“主动服务”转变。通过智慧管理，有效提高对群众需求的预判能力、对资源布局合理配置的规划能力、对供需关系精准对接的调度能力，加强对民生实事的预警分析、问题剖析、联动协调和长效管理。

四、聚焦常态长效，持之以恒抓实抓好民生工作

（一）健全资金保障机制。下城区坚持把民生实事作为财政优先保障重点，集中资源办好民生实事。2020年，区财政民生支出占比超过80%。民生实事投入力度不断加大，全年10件区级实事投入资金30.14亿元，为近几年实事投入最大值。坚持“花钱必问效、无效必问责”原则，规范项目审计，合理统筹项目资金，提高资金使用效益，确保各项目预算及资金运行规范、制度健全，外包服务招标符合程序及协议合规合法。

（二）优化绩效评估机制。下城区建立自评、综评、民评的绩效联评机制，定期开展自查自评，实施“每月小结、双月报表、季度通报、半年自查、年度总结”，切实查漏补缺。完善综合考评体系，将全部民生实事项目纳入年度综合考评，以激励加分制取代扣分制，充分调动全区办好实事的积极性。深入开展民评民议，建立以居民满意度为主要考核指标的评价体系，邀请居民参加民生实事的过程督查和年度评价，广泛开展民生实事项目绩效社会调查。

（三）完善长效管理机制。下城区坚持把完成项目建设作为推进民生实事工作的上篇，把建立完善长效管理机制作为下篇，高度重视项目的后续管理。在麒麟街小区综合改造提升中，拓展社区公共服务空间，新增公共服务场地850多平方米，着力服务于养老助残幼托等民生领域，在改善居住环境的同时，赋予老旧小区新的功能。在校园建设过程中，编制《校园建设设计导则》，规范硬件办学条件。结合残疾人家庭无障碍改造，建立健全并严格执行质量保证金制度，在质保期内为残疾人提供保修服务，以解除残疾人的后顾之忧。

（程少华）

4 大事记

1月

3日 中共杭州市下城区委十届七次全体（扩大）会议在区行政中心举行。会议回顾2019年工作，部署2020年任务。区委书记刘颖代表区委常委会向全会做题为《认真学习贯彻党的十九届四中全会精神，提高政治站位，扛起责任担当，高水平推进中心城区治理现代化》的工作报告。

7日 第七届下城区道德模范（“感动下城”公德人物）颁奖仪式在杭州文广集团演播厅举行，区委书记刘颖，区委副书记、区长柴世民等为道德模范、道德模范提名奖获得者颁奖。

8日 区委召开2019年度全区综合考评绩效陈述会议，对全区63个单位进行绩效测评。8个街道和区法院、区委宣传部等单位做绩效陈述。

9日 副省长陈奕君一行到下城区朝晖新村四、六小区农贸市场，杭州世纪联华和平广场店检查春节前食品安全工作，省市场监管局局长冯水华、杭州市副市长胡伟陪同检查。

10日 下城区“不忘初心、牢记使命”主题教育总结大会在区行政中心会堂召开，区委书记、区委“不忘初心、牢记使命”主题教育领导小组组长刘颖做总结讲话，市委第二巡回指导组组长戚建国出席并讲话。

△ 下城区2020年“春风行动”动员大会召开。“春风行动”在下城区开展20年，累计募集善款1.84亿元，帮助困难家庭6.64万户（人次）。

13日 下城区召开2019年老旧小区综合改造提升试点项目现场交流会暨2020年全区旧改工作推进会，区委副书记、区长柴世民出席并讲话。

15日 市人大常委会主任于跃敏到下城区慰问老人公寓老人、困难党员、困难群众和基层信访干部。

△ 下城区召开2019年度全区基层党建和人才工作述职评议会，区委书记刘颖出席并做点评，市委组织部副部长、公务员局局长仰中旻到会并讲话。

16日 中国人民政治协商会议第五届杭州市下城区委员会第四次会议开幕（18日闭幕）。

17日 下城区第十五届人民代表大会第四次会议开幕（19日闭幕）。

19日 “潮起武·新耀下城”下城区夜间经济十大示范创建项目启动仪式在武林广场举行。省商务厅厅长盛秋平、杭州市副市长胡伟出席并致辞。

20日 2020下城区新春团拜会在区文体中心举行。区委书记刘颖代表区四套班子领导向全区人民，向各民主党派、工商联、无党派人士和各人民团体，向社会各界人士致新春贺词。

21日 下城区新冠肺炎疫情防控工作专题会议召开。会议要求全员全域上下一心，全力做好疫情防控工作。

23日 区四套班子领导与区文联艺术家到基层社区送新春祝福。

27日 下城区新冠肺炎疫情防控工作领导小组会议召开，传达贯彻习近平总书记在中共中央政治局常务委员会会议上的重要讲话精神和省委、市委常委会会议精神，听取全区疫情防控工作情况汇报，进一步部署疫情防控工作。

31日　区四套班子领导带队到社区（经济合作社）、农贸市场、超市、楼宇、蓝领公寓、安置房项目工地明察暗访，检查新冠肺炎疫情防控举措落实情况。

2月

3日　区委常委会会议召开，会议研究部署新冠肺炎疫情防控工作。

6日　下城区新冠肺炎疫情防控措施升级，全区所有小区、居民楼道采取区域性硬隔离、大包围式封闭等管制措施，小区出入口从1000个削减到260多个。

7日　下城区新冠肺炎疫情防控工作领导小组会议召开，区委书记、区防控工作领导小组组长刘颖主持会议，听取全区疫情防控情况和企业、工地复工情况汇报，研究部署全区严格防控有序复工工作。

10日　下城区实行企业复工申报备案制，未经审核同意一律不得擅自复工。

△　新冠肺炎疫情防控期间企业复工第一天，区委书记刘颖到杭州喜得宝集团有限公司、杭州世纪联华超市庆春店检查疫情防控和复工工作。

11日　市委常委、组织部部长毛溪浩到下城区现代景苑小区，看望慰问奋战在抗疫一线的干部群众，督查疫情防控和党建工作。

12日　区委召开新冠肺炎疫情防控工作领导小组会议，传达学习习近平总书记有关新冠肺炎疫情防控工作的重要讲话和省委、市委关于疫情防控工作的要求，研究制定《关于调整“防控疫情、人人有责”十项措施的通告》等文件。

19日　区委书记刘颖专题调研全区疫情防控和经济发展工作，围绕大型商业综合体开放和做好稳外贸、稳外资等工作，赴银泰百货武林店等重点企业检查指导。

△　新冠肺炎疫情防控工作日调度视频会议召开，区委副书记、区长柴世民参加会议听取各街道关于居家隔离、企业复产复工及健康码普及应用等情况汇报，对下一步疫情防控和复工复产工作提出要求。

21日　下城区出台新冠肺炎疫情期间助力企业复工“暖心十条”，帮助企业复工。

△　下城区政府与日本株式会社东京电视台通过互联网终端，分别在杭州和东京远程签署“都之漫项目”投资合作协议书。

23日　区委书记刘颖带队专题调研全区工地复工疫情防控精密智控工作，实地检查“杭州中心”项目、“锦绣华府”项目、草庵安置房等项目。

24日　下城区召开全区统筹推进新冠肺炎疫情防控和经济社会发展工作部署会议，深入学习贯彻习近平总书记在统筹推进新冠肺炎疫情防控和经济社会发展工作部署会议上的重要讲话精神。

26日　省政协副主席、民建省委会主委陈小平到下城区检查新冠肺炎疫情防控和复工复产工作。

△　市委常委、纪委书记、监委主任陈擎苍到下城区开展“走亲连心三服务”助力企业安全有序复工复产活动。

27日　省人大常委会副主任姒健敏带队赴下城区开展督查工作，考察区疫情防控指挥部、杭州汽轮机股份有限公司、重点工程复工项目现场（恒隆广场）、银泰百货武林店，听取下城区情况汇报。市人大常委会副主任罗卫红陪同。

3月

3日　下城区“战疫情，促发展”工作推进视频会议召开，会议全面落实省委、省政府和市委、市政府决策部署，部署实现新冠肺炎疫情防控和经济社会发展“两手都要硬、两战都要赢”各项工作。

6日　下城区2020年一季度扩大有效投资重点项目集中开工和重点招引项目集中“云”签约活动举行。

9日　杭州中国丝绸城步行街入选浙江省级高品质步行街建设试点。

11日　下城区“逆风疾驰，云享车惠”中国（杭州）汽车文化精品街区2020年春季“车享节”开幕。活动现场发布《绍兴路汽车精品街区促进消费十项措施》。

16日　中共中央办公厅、国务院办公厅复工复产调研浙江组到银泰百货武林店检查疫情防控和复工复产情况。市委常委、常务副市长戴建平陪同。

17日　区纪委十届五次全体（扩大）会议召开，会议总结2019年党风廉政建设和反腐败工作，研究部署2020年工作任务。

20日　下城区深入推进全国街道服务管理创新实验区创建暨和谐社区建设表彰大会召开，会议总结2019年工作，表彰先进集体和个人，部署2020年主要任务。

24日　下城区党建工作会议召开，会议表彰2019年度党建工作先进集体和个人，部署年度主要工作任务。

27日　下城区重大项目推进“百日攻坚”暨创建旧改示范城区动员大会召开。

28日　“浙里来消费·万企联动促万亿消费”发布会暨“云购武林”启动仪式在杭州武林商圈举行。

30日　下城区“聚焦群众需求，破解3岁以下婴幼儿照护难题”工作获评杭州市改革创新最佳实践案例。

4月

1日　下城区与浙江省通信产业服务有限公司框架合作协议签约。双方加大在5G网络、区块链服务网络等“新基建”及老旧小区改造等领域的合作。

9日　区委书记刘颖到杭州京都小学、杭州长寿桥小学、杭州市青蓝小学、杭州市艮山中学实地督查疫情防控和开学复课准备工作。

△　区委理论学习中心组学习会举行，专题学习习近平总书记在浙江、杭州考察时的重要讲话精神。

13日　下城区精神文明建设委员会全体（扩大）会议召开。

△　下城区安全生产和消防工作会议暨创建安全发展示范城区推进会召开，会议通报2019年部门和街道安全生产和消防安全目标责任制考核结果，部署2020年相关工作。

14日　下城区被省委、省政府命名为“平安区”，并授予“一星平安金鼎”。

15日　市委副书记、代市长刘忻一行到杭州汽轮机股份有限公司、下城区数字经济产业园展示中心、杭州浮云网络科技有限公司、银泰商业（集团）有限公司、杭州恒隆广场项目考察。

20日　区委书记刘颖在区行政中心会见贵州省黔东南苗族侗族自治州黎平县考察团。

21日　省政协主席葛慧君到下城区东新街道新颜苑社区调研杭州同心少数民族政协委员会客厅。

22日　区委书记刘颖，区委副书记、区长柴世民到树兰（杭州）医院、杭州市红十字会医院看望慰问援鄂医务人员。

23日　杭州地铁5号线后通段开通，下城区域内设车站6座。

28日　下城区庆祝“五一”国际劳动节暨先进表彰大会在区行政中心举行。

29日　下城区产权交易服务云平台正式上线，平台由下城区和阿里拍卖平台合作推出。

5月

7日　平安下城建设暨深化城市大脑工作推进视频会议召开。会议表彰2019年度全区平安下城创建和城市大脑建设工作先进集体和个人，部署全区政法工作争先创优工作，研究完善中心城区治理现代化的数字系统解决方案。

△　下城区“山凤凰”关爱基金募捐活动在区行政中心举行。

8日　市政协主席潘家玮一行到下城区武林街道调研市政协委员工作站工作及稳外贸、稳外资、保基层运转等情况。

△　市委常委、组织部部长毛溪浩到下城区调研党建引领社区治理工作，并召开座谈会。

9日　下城区作风建设暨综合考评工作大会召开，大会表彰2019年度全区作风建设和综合考评工作先进集体和个人，部署全区作风建设和综合考评工作。

11日　下城区潮鸣街道体东社区助残员王盛蕾被市委宣传部、市残疾人联合会和团市委评为第三届“最美杭州人·十佳残疾人”，下城区朝晖街道黄飞华爱心车队被评为杭州市第四届“最美助残志愿者（助残人）”。

12日　下城区2020年第一轮“互看互学”大比武活动举行。区四套班子领导分两组考察8个街道和区相关部门12个比学赶超活动考察点，并召开工作点评会议。

13日　市人大常委会副主任陈红英、罗卫红一行到杭州大厦检查下城区无障碍环境建设情况。

15日 杭州第十四中学教育集团艮山中学揭牌仪式在杭州市艮山中学举行，杭州第十四中学与杭州市艮山中学签订名校集团化办学协议。

△ 国脉研究院发布《第二届（2020）长三角地区营商环境发展水平评估报告》，下城区获评“2019年长三角地区营商环境的十佳政务机构”。

19日 下城区“美丽下城”创建暨“城市环境大整治、城市面貌大提升”百日集中攻坚行动动员部署会召开。

△ 下城区党建引领社区治理全市试点工作动员会召开。会议强调高质量推进新时代基层党建工作，积极探索具有下城特点、杭州特色的新时代党建引领社区治理新路径，形成可复制可推广的经验做法。

21日 市委副书记、市长刘忻到流水北苑调研老旧小区综合改造提升工作。

22日 下城区行政服务中心新办事大厅启用，新办事大厅位于香积寺东路58号。

△ 下城区政务服务2.0改革推进现场会在区行政服务中心举行。

26日 下城区“亲清直通车·政企恳谈会”召开，商贸、金融、文创、数字经济、中介服务和制造业的企业家代表参加交流。

27日 区委书记刘颖召集部分社区组织负责人、居民骨干代表，实地考察流水北苑老旧小区综合改造提升项目、河埒上“美丽小巷”建设情况，并召开全区党建引领社区治理专题座谈会。

30日 “我文明、我守规、我安全”交通安全文明出行活动启动仪式在武林广场举行。市委副书记、政法委书记张仲灿，省公安厅副厅长、市委常委、公安局局长金志，副市长缪承潮，市政协副主席、市工商联主席冯仁强等出席启动仪式。

△ “战疫情促发展主题巡演千里行”首演暨下城区公益慰问演出在杭州剧院举行，市委常委、宣传部部长戚哮虎，区委书记刘颖等出席，并向医护代表赠送“情暖战疫英雄”下城文化消费大礼包。全市“战疫”一线医护人员代表及其子女400多人观看大船文化艺术启蒙魔术剧《美术馆奇妙夜·星夜》。

6月

1日 省委常委、组织部部长黄建发，市委副书记张仲灿到杭州市胜蓝实验小学参加浙江省暨杭州市庆“六一”主题队日活动，并向全省少年儿童致以节日的祝福。

2日 市人大常委会副主任徐小林到下城区调研预算联网监督和预算草案“三审”制工作情况，征求《杭州市“城市大脑”赋能城市治理促进条例（征求意见稿）》意见建议。

4日 杭州经纬创意产业园人才驿站成立，驿站提供咨询管理、学习活动、资本运作、价值管理、文化娱乐等服务。

5日 妃鱼（浙江）网络科技有限公司落户下城签约仪式在区行政中心举行。妃鱼（浙江）网络有限科技公司在下城区设立二手奢侈品直播基地、办公及培训总部。

△ 开封市委书记侯红率领的开封市党政代表团一行到下城区潮鸣街道小天竺、知足弄社区考察老旧小区综合改造情况。市委副书记、政法委书记张仲灿，区委书记刘颖陪同考察。

7日 “非遗”乐购嘉年华暨2020年下城区“文化和自然遗产日”“非遗”宣传展示活动在西湖文化广场举行。

7—13日 下城区社科普及周开幕，普及周采取网络课堂模式，普及科学防诈骗、生命健康、5G应用等知识。

8日 万家星城、灯芯巷试点社区发布数字驾驶舱建设成果，杭州首个社区智治在线平台在下城区上线。

△ 下城区智慧社区服务社会组织公益嘉年华节活动在浙江展览馆举行，8个街道20多个社会组织参与智慧社区服务展示，展示智慧养老、电商扶贫、云上课堂、智慧托育等内容。

9日 下城区与阿斯利康投资（中国）有限公司在第二十二届中国浙江投资贸易洽谈会上签署中国东部总部合作协议。

11日 市人大常委会主任于跃敏、副市长王宏带领2020年市政府民生实事项目第八监督组到下城区北景园居家养老服务中心、下城区电竞数娱小镇人大代表联络站视察养老领域民生实事项目。

△ 下城区“情暖战疫英雄”公益慰问演出基层一线专场在新

天地太阳剧场举行。

12日 "遇见下城·乐游武林"下城区都市旅游精品线路发布会暨武林艺术商圈联盟成立仪式在杭州嘉里中心举行。

13日 "未来留'下'·筑梦杭'城'——杭州市百家人力资源机构服务大学生'双创'活动"在浙江展览馆举行。全国10多所高校"双创"代表、杭州市知名人力资源机构代表200多人参加。

15日 武林路国际商业街区党群服务驿站开馆，区委组织部("两新"工委)、区商务局组织"两新"党员开展"七彩夜市、红动武林"带货直播活动。

22—23日 区委书记刘颖带队到贵州省黔东南苗族侗族自治州黎平县落实扶贫协作工作，并召开下城区·黎平县东西部扶贫协作联席会议。

28日 下城区统一战线庆祝中国共产党成立99周年暨"同心善治"建名区专项行动启动仪式在"杭州网"直播室举行。

29日 下城区庆祝中国共产党成立99周年暨党建共建大会在浙江展览馆召开。会上为获得"干事创业好团队""担当作为好干部""优秀党建联盟"称号的单位和个人颁奖。

7月

2日 2020年度第二批重点招引项目集中签约仪式在区行政中心举行，签约项目19个，总投资101亿元。项目涵盖"新基建"、"大健康"、创新技术应用等行业和领域。

△ 2020年度第二批重点项目集中开工活动暨杭钢市场地块安置房开工仪式举行，第二批集中开工重点项目15个，总投资128.63亿元。

3日 全区攻坚克难保发展重点项目推进、信访积案化解暨重大建设项目"百日攻坚"总结专题会议在区行政中心召开。区委书记刘颖主持并讲话。

6日 区委副书记、区长柴世民主持召开专题会议研究部署全区夜间经济、"直播经济"相关工作。

7日 "战疫·先锋——纪实故事油画展"在区行政中心展出。作品以下城区在抗击新冠肺炎疫情期间发生的故事为创作素材，以艺术的形式再现医务人员、社区工作者、武林大妈等社会各界人士众志成城、抗击疫情的感人事迹。

8日 中共杭州市下城区委十届八次全体(扩大)会议在区行政中心举行。区委书记刘颖代表区委常委会向全会做题为《坚决扛起省会城市核心城区的使命担当，奋力当好建设"重要窗口""头雁战队"排头兵》工作报告。

10日 首届"青春协和—业委会里的后浪"主题论坛暨杭州市青年业委会委员联谊会成立活动在下城区举行。市委副书记、政法委书记张仲灿出席并讲话。

△ "忆江南，夜杭州"杭州仲夏夜嘉年华在新天地开幕。活动现场公布杭州首批"十大夜地标"，下城区延安路特色商业夜地标入选。

△ 下城区首家"百姓健身房"在东新街道东新园社区免费对居民开放。

17日 下城区书法家协会成立暨第一次会员代表大会在区行政中心召开。大会选举产生区书协第一届理事会和主席团。

17—19日 浙江省外贸优品进商场暨下城区外贸企业进商圈活动启动仪式在武林广场举行。

22日 下城区政府与中国银行浙江省分行签订《全面深化金融业务服务合作协议》。中国银行浙江省分行5年内向下城区提供500亿元的各类融资支持。

△ "张富清"党员工作站成立仪式暨长庆街道"老青互助"驿站成立活动在下城区长庆街道王马社区举行。"张富清"党员工作站开启政企党建共建新模式、为民服务新平台。

24日 下城区夜间经济示范创建项目"夜武林"嘉年华之城中里巷开街仪式在嘉里中心举行。区委副书记、区长柴世民参加开街仪式。

28日 下城区庆祝中国人民解放军建立93周年暨"最美退役军人"发布仪式在区行政中心举行。区委书记、区委退役军人事务工作领导小组组长刘颖出席并致辞。

29日 市人大常委会主任于跃敏，市委常委、宣传部部长戚哮虎，市委常委、常务副市长戴建平，市委常委、公安局局长金志带领市"亚运城市行动"比学赶超活动第三组到武林亚运文化空间——"武林大妈"亚运志愿服务亭暨"武林大妈"微笑亭、亚运城市广场(武林广场)考察。

30日 市委常委、组织部部

长毛溪浩到中国联通有限公司杭州分公司、下城区灯芯巷社区江山弄小区调研社区换届、党建引领基层治理等工作。

8月

8日 杭州市全民健身日下城赛区趣味挑战赛在下城区体育馆举行，100多名运动员参加。

14日 下城区第二轮“互看互学”大比武活动暨社区书记工作交流会在区行政中心举行。会前，对8个街道党建引领社区治理试点工作推进情况进行实地考察，部分社区党委书记进行大会交流发言。

21日 下城区召开无障碍环境建设暨“污水零直排区”创建工作推进大会，区委书记刘颖出席并讲话。

23日 下城区卫健系统庆祝第三个“中国医师节”表彰大会暨文艺会演举行。

25日 区委理论学习中心组（扩大）学习会在区行政中心召开，学习会邀请省委党校教授吴锦良做关于“读懂《习近平谈治国理政》第三卷”专题辅导报告。

25—31日 “2020氧气音乐节”在新天地活力PARK举行。

27日 中国杭州国际人力资源峰会在下城区召开。市委常委、组织部部长毛溪浩出席并致辞。下城区与2家创新型国际知名人力资源服务机构负责人签署意向入驻协议。

△ 下城区民政大会在区行政中心召开，会议以“推进新时代民政事业高质量发展”为主题。区委书记刘颖出席并讲话，区委副书记、区长柴世民主持会议。

△ 下城区长庆街道御跸社区网格长郑红亚获“全省优秀网格员”称号。

28日 “请你来协商”——“实施‘双引擎’发展战略推进下城区数字经济发展”专题协商会在区行政中心举行。10位区政协委员、智库人员及企业代表做协商建言。

28—31日 第十三届杭州艺术博览会在浙江展览馆举行。

31日 第十四届中国国际女装设计大奖赛启动（11月25日举行总决赛）。

9月

1日 下城区组织开展“最美小区”环境秩序专项督查活动。

3日 杭州市区域性汽车维修工职业技能竞赛在下城区举行。全市37家汽车维修企业465名选手参赛。

8日 副省长王文序到下城区天水街道灯芯巷社区和东新街道数字驾驶舱开展社区治理工作专题调研，并在东新街道举行座谈。省政府副秘书长徐晓光、省民政厅副厅长江宇等陪同调研。

9日 下城区庆祝第36个教师节大会在区行政中心召开。会上，区领导为获奖先进单位和个人代表颁奖，并举行合作签约仪式。钟南山创新工艺基金会小院士创新班授牌，杭州下城“跨虹桥”教育联盟成立。

10日 市人大常委会主任于跃敏到下城区走访市人大代表和人大代表联络站，了解代表履职和联络站建设情况，听取对“十四五”规划编制工作的意见建议。

△ 下城区召开2020年重点工作、重点项目“百日冲刺”专项行动动员大会。

△ 华东医药股份有限公司、杭州东恒石油有限公司、泰地控股集团有限公司入选2020年中国民营企业500强。

11日 市委常委、纪委书记、监委主任陈擎苍到下城区调研督导社区组织换届工作并召开座谈会。

12日 “东恒杯”首届长三角水上运动节暨杭州武林运动时尚嘉年华活动在杭州城北体育公园开幕，来自长三角地区21个城市300多名运动员参加比赛。

15日 下城区港资企业服务中心成立，下城区政府与香港贸发局杭州代表处签署战略合作协议。

17日 民政部副部长王爱文带队到潮鸣街道社会治理综合服务中心调研全国街道服务管理创新实验区建设情况，对下城区推进街道、社区政务信息标准化及为民服务精准化方面取得的新经验、新成果给予充分肯定。

24日 下城区第三批重点项目集中开工活动暨杭州北景园生态公园电竞场馆开工仪式在电竞场馆工地举行。第三批集中开工重点项目11个，总投资205.15亿元。

24—27日 浙江国际进口（武林洋淘）博览会在浙江展览馆、武林商圈举行。主展区设置在浙江展览馆内，分展区与武林商圈国际商业中心和商业综合体进行联动。

25日　下城区举办各界人士中秋茶话会。区领导、区有关单位、下城区社会各界代表参加。

26日　下城区"问家长里短，护邻里平安""武林大妈"志愿服务项目在首届浙江志愿服务展示交流会暨项目大赛中获浙江省志愿服务大赛银奖。

27日　学习《习近平谈治国理政》第三卷暨"我最喜爱的习总书记的一句话""潮说武林"青年宣讲大赛在区行政中心举行。

28日　第十六届中国国际动漫节下城分会场活动在新天地活力PARK街区举行（10月4日结束）。

10月

12日　下城区"国际减灾日"主题宣传活动暨建筑工地脚手架坍塌高处坠落应急救援演练在杭州新天地举行。

14日　省委第三巡视组对下城区开展巡视工作。在区行政中心召开区委巡视工作动员会议。区委书记刘颖主持并做表态发言。市委常委、宣传部部长戚哮虎参加会议（12月11日结束）。

20日　长三角党建引领小区治理研讨会在浙江展览馆举行，研讨会由浙江日报报业集团和下城区委共同主办，浙江省党建研究会会长、浙江省人大常委会原副主任王永昌出席并讲话。区委书记刘颖，浙江日报报业集团编委、浙江共产党员杂志社总编辑褚定华分别致辞。省委组织部、省民政厅、市委组织部等单位相关负责人，以及来自上海、江苏、安徽、浙江4地党刊负责人，上海市金山区、南京市秦淮区、宁波市海曙区、舟山市普陀区、芜湖市南陵县的组织部门、有关街道（乡镇）负责人等参加。

26日　下城区庆祝浙江省第24个环卫工人节活动在浙江展览馆举行。区领导为环卫系统先进集体和个人颁奖。

29日　下城区第三批重点招引项目集中签约仪式举行。集中签约项目19个，总投资140多亿元，项目涉及创新金融、区块链、总部经济、文化创意、新零售等行业和领域。

30日　区委召开全区领导干部会议，传达学习中共十九届五中全会精神，就全区学习宣传贯彻工作进行部署。

△　第十四届杭州文化创意产业博览会下城分会场亚洲生活创新展在浙江展览馆举行（11月1日结束）。

31日　全国啦啦操联赛（杭州站）暨"全民健身·相约杭州"杭州市第五届啦啦操公开赛在杭州城北体育公园网球中心举行。

△　"全民健身·共享亚运"杭州毅行大会暨绿道毅行系列活动（下城区分会场）在杭州城北体育公园举行。

11月

3日　全国街道体制改革和服务管理创新经验现场专题交流会在浙江展览馆举行。

△　中国版协年鉴工作委员会主任王守亚、常务副主任鲍海春到下城区调研年鉴编纂工作。

6—8日　"一路向东、乐趣同享"绍兴路中国（杭州）汽车文化精品街区2020年秋季车享节在绍兴路汽车精品街举行。

8日　区委、区政府主办的"数智未来"院士论坛暨院士工作站揭牌仪式在杭州国际博览中心举行。仪式上，航天科工广信智能技术有限公司发布最新的慧石物联网中台产品、"1+4+N"平台战略，论坛同时举办智慧城市发展趋势交流座谈会。

10日　武林大巡游活动在延安路武林银泰至凤起路段举行，11辆花车、11个表演方阵和1200名演员参加巡游。

13日　下城区疾控中心主任医师寿钧，石桥街道天堂园社区党委书记、居委会主任包福英，区城管局环卫保障中心环卫工人陈国敏被评为省抗击新冠肺炎疫情先进个人，文晖街道现代城社区党委被评为省先进基层党组织、省抗击新冠肺炎疫情先进集体。

15日　下城区社区党组织换届选举工作完成，75个社区产生新一届党组织班子成员。

16日　市公安局交通警察局下城大队东新中队成立，驻地为下城区白石巷256号。

△　杭州市首批城市青年音乐角试点在西湖文化广场、新天地活力PARK启动，音乐角以"周周有表演"为目标定期开展各类文艺演出。

19日 “新消费，醉杭州”杭州休闲购物节启动暨杭州中国丝绸城省级高品质步行街开街仪式在杭州中国丝绸城举行。

△ 杭州市举行见义勇为先进表彰暨见义勇为工作会议，个体经营户黄三荀被市政府记二等功。

20日 “2020年杭州市全民终身学习活动周暨下城区终身教育超市”开幕式在浙江展览馆举行。

22日 杭州马拉松在下城区武林广场鸣枪开跑，近1万名运动员参加比赛。

24日 区公安分局党委委员、三级高级警长叶英被评为全国先进工作者。

25日 第十四届中国国际女装设计大奖赛总决赛暨颁奖晚会在新天地太阳马戏剧院举行。

27日 第四批重点项目集中开工活动暨杭州银行金融科技大厦开工仪式举行。集中开工重点项目15个，总投资186.32亿元。

12月

1日 杭州抗击新冠肺炎疫情总结表彰大会召开。下城区长庆潮鸣街道社区卫生服务中心副主任姜演君等21人被授予“杭州市抗击新冠肺炎疫情先进个人”称号，下城区天水武林街道卫生服务中心党总支等9个集体被授予“杭州市抗击新冠肺炎疫情先进集体”称号，同时表彰一批杭州市优秀共产党员和杭州市先进基层党组织。

2日 市人大常委会副主任、市村社组织换届领导小组副组长陈红英一行到下城区开展社区组织换届工作第二轮督导。

△ 杭州市委宣讲团到下城区宣讲中共十九届五中全会精神。

4日 全市深化城市基层党建工作暨党建引领社区治理试点成果交流现场会在下城区举行。中央第四巡视组巡视专员李进出席会议，市委常委、组织部部长毛溪浩出席并讲话。副市长缪承潮主持，区委书记刘颖出席。

△ 下城区“三和交流室——志愿服务助推社区治理”项目获第五届中国青年志愿服务项目大赛金奖。

11日 杭州市文史研究馆在下城区市级文物保护单位吴宅开馆。文史研究馆总面积约3200平方米，展陈面积1000平方米，设4个常设展厅和1个学术报告厅。

14日 杭州市区县（市）协作第二协作组第二轮第五次联席会议视频会议召开。下城区向临安区移交区市协作资金3400万元。

△ 区政府组织开展安全生产（消防安全）检查。区长柴世民和副区长分组到杭州武林美术馆、“杭州中心”等在建项目工地、商场、危险化学品生产企业检查督导安全生产责任制落实、隐患排查整改、安全教育培训等情况。

15日 “创投汇智·下城区创新创业大赛”暨第三届天使梦想基金创业大赛总决赛在区国投大厦举行。大赛采用“社会资本+政府基金”共同投资的模式，发挥区政府产业基金的助力作用。

16日 中共下城区委十届十次全体（扩大）会议在区行政中心召开，区委书记刘颖代表区委常委会向全会做题为《深入学习贯彻党的十九届五中全会精神，奋力开启高质量发展高品质生活新征程，争创社会主义现代化国际大都市一流核心区》的工作报告。会议审议通过《下城区国民经济和社会发展第十四个五年规划和二〇三五年远景目标的建议》。

18日 下城区第四批重点招引项目集中签约仪式在区行政中心举行。签约项目20个，总投资252亿元，项目涵盖金融、生命健康、生物医药等产业。

19日 下城区75个社区完成居委会换届选举，选举产生新一届社区居委会班子成员。

21日 下城区被省自然资源厅评为“浙江省级国土资源节约集约模范县（市、区）”。

22—23日 区政府邀请200多名人大代表、政协委员视察民生实事及重点项目完成情况。

22—24日 区管干部学习贯彻党的十九届五中全会精神轮训班在区行政中心举行。区委书记刘颖做开班动员和专题辅导。

28日 下城区民营医美企业瑞丽医美国际控股有限公司在香港证券交易所主板上市。

28日 “武林大妈”浙人医工作室在浙江省人民医院挂牌。

31日 下城区抗击新冠肺炎疫情总结大会在区行政中心举行。会议总结下城区抗疫工作，表彰各类先进。浙江省抗击新冠肺炎疫情先进个人、省人民医院重症医学科副主任杨向红等11名宣讲员讲述抗疫先进事迹，区委书记刘颖出席并讲话。

5 区情概览

综 述

【历史沿革】 秦王政二十五年(前222年),秦灭楚推行郡县制,置钱唐县,下城区境域(下称境域)为其北境。西汉元始四年(4年),改钱唐县为泉亭县,境从。东汉建武元年(25年),复钱唐县,境从。三国两晋南北朝时期,钱唐县属吴国,隶扬州,境从。南朝陈祯明元年(587年),置钱唐郡,下城属之。隋开皇九年(589年),改钱唐郡为杭州。五代后梁龙德二年(922年),吴越割钱塘、盐官两县各半及富春(今富阳)县之长寿、安吉二乡置钱江县,县治设在武林门内梅家桥(今天水街道梅东高桥)南,境域为县行政中心始。北宋太平兴国四年(979年),改钱江县为仁和县,迁仁和县治于招贤坊(今百井坊巷)。南宋建炎三年(1129年),高宗赵构南渡杭州,升杭州为临安府。元至元十四年(1277年),改临安府为杭州。至正二十六年(1366年)朱元璋攻占杭州,置浙江等处行中书省,治杭州府。清康熙元年(1662年),改浙江承宣布政使司为浙江省。民国元年(1912年)2月,废杭州府并钱塘、仁和两县为杭县,县府设井亭桥东堍,境域隶属于杭县城区。民国2年(1913年)3月,浙江省警察厅调整警务区域范围,划杭州为5区,下城区境域隶属第二区。民国16年(1927年)5月,划杭县所属之城区、西湖、会堡、湖墅、皋塘、江干六区置杭州市,境域隶属城区。民国17年(1928年)8月,杭州市实施街村制,城区划分为东南、中东、东北、西北、中西、西南街,下城区境域隶属东北街、西北街;同年11月,街村制修正为村里制,下城区境域隶属东北里、西北里。民国19年(1930年)杭州市划13个区,境域为第五、第六区。民国23年(1934年),杭州市将13区裁撤为8区,原第五区、第六区合并为第三区,境域隶属第三区。民国26年(1937年)12月,日本侵略军占领杭州,成立汪伪杭州市政府,全市改8个区为7个区,并在区以下设坊公所,境域隶属第三区。民国34年(1945年)9月,抗日战争胜利后,市辖区划为8个(3个城区、5个郊区),境域隶属第三区。1949年5月3日杭州解放,杭州市区恢复8个区,撤销坊建制,境域仍隶属第三区,6月建下城区,其地为南宋临安城北境,杭人习谚南上北下,区名或得自此。1949年8月,下城区政府改称区公所,辖135个居民区。翌年6月,下城区公所撤销,原辖之居民区划归地区派出所管辖。1952年11月10日,下城区建制恢复,并划入艮山辖区流水桥公安派出所所辖河坪上、艮山上、西俞家桥、沙田里、闸弄口、流水桥6个居民区,辖区居民区增至141个。1954年8月,城区建街道,区辖竹竿巷、孩儿巷、武林路、体育场路、打枝巷、忠清巷、健康路、海狮沟、东街路、艮山门、潮鸣寺巷11个街道。1957年4月,杭州市撤销中城区,将横河桥、小米巷街道划入下城区管辖,区辖街道增至13个。同年12月5日调整合并街道,区辖孩儿巷、武林路、打枝巷、忠清巷、东街路、健康路、潮鸣寺巷、横河桥8个街道。1960年4月改称下城区人民公社,将原8个街道裁撤成立武林（原孩儿巷、武林路街道合并）、天水（原打枝巷街道）、长庆（原忠清巷、健康路街道合并）、潮鸣（原潮鸣寺巷、东街路街道合并）、横河（原横河桥街道）5个分社。1961年复称下城区人民政府。1962年2月，分社改称为公社。1962年5月，恢复街道称谓，下城区所辖5个公社恢复调整为天水桥、长庆街、潮鸣寺、艮山门（从潮鸣分社分出重建）、武林路、横河桥6个街道。1963年12月，横河桥街道划归上城区管辖，区辖街道减至5个。1964年4月，天水桥、长庆街、潮鸣寺、艮山门、武林路街道，分别改名为天水、长庆、潮鸣、艮山、武林街道。1968年5月改称下城区革命委员会，所辖5个街道亦改称街道革命委员会。1969年4月，杭州市革命委员会撤销西湖区，其所辖北山街道划入下城区革委会。1972年12月，西湖区建制恢复，北山街道复划回西湖区管辖。1980年9月复称下城区，街道从之。1982年3月，朝晖街道成立，12月4日，西湖区上塘公社河西、朝阳、黎明三个生产大队划入下城区朝晖街道管辖，区辖天水、长庆、艮山、武林、朝晖、潮鸣6个街道。1996年12月，拱墅区东新街道、石桥乡划入下城区管辖，区辖天水、长庆、东新、艮山、武林、朝晖、潮鸣7个街道和石桥乡。1999年7月，东新街道、石桥乡建制撤销，以原石桥乡、东新街道的行政区域建立石桥镇，区辖6个街道1个镇。2004年7月，石桥镇建制撤销，设立石桥、东新、文晖3个街道；潮鸣、艮山街道撤销，设立新的潮鸣街道。下城区辖天水、武林、长庆、潮鸣、朝晖、文晖、东新、石桥8个街道。

【地理位置和面积】 下城区位于杭州市城区中心。地理坐标为北纬30°15′37″～30°21′13″，东经120°08′48″～120°12′22″。东以北横港、杭笕港、沪杭铁路、贴沙河与江干区为界；北、西以上塘河、长板巷、夹城巷、古河巷、叶青兜路、京杭运河并环城北路与拱墅区相邻；西以环城西路与西湖区毗连；南以庆春路与上城区相接。境域东西最大距离4.1千米，南北最大距离9.8千米，总面积31.46平方千米。其中：陆地面积29.67平方千米，占94.3%；水域面积1.79平方千米，占5.7%。

【地貌和水资源】 下城区境域属浙北平原中的滨海平原，在海积、江积、湖积作用下形成。地表土质多为粉砂质黏土、潮土，黄斑田，pH值（H_2O）6.5，有机质8.64～29.04克/千克，宜植水稻与桑麻。地表以下15～50米有5个主要持力层，适宜各种大小型或重型建筑、高层建筑项目布局。京杭运河经拱墅区入境，水面开阔，风平浪静，昔为漕运所经，今运输益忙，境西有其客运轮船码头。上塘河、备塘河、石桥港、颜家漾、贴沙河、中河、东河、桃花港纵横贯穿，水流平缓，常年水位1.35～6米。俱舟楫灌溉养殖之利。近年河岸广植花木，成为人们休闲游览的宝地。地下水为孔隙潜水、承压水。含水层为全新世的海积、湖沼积及冲—海积层，地表5～8米赋存淡水，民用井出水量小于10立方米/天，水质尚优。

【气候】 下城区地处亚热带季风区。四季分明，日照充足，雨量丰沛。一年中，随着冬、夏季风逆向转换，天气系统、控制气团和天气状况的变化，形成春多雨、夏湿热、秋凉冬冷的气候特征。1月最冷，均温3.6℃；7月最热，均温28.7℃。盛夏酷暑时节，部分高楼密集处有热岛效应。秋冬多雾霾，且呈增长趋势。日照充足，年日照数1899.9小时，无霜期250天左右。雨量丰沛，年雨日130～160天，年均降水量1656毫米。全年有两个雨季和一个多雨时段：第一个雨季始于5月初，6月底至7月上旬结束，谓梅汛期，由梅雨锋北移、雨带在江南和长江中下游停滞而产生，平均降水量350～550毫米。第二个雨季出现在8月底至9月底，多因台风所致，平均降水量500毫米以上。3月与4月为多雨时段，称春雨期，平均降水量200～300毫米。

【行政区划】 2020年，下城区街道建制保持不变，辖天水、武林、长庆、潮鸣、朝晖、文晖、东新、石桥8个街道和75个社区。其中，天水街道社区7个、武林街道社区7个、长庆街道社区6个、潮鸣街道社区9个、朝晖街道社区12个、文晖街道社区8个、东新街道社区16个、石桥街道社区10个。下城区政府驻地文晖路1号。（李道法）

【人口状况】 2020年末，下城区有户籍家庭133053户，总户籍人口

432229人，全部为城镇人口。其中：男性211281人，占总人口的48.88%；女性220948人，占总人口的51.12%。户籍人口自然增长率3.35‰，全区死亡率4.86‰，出生率8.21‰。每户平均人口3.2人。全年登记在册流动人口227116人。全区实有人口密度每平方千米20958人。

2020年下城区各街道户籍人口情况表

表1

街道名称	户数（户）	总人口（人）	总人口按性别分		平均每户人口（人）
			男（人）	女（人）	
合　计	133053	432229	211281	220948	3.2
天水街道	11714	40451	20181	20270	3.5
武林街道	13985	43115	20778	22337	3.1
长庆街道	15249	41944	20269	21675	2.8
潮鸣街道	18536	48373	23212	25161	2.6
朝晖街道	23449	65674	32517	33157	2.8
文晖街道	12862	81862	39226	42636	6.4
东新街道	24891	70879	35072	35807	2.8
石桥街道	12367	39931	20026	19905	3.2

（宋　烨）

经济建设

【概况】 2020年，下城区深入贯彻习近平总书记考察浙江、杭州重要讲话精神，奋力打造“重要窗口”先行区，坚持疫情防控和经济社会发展“两手硬、两战赢”，切实做好“六稳”（稳就业、稳金融、稳外贸、稳外资、稳投资、稳预期）工作，全面落实“六保”（保居民就业、保基本民生、保市场主体、保粮食能源安全、保产业链供应链稳定、保基层运转）任务，为发展聚力、为企业赋能、为治理提效，推动高质量发展、高品质生活各项工作取得新成绩。全年地区生产总值达1134.38亿元，比上年增长8.0%，增速列全市13个区县（市）第一位。按产业分，第二产业增加值46.85亿元，增长8.3%。其中，规模以上工业增加值13.25亿元，增长12.5%。销售产值46.61亿元，增长1.8%。第三产业增加值1087.53亿元，增长8.0%。完成固定资产投资195.35亿元，增长33.2%。房屋施工面积665.04万平方米，增长76.3%。商品房销售面积11.51万平方米，增长153.4%。建筑业总产值275.52亿元，增长11.9%。社会消费品零售总额538.05亿元，增长0.6%。利用外资6.20亿美元，增长20.6%。实现财政收入145.68亿元，下降16.8%。一般公共预算支出54.30亿元，增长22.15%。社会消费品零售总额534.87亿元，增长8.5%。

【重点项目加快推进】 2020年，下城区多措并举克服疫情的冲击影响，集中精力抓好重点项目建设。召开“大项目推进”领导小组会议7次、专题协调会25次，协调解决重点项目推进中涉及的问题108个，确保杭州恒隆广场、“杭州中心”、东新路整治等有全局影响的项目率先复工，提振经济复苏的信心和士气。坚持每季度举行扩大有效投资重点项目集中开工仪式，嘉里数创港、北景园生态公园电竞场馆等53个项目先后开工，总投资622.64亿元。上半年组织重大项目“百日攻坚”，下半年开展重点工作与重点项目“百日冲刺”，全力推动项目早建成、早投产、早见效。全区23个克难攻坚保发展重点项目取得新进展，完成总投资的计划进度。蓝绿双城TOD项目等固定资产投资1亿元以上产业项目超额完成目标任务。5个省市县长项目落地开工4个，完成全年开工率80%的要求。启动存量工业用地提升改造，推进浙金创新型产业用地建设。全年出让土地35.67公顷，收储土地20.93公顷，实现出让金收入200多亿元。

【数字经济产业平台打造】 2020年，下城区坚持创新驱动战略，着力发展数字经济。在其主力数字经济产业平台——下城区数字经济产业园布局区块链产业，举办首届区块链服务网络合作伙伴大会暨区块链服务网络助力社会治理和城市大脑下城平台试点启动仪式，区块链服务网络（BSN）全球运维中心、全球合作伙伴大会永久会址等七大重点项目落户园区。出台区块链产业扶持政策，设立规模10亿元的区块链产业创投基金。推进在“区块链+城市大脑”“区块链+社会治理”“区块链+疫情防控”等领域的尝试，使区块链技术全面应用于下城区的城市管理、社区治理、政务服务、疫情防控，为经济社会高质量发展增添新动能。引进世界500强制药企业做强健康产业。6月，下城区与阿斯利康集团签署中国东部总部合作框架协议，东部项目正式落户下城区数字经济产业园，双方合力建设生命科学创新产业园。至年末，数字经济产业园集聚一批世界500强企业、独角兽企业、上市公司，成为下城数字经济发展潜力最大、最具活力的平台。

资料：区块链

区块链是一个信息技术领域的术语。从本质上讲，它是一个共享数据库，存储于其中的数据或信息，具有“不可伪造”“全程留痕”“可以追溯”“公开透明”“集体维护”等特征。基于这些特征，区块链技术奠定了坚实的“信任”基础，创造了可靠的“合作”机制，具有广阔的运用前景。

【武林商圈消费成效显著】 2020年，面对疫情冲击影响，下城区坚定不移转变发展方式，多措并举抓好消费升级，推动武林商圈成为全国恢复最快的热门商圈之一。商圈“党建联盟”凝聚发展合力，商圈金融联盟帮助商家融资贷款4.3亿元。全区集中调配广场、展馆等资源，为商家提供近4000平方米促销场地。宣传落实区商业综合体租金减免补助政策，商圈内1000多家经营户获得补助金额2000多万元。举办“浙里来消费·万企联动促万亿消费”工程暨“云购武林”、浙江国际进口博览会（武林洋淘）等大型促销活动，吸引线下顾客246万余人次，实现销售额116.1亿元。开展“云直播”“云采购”“车享节”“云上丝绸”等线上线下消费活动，推动消费市场加快回暖升级。设立1000万元财政扶持专项资金，打造夜间经济十大示范创建项目，“武林夜市”、城中里巷成为网红打卡地。开展公共场所服务大提升活动，打造智慧化、便利化、品质化的未来商圈。年内，下城区武林商圈四大商业综合体、1000多家商铺消费成效显著。

【服务助推经济平稳健康发展】 2020年，下城区深化“走亲联心三服务”活动，对3万多家企业开展走访服务，实现辖区企业服务全覆盖。通过线上交办、专题协调等方式，解决防疫物资短缺、融资、政策补助、办公场地等问题380多个。制定《下城区支持出口转内销补贴政策》及鼓励企业参加境内外展会、小微企业出口信用保险统保补助等政策，主动搭建出口转内销平台，助推企业开拓国内市场。制定《2020年下城区建设国际一流营商环境实施方案》，支持企业开拓市场，利用稳外贸工作协调机制（出口工作专班），抓好542家企业订单数据填报工作，全面监测辖区外贸发展动态。完成20多项反倾销、反补贴调查涉案企业排查工作，做好贸易摩擦案件强制应诉情况调查，努力减少企业有关方面的损失。全面推进“最多跑一次”及企业投资项目审批“最多80天”改革，进一步精简项目审批事项，100%实现所有事项网上办、掌上办、材料电子化。全年印发政府投资计划14批35个项目，高效完成政府投资类项目审批36个。全面落实减税降费政策，为企业降本减负26.5亿元。 （严 建）

政治建设

【概况】 2020年，下城区委坚持以习近平新时代中国特色社会主义思想为指导，深入学习贯彻习近平总书记考察浙江、杭州时的重要讲话精神，切实把思想和行动统一到习近平总书记对浙江、杭州提出的新使命、新要求、新希望上来，进一步提高政治站位，增强政治定力，强化政治担当。统筹抓好新冠肺炎疫情防控和经济社会发展各项工作，聚焦党建引领、转型升级、数字赋能、营商环境，下城区奋力交出疫情大考下的发展、创新、智慧、服务答卷，以实践行动践行“两个维护”（坚决维护习近平总书记党中央的核心、全党的核心地位，坚决维护党中央权威和集中统一领导），在建设“重要窗口”进程中充分展现“头雁战队”排头兵风采。全年全区固定资产增速、社会消费品零售总额、增速、实际到位外资总量和完成率、城镇居民人均可支配收入增速等指标领先全市，实现疫情防控和经济社区发展“两手抓、两战赢”。

【民主政治建设推进】 2020年，下城区聚焦“战疫情、促发展、惠民生”，持之以恒推进民主政治建设。完善党委领导人大工作机制，支持人大及其常委会依法履行职责，自觉接受区人大及其常委会法律监督、工作监督和区政协民主监督。巩固“不忘初心、牢记使命”主题教育成果，严格执行民主集中制和“三重一大”决策机制，全面提升政府效能。深入推进“走亲连心三服务”活动。充分发挥改革在“战疫情、促发展”中关键作用，探索形成一批有影响力的“下城经验”。武林商圈向“吃住行游购娱”体验式消费迭代、3岁以下婴幼儿照护服务试点两项工作的相关经验做法在省改革权威刊物《领跑者》上予以宣传并全省推广。推进基层社会治理现代化，探索完善适合老城区矛盾纠纷调处化解中心建设的街区模式，有效发挥“武林大妈”志愿者人民调解“第一道防线”的作用，妥善化解信访积案14件。全区连续15年被省委、省政府命名为“平安区”，夺得全省首批“一星平安金鼎”。

【从严治党主体责任全面履行】 2020年，下城区坚决落实管党治党的政治责任，坚持把抓好党建作为最大政绩，把党风廉政建设和反腐败工作纳入全区工作总体布局。开展对主体责任落实情况的监督检查，促进主体责任和监督责任互相贯通、形成合力。主动配合省委巡视组对下城区的巡视，坚决立行立改。充分发挥巡察利剑作用，开展3轮区委巡察，覆盖9个区直部门和26个社区，对7个社区开展巡察“回头看”，移交问题线索10件，立案5件，党纪政务处分4人。聚焦公权力运行的重点领域、关键环节加强制约和监督，发挥“立体监督”的综合效应。全区审查（调查）54件，党纪处分32人、政务处分5人、开除党籍8人，采取留置措施4人，移送司法机关5人，查处区管干部案件2件。精准运用监督执纪“四种形态”，对苗头性问题早发现早处置，全年批评教育、通报、诫勉等组织处理30人。

【社区建设和治理】 2020年，下城区推进党建引领社区治理试点。组建区委社区建设和治理委员会，在115个小区探索建立党组织，打造10分钟党群服务圈。引导4200名在职党员到居住地小区报到，以红色基因激活社区治理。汇聚580家省市单位，形成720个共建项目。完善“三方协调”机制，构建小区党组织引领下的新三方治理架构，全区物业信访投诉量比上年下降40%。推进力量下沉，组建全省首个街道综合执法队，区级132项审批服务和583项执法事项下放至街道，形成“一支队伍管执法”的下城模式。突出智慧化，率先构建区、街道、社区三级城市大脑数字驾驶舱体系，自主开发“通停通付”等应用场景。突出标准化，开展全国街道服务管理创新实验区建设，出台《街道政务信息管理规范》地方标准。在全省率先开展3岁婴幼儿照护服务试点。发布“社区智治在线平台”，开发“最多录一次”模块，社工表单重复填报量减少70%以上。突出品牌化，打造“武林大妈”“公羊会”等志愿者品牌，“武林大妈”志愿者组织成为下城区基层治理金名片。

（严　建）

文化建设

【概况】 2020年，下城区守好社会主义核心价值观这个“魂”，传承好优秀传统文化这个“根”，充分发挥文化引领社会发展作用，全力讲好新时代下城故事。针对疫情带来的新情况，加快文化与旅游融合，推出“10秒找空房”“30秒酒店入住”“数字旅游专线”等便民场景的应用。完善公共文化服务体系，推进“下城书房”建设，打造更多的公共文化空间、城市生活空间。全区有公共图书馆1个，图书馆推出线上借还书、图书借还物流配送到家等举措，让图书馆成为“家门口”的书房。着力探索文化产业在危机中的发展新路，文化产业整体实现平衡发展，全年完成增加值65.46亿元，比上年增长6.5%。

【公共文化服务全省领先】 2020年，下城区以人民为中心，以效能为导向，通过社区公共文化服务绩效评估体系、需求反馈体系、社会化参与体系、服务创新体系等领域的探索，推动基层社区“最后一百米”公共文化服务的高质量发展。在全国首创科学可持续的文化“KPI”指标，形成“1+N”标准支撑体系，其中，《公共文化服务第三方评估规范》上升为浙江省省级标准，《社区公共文化服务动态评估规范》上升为杭州市市级标准。全区培育44名文化项目社工，组建13个社会组织，承接151项社区化公共文化服务项目，全年服务居民25万人次。区文化馆培育8名青年文化导师，引入8个省市文化单位百名文艺顾问与社区结对，累计培育精品文艺社团445个和文化骨干10503名。开发首个淘宝模式的掌上文化“云平台”，推出艺术分享·公益云课堂1200门。成立由18个省属院团、省市文化单位及武林商圈公益文化企业共同组成的艺术商圈联盟，与75个社区进行结对服务。年末，省文化旅游厅组织全省基层化共文化服务评估，下城区在90个县（市、区）排名中居第四位。

【文旅融合发展加快】 2020年，下城区深入推进新天地、武林之星2个文旅融合活力区及武林文化长廊、武林艺术商圈“两区一廊一圈”时尚地标和文化高地建设。新天地中央活力区入选省市共育“金名片”项目，该项目获市领导批示肯定。全新推出夜游武林、活力新天地等旅游精品线路，借力“诗画浙江·百县千碗”工程，推出下城十大特色美食店。打造夜间文旅消费集聚区，助力夜间经济示范项目发展，城中里巷文旅市集成为国家文旅消费现场会示范点，太阳马戏、OT酒吧等成为杭州主城区夜间消费知名品牌。跨贸小镇旅游景区服务质量升级，旅游厕所三年行动计划提前完成。全区56个酒店实现30秒入住和10秒退房，4个文化旅游场所实现20秒扫码入园，文化旅游场所使用率达100%。

【文化活动助力抗疫】 2020年，区文广旅体局聚焦“两手硬、两战赢”目标，坚持文化引领，在疫情趋稳阶段，有序开展文化活动，助力全区抗击疫情工作。组织创作《共同的信念》《同心守望》《公筷公勺狂想曲》等抗疫歌曲，并在全市首发。举办太阳马戏、大船文化“情暖战疫英雄”、“三省一市”五大剧种共演《雷峰塔》等公益专场演出。推出艺术“云课堂”400多门，举办线上阅读马拉松、文化“云走亲”、“非遗”直播带货等活动近100场，推出文艺微展览14期。

【五校园获评省现代化校园】 2020年4月，省教育厅、省政府教育督导办启动浙江省现代化学校督评工作，旨在深入贯彻落实全国、全省教育大会精神和省“两个高水平”（高水平全面建成小康社会，高水平推进社会主义现代化建设）建设对教育提出的新要求。经督评，杭州长江实验小学、杭州市求是小学、杭州市景成实验学校、杭州市朝晖幼儿园（朝一园区）和杭州市政府机关幼儿园（灯芯园区）5所学校被评为省级现代化学校（幼儿园）。获评的学校从各种角度展现学校办学思想、育人模式、队伍建设、学生学校发展等内涵发展亮点。长江实验小学崇尚“全·视·界”办学理念、求是小学坚持“以德立校，科研兴校，质量强校，文化润校，特色亮校”的内涵发展之路、景成实验学校倡导“给每个学生提供机会，让每个学生走向优秀”的教育理念、朝晖幼儿园提倡的“绿藤悦芽，润泽生长”办学理念、杭州市政府机关幼儿园依托“生活教育之园，快乐成长之源”的办园理念均凸显学校发展的时代性、示范性和教育改革领导力、执行力。下城区5所校园获评浙江省现代化学校，是对学校深化教育教学改革创新、全面提升教育教学质量的褒奖与鞭策，有助于推进下城区打造全域优质、卓越引领的“美好”教育新地标。 （严　建）

社会建设

【概况】 2020年，下城区围绕打造现代化国际大都市一流核心城区目标，统筹做好疫情防控和经济社会发展各项工作，不断增强人民群众获得感、幸福感和安全感。全年城镇居民人均可支配收入70330元，比上年增长8.3%。加强职业技能培训，全区新增就业3.07万人。做好精准帮扶和托底救助，全年发放低保金、残保金3976万元。出台建设“美好教育”加快实现教育现代化政策，加强教育资源供给，杭州观成实验学校等5所校园投入使用，新增入学名额3845个。在全省率先探索3岁以下婴幼儿照护服务，下城区被列为婴幼儿照护服务全国唯一示范创建区。提升家庭签约医生服务质量，全年开具慢性病连续处方20.8万张，为2.1万人次患者免费送药。完善防欠薪长效机制，下城区成功创建省“无欠薪区”。城区安全稳定，区、街道、社区成功调处矛盾纠纷2840起，下城区连续15年被省委、省政府命名为“平安区”，夺得全省首批“一星平安金鼎”。

【街道服务管理全国样本打造】 2020年12月14日，下城区举办“共享美好生活·下城区‘街社智治’”新闻发布会，发布辖区“全国街道服务管理创新实验区”建设成果。下城区将信息数据资源作为街道整体建设发展规划的重要内容，从突破信息壁垒、再造政务服务流程、拓展智慧应用入手，着力构建下城区专属的“智慧街社”，成为全国街道服务管理的样本。全区以省智治在线建设试点为契机，探索开发“社区智治在线”平台，实现与杭州城市大脑、“基层治理四平台”等数字化平台之间信息的快速流转，打通民政、社保、城管等部门数据及小区物业、智能安防、市政服务、社会服务机构等信息系统，助推社工管理更精准、居民生活办事更快捷。居民通过平台中的“智慧停车”模块，便可快捷找到就近停车场及空车位；通过“亲邻E站”模块，有关部门实时发布服务活动信息、接受现场在线报名等；通过“1Call”模块，为市民提供“一句话就能办事”的24小时贴心政务在线咨询和事项办理。推进8个街道社会治理综合服务中心标准化建设，规范设置便民服务区、综合执法区和联动指挥区，把计划生育、人力社保、民政、残联等12个街道办事服务窗口整合成4个标准化综合窗口，实现“一窗受理，受办分离”。在75个社区便民服务中心全面推广综合窗口一口式、特需服务代办制，并依托卫星定位、高清监控、视觉识别等技术手段，实现服务升级，促进民生服务更主动、更精准。

【健康下城建设全面推进】 2020年，下城区在深化医疗领域“最多跑一次”改革、改善基层医疗卫生服务、优化各种医疗资源配置、提升医疗综合服务能力等方面开展有效探索，加快推动全区卫生健康治理，健康下城建设全面提速，群众健康获得感进一步提升。率先探索“互联网+诊疗”服务，实现“网上轻松一点，健康服务到家”全流程签约就诊新模式。全年接收预约挂号17.9万人次，自助机挂号9.2万人次，诊间结算145.9万笔，诊间结算比上年增长104.6%。推广“健康码”就医功能，“健康码”就医累计3.8万人次。区属医疗机构“舒心就医”全覆盖，全年“舒心就医”指数保持90%以上。推进分级诊疗体系建设，逐步形成“小病在基层、大病到医院、康复回社区”的就医新格局。充分利用市级医联体资源，为全区患者提供诊疗服务。全年组织影像疑难病例会诊8147例、心电疑难病例会诊4816例。全区人均期望寿命86.14岁。居民健康素养水平38.54%。全区无孕产妇死亡，婴儿死亡率下降到2.1‰。全年下城区建立电子健康档案47.0万份，建档率90.67%。强化预防为主，突出中西医结合，加强高血压、糖尿病“两慢病”全周期健康管理。全年开具慢性病连续处方20.3万张，配送到家2.1万人次。老年人、高血压患者、糖尿病患者规范管理率分别为70.0%、71.5%和70.3%。完成家庭医生签约服务有效工作当量108.03万个。面对突如其来的新冠肺炎疫情，下城区坚决做到“外防输入、内防扩散”，自2月6日起，全区无新增确诊病例报告。

资料：人均预期寿命

人均预期寿命是指通过科学的方法计算并告知在一定的死亡水平下，预期每个人出生时平均可存活的年数。人均预期寿命和人的实际寿命不同，是指在现阶段每个人如果没有意外，应该活到这个年龄。人均预期寿命受社会经济条件、卫生医疗水平两方面限制。由于体质、遗传因素、生活条件等个人差异，也使每个人的寿命长短相差悬殊。

【社区卫生服务优化】 2020年，下城区主动对接群众健康需求，将街道社区卫生服务中心、社区卫生服务站点的提升改造列为民生实事项目，投入460多万元，完成朝晖、东新、石桥3个街道社区卫生服务中心和环北、竹竿巷、皇亲苑、东新苑4个社区卫生服务站点的提升改造，覆盖周边社区人群29.5万人。其中，东新街道社区卫生服务中心投资90万元，对门诊大厅及全科科室进行提升改造，改造建筑面积500平方米。于5月动工，12月竣工并投入运营，改造提升后，院感管理更加规范，患者就诊的舒适度明显提升。竹竿巷社区卫生服务站改造建筑面积216平方米，站内设有健康诊疗区、中医理疗区、诊室等，功能布局更加合理，医疗设施设备更加配套。服务站提供全科诊疗、中医药、常规辅助检查、公共卫生服务等项目，惠及周边社区人群约2万人。

【幸福家园共同体构建】 2020年，下城区围绕“一核多元、共治共享”的幸福家园共同体目标，全面推进党建引领社区治理工作。全区建立上下联动、横向互动的区域化党建组织体系，将居民群众的迫切需求与共建单位的资源优势有效对接。辖区有582个省市机关单位和企业参与共建项目720多个。疫情期间，下城区开展“一名党员一幢楼”“企企铺铺见党员”等工作，4200多名在职党员到居住地小区大门口、车站、学校等防疫一线，参与进出管控、健康码管理。结合平安下城建设，充分发挥志愿者化解矛盾纠纷第一道屏障的作用。武林街道把一般性矛盾交由各网格“武林大妈”志愿者先发现、先介入、先调解，调解不了的再提交区矛盾纠纷调解中心，由专业力量介入调解。

【加梯民生福祉落地】 2020年，下城区坚持以人民为中心的理念，多措并举，推进老旧小区加装电梯工作。加强与居民沟通，召开社区协调会20多次，促进一批协商难度大、意见不一致的项目落地。针对老旧小区加装电梯遇到的管线迁移问题，创新方法，通过“浅底坑”等技术，解决华数数字电视、移动通信、电信线路等通信主管线无法迁改的难题。制订既有住宅加装电梯百日攻坚方案，部署远期规划和近期行动，采取一个老旧小区由一家加装电梯总包单位负责，实行统一联审、打分考核，推进总包单位服务工作。全年全区通过加装电梯联审103台。完成加装电梯85台，其中潮鸣街道凤起苑、武林路435号等小区完成67台，惠及居民1200户4000多人。9月30日，杭州市首台无障碍加装电梯——潮鸣街道春丰苑7幢的新装电梯启用。 （严　建）

生态文明建设

【概况】 2020年，下城区以习近平生态文明思想为指引，围绕污染防治攻坚战阶段性目标任务，坚持方向不变、力度不减。全力抓好第二轮中央环保督察和省生态环境保护督察问题整改，办结中央督察交办信访件49件，占交办件总数的87.5%；省级反馈意见全部验收销号。高标准打赢蓝天保卫战，开展移动源污染和挥发性有机物治理，首次对超标排放的非道路移动机械进行立案查处。深化“除尘净土”专项行动，全年清理建筑渣土14万余立方米。开展全域“无废城市”建设，新世纪钢材市场A区污染地块从杭州污染地块名录中移除。加大对水环境污染违法行为的查处力度，促进重点单位废水达标排放。全区空气质量、水环境质量进一步改善。

【生态环境治理能力提升】 2020年，下城区深入开展移动污染源治理、除尘净土、河湖水质提升等专项行动，进一步提升生态环境治理能力。针对噪声超标问题，交警下城大队和杭州市环境监测中心联合出击，以聚集区为中心，在聚集区附近路口设卡，对跑车改装噪声扰民情况进行联合执法。执法行动启用噪声自动监测系统，在极短时间内迅速锁定噪声异常车辆，并同步抓拍其车牌号码，随后对噪声超标的车辆驾驶员勒令签署《杜绝违法行为

环境治理后的下城区南应加河　（年鉴编辑部　供稿）

承诺书》。运用“数字驾驶舱”的平台数据，对道路上行驶的渣土运输车抛洒滴漏情况进行实时监控，包括对企业的绿色环保、安全生产等状况进行综合研判及预测预警。“数字环保”智慧生态创新与探索，有效提升辖区大气环境质量和水环境质量。全区市控以上功能区断面水质达标率100%，饮用水备用水源水质达到标准要求。按照《环境空气质量标准（GB3095—2012）》评价，下城区环境空气优良天数325天，比上年增加38天；优良率89.2%，提高10.6个百分点。细颗粒物（PM2.5）浓度平均值32微克/立方米，下降27.3%。

【环境管理执法力度加大】 2020年，市生态环境局下城分局推动“区域环评+环境标准”改革，实施改革进展情况通报制度，压实各级环境保护工作责任。加强建设项目环境管理，全年办理建设项目环境影响评价文件审批9件，其中报告表8件。实施“区域环评+环境标准”改革环境影响评价文件备案3件，“零土地”技改项目环境影响评价文件备案1件，登记表备案231件，建设项目环评执行率100%。持续保持环境执法高压态势，解决一批社会关注、群众关心的突出环境问题。全年检查企业643家次，分别对45家企业、3个医疗机构及1个饮用水水源地实行“双随机”抽查和跨部门联合抽查，立案查处环境违法案件18件，罚款58.98万元。

【省级美丽河湖创建】 2020年，下城区高水平高质量推进运河片区美丽河道创建工作。开展横河港生态治理样板创建，以智慧化河道建设为抓手，打造“景观带、生活带、智慧带”于一体的美丽河道品牌。年内，贴沙河、古新河、南应加河等9条运河片美丽河道创建成为省级美丽河湖。推进“无违建河道”创建，完成蔡家河、油车港等4条9.11千米河道管理范围内的无违建创建任务。实施北大河河道清淤，清理淤泥9000立方米。试点开展东河生态清疏工程，组织专业力量，清除东河底泥，年内完成清除底泥总工程量的45%，东河水环境质量有所改善。（严　建）

6 中国共产党杭州市下城区委员会

综　述

【概况】 2020年，面对国际国内形势的深刻复杂变化，特别是突如其来的新冠肺炎疫情冲击，下城区委坚决贯彻习近平总书记重要指示精神，按照中央和省委、市委决策部署，团结带领全区广大干部群众克难攻坚、奋力拼搏。对疫情防控实行“硬隔离+软服务”的举措，并迅速构建“大脑+大妈”“网络+网格”“人防+技防”的精密智控体系，使下城区成为杭州市主城区中最早产生的疫情绿色低风险区。实施经济转型行动，通过稳增长、调结构、促改革，夯实可持续发展的基础，下城区疫情防控和经济社会发展实现双赢。全年全区固定资产投资增速、社会消费品零售总额、实际到位外资总量、城镇居民人均可支配收入增速等多项经济指标全市领先。

【新旧动能转换加快】 2020年，区委抓住经济建设中心不动摇，贯彻新发展理念，坚持稳中求进工作总基调，在危机中寻找发展机遇，推动经济高质量发展迈出新步伐。恒隆广场、“杭州中心”、东新路整治等重点项目率先复工。每季度举行扩大有效投资重点项目集中开工仪式，嘉里数创港、北景园生态公园电竞场馆等53个重点项目开工，总投资622.64亿元。组织重大项目“百日攻坚”，开展重点工作与重点项目“百日冲刺”行动，推动项目早建成、早投产、早见效。中欧创新产业基地等“152工程”项目开工建设，蓝绿双城TOD项目等固定资产总投资1亿元以上产业项目完成年度目标。全区23个攻坚克难保发展重点项目取得新进展，浙金钢材市场、浙江省工业品市场、长隆公寓、重机宿舍一期等项目搬迁清零。启动存量工业用地提升改造，推进浙金创新型产业用地建设。全年完成土地出让35.67公顷，收储土地20.93公顷，土地出让金收入超过200亿元。“云直播”“云采购”“车享节”“云上丝绸”等线上线下消费活动有序启动。举办“浙里来消费·万企联动促万亿消费”暨“云购武林”、浙江国际进口博览会（武林洋淘）等大型促销活动，推动消费市场加速回暖升级。推进省级夜间经济试点城区建设，打造杭州中国丝绸城高品质步行街，“武林夜市”、城中里巷成为网红打卡地。全年举行6次招商引资重大项目签约，36个涵盖新基建、大健康等行业领域的重点产业项目落户下城，落地注册资金259亿元。阿斯利康中国东部总部及杭州国际生命科学创新园分别在浙江投资贸易洽谈会和第三届中国国际进口博览会上签约，日本“都之漫”项目入选全省“云招商”成果展示榜。加快企业上市步伐，全区新增过会企业1家、报会企业2家、辅导备案企业1家。制定人才生态“黄金30条”配套文件，推进实施“武林英才”“武林英杰”计划。举办中国杭州国际人力资源峰会等重要活动，新认定高层次人才873名，人才集聚度进一步提升。

【改革创新深化】 2020年，区委发挥改革的突破和先导作用，依靠改革应对变局、开拓新局，为高质量发展提供强大动力。召开区委深化改革委员会会议，出台助力改革攻坚20条意见，为全区改革把方向、谋大局。发挥改革在“战疫情、促发展”中的关键作用，推动武林商圈向“吃住行游购娱”体验式消费迭代，推动3岁以下婴幼儿照护服务试点走在全省前列，两项工作在浙江省改革权威刊物《领跑者》上宣传推广。全国街道服务管理创新实验区建设稳步推进，召开全国街道体制改革和服务管理创新现场会，出台街道政务信息地方标准。综合行政执法改革持续深化，“基层一支队伍管执法”改革被评为全省县乡法治政府建设“最佳实践”项目。“最多跑一次”改革持续深化，政务服务2.0建设取得新成果。城市大脑数字驾驶舱体系日益成熟，多次在全市大会上做经验交流。在全省率先上线杭州社区智治在线下城平台，开发“最多录一次”应用场景，社工表单重复填报量减少70%以上。武林商圈“通停通付”改革破解商圈停车难问题，成为全市推进公共场所服务大提升的样板。大胆探索区块链等新型技术的创新应用，会同雄安新区等地参与有关国家标准的制定工作。全区改革氛围日益浓厚，在全市改革攻坚大比武中成绩名列前茅。

【基层社会治理创新】2020年，区委聚焦“五好两确保”（绘出好蓝图、选出好干部、配出好班子、树立好导向、形成好气象；确保换届过程平稳，确保换届后高效运转）目标，齐心协力做好社区组织换届工作，全区75个社区党组织换届一次性顺利完成。在全市率先试点党建引领社区治理，其经验做法在全市深化城市基层党建工作暨党建引领社区治理试点成果交流会上介绍，获市委主要领导批示肯定，相关调研课题首次获全市党政系统优秀调研成果一等奖。秉持“百姓同心弄，问题终点站”理念，推动区、街道、社区三级社会矛盾纠纷调处化解中心建设全覆盖，矛盾化解率和群众满意率均超过90%。围绕“清仓见底”要求，区四套班子领导主动包案，攻坚化解14件信访积案，下城区获评全省“无信访积案”县（市、区）。深化群防群治工作，“武林大妈”工作站向75个社区提质扩面，“三和交流室”获第五届中国青年志愿服务项目大赛金奖。打好扫黑除恶专项斗争三年收官战，年内侦破恶势力犯罪团伙案件10件。完成17个存量网贷机构按期清退，稳妥推进私募基金风险处置。完成全区政府隐性债务化解工作，下城区成为全省第一个实现政府隐性债务清零的县（市、区）。强化安全生产隐患排查整治，持续开展道路交通安全专项治理，全区安全生产形势总体稳定。

【民生福祉增进】2020年，区委坚持以人民为中心的发展思想，落实“四问四权”（四问：问情于民、问需于民、问计于民、问绩于民；四权：知情权、参与权、选择权、监督权），建立健全民生实事监督机制，把安置房建设、既有住宅加装电梯、二次供水设施改造等列入民生实事项目。年内总投资30.14亿元的区级10件民生实事项目全部完成，其中4件超额完成。统筹推进全区52个老旧小区综合改造提升，小天竺社区、河西南38号小区成为全市老旧小区改造样板，流水北苑、麒麟街小区、环北新村小区被推荐上报住房和城乡建设部老旧小区改造先进典型。组建红色物管联盟，全区无物业老旧小区实现“小区管家”服务全覆盖。全年筹建蓝领公寓3200多套，在全市率先实现“三年任务，两年完成”，让城市外来建设者住上温馨家园。深入实施名校、名师、名校长工程，新建成投用校园5所，完成公办中小学、幼儿园空调安装及教室照明环境提升。加快推进“舒心就医”工作，做实家庭医生签约服务和基本公共卫生服务。在全省率先建成“智慧养老”信息平台，同步开通低保对象电费减免政策直通车，为低保对象提供优质服务。加快推进无障碍环境建设和“残疾人之家”硬件建设星级提升工作，进一步增进民生福祉。

【从严治党全面推进】2020年，区委落实管党治党的政治责任，把抓好党建作为最大政绩，把党风廉政建设和反腐败工作纳入全区工作总体布局。学习贯彻习近平总书记关于巡视工作的重要讲话精神，配合省委巡视组对下城区的巡视，以高质量高标准抓好巡视问题整改。开展3轮区委巡察，覆盖9个区直部门和26个社区；对7个社区开展巡察“回头看”，移交问题线索10件，立案5件，党纪政务处分4人。推进专项整治行动，坚决制止餐饮浪费行为，严防“会所中的歪风”反弹回潮。保持严惩腐败高压态势，对顶风违纪者严肃查处、通报曝光，持续释放越往后执纪越严的信号。全区受理处置问题线索144件次，给予组织处理68人次，立案审查（调查）54件，查处区管干部案件2件。精准运用监督执纪“四种形态”，对苗头性问题早发现早处置，全年采取批评教育、通报、诫勉等组织措施处理30人。（楼创能）

重要会议

【区委十届七次全体（扩大）会议】 2020年1月3日，下城区委十届七次全体（扩大）会议在区行政中心召开。全会高举习近平新时代中国特色社会主义思想伟大旗帜，深入贯彻落实中共十九届四中全会和省市委全会精神，回顾总结2019年工作，重点部署2020年任务，动员全区上下聚焦高质量发展、高品质生活，高水平推进中心城区治理现代化，努力在纵深推进全域中央商务区建设、奋力打造世界名城一流核心城区的征程上展现更大担当作为。区委书记刘颖代表区委常委会向全会做《认真学习贯彻党的十九届四中全会精神，提高政治站位，扛起责任担当，高水平推进中心城区治理现代化》的工作报告。全会要求高举习近平新时代中国特色社会主义思想伟大旗帜，深入贯彻落实中共十九届四中全会精神和省市全会精神，以“干好一一六、当好排头兵”一流施工队的姿态，聚焦高质量发展、高品质生活，高水平推进中心城区治理现代化，做大格局、拉高标杆，统筹做好强党建、促发展、惠民生、保平安、优环境等工作，全面完成“十三五”、科学谋划“十四五”，努力在纵深推进全域中央商务区建设、奋力打造世界名城一流核心城区的征程上展示更大的担当作为，为全市发展大局贡献更大的下城力量。区委委员、候补委员出席会议。区有关部门、街道主要领导和各民主党派负责人等特邀人员参加会议。

【区委十届八次全体（扩大）会议】 2020年7月8日，下城区委十届八次全体（扩大）会议在区行政中心召开。会议要求全区党员干部坚决扛起省会城市核心城区使命担当，当好“重要窗口”“头雁战队”排头兵，真正把习近平总书记的殷殷嘱托转化为纵深推进高质量发展、高品质生活的全域中央商务区建设，奋力打造世界名城一流核心城区的生动实践。区委书记刘颖代表区委常委会向全会做工作报告。会议充分肯定下城区应对新冠肺炎疫情和复工复产工作取得的成绩，强调要深刻认识“重要窗口”新定位新内涵，全力擘画下城发展新方位；要对标“重要窗口”新任务新要求，奋力开创下城事业新局面；要准确把握“重要窗口”新机遇新挑战，合力展现下城战队新形象。区委委员、候补委员出席会议。

【“战疫情促发展”工作推进会】 2020年3月3日，下城区召开“战疫情促发展”工作推进视频会议，学习贯彻习近平总书记重要指示精神，全面落实省委、省政府和市委、市政府决策部署，动员全区上下紧盯全年各项目标任务，迎难而上、奋力拼搏，努力把疫情耽误的时间“抢”回来，将疫情造成的损失“夺”回来，确保实现疫情防控和经济社会发展“两手都要硬、两战都要赢”。区委书记刘颖出席并讲话，区委副书记、区长柴世民主持会议，区人大常委会主任杨国琴、区政协主席陈晨等在主会场参加会议。其他区领导在分会场参加会议。会议表彰130家企业和16家先进集体、60位先进个人。

【全国街道服务管理创新实验区创建暨和谐社区建设表彰大会】 2020年3月20日，下城区召开全国街道服务管理创新实验区创建暨和谐社区建设表彰大会。区委书记刘颖出席并讲话，区委副书记、区长柴世民主持会议。区人大常委会主任杨国琴、区政协主席陈晨和区四套班子其他领导在主会场参加会议。会议总结2019年创新实验区创建工作，表彰和谐社区创建工作先进集体和个人，部署2020年创建工作主要任务，动员全区上下众志成城确保成功创建全国街道服务管理创新实验区。区委组织部、天水街道、潮鸣街道、长庆街道浙大御跸社区、东新街道万家星城社区主要负责人分别代表部门、街道和社区在会上做交流发言。会议以视频形式召开，主会场设在区行政中心，各街道设分会场。

【全国街道体制改革和服务管理创新经验现场专题交流会】 2020年11月3日，由民政部基层政权建设和社区治理司发起、浙江省民政厅主办、杭州市民政局和下城区政府承办的全国街道体制改革和服务管理创新经验现场专题交流会在浙江展览馆举行。民政部基政司一级巡视员李健出席并讲话。省民政厅副厅长江宇出席并致辞。区委书记刘颖代表下城区做主旨发言，区委副书记、区长柴世民代表下城区发起建立全国街道服务管理创新实验合作机制倡议。会议由乡镇论坛杂志社总编续慧杰主持。会上，全国街道服务管理创新实验区代表与专家代表签署合作创建协议。北京大学城市治理研究院执行院长沈体雁、浙江大学社会学系教授毛丹、华东理工大学公共管理系教授郭圣莉做交流发言。区相关部门主要负责人，各街道党工委书记和分管负责人，来自全国各地的民政系统同行、实验区创建单位代表，以及专家学者、媒体嘉宾等参加交流会。

【平安下城建设暨深化城市大脑工作推进会】 2020年5月7日，下城区召开平安下城建设暨深化城市大脑工作推进会。区委书记刘颖出席并讲话，区委副书记、区长柴世民主持会议，区人大常委会主任杨国琴、区政协主席陈晨等在主会场参加会议。会议学习贯彻习近平总书记在浙江、杭州考察时重要讲话精神，贯彻落实中央和省市委有关决策部署，进一步推进平安下城和城市大脑建设，持续推动全区政法工作争先创优，在打造“重要窗口”的新征程中奋力扛起省会城市中心城区的担当。会议部署平安下城建设和城市大脑建设工作，表彰平安下城建设工作先进集体和个人。长庆街道、潮鸣街道、东新街道、区公安分局、区数据资源局、区城管局、消防下城大队主要负责人分别在主会场做交流发言。大会以视频形式召开。

【全区作风建设暨综合考评工作大会】 2020年5月9日，下城区召开作风建设暨综合考评工作大会。区委书记刘颖出席并讲话，区委副书记、区长柴世民主持并宣读表彰决定。区委副书记、政法委书记林炳达通报点评2019年综合考评工作。刘颖在讲话中强调，要肯定成绩、坚定信心，以更好的姿态展示“下城形象”；要正视差距、补齐短板，以更高的标准审视“下城方位”；要锚定目标、找准方向，以更优的业绩书写“下城答卷”；要鼓足干劲、立说立行，以更实的作风践行“下城担当”。

【党建引领社区治理全市试点工作动员会】 2020年5月19日，下城区召开党建引领社区治理全市试点工作动员会。区委书记刘颖出席并讲话，市委组织部副部长虞文娟应邀出席并讲话，区人大常委会主任杨国琴，区政协主席陈晨和区委常委、组织部部长沈华锋等领导参加会议。会议强调要坚持以习近平新时代中国特色社会主义思想为指导，深入贯彻落实党的十九届四中全会和省委、市委全会精神，高质量推进新时代基层党建工作，积极探索具有下城特点、杭州特色的新时代党建引领社区治理新路径，形成可复制可推广的经验做法，为推进城市基层治理现代化提供坚强保障。会上，沈华锋对全区党建引领社区治理试点工作进行部署。潮鸣街道、东新街道、石桥街道、区民政局、区市政公司负责人分别做表态发言。区党建引领小区治理工作领导小组成员，各街道党政主要负责人，试点工作专班成员，各社区党组织书记等参加会议。（楼创能）

重要决策

【亚运城市行动“六大工程”实施】 2020年7月23日，区委办、区政府办联合印发《下城区亚运城市行动“六大工程”实施方案》，要求实施好基础设施提升、产业创新发展、美丽下城建设、数字治理赋能、文化下城传播、文明城区共建“六大工程”，并成立以区委书记刘颖为组长，区委副书记、区长柴世民为第一副组长的下城区亚运城市行动“六大工程”领导小组。按照实施方案，工程实施阶段分赛前筹备阶段（2020年5月至2022年8月）、赛时运行阶段（2022年9月至10月）和赛后利用三个阶段。下城区实施亚运城市“六大工程”，有利于促进赛事筹备和城市发展联动，统筹经济社会各项工作发展，更好展示杭州城市形象、风彩。

【推进新时代民政事业高质量发展工作】 2020年8月26日，区委、区政府出台《关于推进新时代民政事业高质量发展的实施意见》，提出“构建现代社会救助体系，打造‘精准保障’先行示范区、构建现代社区治理体系，打造‘和谐治理’先行示范区、构建现代社会养老体系，打造‘幸福养老’先行示范区、构建现代社会事务体系，打造‘暖心服务’先行示范区、构建现代数字智能体系，打造‘智慧民政’先行示范区”5个方面的工作目标。要求到2022年全区最低生活保障年标准达到12000元以上，全面形成“1+8+X”（“1”就是按智慧救助的要求，建好用好省社会救助信息平台；“8”就是低保、特保、受灾、医疗、教育、住房、就业、临时救助等基本救助；“X”为社会力量多元参与）的社会救助体系；省级示范型街道居家养老服务中心实现全覆盖，护理型床位占机构床位的60%以上；每万人拥有登记和备案社会组织55个，持证社会工作专业人才达到1000人，社区工作者持社工证比例超过70%；进一步完善慈善救助体制机制，构建“互联网+慈善”格局；婚姻登记机关场地建设达到国家AAA级以上标准；智慧民政全域覆盖，民政公共服务和政府服务全面数字化基本形成。

【加快新时代产业工人队伍建设改革】 2020年8月31日，区委办、区政府办印发《新时代下城区产业工人队伍建设改革实施方案》，部署新时代下城区产业工人队伍建设改革工作。主要包括加强产业工人思想政治建设、健全产业工人技能培育体系、完善产业工人职业发展体系、优化产业工人权益保障体系、落实产业工人队伍建设长效机制5个方面26条内容。方案对开展全区产业工人队伍建设改革实施工作中党委、政府部门和群团组织责任单位、参与单位进行任务分工。方案的实施，有利于提高产业工人主人翁地位，促进产业工人全面发展，为加快推进全域中央商务区建设提供力量支撑和人才保障。

【深化党务公开工作】 2020年9月18日，区委办印发《关于推进党务公开工作方案》，方案提出党务公开的原则、重点任务、组织实施办法，规定责任单位、公开时间和公开方式及区委党务公开目录。公开目录设64个，其中一级10个、二级54个。方案同时对基层党组织党务工作提出要求。强调要统筹使用党务公开、政务公开等资源，做到党务公开与政务公开、厂务公开、居务公开、公共事业单位办事公开等方面资源共享。党务公开情况要纳入各街道党工委向区委报告工作或者党建工作报告的重要内容，作为党委（党组）及主要负责人履行全面从严治党政治责任的重要内容。

【城市党建引领社区治理现代化工作部署】 2020年10月19日，区委出台《关于推行“五优化五提升”城市党建引领社区治理现代化的实施意见》（简称《意见》），部署城市党建引领社区治理现代化工作。《意见》提出“优化组织领导体系，提升引领力；优化服务赋能体系，提升凝聚力；优化多元治理体系，提升自治力；优化智慧运行体系，提升承载力；优化基础保障体系，提升支撑力”5个方面治理现代化工作内容，要求各街道党工委，区直属各单位、市级垂直各部门党组织围绕“打造居民离不开的社区”目标，力争通过3年左右时间，使社区治理体系进一步完善，治理能力进一步提升，治理效能进一步凸显，居民满意度进一步提高，逐步建起“一核多元、共治共享”的幸福家园共同体。

【开展乱占耕地建房问题专项整治】 2020年11月26日，区委办、区政府办联合印发《下城区农村乱占耕地建房问题专项整治三年行动实施方案》，组织开展坚决遏制问题新增、集中组织排查存量、依法依规分类处置3个方面专项整治。下城区成立区农村乱占耕地建房问题整治专项行动领导小组，由分管区领导任组长，领导小组办公室设在市规划资源局下城分局，要求区政府办、区纪委监委、区法院、区检察院、区委宣传部、区委政法委、区信访局、区发改经信局、区公安分局、区司法局、区住建局、区市场监管局、区城管局、区生态环境分局等部门根据职责分工，共同参与，指导督促开展农村乱占耕地建房问题排查、整治等各阶段工作，确保清查整治工作顺利推进。专项整治行动分摸排调研、集中处置、重点整治、长效监管四个阶段推进。2020年7月至12月为摸排调研阶段。

【规范街道"属地管理"工作】 2020年12月31日，区委办、区政府办联合印发《杭州市下城区规范街道"属地管理"实施意见（试行）》，对街道"属地管理"工作进行规范。主要任务包括建立事项清单，厘清工作界面，强化赋能基层，提升履职能力，加强履职监督，推动清单落地等方面内容，旨在通过规范街道"属地管理"，减轻基层负担，加快建立边界清晰、分工合理、权责一致、运行高效、执行有力的基层管理体制，增强上下共同担当、协同作战合力，推进基层治理体系和治理能力现代化。

（楼创能）

重要活动

【第七届下城区道德模范颁奖活动】 2020年1月7日，由区委、区政府、杭州文化广播电视集团主办，区委宣传部、杭州电视台西湖明珠频道、杭州人民广播电台新闻综合频道承办的"美丽下城、德润武林"——第七届下城区道德模范（"感动下城"公德人物）颁奖活动在杭州文广集团演播厅举行。市文明办副主任康志友，区委书记刘颖，区委副书记、区长柴世民，区人大常委会主任杨国琴，区政协主席陈晨等出席。刘颖、柴世民等领导为杨朋、沈玉洪、詹伟勤、李云龙、周欢、何佩英、王幕桢、占忆晖、谢幸保、赵建荣10位第七届下城区道德模范获得者颁奖。市文明办副主任康志友，杭州文广集团副总编辑傅继昌，区委常委、宣传部部长赵一文，区委常委、纪委书记沈国祥，区委常委、组织部部长沈华锋为周鸿英、兰兰、赵剑锋等10位第七届下城区道德模范提名奖获得者颁奖。第七届下城区道德模范（"感动下城"公德人物）评选活动于7月份启动，道德模范获得者经群众推荐、基层审查、评委遴选、公开评议和区文明委最终审定产生。

【扩大有效投资重点项目开工】 2020年3月6日，下城区举行一季度扩大有效投资重点项目集中开工活动，全区12个项目集中开工，总投资达102.54亿元。区委书记刘颖出席并宣布集中开工，区委副书记、区长柴世民出席并致辞。此次集中开工的重点项目中产业类项目4个，总投资65.19亿元；安置房、校园等民生改善项目5个，总投资35.63亿元；基础设施项目3个，总投资1.72亿元。全年下城区举行4次重点项目集中开工活动。其中，第二批集中开工项目15个，总投资128.63亿元，结合开工活动举行杭钢市场地块安置房项目开工仪式。第三批集中开工项目11个，总投资205.15亿元。其中，产业类项目4个，总投资196.86亿元；老旧小区改造等民生项目7个，总投资8.29亿元。第四批集中开工项目15个，总投资186.32亿元。主要以杭州银行金融科技大厦项目为代表，涉及产业类、公共服务设施、民生改善、基础设施等领域。开工项目中，产业类3个，总投资173亿元；公共服务设施类项目1个，总投资3.19亿元；民生改善类项目3个，总投资4.92亿元；基础设施类项目8个，总投资5.21亿元。

【"数据下一城"云峰会暨一季度重点项目云签约活动】 2020年3月6日，下城区举行中国杭州"数据下一城"云峰会暨一季度重点招商引资项目集中云签约活动仪式。区委书记刘颖，区委副书记、区长柴世民等领导出席，市投促局副局长盛晓蓉应邀出席。15个重点项目进行云签约，总投资超过150亿元，签约项目涵盖文创数娱、创新金融、生物医药、产业基金、供应链科技、信息经济等领域。云峰会安排下城区投资环境推介活动，杭州慧影医疗科技有限公司、上海百芝龙网络科技有限公司、北京优锘科技有限公司、广州图匠数据科技有限公司等10个人工智能、数据智能企业进行项目路演。区产业平台负责人、10家全国一线投资机构创始人或合伙人组成联合评委团，全程对路演企业进行投票点评，并在公布对接结果后进行线上沟通。区级相关部门和各街道主要负责人、签约企业代表、路演项目代表、投资机构代表通过线上直播通道参与云峰会。

【第一轮"互看互学"大比武活动】 2020年5月12日，下城区举行全区第一轮"互看互学"大比武活动。区委书记刘颖出席并做点评，副书记、区长柴世民主持，区领导分2组实地考察全区8个街道和相关部门12个比学赶超活动考察点，并召开工作点评会议。全区党员干部通过实地考察和会议点评，相互学习，取长补短，激发比学赶超热情。区属各单位、市级垂直各部门主要负责人，各街道党政主要负责人等参加活动。

【庆祝中国共产党成立99周年暨党建共建大会在浙江展览馆举行】2020年6月29日，下城区庆祝中国共产党成立99周年暨党建共建大会在浙江展览馆举行。区委书记刘颖出席并讲话，区委副书记、区长柴世民，区人大常委会主任杨国琴，区政协主席陈晨等领导，以及省市相关部门负责人出席。大会为"干事创业好团队""担当作为好干部""优秀党建联盟"颁奖。"武林红盟"成员单位代表发出"武林红盟"行动宣言。区级离退休老干部表演诗朗读《下城明天更美好》。活动现场对"浙里来消费·云购武林""智慧联盟建设""文化惠民下基层""支部联建助力垃圾分类""电力'上改下'跑出旧改加速度""周三公益日""健康公益行""脱贫攻坚精准扶贫""并肩齐抗疫一线践初心""人才金融大礼包"等十佳党建共建项目进行集中展示并颁奖。各街道、部门党（工）委（组）书记，干事创业好团队和担当作为好干部代表，优秀党建联盟和辖区党建共建单位代表及媒体嘉宾等参加。

（楼创能）

组织工作

【概况】2020年末，下城区有基层党组织2085个，其中党委118个、党总支311个、党支部1656个；另有街道党工委8个、区直属单位党委（党工委）8个、党组34个。管理社区75个，社区中党委建制72个、党总支建制2个、党支部建制1个。党员35975人（含预备党员336人），其中，女性15766人，离退休19314人，大专及以上学历21976人，少数民族202人。全年发展党员200人。各级党组织组建机关党员突击队，支援社区新冠肺炎疫情防控和企事业单位复工复产。发挥党组织战斗堡垒和党员先锋模范作用，在全市率先建立"一名党员一幢楼"的群防群控体系，引导460名党员参与包干楼幢，联系群众10万余人，解决实际问题2000多个。组织开展"走亲连心三服务，企企铺铺见党员"活动，累计派出党员434人，走访企业商铺7582户。开展党建引领社区治理综合试点，打造"一核多元、共治共享"幸福家园共同体。下城区被授予"长三角小区党建研究实践基地"称号。

【党建引领社区治理综合试点】2020年，下城区按照市委党建引领社区治理综合试点城区要求，坚持问题导向和基层导向，从群众最关注的身边小事做起，努力打造"一核多元、共治共享"的幸福家园共同体。成立区委社区建设和治理委员会，街道组建领导小组，社区发挥党组织统领作用，形成三级联动的指挥机制。建立城市党建引领社区治理现代化"1+2+N"制度体系。在115个小区中建立党组织，小区成为"党员活动主阵地、在职党员报到地、党建共建实践地、凝聚群众核心地、矛盾纠纷调处地"。引导党员业主参选业委会，党员在全区业委会成员中的比例达61.3%，小区中全面推行党员亮身份、党员包楼联户做法。全区有4200名在职党员到居住地小区报到，组建社区服务团队483个，开展服务活动近2800次。长江三角洲党建引领小区治理研讨会、全市深化城市基层党建工作暨党建引领社区治理试点成果交流会在下城召开。

【实施党建共建"红色纽带"工程】2020年，下城区实施区域化党建共建"红色纽带"工程，把600多个区域内的机关企事业单位凝聚在一起，健全组织联建、资源联享、党员联管、服务联办、信息联通五大运行机制，实行需求、资源和项目"三张清单"式的契约化管理，全年办成720多个基层有需求、单位有资源、群众得实惠的好事实事。复工复产期间，省商务厅与天水街道依托武林商圈党建联盟举办"云购武林"消费嘉年华，杭州大厦购物中心、银泰百货杭州武林总店、杭州国大城市广场、杭州嘉里中心四大综合体实现销售额逾16.1亿元。6月30日，下城区委召开党建共建大会，表彰5个优秀党建联盟、10个十佳党建共建项目、20个优秀党建共建项目，进一步浓厚共建共治共享氛围。

【社区组织换届】2020年3月，下城区成立以区委书记刘颖为组长，区委副书记林炳达等为副组长的下城区社区组织换届工作领导小

2020年12月4日，全市党建引领社区治理试点成果交流会在下城区召开
（区委组织部　供稿）

组，并从全区街道部门抽调业务骨干组成换届工作专班，实行实体化办公。3月中旬，在全区开展一次专项考察、进行一次逐社研判、充实一批后备干部"三个一"行动，做好人选排摸。7月中旬，用1个多月时间对全区75个社区"两委"班子及其成员进行届末考核，为社区"两委"换届做足准备。10月，换届启动后，组建75个由1名区领导、1名区直部门干部、若干名街道干部组成的工作组，推行领导包联、部门协同、全程把控的工作机制，对各社区实行"一对一"挂点包干。至11月15日，下城区全面完成党组织换届选举工作，75个社区一次性选举产生新一届党组织班子成员。12月19日，75个社区统一进行社区居委会换届选举，设投票站287个、流动票箱427个，全区30.6万名选民行使民主权利，选举产生居委会主任75名，副主任78名，委员280名。全区社区"两委"参选率、得票率均超过全市平均水平，高质量实现"一肩挑""年轻化""本土化"，"经社分离"难题破解。"一肩挑"实现全覆盖，24名社区干部第一次走上社区书记岗位，全区35周岁以下书记12名，居委会本土委员占80.4%，班子结构得到进一步优化，功能得到进一步整合。

【"两新"党建工作】 2020年，下城区"两新"（新经济组织和新社会组织）党建工作围绕"两战全胜"（一手抓疫情防控，一手抓经济社会发展，确保"两手"都要硬，"两战"都要赢）、"三整一全"（整园建强、整楼突破、整线突破，全面提升）等重点工作目标，坚持以政治建设为统领，强化顶层设计。研究出台《关于加强民营医疗机构党的建设工作的实施意见》等规范化制度，稳步推进行业系统党建工作。以红动武林主题活动为载体，全面激发"两新"组织新活力。全年推出"益起服务""诗韵朝晖""智联教育山路""我与楼宇一小时"等开放式主题活动20多场，推动开放式活动走实走心。充分发挥区委"两新"工委统筹协调优势，借助工委成员职能优势，通过活动联搞、资源共享，实现部门与街道强强联合、协同推进。复工复产期间，注重发挥区商务局和武林街道的主观能动性，举办以"七彩夜市、直播带货"为主题，全区外贸企业中遴选出13家企业参与的线上直播，吸引2万余人在线收看，成交商品2000多件。下城区作为全省唯一城区代表在全省"两新"党建专题研讨会暨省级双管"两新"党组织书记培训班上做交流发言。

【干部选拔任用】 2020年，下城区选拔任用干部坚持实践标准、实绩依据，树立激励干部担当作为、干事创业的鲜明导向。全年区委常委会讨论干部任免18次，提拔任用区管领导干部（含转任重要岗位）17人，被提拔干部中，区管正职领导干部2人，区管副职领导干部13人，转任重要岗位2人；平职调整交流干部17人，完成干部试用期满考察27人。其中，因抗击新冠肺炎疫情工作表现突出被提拔使用6人，转任重要岗位1人，职级晋升2人。平稳有序推进公务员职务与职级晋升工作，注重向德才好、敢担当、实绩佳、作用正的优秀领导干部倾斜，持续激发释放公务员干事创业的激情和动力。开展综合管理类晋升40人次，其中晋升一级调研员8人、二级调研员10人、三级调研员1人、四级调研员11人；开展执法勤务类警员晋升64人次，其中晋升一级高级警长2人。

【干部监督管理】 2020年，下城区严格执行《领导干部报告个人事项规定》《领导干部个人有关事项报告查核结果处理办法》两项法规，认真做好区管领导干部个人有关事项报告核查比对工作，对发现的瞒漏报行为从严处置。对因个人事项瞒漏报行为诫勉处理2人、批评教育2人。紧盯基层选人用人突出问题整治，制定区直部门和街道机关科级干部及区属国有企业中层干部选拔任用办法，建立中层干部选拔任用“两预审一备案”（区直部门、街道科级干部和区国有企业中层干部选拔由选拔单位和区委组织部预审并报区委组织部备案）制度，规范中层干部选拔任用程序。贯彻落实省、市人事档案审核验收要求，认真做好区直各单位干部人事档案数字化工作。按照“先正职、后副职、再选调生”的要求，提前一个月完成区管干部和选调生人事档案数字化。对照“不忘初心、牢记使命”主题教育期间开展有关专项整治的要求，分别召开区直单位和街道动员部署会，部署开展巡视巡察反馈问题自查自纠。会同区民政局、区市场监管局等部门做好领导干部兼职、经商办企业情况自查。

【干部教育培训】 2020年，下城区贯彻落实中央和省、市干部教育培训规划要求，把深入开展习近平新时代中国特色社会主义思想教育培训和学习贯彻中共十九届四中、五中全会精神作为首要政治任务，聚焦学懂弄通做实，举办区级主体A类培训班16期，区管领导干部、区优秀年轻干部、企业管理人员及区高层次人才等2600多人次参加培训学习。推出“下城区干部网上学习平台”，以线上和线下相融合的方式培训干部，全年举办区级主体班和其他非主体班12期，上传党的理论知识类、党性教育类和专业化教育类专题讲座视频59个，供各级领导班子和干部按需学习，网上学习平台注册学员2000多人，学习时长13846小时。

【公务员队伍建设】 2020年，下城区贯彻落实国家和省公务员工作推进会议精神，加强公务员队伍建设管理，提升公务员管理科学化、法制化、规范化水平。推进公务员职业生涯全周期“一件事”改革，协调解决各类业务、技术和经费问题，合力破解改革难点，实现公务员录用、转任、调任、调出、辞职、辞退、开除、职务职级晋升、退休等业务全流程网上办理，全年办理公务员业务300多件。开展公务员职务职级并行工作，推进公检法人员分类管理，指导各单位做好公务员职级晋升工作，全年完成一级主任科员及以下职级晋升80人次。新招录公务员17人、选调生1人。举办全区公务员综合能力提升专题培训班，783名科级及以下公务员参加在线学习。开展公务员年度考核和优秀推荐、奖励，对全区253名2019年度考核为优秀等次的公务员予以嘉奖，为65名连续三年考核为优秀等次的公务员记三等功，1名公务员被评为“杭州市十佳公务员”。

【人才队伍建设】 2020年，下城区人才工作强化牵头抓总，实施国家“321”人才工作项目推进机制和链式引才机制，出台下城区人才返岗复工十项服务举措，向全区人才发出倡议，助力“两战”全胜。开展“十四五”人才发展规划研究编制。完善政策体系，细化区人才生态“黄金30条”，制定生活服务、住房保障等办法，完善“1+6”政策体系，兑付各级扶持资金2.9亿元。深化活动品牌，提升中国（杭州）国际人力资源峰会、杭州国际女装设计大赛、“数智武林”院士论坛、创投汇智·下城区创新创业大赛等人才赛会交流展示平台影响力，承办全市大创日“未来留‘下’·筑梦杭‘城’——百家人力资源服务大学生双创”和杭州国际人才交流大会高学历人才创新创业“加油站”等人才服务活动。优化服务举措，搭建集人才、企业等数据资源于一体的线上服务直通车。成立区级“人才驿站”5个，丰富线下服务阵地。全年全区新增市级高层次人才1199名，其中市级以上领军人才398名。

（刘署云）

宣传工作和精神文明建设

【概况】 2020年，下城区宣传思想文化战线坚持以习近平新时代中国特色社会主义思想为指导，全面落实习近平总书记在浙江、杭州考察时重要讲话精神，深入贯彻中共十九届五中全会和省委、市委、区委全会决策部署，自觉扛起“举旗帜、聚民心、育新人、兴文化、展形象”的使命任务，扎实推进意识形态、理论武装、舆论引导、文明创建、产业提升、依法治网、文化繁荣等各项工作，城区文化软实力得到大幅提升，为纵深推进高质量发展、高品质生活的全域中央商务区建设，奋力打造世界名城一流核心城区提供思想保障和精神动力。

2020年9月，区委宣传部举办“潮说武林”下城区青年宣讲大赛

（区委宣传部　供稿）

【理论学习掀起热潮】 2020年，下城区把学习贯彻习近平新时代中国特色社会主义思想作为首要政治任务和头等大事来抓，深入学习宣传中共十九届四中、五中全会精神，组织党员干部深入学习《习近平谈治国理政》第三卷。全年举办区委理论学习中心组（扩大）学习会15次，邀请杨禹、韩强等全国知名学者授课；组织二级中心组开展理论学习280多次，3000多人次参加。打造“亲青法官”“阳光夏橙”“新锐师说”等特色宣讲团组成的“潮说武林”青年宣讲品牌，举办“潮说武林”青年理论宣讲大赛、“战疫情促发展”主题宣讲等宣讲活动400多场。持续做好“学习强国”学习平台各项工作，全区注册激活学员数11.5万名，占户籍人口30.3%，推广应用工作全市位列前茅，党外学员日均参与度位列全市第一。有序开展践行“两山”理念理论研究，助力推进“习近平新时代中国特色社会主义思想溯源工程”，发挥社科基地和社科团体的作用，扎实推进课题研究工作。

【新闻宣传推进】 2020年，下城区围绕疫情防控、全面小康、中共十九届五中全会等重要节点、重大主题，扎实推进新闻宣传，开展“决胜全面小康 聚焦美丽下城”融媒体宣传行动，推出“五中全会精神在基层”“美丽下城‘绣’出来”“数字赋能 精密智控”等各类专题专栏60多个。加入浙报融媒体共享联盟、浙江卫视蓝媒联盟等，下城融媒矩阵不断扩大。加强融媒体中心与政务服务平台有效对接，升级App板块功能，将下城特色服务“1Call办”、政务公开等功能纳入客户端政务服务板块，实现数据共享和资源集约化利用。坚持移动化、视频化发展，全网累计发布各类视频作品280多条，播放量超过1亿次。创新开展街道级微融媒体中心建设试点工作，潮鸣街道、东新街道微融媒体中心正式建成并投入使用。全年在中央及省市主流媒体刊发新闻报道4100多篇，其中《人民日报》等国家级主流媒体报道下城工作和成果570多次。

【武林文化建设】 2020年，下城区推进下城区大运河文化保护传承利用暨国家文化公园建设，入选市级重点项目11个；出版《武林星说》书籍，组织编撰《浙江省文史记忆丛书——杭州市下城分册》。加强文化精品创作，推荐14部作品申报杭州市文艺精品工程扶持项目，话剧《邯郸，又一记》等3部作品入选市级扶持项目，黄梅戏《香如故》入选2019年浙江省文化艺术基金扶持项目。开展“城市青年音乐角”全市试点工作，首批“城市青年音乐角”西湖文化广场、新天地点位正式启动。推进“杭州书房”建设，建成“杭州书房”6处，“杭州书房·西湖文化广场旗舰馆”正在建设中。实施文化惠民工程，推出下城区“喜迎亚运”少年儿童暑期绘画比赛、“多彩下城”年度主题摄影创作等文化惠民活动300多场。履行文化市场行政审批和监督检查职能，全年接收行政审批申请97件，对印刷、出版物和电影行业开展联合专项检查10多次，检查企业60多家；持续开展“扫黄打非”工作，全年开展“扫黄打非”联合执法8次，发现无证经营出版物商家1个，责令消防整改企业2家。

【精神文明建设】 2020年，下城区持续深化“美丽下城”创建工程，完成全国文明城市复评和省、市城市文明程度指数测评迎检工作，“国测”成绩突出，全年新创全国文明单位1个，全国文明校园1家，浙江文明校园1所，浙江省文明家庭3户；持续推进“美丽下城”创建督查，全年组织文明创建督查200多次，发现问题4000多个，下发整改抄告单98份。有力推进公民思想道德建设，做强“我推荐、我评议身边好人”活动，全年共选树“杭州好人”4人，入选“浙江好人榜”1人，入选第十六届杭州市道德模范提名奖和第八届“最美杭州人”提名奖1人。做好“美德少年(新时代好少年)”评选表彰工作，选树下城区“十佳美德少年”，其中2名学生获2020年度浙江省“新时代好少年”和杭州市第十六届“美德少年(新时代好少年)”称号。夯实基层创建基础，推进新时代文明实践中心建设，依托党群服务中心、社区文化家园等阵地打造新时代文明实践所(站)；推广运用“文明帮帮码”，入驻志愿者5.3万余名，团队245支，活动发布和秀文明数各600次；建设“城市青年音乐角”10个。

【舆情风险防范】 2020年，下城区编制试行《下城区网络舆情应急管理工作指南》，推动舆情工作规范化、科学化；深入推进网军队伍建设，修订完善《下城区网评员建设管理办法》，探索网络评论品牌建设，在“下城新闻网”开设网评专栏《武林时评》，发布优秀网评文章20多篇。开展网络文化活动，组织开展“谁不说我家乡美”云合唱网络文化活动，制作视频20多个，推荐浙江小巷三寻文化创意发展有限公司“‘手工的村落’培训项目”入选2020全国网络扶贫典型案例，做好“点赞杭城好网民”优秀故事推荐工作；加强企业党建工作指导，筹建成立区互联网行业党委，进一步探索构建“行业引领、属地统领、标准示范、个性发展”的互联网企业党建工作模式。

(黄　卉)

统战工作

【概况】 2020年，区委统战部以习近平总书记关于加强和改进统一战线工作的重要思想为指导，全面贯彻落实中央和省委、市委、区委关于新时代统战工作的一系列决策部署，把握“大团结大联合”主题，围绕区委、区政府中心工作，聚焦社会基层治理重难点问题，用好用活统战法宝，画出网上网下“战疫情，促发展”的最大同心圆，全区统战工作取得全面发展进步。提前完成《基层统战工作三年行动计划》各项目标任务。文晖街道、石桥街道、长庆街道被评为市级基层统战工作典型范例，“司法联侨·金侨俱乐部”、武林街道“武林乡贤馆”、物美商业集团华东公司“民族之家”、“景韵·金侨之家”被评为市级单项特色典型范例。全年在中央统战部网站、中国新闻网等国家级媒体和《浙江日报》、浙江统战微信、《杭州日报》、杭州统战微信和“学习强国”杭州学习平台等省、市级媒体刊发下城区统一战线工作报道、体会文章95篇。《加强新媒体代表人士统战工作的实践与思考》和《统一战线助推基层治理现代化问题初探》分别获2020年度全省统战理论政策研究优秀成果二等奖和优秀奖。

【党外人士思想政治引领】 2020年，区委统战部加强党外人士思想政治引领，围绕学习贯彻中共十九届五中全会精神、省市委全会精神和庆祝中国共产党成立99周年，开设“空中慕课”，举办线上学习辅导、线下讨论交流和参观见学活动20多次，夯实统战成员与党团结奋斗的共同思想政治基础。成立全省首个商会党建联盟暨商会和“云”调解中心，开展“固定党日活动进民企”活动，大力宣传推介统战人士参与抗疫、助力复工复产复课的事迹、典型和经验做法，汇编“同心战疫”画册，鼓舞士气，激发干劲。

【基层民主协商机制建设】 2020年，下城区贯彻落实《中共中央办公厅关于印发〈民主党派代表

2020年11月12日，区委统战部举行“同心苑”下城区党外人士活动服务中心启用仪式
（区委统战部　供稿）

人士队伍建设的规划〉（2018—2027）的通知》《中共中央关于加强中国特色社会主义参政党建设的意见》《各民主党派中央关于新时代组织发展工作座谈会纪要》3个文件精神，成立下城区党外人士服务中心，协助各民主党派做好成员联系联络和服务保障工作。投资200万元，打造全市一流的党外人士活动服务中心“同心苑”，为党派团体协商议事、联系交流、开展活动提供便利。在全区民主党派、无党派人士中深化“同心商议团”“同心协商圆桌会”等基层民主协商机制，开展多元化、多层面协商议事，实施社会化、网络化“同心善治建名区”专项行动，形成调研报告19篇，为“重要窗口”建设和城区基层治理现代化贡献统战智慧，有关做法被中央和省级、市级主流媒体推介。

【助力少数民族消费和就业扶贫】 2020年，下城区开展消费和就业扶贫工作。建立全国首个“石榴籽e家”电商基地，通过网络直播推介活动，帮助湖北省恩施土家族苗族自治州销售90多万元农副产品，为富阳区畲乡少数民族企业解决1万千克乌米饭滞销问题；成立“物美民族之家”，培训少数民族员工，解决近1000名少数民族群众就业难题，受到人民网等媒体关注。物美商业集团华东公司入选“第三批省级民族团结进步重点培育单位”。

【服务民营企业发展】 2020年，下城区贯彻落实习近平总书记在企业家座谈会上的讲话精神，帮助民营企业家稳定发展预期，坚定发展信心。采取“一对一”“组团式”“清单化”等方式，实施“助企抗疫复生产，打好发展总体战”专项行动，开展专题调研30多次，走访民营企业1500多家次，发放调查问卷1000多份，帮助协调解决问题200多个；先后举办“亲清直通·政企恳谈会”“拥抱直播电商，赋能企业转型”“送法入企”“检护企航”等为企服务活动10多场，精准回应企业诉求，帮助解决涉法问题；成立全国首家县级“数字经济商会”，推进传统企业与数字企业深度融合、上下游产业联动发展，该做法得到省委统战部副部长、省工商联党组书记陈浩肯定。区工商联获“2019—2020年度浙江省五优县级工商联”和“全省工商联系统专项工作先进”两项荣誉。

【海外人士服务工作】 2020年，下城区做好“境外来杭人员疫情防控工作专班”相关工作，在预申报平台录入1.8万条海外回国入境入浙人员信息，向国外留学生和留学生家属推送100多条有关国内防疫政策和疫情动态信息，回复咨询电话300多人次。通过建立“司法联侨·金侨之家”，打造“司法联侨”服务基地，组建律师专家服务团、侨志愿者队伍等，线上线下结合，为侨企在内的300多家企业举办法律知识讲座和法律咨询服务活动10多次，实现为侨服务专业化、精准化、特色化。司法联侨工作被市侨联确定为全市推广项目，区侨联获“杭州市侨联系统先进集体”和“全国侨联系统助力脱贫攻坚先进集体”称号，全国新侨创新创业基地获“创业中华，辉煌十年·侨界创新创业示范基地”荣誉，相关经验做法被人民网、中央统战部网站、《浙江日报》等10多个国内媒体跟踪报道和宣传推介。

【新的社会阶层人士新名片打造】 2020年8月，区委统战部印发《下城区进一步加强网络人士统战工作的实施意见》，建立“浮云·同心荟”、“数创·同心荟”和“群英同心荟”等15个新阶层人士“同心荟”工作平台，成立新媒体行业联盟“武林地e盟”。通过举办网络人士统战工作研讨会、拍摄“杜绝舌尖浪费，我们e路同行”公益宣传片、举办“共话网企发展，我们e起成长”创业经验分享会等，打造符合网络特点、具有下城特色的网络人士统战工作“新名片”。“武林地e盟·群英同心荟”被评为“第三批省级网络人士统战工作实践创新基地”。100多名新阶层人士、50多个区新的社会阶层联谊会、区知识分子联谊会网络与信息专业人士分会会员企业累计捐赠价值1500多万元的防疫物资，全国人大常委会副委员长、民盟中央主席丁仲礼给予充分肯定。

【党外代表人士队伍建设】 2020年，区委统战部加强党外代表人士队伍建设，为统战事业可持续发展提供人才保证。全区党外人士的政治安排和党外干部的实职安排均达到或超过上级规定要求。支持民主党派按照“做中国共产党的好参谋、好帮手、好同事”要求加强班子和队伍建设，指导致公党基层委员会完成换届工作。新认定35名无党派人士，吸纳36名优秀党外人士参加区知识分子联谊会、区数字经济商会工作，推荐6名无党派人士加入区民主党派组织，选树10名优秀民营企业家为下城区首届优秀社会主义事业建设者。 （冯俊虎）

机构编制

【概况】 2020年，区委编办推进公益类事业单位改革，做好事业单位改革“后半篇”文章。科学规范街道“属地管理”，管好用活机构编制资源，强化机构编制管理及监督检查，规范机关事业单位法人登记管理，协同推进机关内部“最多跑一次”改革，做好疫情防控编制保障，着力保障基层和民生领域用编。全年办理行政事业单位机构编制调整事项57件，完成25个机关事业单位中文域名的集中注册缴费。

【事业单位清理规范】 2020年，区委编办全面推进事业单位清理规范整合工作。对涉及改革的126个事业单位的历史沿革、职责履行、编制配置、机构运行等情况进行全面摸排，分类推进各项改革。按照“能减则减、能合则合”的原则，加大精简整合优化力度，压缩区属事业单位机构数量。科学划定事业单位与党政机构之间、事业单位之间、事业单位内部的职责权限边界，对14个相关事业单位实行整合重组。推进事业单位规范化建设，重新确定机构名称，严控事业机构挂牌数量，对区机构编制实名管理中心等12个事业单位机构名称进行调整。根据职能定位和任务量，对改革后的108个事业单位重新核定编制数量和领导职数。根据时间节点要求，按时印发实施全区38个区级部门所属事业单位和7个区政府直属事业单位的“三定”（定机构、定职能、定编制）规定。

【事业单位改革】 2020年，区委编办推进事业单位改革，督查评估改革实施情况。按照“编随事转、人随事走”的原则转隶事业人员231名，并完成楼层指示牌、电梯指示牌、政务公开栏、人员信息牌和钉钉等政务公告信息的变更，完成事业单位法人设立登记1件、变更登记97件、注销登记2件。开展事业机构改革成效分析。会同区财政局、区人力社保局等部门解决部分事业单位干部职数消化等难点堵点问题。

【街道“属地管理”改革】 2020年12月31日，下城区出台《下城区规范街道“属地管理”实施意见》，对街道“属地管理”事项进行明确。梳理街道“属地管理”事项82件，编制《街道“属地管理”事项责任清单》，实行动态管理，进一步厘清部门和街道工作职责。落实街道“属地管理减负清单”，核查9项不得转嫁街道的具体工作职责事项。推进街道完善权力清单工作，公布实施街道权力清单事项，完成权力事项运行库中93件街道事项的认领、完善和公布。

【机构编制资源效益发挥】 2020年，下城区针对紧急信息值守、基础教育、公共卫生、外商投资等重点领域机构编制保障等问题，发挥现有编制效能，把有限的机构编制资源用在服务保障经济社会发展的重点领域和关键环节，新设区紧急信息值守中心及杭州市观成武林小学等4所学校、单位的机构编制，为民生事业、重点领域发展提供体制机制保障。加强疫情防控一线力量，核实增加区疾控中心事业编制10名，为做好抗疫工作提供编制保障。

【机构编制管理】 2020年，区编委办围绕区委、区政府中心工作和年度重点工作任务，做好用编计划核定和备案工作。全年核定各类用编计划1100名，为全区70多个机关事业单位使用的130多名科级职数办理预报审批和任职备案手续，办理进编手续960多人，办理减员出编备案手续720多人。针对人员进出编、任职备案手续办理不及时等问题，下发《下城区机构编制事项督查催办通知》，督促相关部门及时办理相关手续。在全区开展超审批权限设置机构等问题自查自纠，对超审批权限设置机构、超规格超职数配备领导干部和自行设置领导职务名称等三大类八种情形开展专项督查。依托机构编制实名制数据库，加强与市委编办、区委组织部和区人力社保局的沟通，助力行政和事业人员职业生涯全周期管理"一件事"改革。

【机关事业单位登记管理】 2020年，区委编办推进机关群团统一社会信用代码赋码管理和事业单位法人登记管理标准化规范化工作。3月底，全区完成2019年度事业单位法人年度报告公示工作，审核通过220个事业单位年度报告材料。办理事业单位改革后的法人设立、变更、注销登记以及证书信息变更登记，全年党政机关单位变更登记8件；设立登记2件；事业单位法人变更登记160件，设立登记8件，注销登记6件。 （刘新玉）

党史编研

【概况】 2020年，区委党史研究室发挥党史工作"以史鉴今、资政育人"作用，推进《红韵下城——纪念建党百年访谈录》编印，做好党史编研、党史场馆保护利用及党史宣传教育等工作，考证确认中共浙江省委机关旧址（狮虎桥河下2号），举办形式多样的党史宣教活动。全年省委党史网站刊登下城党史信息2篇，省委党史研究室《足迹》杂志录用文章1篇，"学习强国"杭州学习平台录用信息2篇，市委党史研究室微信公众号推送2期，市委党史研究室《征途》杂志录用文章2篇。

【中共浙江省委机关旧址考证】 2020年5月，区委党史研究室将史料记载"1927年中共浙江省委机关曾设在狮虎桥河下2号"的情况上报省市党史部门，配合由省、市、区三级党史部门分管领导和研究人员组成的领导小组和课题小组开展旧址考证。通过查阅资料、寻访世居居民、咨询老党史工作者、走访地名部门、开展现址测绘等形式取证分析，历时半年，考证确定现天水街道戒坛寺巷社区的狮虎桥河下2号为中共浙江省委机关旧址之一（系1927年省委成立初期的机关重要旧址）。

【《红韵下城——纪念建党百年访谈录》编印】 2020年，为讲好建党百年红色故事，庆祝中国共产党成立100周年，全面展示下城区在党的坚强领导下取得的巨大成就，区委党史研究室联合区委老干部局、区档案馆（区地方志编纂研究室）开展纪念建党百年口述访谈工作。12月，《红韵下城——纪念建党百年访谈录》编印完成。全书分序言、正文、后记3个部分，约12万字，收集图片57幅，采访影像资料400GB。遴选采访陈望道、俞秀松两位先辈的后人，以及下城区部分离休干部、老同志和教育、卫生、科技、文化等领域一线工作者，共34人。通过访谈人的讲述，展现在党的创立、抗日战争、杭州解放、社会主义建设及改革开放等不同时期下城区经济发展、城市建设、基层党建等方面的重大事件、重大成果和不凡历程。

【编研成果】 2020年，区委党史研究室整理汇编"下城区委战'疫'大事记"。大事记起止时间为2020年1月至5月，主要通过收集区委重要决策、活动及《下城发布》《下城先锋》等媒体的记录整理汇编而成，力求以纪实性、全面性、严谨性展现下城区努力交好杭城疫情大考下的"红色"答卷。启动《下城区改革开放简史》编写工作，并于12月基本完成初稿。全书分

4编19章，时间跨度为1978年至2012年，分改革开放初期、改革开放全面展开、新世纪推进“南精北快”战略及共建繁华时尚之区等四个时期，展现下城区改革开放以来在政治、经济、文化、社会治理及党的建设等方面取得的丰硕成果。

组织撰写党史资政文章，《风雨中修路——回忆志愿军老兵金仁珠》被省委党史和文献研究室《足迹》杂志录用，《打得一拳开，免得百拳来——抗美援朝老兵焦龙清访谈录》《下城精准助力“巴”“黎”东西协作共奔小康》被市委党史研究室《征途》杂志录用。

（刘暑云）

综合考评

【概况】 2020年，区委考评办围绕“强化市考、简化区考、双考联动、督考合一，紧盯排名、争先进位”的要求，对全区各项督查检查考核事项进行梳理整合、统筹规范和优化简化，完善区本级综合考评指标体系。落实“四问四权”（问情于民、问需于民、问计于民、问绩于民，知情权、参与权、选择权、监督权）工作机制，以公民为导向，牵头组织2020年度电视问政活动，抓好676条社会评价意见的整改，并分阶段向社会予以公示。对2019年度区综合考评结果进行“面对面”绩效反馈。全年办理领导批示件273件，其中抄告件71件、告知件137件、督办件65件。领导批示件中，省委书记袁家军批示1件，市级部门来文2件，区属单位来文3件，群众来信24件，企业来信11件，基层来信2件。平均办理反馈时间7个工作日。

【综合考评指标优化】 2020年，下城区综合考评工作落实中央和省市整饬“六大顽疾”要求，对全区各项督查、检查考核工作进行全面梳理，简化考评内容。印发《下城区2020年督查检查考核年度计划》，在向全区征集年度督查检查考核项目基础上，进行统筹规范，确定全年督查检查考核项目20项，项目数比上年减少10%。依据市、区两级年度综合考评实施方案设置考评内容，制订《2020年度全区综合考评办法》，实行“一考多用”。9—12月，开展年度重点工作、重点项目“百日冲刺”专项行动大督查，采取现场踏勘、抽查暗访、电话回访等形式，动态掌握“百日冲刺”行动进展情况，编发《“百日冲刺”红黄黑榜》4期，加强过程中的绩效管理，落实销号管理，推进年度目标落地见效。

【综合考评绩效管理】 2020年，区考评办突出“督、考、评”一体化绩效管理特色，走访调研全区8个街道、20个部门，对2019年度区综合考评结果进行“面对面”绩效反馈。对年度重要经济指标、高质量发展和“六大行动”、日常履职目标任务、63项（492条）社会评价意见整改目标内容，进行细化量化，分解到各相关职能部门，并列入区本级年度综合考评内容。开展全区疫情防控工作督查，地毯式巡查各社区、企事业单位疫情防控工作落实情况。对上年度抄告的492条社会评价意见建议进行责任分解，梳理归并为63项整改目标，抄告42家责任单位，其中8项67条作为年度重点整改目标，由区领导领衔督办，并在《今日下城》及区政府门户网站公示。

【区级社会评价工作调整】 2020年，区考评办为契合市对区考评办法调整的需要，对全区社会评价工作做出调整。评价工作设基本分40分，其中领导评价10分、单位互评10分和社会评价20分。领导评价中，区委、区政府主要领导评价权重占20%；单位互评中，评价等次按单位性质进行分类设档限额，部门优秀、良好数不超过同类的15%、20%，街道优秀、良好数不超过2个和4个；社会评价中，“两代表一委员”、各单位班子和各社区主要负责人、辖区社工均采取全样本评价，辖区企业代表、市民代表采取抽样评价。

【疫情防控专项督查】 2020年，区考评办组织党员干部开展结对社区抗击疫情志愿服务21人次，累计100小时以上。完成全区各类防控疫情重要会议活动服务保障工作10多次；收发、登记、传阅中央及省、市、区各级有关疫情防控文件100多件，处理机要文电30多件；向上级专报跟疫情相关的信息15篇，其中《下城区党员干部作好三个表率打好疫情防控战》信息稿得到市委常委、秘书长许明的批示肯定。根据区疫情防控工作领导小组要求，自2月5日起，区考评办牵头开展市、区10项疫情防控措施落实情况的专项督查，形成领导专报2期。（陆 军）

保密工作

【概况】 2020年，区委保密委员会深入学习贯彻习近平总书记关于机要保密工作的重要指示精神，贯彻落实市委机要保密工作会议暨市委保密委员会、市委密码工作领导小组会议精神，充分发挥区委保密委成员单位职能作用，落实党管保密、党管密码责任。印发年度《下城区保密工作要点》，把《中华人民共和国保守国家秘密法》《中华人民共和国密码法》纳入主题党日学习内容，加强密码法规保密知识业务学习，打造忠诚可靠的新时代保密人员队伍。投入保密及党委信息化建设经费186万余元，用于保障机要保密日常管理和保密技术防护设施设备配备。

【机要保密工作】 2020年，区保密局推进"安全保密防护监管"一体化工作，明确全区912工程任务书、时间表，有序推进安可替代工作，停止非国产设备采购。严格执行《密码电报使用和管理规定》，坚持机要密码人员AB岗制，确保第一时间做好紧急重要电报办理。联合档案、电信、教育等部门，组织开展档案数字化服务外包、党政专网通信线路巡检、中高考保密安全等专项检查，确保保密安全，党政专网安全畅通，消除失泄密隐患。委托第三方服务机构对全区15家单位开展重点自查自评，强化保密意识，提升保密质量，确保压力传导到位、评查落实到位。

【加强保密管理】 2020年，区保密局加强保密定密管理、网络保密管理、涉密人员管理，对全区新调整的定密责任人、涉密岗位和涉密人员进行梳理，完善涉密人员信息数据库，完成50多个区直单位和8个街道定密责任人确定备案，落实涉密人员各阶段保密管理要求。完成对2010年产生的秘密级事项及2020年到期的国家秘密事项集中解密审核。做好机关单位网络核查分类，全区涉密网络测评率和审查率均100%，做到互联网集中接入，实行互联网统一归口管理，形成对网络全面动态监管防护。通过举办培训班、征订保密杂志、发放宣传资料、印制保密专用笔记本、宣传展板巡展等方式，抓好保密人员经常性教育。

【保密业务培训】 2020年7月，区保密局开设全区机关单位保密自查自评业务培训班和全区涉密人员及非在编人员保密业务培训班，邀请市保密协会负责人专业指导自查自评工作。组织涉密单位人员参加省、市机要保密业务培训，考试合格后取得上岗证书，实现机要、涉密人员全员持证上岗要求。结合全市党办系统机要、保密业务技能"大比武"活动，开展全区保密干部岗位练兵，提高全区保密干部业务技能。（楼创能）

信访工作

【概况】 2020年，下城区信访工作以习近平总书记关于加强和改进人民信访工作的重要思想为指导，坚持以人民为中心发展理念，全力打造良好信访生态环境。全年全区受理群众信访事项6.88万件，比上年上升10.0%；接待群众来访321批1433人次，分别下降29.8%和10.0%。下城区被国家信访局评为信访工作"三无县（市区）"，区信访局获杭州市网贷风险处置工作突出集体嘉奖、下城区信访积案化解工作集体嘉奖。

【信访工作责任制落实】 2020年，下城区认真落实信访工作责任制，进一步明确信访工作目标和思路。印发《下城区信访工作领导小组2020年工作要点》《2020年度下城区信访工作目标管理考核办法》《2020年度下城区各街道党工委办事处信访工作责任书》。区委每季度召开信访工作会议，听取工作汇报，部署推进信访积案化解等重点工作。召开区委书记办公会、区委常委会、区政府常务会议，研究分析信访形势，协调解决重大信访问题。区信访工作联席会议每月召开信访工作例会，通报信访工作情况，研究疑难信访问题解决方案。按照《下城区领导干部公开接待群众工作实施意见》，区信访局定期公示区四套班子领导接访时间、地点、监督电话等，区领导通过接访、约访、下访和召开协调会、督办会、推进会等形式，研究化解一批容易引发信访上行和群体性事件的矛盾纠纷及苗头隐患。全年区主要领导召开信访问题专题会10多次，接待群众81批698人次，一批群众反映强烈的热点难点问题得到解决。

【14件信访积案化解终结】2020年，下城区全面推进信访化解工作，围绕区委提出的14件信访积案"清仓见底"的年度目标，借势发力，分类施策，各个击破，全力推动信访结案攻坚化解工作。区主要领导和分管领导主动承办难案要案，把信访积案化解作为领衔破难的重点项目，包案领导牵头召开分析研讨会，狠抓工作落实。区委书记每月听取积案化解进度，具体督导积案化解进度和成效，形成高位推动、齐抓共管、攻坚克难的良好氛围。对上半年完成积案清零的街道，进行全区通报表扬；对推进无突破的街道，实行挂牌整改。全区建立主要领导亲自抓，属地街道主动抓、相关涉事单位配合抓的工作机制。至年末，14件信访积案全部化解终结。

【"信访超市"建设】2020年4月，区矛盾调解中心二期扩建工程（信访超市）完工并投入使用。区矛盾调解中心二期项目于2019年12月开工改建，建筑面积从原来的500平方米扩大至1500平方米，该中心将区综合治理中心、区人民来访接待中心、区诉讼服务中心、区公共法律服务中心、区"12309"检察服务中心、区社会治理综合指挥中心、区"12345"统一政务咨询投诉举报平台、区公安信访平台8个平台整合为一个平台，并吸纳区劳动保障监察（仲裁）机构、区行政争议调解中心2个平台，常驻工作人员36人，为群众提供一站式调处服务。全区8个街道、75个社区同步完成分中心建设并全面运行，其中1个街道中心、4个社区中心成为市级规范建设培育点。全年矛盾调解中心接待群众2300多人次，召开各类协调会31次，联合接访18次。省委常委、政法委书记王昌荣考察下城信访超市时给予充分肯定。

【信访事项听证工作落实】2020年7月，下城区为贯彻落实《浙江省信访事项听证办法》，维护信访人合法权益，着力推进全区信访积案有效终结化解。成立信访听证工作专班，有序开展信访听证工作。全年组织召开信访听证预备会12场、正式听证会6场，信访听证范围涵盖危旧房拆复建、房屋搬迁赔偿纠纷、土地拆迁征收项目等，涉及街道、住建、规资、城投等部门。工作专组对接市信访局复查复核处、市住保房管站等职能部门，做好信访事项终结入库工作，推动信访事项如期办结。

（张慧华）

老干部工作

【概况】2020年，下城区有离退休干部党支部111个，管理离退休干部108人。其中，离休干部65人（下城区区级1人，其他46人，异地安置18人），区级退休干部35人，局直管退休干部8人。为居住在下城区的269位离休干部提供居家养老服务。其中，省属7人，市属203人，外城区28人，下城区31人。区委老干部局引导老干部做习近平新时代中国特色社会主义思想的忠实践行者，充分发挥老干部作用，认真落实老干部待遇。以党建引领老干部参与社区治理，为老干部营造"关系在单位、活动在区域、奉献在社区"的良好氛围。下城区《"四力合一"推进离退休干部党建融入城市基层党建》实践成果获省委老干部局、市委老干部局的批示肯定。下城区成为杭州市唯一离退休干部党建融入城市基层党建工作省级试点单位。

【老干部工作党建引领】2020年，区委老干部局举办离退休党支部书记、离退休骨干培训及政情通报会7期次。探索离退休干部党建融入城市基层党建"168"工作机制，开展"一会、一亮、一卡、一群、一反馈""五个一"信息互认制度，印发《关于推进机关事业单位离退休党员干部属地化管理的通知》，28个社区成立机关事业单位离退休干部临时党组织，342名离退休党员在居住地参与社区治理服务，发挥示范作用。培育天水街道灯芯巷社区、武林街道竹竿巷社区、长庆街道浙大御跸社区、文晖街道京都苑社区、东新街道东新园社区5个首批市级"金秋驿站"示范点，打响"邻聚里"党建特色品牌。开展"一读三谈”“公筷公勺”宣传活动。推选区城管局离退休人员第一党支部、潮鸣街道离退休党支部、下城公安分局离退休第二党支部、青蓝小学离退休党支部、长寿桥小学离退休党支部、安吉路试验学校离退休党支部、长江实验小学退休党支部、区住建局离退休第一党支部为杭州市离退休干部“最美支部”,推选市“主题党日”优秀案例3个。培育天水街道灯芯巷社区老年大学、杭州市老年大学长庆街道分校、长庆街道浙大御跸社区老年大学、朝晖街道老年大学、东新街道东新园社区老年大学5所家门口的老年大学。黄飞华、周鸿英、张斌、朱松范、项晓敏分别被评为省、市“最美银耀志愿者”,王巽庠、吴善增获评省“银尚达人”。

【老干部作用发挥】 2020年,区委老干部局组织离退休干部参加“两会”征求意见会及视察老旧小区改造、社区养老服务、新行政服务中心等“走基层、看变化、促发展”活动30多次,向区委、区政府提出意见建议30多条。组建红色吟诵团,开展红色吟诵活动。参与《红韵下城——纪念建党百年访谈录》口述史编撰。发动离退休干部参与疫情防控、助力复工复产,参加志愿者服务离退休干部3000多人次,志愿服务2万多小时。组织离退休干部创作优秀抗疫诗词书画作品100多幅。“银闪武林”志愿者张斌制作艾草香袋赠送杭州援鄂医护人员,被媒体及“学习强国”平台报道。《离退休干部同心战疫践初心》专报得到区委书记刘颖、区长柴世民及分管领导的批示肯定。全区41支志愿服务队1458名志愿者,参与志愿服务583次,名列全省前茅。

【离退休干部服务保障】 2020年,区委老干部局认真落实离休干部离休费、医药费、护理费等经费保障。通过钉钉网、微信群、电话等方式,向老干部宣传疫情防控知识。向老干部发放口罩2000多只、消毒液300瓶。组织33名离退休干部赴五云山疗养院体检。社区医生签约离休干部182人。指导社区做好离退休干部“四就近”(在社区就近学习、就近活动、就近得到关心照顾、就近发挥作用)服务,发放价值63.9万元的“三替券”“华数卡”72份,下拨助老员津贴28.97万元。线上为离休干部发放困难补助2.2万元,慰问老干部300多人次。举办“时光不负韶华,执手共话余辉”离休干部浪漫七夕活动。制作《退休干部服务手册》、纪念牌,开展“荣誉退休”工作。下城区老干部大学建成智慧校园,探索“云课堂”教学,开展教学创作、展示等活动。老干部合唱团自编自排、倾情演绎歌曲《天下乡亲》。 (祝凯伦)

2020年9月29日,区委老干部局组织开展“走基层、看变化、促发展”视察调研活动。图为老干部同杭州市安吉路实验学校师生合影 (区委老干部局 供稿)

关心下一代工作

【概况】 2020年,下城区有关工委组织133个,“五老”(老干部、老战士、老专家、老教师、老模范)中参加区级讲师团14人、调研团10人、关爱团11人,担任网吧义务监督员98人。下城区19个楼宇社区、8个部门建立关工委组织。区关工委学习贯彻习近平总书记在纪念中国关心下一代工作委员会成立30周年暨全国关心下一代工作表彰大会上的重要讲话精神,围绕“急党政所急、想青少年所需、尽关工委所能”的工作定位,坚持立德树人,加强青少年

2020年8月31日，区关工委会同区教育局、区民政局在杭州市明珠实验学校举行下城区第四届“爱心助学”资助仪式

（区关工委 供稿）

思想道德教育，组织“五老”参与抗击疫情、助力复工复学，为青少年办实事做好事。朱建芬被评为全国关心下一代工作先进个人，区关工委被评为市关心下一代工作先进集体，李浙东等13人被评为杭州市关心下一代工作先进工作者。

【青少年思想道德教育】 2020年，区关工委开展“做这样的人”学习抗疫英模主题教育。组织“五老”进校园开展抗疫故事巡讲，将市关工委编写的青少年读本《做这样的人——抗疫群英谱》发放到辖区中小学，与同学们一起分享抗疫故事，鼓励同学们向抗疫英模学习，从小树立为国家和民族奉献担当的志向，中国关工委官方网站、市关工委网站、《浙江老年报》分别报道下城区青少年教育工作。区教育局关工委面向全区34所中小学及24所公办幼儿园开展送书进班、送书进家、导读研讨等系列活动。暑假期间，区关工委组织讲师团，深入街道、社区夏令营，开展以党史国史、安全与法制、青少年心理健康与家庭教育为主要内容的授课活动。长庆街道浙大御跸社区关工委举办“红领巾致敬抗疫先锋”“劳动小能手、防控小达人”等活动，宣传抗疫精神，培养劳动意识。文晖街道打铁关社区关工委举办“文明餐桌新时尚，争做美德少年郎”活动，组织青少年向餐饮店顾客宣传文明用餐。省关工委领导对下城区楼道关工小组开展青少年家风文化传承教育工作给予充分肯定。区关爱团副团长、浙大御跸社区城市楼道家风文化创始人周鸿英的事迹被全国关工委官方媒体刊登。

【困难家庭助学解困】 2020年，区关工委认真做好困难家庭助学解困工作。7—8月，天水街道举办“银天书院”夏令营，朝晖街道举办“暖心陪伴，朝晖‘小候鸟’归巢”主题夏令营；东新街道沈家门社区开办多场“小候鸟”公益课；长庆街道王马社区面向“小候鸟”开设暑期公益书画兴趣班等。区关工委为困难家庭学生送上书包、水杯等学习用品70多份。为全区27所学校48名大中小学生发放助学金8.5万元。区教育局关工委赴丽水庆元县、贵州省黔东南苗族侗族自治州黎平县、湖北省恩施土家族苗族自治州巴东县开展支教活动，关爱当地留守学生和儿童。

【"五老"志愿者参与疫情防控】 2020年，区关工委组织"五老"参与社区卡口值勤、体温测量、物品分送等防控活动，"五老"志愿者与医护人员家庭结对23户，开展"一人一帮扶"暖心行动。与社区工作者巡查商家店铺防控措施落实情况。引导家长规范停车，有序接送孩子上下课，并发放疫情防控宣传折页，提醒学生戴口罩、勤洗手、不聚集。线上为青少年解答心理健康有关问题；创作关于使用"公筷公勺"等内容的抗疫诗歌书画、音频视频等作品，宣传防疫知识，倡导"公筷公勺"新风尚，弘扬正能量。

【基层关工委建设】 2020年，区关工委对武林、长庆、朝晖、东新4个街道基层关工委工作情况进行调研，了解关工委组织建设和队伍建设等情况，推进基层关工委机构改革。开展基层"五好"关工委达标活动，至年末，全区基层"五好"关工委比例达到省市提出的50%以上要求。扶持基层关工委特色品牌，为基层关工委特色亮点品牌项目申请杭州市关心下一代基金会资助。东新街道暑期"小候鸟"童伴关爱项目、长庆街道王马社区"童心筑梦共成长"关爱青少年项目分别获杭州市关心下一代基金会3万元、2.5万元资助。陆游纪念馆（下城文史馆）被评为第二批"杭州市关心下一代教育基地"。

（何杨佳）

档案工作

【概况】 2020年，区档案馆围绕区委、区政府中心工作，加强档案公共服务能力建设和基础业务建设，推进"最多跑一次"改革电子化归档及政府数字化转型工作各项任务。制订新冠肺炎疫情档案工作指南，开展档案资料接收与征集，丰富馆藏资源。抓好档案工作规范化建设，举办数字档案室创建及档案业务专题培训会，开展针对性指导，完成新组建单位归档范围和档案保管期限表的编制和审批。通过市级综合档案馆业务建设评价，完成省档案局"十三五"期间数字档案室创建任务。协助区教育局开展教育档案陈列馆筹建工作。区档案馆推荐首届杭州"兰台工匠"1名，推荐第三届"下城工匠"1名。

【综合档案馆业务建设评价】 2020年11月5日，市档案局专家组到下城区，对区档案馆业务建设情况进行现场评估。市专家组对照《浙江省市县级国家综合档案馆业务建设评价标准》，逐项核查业务建设指标项目认证材料及相关数据，实地查看展厅、库房、查档大厅等工作现场，全面检查建筑与设备、工作保障、档案基层业务、开放利用等情况，并召开评价汇报会和评价反馈会议。专家组一致同意下城区档案馆通过综合档案业务建设省级评价。年末，下城区档案馆馆藏档案22497卷、84725万件，照片档案5452张，实物档案41件，馆藏资料5793册。

【新冠肺炎疫情防控工作档案资料征集】 2020年2月，下城区档案馆发布新冠肺炎疫情防控工作档案资料征集公告，向社会各界征集新冠肺炎疫情防控工作档案资料。征集的重点包括反映下城参与抗击疫情感人事迹的相关资料（主要是一线工作者的个人照片、工作影像、抗疫工作日记、"请战书"、书信等，卫生、防疫、教育、公安、交通、环保、物资供应、社区等防控战线在抗击疫情中做出的贡献等资料）；反映下城在抗击疫情中做出贡献的人物和事迹资料；以抗击疫情为主题的诗歌、散文、歌曲或书法、绘画、篆刻等艺术作品；社会组织、个人捐赠物资的凭证、记录；各新闻媒体、自媒体、社交媒体及影视爱好者在直播、采访过程中形成的纪实性资料和宣传报道材料；其他能反映疫情防控工作、具有历史价值或特殊意义的文字、图片、语音、视频、数据的档案资料等6个方面的档案资料。征集方式采取自愿捐赠为主。入馆的档案资料归国家所有，永久保存。年内，接收区新冠肺炎疫情工作领导小组、融媒体中心移交电子档案71件、相关照片2913张；公开征集到书画、实物、音视频等资料102件，并为捐赠者颁发捐赠证书。

【《红韵下城——纪念建党百年访谈录》发行】 2020年，为庆祝中国共产党成立100周年，区档案馆、区委党史研究室、区委老干部局联合发行《红韵下城——纪念建党百年访谈录》一书。该书采录陈望道、俞秀松两位革命先辈的后人、部分离休干部、在下城工作时间较长的老同志，以及教育、卫生、科技和文化等领域34位代表的口述内容，记叙在党的创建、抗日战争、杭州解放、社会主义建设及改革开放等各时期、各阶段下城区经济发展、城市建设、党的建设方面的重大事件、重大成果和不凡进程，展示建党百年历程中下城经济社会各方面取得的成就。

（周子荣）

机关党建

【概况】 2020年，下城区委直属机关工委辖直属机关党组织52个，其中直属党委3个、直属党总支25个、直属党支部24个，管理党员1900人。至年末，完成17个机关党组织换届选举，新成立机关党组织1个，更名1个，改选或增补4个，调整3个，撤销2个，建立临时支部3个。发展新党员27人，预备党员转正26人。组织30名入党积极分子和发展对象参加党的基础知识培训。区委直属机关工委把学习贯彻中共十九届四中、五中全会精神，学习领会习近平总书记对中央和国家机关党的政治建设做出的重要指示，列入基层党组织主题党日和党课教育内容，印发《2020年区直机关党员干部政治理论学习意见》，举办线下党员春训冬训示范培训，推进“学习强国”学习平台在机关的学习运用，召开全区机关党的建设工作会议，对创建模范机关工作进行动员部署。把服务“两战”作为头等大事，专门发出倡议书，动员机关党组织和党员干部投入抗疫工作，并选树在抗疫情、促发展中涌现出来的先进典型。《人民日报》刊发下城区区直机关干部下沉抗疫一线、参与群防群治相关做法的报道。

【区领导到区直机关工委调研】 2020年5月15日，区委常委、组织部部长、区委直属机关工委书记沈华锋到区委直属机关工委调研机关党建工作。沈华锋听取汇报后，对机关工委党建工作的做法予以肯定，同时提出围绕创建模范机关目标，突出典型引路、工作创新的要求，进一步提升全区机关党建工作水平。

【机关干部参与疫情防控】 2020年1月7日，区委直属机关工委成立由200名机关干部党员组成的8支疫情防控突击队，增援各街道和社区，协助做好居家隔离人员管控服务工作。区委常委、组织部部长沈华锋为突击队授旗并做动员。2月12日，由区委直属机关工委85名机关党员干部志愿者组成的第二批疫情防控突击队分赴社区，增援社区日常疫情防控力量，协助辖区企业抓紧复工复产。组织发动全区51个机关单位在岗党员干部，下沉防控疫情一线，协助社区疫情防控点开展疫情排查、信息核实、体温测量、文明劝导、防疫知识宣传和为居家隔离群众提供服务等工作，全区75个社区均有机关党员干部志愿者参与执勤。

【全区机关党的建设工作会议】 2020年9月8日，全区机关党的建设工作会议在区行政中心召开。区委书记刘颖出席并讲话，市委直属机关工委副书记赵慈杰到会并讲话。会议对区直机关先进基层党组织、区直机关优秀共产党员、区直机关优秀党务工作

2020年2月7日，区直机关疫情防控党员突击队成立

（区委直属机关工委 供稿）

者、结对社区好单位、服务社区好党员进行表彰。会上，集体观看视频《党旗引领风帆劲》。区检察院、区财政局、区统计局、区城投集团、区税务局5个单位党组织负责人做交流发言。区级相关部门主要负责人、机关党组织书记，各街道党工委书记、组织委员、机关党组织书记等170多人参加会议。

【基层党组织书记培训】 2020年11月5—15日，区委组织部与区委直属机关工委在区行政中心联合举办区直机关基层党组织书记培训班。培训采取线上与线下相结合的方式。线上培训安排10个专题讲座，精选“习近平总书记关于党的建设重要论述”“硬解基层‘微腐败’营造良好基层政治生态”等课程。线下集中开展《中国共产党党和机关基层组织工作条例》、“习近平新时代外交思想”等专题辅导。区直机关150多名基层党组织书记参加培训，其中50多名区直机关书记参加线上考试。培训班旨在贯彻习近平总书记在中央和国家机关党的建设工作会议上的重要讲话精神和《中国共产党党和国家机关基层组织工作条例》，进一步提高全区机关党组织书记抓机关基层组织建设的能力和水平。

【机关党员志愿服务】 2020年5月19日至8月31日，区直机关各单位党组织开展“美化家园”建设集中行动，全区800多名机关党员志愿者深入结对社区，参与整治小区道路170条，清理卫生死角593处，清运楼道堆积杂物205处。严格落实在职党员“双报到”（指机关和企事业单位党员组织关系在原单位，平时到家庭所在地社区党组织“报到”，参加社区党组织开展的有关活动）举措，激发在职党员的主人翁意识和服务意识。根据常态化疫情防控需要，区委直属机关工委进一步规范机关党组织、在职党员的“双报到”活动，为结对共建工作注入新的活力。至年末，全区有1500名在职党员落实“双报到”要求，主动认领服务项目，参与社区治理。

【机关党员示范性培训】 2020年4月27—29日，区委直属机关工委与区委组织部在区行政中心联合举办区直机关党员春训冬训示范性线下培训班。培训采用专题教学、现场教学和互动讨论等形式。教学内容上，突出深入学习习近平总书记在浙江、杭州考察时的重要讲话精神，并邀请市委党校朱晓明、王柳、吴思红等专家教授进行专题辅导，邀请熟悉党务工作的区委机关干部做实务讲解，并组织学员到杭州市党建服务中心实地参观体验。全区机关党组织书记和部分党务干部120多人参加。

【开展“走亲连心三服务”活动】 2020年1月21日，区委直属机关工委到朝晖街道黎园社区开展“走亲连心三服务”活动，并召开新年首场结对共建座谈交流会。座谈交流会上，区委直属机关工委听取社区党委关于黎园社区党建工作汇报，特别是江苏灌南县驻杭流动党员党委注重党建品牌打造、成立流动党员创新创业党支部及社区民生实事项目完成情况的介绍，并与社区共同商讨谋划提升结对共建水平的具体举措。会前，区委直属机关工委向黎园社区捐赠图书100册。

【结对帮扶】 2020年，区委直属机关工委组织开展结对帮扶走访慰问活动，分别对帮扶结对的352户困难家庭进行走访慰问，发放慰问金112.5万元，慰问实物价值14万元。各机关党组织利用春节和高温季节开展“冬送温暖、夏送清凉”系列活动，慰问困难群众和困难党员230多人、一线职员1.2万人，发放慰问金110多万元。组织机关“春风募捐”和抗疫捐款行动，1500多名干部职工捐款53万元。 （童利军）

7 杭州市下城区人民代表大会

综　述

【概况】 2020年，下城区有各级人大代表234人，其中省、市人大代表分别为9人和40人，区人大代表196人。区十五届人大常委会有组成人员31人，其中主任1人、副主任5人、委员25人。区十五届人大设法制内务司法、财政经济、社会建设3个专门委员会，区人大常委会设代表、财政经济、监察和法制司法、教育科学文化卫生民族宗教华侨、城乡建设环境保护、社会建设6个工作委员会和办公室等机构。全区8个街道设立人大街道工作委员会。

2020年是全面建成小康社会、“十三五”规划收官之年，也是统筹推进疫情防控与经济社会发展的特殊之年，区人大常委会深入学习贯彻中共十九大和十九届四中、五中全会精神，坚决贯彻习近平总书记关于坚持和完善人民代表大会制度的重要思想和考察浙江、杭州时的重要讲话精神，认真贯彻落实省委十四届八次全会、市委十二届十一次全会和区委十届十次全会精神，聚焦“战疫情、促发展”，实干担当、守正创新，统筹推进疫情防控与经济社会发展，为奋力开启高质量发展高品质生活新征程，争创社会主义现代化国际大都市一流核心区做出新的贡献。全年举行常委会会议10次、主任会议18次，听取和审议“一府两院”工作报告21个、做出决定决议24项，对区教育局开展行政执法评议。

【助推疫情防控】 2020年，面对突如其来的新冠肺炎疫情，区人大常委会牢记疫情就是命令、防控就是责任，全力助推“战疫情、促发展”各项工作落实。出台《关于充分发挥人大作用聚力战疫情促发展的意见》，部署开展“六大专项监督行动”，在助力“双线作战”中充分发挥人大作用。常委会领导带头深入联系街道、社区、企业开展“走亲连心三服务”活动，督查指导疫情防控与复工复产，疫情期间走访企业133家、工地31个，协调解决防疫物资、用工保障、资金支持等方面的困难与问题20多个。常委会第一时间向全区各级人大代表发出抗击疫情倡议书，代表们以各种形式助力疫情防控工作，捐赠口罩48万余只、消毒液0.35吨、防护服1500套，资助防疫经费（包含基金）1860多万元，各人大街道工委发动街道居民议事会成员，开展防控宣传、巡查摸排、值班驻守、隔离人员生活保障等工作。常委会机关党员干部通过组建党员突击队、助企服务小分队，下沉到街道、社区、企业，协助做好卡口检查、人员排查、后勤保障及企业复工达产等工作，累计有100多人次参加街道社区疫情防控志愿服务。

【区人大常委会自身建设】 2020年，区人大常委会自觉提高政治站位，深入学习贯彻习近平新时代中国特色社会主义思想，牢固树立“四个意识”，坚定“四个自信”，做到“两个维护”，进一步强化使命担当。健全理论中心组学习、人大读书会、工作务虚会、法制讲座等制度。学习贯彻省、市、区委全会

2020年2月27日，省人大常委会副主任姒健敏（前排左一）调研下城区疫情防控工作，区委书记刘颖（前排左二）陪同调研　（区人大办　供稿）

和省、市人大常委会主任学习会精神，对标对表“头雁”标准，明确人大工作努力方向和主要任务，推动全区人大工作高质量高水平发展。出台《关于进一步推进下城区街道人大工作和建设的实施意见》，修订完善《杭州市下城区人民代表大会常务委员会街道工作委员会工作规则》，汇编基层治理案例100例，提升街道人大工作和建设规范化水平。结合“走亲连心三服务”、集中走访人大代表、进联络站接待代表、民生实事项目专项监督等活动，深入社区、企业等走访调研49次，收集意见建议38条，协调推动安置房建设、校园规划建设、电梯加装等民生实事项目及网贷处置、夜间经济示范项目创建、社区危旧房改造等有关问题的解决。加强人大工作宣传，编发《下城人大动态》7期、《下城人大公报》3期、下城人大微信公众号103期，拍摄制作人大工作视频宣传片，向各级主流媒体报送稿件200多篇。

【开展调查研究】 2020年，区人大常委会将建言献策“十四五”规划编制作为工作重点，常委会领导牵头组成6个调研小组，开展走访座谈、调研视察和执法检查，做深调研工作，形成一批质量较高的调研成果，为区委、区政府做好“十四五”规划编制提供决策参考。常委会各工作机构围绕年度监督课题，深入开展调研，并促进调研成果转化为工作举措。组织“开展一次调研活动、撰写一篇调研文章、实现一项工作创新、提出一项重要建议意见、开展一次有影响力的活动”等“五个一”活动，参加调研200多人次，收到调研文章92篇。经审议评定，代表娄屹兰撰写的《公民同招背景下南部公办学校发展的调查报告》、代表潘华法撰写的《关于提高代表建议办理实效的探索实践》2篇调研文章被评为一等奖，代表吴伟强撰写的《提升下城区数字治理水平助力数字治理第一城建设》、代表金浪撰写的《关于民主促民生在旧改实践中的探索》、代表应彩虹撰写的《关于推进基层社会治理体系和治理能力现代化的探索和实践》3篇调研文章被评为二等奖；代表王心平撰写的《社区治理这篇大文章可以从生活垃圾分类小事入手》、代表胡萍撰写的《关于下城区污水零直排区建设的思考》、代表徐嘉骅撰写的《关于强化人大在垃圾分类工作中监督作用的思考》、人大武林街道工委撰写的《关于健全下城区既有住宅加装电梯后续管理机制的思考》4篇调研文章被评为三等奖；人大天水街道工委、武林街道工委、东新街道工委获调研工作组织奖。

【人大街道工委工作】 2020年，区人大常委会坚持把丰富街道人大工作实践作为加强基层民主建设的重要抓手，全力支持人大街道工委大胆探索、求实创新。天水街道工委创新开展民生实事项目“云票选”，呈现街道居民议事会议形式新、参与率高、及时性强、公开透明的特点，被“学习强国”学习平台报道。武林街道工委打造“武林大妈”人大代表联络站特色品牌，展现“常态化接待”新亮点，持续助推既有住宅加装电梯工作，受到市人大常委会主要领导肯定。长庆街道工委发挥市人大常委会基层立法联系点作用，让地方立法更接地气、更具“群众智慧”；深化居民议事机制，组织居民议事员专门挂牌督查旧小区改造安全工作，助力改造项目平稳落地。潮鸣街道工委按照“八个一”标准打造“潮邻议事厅”，营造“有事多商量，遇事多商量，做事多商量”自治共管氛围，助推小天竺、知足弄社区综合整治工程，有关做法被《人民日报》及人民日报客户端点赞。朝晖街道工委强化代表联络站阵地建设，加强计划培训、交办督办、分工反馈，提高代表和群众进站率、问题解决率和群众满意率。文晖街道工委重点加强对二次供水改造工程和街道旧小区改造等7个民生实事项目的跟踪督查，代表参与度高、监督效果实、群众反映好。东新街道工委创新人大代表联络站工作方式，加强现场接待和“云接待”，主动帮助居民解决疫情期间的各种困难。石桥街道工委深化居民议事会议制度，推进“红色邻里港湾”议事平台在各社区普及，助推电梯加装、安置房建设和综合为老服务中心等民生实事项目建设。

（区人大办　供稿）

重要会议

【区十五届人民代表大会第三次会议】 2020年1月16—19日，区十五届人民代表大会举行第三次会议。会议应到代表200人，实到代表185人。部分市人大代表，区委、区政府、区政协领导，区人大常委会离退休领导，区人大常委会有关机构负责人，出席政协下城区五届四次会议委员，区级机关各部门、各街道办事处主要负责人，部分市属分支机构主要负责人，部分企业代表等列席会议，40名公民应邀旁听会议。会议听取和审议《政府工作报告》《区人大常委会工作报告》《区人民法院工作报告》《区人民检察院工作报告》，选举史梁、朱云祥、伍卓凌（女）、周国强、哈军礼、舒健（女）、鲁韵（女）为区人大常委会委员。做出设立区第十五届人民代表大会社会建设委员会、法制内务司法委员会更名的决定，选举产生区人大监察和法制司法委员会、社会建设委员会组成人员；票决产生加快安置房建设、推进校园建设、实施老旧小区改造、推进既有住宅电梯加装、实施二次供水改造、提升改造养老服务设施、提升改造社区卫生服务站点、建设社区文化家园、推行“小区管家”服务、开展垃圾分类示范创建等10件2020年度下城区民生实事项目；审查《关于下城区2019年国民经济和社会发展计划执行情况及2020年国民经济和社会发展计划草案的报告》《关于下城区2019年财政预算执行情况和2020年财政预算草案的报告》，通过6个相应决议。

大会收到代表提出的议案4件、建议144件，其中，城市建设管理方面78件，政权建设方面3件，财政经济方面14件，教育、科学、文化、卫生、体育方面30件，群众生活福利方面13件，其他6件。根据《中华人民共和国地方各级人民代表大会和地方各级人民政府组织法》、《中华人民共和国全国人民代表大会和地方各级人民代表大会代表法》和《下城区人民代表大会常务委员会关于人大代表议案以及建议、批评和意见处理办法》有关规定，大会主席团决定，将周国明等10位代表提出的《关于推进我区数字经济高质量发展调研监督的议案》、陈志新等13位代表提出的《关于对全区居家养老服务品质提升开展调研监督的议案》、赵建荣等12位代表提出的《关于对下城区实施〈杭州市生活垃圾管理条例〉执行情况开展专项监督的议案》、章建生等12位代表提出的《关于进一步深化对下城区安置房建设进行专项监督的议案》交由区人大常委会于闭会期间审议办理；将赵乃刚等代表提出的《关于运用现代互联网技术，实行机构和居家一体化养老模式的建议》、钟一民等代表提出的《关于做大做强做响下城区会展业的建议》、崔欣等代表提出的《关于加快我区既有住宅加装电梯工作及后续管理服务保障机制的建议》、樊晓东等代表提出的《关于加强10%留用地开发建设及对老旧工业厂房改造的建议》、戚江莺等代表提出的《关于志愿者和社区组织在社区治理体系建设中作用发挥的建议》5件建议作为重点建议，交由区人大常委会审议决定。

【区人大常委会会议】 2020年，区十五届人大常委会举行10次会议，即第二十七次会议至第三十六次会议。

1月9日，区十五届人大常委会举行第二十七次会议，听取和审议关于下城区2019年国民经济和社会发展计划执行情况及2020年国民经济和社会发展计划草案的报告，听取区人大常委会财经工委的调查报告，听取区十五届人大常委会代表资格审查委员会关于补选代表的代表资格审查的报告、关于代表变动情况的报告，确定霍建虹、谢海探2人的代表资格有效。讨论确定下城区2020年度民生实事项目人大代表票决制投票表决办法（草案），决定提交区十五届人大四次会议讨论和表决；讨论并原则通过《下城区人大常委会2020年工作要点》，做出关于表彰2019年度“五好”代表的决定、关于表彰2019年度人大街道工委的决定、关于表彰2019年度优秀议案建议的决定、关于接受张毅敏辞去杭州市第十三届人大代表职务的决定。补选陈康为杭州市第十三届人民代表大会代表；讨论关于设立下城区第十五届人民代表大会社会建设委员会及法制内务司法委员会更名的决定（草案）、两个专门委员会组成人员表决办法（草案）及建议名单，决定提交区十五届人大四次会议讨论和表决。

3月31日，区十五届人大常委会举行第二十八次会议，听取和审议区政府关于区十五届人大四次会议重点建议办理方案的报告并做出相应决议；听取和审议区政府关于2020年民生实事项目实施方案的报告；做出关于交办区十五届人大四次会议议案审议办理的决定；审议通过关于提请任命区十五届人大常委会监察和法制司法工作委员会、社会建设工作委员会委员的议案；审议关于补选区十五届人大常委会代表资格审查委员会主任委员、委员的议案，并做出决定；审议并表决区法院、区检察院人事任免事项。

4月3日，区十五届人大常委会举行第二十九次会议，做出关于许可对区第十五届人民代表大会代表庞某民依法采取强制措施的决定。

5月28日，区十五届人大常委会举行第三十次会议，听取和审议区政府“十三五”期间校园规划建设工作情况的报告和区人大常委会教科文卫民宗侨工委的专题调研报告；听取和审议区政府关于数字经济发展情况的报告和区人大财政经济委员会的专题调研报告；听取和审议区人大常委会各街道工作委员会关于2019年工作情况和2020年工作计划安排的报告；审议并表决区人大常委会、区法院、区检察院人事任命事项。

7月24日，区十五届人大常委会举行第三十一次会议，听取和审议区政府关于完善社区居民自治、推进社区治理体系建设情况的报告和区人大社会建设委员会的调查报告；听取和审议区政府关于社会矛盾纠纷调处化解“最多跑一地”改革情况的报告和区人大监察和法制司法委员会的调查报告；做出关于接受郑英奇、钟一民辞去下城区第十五届人大代表职务的决定，听取区十五届人大常委会代表资格审查委员会关于终止代表资格的报告；表决通过关于调整下城区十五届人大常委会城建环保工作委员会组成人员的议案。

8月25日，区十五届人大常委会举行第三十二次会议，做出人大常委会关于加强检察公益诉讼工作的决定；审议并表决区人大常委会、区政府、区监察委员会人事任免事项。

9月28日，区十五届人大常委会举行第三十三次会议，听取和审议区政府关于2019年财政决算草案及审计报告、2020年上半年财政预算执行情况报告及区人大财政经济委员会的审查报告，做出关于批准区政府2019年财政决算的决议；听取和审议区政府关于2020年上半年国民经济和社会发展计划执行情况的报告及区人大财政经济委员会的审查报告；审议通过《杭州市下城区人民代表大会常务委员会街道工作委员会工作规则（修订草案）》；做出关于接受何敏辞去下城区人民法院审判员、审判委员会委员、院长职务的决定；审议并表决区人大常委会、区人民法院、区人民检察院人事任免事项。

11月6日，区十五届人大常委会举行第三十四次会议，听取和审议区政府关于对审计查出问题的整改落实情况的报告、关于东新路提升改造工作情况的报告；听取被评议部门关于接受区人大代表评议意见落实整改情况的报告。

11月11日，区十五届人大常委会举行第三十五次会议，听取和审议区政府关于下城区行政区划调整有关事宜情况的报告，做出关于同意下城区行政区划调整的决议；听取和审议区政府关于杭州市部分行政区划调整方案的报告，做出关于同意杭州市部分行政区划调整意见的决议。

12月17日，区十五届人大常委会举行第三十六次会议，听取和审议区政府关于调整2020年区财政预算的报告及区人大财政经济委员会的审查报告，并做出相关决议；听取和审议区政府关于2020年地方政府债务限额和新增地方政府债券预算调整的报告及区人大财政经济委员会的审查报告，并做出相关决议；听取和审议区政府关于2020年度环境状况和环境保护目标任务完成情况的报告、关于区十五届人大四次会议重点建议办理情况的报告、关于2020年民生实事项目实施情况的报告；听取和审议区公安分局关于深化应用“互联网+可信身份认证”情况的报告及区人大监察和法制司法委员会的调查报告。听取区人大常委会相关工委关于议案办理情况的报告；做出关于表彰2020年度人大代表“优秀议案、建议”“五好代表”、最美人大代表联络站3个决定；听取和审议部分杭州市第十三届人大代表关于履职情况的报告。审议并表决区人大常委会、区法院、区检察院人事任免事项。

（区人大办　供稿）

重大事项决定与人事任免

【概况】 2020年，区人大常委会围绕区委决策部署和中心工作，依法行使重大事项决定权。坚持党管干部原则和人大依法行使人事任免权的有机统一，完善任免工作制度，规范任免程序，依法任免国家机关工作人员。严格执行宪法宣誓制度和任前法律知识考试制度，全年依法任免国家机关工作人员28人次，组织宪法宣誓活动3次，组织新任命的国家工作人员参加宪法宣誓，增强新任国家机关工作人员宪法意识、公仆意识。

【重大事项决定】 2020年，区人大常委会听取和审议校园规划建设、东新路提升改造工作等报告15个，批准2019年财政决算、重点建议办理方案、2020年下城区财政预算调整方案等决议决定23项。主任会议听取商旅文融合发展、国有资产管理、大城北建设、“十三五”期间校园规划建设、街道居民议事制度作用发挥等报告18个。

【人事任免】 2020年，区人大常委会加强和改进人事任免工作，坚持拟任命人员任前法律知识考试、任后颁发任命书等制度，落实新任命的国家工作人员向宪法宣誓制度，确保党组织推荐的人选经过法定程序成为国家机关工作人员。加强人大机关干部队伍建设，增设正科级事业单位区人大信息发展中心。依法做好任免国家机关工作人员工作，其中，任免区人大专门委员会、区人大常委会办事机构及工作机构组成人员47人次，区人民政府组成人员4人次，区监察委员会组成人员2人次，区法院审判人员10人次，区检察院检察人员7人次。为地方国家机关的正常运转提供组织保障。

（区人大办　供稿）

人大依法监督

【概况】 2020年，区人大常委会围绕中心、服务大局，认真行使人大监督职能，提高监督工作实效。聚焦监督体系建设，综合运用执法检查、实地踏看、跟踪视察、听取汇报、座谈交流、专题调研等手段，依法开展监督工作，促进政府部门依法行政和司法部门公正司法，推动区域经济高质量发展。对监督工作中查出的问题进行专题审议，并进行满意度测评，有效推动问题整改。常委会结合调研情况，并提出针对性意见建议，进一步完善监管体系。

【财经工作监督】 2020年，区人大常委会将“十四五”规划编制作为重点监督内容，常委会领导分头带领调研组，通过座谈会等形式广泛征集意见建议，为编制经得起下城人民评判和历史检验的高质量规划奠定基础。通过“职能部门专题汇报+财经工委专题调研+专题议案办理+常委会会议专题研究”等形式，对全区数字经济高质量发展开展专项监督，为全区推进数字经济“一号工程”积蓄动力。围绕融入长三角一体化发展国家战略、“武林新城”发展等中心工作，深入重点部门、重点产业平台、龙头企业，专题调研打造武林商圈国际消费中心、夜间经济发展、武林新城特色优势产业集聚集群发展、数字生活新服务新消费发展情况，推进PPP项目、招商引资、商旅文融合发展、地方债务等监督工作。助力出台《中共杭州市下城区委关于建立区人民政府向区人大常委会报告国有资产管理情况制度的通知》，进一步强化人大对国有资产管理的制度化规范化监督。参与网贷平台资产处置，提出有关意见建议，促进有关案件的资产提前处置。深化预决算审查监督，听取和审议区政府预算执行、财政决算、审计工作报告，审查批准2019年度财政决算、2020年预算调整及地方政府债务限额内的新增政府债券预算调整方案。建立下城区改进审计查出问题整改情况向人大常委会报告机制，对审计查出问题整改工作开展跟踪监督，审计问题逐年递减，成效逐年显现。

【城建环保工作监督】 2020年，区人大常委会主要领导领衔监督安置房项目建设，在上一年推动27个项目全面开工的基础上，继续坚持计划先行、建章立制、定期高频督查机制不动摇，多次组织开展安置房建设专项督查，通过实地视察、听取汇报、座谈交流等方式，协调解决项目审批、电力线路迁改、渣土外运、安全管理等问题，助推项目施工提速、质量提标，超额完成15个安置房项目建设进度的年度目标任务。开展东新路整治监督，区人大常委会高度关注总投资19亿元的东新路整治项目，第一时间成立监督小组，开展每月一次专项督查，及时跟进掌握东新路整治整体计划、施工进度和存在的主要困难。常委会专题听取和审议政府关于东新路提升改造工作推进情况的报告，提出增强沟通、强化协调、注重统筹等建议，促进东新路整治工程争创全市迎亚运道路整治标杆项目。响应“美丽下城”创建暨“城市环境大整治、城市面貌大提升”百日集中攻坚行动，通过发出倡议、代表视察、专题调研、集中检查等方式精准监督、靶向助推，常委会领导开展集中检查20多次，聚焦环卫保洁、垃圾分类、河道整治、交通停车等方面提出意见建议50多条。主任会议听取区政府关于大城北安置房、道路、河道等项目建设情况的报告，提出进一步压实责任、加强协调、加快进度、保障安全等建议。听取和审议区政府关于2020年环境状况和环境保护目标任务完成情况的报告，促进城区环境逐步改善，为下城百姓守护好碧水、蓝天、净土。

【社会事业工作监督】 2020年，区人大常委会紧盯区政府“8+7+7”校园规划建设项目决议与“2020年开工3所、竣工4所、改造2所”目标任务，深入校园建设项目现场办公、前线协调、靠前督导，推动审批、设计、施工、管理、质量等环节有关问题的妥善解决，年内杭州万家星城南实验学校、杭州观成武林实验学校等3所学校竣工启用。常委会听取和审议区政府“十三五”期间校园规划建设工作情况汇报，聚焦联动协作、项目进度、审批管理、工程品质等方面提出具体审议意见12条。促成下城区在“十三五”期间实现开工建设校园41所、新增建筑面积70万平方米、新增总用地面积51.33公顷的建设规划。6—9月，开展对区教育局行政执法评议工作，通过3个多月的视察调研、座谈交流、小组评议、现场评议、跟踪督办，评议工作取得阶段性成果，相关做法被《杭州人大信息》专刊录用，并受到市人大常委会主任于跃敏的批示肯定。关注退役军人服务保障体系建设、应急体系建设与完善等情况，对完善社区居民自治、推进社区治理体系建设开展视察。根据市人大无障碍环境建设的专项督查要

2020年7月22日，区人大常委会主任杨国琴（右三）带队督查安置房项目建设情况
（区人大办 供稿）

求，组织人大代表对辖区10个无障碍环境问题整改情况进行跟踪监督。

【司法工作监督】 2020年，区人大常委会根据省、市人大常委会的统一部署，对区社会矛盾纠纷调处化解“最多跑一地”改革情况开展专项监督，常委会听取和审议“最多跑一地”改革情况报告，推进区矛盾纠纷化解调处中心从“物理空间整合”向“机制集成融合”转变，推动人大代表在倾听民意、反映诉求、疏导情绪上发挥更大作用。制定《关于加强检察公益诉讼工作的决定》，联合区检察院共同举办以“守护美好生活，服务保障‘重要窗口’建设”为主题的开放日活动，助推检察公益诉讼规范化开展。开展“七五”普法终期评估。结合行政负责人出庭应诉实际情况，加大对行政诉讼案件败诉率的监督，通过查摆问题、分析原因、督促整改，提高行政机关依法行政质量和效率。对区公安分局深化应用“互联网+可信身份认证”情况开展专项调研，助力可信身份认证在深化应用、信息保护、风险防范上更进一步。配合市人大开展《中华人民共和国禁毒法》执法检查工作。

【民生实事监督】 2020年，区人大常委会建立市、区级民生实事项目人大常委会领导联系制度和专业代表小组监督制度，通过健全“专项审议机制、持续督查机制、议事协商机制、数字赋能机制、代表联络机制、绩效联评机制”六项机制，提升监督实效。全年8个代表联络大组累计开展民生实事项目监督活动51次，参加监督活动人大代表515人次，收集意见建议158条，10件区民生实事项目测评均为满意。（区人大办 供稿）

人大代表工作

【概况】 2020年，区人大常委会做深做实代表履职的服务保障工作，建设“人大智慧云平台”一期代表履职管理系统，提升代表履职水平。加快议案建议办理工作，建议解决率进一步提升，全年送交政府部门办理意见建议133件，组织代表对4个重点建议办理部门进行督办。全年开展主任接待代表日活动7次，接待代表和群众36人。人代会期间的代表建议办结率100%，满意和基本满意率100%，解决率66.2%。

【人大代表履职服务】 2020年，区人大常委会依托“人大智慧云平台”，推出“云通知、云积分、云监督、云评价、云数据、云站点”六云系统，进一步提升代表履职实效。围绕“战疫情、促发展”工作要求，全区各级人大代表积极响应，充分展示“最美”风采。省、市人大代表何军入选杭州市“最美人大代表”。通过《中国人大》《浙江人大》等媒体平台，宣传先进代表10多人。组织开展评优活动，表彰优秀议案1件、优秀建议13件、“五好”代表41人、优秀调研文章9篇，进一步激发代表的履职热情。

【人大代表联络站建设】 2020年，区人大常委会推进人大代表联络站“一街一品”建设，促进代表联络站“硬件+软件”建设双提升。对24个实体代表联络站运作机制进行规范，重点抓好第二批5个“区级最美人大代表联络站”和3个“市级最美人大代表联络站”的孵化和培育工作。建立下城区智慧人大联络站联网平台，推进全区代表联络站网上“一张图”建设。全年人大代表联络站组织接待活动121次，市、区两级人大代表246人次参加接待，接待选民365人次，收集群众意见建议285条。全区各级人大代表进联络站活动的参与率为91.2%，建议解决率为89.1%。

【街道居民议事会议制度深化】 2020年，区人大常委会继续深化完善街道居民议事会议制度。8个街道均建立居民议事厅，议事厅统一制作、悬挂标牌，采取“一个站点两块牌子”的方式开展活动。推进人大主题活动必进、民生实事项目征集和监督必进、专项小组监督活动必进、群众接待必进、街道办事处工作报告意见征求必进等“五个必进”工作。创新开设“代表论坛”“百姓议事”等微型议事会。全年召开街道居民议事会议16次，参加议事会成员872人次，票选出2020年度街道级民生实事项目51件。（区人大办 供稿）

8 杭州市下城区人民政府

2021

综　述

【概况】 2020年，区政府以习近平新时代中国特色社会主义思想为指导，深入贯彻习近平总书记考察浙江、杭州时的重要讲话精神，进一步动员全区上下忠实践行“八八战略”，以“重要窗口”“头雁战队”排头兵的使命担当，奋力开启高质量发展、高品质生活的社会主义现代化国际大都市一流核心区建设新征程。面对新冠肺炎疫情冲击，区政府按照“两手硬、两战赢”的要求，坚持统筹兼顾，团结带领全区广大干部、群众奋力拼搏，坚决打赢疫情防控和经济社会发展“双线战役”。组织力量，搭建专班，协调各方，督查落实各项防控举措，做好“六稳”工作，落实“六保”任务，助力复工复产。加强对全区重点工作的综合协调，有力推动创新型用地、校园建设、重大项目招引、城市环境大整治、老旧小区改造、城市大脑建设、营商环境优化等重点工作。全年全区实现生产总值1134.38亿元，按可比价格计算，比上年增长8.0%。固定资产投资增速、社会消费品零售总额增速、实际到位外资总量和完成率、城镇居民人均可支配收入增速等经济指标全市领先。

【“双招双引”力度加大】 2020年，下城区加大“双招双引”力度，先后组织重大项目“百日攻坚”行动和重点工作与重点项目“百日冲刺”行动。恒隆广场、“杭州中心”、东新路整治工程等重点项目率先复工。嘉里数创港、北景园生态公园电竞场馆等53个重点项目分批集中开工，总投资622.64亿元。浙江浙金钢材市场、浙江省工业品市场、长隆公寓、重机宿舍一期等项目搬迁清零。启动存量工业用地提升改造，推进浙金创新型产业用地建设。全年完成土地出让35.67公顷，收储20.93公顷，收取土地出让金超过200亿元。举行招商引资重大项目签约活动，36个重点产业项目落地下城，项目落地注册资金259亿元，项目涵盖新基建、大健康等行业。在浙江投资贸易洽谈会和中国国际进口博览会上签约阿斯利康中国东部总部及杭州国际生命科学创新园。日本“都之漫”项目入选全省“云招商”成果展示榜。

【政府隐性债务清零】 2020年，下城区积极探索隐性债务化解新路径，成立由区主要领导任组长的地方政府性债务管理（风险管控）领导小组，定期召开领导小组会议。区财政局牵头制定并落实年度隐性债务化解方案，依托财政部全口径债务监测系统，对全区各单位实施动态监控。通过安排土地出让返还支出、国有企业市场化转型和隐性债务项目合规转化为企业经营性项目等方式，有序推进政府隐性债务化解。至年末，下城区累计化解政府隐性债务300多亿元，成为浙江省首个政府隐性债务实现清零的区（县、市）。

【城市大脑数字驾驶舱体系建设】 2020年，下城区秉持“整体智治，基层直达”理念，全面形成横向

"五位一体"、纵向"三级联动"的"1+8+X"下城模式精密智控体系。推进"武林商圈街区数字治理""杭州中国丝绸城街区数字治理""新天地街区数字治理"三大场景建设。打通武林商圈、湖滨商圈两大商圈，在武林商圈周边主次干道原有摄像杆上加装改造46块停车引导屏，实现35个场库10883个停车泊位实时在线，方便群众"一路见泊位"。升级改造"停车引导""先离后付"系统，创新"通停通付"停车新模式，商圈九大场库周平均泊位指数增长63.89%，周平均延误指数下降3.27%，平均掉头率下降69.23%，商圈跨场库停车优惠超过8000辆次。围绕基层减负创新设立"最多录一次"系统模块，实现基层数据"一头录入，全端共享"，社区社工承担的条线统计报表任务实现20%自动化录入，统计报表表单重复填报字段由838个减少到218个，占总字段的73.99%。

【"云购武林"消费嘉年华】 2020年3月28日，下城区围绕"打造有国际影响力的消费大省"目标，依托武林商圈党建联盟，举办"云购武林"消费嘉年华。活动为期23天，系武林广场重新开放后持续时间最长的商圈大型促销活动。其间，创新推出武林智慧商圈"云mall"平台，实时更新商圈1000多家商户信息及商场最新最全促销活动。建立武林商圈线上会员中心，杭州大厦、银泰百货（武林店）、国大城市广场、嘉里中心四大商业综合体实现"一证通"。嘉年华活动四大商业综合体实现销售额16.1亿元。线上直播时长达2万分钟，抖音、微博点击量超过2.3亿次，获《人民日报》《浙江日报》《杭州日报》等51家主流媒体连续报道。

（黄　菲）

重要会议

【区政府全体（扩大会议）】 2020年2月28日，区政府召开全体（扩大）会议。会议在区政府设主会场，在街道设分会场。区政府组成部门负责人、各街道办事处主任、区政府直属单位主要负责人及有关单位驻区负责人出席。区委副书记、区长柴世民和各分管副区长向各街道、各部门下达新年度工作任务书，区卫生健康局、区城投集团、文晖街道主要负责人做表态发言。柴世民代表区政府与区住建局、石桥街道签订安全生产责任书。会议深入学习贯彻习近平总书记在统筹推进新冠肺炎疫情防控和经济社会发展工作部署会议上的重要讲话精神，动员各部门、各街道、各单位迅速行动起来，以"只争朝夕、不负韶华"的干劲和"拼在一线、走在前列"的作为，确保疫情防控和经济社会发展"两手都要硬，两战都要赢"，确保如期实现全年各项目标任务。会议要求各部门、各街道重点抓好疫情防控、企业复产、安商稳商、招商引资、民生实事推进、社会稳定等8个方面工作。

【区政府常务会议】 2020年，区政府召开政府常务会议6次。主要议题有：研究2020年《政府工作报告》及区政府民生实事候选项目建议、《关于下城区2019年国民经济和社会发展计划执行情况与2020年国民经济和社会发展计划草案的报告》、《下城区2019年财政预算执行情况和2020年财政预算草案的报告》，听取区人大十五届四次会议、政协五届四次会议期间人大代表建议和政协委员提案收集情况汇报，研究2020年下城区政府隐性债务化解方案，研究下城区行政区划调整方案，研究2020年度下城区行政奖励计划，研究调整2020年下城区财政预算有关事宜，听取下城区地方政府债务管理和隐性债务化解工作汇报。

【区长办公会议】 2020年，区政府召开区长办公会议11次。主要议题有研究政府工作报告、民生实事项目任务分解等有关事宜，研究企业复工复产有关工作等事宜，研究教育系统返校复学准备工作等事宜，研究《下城区城市大脑数字驾驶舱建设使用管理办法（试行）》等事宜，研究贯彻落实省政府二季度工作动员部署会精神等事宜，研究企业上市有关政策等事宜，研究疫情后促进就业及小微企业和个体工商户纾困等事宜，研究《下城区第二轮安全生产综合治理三年行动计划》，研究做好2020年政府数字化转型考核等事宜，研究市对区考评和主要经济指标完成情况等事宜，研究提升下城区环境质量等事宜。

（孙关烽）

重点项目推进

【概况】 2020年，下城区推进重点项目建设，促进投资持续增长，为区域高质量发展注入新的动能。杭钢市场地块安置房、杭州北景园生态公园电竞场馆、杭州银行金融科技大厦等重点项目开工。完成国有土地上房屋征收项目14个，涉及住宅2189户，征收面积15.02万平方米；非住宅41户，征收面积23.42万平方米。其中，浙金钢材市场地块搬迁项目腾房清零，浙江省全民健身中心项目搬迁清零。环北小商品市场转型升级工程签订搬迁协议，涉及非住宅建筑面积5.61万平方米。石桥地区城中村连片改造搬迁清零，工程涉及国有土地零星住宅795户，面积4.07万平方米；国有土地企业20家，面积35万平方米；集体土地企业面积80万平方米。启动原杭州重型机械厂宿舍4幢危房搬迁，用10天时间完成危房搬迁签约。全年完成固定资产投资195.35亿元，比上年增长33.2%。

【重大项目推进"百日攻坚"暨创建旧改示范城区动员大会】 2020年3月27日，下城区重大项目推进"百日攻坚"暨创建旧改示范城区动员大会在区行政中心召开。区委书记刘颖出席并讲话，市建委主任孔春浩应邀出席并讲话，区委副书记、区长柴世民主持会议。区人大常委会主任杨国琴、区政协主席陈晨等领导出席会议。区委副书记林炳达宣读表彰2019年度全区城市建设工作先进集体和先进个人决定。会议动员全区上下坚定信心、鼓足干劲，把新冠肺炎疫情造成的损失夺回来，确保圆满完成年度城市建设各项既定目标任务。区住建局、市规划资源局下城分局、区城投集团、武林街道、杭州华东勘测设计院、绿城春月锦庐项目部负责人分别在主会场做交流发言。会议以视频形式召开，区行政中心设主会场、分会场各1个，区国投集团和各街道分别设分会场。

【重点招引项目集中签约】 2020年3月6日、7月2日，下城区分2批举行重点招引项目集中签约仪式，签订项目34个，总投资251亿元。其中第二批集中签约项目19个，总投资101亿元，项目涵盖"新基建"、大健康、创新技术应用等行业和领域。其中，数字经济领域有至诚时代网络科技项目、杭州驭光光电科技有限公司、中电（浙江）智能装备有限公司；医养大健康行业签约项目有国药医养全国运营中心、明医即视智慧医疗、多方拜特未来健康中心；新电商、新零售领域签约的有浩泽科技项目（投资方上海浩泽集团）、集勤电商项目（投资方云集共享科技有限公司）、温州撸铁网垂直电商平台杭州总部项目、公交三公司商业综合体、云智迪未来社区数字化平台；创新技术应用领域签约的有韩国志源环境科技（辛克奥实业）项目、智宇航空科技（投资方江苏锦程航空科技有限公司）、氢谷供应链及研发中心、尊伟科技项目；新金融、创新产业平台领域签约的有中泰证券IPO加速器项目、天堂硅谷杭实股权投资、宝龙文华商业管理（投资方上海宝龙实业发展公司）、素构服装智造平台项目。下城区集中签约活动有助于促进产业结构布局优化。

【重点项目集中开工】 2020年，下城区举行四次重点项目集中开工活动。3月6日，举行一季度扩大有效投资重点项目集中开工活动，全区12个项目开工，项目总投资102.54亿元。其中产业类项目4个，总投资65.19亿元；安置房、校园等民生改善项目5个，总投资35.63亿元；基础设施项目3个，总投资1.72亿元。7月2日，第二批集中开工重点项目15个，总投资128.63亿元。其中安置房项目1个，总投资3.39亿元；产业类项目4个，总投资118.47亿元；老旧小区等民生改善项目6个，总投资4.35亿元；基础设施项目4个，总投资2.42亿元。9月24日，第三批集中开工重点项目11个。其中产业类项目4个，总投资196.86亿元；老旧小区等民生改善项目7个，总投资8.29亿元。11月27日，第四批集中开工重点项目15个，总投资186.32亿元，主要以杭州银行金融科技大厦项目为代表，涉及产业类、公共服务设施、民生改善、基础设施等领域。其中：产业项目3个，总投资173亿元；公共服务设施项目1个，总投资3.19亿元；民生改善项目3个，总投资4.92亿元；基础设施项目8个，总投资5.21亿元。

【嘉里数创港项目建设】 2020年，下城区推进嘉里数创港项目建设，加快打造城市空间新格局。嘉里数创港项目位于文晖单元，东至胜南路，南至文晖单元，西至东新路、中舟路，北至王马路、杭氧街，总用地面积9.8万平方米，主要建设商务办公、商业、酒店、住宅等。总投资约110亿元。总建筑面积47万平方米，其中地上23万平方米，地下24万平方米。项目以“武林之星”区块为中心，打造港企数创文旅先行区，集聚嘉里集团和杭州银行产业数字化研究中心。区域内有浙江壳牌燃油有限公司等世界500强企业、嘉里建设有限公司等港企服务业特色综合体及ADM亚洲设计管理论坛生活创新展等永久落户品牌，配套有九龙仓基础生活设施、天空之城大型铁路上盖综合体、德中同行馆、建筑博物馆、国际城市博物馆、梦想工厂、微建筑广场等品质文旅展馆，旨在激活杭州北部历史文化区，将区域内的河流、旧厂房及周边自然景观融入整个项目，打造集数字经济、高端中介服务、品质文旅于一体的产业高地与建筑群城市新地标。

（黄　菲　楼创能）

建议提案办理

【概况】 2020年，区政府接收承办区人大代表提出的有关政府建议167件，其中，会议期间提出133件，闭会期间提出34件。政协委员提案108件，其中，会议期间提出104件，闭会期间提出4件。区级建议、提案均在规定时间内办结，办结率100%，满意和基本满意率100%。接收承办杭州市人大建议4件、政协委员提案3件，其中由区政府主办的市人大建议1件、市政协提案3件，均按时办结，满意率100%。

【《关于运用现代互联网技术，实行机构和居家一体化养老模式的建议》重点建议办理】 2020年，区人大代表赵乃刚提出的第28号《关于运用现代互联网技术，实行机构和居家一体化养老模式的建议》由副区长樊峥负责，区民政局牵头办理。根据建议，下城区加快区北景园居家养老服务中心和4个街道示范型居家养老服务中心建设，引进“公羊会”、中大金石（朗和）护理院（杭州）有限公司等专业机构作为养老服务中心运营方。在全省率先推出“养老顾问”制度，年内服务老人1000多人，签约服务126人。全区通过搭建“智守e家”运营平台，居家老人一键呼叫即可享受3大类16项服务项目。

【《关于做大做强做响下城区会展业的建议》重点建议办理】 2020年，区人大代表钟一民提出的第59号《关于做大做强做响下城区会展业的建议》由副区长唐锋负责，区商务局牵头办理。根据会展业受疫情影响最直接、最严重的实际情况，下城区采取线上举办直播、研讨、培训、讲座的模式，加快会展业早日走出困境。通过组织开展“七彩夜市、红动武林”等直播活动，保障亚洲设计管理论坛暨生活创新展（ADM）、浙江国际进口（武林洋淘）博览会等会展活动有序进行。

【《关于加快我区既有住宅加装电梯工作及后续管理服务保障机制的建议》重点建议办理】 2020年，区人大代表崔欣提出的第70号《关于加快我区既有住宅加装电梯工作及后续管理服务保障机制的建议》由副区长邵伟华负责，区住建局牵头办理。根据建议，区加装电梯办公室制订“百日攻坚、百团大战”行动方案，推进旧改小区成片加装电梯。为完善加梯后续管理，引入中国人民保险集团股份有限公司与中华联合保险集团股份有限公司2家保险公司，为加装电梯提供兜底式保险服务。组织有关街道及电梯加装总包单位到潮鸣街道、天水街道学习取经。全区加装电梯通过联审103台，累计建成加装电梯85台。

【《关于加强10%留用地开发建设及对老旧工业厂房改造的建议》重点建议办理】 2020年，区人大代表樊晓东提出的第102号《关于加强10%留用地开发建设及对老旧工业厂房改造的建议》由常务副区长谢渐升负责，区发改经信局牵头办理。根据建议，下城区把旧工业厂房改造列入重要议程，通过调查摸底，确立经合社为旧工业厂房改造实施主体。结合社区换届，按照“积极稳妥、平稳有序”原则做好经合社换届选举，为加快老旧工业厂房改造创造有利条件。全年有华丰时代城等13个老旧工业厂房改造项目被列入重点建设项目计划。有关部门将经合社土地楼宇资源统一纳入全区招商资源综合管理平台进行招商。

【《关于志愿者和社区组织在社区治理体系建设中作用发挥的建议》重点建议办理】 2020年，区人大代表戚江莺提出的第116号《关于志愿者和社区组织在社区治理体系建设中作用发挥的建议》由副区长樊峥负责，区民政局牵头办理。根据建议，下城区组织开展“重家庭、立家训、传家风”活动，并上线全省首个“社区智治在线”，研发推广“亲邻E站”居民应用端，搭建居民线上说事、议事、评事平台。出台项目社工管理实施办法，推动项目社工重点参与三方协调、为老助残和社区发展。开展第七届社会组织公益创投活动，19个创投项目获资助125万元。依托“青小二”数字志愿服务平台，完善志愿服务体系，重点培育“武林大妈”“黄飞华爱心车队”“公羊会”等服务品牌。

【《关于完善我区居家养老服务补贴制度的建议》重点提案办理】 2020年，区政协委员王泉等5位委员提出的第42号《关于完善我区居家养老服务补贴制度的建议》由副区长樊峥负责，区民政局牵头办理。根据建议，下城区出台《下城区养老服务体系建设扶持资金补助和使用管理办法》，增加政府投资1000万元。资金扶持由原来的“一刀切”改为拉开档次，根据绩效评估结果进行补助。确定杭州全日医康职业技能培训学校、杭州佰乐时光养老服务有限公司2家评估机构，落实专项资金对全区4000位老人进行专业评估。通过服务多元化、管理精细化、运作智能化，提升养老服务专业品质。按照“线上一张网、线下一张图”的总体思路，着力构建全资源统筹、全流程监管、全评价运用的互联网养老平台。

【《关于加大武林商圈夜光经济的建议》重点提案办理】 2020年，区政协委员吴建明提出的第48号《关于加大武林商圈夜光经济的建议》由副区长唐锋负责，区商务局牵头办理。根据建议，下城区设立1000万元财政专项扶持资金，打造十大夜间经济创建示范项目。对武林商圈、新天地商圈进行场景式灯光改造，并通过“仲夏夜嘉年华”、“越夜越武林”抖音挑战赛、城中里巷等各类夜促销活动，促进形成以杭州大厦、银泰百货（武林店）为主的“夜购物”IP，以杭州中国丝绸城、武林路9号音乐街区、运河北岸文化街区为主的“夜休闲”IP，以皇后公园为主的“夜美食”IP，以新天地（含太阳马戏）为主的“夜演艺”IP。

【《关于进一步加强下城区老旧小区综合改造提升的建议》重点提案办理】 2020年，区政协委员俞捷提出的第61号《关于进一步加强下城区老旧小区综合改造提升的建议》由副区长邵伟华负责，区住建局牵头办理。根据建议，下城区充分发挥区老旧小区综合改造提升工作领导小组统筹协调作用，通过召开设计方案联审会议等方式，与消防、交警、公安、民政、城管等各部门加强沟通协调，形成推进合力。采取“10+X”改造模式，将老旧小区改造与水、电、气迁改，交通微循环、智慧安防、加装电梯等项目结合起来，避免发生二次改造的情况。根据居民意愿，不断完善改造方案。全区累计完成52个老旧小区改造，涉及房屋872幢、4.17万套，总建筑面积262.84万平方米。

【《关于进一步打造区域文化地标的建议》重点提案办理】 2020年，区政协委员郑锦杭提出的第72号《关于进一步打造区域文化地标的建议》由副区长包晓东负责，区文广旅体局牵头办理。根据建议，下城区协调省文化馆等10个位于西湖文化广场内的省市文化单位与杭州剧院、国大城市广场、杭州大厦等商旅文企业组成武林艺术商圈联盟，共同推进区域文化地标建设。发布《下城区打造“两区一廊一圈”时尚地标和文化高地三年行动计划》，推出文化元素丰富的“运河湾”国际风情港、“潮中央不夜城”“夜武林”嘉年华之城中里巷等夜间消费体验项目，在西湖文化广场试点杭州市首批城市青年音乐角，并在“两广”（西湖文化广场、武林广场）文化地标举办全国体能大赛、杭州马拉松、武林跨年等具有标志性的文化节庆活动和大型品牌赛事。

【《关于加强数字驾驶舱建设，切实提升基层社会治理能力的建议》重点提案办理】 2020年，区政协委员汤灵峰提出的第98号《关于加强数字驾驶舱建设，切实提升基层社会治理能力的建议》由副区长王振峰负责，区数据资源管理局牵头办理。根据建议，下城区在区级和街道级数字驾驶舱分别上线多个特色模块，将住建、城管等相关业务一并纳入，并制定数据归集标准与要求，完善“四统一”（统一谋划、统一部署、统一设计、统一建设）规范和项目管理办法，全年数据归集量从2016年的58万条增至2020年底的12.63亿条。各社区将安装在独居老人家中的门磁、烟感等物联网感知设备信息，全部纳入数字驾驶舱，不断提高智慧养老服务水平。（尉颂佳）

行政审批服务与公共资源交易管理

【概况】2020年，区审管办在政务服务领域和公共资源交易服务领域深化“最多跑一次”改革，不断增强办事群众和企业获得感。协同区税务局全面推行企业“首次申领发票”由政府买单、免费赠送增值税防伪税控设备等工作，实现企业开办“零费用”。全年为首次申领增值税发票3767家企业赠送防伪税控设备，支付税控设备采购费用57.17万元，实现企业开办审批办结时间从1天压缩到30分钟，开办费用直接降为零。完成杭州市新评标办法应用后的首个施工综合评估法（资格后审）项目，为全市新评标办法全面应用提供“下城经验”。年内，区行政服务中心受理行政许可、便民服务和其他事项145.84万项。区公共资源交易中心受理交易项目133项，成交金额42亿元。其中：工程招投标项目72项，立项投资总额111亿元；政府采购项目25项，采购预算4142万元；国有房产租赁权项目33项，成交金额1903万元；公款竞争性存放项目3项，涉及账户金额12.3亿元。12月30日，区公共资源交易中心获评2020年度全国优秀公共资源交易中心（区县级）。

【助力企业复工复产】2020年1月31日，区行政服务中心办事大厅因新冠肺炎疫情暂停办事大厅现场窗口服务。区审管办牵头推出30个部门976项高频审批事项“不见面”审批、非接触式办理，引导企业通过“1Call办”“掌上办”“网上办”“自助办”方式办理政务服务事项，助力企业复工复产。依据实际情况逐步开放大厅现场服务，落实亮健康码、体温检测及信息登记等防控措施，做实做细热线咨询、线上办理、自助办理和预约服务，确保线上服务质量不打折，有效减少线下群众跑动集聚，实现企业和群众办事需求和疫情防控需要统筹兼顾。1月31日至3月6日，区行政服务中心受理电话咨询1.38万件，现场办理业务9470件，线上办理和电话预约办理889件。

【公共资源交易规范】2020年，区公共资源交易中心采用电子流程进行建设工程招投标和政府采购，实现信息“共享化”、文件“无纸化”、全程“不见面”，真正实现“零跑次”。6月18日，下城区首个招标人自助开标项目在区交易中心开标。项目通过“杭州市招投标开标辅助系统”进行，代理公司只需代理专职人员的身份证即可实现全过程自助开标，提升办事对象自助网办比例，优化办事对象服务体验。7月16日起，招投标项目开标活动采取现场钉钉直播，投标人扫码进入交易中心的钉钉直播群，可远程观看开标现场，实时获取开标信息，确保整个开标活动全程留痕、源头可溯、过程可控、公开透明、有序进行。9月15日，下城区首个远程异地评标项目完成评标工作。该项目以区公共资源交易中心为评标主场，市公共资源交易中心为评标副场，标志着下城区实现远程异地评标功能。12月1日起，进入区公共资源交易中心开评标的采用简易评标法和信价量化评审法建设工程项目，实行“招标（代理机构）工作人员退出评标室”机制，招标（代理机构）工作人员退出评标区域，由专家独立开展评审。

【行政服务中心新办事大厅启用】2020年5月22日，区行政服务中心新办事大厅启动对外服务。新办事大厅进驻21个职能部门和7个社会机构，可对外受理近1000项行政审批服务事项。现设立办事窗口55个，办事窗口比上年减少47%。强化政务服务各领域数据归集，建设政务服务数字驾驶舱，并探索建设具有下城区特色的全流程办件监管系统。推广“互联网+可信身份认证”技术应用，在14个部门513项政务服务中开

下城区政务服务2.0商事登记自助办专区　（方　琳　供稿）

展应用；拓展同城委托功能，该功能在55个政务服务事项办理中应用；区行政服务中心"最多跑一次"核心指标承诺时限压缩比居全市第一，即办率、跑动次数等指标位居全市前列。

【政务服务2.0建设】 2020年，下城区成为全省6个政务服务2.0区县级试点大厅之一。区行政服务中心完成统一取叫号对接、窗口硬件适配开发、统一出件区建设和好差评对接1项基础工作，政务服务2.0大厅端办件量全省领先。6个综合窗口实现454个事项无差别受理，"公安综合窗口"实现77个公安事项通办，老年人优待证办理等3个应用场景实现政务服务事项"主动办"，商事登记实现"零窗口"，社保医保就业等60个民生事项实现区、街道两级同标准收件、全区域通办。推进线上线下融合，设置政务服务2.0自助办理区，提供31个办事自助服务位，在24小时自助服务区增设职能工作台和智能文件柜，提供24小时自助存件、取件服务。9月28日，区审管办代表下城区在全省政务服务2.0应用推广现场会上做经验介绍，得到省有关部门肯定。

【"亲清D小二"政务服务机制建立】 2020年，区审管办以构建"亲清"新型政商关系为目标，组建"亲清D小二"队伍，实现"亲清在线"平台"工作日12小时+双休日8小时"咨询在线答、办件全辅导、诉求有回响、评价实时测，当好惠企政策宣讲员、在线审批辅导员、企业政策联络员和疑难问题协理员。以街道为平台，依托杭州市城市大脑中枢推进街道"亲清驾驶舱"建设，实现数字赋能街道治理，促进企业服务提质增效。加强"1Call视频办"与政务服务2.0平台、"浙里办"融合发展，24个事项实现"1Call视频办""零跑次"。全年累计应答2000多人次。相关工作在杭州政务信息专报第329期刊发。

【"一件事联办"机制推广应用】 2020年，区审管办在区行政服务中心设置15个企业和公民全生命周期"一件事"专窗，在浙江政务服务网开设集成服务专区，全面推进省级24个群众"一件事"和17个企业"一件事"落地应用。牵头编制印发"一件事"办事指南，增设"一件事"线上取号提示，为指导办事群众快速找准办理入口和渠道、核对办理材料和选择办事方式，并帮助群众通过一次申请、集成服务的模式办理多部门事项。升级"企业开办一件事"，开发"放射安全许可一件事"，"养老机构开业一件事""军人退役一件事"等具有下城特色的"一件事"跨部门联办。

【政务服务新模式推出】 2020年10月30日，下城区行政审批服务办公室与湖北省恩施土家族苗族自治州巴东县政务服务和大数据管理局签订"跨省联办"政务服务战略合作协议，协议就合作目标、合作内容、合作方式及双方权利义务达成一致。两地将按照"减时限、减材料、减环节、减跑动"原则，共同推进"标准统一、相互授权、异地收件、远程办理、协同联动"的"跨省联办"政务服务新模式，实现两地企业和群众办事"就近办理、一次办好"，着力营造便民利企良好发展环境，推动政府治理体系和治理能力现代化，打造"跨省联办"政务服务品牌。

【下城区产权交易服务云平台上线】 2020年4月28日，下城区与阿里巴巴集团联手打造的下城区产权交易服务云平台上线。作为全国首个采用服务全委托政企合作新模式的资产线上交易服务平台，下城区产权交易服务云平台有效确保交易前、交易中、交易后全流程公开透明。平台首创资产线上推介模式，实现区属资产最大范围招商推介；首创资产竞价全委托服务，实现最大程度竞价交易；首创资产网络交易信用探索，实现最大受众公开监督。公共资产服务全生命周期实现“一次都不跑”，企业综合成本降低50%以上。8月21日，下城区农村集体经营性资产出租项目首次纳入云平台，实现市场化公开配置。（方　琳）

数字资源管理

【概况】 2020年，区数据资源管理局秉承“整体智治，基层直达”理念，围绕全区中心工作，聚焦“两手硬、两战赢”，推进“城市大脑”建设和政府数字化转型工作。创新下城区枢纽供能智慧应用场景建设，建成覆盖全区的社区数字驾驶舱。全面贯通五级“机长制”，形成横向“经济、政治、文化、社会、生态文明”“五位一体”、纵向区、街道、社区（园区）“三级联动”的“1+8+X”下城模式精密智控体系，实现区、街道、社区三级任务、职能、责任协同。打造“政府数字化转型标杆区”和“新型智慧城区建设方案输出地”。完成区政府信息公开平台升级改造和门户网站疫情防控、政务“五公开”、公共突发事件、全民推进基层政务公开标准化规范化、“六稳六保”、重大建设项目批准和实施全生命周期、政府开放日、营商环境八大专题建设。推进“1Call视频办”工作模式创新，发挥“城市大脑”区（县）枢纽作用，开展“基层直达·最多录一次”改革攻坚工作，打造基层“一站式工作平台”。坚持线上线下联动，让大数据发挥服务群众、服务基层能效。在第五届中国（杭州）智慧城市暨人工智能产业峰会上，《精密智控，精准服务，下城区助推智慧治理现代化》案例入选2020年度杭州城市社区智慧治理“十佳案例”。搭建智慧托育平台，推行智慧托育服务，“0～3岁婴幼儿照护服务体系”建设工作在省委深改办《浙里跑（领跑者）》上刊登，获副省长成岳冲等省领导批示肯定。

【数字赋能疫情防控】 2020年1月，区数据资源管理局围绕疫情防控，全力做好274台云服务器正常运行工作，确保区视联网、数字驾驶舱、下城门户网站、OA办公系统等应急指挥手段运转有序，部门、街道多层级电子政务网络运行畅通。建立数据常态化每日更新、保鲜制度，会同中国移动通信集团有限公司、中国联合网络通信集团有限公司、中国电信集团有限公司三大运营商和每日互动股份有限公司，发布疫情防控图和大数据分析报告。实时收集处理有关数据，指导街道、社区进行重点人员排查核查。以数字驾驶舱建设为抓手，开发“疫情监测”“健康信息自主申报”等模块，探索“大脑+大妈”“网络+网格”的数字战疫下城模式，助力辖区企业复工复产。抗疫期间，预警重点疫区人员1.84万人次、机动车1.98万辆次，监测居家人员4675人次，为全区106个在建工地的1.96万名返岗员工提供便捷服务。3月9日，区数据资源管理局完成“亲清在线”平台的功能扩容，平台新增商业综合体减免租户租金补助在线兑付等业务，下城区成为杭州主城区首个实现区政府优惠政策在杭州“亲清在线”平台发布的城区。

【“城市大脑”建设】 2020年，区数据资源管理局聚焦数字赋能基层治理工作，重点推进武林商圈街区治理、杭州中国丝绸城街区治理、新天地街区治理三大场景应用建设。4月30日，区委书记刘颖在全市深化“城市大脑”建设暨平安杭州工作推进大会做《打好组合拳，用好驾驶舱持续推进中心城区治理现代化》的汇报。7月3日，天水街道作为“城市大脑”建设“双月攻坚”行动的第一梯队单位，在杭州“城市大脑”“双月攻坚”成果发布暨下半年工作推进部署会上做《打破“习以为常”，解决“关键小事”，下城区天水街道智慧武林商圈治理工作汇报》，彰显下城区“城市大脑”建设的“有位”“有为”。参加由省经信厅指导，省信息发展中心、省智慧城市促进会等单位联合组织的“浙江省‘城市大脑’（智慧城市）应用优秀典型案例”活动，街道数字驾驶舱项目建设工作入选全省“城市大脑”应用优秀典型案例。

【杭州“城市大脑”首个区（县）枢纽建成】2020年6月8日，万家星城、灯芯巷试点社区发布数字驾驶舱建设成果，杭州首个社区智治在线平台在下城区正式上线，杭州“城市大脑”在基层社区得到具体运用，实现杭州“城市大脑”“基层治理四平台”等数字化平台之间信息的快速流转，省民政厅副厅长江宇、副市长王宏、市民政局局长何凌超、区委书记刘颖、民政部《乡镇论坛》杂志社总编续慧杰等出席发布会。8月7日，杭州“城市大脑”区（县）枢纽试点建设工作在浙江展览馆发布上线，下城区实现“区（县）平台”到“区（县）枢纽”的跨越，形成市级中枢—区（县）枢纽—街道节点的新模式，成为首个按照统一标准建设的杭州“城市大脑”中枢区（县）枢纽，为数字驾驶舱“五级机长制”提供基础支撑。市政府副秘书长、市数据资源管理局局长徐青山，区委书记刘颖，杭州市“城市大脑”总架构师王坚，以及杭州市“城市大脑”指挥部各成员单位等300多人参加活动，10多家省、市媒体对下城区枢纽发布会进行报道。12月，“下城区区（县）枢纽建设”项目入选全省“城市大脑”白皮书。

【“通停通付”停车新模式推出】2020年，区数据资源管理局通过加强与市城管局、杭州市停车产业股份有限公司等部门单位合作，对武林商圈“停车引导”“先离后付”系统进行升级改造。9月23日，下城区发布“通停通付”应用场景，创新“先离场后付费”体验，让停车优惠“先离后付，不扫能走”，《浙江日报》《杭州日报》等主流媒体进行专题报道。自停车引导系统升级后，武林商圈平均泊位利用率提升45%，平均延误指数下降6.6%，平均掉头率下降62%。10月1日，依托“城市大脑”市级中枢及区（县）枢纽、街道节点的互联互通能力，在武林商圈周边主次干道摄像杆上加装停车引导屏46块，打通武林商圈、湖滨商圈2大商圈，下城区、上城区、西湖区3个城区及下城区武林、天水、长庆街道，上城区湖滨街道，西湖区北山街道5个街道停车场数据实现35个场库10883个泊位通停又通付。

（潘春炜）

2020年8月10日，杭州“城市大脑”工作周例会召开，会上宣布杭州市首个区（县）枢纽——下城枢纽正式发布上线　　（区数字资源管理局　供稿）

应急管理

【概况】2020年，区委、区政府把应急管理工作作为保障公共安全、社会和谐稳定、促进经济社会协调发展的重要抓手，落实中央和省、市关于统筹推进新冠肺炎疫情防控和经济社会发展的要求，切实抓好安全生产、防灾救灾减灾和应急救援等各项工作，助推疫情防控和企业复工复产，为奋力打造世界名城一流核心城区提供安全稳定的社会环境。区应急管理局以专项与重点执法为突破口，结合辖区安全生产实际，强化安全生产行政执法主导作用。建立“双随机”抽查监管机制，依法查处各类安全生产违法行为，全年处罚违规违法单位75个，罚款金额97.7万元。有序推进安全生产社会化服务体系建设，累计购买服务企业361家，实现安全责任险在危险化学品和“两客一危”（指从事旅游的包车、三类以上班线客车和运输危险化学品、烟花爆竹、民用爆炸物品的道路专用车辆）行业全覆盖。将扩大建筑行业安全责任险覆盖率列入安全责任制考核。部署开展建筑工地夜间施工安全检查行动，检查各类工地项目22个。严格落实举办大型活动各项要求，做好近30场大型活动的安全保障工作。

【自然灾害应对】 2020年，区应急管理局全面压实防汛防台行政领导负责制，调整防汛防台抗旱指挥部成员单位责任人、职能科室负责人，分解、细化防汛责任，确保防汛工作责任落实到位、措施落实到位、人员落实到位。完善《杭州市下城区突发公共事件总体应急预案》《下城区防汛防台抗旱应急预案》，组织全区各部门完成18个专项应急预案编制工作。编发《防汛防台抗旱预案操作手册》《防汛防台抗旱指挥部运行工作规则》，加强预案执行制度保障。完成“一键通”“应急虚拟专网（VPN3）”“可视化指挥调度系统”等平台建设。做好转移人员排摸和安全码使用工作，汛期前摸排危旧房居住人员622人，并实行转移。出动检查人员441人次，检查点位1079处，发现防汛安全隐患27处，全部完成整改。推进防汛风险防控和应急救援平台建设，统一制作街道、社区防汛防台形势图，更新“浙江省基层防汛防台体系信息管理系统”，实现防汛工作全区网格联动。严格落实24小时值班值守。组织4个督查组对8个街道防汛防台工作落实情况进行督查并通报结果。协调解决西文里杭钢宿舍低洼积水问题，在杭州遭受9轮强降雨过程中，区防汛防台抗旱指挥部协调处置低洼积水点25处。

【安全生产隐患整改】 2020年，区应急管理局强化安全生产监管，筑牢安全生产防线，推进重大安全隐患整改销号。督促有关方面投入整改资金1400多万元，通过政策支持、协调推进、专家助力、数字赋能等举措，6个市安委会挂牌重大火灾隐患小区全部销号。落实长效管理措施，对辖区14个存在较大火灾隐患的小区进行挂牌督办，年内完成隐患整改9个。工贸企业完成市级挂牌单位销号1家、区级挂牌销号13家。推进隐患暗访曝光整改闭环工作。曝光覆盖面扩大至居住小区消防安全、餐饮场所燃气使用安全、防汛防台准备等方面，全年完成12期隐患暗访曝光交办整改工作，发现隐患793处，完成整改764处，29处隐患申请延期整改，隐患整改率96.3%。

【安全生产宣传和社会化服务】 2020年，区应急管理局加大安全生产宣传力度，组织“安全生产月”活动。开展“百万员工大培训”，参加培训1041人次。为弥补属地街道监管力量和专业能力不足等问题，区应急管理局采取购买社会化服务方式，组织第三方为建筑工地开展“上门问诊”，相关专家从防护设施、制度管理、安全培训、应急预案等角度对工地存在的安全隐患进行详细分析，并提出有针对性的整改方案。

【突发事件应急处置演练】 2020年6月18日，区应急管理局举办下城区防汛防台（防灾减灾）应急演练暨技能竞赛，区市政公司、区环卫所、区绿化养护中队等38支防汛防台应急抢险队伍参加，《浙江日报》、杭州电视台《新闻60分》、西湖明珠频道《明珠新闻》等媒体进行报道。10月12日，举办“国际减灾日”主题宣传活动暨建筑工地脚手架坍塌高处坠落应急救援演练，区卫生健康局、区住建局、下城消防救援大队参加演练。充实“公羊会”下城区应急救援大队和下城区赛孚救援队力量，2支社会救援队伍人数增至28人，救援人员大多具有交通运输事故、建筑物坍塌、城市应急处置等方面救援的实践经验。建立区应急管理局、区人武部、区市政公司三方应急物资联储联用机制，加强储备物资管理。 （汪　剑）

【消防安全责任体系健全】 2020年，下城消防救援大队建立火灾风险调研评估机制，完善火灾风险预知预警预防制度，落实消防安全风险防范措施，搭建塔式消防安全责任体系。区四套班子主要领导5次听取消防安全专题汇报，带队开展消防安全大检查11次。区政府与各街道和有关部门签订消防工作目标责任书24份，层层落实消防安全责任，全区联合组织开展高层建筑、居住小区、在建工地等重点场所大检查47次。根据“消防安全三年翻身仗”行动要求，制订任务清单，加大经费投入，全区30个微型消防站每站增加专业救援设备42套（件）。实施重大火灾隐患政府挂牌督办制度，规范健全重大火灾隐患立案、销案和挂牌督办的随查随报机制，通过采取书面警示、重点约谈、挂牌督办、媒体曝光、纳入应急闭环管理等手段，实现1个市级和7个区级重大火灾隐患单位整改销号。

【消防监督管理】 2020年，下城消防救援大队以“1+X”模式，依托“消防安全三年翻身仗”行动，紧盯大型商业综合体、高层建筑等高风险场所，结合护航复产复工消防安全攻坚工作，对各类人员密集场所开展检查与督查。全年检查辖区单位2004家次，发现火灾隐患481处，督促整改火灾隐患458处，下发责令改正通知书333份、行政处罚决定书185份、临时查封决定书31份，责令“三停”（停产停业、停止使用、停止施工）单位44家，罚款111万元，行政拘留4人。结合小微企业消防安全综合治理工作，检查小微企业1046家次，对12家生产加工类小微企业实现搬迁关闭。通过“高层建筑排查小程序”排查并录入1167幢高层建筑情况。推进辖区火灾智能防控体系建设，创新社会消防治理模式，与区应急管理局共同开发“下城区智慧消防应急管理系统”平台。在火灾高危单位、高层公共建筑100%推行城市消防远程监控系统，全面提升消防工作数字化、网络化、智慧化水平，打造线上治理“微脑”。

【火灾施救与抢险救援】 2020年，下城消防救援大队坚持“全灾种”“大应急”理念，立足构建防范、救援、救灾一体化运作模式，完善各类救援预案，做到随时“拉得出、打得赢”。全年组织开展演练240次，制订灭火救援预案76份，提升指挥协调、专业救援和快速反应能力。全年全区发生火灾47起，无人员伤亡，直接财产损失96.93万元，火灾起数比上年下降26.6%；接警出动1238次（含增援），出动消防车2082辆次，消防人员1.24万人次，抢救疏散被困人员43人，抢救财产价值179.8万元。

【消防窗口建设】 2020年，下城消防救援大队根据全市统一部署，着重抓好消防窗口建设。坚持把窗口作为服务群众的主阵地，简化办事程序，提高办事效率，提升消防部门执法公信力和人民群众安全感、满意度，实现消防窗口一站式受理、受理环节一次性告知率100%。对公众聚集场所投入使用、营业前消防安全检查、火灾事故原因认定、“96119”举报投诉受理等16个项目实行全流程网上办理，其中临时查封解封申请及恢复使用、生产、经营申请等10个项目实现“跑零次”服务；公众聚集场所投入使用、营业前消防安全检查等5个项目办件时间从3个工作日改为即办即结，并通过综合运用公共数据工作平台，进一步精简申报材料，实现办理时间和申报材料双“瘦身”。全年完成254个单位开业前消防安全检查。

【消防安全宣传教育】 2020年，下城消防救援大队在场馆开放、线上直播、公益宣传等方面开拓创新、全线发力，开展消防安全科普教育，提升消防宣传覆盖面、普及率、影响力与实际成效。结合消防宣传“十进”工作，开展“安全生产月”“119消防宣传月”等主题宣传活动。探索线上消防安全宣传教育途径，在微信小程序“杭州消防便民服务”上推出“消防蓝码”，通过“以测带训、以测检训”

2020年9月23日，下城消防救援大队会同区教育局组织辖区学校师生通过网络直播方式收看消防安全知识公开课　　（下城消防救援大队　供稿）

2020年11月18日，下城区“119”消防宣传月启动仪式暨微型消防站大比武活动在新天地太阳剧院门口举行（下城消防救援大队　供稿）

方法，动员申领“蓝码”。全年开展消防安全培训46场，培训人员1.09万人次，发放资料1万余份，“消防蓝码”总录入33065个，推送官方微博微信170多条，发送短信8万余条，全民消防知识知晓率和“四个能力”（检查消除火灾隐患的能力，扑救初期起火能力，组织人员疏散逃生能力，消防宣传教育培训能力）建设水平全面提升。4月22日，联合区教育局对全区中小学校开展为期10天的“开学季说消防”宣传活动。9月23日，会同区教育局组织辖区学校师生通过网络直播方式收看消防安全知识公开课。

【微型消防站升级】2020年，下城消防救援大队落实《下城区社区微型消防站2019—2021三年提升改造实施方案》，将升级完善微型消防站工作纳入各街道年度目标责任考核体系。区政府多次听取汇报，推进工作落实，全年提升改造社区微型消防站30个。加强社区微型消防站工作人员待遇保障。11月18日，下城区“119”消防宣传月启动仪式暨微型消防站大比武活动在新天地太阳剧院门口举行，副区长刘国娟和区应急管理局、区委政法委、东新街道、下城消防救援大队、新天地集团等单位负责人参加。来自8个社区和8个重点单位的微型消防站工作人员参加比武，仓桥社区、河东社区和胜利社区获社区组比武前三名；杭州新天地集团有限公司、杭州嘉里中心、浙江省电力公司电力科学研究院获单位组前三名。

【消防安全专项整治】2020年，下城消防救援大队组织开展小微企业安全生产和消防安全综合整治，做好全区复工复产期间安全生产工作。3月25日至4月15日，在全区范围内组织开展为期20天的“护航复工复产安全生产攻坚行动”，重点对高层建筑、大型商业综合体、出租房、老旧小区等场所开展全面排查，围绕提升消防设施完好率、通道畅通率、管理规范率、隐患整改率及“四个能力”达标率，对违规使用易燃可燃材料、违章用火用电、损坏消防设施和器材等消防违法行为进行排查整治。4—5月，救援大队联合区公安分局、区城管局、各街道，深入开展打通“生命通道”集中攻坚行动，坚决治理消防车通道占用、堵塞、封闭等突出问题；成立执法宣讲小队，开展宣讲活动并专门印制宣传海报5000多份，分发至各社区；辖区所有小区与社会单位消防车通道设置标线并树立标识、标牌，全区消防车通道障碍物基本移除，消防车通道进一步畅通。（章楚楚）

地方志工作

【概况】2020年，下城区地方志工作突出目标导向，按照国务院《全国地方志事业发展规划纲要（2015—2020年）》要求，创新工作机制，优化编纂流程，强化质量保障。对首轮《杭州市下城区志》复审稿修改和《下城年鉴（2020）》编纂任务进行分解，责任到人。通过业务例会、稿件点评会，把好志书和年鉴政治关、体例关、质量关。按照“老带新、干代训”原则，开展“传帮带”，推进志鉴编辑队伍建设。至年末，《杭州市下城区志》完成复审稿修改，志稿（含照片、地图合成）送交浙江人民出版社付印；《下城年鉴（2020）》完成总纂、审校，交付方志出版社出版。市委党史研究室（市志办）对下城区克服困难、全面完成“两全目标”工作予以肯定。

【《杭州市下城区志》付印】 2020年，下城区志编辑部根据市志办专家组复审意见，集中精力做好区志修改、完善和出版前的各项工作。细化各分纂编辑工作任务，调整部分篇目编辑分工，形成层层抓落实工作机制。编辑部从框架、标题、语言文字、标点符号、规范化等方面，逐章逐节进行修改打磨。通过月度例会形式，统一修改思路、修改进度和修改规范。同步启动彩页排版工作，制定彩页排版计划，并落实专人负责。7月15日，区志修改稿交浙江人民出版社初审。编辑部内部继续对志稿进行资料核实、补充和校对，确保志稿达到出版要求。12月15日，编辑部完成志稿定稿，正式提交印刷。志稿主体为总述、大事记、分志37篇、附录、编纂始末，志书为上中下三册，总字数227万字，卷首收录照片365幅、地图16幅。

【中国版协年鉴工委专家到下城区调研】 2020年11月3日，中国出版工作者协会年鉴工作委员会主任王守亚、常务副主任鲍海春到下城区调研年鉴工作，市委党史研究室（市志办）副主任阮关水等陪同调研。两位主任听取区委办、区志办负责人关于下城区推进“两全目标”实现的做法，《下城年鉴》创刊三年来的工作和年鉴事业发展面临的问题等情况的汇报，对下城区年鉴工作予以充分肯定。强调年鉴要坚持质量第一的宗旨，不断创新编纂体例，增强内容编排的科学性，图片选用的艺术性，把《下城年鉴》努力打造成为精品佳作。会上，两位主任就年鉴框架设计、年鉴组稿培训、年鉴队伍建设等问题与参会人员进行深入交流。

《下城年鉴（2020）》 （刘 沁 摄）

【《下城年鉴（2020）》出版】 2020年12月，《下城年鉴（2020）》由方志出版社出版。《下城年鉴（2020）》是自2018年创刊以来的第3卷，记录2019年下城区经济社会发展的基本情况，突出反映当好“重要窗口”“头雁战队”排头兵的生动实践和深化全域中央商务区建设取得的成就，为各级党政机关、研究机构和社会各界人士了解、研究下城提供丰富、翔实的地情资料。全书设类目34个、分目203个，收录条目1026个，随文图照174幅、表格27张，总字数约63万字，参与供稿单位60多家、作者130多人。该卷年鉴为大16开精装，全彩印刷。

【《下城年鉴（2021）》编纂工作启动】 2020年12月10日，区委办、区政府办印发《关于做好〈下城年鉴（2021）〉编纂工作的通知》，正式启动该卷年鉴编纂工作。区委、区政府要求编纂工作以习近平新时代中国特色社会主义思想为指导，全面、客观、翔实地记录2020年下城区贯彻落实习近平总书记视察浙江、杭州时重要讲话精神，奋力打造“重要窗口”，统筹推进疫情防控和经济社会发展，抓好“六稳”、促进“六保”等工作。《下城年鉴（2021）》为下城区第4部年鉴，框架设计突出年度特色和地方特色，新增“专记”类目，更新“特辑”专题内容，扩大附属资料选题范围，增加文献资料数量，力争于年内公开出版，更好地发挥年鉴存史资政、服务当代的重要作用。 （下城年鉴编辑部）

9 中国人民政治协商会议杭州市下城区委员会

综 述

【概况】 2020年，第五届区政协有委员197人，比上年增加3人。区政协设常务委员会，由主席、副主席、秘书长和常务委员组成。第五届区政协设主席1人、副主席5人、秘书长1人；常务委员会组成人员34人。下设办公室和提案委员会、经济科技委员会、城建和人口资源环境委员会、社会法制和港澳台侨委员会、文史和教文卫体委员会、委员学习和工作联络委员会6个专门委员会。区政协及其常委会高举习近平新时代中国特色社会主义思想伟大旗帜，深入贯彻中共中央和省、市、区委决策部署，立足新方位新使命，坚持发扬民主和增进团结相互贯通、建言资政和凝聚共识双向发力，认真履行政治协商、民主监督、参政议政职能，充分发挥专门协商机构作用。围绕疫情防控和复工复产提出意见建议30多条、近2万字，为党委、政府民主决策、科学防控、有序复工提供重要参考。年内113件立案提案全部办复。

【区政协理论学习】 2020年，区政协把学习贯彻习近平总书记关于加强和改进人民政协工作的重要思想和考察浙江、杭州时的重要讲话精神作为首要政治任务来抓。通过党组理论中心组学习会、常委会议、主席会议、委员学习会等方式，有计划、多形式、分层次组织开展集中学习、座谈交流等学习活动。全年召开学习会12次，每月安排1个主题，并依托固定主题党日、党员学习平台、干部学习新干线等载体进行学习。

【区政协自身建设】 2020年，区政协坚持以党建工作为引领，全面加强自身建设。在长庆街道和文晖街道委员活动小组开展建立党支部试点工作的基础上，召开区政协系统党的建设“两个全覆盖”（党的组织对党员委员的全覆盖，党的工作对政协委员的全覆盖）工作推进会，8个街道委员活动小组均建立党支部，按照党员管理有组织、支部建设有制度、年度工作有计划、党的活动有阵地、党建引领有作为的“五有”标准强化党支部建设，建立健全学习、履职、联系、组织等4个方面制度，积极构建以党的建设为引领、以政协工作为基础的建言资政和凝聚共识相融合的政协党建工作新平台。强化委员服务管理，通过开展菜单式履职、建立履职档案、表彰“双好委员”等方式，进一步压实委员责任。持续巩固“不忘初心、牢记使命”主题教育成果，坚持从严要求、从严教育、从严管理，着力打造站位高、素质高、水平高的政协机关干部队伍，全力助推政协事业高质量发展。成立政协事业发展中心，进一步充实机关力量，切实提升服务保障能力。加强制度建设，进一步建立健全覆盖履职工作、组织管理、内部运行等方面的制度机制，联系城区实际，梳理出5个方面15项制度清单，制定责任分解方案，逐项抓好落实。印发《下城区政协党组2020年工作要点》《关于推进政协系统党的建设“两个全覆盖”工作的实施方案》等文件，有效落实党建工作主体责任，更好发挥党建引领作用。修订完善《政协杭州市下城区委员会主席会议工作规则》《下城区政协提案工作条例》等制度，推进政协工作制度化、规范化、程序化。

【“走亲连心三服务”活动】 2020年，区政协深入开展“走亲连心三服务”活动，进社区入企业听取意见，协商座谈，了解社会各界人士所思所盼，千方百计做好凝心聚力工作，共渡难关。区政协组织走访杭州中力机械（搬运）设备有限公司、杭州华悦国际酒店、杭州香飘飘食品有限公司等32家企业，听取街道和企业复工复产、疫情防控等情况介绍，鼓励相关街道和企业主动作为，加快复工复产，全力助推经济社会各项事业高质量发展。

重要会议

【区政协五届四次会议】 2020年1月15—18日，区政协五届四次会议在区行政中心召开。市政协副主席陈永良，区领导刘颖、柴世民、杨国琴、林炳达等应邀出席会议，区政协主席陈晨主持会议。会议审议通过陈晨代表政协第五届杭州市下城区委员会常务委员会所做的工作报告、区政协副主席任雁鸣代表政协第五届杭州市下城区委员会常务委员会所做的提案工作情况报告。会议表彰政协第五届杭州市下城区委员会第三次会议以来的优秀提案、2019年度“双好委员”、2018—2019年度优秀街道政协委员活动小组、先进街道政协委员活动小组。会议总结2019年工作，提出2020年主要任务。会议审议通过《政协第五届杭州市下城区委员会第四次会议决议》和《政协第五届杭州市下城区委员会第四次会议提案收集和初审情况报告》。区级机关、街道和市级垂直部门负责人、区各民主党派基层组织负责人及辖区内部分市政协委员，区政协智库人员列席会议。各部门、街道主要责任人和社区负责人应邀参加会议。

【区政协主席会议】 2020年，五届区政协召开主席会议14次。

1月6日，区政协五届四十次主席会议召开。会议听取区财政局2020年财政预算情况的报告。

3月5日，区政协五届四十一次主席会议召开。会议听取各专委会关于五届四次会议以来提案审查立案及2020年重点提案协商推荐情况的汇报，协商确定2020年重点提案，协商讨论对年度重要提案开展督办的方案。

4月2日，区政协五届四十二次主席会议召开。会议协商审议2020年区政协履职计划安排、《区政协老旧小区综合改造提升专项集体民主监督具体方案》和《区政协关于持续开展“走亲连心三服务”，深化“岗位建功履职为民”活动的通知》，并协商讨论区政协4月份重点工作。

4月28日，区政协五届四十三次主席会议召开。会议协商讨论5月份重点工作。

5月28日，区政协五届四十四次主席会议召开。会议总结回顾区政协5月份主要工作，协商讨论6月份重点工作，研究部署“美丽下城”创建暨“城市环境大整治、城市面貌大提升”百日集中攻坚行动民主监督工作。

7月1日，区政协五届四十五次主席会议召开。区政协办公室、各专委会负责人汇报区政协6月份主要工作，协商讨论7月份重点工作。

7月31日上午，区政协五届四十六次主席会议召开。会议总结回顾区政协7月份主要工作，协商讨论8月份重点工作。

9月11日，区政协五届四十七次主席会议召开。会议围绕“加快学校设施升级改造、助推美好教育发展”开展专题协商。听取区教育局关于美好教育推进情况和区政协文史委课题调研情况的汇报。区政协主席会议成员、区政协委员、学校代表和智库人员发表协商意见。相关部门、街道负责人做表态发言。

9月29日，区政协五届四十八次主席会议召开。会议总结回顾区政协9月份工作，协商讨论10月份重点工作。

11月5日，区政协五届四十九次主席会议召开。会议总结回顾区政协10月份工作，协商讨论11月份重点工作。

11月6日，区政协五届五十次主席会议召开。会议协商讨论下城区行政区划调整有关事项。

11月11日，区政协五届五十一次主席会议召开。会议协商讨论下城区行政区划调整有关事项。

12月3日，区政协五届五十二次主席会议召开。会议总结回顾区政协11月份工作，协商讨论年底前区政协重点工作。

12月17日，区政协五届五十三次主席会议召开。会议围绕“推动社区微型消防站改造工作，提升扑灭初期火灾能力”议题开展专题协商。

【政协常委会议】 2020年，五届区政协常委召开会议3次。

1月18日，区政协五届十八次常委会会议召开。会议听取区政协五届四次会议各组召集人关于小组讨论情况汇报，协商审议大会决议（草案）、提案收集和初审情况报告（草案）。

4月10日，区政协五届十九次常委会会议召开。会议听取区政协五届四次会议以来提案审查立案和2020年重点提案确定情况及督办方案的汇报；听取并协商2020年度重点提案办理方案。

7月10日，区政协五届二十次常委会会议召开。会议学习区委十届八次全体（扩大）会议精神，围绕“坚持招商引智并重、进一步提升区域发展质量”议题开展专题协商。会议听取区委组织部（人才办）、区投促局有关工作情况和区政协经科委关于协商议题调研情况的汇报。区政协常委和委员围绕议题提出协商建议。

【区政协半年度通报会】 2020年8月26日，区政协组织召开半年度通报会。区委副书记、区长柴世民出席会议并向政协委员通报区情。柴世民指出，上半年面对突如其来的疫情，区政府在市委、市政府的坚强领导下，“战疫情、促发展”取得阶段性成果，经济社会发展呈现企稳回升、持续向好态势。下半年全区进一步抓好疫情防控、经济复苏转稳、项目投资建设攻坚、民生事业发展等工作，各项事业得到新的发展。区政协主席陈晨向政协委员通报区政协半年度工作情况，提出下半年履职工作要求。部分区级老领导、区政府办负责人、区政协委员，区政协联谊会成员，各界别、街道政协委员活动小组负责人、联络员，区政协机关工作人员参加会议。

政治协商和参政议政

【概况】 2020年，区政协坚持把协商民主贯穿履职全过程，持续深化“请你来协商”平台建设，不断丰富协商形式，认真组织协商活动，全年开展协商活动35次，其中常委会会议协商3次、主席会议协商13次、专题协商8次。区政协委员积极建言献策，为党委、政府科学决策提供参考。

【推进数字经济发展协商】 2020年8月28日，区政协围绕“实施‘双引擎’发展战略，推进数字经济发展”开展专题协商，组织课题小组，深入企业和生产一线调查研究，召开调研座谈会，从明确产业导向、打造特色平台、实施招强引优、创新“三化融合”、优化营商环境5个方面提出15条意见建议，为全区数字经济发展建言献策。区委书记刘颖出席并讲话。区政协党组书记、主席陈晨主持会议。区领导唐锋、陈圣杭出席。区相关部门和街道政协课题组成员主要负责人，部分区政协委员、智库人员和企业代表等参加会议。

【加强工程质量管理协商】 2020年12月1日，区政协围绕“加强工程质量管理，有效提升建设水平”开展专题协商，组织课题小组，深入区建设局、建设单位、施工单位和工地调查研究，召开调研座谈会，提出加强前期工作、健全监管体系、落实质管制度、细化工程管理、优化施工组织5个方面建议，相关意见被区政府采纳并形成规范性文件。区委副书记、区长柴世民出席并讲话。区政协党组书记、主席陈晨主持会议。区领导邵伟华、周钢出席。区有关单位负责人，区政协课题组成员，部分区政协委员，区政协委智库人员代表参加。

【区域发展质量提升协商】 2020年7月10日，区政协召开五届二十次常委会会议，学习区委十届八次全体（扩大）会议精神，围绕“坚持招商引智并重、进一步提升区域发展质量”开展专题协商。会议听取区委组织部（人才办）、区投促局有关工作情况和区政协经科委关于协商议题调研情况汇报。区政协常委和委员从强化统筹发展、创新方式方法、提升服务保障等方面提出9条意见建议，助推下城区经济高质量发展。区政协党组书记、主席陈晨出席并讲话。副主席陈圣杭主持会议。区政协主席会议成员，区政协常委出席会议。区相关部门和街道主要负责人、部分区政协委员列席。

【推动社区微型消防站建设协商】 2020年12月17日，区政协召开五届五十三次主席会议，围绕“推动社区微型消防站改造工作，提升扑灭初期火灾能力”开展专题协商。会议听取下城消防救援大队和区政协城建和人口资源环境委关于协商议题调研情况汇报。区政协主席会议成员、区政协委员、社区代表和智库人员从提高认识、合理配置、提升能力、健全机制4个方面提出具体建议，助推下城区平安建设。

【加快学校设施改造升级协商】 2020年9月11日，区政协召开五届四十七次主席会议，围绕“加快学校设施升级改造、助推美好教育发展”开展专题协商。会议听取区教育局关于美好教育推进情况和区政协文史委课题调研情况汇报。区政协主席会议成员、区政协委员、学校代表和智库人员从合力推动校园项目建设、打造优质专业人才队伍、扩大名校集团化办学水平方面提出10条意见建议，助推下城区美好教育全域优质发展。区相关部门、街道负责人做表态发言。

【助力“双战双赢”】 2020年，区政协围绕抗击新冠肺炎疫情工作，组织政协各参加单位和政协委员，参与疫情防控和经济社会发展“双线作战”。党组班子成员70多次深入街道、社区指导督促疫情防控工作，100多次赴重点企业、商务楼宇、联系单位和项目工地调研指导。组织机关干部下沉一线，协助社区做好值班值守、信息排查等工作，帮助解决人手不足、物资紧缺等困难。抽调机关干部担任驻企服务员，走访联系重点企业，协调解决复工复产难题，努力为“战疫情、促发展”贡献力量。区政协委员和政协机关干部通过各种方式捐款捐物价值800多万元，捐赠口罩260万只，防护服4600套、护目镜2000多副，各类测温仪1万余个，消毒水、消毒液近100吨。委员们围绕疫情防控和复工复产提出意见建议30多条，为党委、政府民主决策、科学防控、有序复工提供重要参考。区政协委员助力“两战”工作在“中国网”、省政协“同心苑”、“杭州政协”等媒体刊登，市政协主席潘家玮等领导给予充分肯定。

2020年12月22日，区政协主席陈晨（左三）带队到文晖街道督查老旧小区改造工作 （区政协 供稿）

民主监督

【概况】 2020年，区政协围绕区委、区政府工作部署和群众关心的热点难点问题，充分发挥职能作用，开展民主监督。全年开展民主监督活动120多次，有力助推中心工作落地见效。

【老旧小区综合改造提升专项集体民主监督】 2020年，区政协把助推老旧小区综合提升改造作为政协民主监督的“一号工程”，出台主席会议成员牵头分片包干全过程的专项集体民主监督方案，成立8个专项集体民主监督组，由主席会议成员带队，每月开展1次监督活动。围绕方案优化、质量把控、功能完善等方面，组织区政协委员、智库人员、文史专家参与全区57个旧改小区方案联审、视察调研、座谈协商、综合验收等工作，形成专题监督报告12篇，相关建议被有关部门采纳落实，助推全区老旧小区改造工作。

【克难攻坚保发展重点项目监督】 2020年，区政协主动担当，积极作为，分别参与久安里消防改造提升、浙江工业品市场改造提升、创新型产业用地提质增效、北景园生态公园建设、万寿亭农贸市场改造提升、杭州中国丝绸城街区能级提升、城市大脑综合版场景推广应用等克难攻坚保发展重点项目调研，并提出监督性意见建议，推动重点项目加快实施。结合“城市环境大整治、城市面貌大提升”百日集中攻坚行动，组织委员深入街道、社区，调研市政道路、项目工地、住宅小区及周边环境，监督助推生活垃圾分类、城市河道治理、交通秩序整治等工作，发现反馈问题130多个，提出意见建议40多条。围绕“最多跑一次”改革、“五水共治”、无障碍环境建设等工作开展民主监督，发挥政协民主监督钉钉子抓落实的重要一锤作用。

（王　舜）

提案和社情民意信息

【概况】 2020年，区政协围绕区委、区政府中心工作，抓住下城经济社会发展的重大问题及人民群众关注的热点难点问题，深入调研，积极建言。全年收到以提案形式提出的意见建议116件。其中，全会期间收到110件，闭会期间收到6件，分别经提案委员会及提案委员会主任会议审查进行立案，累计立案113件，立案率97.4%。未立案的3件提案以社情民意信息的形式转市政协处理2件，经征得提案人同意后并案处理1件。立案提案中，以团体名义提出的11件，委员联名提出的24件，委员个人提出的78件。提案涉及全区经济社会的方方面面。经区政协五届四十一次主席会议审议，确定《关于完善我区居家养老服务补贴制度的建议》等5件提案为区政协2020年重点提案。

【提案办理】 2020年，区政协完成所有立案提案的办理工作，办复率100%。从办理情况看，问题已经解决和意见建议被采纳的A类提案80件，占提案办理总数的70.8%；列入计划拟解决或拟采纳的B类提案30件，占提案办理总数的26.5%；用作参考的C类提案3件，占提案办理总数的2.7%。提案办理专项督查回访期间，通过电话、微信联系提案人并征询意见113件，反馈率100%，委员对提案办理落实情况表示满意的111件，基本满意的2件，分别占提案办理总数的98.2%和1.8%。

【社情民意信息员队伍建设】 2020年，区政协发挥各民主党派、工商联及区政协各专委会作用，密切沟通联系，将信息工作与视察调研相结合，以街道委员活动小组为依托，建立基层信息联系点，提高政协信息网络的覆盖面。（王　舜）

政协委员活动

【概况】 2020年，区政协根据新时代政协系统党建工作要求，加强党的建设工作，在长庆、文晖街道政协委员活动小组开展试点成立党支部的基础上，总结经验做法，全区8个街道政协委员活动小组全部成立党支部，实现“党的组织对党员委员的全覆盖、党的工作对政协委员的全覆盖”。政协委员开展民生实事项目视察、“界别服务月”等活动，深入街道、社区助推疫情防控、民生关键小事落地等工作。“界别调研月”期间，政协委员提交调研报告20多篇，多项建议被采纳，推进全区民主和谐、共谋发展良好局面的形成。

2020年12月23日，区政协组织委员参加民生实事项目活动（区政协　供稿）

【界别调研活动】2020年，区政协把界别调查研究作为抓手，创设平台载体，围绕事关全局的综合性、前瞻性问题深入调研，精准建言，提升履职的针对性和有效性。开展“界别调研月”活动，形成《健全公共卫生体系，大力推进健康下城建设》等调研报告。组织文史专家参与老旧小区改造过程中的历史文化保护与挖掘。配合做好市政协“高水平推进历史文化名城建设”子课题调研，完成上塘河历史文化保护和利用的相关研究。做好社情民意和信息宣传工作，上报各类社情民意信息160多条，在《联谊报》《杭州日报》等媒体刊登下城政协工作动态40多篇。

【助推民生实事】2020年，区政协围绕公共卫生体系建设、小区管家覆盖、退役军人就业创业、区域营商环境优化、老旧小区生活品质提升、武林文化新时尚引领等课题，开展调查研究，提出高质量意见建议，区政协分组调研万寿亭农贸市场硬件设施改造项目、麒麟街老旧小区综合提升工程、贡院二次供水及丝绸城升级改造、草庵香积寺北安置房和安吉路教育集团新天地实验学校建设等民生实事项目。围绕老年食堂规范化运营、学生心理健康调适、10分钟健身圈建设、医患关系改善等问题开展协商议政、献计献策。围绕建立环境保护长效机制、拓展儿童之家服务领域等工作召开约谈会，督促解决民生问题。组织委员写好民生提案，着力提升提案办理成效。发挥区政协法律服务团优势，开展送法进企业、进社区活动，全年服务企业50多家、居民群众100多人次。

【中秋茶话会】2020年9月25日，下城区举办各界人士中秋茶话会，区委书记刘颖出席并讲话，区委副书记、区长柴世民出席并致辞。区人大常委会主任杨国琴，区政协主席陈晨，区委副书记林炳达等四套班子领导出席。区政协秘书长、区政协常委，区工商联、区知联会、区新联会、区新生代企业家联谊会、区港籍人士联谊会负责人及区各民主党派、无党派人士、工商联代表，区民族、宗教界代表人士、区留学生代表和区政协各界别召集人、区各街道政协委员活动小组负责人和统战干部参加茶话会。民盟下城基层委员会主委李巍，下城区港籍人士联谊会会长朱琦，杭州市台湾同胞投资企业协会会长周鲍华，下城区政协委员、浙江济海贸易发展有限公司董事长吴建明做交流发言。与会嘉宾共同观看歌曲演唱《思念》《看老乡》《一杯美酒》，民乐组合演奏《奇迹》《梦里水乡》，群舞《为了相见在春天》等节目。（王　舜）

10 中国共产党杭州市下城区纪律检查委员会 杭州市下城区监察委员会

综　述

【概况】 2020年，区纪委监委聚焦主责主业，强化监督执纪问责和监督调查处置，执纪执法水平和治理腐败效能进一步提升。把“两个维护”贯穿纪检监察工作全过程，围绕打好三大攻坚战、服务民营经济发展等中央和省、市委重大决策部署开展专项监督，确保政令畅通。开展扶贫、民生领域不正之风和损害群众利益问题等专项整治。坚持“严”的主基调，推动全面从严治党向基层延伸，厚植敬廉崇洁社会土壤。制定出台《下城区纪委监委监督工作办法》《下城区日常监督项目化管理实施方案》，加强日常监督，年内各级纪检监察组织申报自选监督项目16个。跟进对项目实施情况的分析评估，建立全链条式的监督管理模式。贯彻巡视工作方针，针对巡视发现的问题，建立督办制，实现问题整改与健全制度完善治理体系相结合。全年区纪委监委处置问题线索150件次，受理群众信访举报147件次，立案审查（调查）55件，给予党纪政务处分48人，发出纪律检查建议书3份、监察建议7份，采取留置措施4人，移送司法机关6人，查处区管领导干部案件2件。

【监督机制探索】 2020年，区纪委监委坚持问题导向，强化源头治理，以制约监督公权力为核心，找准廉政风险排查防控的着力点和突破口，完善和发展决策科学、执行坚决、监督有力的权力运行机制。以案促改，督促全区各单位制订防控措施、建立防控制度。根据区住建系统窝串案查办过程中暴露的直管公房管理问题，督促区住建局按照《下城区直管公房空置房管理办法（试行）》，建立以房管站初审、房产科复审、分管领导终审的空置房出租签约三级审批制度，降低空置房管理的违规风险。针对工程建设、房产管理、人防设施等领域存在的共性问题，探索运用监督意见书、监察建议书、纪律检查建议书、廉情抄告单等形式，以及清廉谈话、综合检查、抽查或暗访等方式，进行精准监督。石桥街道纪工委加强对合同管理的专项监督，推动街道完善《石桥街道工程项目自主发包管理办法》《石桥街道合同管理办法》等制度。

【全面从严治党主体责任落实】 2020年，区纪委监委着力推动“四责协同”，压实主体责任，破解监督难题。创新主体责任汇报形式，区纪委监委分别听取潮鸣街道、朝晖街道等单位履行主体责任情况汇报并开展面对面督责。通过召开“四责协同”汇报会，推动各级党组织将党风廉政建设、反腐败工作与业务工作同步研究、同步部署、同步落实。年内，区委常委会审议通过《下城区2020年党风廉政建设和反腐败工作组织领导与责任分工》，分解全年党风廉政建设重点任务44项，分别落实到16位区领导。区纪委监委梳理形成《党风廉政建设党委（党组）主体责任清单》，供区四套班子领导履职时进行对照。

【信访举报办理质量提升】 2020年，区纪委监委贯彻落实《浙江省

2020年7月16日，区纪委监委听取朝晖街道党工委履行主体责任情况汇报
（区纪委监委　供稿）

纪检监察机关处理检举控告操作规程》，加强对初信初访办理的督导，督促各办信单位做到“四个到位”（领导到位、程序到位、调查到位、反馈到位）。针对业务外信访问题大量增加的实际，加强对各派驻（出）机构和街道纪工委的指导。建立委领导定期接访和其他纪检监察干部分批轮流接访制度及检举控告情况综合分析机制，每个季度开展一次常规分析，深入研判检举控告情况。重视信访结果反馈工作，对复杂疑难信访问题采取联合反馈方式，进一步提升办结质量。对多年、多层、多头信访举报开展攻坚行动，以实际行动回应群众关切，化解基层矛盾。全年全区纪检监察部门受理群众信访举报147件次，比上年下降35.2%。其中检举控告83件次，初信初访66件次，重复举报17件次，均有所下降，基层政治生态持续净化。加强检举举报平台建设，实现办理子平台线上全流程受理审批、线上全流程信件流转。根据《纪检监察网络举报管理规范》，加强对网络举报处理情况的督促检查，进一步规范工作流程和日常管理。

（顾栩颖）

党风政风监督

【概况】 2020年，下城区坚定不移推进全面从严治党，进一步深化“清廉下城”建设，全区政治生态持续净化优化。各级纪检监察机关认真履行职责，为“干好一一六、当好排头兵”提供坚强保障。统筹“两个监督”，面对新冠肺炎疫情大考，各级纪检监察组织按照上下联动、分工协作、齐抓共管、点面结合要求，迅速构建监督检查“4+N+8”工作格局，围绕疫情防控措施贯彻执行和经济社会发展举措落细落实情况开展监督检查。全区出动1350多人次，检查场所4218个，发出监督意见书16份，推动问题整改210多个，问责党员干部7人，其中党纪政务处分2人。根据“三个区分开来”原则，对疫情防控工作中出现疏漏或者不足、但未造成不良影响的干部，按照程序予以容错免责，有2名干部被澄清正名和纠错容错。下城区容错免责案例被《人民日报》等媒体报道。

【“四风”纠治】 2020年，区纪委监委持之以恒、从严从实抓好中央八项规定及其实施细则精神和省、市、区有关规定的落实，持续纠治“四风”。紧盯重要节点和关键领域，重点查处违规收送礼品礼金、违规吃喝、违规发放津贴补贴或福利等突出问题，开展“四风”隐形变异问题和形式主义、官僚主义问题等的专项整治。聚焦扶贫和民生领域的“微腐败”、涉黑涉恶的“保护伞”、妨碍惠民政策落实的“绊脚石”，着力整治群众身边的腐败和作风问题。对违反中央八项规定精神、醉驾酒驾和侵害群众利益等典型案例进行通报曝光，持续营造全面从严治党氛围。全年全区查处形式主义、官僚主义等违反中央八项规定精神问题18个，组织处理32人，包括区管正职1人。查处群众身边不正之风和腐败问题2起2人。

【专项精准监督】 2020年，区纪委监委根据习近平总书记关于制止餐饮浪费行为重要指示精神，开展坚决制止餐饮浪费行为专项监督，坚决纠治“舌尖上的浪费”。全年开展监督检查24次，检查机关、国有企业食堂46个次，督促建立完善制度5项。坚决整治“会所中的歪风”，牵头成立由区住建局、区公安分局等部门参加的工作专班，严格落实分类分业监管、网格治理、常态巡查等日常监管机制。年内，各单位开展各类监督检查1152次，排查国有房产物业2753处。将贯彻落实帮扶解困和扶贫协作责任情况纳入政治监督内容，5个街道纪工委选取涉及扶贫领域的项目作为日常监督项目。深化异地扶贫协作监督机制，成立2个专项巡察组赴湖北巴东县、贵州黎平县开展实地检查，查看扶贫项目16个，涉及投资额5673万元。通过实地督导、专题约谈、提出建议等方式，推动职能部门加快建成数字平台，实现精准帮扶救助。强化生态环保领域专项监督，建立晨会、日报、抄告和督办四项制度，做好第二轮中央生态环境保护督察迎检，重点督促各责任主体抓好中央环保督察信访件处置。

【任前廉政教育】 2020年，区纪委监委制订工作任务清单，明确职责分工，推动任前廉政教育工作开展。加强数字赋能探索，推动街道纪工委加快监督平台开发和运用工作。加强社区换届纪律监督，开展集中警示教育107场次，参加集中警示教育1.07万人次。开展常态化联审，严把人选资格条件，累计审核候选人（自荐人）2316人。积极谋划部署任前培训工作，召开全区新任社区纪检监察机构负责人“履职第一课”培训会，为新入职人员熟悉岗位职责、适应岗位要求打下基础。（戴建勇）

廉政宣传教育

【概况】 2020年，区纪委监委运用正面宣传和反面警示等形式，将廉政教育落到实处。组织“清风说”宣讲团采用“云端”宣讲、“沉浸式”宣讲等方式，推出“案例剖析”“社区换届纪律”等主题精品课程。通过宣讲团进公园、进社区和街道纪工委书记宣讲等方式，完成74个社区宣讲全覆盖。“清风说”宣讲团开展宣讲活动88场，受教育近1万人次，被评为下城区基层优秀宣讲团。“清廉下城”微信公众号全年推送微信302条。开发并推行“云上廉音”专线，推动党员干部知敬畏、存戒惧、守底线，增强党员领导党风廉政意识。专线设置“廉测试”“廉课堂”“清语汇”“镜鉴厅”等栏目。组织全区区管干部、纪检监察干部参加“云上廉音”廉政知识测试，规定通过测试获得廉政知识“绿码”，即“知廉码”后，一年内可免试同类廉政考试。全年有1567人参加廉政知识测试，722人取得“知廉码”。

【开展警示教育】 2020年，区纪委监委多维度做好反面警示教育工作。坚持以案说纪、以案说法、以案说德，运用区住建系统窝串案，以及有关警示教育片、漫画、短视频，深入开展警示教育。紧盯元旦、春节、中秋节、国庆节等时间节点，印发违反中央八项规定精神典型案例，拍摄制作正风肃纪视频素材，并将违反中央八项规定精神案例以“画说违纪”的形式在媒体上进行警示，营造风清气正的节日氛围。选取中共十八大以后区纪检监察机关查处的违纪违法案件中当事人的忏悔录，汇编成《忏悔与警示》小册子，印发到全区各单位，警醒党员干部引以为戒、律己慎权。推进全区警示教育常态化。区法院开展“七个一”警示教育活动，推动执法人员牢固树立自

2020年，区纪委监委推出“云上廉音”专线，专线设置“廉测试”“廉课堂”“清语汇”“镜鉴厅”等栏目。图为党员干部通过手机参加廉政知识测试

（区纪委监委　供稿）

2020年，区纪委监委在杭州地铁5号线（下城段）投放清廉主题公益广告
（区纪委监委 供稿）

律意识，高质量做好案件审理工作。区教育局组织清廉学校督评暨第二批清廉学校示范点评比，在全区教育系统形成对标学习效应。石桥街道加强重点岗位党员干部廉政教育，对新提拔的12名社区干部开展岗前廉政谈话。

【清廉文化建设】2020年，区纪委监委紧扣节点，搭建平台，推进清廉文化建设。创新形式，策划杭州地铁5号线下城段开通系列活动，将涉及清廉建设7个方面的7组17幅清廉主题公益广告投放在下城段5个站点的站台、通道等人流集中地段，并将清廉主题海报分发至各街道和社区张贴，同时组织"清廉社区，从我做起"承诺签名活动，引导党员自觉加入清廉建设行动。制作微信图文及视频《遇见地铁5号线，遇见清廉》，在省纪委网站、微信及浙江新闻客户端、"学习强国"学习平台等平台进行刊登，该做法被省纪委作为创新性案例在全省纪检系统推介。整合各种资源，在"遇见下城·乐游武林"下城区都市旅游精品线路发布会上发布"清廉专线"。结合"三八"妇女节、国际家庭日，开展主题为"我眼中的抗疫妈妈"及云上家风讲堂活动。重阳节期间，推出微信图文《重阳节去哪儿玩？跟着"武林大妈"来一场清风之旅吧》等，均收到较好宣传效果。举办"迎七一纪检人书画清廉展览"等纪法宣讲活动，营造清廉机关氛围，区纪委监委及文晖街道组织纪检干部朗读省纪委编写的《诗情廉意》中的文章，其音频在"学习强国"学习平台上发表。全年全区在省级以上媒体发表文章、视频162篇（个），其中中央电视台播报下城区清廉文化建设情况21次。加强清廉文化阵地建设。东河清廉文化园入选首批挂牌的杭州清廉文化阵地，都锦生织锦博物馆、武林清风书屋（"杭州书房"）、陆游纪念馆、马寅初纪念馆、胜蓝实验小学党风廉政教育基地、王星记清廉文化扇艺体验馆入选《杭州市清廉文化资源汇编》。（邵 佳）

执纪审查和监督调查

【概况】2020年，区纪委监委保持严惩腐败的高压态势，坚持"无禁区、全覆盖、零容忍"和"重遏制、强高压、长震慑"，对顶风违纪者严肃查处、通报曝光，持续释放"越往后执纪越严"的信号。严格做好疫情防控工作，保持办案力度不减，疫情防控与案件查办并重，将上级纪委关于防疫"零风险"的要求落实到审查调查工作的全过程，特别是留置案件做到驻点全封闭、内审外调分开办案。结合防疫工作与办案安全工作，落实市纪委监委日常监督、专项检查、驻点联勤检查的要求，严格依规依纪依法办案。注重案件审理工作，树立以审理为中心的办案理念，严把案件程序关、实体关，以新形势下的审理要求指导审查调查转型升级，提高案件审理质量。查处市公交集团腐败窝串案件，并为系统性肃清公交集团贪腐问题向市纪委监委提供相关线索材料。同时向市公交集团提出堵漏立制建议，通过到市公交集团以案说纪、说法，对公交职工和党员干部进行警示教育。全年全区立案审查（调查）55件，结案56件（包括历年案件），党纪处分48人，其中开除党籍8人；政务处分5人，采取留置措施4人，移送司法机关6人。查处区管领导干部案件2件。

【监督执纪“四种形态”运用】2020年，区纪委监委精准运用监督执纪“四种形态”，做到对党员干部的苗头性、倾向性问题早发现、早查处，准确运用教育提醒、谈话函询、组织处理、纪律处分等方式处置问题线索。配合省委巡视工作，把处置巡视组交办的问题线索放在讲政治的高度，着力处置扫黑除恶专项斗争的有关问题线索，全力做好信访化解处置工作，通过有效处置化解存量、强化监督遏制增量，实现政治效果、纪法效果、社会效果有机统一。全年受理处置问题线索150件次，比上年下降50.2%。其中初步核实126件次、谈话函询25件次、了结98件次、给予组织处理68人次。运用“四种形态”处置问题线索144人次，下降47.4%，其中第一、第二、第三、第四种形态分别占61.1%、26.4%、30.5%和9%。加强日常管理和监督，经常性开展批评教育，坚持抓早抓小，防微杜渐，使“红红脸、出出汗”成为常态。坚持严管和厚爱结合、激励和约束并重，充分运用批评教育、谈话提醒等方式，提高党员干部的规矩意识和纪律观念。

【审查调查案件管理机制完善】2020年，区纪委监委履行案件监督管理五项基本职能，促进依纪依法安全文明办案。按照省纪委监委总体部署，贯彻落实处置子平台线上运行的要求，强化对问题线索全过程监管，严格完善审批流程，统筹把握问题线索整体形势，推动审查调查工作有序开展。做好案件线索集中统一管理，坚持线索会商机制，推行线索集体会商、统一分办。同步督促办理巡视巡察和上级交办线索，定期开展线索办理时效和质量检查。坚持完善落实片区协作机制，建立“1+2+2”（1个纪检监察室联系1个派驻机构和2个街道纪工委）协作模式，促进纪检监察干部交流，派遣区纪委年轻干部到街道纪工委挂职锻炼，同步抽调部分派驻机构、街道纪工委纪检监察干部参与办理留置案件，推进各纪检监察室与联系单位的联动办案，实现派驻和街道纪工委自办案件全覆盖。坚持完善落实线索会商、工作例会、信息报送、涉案财物管理、执纪审查工作汇报会、反腐败工作协调小组会议等机制，全面促进审查调查工作高质量发展。

（费志国　倪灵峰）

巡察工作

【概况】2020年，区纪委监委坚持稳中求进的工作总基调，突出巡察重点，创新巡察形式。围绕“三聚焦一落实”工作，中央和省、市委决策部署贯彻落实情况，群众身边腐败问题和不正之风，基层党组织建设情况，开展巡察监督。将帮扶救助政策落实、法治下城建设等情况纳入巡察监督范围，推动重点工作落地见效。重新对工作流程、谈话提纲、工作规范、报告模板等进行梳理和完善，编制《巡察工作手册》，为巡察干部熟练掌握工作流程、规范实践操作、依规依纪开展巡察打下基础。以接受省委第三巡视组巡视指导督导下城区工作为契机，成立4个日常监督检查小组，全程跟进学习。根据省委巡视组和市委提级巡察组要求，认真查摆巡察工作存在的问题，坚持即知即改，立行立改。年内，区委开展3轮巡察，对9个区直部门和26个社区进行常规巡察，对7个社区巡察整改情况开展“回头看”，联合湖北巴东县、贵州黎平县巡察部门，开展扶贫协作专项巡察，发现问题18个。全年巡察发现问题650个，提出意见建议172条，移

2020年，区纪委监委建立案件信息录入平台。图为监察干部在录入案件信息
（区纪委监委　供稿）

2020年6月11日，区纪委监委召开十届下城区委第十三轮巡察暨区委巡察社区工作动员部署会
（区纪委监委　供稿）

交问题线索10件，立案5件，党纪政务处分4人。

【巡察整改任务落实】2020年，区纪委监委通过压实整改责任、加强督查力度、完善问责机制等措施，高质量推动巡察整改任务落实。坚持把落实整改责任作为履行全面从严治党主体责任的重要一环，将巡察报告向被巡察单位党组织主要负责人进行反馈，三方签字背书，压实整改主体责任。为推动反馈问题真改实改，将被巡察党组织整改情况向社会公开，接受广大党员、干部和群众监督。严格落实巡察整改"六见"要求，督促被巡察单位党组织全面整改普遍性问题，专项整治倾向性问题，对问题整改不落实、不彻底的，组织回访督查，确保巡察反馈问题得到及时、有效整改。全区通过巡察建立健全制度18个。推动成果运用，对于巡察发现的倾向性、普遍性问题，巡察组分类汇总、梳理分析，提出堵漏建制、标本兼治的对策建议。结合巡察基层领导班子整体情况，为区委加强基层领导班子建设提供参考。将被巡察单位的巡察情况作为该单位政治生态建设状况评估报告的重要素材，为深化全面从严治党提供决策基础。

【社区巡察全覆盖】2020年6月11日，区纪委监委召开十届区委第十三轮巡察暨区委巡察社区工作动员部署会，对社区开展巡察工作进行动员部署。区委巡察办加强统筹协调，统一调配4个派驻纪检监察组、8个街道纪工委，抽调党务、财务、审计、工程等方面的专业干部，采用"一次一授权"和交叉巡察等方式，组建区委巡察组9个。制订工作方案，开展巡前业务集中培训。区委巡察办派员编入巡察组，介入问题较多社区和选情复杂社区巡察工作，推动问题线索有效查处。6月19日至8月28日，区委巡察办集中对尚未被巡察的26个社区开展常规巡察，并对7个社区开展巡察整改情况"回头看"，巡察发现问题539个，移交问题线索9件，立案4件，提出意见建议131条，形成专题报告1份，完成区委对社区巡察全覆盖目标。

（周红霞）

纪检监察队伍建设

【概况】2020年，区纪委监委建立"不忘初心、牢记使命"长效机制，加强政治建设，努力在践行"两个维护"中走在前、作表率。强化机关党建引领和执行能力建设，严肃党内政治生活。组织纪检监察干部到疫情防控一线，既当监督员，又当战斗员，累计参加志愿服务173人次，锻炼党员政治品格，展现纪检监察干部良好形象。建立干部日常纪实档案，全方位、多角度、立体式考察干部。制订《区纪委监委平时考核方案》，开展干部每季一考和"纪监之星"评比，使"干部考核考在平时，干部管理严在经常"。开展纪检监察系统"八个一"警示教育月活动，推行"五张清单一张网"，全覆盖签订党风廉政建设责任书和廉洁自律承诺书，严明纪律规矩。全年区纪委常委会研究干部工作15次，提拔任用正科级干部2人，10位科级干部通过试用期考察按期转正，2位纪检干部转任街道纪工委副书记岗位。

【纪检监察力量整合机制探索】2020年，区纪委监委完善片区协作机制，突出纪检监察室对责任片区中派驻（出）机构和街道纪工委在监督检查和审查调查中的指导

2020年4月7日，区纪委监委举办干部综合能力培训班（区纪委监委　供稿）

作用，区纪委监委班子成员每人负责1个片区，每个片区以1个纪检监察室、2个街道纪工委和2个派驻机构为落脚点开展专项监督。强化片区内部力量整合，形成以片区为基础的双月例会、信息共享、监督检查、协作办案、挂职锻炼等机制。发挥考核指挥棒作用，修订每月业绩大比拼考核规则，把跟踪督导与考核评价贯穿比拼活动全过程，通过量化指标、数据说话、实绩比拼，进一步增强协作片区各单位的团队协作意识，推动在全区形成对标学习效应，全区纪检监察合力进一步形成。

【派驻（出）机构改革深化】 2020年，区纪委监委落实省纪委省监委关于派驻（出）机构与机关干部选调录用、选拔任用、轮岗交流、教育培训、党建工作、经费保障“六个一体化”管理要求，推动派驻（出）机构与纪委监委机关、巡察机构、监督单位协同配合。印发《关于对派驻（出）机构工作人员工资及退休等事项实行统一保障的通知》，开展委机关党员干部谈心谈话和思想动态调研分析，充分听取各方面意见建议，平稳推进派驻（出）机构改革。6月，全区完成公检法3个派驻组人员编制划转和8个派驻（出）组人员工资转移等工作。

【纪检监察干部全员培训】 2020年，区纪委监委围绕作风建设、信访举报、审查调查、执纪监督等专题，举办全区纪检监察干部综合能力培训、纪检监察干部专业培训，开发网上钉钉课堂，创新学习培训方式，参加培训干部500多人次。制订《区纪委年轻干部基层挂职方案》，加强上下互挂、片区协作、轮岗交流等模式探索，选派10名干部到省市纪委、扶贫一线、街道纪工委挂职锻炼，从各派驻机构、街道纪工委抽调19名干部到区纪委监委挂职学习。开展“执行能力建设”专项自查行动，从8个方面深入检视自身问题，切实抓好整改落实。

【监察工作联络站建设】 2020年，区纪委监委落实省纪委省监委要求，高标准建设社区监察工作联络站，推进监察职能向基层延伸落实落地，建好人民群众“家门口的监委”。4月22日，完成全区8个街道74个社区监察工作联络站设立和人员聘任工作，聘任站长74人，监察联络员248人。印发《推进街道纪检监察机构规范化建设具体实施方案》，明确建设标准、要求、责任、时间，定期检查推进情况。制定街道纪检监察机构履职清单、内部监督制度、片区协作制度等，为推进街道纪检监察工作规范化建设提供支撑。　（舒　江）

11 民主党派·工商联

2021

民革下城区基层委员会

【概况】 2020年，民革下城区基层委员会有支部4个、党员74人，其中新发展3人。主要成员和所联系对象为原中国国民党有关系人士、与民革有历史和社会联系人士、与中国台湾各界有联系人士和其他中上层人士，以及社会和法制专业人员中的代表性人士。党员中有市政协委员4人、区人大代表2人、区政协委员5人。民革下城区基层委员会组织学习活动8次，内容包括传达全国和省、市、区“两会”精神和上级文件，开展联谊交流。组织党员参与防疫抗疫、捐款捐物。组织开展“三服务”活动，助推企业复工复产。民革下城区基层委员会在民革杭州市委会第二期参政议政演讲比赛中获三等奖。

【民革参政议政】 2020年，民革党员在市、区两级政协大会提交提案12件，主要涉及城建、数字经济、教育、民生等问题。《老旧小区提升改造的建议》被区委统战部评为优胜奖。党员蒋汉波《用“五个力”推进示范支部建设》在市民革示范支部创建会议上做经验交流。党员丁炜《长三角一体化格局下杭州产业布局与发展的建议》在市政协大会做交流发言。在区政协五届四次会议上，一支部党员、区政协委员陈洁被评为“双好委员”。党员周文源被评为“中国特色社会主义优秀建设者”。党员蒋汉波获首届浙江民革伯乐奖。党员胡萍获全市“治水先锋”称号。党员屠渭泉、丁炜被民革杭州市委会评为2020年度信息调研工作先进个人，下城区基层委员会获信息调研工作一等奖。

2020年11月29日，民革下城区基层委员会在民革杭州市委会第二期参政议政演讲比赛中获三等奖
（民革下城区基层委员会　供稿）

【抗击疫情】 2020年，民革下城区基层委员会组织党员参与疫情防控工作，在不同岗位上做出应有的努力。一支部党员、杭州同心博爱公益服务中心理事长钱春江与合作伙伴，分别向江干区丁兰街

道、九堡街道和西湖区西溪医院捐赠对讲机150台，价值7万余元。向江干区城管环卫女工和江干区妇联调拨防寒棉服123箱1277件，价值85万元。党员陈国生等医护人员坚守在抗疫一线，四支部党员、下城区人大代表、武林街道竹竿巷社区副主任厉剑，日夜工作在社区。党员中有10多人担任社区防控志愿者，并捐款2.6万元。

（郭　兵）

民盟下城区基层委员会

【概况】 2020年，民盟下城区基层委员会有支部4个、会员63人。成员和所联系对象主要为文化教育界及科学技术界的知识分子。盟员中有区人大代表1人、区政协委员5人（常委2人）。新一届领导班子围绕区委、区政府中心工作，开展参政议政、民主监督和民主协商。按照新时代中国特色社会主义参政党建设的标准和要求，开展学做“四新三好”（多党合作有新气象，思想共识有新提高，履职尽责有新作为，参政党有新面貌，各民主党派和无党派人士要做中国共产党的好参谋、好帮手、好同事）活动，争创星级支部，推进基层组织制度化建设。盟员李巍获下城区“全国街道服务管理创新实验区建设工作”个人行政嘉奖，并被评为下城区“优秀公务员”；综合支部主委梁勇获评浙江省“最美公务员”。

【民盟参政议政】 2020年，民盟下城区基层委员会开展“凝心聚力建名城，合心合力兴下城”和“同心助力行”为主题的参政议政活动，走访调研辖区重点企业，利用自身专业优势，及时联系有关部门帮助企业解决问题，助推企业发展。组织会员撰写建议提案、调研报告、社情民意。根据区委、区政府年度重要目标任务，开展课题研究和申报工作，“关于在疫情后提升基层应对公共卫生事件能力的思考和建议”调研课题完成结题，“关于下城‘非遗在社区’城市传统文化传承实践的思考——以手工纺织类技艺为例”调研课题获区委统战部优秀调研奖。

【“黄丝带”帮教行动】 2020年，民盟下城区基层委员会开展以“黄丝带”帮教行动为主题的社会服务活动。受疫情影响，“黄丝带”帮教行动由入监服务转为线上服务。民盟基层委员会依托盟员力量，为省乔司监狱成人“双证制”高中班的学员录制视频课件进行教学，673名服刑学员完成市教育局成人“双证制”高中的学业测试。与省乔司监狱联合开展第20期“名人名讲”公益讲座，邀请浙江大学医学院附属第二医院急诊医学科党总支书记、援鄂抗疫英雄徐善祖，以访谈录制方式为服刑人员讲述援鄂抗疫情况。

【“城乡儿童手拉手”服务】 2020年，民盟下城区基层委员会开展“城乡儿童手拉手”活动，向青少年群体提供各种服务。青春中学支部开展“戴头盔守交规”宣传活动，引导骑乘人员自觉佩戴头盔，遵守交规，文明出行；艮山中学盟员教师参加与湖北省恩施土家族苗族自治州鹤峰县一中结对共建工作，拓展城乡结对帮扶内容；教育支部参与由共青团浙江省委指导并由《青年时报》、杭州市第七人民医院、杭州民生公益服务中心、杭州心聆护航健康咨询有限公司4个单位联合发起的“牛通社心理中心”平台共建工作，为学生提供集体辅导和个案咨询，缓解疫情

2020年1月14日，民盟下城区基层委员会召开“不忘合作初心、继续携手前进”主题教育总结会

（民盟下城区基层委员会　供稿）

给青少年带来的心理压力和负面影响；综合支部联合长庆潮鸣社区卫生服务中心、潮鸣街道潮邻伢儿托育中心共建婴幼儿养育照护小组，面向0～3岁婴幼儿家庭开展养育照护科普服务。

【抗击疫情】 2020年1月，民盟下城区基层委员会向全体盟员发起新冠肺炎疫情防控募捐倡议，筹集捐款3.63万元。通过民盟市委向市政府上报《关于新型冠状病毒感染肺炎疫情期间暂停杭州市各级行政服务中心大厅公共场所对外服务至市政府明确的企业复工时间的建议》。综合支部主委梁勇参与疫情防控一线，为居民群众健康平安保驾护航。青春中学支部盟员孙斌录制的居家体育课，被推荐到“学习强国”学习平台、《钱江晚报》等媒体平台播放。民盟基层委员会对接武林街道组成疫情防控“先锋队”，通过“同心志愿岗”等形式，助力社区开展卡口防控、巡查、居家隔离人员服务保障等工作。下城民盟抗疫工作成果获市委常委、统战部部长陈新华，区委书记刘颖批示肯定。

（方　鹏）

民建下城区基层委员会

【概况】 2020年，民建杭州市下城区基层委员会有支部8个、会员201人，其中发展新会员8人。会员中有省人大代表1人、省政协委员1人、市政协委员1人、区人大代表5人、区政协委员16人。民建下城区基层委员会发动会员参与抗击疫情工作，会员及会员企业捐款131.8万元，捐助物资价值130.4万元；参加抗疫一线值勤148人次。为河北丰宁县脱贫攻坚，捐赠扶贫款物价值6.08万元。民建下城区基层委员会获评浙江省先进基层组织，三支部获评民建杭州市先进支部，二支部、五支部、六支部、七支部获评民建杭州市鼓励支部。会员管建平、谢海探被评为2015—2020年度浙江省优秀会员。

【民建议政建言】 2020年，民建下城区基层委员会组织会员撰写、议案、提案，会员陈伯川撰写的《经济强国带动LED产业蓬勃发展》被民建省委会录用。会员徐雳撰写的《关于长租公寓频繁爆雷跑路的处理建议》（联合撰稿）、会员姚锋撰写的《警惕抖音等大型互联网企业运用“算法”“大数据”形成“信息茧房”侵害用户利益》及《关于疫后公共场所商业促销活动的建议》、会员杜威撰写的《关于政府领导直播带货现象的若干思考》《建议加快构建“地摊经济”监管机制》被民建市委会录用。《关于我区老旧小区配套医疗服务的思考》被区委统战部录用，《关于加强武林新城小规模土地综合利用的建议》被区人大评为优秀建议。

【社会服务】 2020年，民建下城区基层委员会联合区城管局在石桥街道，开展环境卫生整治共享单车专项行动，清理杭州中大银泰城及树兰（杭州）医院周边未按规定停放共享单车62辆。参加市残疾人联合会“走进残疾人之家”开放日座谈会，参观市残疾人托管中心宿舍楼、餐厅、风雨操场和培训教室，观看杭州市残疾人事业发展成就宣传片及残疾人文艺演出彩排，与托管中心工作人员座谈，并送上鲜花及年货，感谢其平凡岗位上的默默奉献。参加长庆街道王马社区助困“送温暖”、助残“送春风”、助困“送希望”、助康“送关

2020年8月30日，杭州民建会员企业家联谊会下城分会换届大会召开

（民建下城区基层委员会　供稿）

怀”的“四助”活动，送上慰问金3.6万元。

【杭州民建会员企业家联谊会下城分会换届】 2020年8月30日，杭州民建会员企业家联谊会下城分会换届大会召开。民建省委副主委、民建市委主委郭清晔，民建市委副主委、杭州民建会员企业家联谊会会长刘政奇等出席会议。区委书记刘颖，区委副书记、区长柴世民，区委常委、统战部部长黄飞，区人大常委会副主任费英明等出席。大会听取第五届联谊会下城分会做的工作报告，选举产生第六届联谊会下城分会会长、常务副会长、副会长。区政府相关部门负责人、民建下城区基层委班子成员，杭州民建会员企业家联谊会分会代表、杭州民建会员企业家联谊会下城分会全体会员参加换届会议。

（翁馨璐）

民进下城区基层委员会

【概况】 2020年，民进下城区基层委员会有支部4个、会员112人。会员主要由从事教育文化出版工作的高中级知识分子组成。会员中有市人大代表1人、市政协委员1人、区人大代表2人、区政协委员5人。民进下城区基层委员会以区委统战部成立“统战之家同心苑”为契机，开展民进组织发展历史、民进组织主要工作及民进组织履职风采的宣传。加强民进队伍建设，开展“爱满民进、薪火相传、‘疫’路有你、青春担当”青年会员主题活动，选派会员参加统战政策

2020年10月23日，民进下城区基层委员会组织开展“不忘合作初心、继续携手前进”主题活动暨畅想“十四五”学习交流会（民进下城区基层委员会 供稿）

理论学习和民进优良传统教育。

【抗击疫情】 2020年，民进下城区基层委员会把抗击新冠肺炎疫情作为首要任务，发动会员利用专业优势，投身抗击疫情行动。开展调研，制定方案，推动复工复产工作落到实处和经济正常运行。组织捐赠消毒液100多吨。制作宣传折页10种12.5万份、海报10种1万余份，发放到各基层单位。会员主动报名参加志愿者队伍，负责相关街道和社区封闭式管理及沿街商铺等复工摸排等工作。48名在职会员线上捐款1.1万元。

【会员建言献策】 2020年，民进下城区基层委员会以履职能力建设为主题，围绕“十四五”规划制定、高水平推进城市治理现代化、对口帮扶协作等工作，高质量完成参政议政和民主监督相关工作任务。会员、区民政局基础政权与社区建设科负责人王泉牵头开展调查研究，完成“关于推进街道政务信息化对城市治理体系和治理能力建设的思考和建议”课题研究，并在区委组织的“十四五”规划专题座谈会上，就规划的全面性、可操作性及工作的项目化规划等提出建议。全年民进下城区基层委员会参加市区人大、政协组织的调研活动20多次，市区“两会”提交建议和提案12份，被采纳6份，上报民进市委会社情民意信息30多篇，被录用10多篇。

【社会服务】 2020年，民进下城区基层委员会组织会员传递爱心、服务社会。会员陈海者捐款5000多元，资助贵州省黔东南苗族侗族自治州黎平县城关第六幼儿园。会员李蕾向希望工程捐款1万元，用于贵州黎平县德顺乡和顺化乡中心小学建造图书室。会员李南希热爱公益事业，多次到半山残疾人托管中心等地慰问残疾人员。会员方芳带领朝晖幼儿园绿藤支教团队前往贵州黎平县开展教育帮扶，助力黎平县城关第一幼儿园创

建州级示范园。会员程宪中发挥退休老教师特长，到丽水市庆元县参加浙江省“青蓝工程”，开展支教帮扶活动。（房雪峰）

农工党下城区基层委员会

【概况】 2020年，农工党下城区基层委员会有3个支部、党员86人，其中有新发展党员6人。党员组成主要为医药卫生界高级知识分子。党员中区政协委员6人（政协副主席1人）。农工党下城区基层委员会以抗击新冠肺炎疫情为己任，发动党员利用专业优势为抗疫工作贡献力量。完成重点课题调研，及时报送社情民意等信息。下城农工党基层委员会提交的《打造杭州世界丝绸文化之都》建议被农工党市委会录用，并获区主要领导批示肯定。

【抗击疫情】 2020年，农工党下城区基层委员会杭州明视康医院支部开展“圆最美逆行者一个摘镜梦”公益活动，为19名驰援湖北武汉的医护人员“摘掉眼镜”。党员刘丹等一线医务工作者远离家人，与隔离观察者共同抗击疫情。开展驰援抗疫一线捐款捐物活动，党员捐款4.11万元，捐赠N99口罩2000只、一次性医用口罩1200只、普通口罩400只、防护服2000套，帮助辖区企业购买口罩10多万只，助力近1000家企业复工复产。

【农工党参政议政】 2020年，农工党下城区基层委员会坚持把参政议政作为党派发展的重要工作，发动党员参加各类区情通报会、恳谈会、征求意见会及区政协组织的各类视察、调研、论坛等活动，围绕区委、区政府中心任务，对下城区发展中的重点、难点问题进行调查研究、建言献策，以建议、提案、调研报告等形式，提出事关民生热点的真知灼见，履行党派民主监督、参政议政的职责。区政协副主席、农工党下城区基层委员会主委傅丽华带领农工党员到辖区上塘河、杭州中国丝绸城、久安里小区调研，研究武林文化与产业结合的发展政策，撰写《立足优势，提升能级，引领武林文化新时尚》调研报告，获区统战党派团体优秀调研成果优秀奖。农工党下城区基层委员会提交的《打造杭州世界丝绸文化之都》被农工党杭州市委员会录用。

2020年9月27日，农工党下城区基层委员会召开“抗击新冠肺炎疫情、助力复工复产”优秀党员表彰大会 （农工党下城区基层委员会 供稿）

【组织建设】 2020年，农工党下城区基层委员会以基层组织创新和党员队伍建设为抓手，全面落实习近平总书记对民主党派提出的“三好”“四新”要求，提升基层委员会的组织活力、凝聚力和战斗力。开展“抗击新冠肺炎疫情、助力复工复产”优秀党员评选活动，3名党员被评为下城区优秀农工党员。在保持农工党界别特色的前提下，多层次、多领域吸收优秀人士、骨干分子加入农工党。开展新老党员结对，做好“薪火相传”文章，8对青年医师党员与退休党员互结对子。开展“能源探索”活动，组织党员参观杭州绿色能源体验中心，探索杭州能源发展史。到桐乡市乌镇参观世界互联网大会·乌镇峰会会址，感受全球移动互联网领域的重大机遇和变革精神。（徐　超）

致公党下城区基层委员会

【概况】 2020年，致公党下城区基层委员会有支部4个、党员73人，由归侨、侨眷中的中上层人士和其他有海外关系的代表性人士组成。党员中有省人大代表1人、省政协委员1人、市人大代表1人、市政协委员3人、区人大代表1人、区政协委员9人（常委3人）。致公党下城基层委员会围绕中心大局，学习贯彻中共十九届五中全会精神，传达学习致公党中央十五届三次全会、省委会六届四次全会和市委会六届五次全会精神，以及中共杭州市委十二届八次全会、中共下城区委十届七次全会精神。完成新一届基层委员会换届选举。加强履职能力建设，开展调研、视察、监督，探索民主党派在社会治理中的作用，为“干好一一六、当好排头兵”、高水平推进中心城区治理现代化贡献智慧和力量。致公党下城区基层委员会获致公党市委会抗击新冠肺炎疫情宣传思想工作、参政议政和社会服务工作先进集体荣誉。党员曾婷获评致公党省委会宣传工作先进个人，党员陈成豪、沈哲获评致公党市委会抗击新冠肺炎疫情先进个人，党员金励获评致公党市委会参政议政工作先进个人，党员叶高敏、钱芬娟获评致公党市委会组织工作先进个人，党员钟来平获评致公党市委会社会服务工作先进个人，党员陈卫永、金盈获评致公党市委会社情民意工作先进个人。

【抗击疫情】 2020年，致公党下城区基层委员会响应致公党市委会和区委统战部号召，发动基层党员参加抗疫工作。有15名党员54次到结对的朝晖街道黎园、老房地、大木桥、河东社区及天水街道平安居小区、万寿亭公寓参加卡口检查。党员志愿者加入区级突击队，为居家隔离居民送菜、倒垃圾。捐赠抗疫款项4.4万元，捐赠抗疫物资价值1万余元，参与党员20人；捐赠抗疫“爱心包”37个，价值1.85万元，参与党员70多人。为暂时无法回国的海外留学生，提供当地侨胞特供的低价酒店（宿舍）信息、延期签证申请和各航空公司航班信息和余票情况；向海外传递国内新冠肺炎疫情防控知识与经验，转发致公党中央编写的双语疫情防控知识读本。区国投集团润达医疗有限公司向意大利华人社团医院捐赠防护服100套，完美（中国）有限公司向马来西亚政府捐赠防疫口罩100万只。

【致公党建言献策】 2020年，致公党下城区基层委员会开展“议政日”活动，为推进经济发展建言献策。“两会”期间，提交《关于建立志愿者服务机制，共建共享和谐社区生活的建议》《关于加快工业固废处理配套设施建设的建议》2件议案和《关于在我市知识产权行政执法中设立技术调查官打造最优营商环境的建议》《关于将我市复工复产政策，调整为复工复产复消费的建议》《关于进一步加强盲道建设，提升城市治理水平的建议》《关于用好创新性产业用地，助推区域产业发展的建议》等24件提案。修改完成《以社区治理为抓手，加快推进下城区基层社会治理现代化》调研报告，得到区委有关领导肯定，调研报告获“同心·策下城区党派团体优秀调研报告”优秀奖第一名。党员毛爱东提出的“试点设立互联网仲裁机构”建议，被致公党中央和中央统战部内部刊物录用，党员金盈提交的信息《以信用基础设施建设破解民营企业融资难》被致公党中央、省政协的民情热线录用。党员陈卫永参与撰写的《关于建立高水平应对新发突发传染病应急体系的建议》分别获省委书记车俊，省委常委、统战部部长熊建平和副省长成岳冲批示肯定。

【基层换届】 2020年9月17日，致公党杭州市下城区基层委召开换届党员大会。大会听取一届基层委员会主委张菊美做的任期工作报告，选举产生致公党下城区基层委员会第二届委员会领导班子。区委常委、统战部部长黄飞、致公党市委会专职副主委吴静分别代表区委统战部、致公党市委会对一届基层委员会工作给予肯定，并对新当选的基层委领导班子提出希望和要求。市委统战部党派处、区委统战部、下城区各民主党派基层组织、工商联负责人，致公党城区基层组织代表和下城区基层委全体党员出席会议。

【社会公益服务】 2020年，致公党下城区基层委员会发挥党员专业优势，围绕学校教育开展社会公益服务工作。主办“品读名家经典，打下童年底色”网络公益讲座，由党员刘发建主讲，直播在线人数3.4万人次。向杭州市现代实验小学赠送《小学生必背古诗词80首》《小学生群文读本》等各类课外读物200本，以及《谎言与真相》《崇尚科学，构建和谐》等科普知识图书200册。党员刘发建在杭州茶村龙坞花园开设公益直播课，在线观看近1000人。

【党员活动】2020年1月，致公党下城区基层委员会举办新年团拜会，通报上一年工作和2020年重点工作安排，对2019年首次评选的基层委年度先进个人进行表彰，为全体党员送上"福"字，40多名党员参加活动。组织党员参加致公党市委会新春团拜会。开展基层委组织夏日慰问活动，走访看望80岁以上的15位老党员。发动党员撰写抗击疫情征文，筹划排练致公党市委会团拜会活动节目，配合致公党市委会开展走访老党员活动。一支部与致公党嘉兴市南湖区支部开展结对。

（王忆宁）

九三学社下城区基层委员会

【概况】2020年，九三学社下城区基层委员会有支社4个、社员93人，其中发展7人。社员以科学技术界高中级知识分子为主，学社具有政治联盟特点。社员中有市人大代表2人、市政协委员1人、区人大代表4人、区政协委员6人。九三学社下城区基层委员会围绕中心工作，开展课题调研和参政议政，代表委员在"两会"上建言献策，针对疫情防控，提出真知灼见。围绕九三学社市委"创建全国市域社会治理现代化标杆城市"专项民主监督工作，开展以"提升数字科技水平，加快推进市域社会治理现代化"为主题的课题调研10多次，参与城市大脑App相关版块体验，收集问题线索69条，提出建议56条，完成《在真正简便快捷的基础上建设稳定、安全、可靠的数字信息系统》调研报告。全年开展调研活动21次，撰写调研报告和信息稿件20多篇。年内"九三之家"迁入区"同心苑"大楼。

【九三学社参政议政】2020年，九三学社下城区基层委员会履行民主党派职能，提高党派工作科学化水平，推进民主监督工作。在市"两会"上，社员曹志毅提出《关于提升杭州市儿童口腔预防保健的建议》，社员汪洋提出《关于为重点人群实行免费接种流感疫苗的建议》《关于健全统一疫情防控医疗物资保障体系的建议》。在区"两会"上，社员姚友乐、楼建华等提交人大建议4件、政协提案3件。九三学社下城区基层委员会上报社九三学社市委调研课题7篇。由社员胡坤执笔的《加强城市精细化管理，建议推行智慧型路灯》、社员芦平执笔的《新经济业态下的企业灵活用工的问题及建议》、社员范建钢执笔的《关于建设笕桥航空文化园的建议》、社员傅佳婧执笔的《加强我市高空落物源头管理的建议》、社员汤武华执笔的《践行"善治六策"，探索一流核心城区治理现代化》《关于深入开展"建国路"数字化街区研究的建议》获九三学社市委立项；社员胡榴燕提出的《建议在疫情期间为慢性病患者提供处方药多渠道配送》、社员陈利春提出的《社区银行"高开低走"，或面临关停危局》、社员徐明飞提出的《上市公司股份回购不实行为亟待整治》等信息稿被九三学社省委有关刊物录用；由社员傅佳婧等4人联合执笔的《以数字化提升社会治理水平》获评九三学社省委重点课题。

【社会服务】2020年，九三学社下城区基层委员会购买口罩、消毒湿巾等医用物资，到天水街道、朝晖街道等地开展送健康活动。在老房地社区组织开展"家庭药箱如何配置"的专题培训，指导社区工作人员和居民群众科学配置和管理家庭药物。由社员蒋宁峙主讲的"这个杀手静悄悄：骨质疏松"的专题课程在杭州九三公众号上进行"云直播"，举办"宏观经济形势以及全国房地产市场发展趋势"讲座。社员卢睿敏被区人大聘为全区24位热点智库成员之一，社员胡坤获评省级优秀社务工作者，社员胡坤、胡榴燕、徐明飞被聘为九三学社市委特邀信息员，社员傅佳婧获评市级参政议政先进个人，社员余锦被九三学社市委评为年度信息调研先进个人。社员虞锦贵创作的长篇报告文学《狮子山下的河流》在杭州首发，并被《人民日报》、人民网、《都市快报》、凤凰网等媒体转载。

（傅佳婧）

下城区工商业联合会

【概况】2020年，区工商联会员1454个，比上年增加80个，其中企业会员1413个、团体会员13

个、个人会员28个。区工商联组织会员学习贯彻中共十九届五中全会精神和习近平总书记在浙江视察时的重要讲话精神，引导会员落实省、市、区委关于统筹抓好新冠肺炎疫情防控和稳企业稳经济稳发展决策部署，开展“助企抗疫复生产、打好发展总体战”专项行动，在优化营商环境助力复工复产、解决企业实际困难方面发挥作用。全年走访企业会员200多家次，发放问卷调查300多份，收集企业意见建议160多条。完成全国工商联第22次上规模民营企业调研。杭州华医药股份有限公司、杭州东恒石油有限公司、泰地控股集团有限公司3家企业入选全国民营企业500强，分别名列第259位、328位和372位，分别提升15位、112位和47位。

【理想信念教育】 2020年，区工商联通过线上线下等形式，以“牢记嘱托坚定信心，接续奋斗再创佳绩”为主题，组织民营企业家学习中共十九届五中全会和习近平总书记在浙江视察时的重要讲话精神。以市、区主体培训班和自主培训营为依托，组织辖区企业参加“新领计划”企业家培训班、新生代出资人培训示范班、“双传承”培训示范班等。开展“‘党建三人行’固定党日进民企”活动，以“微党建”为核心，通过创新微党课、微载体、微会议等“微模式”，因时因地制宜开展“固定党日进民企”活动。实现与中小微企业党组织工作联促、队伍联抓、活动联办、信息联通，推进党建工作深度融合。区工商联创新“微模式”用活“微党建”点燃中小微民企发展“红色引擎”做法被省工商联评选为县级工商联服务“两个健康”（非公有制经济健康发展和非公有制经济人士健康成长）优秀案例。

【服务经济发展】 2020年5月26日，区工商联组织召开“亲清直通车·政企恳谈会”，来自商贸、数字经济、制造业等领域的16位企业家代表与区财政局、区科技局、区商务局、区金融办、区税务局、区人力社保局、区投资促进局等部门进行面对面互动交流，收集意见建议24条，会后通过区“三服务”平台派出受理单12件，督促13个部门（单位）进行对接跟踪，帮助企业纾困解难，至6月末，问题全部办结。7月28日，区工商联召开传达学习习近平总书记在企业家座谈会上重要讲话精神会议暨中小微企业恳谈会。区文创办、区发改经信局、区科技局、区财政局、区人力社保局、区金融办、区税务局等部门负责人及民营企业代表40多人参会，专题介绍省、市政府出台的惠企政策、享受范围和申报流程。8月25日，召开践行“两山”理念，助力绿色发展——“亲清直通车·政企恳谈会”，市生态环境局下城分局、区“三服务”办负责人及12家企业代表参会，围绕绿色发展、节能减排、保护环境、转型升级等问题开展座谈。

【助力抗击疫情】 2020年，下城区出台企业复工和员工返岗“暖心双十条”政策，推出“亲清在线”平台，通过线上发布惠企政策5项，在线兑付资金1.14亿元，惠及企业和个人5.8万家（人）次。区工商联牵线搭桥，帮助企业采购额温枪、口罩2万余只，协调有关部门为企业减免房租100多万元。以省“百地千名行长助企复工复产专项行动”为契机，会同辖区金融机构负责人走访民营企业14家。向会员企业推介“浙里掌上贷”融资服务平台、中小微企业“政策宝”App等特色服务平台。与市融资担保公司、工商银行庆春路支行签订结对共建协议，通过共建实现融资业务和平台服务等方面合作交流，缓解中小微企业融资困难问题。开展“法雨春风”民企法律服务月系列活动，举办“春来疫去·检护企航”为企服务论坛，为餐饮业、旅游业、酒店等受疫情影响较大的小微企业提供法律咨询服务，借助线上“微法庭”、ODR线上协调机制等，为企业提供法律调解帮助。举办“下城区非公经济人士健康培训讲座”，为民营企业家搭建学习、沟通、交流、互助平台。推动《浙江省民营企业发展促进条例》（简称《条例》）宣传落实，通过空中幕客的形式专题解读《条例》，200多名企业家和管理人员参与线上课堂。组建“云上法律援助团”，开通“云服务”保姆员直通车，推出“武林店小二”等服务平台，向全区民营企业宣传支持小微企业渡难关的惠企政策，共推送“战疫情”资讯8期，涵盖税收、金融、法律、企业服务等政策指南108项。

2020年8月6日，区工商联在兔狗创新大厦举办以"拥抱直播电商，赋能企业转型"为主题的数字经济商会直播平台交流分享会　（区工商联　供稿）

【基层商会建设】 2020年，区工商联以商会改革为契机，谋划商会创新发展举措，夯实商会建设基础。在抗击疫情期间，依托数字赋能，发挥下城区数字经济商会技术优势和平台优势，开通视联网、推出电子封条监控系统，搭建工业企业复工监测平台，运用大数据分析助力疫情防控和复工复产。6月29日，召开商会党建联盟暨商会"云"调解中心成立大会，聘任由辖区优秀企业家党员、商会会员、业界专家、律师、工会代表及社会组织代表担任党建指导员和调解员，深化"党建引领+社会治理"模式。以云调解中心为立足点，发挥商会在化解民营经济领域纠纷中的独特优势，为民营企业高质量发展营造良好法治环境。8月6日，下城区举办以"拥抱直播电商，赋能企业转型"为主题的数字经济商会直播平台交流分享会，全区60多家商会会员企业参加。活动邀请杭州直播电商领域的资深主播分享实用技能，助推企业在后疫情时代实现数字化转型。以融入长三角、激发商会发展活力为主线，与上海市杭州商会和北京市杭州企业商会就共同推进异地商会的资源共享、信息搭建、以商引商等工作达成初步合作意向，助力下城经济转型升级。10月22日，由区政府、市工商联主办，区投资促进局、区数字经济产业园、区工商联承办的第四届世界杭商大会分论坛——数字杭商下城行活动在下城区举行，宣布杭州市首个"数字杭商之家"落户下城。

【社会责任履行】 2020年1月8日，区工商联发出《给全区民营企业家的倡议》，动员基层商会和民营企业发挥各自资源优势，在物资供给、志愿服务、困难帮扶、紧急救援等方面联合抗疫。全年区工商联会员企业捐赠资金、物资价值1400多万元。其中，各类机构捐赠资金和专项基金960多万元；捐赠各类口罩59万只、护目镜1580副、防护衣520套、空气净化器220台、测温仪820个、羽绒衣1476件、取暖器300台及消毒水、消毒液等。组织开展"2020·微人微言微心愿"系列公益行动和"特别的爱给特别的你"、儿童节爱心专场2场公益活动，50多位企业家现场捐款20多万元，为抗疫一线家庭、特困家庭和特殊儿童募集生活用品1000多份。

（黄新华）

12 群众团体

下城区总工会

【概况】 2020年，下城区有基层工会1681个，其中，新增基层工会75个、企业单建工会103个；有社区联合工会74个，覆盖企业9217家；有工会会员21.1万人，其中新增6741人。全区有782家企业工会开展“职工之家”创建活动，事业单位职代会和厂务公开制度建制率100%，非公有制企业职代会和厂务公开制度建制率98%。组织新任工会主席轮训，50名基层工会主席和社区联合工会主席参加。区总工会聚焦重点工作，加强职工思想政治引领，深化工会改革创新，开展各项工会活动，促进劳动关系和谐稳定。探索推进工会联系劳动关系领域社会组织工作，建立下城工会志愿服务队，举办为基层服务活动22场，服务职工4400人次。区公安分局党委委员叶英被授予“全国先进工作者”称号，区教育学院副院长沈洪、天水街道戒坛寺巷社区党委书记徐艳萍等7名职工获杭州市五一劳动奖章，杭州十竹斋艺术馆馆长魏立中被授予“杭州工匠”称号。

【工会疫情防控工作】 2020年，区总工会下拨疫情防控专项经费30万元，用于慰问参与疫情防控工作的医护人员、公安干警、环卫工人、物资保障人员等一线工作人员，帮助企业和社区联络对接口罩、额温枪等防疫物资的采购，并组织党员干部捐款近1万元。结合深化“走亲连心三服务”活动，实地走访规模以上企业66家，为233家复工建会企业发放抗疫物资32万元。推出“抗疫暖心十条”举措，协助做好防疫保障物资、职工健康管理、工会经费减返、抗疫专项资金补助、职工医疗互助和临时困难救助、企业职工回杭返岗等工作，开展“一对一”结对帮扶复工企业等活动，助力抗疫和企业复工复产。

【工会维权帮扶】 2020年，区总工会依据《中华人民共和国宪法》《中华人民共和国民法典》《保障农民工工资支付条例》等法律法规，开展“法在你身边”劳动法治系列宣传活动，举办“劳动法律知识大讲堂”8场，参加讲座职工2000多人，发放宣传资料3000多份。联合区人力社保局处理劳动关系领域隐患44个，协调处理杭州大酒店装修工程农民工集体反映欠薪事件等群体事件3起。召开协调劳动关系“三方例会”，签订工资协商集体合同216份、工资协议141份，覆盖企业109家，职工劳动权益保障体系进一步完善。组织7.55万人次职工参加第9期在职职工医疗互助保险，向2020名参保职工发放补助金245.02万元，向80名困难职工发放救助款25.28万元。组织1547名企业一线职工参加免费体检和免费疗休养。做好元旦、春节期间外来务工人员平安返乡工作，为基层工会包车2辆，为619人次职工报销返乡火车票、汽车票金额10.49万元。为1.08万名一线职工送去价值92万余元的高温慰问品。开展“工会爱心购”活动，组织121个基层工会订购价值100万元的湖北省巴东县农产品。

【和谐企业创建】2020年，区总工会推进企业社会责任建设，组织辖区企业开展各类和谐劳动关系创建活动，全年评出区级优秀企业3家、和谐劳动关系建设标杆园区1个。组织辖区18家企业参与市总工会企业社会责任建设申报工作，其中3家企业获评“市级社会责任建设优秀企业”。联合区人力社保局、区工商联开展“集中要约”行动，组织指导小组进企业、楼宇、工地、园区对企业工会劳动用工、集体协商、安全生产、劳动保护等工作进行指导，发出工资集体协商要约书564份，涉及企业1950家，工资集体协商签订率98%。新（续）签订集体合同143份、工资协议165份、女职工权益保护专项协议和劳动卫生安全协议143份，办理工会法人资格证书229本。会同区安监局、区卫生健康局开展“安康杯”安全生产知识竞赛，评出区级“安康杯”先进单位25个、先进个人19人。加强建会企业“五项协议”（集体合同、工资协议、女职工权益保护专项协议、劳动卫生安全协议、“双爱”共同约定书）续签和履约情况的监督，实现同组建，同参与。

【劳动模范服务管理】2020年，区总工会做好各级劳动模范和先进工作者评选推荐工作，健全完善劳动模范服务管理机制。全年走访慰问劳动模范11名，发放劳动模范新春慰问金66.4万元，发放全国劳动模范“三金”（春节慰问金、生活困难补助金、特殊困难帮扶金）25.42万元、省劳动模范特困补助11.6万元，向身患癌症、尿毒症等疾病的劳动模范发放慰问金13万元，帮助16名劳动模范报销医药费37万元。组织27名劳动模范参加疗休养。开展第三届“下城工匠”评选，命名表彰“下城工匠”10名，拍摄《向阳而行》《工匠风采》2部劳模工匠专题宣传片，并在全区各街道、社区电子宣传屏及武林广场大型电子屏等处连续播出。开展劳模和工匠宣讲团“五进”（进企业、进工地、进学校、进社区、进夜市）活动，组织宣讲活动13场；联合武林街道总工会在武林夜市开办“下城工匠市集”，并作为“市级匠心文化体验点”，每月26日晚上作为“下城工匠市集开放日”，邀请“下城工匠”、民间匠人、职业技能带头人和企业技能人才在武林夜市展示工匠技艺。

【工会服务体系完善】2020年，区总工会健全完善线上线下工会服务体系，扩大工会服务项目知晓度，让会员享受“一键式”工会服务，提高职工参与率和满意度。构建“互联网+”工会服务体系，推广宣传“智慧工会”平台和“杭工e家”App，有1186个企业工会的13.2万名工会会员信息纳入“智慧工会”平台，2.79万名职工注册“杭工e家”App。完善工会政务服务系统，实现外来务工人员临时困难救助申请、工会法人信用代码证书办理“最多跑一次”。在街道、社区、楼宇、小镇内开展“五进五送”（进企业、进社区、进园区、进楼宇、进市场；为职工群众送培训、送文化、送法律、送保障、送健康）服务活动，落实服务职工十件实事项目。进一步规范工会志愿服务工作，印发《下城区工会志愿服务工作实施意见（试行）》，成立下城区工会志愿者总队，下设街道工会志愿服务队8支和法律、帮扶、文体、劳模志愿服务队4支，有志愿者115人。7月29日，举行下

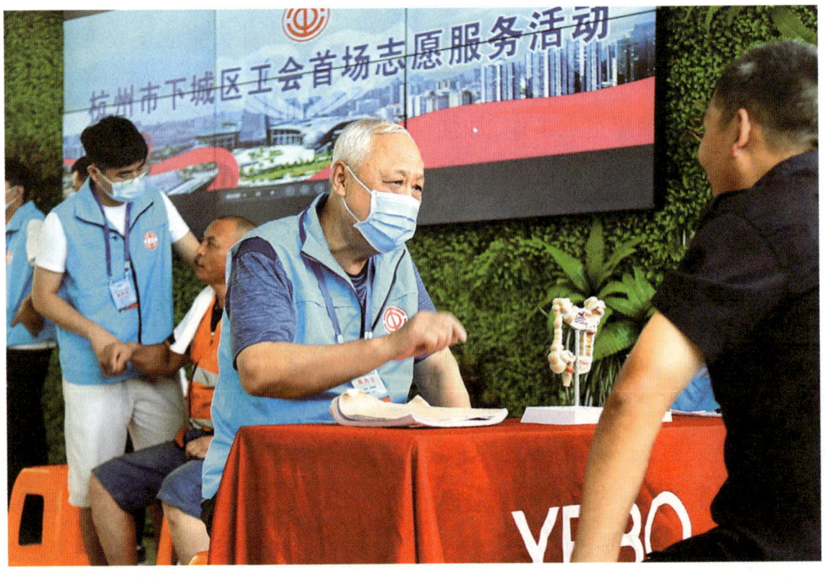

2020年7月29日，区总工会举行下城工会志愿服务队成立仪式，并开展首场服务活动。图为活动现场志愿者为职工提供咨询服务　　（区总工会　供稿）

2020年6月23日，区总工会、团区委、区妇联联合主办主题为“群团心向党，建功新时代”的诗歌创作朗诵比赛（区总工会　供稿）

城工会志愿服务队成立仪式，并开展首场服务活动。

【职工文体活动】 2020年，区总工会以区职工文化活动中心为平台，开展“中国梦・劳动美”主题活动，举办各类技能培训和素质提升讲座10场；组织5万名职工参加“下城区第七届职工文化体育节”。春节期间，通过抽奖的方式向参与文体节活动的工会会员赠送电影票2500张。6月23日，会同团区委、区妇联主办主题为“群团心向党，建功新时代”诗歌创作朗诵比赛，全区各街道、部门等16个单位参赛。组织“小候鸟”夏令营活动，各街道和部门为外来务工人员子女举办夏令营活动10场；联合区教育局组织的“双新”“小候鸟”夏令营及远程在线夏令营获市总工会肯定，该项活动被推荐参加全省工会工作会议做介绍。全年全区获评省级职工书屋1个、市级职工书屋3个、市级智能健身俱乐部1个。

【职工技术比武】 2020年，区总工会搭建“竞赛+晋级”技能提升平台，开展“下城区职工人才大比武活动”，举办面点师、厨师、育婴员、教师、医护员等职业的区级技能竞赛10场，组织各基层工会举办技能竞赛90场，形成以赛促学、以赛促练、以赛强技的职业氛围。年内，通过各项竞赛，下城区获中级工等级职业资格证书637人、高级工等级职业资格证书103人。做实“线上+线下”教育培训平台，联合区人力社保局等职能部门举办保安、电工、焊工、育婴、家政等职业技能培训21场，参训1700多人；在区职工文化活动中心设立职工之家公益培训班，开设会计、导游等7个专业的培训课程，惠及职工3000多人；面向社会组织购买服务，由9个社会组织开展200场次的文化培训课程。

【关心关爱援鄂医疗队】 2020年，区总工会多措并举关心关爱援鄂医疗队，为其提供各项服务。在医疗队赴抗疫一线支援时，逐一对接医疗队家庭，落实解决生活中存在的困难。区教育局工会通过电话、网络视频等形式为医疗队家庭子女开展“一对一”心理辅导。天水街道辖区的浙江国美电器有限公司工会向医疗队捐赠洗烘一体洗衣机100台、微波炉7台，帮助解决医疗队成员在工作期间洗衣、干衣的实际困难。潮鸣街道建会企业浙江医学科技开发有限公司工会捐赠护目镜100副、口罩2000多只、防护服8000多件。联合工会成员单位黄飞华爱心车队，为援鄂医疗队家属提供免费用车服务。文晖街道总工会组织志愿者上门为援鄂医疗队家属提供免费理发、送菜等暖心服务。东新街道总工会联合香飘飘食品股份有限公司开展“千里送奶茶”活动，为武汉30多家一线医院的援鄂医务人员送去5.15万杯兰芳园奶茶。武林街道建会企业杭州玛丽英语学校等学校为援鄂医疗队子女免费提供一学期的课程辅导。在援鄂医疗队回到杭州后，各级工会组织走访慰问医疗队队员，并送上慰问金，同时安排队员及其家属参加免费疗休养。（黄海斌）

共青团下城区委员会

【概况】 2020年，下城区有基层团组织401个，其中，团委34个，团工委10个，团总支1个，团支部356个；毕业生团组织55个，其中新成立51个；团干部480人；35岁以下户籍青年7.7万人；共青团员5786人，其中新发展团员520

人，转接1085人。团区委履行组织青年、引导青年、服务青年和维护青少年合法权益四项基本职能，以深入推进共青团改革再出发为牵引，强化思想引领，引导创新创业，开展志愿服务。全年组织学习贯彻十九届五中全会精神和纪念五四运动等系列活动500多场，全区5600多名团员、2.7万名少先队员及10万名青年参加。“三和交流室”——助推社区治理志愿服务项目获“中国青年志愿服务项目大赛”全国金奖，“武林大妈”志愿服务项目获“首届浙江省志愿服务项目大赛”银奖，团区委获评“杭州市防疫先进集体”，团区委书记鲁韵获“全国优秀团干部”称号。“青春社区”创建经验、党团队一体化工作做法被《中国共青团》刊登，数字志愿服务平台“青小二”经验做法被《浙江青年工作信息》刊登。下城区被确定为《浙江省中长期青年发展规划（2017—2025年）》试点（培育）地区。

【青少年思想教育】 2020年，团区委以习近平新时代中国特色社会主义思想武装青年，不断增强“四个意识”、坚定“四个自信”、做到“两个维护”。开授以中共十九届五中全会精神等为主题的“青年大学习”团课，发动全区5600多名团员每周参与学习。开展“群团心向党、建功新时代”为主题的诗歌朗诵比赛及“红船杯”党团知识竞赛等活动，引领团员青年坚定理想信念。实施“真善美”种子工程，培养青少年家国情怀，相关工作获省委常委、组织部部长黄建发肯定。承办浙江省暨杭州市庆“六一”主题队日活动等活动。加强少先队辅导员队伍建设，完善少先队辅导员岗位设置，明确辅导员岗位职责，提升辅导员素质能力，对试用期考核不合格的辅导员予以解聘。举办“红领巾学院”思政微队课大赛，收到作品100多件。拍摄的《“春天行动：感谢身边那一抹红”》等公益宣传片在杭州大厦、杭州国大城市广场等商业街区电子显示屏播放。

【参与社会治理】 2020年，下城区作为全市“青春社区”试点地区，率先通过“八个一”（开展一次全面调研、成立一个工作专班、健全一套工作机制、搭建一个交流平台、吸纳一批专业力量、运用一个数字驾驶舱、整合一批青年空间、形成一组项目清单）工作步骤打造党建引领、青年参与、共建共享的社区共同体。9月25日，开展“青春社区”大比武活动，集中展示社区建设成果，弘扬青年在社区建设与社区治理中的责任与担当，展现青年向上向善的青春风采。成立全市首个小区实体型团支部——朝晖街道绿洲花园小区团支部，由1名95后青年担任团支部书记。组建区级青年业委会委员联谊会和青春社区智囊团，选派朝晖街道绿洲花园业委会委员周超任联谊会会长，涉及公共事业、工程建筑、法律服务、财务审计等专业领域的22名青年加入青春社区智囊团。出台《“青春社区”建设标准》《小区团组织规范化建设标准》等标准，对“青春社区”的活力指数进行规范化评价。动员小区青年以志愿服务的形式认领项目，推动机关力量下沉。与杭州职业技术学院联合开设全市首个业委会青年人才培训基地，并定期召开座谈会。推出“青邻计划”项目，以“邻里互动、和谐互助、协商互惠”为理念，以青年的需求兴趣为导向，由各街道团工委认领项目清单，发挥团组织优势，将团属品牌服务项目向社区倾斜，开展亲子、公益、国学等各类青年喜爱的实践项目。年内，8个街道团工委认领项目16个。联合浙江省团校研究中心撰写《青年参与城市小区治理的困境与提升路径》论文，从理论与实践的结合上探讨当下青年参与社会治理的新方向和新路径。

【青年志愿服务】 2020年，团区委依托“青年之家”服务阵地，结合青少年发展需求，推出全链条服务，组织青年志愿活动100多场。发挥国际人才驿站、“亲青创”等平台的作用，成立全市首个文创设计园区人才驿站——杭州经纬创意产业园人才驿站，按照“3+5”功能布局，打造青学汇、青乐汇、青创汇3个主阵地及射箭馆、茶道馆、咖啡馆等5个活动阵地，总占地面积5000平方米，实现人才创业在经纬、学习在经纬、活动在经纬、成长在经纬。依托“亲青恋”婚恋交友网络平台，举办“明媚夏日，青春有约”等系列联谊活动5场，服务青年280多人次。组织青联委员沿着习近平总书记的足迹，参观杭州城市大脑，游览西溪湿地公园，感受总书记的谆谆教诲；走访直播企业——谦寻（杭州）控股有限责任公司，了解前沿经济发展的新模式。

【青工工作】 2020年，团区委组织开展2019—2020年度市级青年文明号、青年安全生产示范岗互观互检工作。全年有4个青年文明号获评市级青年文明号，累计17个；有1个青年安全生产示范岗获评市级示范岗，累计11个。推进"青春悦读益站"建设，全区建有"青春悦读益站"50个，开展青春荐读活动8场，其中天水街道戒坛寺巷社区"悦读益站"被评为杭州市优秀"青年悦读益站"。举办区级青工技能大赛12场，评选区级"青年岗位能手"30名，其中10名被评为市级青年岗位能手。团区委获杭州市2019年度青工技能比武优秀组织奖及杭州市2019—2020年度"青春悦读·满城书香"活动优秀组织奖。

【维权关爱活动】 2020年，团区委整合区未成年人保护委员会、预防青少年违法犯罪专项组、青少年维权岗、浙江省之江社会工作发展服务中心、海豚心理热线等机构力量，构建未成年人犯罪预防帮教体系，加强重点青少年群体摸底排查。节日期间，对全区9名重点青少年进行全覆盖实地走访，并开展结对帮扶。普及青少年防艾禁毒、反电信诈骗等方面的宣传教育，以线上授课的形式为全区中小学推出"社会性别初探""如何应对升学压力&焦虑"两项课程。结合下城区区情、少先队特色及平安宣传相关内容，推出"夏小法"大型文创产品，并开设"夏小法系列课程"，普及防溺水、民法典、禁毒等专题知识。开设"春风入桃李"心理健康课程，邀请专业老师为辖区复学返校学生进行线下讲授，通过互动教学的方式，关注学生心理健康。推进下城区未成年人心理辅导站建设，聘请心理学专家入驻辅导站，通过线上接听电话答疑解困及线下提供心理咨询服务的方式，开展志愿服务。

【助力抗疫及脱贫攻坚】 2020年，团区委在抗击新冠肺炎疫情期间，成立"下城青年企业互助联盟"，组建青年帮帮团22个、青年突击队15支，协调帮助企业购买额温枪、口罩等防疫物资。区青联、区志愿者协会发动社会力量募捐口罩1万只、次氯酸钠原液10吨助力复工复产。团区委主要负责人走进杭州市"双千直播"——湖北巴东专场淘宝直播间，为巴东优质特色农产品推介助力，直播期间成交量800多单，观看量127万人次。区青联委员会委员通过区青联牵线资助贵州省黔东南苗族侗族自治州黎平县困难家庭儿童2名，资助额1.2万元。为结对村巴东县金果坪乡鄢家墩村，提供法律法规咨询服务。在"99公益日"期间，开展"希望工程·彩虹活力包"体育帮扶项目，筹集资金1.08万元，定向捐赠给巴东县和黎平县的中小学校；指导浙商中拓集团股份有限公司团委开展"物物交换会"帮扶活动，向巴东县捐赠书籍2000多册；联合区益优公益服务中心为黎平县中学生捐赠学习用品。

【数字赋能志愿服务】 2020年，团区委推出针对社区治理服务场景的志愿信息交互管理平台——下城区"青小二"数字志愿服务平台，采用"志愿汇+杭州健康码"的方式实时获取志愿者健康信息，使智能提醒贯穿志愿服务全过程；平台连接下城区"1Call"政务服务系统，成为志愿者的数字助手；运用定位信息功能，将紧急事件快速通知周边志愿者，让志愿者就近享受爱心礼遇。年内平台注册志愿者9.96万人、志愿服务组织483个、爱心商家215个。"青小二"数字志愿服务平台相关工作在"青春浙江"中国青年志愿网发布，并在《浙江青年工作信息》杂志上刊登。8月，团区委启动"青小二"项目化运作，根据"便民服务统一日"活动和居民日常需求，联合各街道开展包干志愿服务活动。结合迎亚运志愿服务工作，在"志愿汇"信息系统开发"武林大妈"迎亚运志愿服务模块。

【志愿服务品牌打造】 2020年，团区委深化武林路、西湖文化广场2座志愿服务"微笑亭"建设，启用新天地"太阳驿站"志愿服务品牌基地。8月27日，市领导考察西湖文化广场"微笑亭"，向志愿者表达慰问。疫情期间，团区委组织楼宇党员志愿者和"武林大妈"志愿者在辖区开展出入口值守、秩序引导等服务。扩大"武林大妈"志愿服务品牌影响力，设计印有“武林大妈”卡通形象的抱枕、笔、雨伞等用品，上线“武林大妈”表情包，编纂《最是武林一抹红——武林大妈志愿服务下城模式》书籍，组织“武林大妈”参加亚运会倒计时两周年视频录制活动。“三和交流室”践行“三治融合”（自治、法治、德治）“枫桥经验”，探索社区治理“三和融汇”新思路，以打造“忠孝善美”为元素的三和家园为方向，做到“服务不缺位、矛盾不上交、平安不出事”，“三和交流室——志愿服务助推社区治理”项目获第五届中国青年志愿服务项目全国金奖。团区委采用各街道“互观互检”及聘请“爱心车队”黄飞华团队进行不定期抽查的方式，规范全区75个社区志愿服务站站点建设。完成“东恒杯”首届长三角水上运动节和浙江省网络安全宣传周法制日现场活动志愿服务工作。《浙江日报》刊登报道下城区相关服务工作。

【下城区纪念五四运动101周年暨第五届“十大杰出青年”表彰大会】 2020年4月30日，下城区举行纪念五四运动101周年暨第五届“十大杰出青年”表彰大会。区委副书记林炳达、区人大常委会副主任陈康、区政协副主席周钢出席会议，林炳达在表彰大会上讲话。下城区各街道、相关部门分管领导，团员青年，各街道“青春社区”试点社区书记及小区代表100多人参会。会上对区第五届“十大杰出青年”进行表彰，树兰（杭州）医院选派的医生刘元春、杭州源清生物科技有限公司董事长兼总经理徐清华和浙江国大集团有限责任公司商业管理分公司（国大城市广场）总裁俞雷等优秀青年结合自身经历，与参会青年分享青春故事。中国工程院院士李兰娟应邀在会上寄语下城青年，全区2万多名团员青年代表通过人民网在线观看会议直播。

（俞秋紫）

2020年4月30日，下城区举行纪念五四运动101周年暨第五届“十大杰出青年”表彰大会

（团区委　供稿）

下城区妇女联合会

【概况】 2020年，下城区有街道妇联8个，区直属机关妇工委1个，部门妇联4个，部门妇委会1个；社区妇联75个；“两新”妇女组织701个，楼宇商圈妇女组织19个，产业园区妇女组织2个，专业市场妇女组织1个。区妇联以中国共产党成立99周年为契机，组织开展“巾帼心向党，奋进新时代”主题活动，举办“群团心向党，礼赞新时代”原创诗歌朗诵大赛，线上开展“党建+家风，引领社区治理新风貌”“创岗十六年，不变是初心”等6场宣讲活动，并对“巾帼抗疫”“巾帼建功”等8个系列主题活动进行集中宣传，参与活动1.6万人次。全年“下城妇联”微信公众号推送信息319条，发布工作信息268条，微信公众号阅读点击量14.42万人次。全面落实健康浙江考核指标任务，为全区101名享受低保待遇妇女购买健康保险。举办“下城女性生活学堂”13场，以送课下基层的形式普及健康保健知识，倡导健康生活方式。区妇联获市妇联和亚组委宣传部联合颁发的“拥抱亚运，艺术先行”杭州市第三届女性艺术节优秀组织奖；区妇联开展的“你的小行动点赞中国梦”居家健身操微视频获市妇女活动中心颁发的“优秀组织奖”。石桥街道妇联被省妇联授予省示范乡镇（街道）妇联称号，“武林大妈”平安志愿服务项目被省妇联授予“2020年度省优秀巾帼志愿服务项目”称号，并入选

"全国第三届新时代巾帼志愿服务十大优秀项目"。全国妇联宣传部部长刘亚玫一行到下城区调研"武林大妈"志愿服务工作，对"武林大妈"在基层社会治理中发挥的作用表示肯定。

【"三八"国际妇女节110周年纪念活动】 2020年，区妇联以线上宣传激励、线下温情服务的方式，纪念"三八"国际妇女节110周年。制作发布《美丽有我》"武林·粉"主题宣传片，建立"三八红旗手（集体）工作室"2个，命名区级"三八红旗手"36名、区级"巾帼文明岗"11个和区级"最美家庭"14户。对"巾帼抗疫'武林·粉'"系列活动进行专题报道，深挖抗疫一线巾帼典型事迹，展现巾帼抗疫风采，先后推送抗疫信息149条。3月5日，区委书记刘颖、区委副书记林炳达带领区妇联、区委政法委、团区委主要负责人走访慰问辖区女医务工作者和"武林大妈"巾帼志愿者，送上鲜花和节日祝福。

【助力疫情防控工作】 2020年，区妇联下沉一线，到结对社区——和平苑社区开展疫情防控工作。组织区、街道、社区三级妇联干部和"武林大妈"服务团队成员投入疫情防控一线。在全区妇联系统发起"您守护'大家'请让妇联为您守护'小家'"的活动，为辖区省、市级医院69名援鄂医护人员落实"一对一"家庭包户帮扶。开通区妇联心理咨询热线，邀请心理咨询师，为疫情期间产生心情焦虑和不良情绪的女性及家庭成员提供专业性、有效性、实用性的服务，同时为其普及心理健康知识，提高心理防护能力。开展"走亲连心三服务"活动，组建87支"姐妹帮帮团"助力复工复产，帮扶企业1665家。

【推进家庭文明建设】 2020年，区妇联持续推进家庭文明建设，表彰下城区2019年度"最美家庭"14户、"绿色家庭"103户；争创全国及省、市文明家庭，周鸿英家庭被全国妇联授予第十二届全国"五好家庭"称号，王维生家庭被授予浙江省"绿色家庭"暨"勤俭节约家庭"称号，叶美飞家庭被命名为浙江省"最美家庭"，史耀熊家庭、王涛家庭、叶美飞家庭被命名为杭州市"抗疫最美家庭"，周飞家庭被命名为杭州市"最美家庭"，杨惠琴家庭等12户家庭被命名为杭州市2020年度"绿色家庭"。市级"最美家庭"周飞家庭参加"杭阿一家亲·同心创美好"——与阿克苏市"最美家庭结对活动"，交流两地"最美家庭"文化。开展全区"美丽下城垃圾分类巾帼行"活动9场，参与家庭成员1200多人。发出"公筷公勺，从家庭做起"倡议，开展以"倡导健康新食尚，公筷公勺我先行"为主题的"公筷公勺接力晒"微信打卡活动，制作相关宣传产品，推动社会文明新风尚在家庭落地落实。

2020年11月16日，全国妇联宣传部部长刘亚玫（前排左二）一行到下城区调研"武林大妈"志愿服务工作

（区妇联　供稿）

【"巾帼建功"活动】 2020年，区妇联选树"巾帼文明岗""巾帼建功标兵"等先进典型，发挥榜样引领作用，借此培育各领域更多优秀女性领军人物及群体。推选浙江蕾蕾健康管理有限公司董事长汪娅平加入区无党派人士队伍，发挥其在政治协商、民主监督、参政议政和统战工作中的作用。推选的杭州市绿洲花园幼儿园"绿芷青舟"教研组、杭州市景成实验幼儿园"阳光宝宝"亲子育儿营被省妇联授予浙江省"巾帼文明岗"称号。树兰（杭州）医院重症医学科

护理服务岗、天水武林街道社区卫生服务中心妇幼保健科等5个岗组被市妇联授予杭州市“巾帼文明岗”称号。浙江裕阳知识产权集团董事长余秀旸、华东医药股份有限公司商业公司副总经理朱励等5人被市妇联授予“杭州市巾帼建功标兵”称号。响应省“十百千万巾帼云创行动”，杭州香飘飘食品销售有限公司董事蒋晓莹被命名为省百名“巾帼云创客”，引导新时代女性顺应数字化发展潮流，抢抓机遇在“云端经济”领域创业创新。走访联系有孕网络科技（杭州）有限公司、杭州俪宸家政服务有限公司等家政行业企业，推选市“最美家政人”2名。

【“平安家庭”创建】 2020年，区妇联联合区公安分局开展“反家庭暴力”工作，发挥“合欢爱家工作室”作用，委派心理咨询师入驻潮鸣派出所和朝晖派出所，对家暴报警进行处置；委派律师入驻区矛盾纠纷调处化解中心调处婚姻家事纠纷。摸底排查辖区内因疫情造成监护缺失的儿童，对接民政部门采取临时监管措施。开展“走亲连心三服务”活动，走访慰问困难妇女儿童16人次。梳理预防性侵儿童“五项机制”（重点人群和家庭关爱服务机制、妇女儿童侵权案件的发现报告机制、多部门联防联动机制、上下联动的妇女儿童舆情应对机制、妇女儿童侵权案件推进工作督查制度），开展为期4个月的以预防性侵未成年人为主题的“夏橙护蕾”专项行动，通过“送课进社区”等形式，进行针对性的宣传和警示教育，提升未成年人自我保护意识与能力，护航未成年人健康成长。全年调处110联动平台家庭暴力事件471件，接处信访件30件，办结率100%。

【深化妇联改革】 2020年，区妇联按照“一街一品”标准，打造街道示范“妇女之家”，助推全区8个街道“妇女之家”入驻党群服务中心，在“武林大妈”微笑亭、城市书房等处建立“妇女微家”。进一步推进“妇女之家”“妇女微家”建设，选树典型示范“妇女之家”和“妇女微家”，命名区级示范“妇女之家”8个和区级示范“妇女微家”14个。在新天地楼宇社区建立“妇女之家”，启动“下城国际女性成长空间”，为在杭州创业生活的国际女性人才提供交流平台。推进“两新”（新经济组织和新社会组织）领域妇女组织建设，实现建立党组织的“两新”组织全部建立妇女组织。拓展“四新”（新领域、新业态、新阶层、新群体）领域妇联组织建设，建立长庆、潮鸣、朝晖等5个街道文体团队妇联，将辖区女性优秀文艺骨干力量融入妇联组织。举办基层妇联干部培训班，指导全区75个社区全部完成妇联组织换届工作，选出执委759人，副主席157人，社区妇联主席全部当选社区“两委”班子成员，社区妇联班子结构进一步优化。（屈宜静）

下城区科学技术协会

【概况】 2020年，区科协有各级基层科技团体22个，其中，街道科协8个，专业学会、协会5个，企业科协9个。有省级科普教育基地3个、市青少年科普教育基地4个、区科普教育基地18个。科普画廊90个。有注册科普志愿者1532人。区科协围绕中心工作，履行好服务科技工作者、服务创新驱动发展战略、服务公民科学素质提高、服务党委政府科学决策、加强自身建设“四服务一加强”工作职能，发挥科协人才和科普网络作用，为纵深推进“两高两区”建设做出积极贡献。举办2020年“数智未来”院士论坛暨院士工作站揭牌仪式、新天地数字经济论坛等活动，参与国际人才交流大会、全球人工智能大会等活动，推动院士专家工作站等产学研机构更好地服务经济社会发展。组织申报省级以上研发机构7个，新认定市级研发中心9个，加强与俄罗斯科学院、中国航天科工二院等国内外人才驿站交流，推进科技招才引智工作。开展疫情防控应急科普工作，充分利用“科普e站”、微信公众号等平台，转发相关疫情防控应急科普知识，制作防疫科普宣传展板650块和宣传折页5000多份。区科协被中国科协评为“2020年度科普中国信息员队伍建设优秀单位”。

【全区公民科学素质建设】 2020年，区科协强化“大群团、大协作、大科普”理念，联合多方力量开展科普活动。以科技活动周、科普宣传周为载体，结合反邪教宣传月、防灾减灾日、世界环境日、节能宣传周等主题活动，开展各类科普益民问答和科普讲座280多场，发放科普资料1万余份。组织开展网络科普知识竞赛，10万余人次参与。推进“科普中国”App落地应用，利用各类终端传播推送“科普中国”优质资源，并在社区居民和企业员工中开展注册推广，为公众提供精准的科普服务。推进科普基础设施和场馆建设，全年新增区级科普教育基地2个，提升改造街道社区老旧科普画廊5个，新建“科普e站”5个，至年末，全区有校园科普馆3个、流动科普馆1个、科普教育基地18个，科普设施全部面向公众免费开放。发挥科普阵地作用，组织开展丝绸轧染体验、环保书皮制作、应急救护培训、青少年实战应急体验等活动。

【院士专家作用发挥】 2020年，区科协发挥院士专家团队优势，开展“千名专家进千企”活动，深化院士专家与企业的对接，帮助企业解决重大关键技术难题和新产品、新工艺、新设备、新机械研发的技术问题，通过线上线下多种形式，组织各类政策培训7次。开展院士专家工作站建站培训，邀请专家对院士专家工作站扶持政策进行解读，帮助企业解决申报中遇到的问题；完善保障和激励措施，加强与院士专家沟通，推动院士专家工作站建站工作。举办2020年“数智未来”院士论坛，邀请中国工程院院士钟山做关于《发展数字经济的根本和演化》的主题报告。

【科技人才培育】 2020年，区科协加大对科技人才培育力度，新增省科技创新领军人才、青年拔尖人才6名，科技人员入围国家有关培养计划推荐人才1名，组织申报市级以上外籍人才项目11项。实施青年人才托举工程，举荐有创新能力和发展潜力的青年科技人才，为国家主要科技领域高层次领军人才和高水平创新团队提供后备力量。接待浙江大学、浙江工业大学等3所高校研究生暑期到区各部门、企业挂职锻炼，促进高校和地方政府的合作，发挥研究生的知识、信息、技术优势，加快科技成果转化，为下城区经济社会发展服务。推荐14名优秀科技工作者参加杭州市十大青年科技英才评选，其中2名入选。

【“决胜全面小康，践行科技为民”科普宣传周】 2020年9月19—25日，下城区开展以“决胜全面小康，践行科技为民”为主题的全国科普日暨科普宣传周活动，以及“多阵地、多战线、广覆盖、齐参与”的系列科普活动。科普宣传周启动当日，各主办单位为社区居民和学校师生开设趣味流动科普馆，提供土布纺织体验和应急科普体验项目，开展垃圾分类科普宣传，设立科学知识展和大运河文化建设图片展，提供心理健康咨询和反邪教宣传等。科普宣传周期间，区科协以线上答题的形式，举办全民科普知识挑战赛有奖竞答活动，为市民普及最新科技前沿知识、科学防疫知识和大运河文化保护与传承理念等内容。（张建成）

2020年9月19日，下城区举行“决胜全面小康，践行科技为民”科普宣传周暨反邪教宣传月启动仪式（区科协 供稿）

下城区归国华侨联合会

【概况】 2020年，区侨联有基层侨联分会66个，其中：区直机关侨联分会1个，街道侨联会8个，社区侨联分会49个，楼宇社区侨联分会5个，园区侨联分会3个。有委员24人，主席1人，兼职副主席7人，秘书长1人，侨联常委6人。区侨联履行服务经济发展、依法维护侨益、拓展海外联谊、参政议政、弘扬中华文化、参与社会建设等职能。区侨联被中国侨联评为“全国侨联系统助力脱贫攻坚先进集体”，区侨联、天水街道仓桥社区侨联被杭州市侨联评为“杭州市侨联系统先进集体”，创新“司法联侨”为侨服务机制，“全国新侨创新创业基地”被授予“创业中华，辉煌十年·侨界创新创业示范基地”称号。

【思想政治建设】2020年，区侨联组织侨界人士参与区委统战部举办的“携手奋进新时代·同心追梦有担当”系列教育活动，对侨界人士进行多种形式的理想信念教育和革命传统教育。组织侨界人士参加区委统战部举办的统战理论培训班、党的十九届五中全会精神学习交流会等活动，参观“五四宪法”历史资料陈列馆、杭州市党史馆，接受统战理论和爱国主义教育。区侨联团结带领广大侨界人士增强“四个意识”、坚定“四个自信”、做到“两个维护”，勇于担当作为，助推下城区“两高两区”建设。

【基层阵地建设】2020年，区侨联通过“侨之家”阵地，搭建广大海外侨胞、归侨侨眷学习、联谊、建言、帮扶的平台，为侨界人士提供成长进步、创业发展的支持和保障。11月20日，区侨史文化馆在区党外人士活动服务中心“同心苑”落成，由非物质文化遗产古籍修复技艺传承人、民进会员蒋兆悦牵头完成馆内文物征集、展馆陈列建设等工作，馆藏的国家级文物以

2020年10月13日，区政协副主席潘松萍（前排右一）率政协侨联界委员实地考察恒隆广场项目工地（区侨联 供稿）

侨史文化为纽带，整合清史侨务及民国雅具，综采百宗独成一格，馆内100多件（套）文物，按年代顺序陈列布展，以图文结合、实物档案等形式展示华侨、华人和归侨侨眷爱国、爱家乡的赤子情怀。区港澳台侨创业发展促进会及多位企业家和爱心人士参与援建，文化馆填补杭州侨史文化专项空白。年内，区侨联分别在石桥街道景安社区、天水街道仓桥社区成立“景韵·金侨之家”和“司法联侨·金桥俱乐部”，通过为侨服务阵地打造，提高为侨服务能力，凝聚侨心、发挥侨力。

【侨界政协委员参政议政】2020年，区侨联组织政协侨联界别委员履行参政议政职责。5月15日，区侨联组织区政协侨联界别委员参观考察趣探路（杭州）网络技术有限公司，了解国内首款服务新侨与留学人员的海内外互联网社区交流平台，并就加强网上侨联建设，打造新时代新侨网上服务新平台建言献策；开展“加强联谊平台搭建，助推‘招侨才、引侨智’工作顺利开展专题协商活动”，区政协副主席潘松萍率政协侨联界委员实地考察恒隆广场项目工地，了解工程进度和招商计划，并提出协商意见。在区政协五届四次会议上提出《关于在老旧小区综合改造中完善地下综合管线档案管理的建议》《关于发挥侨界互联网人才优势，打造新时代新侨服务新平台的建议》等4个提案，其中《关于在老旧小区综合改造中完善地下综合管线档案管理的建议》被评为优秀提案。

【“司法联侨”服务基地建设】2020年，区侨联立足资源优势，通过建立“司法联侨·金侨之家”、打造“司法联侨”服务基地等形式，实现为侨服务阵地化常态化；通过组建律师专家服务团、成立侨志愿者队伍、落实云端服务对接、定期开

展线下走访等方式，推动为侨服务专业化精准化；通过办好“全科门诊”、搞好“专家会诊”、派好“私人医生”，形成为侨服务特色化品牌化，全年为包括侨企在内的300多家辖区企业举办10场法规、政策解读及法律知识讲座。区“司法联侨”工作被市侨联推荐为全市推广项目。（楼汉峰）

下城区残疾人联合会

【概况】2020年，区残疾人联合会有街道残疾人联合会8个，社区残疾人协会75个；有持“中华人民共和国残疾人证”残疾人1.01万人。全年新办残疾人证1068本，上门鉴定残疾人残疾情况335人。区残疾人联合会贯彻习近平总书记关于“全面建成小康社会，残疾人一个也不能少”的重要指示，广泛动员社会力量，帮助困难残疾人。积极参加省残疾人福利基金会组织的“爱心1+1助力‘四访四助’专项行动”募捐活动，组织辖区8个街道1162人次及14家爱心企业捐款10.65万元。落实以“两项补贴”为重点的残疾人各项保障政策，推进“应保尽保、应补尽补”，全年发放各种补贴近4000万元，其中“两项补贴”2096万元。完成下城区残疾人意外伤害保险招投标工作，实现全体持证残疾人意外伤害保险全覆盖。推进“数字残联”建设，完成全区第三代智能残疾人证集中换发。实现残疾人证“1Call视频办”、“亲清在线”涉残涉企补助、“民生直达”平台残疾人机动轮椅车燃油补贴网上一键直达发放。完成87户残疾人家庭无障碍改造，完成率108.8%；完成“残疾人之家”星级提升改造，下城区获评浙江省五星级“残疾人之家”建设工作先进单位；文晖街道胜利社区、石桥街道景春社区创建成为“省级无障碍社区”。潮鸣街道体东社区助残员王盛蕾被评为杭州市第三届“最美杭州人——十佳残疾人”，朝晖街道“黄飞华爱心车队”队长黄飞华被评为杭州市第四届“最美助残志愿者（助残人）”。

下城区潮鸣街道“残疾人之家”　（区残疾人联合会　供稿）

【民生实事完成】2020年，区残疾人联合会按照“整体推进、多元发展”工作思路，推进“残疾人之家”规范化建设提升。全区有“残疾人之家”9个，服务残疾人351人，完成4个“残疾人之家”星级提升改造任务，其中2个“残疾人之家”被评为“浙江省五星级残疾人之家”，3个“残疾人之家”被评为“浙江省四星级残疾人之家”。完成87户残疾人家庭无障碍改造，帮助残疾人解决最迫切、最基本、最实用的生活需求。完成50户家庭地面防滑处理、2户家庭地面平整硬化、1户家庭坡道改造，14户家庭房门改造、5户家庭门窗更换；完成7户家庭卫生间“蹲改坐”改造，更换坐便器26个，配发沐浴椅29张，安装扶手119根；完成27户家庭橱柜安装更换，6户家庭更换抽油烟机、换气扇；完成17户家庭室内线路安全改造，14户家庭粉刷墙体，为54户家庭配发无障碍报警水壶、智能语音电饭煲、护理床、床边扶手、助视器等各类辅助器具144件。年初确定的民生实事全部完成。

【家庭和社会无障碍建设】2020年5月17日，下城区成立区无障碍环境促进会，配合区残疾人联合会做好家庭和社会无障碍建设，为贫困残疾人实施家庭无障碍设施改造，为残疾人家配备各类辅助器具等生活设施。举办第30次“全国助残日”活动暨残疾人无障碍

2020年5月17日，下城区举行第三十次“全国助残日”活动暨残疾人无障碍环境体验启动仪式。启动仪式上成立下城区残疾人无障碍环境促进会

（区残疾人联合会　供稿）

环境体验启动仪式，宣传无障碍理念，提高惠残民生工程的知晓率推动全区无障碍设施整改验收。区残疾人联合会配合区人大、区政协开展无障碍建设工作巡查和督导，让残疾人充分参与社会生活，共享经济社会发展成果。在武林广场东侧电信大楼前划设残疾人机动轮椅车停车泊位，在武林广场地铁站口增设盲文导视牌，为残疾人出行提供便利。文晖街道胜利社区、石桥街道景春社区通过省级无障碍社区创建检查验收。拍摄的无障碍宣传教育片《未碍绽放》在公交移动电视及西湖游船宣传屏幕上滚动播放。

【“家庭一站式”社区精准康复服务】 2020年，区残疾人联合会推出“深化‘家庭一站式’社区精准康复，创优残疾人家庭医生规范化签约服务”项目，该项目获区县（市）残疾人联合会年度比学赶超创新项目优胜奖。3月31日，区残疾人联合会印发《关于深化残疾人“康复进家庭”社区精准康复服务扩大服务对象的通知（试行）》，将目标服务对象范围从重度肢体一、二级残疾人扩大到所有行动不方便的、有医疗康复需求的肢体残疾人和视力残疾人，全区新增受惠残疾人4054人，比上年增加近3倍。与区卫生健康局签订《残疾人社区精准康复共建协议书》，组建由1名全科医生、1名康复医师、1名护士组成的“医康护”服务团队40支，落实政策、机制、队伍“三大保障”措施，为残疾人提供精准需求评估、精准医疗康复服务、精准机构转介“三项精准”服务。年内，下城区完成26个规范化社区康复站改造，为1220人次残疾人实施康复评估，为1.1万人次残疾人提供“家庭一站式”康复服务。

【心理康复与康复服务】 2020年，区残疾人联合会完成有需求残疾人康复服务5021人，基本康复服务率和辅助器具适配率均达100%。推进残疾人重点康复救助项目实施，完成助听器适配87人、助视器适配26人、假肢适配3人，有33人分别享受白内障复明手术补贴和关节置换手术补贴。全年发放康复补助93万余元，惠及1280人次。发放残疾儿童康复评估表80份，审核符合补助条件75人，发放补助经费153.8万元；发放精神残疾人服药补贴25.3万元，惠及816人；完成辅助器具适配需求调查和评估，评估有辅具适配需求660人，采购辅具738件。开展残疾预防工作，做好儿童早期干预，避免儿童心理和生理残疾发生。联合区妇幼保健医院，开展高危孕产妇及新生儿疑似残疾信息监测，筛查出生缺陷新生儿45人，监测追踪疑似残疾人7人。

【残疾人文化体育活动】 2020年，区残疾人联合会组织开展各类文体活动，丰富残疾人文体生活。7月18—20日，承办“牵着蜗牛迎亚残”暨第14次“全国特奥日”融合运动会，完成特奥火炬传递。运动会设置飞镖、跳绳、乒乓球、羽毛球、呼啦圈、定点投球和迷你高尔夫7个特奥运动项目，各城区残疾人及家长、各工疗站代表、志愿者等200多人参加。举办“‘心相约，梦闪耀’——杭州市肢协庆祝全国肢残人活动日暨‘迎亚（残）运’推进无障碍宣传活动”，全市14个区县（市）（含钱塘新区）的肢残人协会代表70多人参加。举办“法律护航、共享小康”2020年“国际残疾人日”暨法律宣传服务活动，聚焦残疾人政策、生活、法律援助等方面的问题，邀请专业律师免费为残疾人提供法律问题咨询。举办“残疾人之家”开放日活动，其间，组织亚（残）运会“四进”暨特殊文艺进社区巡演活动8场。结合“全国残疾预防日”“全国助残日”等节日，举办残疾预防宣传活动和志愿服务活动8场。

【残疾人就业创业扶持】 2020年，区残疾人联合会多措并举，扶持残疾人高质量就业创业。全年安置残疾人就业66人，为4名残疾人提供就业扶持资金2.3万元、贷款贴息2万元。完成用人单位按比例安排残疾人就业的年度审核，审核用人单位499个，残疾用工1548人，全区安排残疾人就业享受岗位补贴和超比例就业补贴单位231个，发放补贴257.77万元。开展“四访四助”活动，为残疾人提供电商职业技能培训，针对传统电商营销投入高、风险大、经营难等问题，立足残疾人实际情况，结合“大家推”电商实训基地的优势，邀请讲师通过理论授课、现身说法、体会分享等形式，为残疾人做深度提升培训，增强残疾人就业创业的信心、能力和动力，全区参加电商实训基地培训残疾人40人。组织网络招聘活动，为5名残疾人高校毕业生解决就业难题，辖区残疾人高校应届毕业生就业率达100%。

【扶贫助残协作】 2020年，区残疾人联合会与临安区残疾人联合会开展杭州市城乡区域统筹发展区县协作，落实协助资金30万元，助力临安区残疾人创业就业，推进临安区残疾人种植养殖基地建设和康复机构建设。与湖北省巴东县残疾人联合会和贵州省黎平县残疾人联合会签订东西部扶贫协作协议，组织师资力量赴巴东县为55名残疾人开展订单式电商培训，推动残疾人技能就业。接受26名巴东残疾人到杭州参加残疾人电商培训提升班。向黎平县残疾人联合会捐赠轮椅80辆、拐杖等辅助器具100副。（林　凌）

下城区红十字会

【概况】 2020年，区红十字会设常务副会长、秘书长、专职工作人员各1人，兼职会长1人，兼职副会长6人；有基层红十字会123个，团体会员单位147个，成人会员4091人，青少年会员1.53万人。有志愿服务队伍6支，注册红十字志愿者760人，社区公益服务站点12个，造血干细胞捐献采样工作室2个，救护培训基地（站）11个。成立下城区红十字会党组，制定《党组议事规则》，由党组研究决定单位重大决策、事项。贯彻落实省红十字会《基层组织建设三年行动计划》，以“党建带红建，共建促红建”的新模式建设“群众身边的红十字会”。全年开展红十字志愿服务19场，动员94人加入中华骨髓库；2人捐献人体器官、10人捐献遗体（角膜）；13人办理人体器官（遗体、角膜）志愿捐献登记手续。全年开展应急救护培训102场，参加培训4.71万人次，培训红十字救护员1344人。创建的“王马社区博爱家园”公益项目被评为市级试点项目，并成为全省红十字会博爱家园现场会参观点。《下城区红十字会在社区治理中发挥独特作用》和《党建+数字+楼道+下城区积极打造“群众身边的红十字会”》两篇文章被中国网录用。优化“下城红

2020年9月3日，区红十字会代表下城区参加杭州市红十字应急救护培训师教学技能大赛并获团体二等奖

（区红十字会　供稿）

十字”微信公众号，方便群众通过公众号参与红十字会活动、办理相关业务。结合“5·8”世界红十字日等节日，开展以“助力疫情防控，红十字救在身边”为主题的第73个“世界红十字日”纪念活动。区红十字会代表下城区参加市红十字会、市教育局、市人力社保局、市卫生健康委、市应急管理局、市总工会联合举办的杭州市红十字应急救护培训师教学技能大赛，获团体二等奖。红十字志愿者陈国伶、李治、李君芳、俞彩琴、胡炯被省红十字会评为“五星级红十字志愿者”。

【博爱送温暖活动】2020年，区红十字会开展红十字“博爱送温暖”活动，慰问上年志愿登记捐献造血干细胞和人体器官（遗体、角膜）志愿者和连续三年参加无偿献血者。开展“情暖杭州·博爱送万家”活动，对因重大疾病导致经济困难的家庭予以慰问。开展红十字“夏季送清凉活动”，慰问当年志愿参加造血干细胞、人体器官（遗体、角膜）捐献登记者。临时救助外地务工者并发放救助金。为白血病患者办理小天使基金申报1人。全年救助困难群众2515人次，发放救助款物折价49.82万元。

【生命关爱活动】2020年，下城区开展生命关爱活动，通过区红十字会微信公众号和街道、社区红十字会，以及造血干细胞采样工作室的宣传栏等平台向群众普及造血干细胞捐献、人体器官（遗体组织）捐献、应急救护等方面知识。通过“5·8”世界红十字日纪念活动、“我为七一献热血”活动、“5·12”防灾减灾日演练等时机，开展造血干细胞捐献登记采样、人体器官（遗体组织）捐献登记、应急救护体验等志愿服务活动。全年志愿登记造血干细胞捐献登记志愿者135人次，登记人体器官（遗体组织）捐献登记志愿者13人次，应急救护体验志愿者20人次；完成造血干细胞捐献登记采样94人，人体器官（遗体组织）捐献登记13人。年内成功捐献人体器官（遗体、角膜）12例。按照《杭州市人民政府办公厅关于推进关爱生命工作的实施意见》，对捐献人体器官（遗体、角膜）家属进行人道慰问，并颁发捐献荣誉证书及慰问金。开展应急救护场景体验式培训，举办“社区救护培训周末班”“社区救护培训夜学堂”，满足各类人群的对应急救护培训的需求。下城区红十字会联合杭州市民健康生活馆在防灾减灾日推出“救在身边”直播大课堂，由红十字会一级救护师在线上讲授应急救护知识，全区41所中小学和幼儿园师生在线收看，直播当天点击量达11.6万人次。举办“抗击新冠肺炎疫情暨红十字应急救护知识竞赛”，提高公众自我救护意识和能力。开展“百家企业员工应急救护技能大提升”活动，为辖区30家企业举办救护培训36场、应急演练1场，培训企业救护员731人，普及救护知识1173人次，助力企业复工复产。开展应急救护培训进校园活动，参加培训师生4.48万人，其中383名教师取得红十字救护员证。全年开展培训102场，有4.71万人次参加救护知识普及。

【红十字抗疫工作】2020年，下城区红十字会开展新冠肺炎疫情防控工作。1月28日，发布《接受社会捐赠的公告》，并开通24小时募捐咨询电话。募捐期间，收到捐赠款物价值141.91万元，其中接收社会捐赠物资19批，价值83.31万元，包括N95口罩、医用外科口罩10万余只；接收社会捐款396笔58.60万元；接收上级红十字会调拨款物76.22万元，款物执行率均达100%。建立“两张表单”（物资下拨单和物资收据单）物资分发机制，实现线上申报和审批、线下补办手续的审批流程，所有捐赠物资“日进日清”。开展“万朵鲜花送给新时代最可爱的人”活动，走访慰问树兰（杭州）医院、浙江康静医院、杭州康馨康复医院、杭州怡康护理院选派的援鄂医疗服务队队员，以及下城区第一集中隔离医学观察点、区第三集中隔离医学观察点的医务工作人员。

（潘向东）

下城区慈善总会

【概况】2020年，区慈善总会围绕“携手慈善，共创和谐”主题，坚持“安老助孤，扶贫济困”宗旨，广泛募集善款善物，全年募集善款649.88万元。开展安老、扶孤、帮残、助学、济困、救灾等慈善活动8场。区民政局根据与贵州省黎平县、湖北省巴东县民政局签订对口帮扶框架协议，及与江山市民政局签订山海协作协议，从“春风助学”、实施慈善项目、加强“智慧民政”建设、开展人才交流与培训、发展养老事业5个方面进行帮扶协作。做好与结对帮扶地区的定向捐赠工作，组织杭州东恒石油有限公司、杭州壹伴文化传播有限责任公司、杭州浮云网络科技有限公司、浙江浙商实业股份有限公司、浙江裕阳知识产权代理有限公司、余杭区老板电器公益慈善基金会、区慈养护老中心等单位学校向贵州省黎平县、湖北省巴东县定向捐款145.73万元。配合市慈善总会与贵州省黔东南苗族侗族自治州慈善总会实施“慈德圆梦”助学工程，援助资金6万元。组织中纬工程管理咨询有限公司、浙江金瑞工程咨询有限公司、浙江明康工程咨询有限公司、中国电建集团华东勘察设计研究院有限公司、浙江国丰集团有限公司等17个单位为“杭工信·山村振兴凤凰慈善信托”捐赠资金24万元。委托杭州工商信托股份有限公司组合运用集合资金信托计划（第二轮），认购金额500万元。出台《下城区春风卡及慈善爱心家园（慈善超市）管理办法》，加强各街道“慈善爱心家园”管理。区慈善总会统一采购“慈善爱心家园”调剂物资价值125.4万元，发放“春风卡”3374张。

【慈善救助项目实施】 2020年，区慈善总会开展临时性生活救助，对因家庭成员患急病、重病住院，医疗费用数额较大，或因自然灾害、突发性事件造成临时家庭生活困难的，给予一次性生活救助，全年救助临时生活困难人员498人次，发放救助款421.1万元。对困难家庭老人住院给予一次性护理补贴，有191人次住院老人享受护理补贴107.5万元。为全区300名家庭生活困难儿童发放生活救助金193.4万元。开展“春风行动”慈善资金募集工作，筹集慈善资金649.9万元。

【低保家庭成员参保补助】 2020年，区慈善总会对下城区户籍低保家庭成员进行参保补助，补助对象为持有下城区核发的“杭州市困难家庭救助证（低保家庭）”，已达退休年龄，并符合省、市有关文件规定申请条件的人员。补助办法为本人在一次性补缴基本养老保险和职工基本医疗保险后政府给予减免40%的基础上，剩余部分由区慈善总会给予50%的补贴。全年为294名低保家庭成员提供参保补助94.16万元。

【困难家庭子女就学救助】 2020年，区慈善总会打造“慈心童行”“慈善及时雨”等救助品牌，为辖区内持证困难家庭子女开展就学救助，送去慈善关爱。对持有下城区审核发放的“杭州市困难家庭救助证”“杭州市区级困难家庭救助证”，并且在有效期内的及街道、社区救助圈内的困难家庭子女就学和幼儿入托，区慈善总会按照不同持证类型及不同就学阶段的孩子，每人发放150～2000元不等的救助金额。全年为217名困难家庭子女发放就学救助金18.33万元。

（李道法）

13 外事·侨务·港澳台事务

外　事

【概况】 2020年，下城区发挥地方优势，主动服务国家重大战略部署和重要外交活动，开展全方位、多层次、宽领域对外交流合作，推动经济社会稳中求快发展。成立涉外到杭州人员信息交互工作专班，加强辖区外籍人员和回国人员管理，协调处理突发涉外疫情事件。举办浙江国际进口（武林洋淘）博览会、第十四届中国国际女装设计大奖赛总决赛暨颁奖晚会。协调外资企业复工复产。协助34个单位办理来华邀请函申请。

【因公出国审批制度改革】 2020年，区投促局根据省、市加强因公出国管理的要求，在征求区委办、区政府办、区纪委、区委组织部、区财政局等部门意见基础上，参照市级外办办事指南及流程图目录，以申请“一件事情”的标准，梳理确定因公出国、赴港澳事项名称，确定事项适用依据、申请材料、办事流程、办理时限、表单内容。依托区内部OA办公系统及浙钉网“机关内部最多跑一次”平台，加强部门间业务协同，解决办事部门申请多次跑、多头跑、时间长等问题，提升办事效率。（周玲娜）

侨务·港澳事务

【概况】 2020年，下城区有归侨（改革开放后回国定居）39人、侨眷5400人。新冠肺炎疫情发生后，侨界人士响应区委统战部、区侨联号召，“同心战疫”，捐款捐物。区侨办开展“走亲连心三服务”活动，当好指导员、联络员、宣传员，助力涉侨企业复工复产。落实侨政工作，帮助困难侨胞解决实际困难。春节、中秋节期间，上门慰问困难归侨侨眷20人次，发放慰问金和慰问品等价值3万元。全年区侨办接待来电250件，办结率100%。

【“同心战疫”行动】 2020年，区侨办动员组织侨界人士投身“同心战疫”行动。浙江静博士美容科技有限公司等涉侨企业和部分侨界人士利用自己的海外资源，为抗疫防疫捐款捐物，累计捐赠医用口罩、防护服、护目镜、消毒水等防疫物资价值500多万元；区侨联常委周鲍华所在公司为浙江、福建等地免费制作价值近100万元的抗疫题材灯光秀。区侨联副主席何军带领“公羊会”社会组织参加全民战疫行动，累计捐赠价值2008万元的防疫物资。区侨办印发《致海外侨胞的一封信》《侨胞入浙健康申报指南》5000多份，制作“下城区侨联防疫温馨贴士”“侨胞入浙健康申报指南”等抖音视频，为“内防扩散、外防输入”的防疫工作营造良好的舆论氛围。

【“同心善治”建名区活动】 2020年6月28日，由下城区委统战部主办、杭州网协办的下城区统一战线“同心善治”建名区活动在杭州网直播室举行。启动仪式上，下城区各民主党派、工商联、党外中青年知识分子联谊会、新的社会阶层人士联谊会负责人、新生代企业家代表及党外人士分别上台认领"关于有序推进垃圾分类职能化建议""关于建国北路数字化街区研究的建议""关于下城'区非遗进社区'城市传统文化传承的实践与思考"等8个有关社会治理的调研课题,3名区统战智库专家对课题进行专业指导。下城区各民主党派、统战团体代表参加直播活动。

【"侨资企业服务年"活动】 2020年,区委统战部建立区侨务干部、街道侨联干部与重点侨资企业"一对一"联系制度。区侨联、区"司法联侨"律师团队到杭州静博士美业集团、杭州艾米机器人有限公司等企业开展"走亲连心三服务"活动,详细了解企业疫情防控和复工复产情况,鼓励企业坚定信心,科学安排,争取早日达产。全年区、街道、部门走访辖区涉侨企业近100家,提供防护口罩2万余只及消毒液,为涉侨企业解决有关防疫复工、资金短缺等困难问题30多个,保障侨企按照预期复工复产。

【侨法宣传进社区】 2020年,区统战部加强《中华人民共和国归侨侨眷权益保护法》(简称《权益保护法》)的宣传。在《权益保护法》颁布30周年之际,开展侨法进街道、进社区活动,普及侨法知识,营造"尊侨、爱侨、护侨"的良好氛围。区侨联制作侨法宣传展板解读侨法政策。侨务工作人员到石桥、天水街道为归侨、侨眷讲解有关三侨生(归侨青年、归侨子女、华侨在国内的子女)优惠政策,提高居民对侨法的知晓率。

【港澳大学生线上实习】 2020年,新冠肺炎疫情影响港澳大学生到杭州实习,下城区转变方式,向港澳大学生推荐线上实习。区留学生人员和家属联谊会会长企业浙江乐缘人力资源有限公司,通过PPT演示、视频互动等形式,组织港澳大学生与实习导师结对,进行在线实习,实习内容包括了解祖国内地经济社会发展情况、杭州就业环境和就业政策,让港澳大学生毕业后的就业去向更明确、更有目标。

(楼汉峰)

台湾事务

【概况】 2020年,区台办深入学习贯彻习近平总书记关于对台工作的重要论述,鼓励广大在下城台胞参与下城经济社会建设。持续深化两岸经贸服务交流,创造条件让台湾同胞分享大陆创新发展成果。深入开展"走亲连心三服务"活动,走访慰问辖区浙江捷登旅游有限公司、85℃(台湾时尚餐饮公司)等重点企业,了解企业实际需求,帮助协调有关经贸合作事宜。

【台企疫情防控】 2020年,区台办对入境台胞落实严格的隔离措施,及时做好核酸检测和数据上报,把好内防扩散、外防输入关。开展落实"五减"(减税、减费、减租、减息、减支)等惠企政策专项行动。15家台企享受"五减"惠企政策,减免金额200多万元。年内辖区内未发生台企台胞台属确诊病例或疑似病例。

【台胞台属服务】 2020年,下城区组织开展全区对台工作数据信息采集,及时摸清底数,为惠台政策落实落地、精准服务提供依据。协调解决石桥街道台资企业员工宿舍租赁问题,为辖区台属提供寻亲、疫情期间赴台、返杭等帮助,春节、中秋节等传统节假日期间,区台办牵头各街道配合,开展台胞台属走访慰问活动。

【涉台政策学习宣传】 2020年,区委常委会专题听取区台办对台工作情况汇报,组织学习宣传中央和省委、市委对台工作会议精神。《中华人民共和国民法典》颁布后,邀请专家律师为辖区台商、台胞做专题辅导讲座。组织辖区街道、社区干部等基层对台干部到市委党校参加杭州市对台工作干部业务培训,提升基层对台工作业务水平。组织召开大陆在台湾学生家长座谈会,邀请市台办负责人宣讲对台方针政策、介绍台湾政情社情变化,并建立大陆在台湾学生联谊联络群。

(楼创能)

14 法 治

政法委及综治

【概况】 2020年，区委政法委根据社会治理新形势、平安创建新要求，聚焦突出问题、聚合多方资源、聚力数字赋能、进一步夯实平安创建基础。深入推进平安下城建设，持续加强社会治理，增强政法队伍凝聚力、战斗力。全年完成各级“两会”、第三届中国国际进口博览会、第七届世界互联网大会、国庆节等重要会议、重要节日安全保障服务。打好扫黑除恶专项斗争三年收官战，全年侦破恶势力犯罪集团（团伙）案件10件。建立制度机制28项，推动扫黑除恶专项工作常态化、制度化。下城区平安建设工作获省级“平安区”“十五连冠”，被授予首批“一星平安金鼎”，为全区经济社会健康发展创造安全稳定社会环境。

【社会和谐稳定维护】 2020年，区委政法委围绕全区中心工作，做到防线前移、重心下移，全力做好社会面稳定工作。落实项目化监管、稳控处置等举措，全年参与群防群治的平安巡防志愿者10万人次。持续开展涉疫情风险隐患和涉稳问题排查防范化解工作，完成重大决策（重大项目）社会风险评估101件，化解项目化监管涉稳问题26个，保障浙江省工业品市场搬迁等全区重点项目的顺利推进。网贷平台涉案资产处置取得新成效，全年累计追回现金7.74亿元，全区网贷平台案件追赃挽损率达45.98%。

【区域社会治理创新】 2020年，区委政法委以总结推广新时代“枫桥经验”为牵引，充分发挥市域社会治理“六和工程”牵头单位的作用，实施项目化推进，挂图作战，建立保障机制，推进各项任务落地。全年培育打造“武林大妈”平安志愿者服务中心等平安特色阵地12个。利用城市大脑数据、智慧小区系统，结合“武林大妈”志愿服务力量，启动街道数字驾驶舱视频会议，每日进行信息汇总、分析研判。制定《“武林大妈”参与重大活动工作机制（试行）》，统一全区“武林大妈”配套服饰及标识，开设“武林大妈”抖音号。疫情期间，形成“大脑+大妈”治理模式，每日出动志愿者服务团队181个、志愿者3000多名，对重点人员、场所进行排查梳理，做到“人智”合一，形成“武林大妈”特色工作模式。“武林大妈”参与疫情防控相关工作被《人民日报》、中央电视台《焦点访谈》栏目等媒体转发。规范基层治理“四平台”工作，全区282个网格按照“五定三全一闭环”（“五定”即网格定人、岗位定责、走访定时、巡查定量、考核定分，“三全”即全网融合、全员联动、全程留痕，“一闭环”即一切事件处置和服务均在完成流转后，以反馈办结的形式进行关闭）工作机制运作。

【平安创建工作机制健全】 2020年，区委政法委加强平安创建工作考核，创新推出每周沟通协调、每周自我对照检查、每周分级分类分主题督查、每周对职能部门和街道过程性指标完成情况进行量化统计、每周进行分析研判等工作机制。对平安考核专项工作指标进行任务分解，确保责任到人、工作落地。建立“红黑榜”制度，上榜通报暗访指标及专项工作指标中落后或失分较多的单位，压实平安创建工作职责。区督查小组对辖区内各单位开展常态化督查，并组织开展整改情况“回头看”。开通“下城政法”官方抖音号，粉丝量达25.9万人次，点赞量93.6万次，“下城政法”官方抖音号和“平安下城”官方微信号在浙江政法微信影响力排名中均位列前十。将扫黑除恶专项工作纳入平安督查考核，强化考核结果应用。全年开展暗访检查和专项督查168次，出动检查人员560人次，检查点位600多个，发现各类问题435个，印发问题整改督办单77件。

【司法公正督查】 2020年，区委政法委开展行政争议化解、“检调”对接衔接、执法监督检查、矛盾纠纷化解四项工作，构建区域统筹、上下联动、条块协同、共建共享的一体化法律职业共同体工作格局。全年开展专项治理18项，重点调研15项，警示教育20次；同时建章立制31项，挂牌督办99件。强化执法监督，健全政法单位内部监督管理机制，重点加强检察机关法律监督和党委政法委执法监督。推进政法一体化办案单轨制运行和政法委介入监督系统试点工作。运用案件协调、督办、评查、专项执法检查等监督手段，促进政法部门严格执法、公正司法。区委政法委加大司法案件评查力度，会同区检察院建立全区司法案件质量联合评查常态化工作机制，印发《关于加强下城区“保障法律监督、促进依法行政”工作的实施意见（试行）》，整合区检察院的法律监督职能和区委政法委的执法监督职能，提升执法司法规范化水平。

（谈龙河）

法治政府建设

【概况】 2020年，下城区根据《法治政府建设实施纲要（2015—2020年）》要求，依法规范重大行政决策，抓实各项执法监督，统筹推进政府工作法制化、规范化、科学化。区司法局对标“重要窗口”“头雁战队”排头兵目标任务，按照“项目化推进、清单式落实”要求，统筹推进法治政府建设各项工作。实施“法治守和工程”，助力市域治理现代化，实现辖区8个街道合法性审查全覆盖，审查重大行政处罚、行政合同备案503件，构建“纵向到底，横向到边”的合法性审查格局。制定《关于为新冠肺炎疫情防控期间企业复工复产提供法治保障的意见》，对84份疫情防控政策文件进行审查，确保政策合法合规。组织“律师行业疫情防控律师服务团”，为企业提供法律服务40件次，为个人提供法律咨询660人次，助力辖区300多家企业复工复产。律师服务团在疫情期间为顾问单位处理旅游投诉案件的做法在文化和旅游部发布的《旅游投诉动态》上刊登。牵头申报省、市试点示范项目，其中“基层一支队伍管执法”改革被评为省级县乡法治政府建设“最佳实践”项目；下城区“巧用‘加减乘除法’发挥司法服务效能，助力营商环境再优化”的做法获市委常委、常务副市长戴建平批示肯定；“武林大妈”调解工作室有关经验做法在全省司法局局长工作会议上做经验交流；区行政复议局作为全市13个区县（市）代表，通过省司法厅复议规范化建设评估验收。

【政府职能履行】 2020年，区司法局深入推进“最多跑一次”改革，454个事项试行无差别全科受理，省级“一件事”联办按预期要求落地应用联办事项41次，削减证明事项409项。运用司法行政职能，优化营商环境，疫情期间为辖区企业提供法律服务1232件次，为个人提供法律咨询669人次。4月16日，区公共法律服务中心整体入驻区社会矛盾纠纷调处化解中心，为群众提供一站式法律咨询。推动政务服务2.0建设，依托全省统一行政处罚办案系统、浙江省“互联网+监管”事项目录清单动态管理系统，下城区实现监管业务全流程闭环管理。

【依法行政制度完善】 2020年，下城区依法治区委员会印发法治下城建设工作要点、法治政府建设工作要点和普法依法治理工作要点，进一步完善依法行政制度。区司法局根据工作要点开展行政规范性文件合法性审核专题培训及行政裁决事项专项清理工作。健全专家协审机制，发挥相关部门、科研机构、政府法律顾问、公职律师等专家的协助审核作用，扩充审查力量。全年区司法局审核报备区政府文件2件，准予备案部门文件1件；审查疫情防控政策文件84份，审查区政府会议纪要、行政执法决定文书等200多份。邀请政府法律顾问审查合同、行政规范性文件430件次，处理行政复议等涉法事务44件。

【依法决策】 2020年，下城区公布重大行政决策事项3项，部门、街道事项22项，对“下城区3岁以下婴幼儿照护服务试点工作实施方案”开展重大行政决策第三方评估。10月16日，区司法局印发《下城区街道合法性审查实施办法（试行）》，并召开专题会议进行部署落实，全年邀请专家学者开展合法性审查培训2次，助推街道合法性审查工作。将法治政府建设情况纳入党委巡察报告及区委、区政府主要领导向市委做述法工作报告的重要内容，将区管领导班子和领导干部述法工作纳入区大党建考核的范围。

【公正文明执法】 2020年，区司法局制订行政执法监督创新实践工作实施方案，推进全区基层“一支队伍管执法”改革。梳理全区行政执法单位和执法人员信息，查实辖区有行政执法主体5个、行政执法人员823人，执法人员均做到持证上岗、亮证执法。落实行政执法公示制度、执法全过程记录制度、重大执法决定法制审核制度，对4个单位开展专项执法监督。全年审查重大行政处罚案件659件、重大行政合同33份；集中评查行政执法案卷213件，省政务平台公布行政处罚信息4715条。全区应用全省统一行政执法监管平台，“双随机”监管事项覆盖率100%，跨部门联合“双随机”监管率5%，现场执法的“掌上执法”率90%。

【行政权力监督】 2020年，区司法局成立法治建设工作监督员队伍，健全特邀行政执法监督员队伍，发动两支队伍参与法治督察。优化政府门户网站建设，规范政务信息公开专栏设置和依申请公开办理流程，完成26个试点领域基层政务公开标准目录梳理，加大重大建设项目、民生实事项目等项目的公开力度。加强社会信用体系建设，开展杭州市信用示范城市复核测评，对拟上市企业、省市劳模、“下城工匠”等企业和个人进行信用记录查询。

【法律事务审查】 2020年，下城区制定区级疫情防控政策文件83件、街道疫情防控文件23件，并在审查后，按要求向市司法局报备。加强行政规范性文件管理，前置审查区政府行政规范性文件7件，准予备案部门行政规范性文件1件；开展《优化营商环境条例》及涉野生动物保护领域、涉行政裁决事项等行政规范性文件专项清理。履行区政府重大行政决定审查职责，对区政府质量奖评审决定、国有土地未登记建筑认定等3件区政府审批的行政执法决定事项开展合法性审查。梳理完成《下城区区级部门行政裁决事项基本清单（第一批）》，并向社会公示，督促相关部门完善行政裁决事项流程等工作。按要求完成全区行政合同定期清理，配合做好《下城区街道合法性审查工作实施办法》修改完善工作，做好区政府会议纪要审查、合同审查、征求意见反馈等工作。

【行政复议应诉】 2020年，区司法局加强行政复议规范化建设，履行行政复议应诉职责。全区新增行政复议案件58件，比上年减少15.9%，新增行政诉讼案件21件，下降58%；审结行政复议案件45件，无纠错案件。各级法院审结下城区一审行政案件52件，败诉3件，败诉率5.8%，败诉率为主城区最低。审结以区政府为被告的诉讼案件17件，败诉1件；审结以区政府部门和街道办事处为被告的诉讼案件35件，败诉2件。其中，行政机关负责人出庭应诉36件，出庭应诉率97.3%。5月，下城区接受省司法厅组织的行政复议规范化建设现场检查评估，省司法厅对下城区行政复议规范化建设工作给予充分肯定。

【诉源治理】 2020年，区司法局深化诉源治理工作，凝聚法检合力，畅通调解渠道。全年行政复议案件案前协调数和案中协调数均为19件，复议综合协调率59.4%，案前调解率50%。出台《下城区关于联合推进行政争议实质性化解工作的实施办法》，会同区法院、区检察院成立“联合推进行政争议实质性化解工作小组”，梳理9类案件作为联合开展行政争议实

2020年12月2日，下城区"12·4"国家宪法日暨第三个宪法宣传周系列宣传活动启动仪式在杭州城东公园举行
（区司法局 供稿）

质化解的重点。建立常态化联席会议制度，与区法院、区检察院建立不定期召开行政争议化解工作会议机制，通报信息数据、案件线索，探讨预防化解行政争议工作中的新情况、新问题。疏通调解渠道，将适宜调解的争议案件引导至区行政争议调解中心进行调解。全年区司法局向区检察院提交线索移交单15份，化解有关部门单位行政争议案件10件，向社会公开行政复议决定35件。

【"12·4"国家宪法日系列活动】2020年12月2日，由区委全面依法治区委员会办公室、区普法教育依法治理办公室主办的"12·4"国家宪法日暨第三个宪法宣传周系列宣传活动启动仪式在杭州城东公园举行。区委副书记、政法委书记林炳达出席并致辞。启动仪式上，林炳达与区人大常委会副主任王守全、区政协副主席潘松萍、浙江工业大学法学院党委书记毛筱媛等向区婚姻家庭纠纷人民调解员代表颁发聘书，向"法治带头人""法律明白人""遵纪守法示范户"代表颁发证书并赠送《中华人民共和国宪法》和《中华人民共和国民法典》。现场设置有奖抢答环节，通过别出心裁的"普法小游戏"让法治精神渗入千万个家庭。在宪法宣传周期间，全区各街道社区和单位部门，陆续开展法治文艺演出、以案释法、微法庭等各类法制宣传活动。
（王 媛）

公 安

【概况】2020年，区公安分局以打造"枫桥经验"城市样板为牵引，以派出所勤务机制建设为抓手，强化打防管控各项措施，统筹推进疫情防控、社会稳定维护和违法犯罪行为打击等工作。全年开展"扫黑除恶专项斗争""打击治理电信网络新型违法犯罪百日攻坚""网贷案件追赃挽损百日攻坚""打击治理跨境赌博""昆仑"等专项斗争，打掉恶势力犯罪集团2个、恶势力犯罪团伙6个，采取强制措施181人，实现公安部、省厅督办线索"清零"；抓获电信网络诈骗犯罪嫌疑人592人；侦破跨境赌博案件30起，摧毁跨境赌博犯罪团伙24个，打掉其他黄赌犯罪团伙5个，采取刑事强制措施247人；集中打掉"食品药品环境"案件35起，采取刑事强制措施73人。深入开展网贷案件追赃挽损攻坚战和小额债权催收专项行动，全年新增追赃金额11.3亿元。全年全区接报110有效警情6.42万件，比上年下降2.7%；接报刑事类警情2544件，下降22.3%。破获各类刑事案件521起，其中八类危害严重犯罪案件3起，破案率100%。刑事拘留1397人，行政拘留868人，移送起诉1082人。区公安分局在智慧公安建设战略框架下，根据市公安局警务指挥流程再造的具体要求，在长庆街道、长庆派出所试点运行非警务类警情分流机制，将劳资纠纷、买卖纠纷等非警务类警情纳入"基层治理四平台"流转。同时建立由公安派出所审核结果、街道纪工委全程监督的工作制度，全年通过基层治理"四平台"分流非警务类警情230多起，有效提升非警务类警情联动处置效能。会同区检察院对因疫情影响未能执行刑事拘留的犯罪嫌疑人李某某变更强制措施，执行"一站式"逮捕，提高办案效率，确保执法安全。

2020年2月2日，区公安分局成立机关党员志愿突击队，参与抗疫一线执勤工作。图为突击队队员赴杭州南收费站执勤前合影　　（区公安分局　供稿）

【“武林大妈”义警大队成立】 2020年8月20日，下城区成立“武林大妈”义警大队（简称“义警队”）。“义警队”以“武林大妈”志愿者队伍为主体，注册登记队伍114支12117人，主要参与辖区治安巡逻、平安巡防，同时开展“平安三率”（指安全感满意率、平安建设知晓率、平安建设参与率）及反诈骗宣传。区公安分局定期为“义警队”开展人员培训，并组织民警带领巡逻。全年开展大型义警活动13次，参与常态性平安创建活动160多次。

【新冠肺炎疫情高等级防控响应】 2020年1月，区公安分局在新冠肺炎疫情发生后，第一时间启动战时机制和高等级防控响应，坚持机关与基层联动，统筹开展防疫物资采购保障、人员核查、检查站增援、隔离点安防等抗疫工作，出动警力5600多人次，排查人员9300多人、车辆1700多辆，排除人员聚集隐患100多处，助力下城区成为主城区首个“低风险区”。严厉打击各类涉及疫情的违法犯罪行为，对阻碍执行公务、殴打他人、扰乱公共场所秩序等涉及违反疫情防控管理的案件和贩卖假口罩、涉疫物资等案件，坚持“零容忍”理念进行依法严办，先后查处涉疫违法犯罪案件26起，处理违法犯罪嫌疑人34人。疫情防控期间，区看守所按照“监所防疫标准高于社会面工作标准”的要求，全面实施监区全封闭防疫勤务，实现“零输入、零感染、零减员”的目标。在复工复产阶段，区公安分局实施“一群”“一课”“一档”“一证”“一访”（即建立企业公安联动微信群，开展视频普法宣传课，编制企业复工安全档案，对接办理居住证，定期上门走访）的“五个一措施”，切实做好企业复工复产保障工作。

【大型活动维稳安保】 2020年，区公安分局以维稳安保为工作主线，出动警力3000多人次，完成杭州马拉松赛事、武林大巡游、首届长三角水上运动节等100多场大型活动，以及“云购武林”、浙江国际进口博览会（武林洋淘）等大型促销活动的安保工作，保障全区社会面治安秩序平稳有序。1月1日，区公安分局为保障“武林跨年”、“嘉里迎新”活动的有序进行，各相关负责人在一线组织指挥，并进行分块包干；1000多名安保人员参与文明执勤，形成重大活动安保下城模式。

【远程委托代办服务】 2020年8月24日，区公安分局会同区审管办、区数据资源管理局自主研发实施“线上刷脸、委托代办”模式。委托人依托“1Call办”微信小程序，通过移动客户端远程“刷脸”认证并提交授权委托，受托人实名认证委托申请后，实现远程代办。为因故无法到场，需委托他人办理业务的群众提供“零跑次”解决方案，提供超越空间、地域限制的全新办事服务。全年远程委托代办服务在公安户籍、居住证办理等42个高频事项和区税务局、区司法局、区人力社保局、区卫生健康局等部门的44个事项中全面落地应用，累计办理线上委托业务700多起。

【“一窗通办”模式建立】 2020年9月16日，区公安分局聚焦“便民利警”目标，在市公安局统一部署下，建立“线上线下均可收件、网办中心集中审批、线上线下分类出件”的“一窗通办”新模式。全区8个派出所窗口和区行政服务中心公安专区开设“通办”窗口，实现户籍、流动人口、车驾管、出入境、治安、网警、监管7个领域85个群众高频办事事项的“一窗通办”，涉及流动人口居住登记、出生户口登记、人才引进落户、期满换领机动车驾驶证等业务。各窗口配置高清拍摄仪、评价器、PAD等设备，所有业务由网办中心统一审批监管，形成以网办中心为枢纽、线下窗口为基点的“一窗通办”格局。全年为群众提供“只进一扇窗”“只排一次队”的办事服务4000多次。

【居住证业务“全区通办”】 2020年，区公安分局进一步深化“最多跑一次”改革，加快推进流动人口业务就近办理。7月起，全区打破原有的派出所“属地受理”束缚限制，实现居住证业务在下城区范围通受、通办。群众可在辖区内就近公安办事窗口申请办理“浙江省流动人口居住信息管理系统居住证”，并以“窗口领证”“EMS邮政快递领证”等多种方式领取居住证，为全市开展流动人口业务“全市通办”提供“下城样板”。全区通办的流动人口业务包括浙江省居住证申领、签注、证件补（换）领；证件信息的变更、更正等。

【重点企业联络警官机制建立】 2020年，区公安分局根据“六稳”“六保”工作要求，强化对辖区重点企业的安保工作指导、管理和服务职能，建立与企业高效、务实、共享的新型警企联动模式，建立“重点企业联络警官工作机制”。各职能部门选派20名民警担任联络警官，与下城区20家重点工业、高新技术企业、成长型企业进行对接，开展走访联络工作。联络警官通过多种形式，了解企业存在的传统安全风险、非传统安全风险问题，以及对公安部门管理服务的需求，根据职能开展为企服务工作，对重点企业各类矛盾纠纷进行排查、化解和处置。同时开展普法进企业活动，提高企业法治意识和员工安全意识。全年联络警官走访重点企业50家次，帮助企业解决一批亟须解决的问题。

【“千警访万企”活动】 2020年11月10日，区公安分局结合“三服务”活动和辖区各企业实际情况，组织经侦、网警、治安等警种与各派出所开展为期一个月的企业集中走访活动，听取企业呼声和群众意见。走访活动围绕加强平安建设、提供便民服务、防范金融风险等方面开展，向企业发放宣传资料、警民联系卡、征求意见表和调查问卷，广泛征求企业负责人和职工群众对公安机关工作和社会治安的意见和建议，走访结束后对意见建议进行收集、分类、交办，完成整改后对相关企业进行反馈和回访。全年区公安分局组织走访企业121家。根据企业需求，完善保障和服务企业健康发展具体措施。建立涉企案件依法快侦机制，有效处置涉企经济纠纷类警情，及时查处扰乱企业生产经营秩序案件。（宋 晔）

检 察

【概况】 2020年，区检察院对标当好“重要窗口”“头雁战队”排头兵的要求，紧扣“提升核心战斗力，创造下检新业绩”的目标，深入开展“法律监督行动年、检察业务建设年、智慧检务提升年”活动，推进“四大检察”全面协调发展，为下城经济社会高质量发展提供法治保障。全年受理审查逮捕刑事案件378件731人，审查起诉830件1331人。立案监督27人，追诉漏罪漏犯28人，提起刑事抗诉8件。建立检法民事执行监督协作机制，出台检察监督与区委政法委执法监督衔接配合制度，开展案卷联合评查200件。办理职务犯罪8件9人，司法人员职务犯罪自侦工作实现“零突破”。起诉下沙董氏黑社会性质组织犯罪等涉黑恶案件11件48人，打好扫黑除恶收官战。健全疫情期间刑事办案规定、认罪认罚远程具结、看守所“全封闭”值班、律师异地阅卷等工作机制，6天内办结全区首例涉疫物资诈骗案。依法惩治网络诈骗、网络赌博、帮助信息网络犯罪活动、侵犯公民个人信息等涉网络犯罪，推进网络综合治理。稳妥办理“啄米理财”“合家金融”非法集资案等涉众型金融案件34件51人，做好追赃挽损、矛盾化解工作，助推互联网金融风险防治。建立行政争议联合化解机制，其中一例办理撤销冒名公司登记行政争议案件获评全国首批行政争议化解典型案例和全省十大法律监督案例。建立全省“远程指挥中心”试点和快速检测实验室，探索民营医院安全生产等新领域案件，获省检察院主要领导批示肯定。推进区域治理，建立的区域法律监督年度报告制度和法律监督先进评选与综合考评双向激励制度获省检察院检察长贾宇批示肯定。实现全区义务教育阶段检校共建全覆盖，成立“阳光夏橙”法治宣讲团，宣讲团开设的线上普法微课累计观看人数1万多人次。区检察院获“全国检察系统宣传工作先进单位”“全省法律监督成绩突出集体”等国家级、省级荣誉19项。

【疫情防控服务】 2020年，区检察院履行各项检察职能，筑牢抗疫法治防线。依法严惩涉疫犯罪，起诉涉案金额880万元的特大口罩合同诈骗案等涉疫案件11件14人。会同区公安分局、区法院出台《下城区疫情防控期间刑事办案工作若干规定》，保障各项防疫工作有序开展。开展涉疫网约房管理行政检察、医疗废弃物专项公益诉讼工作，强化源头防控。在全市率先推出律师异地阅卷制度，并创新认罪认罚远程具结做法。会同区公安分局看守所建立入所排查、健康监测、外来接触风险防控等5项严控机制，确保监管场所防疫安全。

【涉黑涉恶案件检察】 2020年，区检察院全力打好扫黑除恶专项斗争收官战。依法起诉黑恶势力团伙犯罪13件52人，其中涉黑犯罪1件8人、涉恶犯罪12件44人。起诉下沙董氏兄弟涉黑案件等重大黑恶犯罪案件，受理审查起诉的涉黑恶案件全部审查终结，如期实现检察环节“案件清结”阶段性目标。深化涉网络黑恶犯罪线索筛查，专项摸排“套路贷”、“黄赌毒”、暴力传销、强迫交易等六类案件，实现“线索清仓”。落实“打财断血”工作任务目标，会同公安机关对每起黑恶案件财产进行准确核查、规范处置，全年查扣黑恶团伙非法财产180多万元，为国家和集体挽回经济损失1200多万元，确保“黑财清底”。

【刑事检察】 2020年，区检察院坚持“依法指控犯罪，强化诉讼监督，提高办案质量”的工作格局，推进刑事检察工作提质增效。深化运用“案—件比”（“案”指当事人涉司法案件，“件”指检察机关对案进行的各种审查处理活动）质效评价标准，调整内部办案审查程序，压减非必要办案环节，“案—件比”比上年下降22.6%，减少当事人诉累。全年立案监督、撤案监督44人，追诉漏罪漏犯28人，提出抗诉8件。其中琚某某盗窃抗诉案入选最高人民检察院指导性案例，徐某某、李某某贪污案被评为全省职务犯罪检察精品案例。贯彻落实认罪认罚从宽制度，协同区法院建立认罪认罚定期会商机制，提升量刑精准度，认罪认罚适用率超过90%，确定刑量刑建议提出率及采纳率均超过95%。坚持“少捕慎诉慎押”，对轻微刑事案件不捕228人、不诉222人，不捕率和不诉率分别上升5.8%和1.5%。

【民事检察】 2020年，区检察院对标新时代人民群众对公平正义的新期待，适应“做强民事检察”工作的新要求，坚持创新与传承并举，破解案源、质效、治理三大掣肘民事检察的瓶颈制约，推动民事监督与服务大局、保障民生的深度融合。出台与区委政法委执法监督衔接配合制度，对民间借贷、劳

2020年6月5日，区检察院召开全省首场民事诉讼监督案件公开听证观摩会
（区检察院　供稿）

动工资纠纷等4类200件民事案卷开展联合评查。办理民事生效裁判监督、审判程序监督、执行监督等各类监督案件239件。排查全市办理的套路贷案件、下城区办结的经济类案件，发出再审检察建议43件。一起某不锈钢有限公司案外人异议执行监督案被评为全省民事检察精品案例。与区法院协同出台加强执行监督协作机制，就网络司法拍卖中的税费承担违法问题开展专项监督，推动区法院与税务机关建立配套衔接机制。6月5日，下城区召开全省首场民事诉讼监督公开听证观摩会，充分听取案件双方当事人诉求表达和听证员评议意见，结合评议情况向法院提出再审检察建议，为全省开展民事检察公开听证提供样板。下城区民事检察工作考核排名全市第一，其经验做法在全省检察长座谈会上进行交流，并在《检察日报》刊发。

【行政检察】 2020年，区检察院参与行政执法案卷评查、行政审判及非诉执行案件卷宗专项检查240多册，发出各类行政检察建议79件。联合区法院、区司法局在全市率先出台行政争议联合化解工作文件，建立常态化信息通报、工作联动机制，成功化解行政争议案件20件。督促开展虚假注册公司专项整治，建立日常巡查机制，实现“办理一案、治理一域”，其中办理撤销冒名公司登记行政争议案件获评全国行政争议化解首批典型案例和全省十大法律监督案例。创新司法行政联席会议与同堂培训制度，定期召集司法行政部门通报工作情况，开展业务交流培训，促进资源共享和队伍共建。

【公益诉讼】 2020年，区检察院围绕食品安全、环境保护等重点民生领域，办理各类公益诉讼案件56件。开展扬尘治理、违法排水问题整治等专项监督，督促相关职能部门完成工地防尘网覆盖33公顷，责令13家违法排污单位补办登记证。跟进监督“问题牛肉”无害化处理公益诉讼案，对涉案的10名企业管理人员建议采取食品行业禁业限制措施，并建立食品安全“黑名单”数据库。探索文物保护、民营医院安全生产、公民个人信息保护、网约车监管、无障碍环境建设等新领域案件办理的新路径，其中为办理民营医院安全生产行政公益诉讼案召开公开听证会，办案方式获省检察院检察长贾宇批示肯定，该案例被评为全省公益诉讼公开听证优秀案例。建立全省“公益诉讼办案指挥中心”试点、公益诉讼快速检测实验室，充分运用无人机、区块链取证等现代科技手段，探索公益诉讼“智慧”办案新模式。

【未成年人检察】 2020年，区检察院加强未成年人检察专业化、规范化、社会化建设，办理涉未成年人案件时同步开展观护帮教、心理疏导、一站式询问等特殊帮扶，全年帮扶未成年人82人次。疫情期间，对接区民政局做好困境儿童、临时失依儿童摸排工作，建立信息互通长效机制。联合区教育局出台《贯彻法律监督护航未成年人健康成长工作意见》，联合区妇联等部门出台《下城区关于推进未成年人权益保护机制的十项举措》，率先实现全区义务教育阶段检校共建全覆盖。创设“阳光夏橙”未检品牌与法治宣讲团，作为下城“潮说武林”青年宣讲团主力，为辖区各学校提供菜单式法治宣讲服务18场，自制普法微课上线“下城未检”小程序和支付宝“未”来说法平台，观看人数1万余人次。

【服务民营经济】 2020年，区检察院落实习近平总书记“法治是最好的营商环境”重要论断，坚持依法平等保护市场主体。创新举办第三届“检企论坛”线上直播模式，以“云上问诊”的形式为企业复工复产提供法律服务。探索运用公开听证方式化解涉企案件引发的社会矛盾。完善保障民营经济健康发展的“检察方案”，营造公平竞争的市场环境，助力民营企业发展。惩治扰乱营商环境、侵害企业合法权益犯罪行为，起诉“恶意索偿”敲诈联华超市、物美超市等各大超市的恶势力集团22人。加大对涉企长期未结“挂案”的清理力度。

【“法制副校长”制度深化】 2020年9月5日，区检察院举办主题为“走近法律，走进检察——检察长和同学们面对面”的法治教育实践活动，邀请杭州观成实验中学校长、教师及20多位学生代表走进区检察院，参观案件管理大厅、未成年人检察办案区、公益诉讼快速

2020年9月5日，区检察院举办“走近法律，走进检察——检察长和同学们面对面”活动
（区检察院 供稿）

检测实验室、无人机远程指挥中心和检察文化展示中心，深入了解检察机关的办案情况。区检察院检察长、杭州观成实验中心仜法制副校长王晓光向学生介绍检察职能及法律在生活中的作用与地位，并向学生提出加强自身学习，崇尚法律、守住法律底线、培养良好品德的要求。活动结束时，王晓光向学生赠送《民法典与日常生活》《故事中的法律》等普法书籍。

（张伊雨）

法　院

【概况】 2020年，区法院以“司法为民、公正司法”为主线，忠实履行宪法和法律赋予的职责，推进司法体制改革和智慧法院建设，深化“三个建设年”活动，为疫情防控和经济社会发展提供司法保障。全年受理各类案件1.44万件，比上年下降2.5%；办结案件1.54万件，结案率107.3%，一线法官人均结案369件。出台《杭州市下城区人民法院关于做好疫情防控期间企业复工复产司法保障工作的实施意见》，加强司法应对，切实保障当事人权益。引导当事人通过移动微法庭等网上平台参与诉讼，妥善审理涉疫案件50件，实现“审判执行不停摆、公平正义不止步”。坚持依法审慎、善意文明的司法模式，充分运用“活封”、“活扣”、执行和解等方式引导双方当事人妥善处理问题，成功化解某省属外贸企业因负债造成企业资金链断裂引发的经营风险，该案例获评全省法院“战疫情、保民生、促发展”十佳执行案例。贯彻“谁执法谁普法”责任制，以组建“亲青法官”宣讲团和自制普法短剧的形式普及《中华人民共和国民法典》知识，该做法被《人民法院报》《今日说法》等中央媒体刊登介绍该做法。联合街道开设“法治夏令营”，自主设计体系化、特色化的法治教育实践课程，为“小候鸟”普及法律知识。畅通劳动者维权绿色通道，开展治理欠薪专项执行行动，全年执结劳动争议类案件425件，补发欠薪款670多万元。《司法雇员（文员）党员组织关系管理》实例被省高级人民法院评为全省法院党建工作创新案例优秀奖，刑事法官张恒超被市委政法委评为全市政法系统十佳先进个人。《智能化破产审判机制分析与构建》《民事再审申诉权的滥用风险防范》等7篇论文在省法院系统第二十九届学术研讨论文比赛、市法院系统第十九届学术研讨会论文评比、市法院系统第二十届学术研讨会论文评比中获奖。

【涉黑涉恶案件受理】 2020年，区法院受理涉黑涉恶案件14件63人，全部完成审结。坚持对涉黑涉恶案件的深挖彻查，核查并移送涉黑涉恶犯罪、虚假诉讼线索9条。审结下沙董氏黑社会性质组织犯罪、以“打假”为名敲诈勒索等涉黑涉恶案件，认定涉黑涉恶犯罪嫌疑人59人，其中判处十年以上有期徒刑8人、五至十年有期徒刑13人、五年以下有期徒刑36人、缓刑2人，完成案件清零目标。坚持“打财断血”，判处涉黑涉恶案件财产刑1699万元，其中4人没收个人全部财产，移送执行21件，执行到位财产2797万元，财产刑执行到位率94%，没收违法财产执行到位率100%。审结套路贷犯罪案件10件37人，涉案标的920多万元。贯彻审执兼顾原则，对刑事案件涉案财物实行“一元起拍，一次拍定”的司法网拍竞价规则，最大限度追赃挽损，提高刑事涉案财物处置效率。下城区累计受理涉黑涉恶案件29件182人，全部完成审结。

【营商环境优化】2020年，区法院优化营商环境，着力提升执行合同质量和效率，审结买卖合同纠纷752件，平均自然审理天数比上年缩短7天。发挥司法建议规范提醒作用，向辖区银行、房产中介公司、保险公司等单位发送“保障共同还款人知情权”“明确说明网购保险免责条款”等司法建议8条，助推企业规范经营。深化破产审判工作政府与法院联动机制，通过政府支持为田逸之星小区300多户业主办出等待9年的产权证。妥善处置杭州宝仕隆房地产开发有限公司商户债权确认工作，平稳化解由此引发的信访矛盾。指导破产管理人做好“灯塔大楼”100多户租客的疫情防控工作，促成“灯塔大楼”以7088万元价值带租拍卖成交。完成浙江华洲集团有限公司破产清算案股权拍卖，成交价5.2亿元，溢价率70%。全年审结破产案件4件，盘活企业存量资产16.1亿元，腾退低效用地21.9万平方米，出清房产139套，促进市场主体新陈代谢、经济发展迭代升级。发挥知识产权司法保护主导作用，审结椰树集团有限公司诉山东省枣庄市某饮料公司饮料产品包装侵权案件、北京快手科技有限公司诉杭州某房地产营销策划有限公司擅自使用他人企业名称纠纷案件等知识产权纠纷172件，助力提升辖区营商环境。优化人民法庭布局，申报增设数字经济产业园区法庭，服务保障数字经济高质量发展。

【刑事审判】2020年，区法院审结刑事案件551件，判处罪犯1035人，其中判处五年以上有期徒刑155人。刑事案件认罪认罚从宽制度适用率77.4%，依法从宽适用缓刑279人。落实刑事案件律师辩护全覆盖制度，申请法律援助279人。审结故意伤害、“两抢一盗”、涉黄赌毒等犯罪案件169件。打击金融犯罪与涉众型经济犯罪，审结集资诈骗、非法吸收公众存款、利用假期货平台敛财等犯罪案件42件。配合区公安分局开展“断卡”行动，审结出借银行卡和收款码、非法倒卖企业营业执照和对公账户等案件10件，组织区市场监管局、辖区银行等相关单位观看庭审直播。审结金都华庭小区原业委会主任宋文职务侵占一案，助推小区治理规范化。审结杭州市公共交通集团有限公司原总经理助理吴某法贪污受贿案、杭州经济技术开发区公安分局原局长储某林受贿案等经济犯罪案件7件。

【民事审判】2020年，区法院审结民商事案件8392件，比上年增长6.5%，其中审结教育、医疗、消费、房地产等民生领域案件1301件。一次性调处涉助学贷款案件10件，让毕业生不留失信污点；调解一起“错将高价珠宝当低价珠宝交付消费者”案件，促成退款退货，以公正裁判树立行为规则。健全民间借贷协同治理机制，民间借贷纠纷收案率下降13.6%，民间融资环境持续净化。提高涉外商事审判工作水平，审结涉外案件44件，服务保障“一带一路”建设和杭州国际消费中心城市建设。与区文广旅体局等部门建立常态化联络机制，发挥旅游纠纷多元化解机制作用，调解因疫情引发的旅游纠纷21件，实现“案结、事了、人和”。

【行政审判】2020年，区法院审结行政诉讼及非诉审查案件114件，比上年下降30.1%。联合区检察院、区司法局出台“推进行政争议实质性化解实施办法”，全年协调化解20.8%的行政案件。其中，联合审结“撤销冒名公司登记行政争议案件”，促成原告当场撤诉；以调解的方式联合审结一起“侵占绿地行政非诉执行案”，促成被申请人主动纠正违法行为。推进行政机关负责人出庭应诉成为新常态，全区行政机关负责人出庭应诉率100%。下城区法治杭州建设考评排名全市第一位。推进司法工作与行政工作良性互动，完善政府与法院联席会议制度，编发行政审判白皮书，邀请行政机关有关负责人旁听执法范围相关案件庭审，行政机关败诉率下降5.5%。

【案件执行】2020年，区法院执行案件结案6331件，执行到位标的50.38亿元。完善执行工作长效机制，推动区委全面依法治区委员会出台《关于加强综合治理从源头切实解决执行难问题的实施意见》，缓解综合治理执行难情况。优化以员额法官为核心的新型执行团队建设。拓宽执行调查方式和渠道，发放律师调查令59份，丰富查人找物手段。探索建立执前督促、信用修复等工作机制，全年登记执前督促件243件，通过督促主动履行40件，为625名个人、170家企业修复信用。健全“立审执破”一体化机制，移送“执行转破产”案件30件，涉及执行案件289件，覆盖申请标的2.1亿元。解决财产变现难问题，在线送达拍品成交证明，为买受人筹集拍卖尾款提供便利。全年司法网拍成交229件，溢价率61.3%，为当事人节省佣金1845.14万元。强化刚性执行要求，开展“鲲鹏行动”等集中执行活动，年内处罚失信被执行人2359人次46.39万元，移送涉嫌拒执犯罪嫌疑人至公安机关立案侦查7人次。

【司法服务优化】 2020年，区法院坚持“信访打头、调解为主、诉讼断后”原则，增设标准数字法庭和“微法庭”工作室，选派人员成立调解团队常驻区社会矛盾纠纷调处化解中心，发挥指导调解、司法确认等职能，省委常委、政法委书记王昌荣专题调研区社会矛盾纠纷调处化解中心，并给予肯定。该中心完成诉前调解7114件，调解成功1759件，“诉源治理”工作考核排名全市第二位。创新法制宣传载体，延伸诉讼服务触角，实现辖区所有社区“微法庭”全覆盖，畅通线上线下解决纠纷渠道，推进矛盾纠纷就地化解。组织全区37个调解组织进行“一码解纠纷”应用培训，提升调解效率。健全类型化纠纷调处机制，针对非法集资集中清退引发的劳动争议，以及因疫情导致停业的教育培训机构、健身房、快递公司等出现合同纠纷和劳动仲裁等批量案件，与职能部门加强对接，以示范性裁判引导当事人选择非诉化解路径。开展长期未结案集中清理专项活动，解决部分案件长期未结、久拖不决、效率不高等问题，年内下城区12个月以上未结案实现清零，当庭宣判率上升11%。增加诉前调解力量，增配员额法官4名、法官助理7名、司法文员6名，投入诉调一线，未结案率下降36%。完善案件质量组织评查、瑕疵认定、责任追究和成果运用四项标准，对上年度涉法涉诉信访案件和改判、发回重审案件等重点案件进行评查。深化诉讼服务转型升级，推行司法领域“当事人一件事”改革，完善立体化、集约化、信息化的诉讼服务体系，为当事人提供一站通办、一网通办、一号通办的诉讼服务。规范涉诉信访工作，专人专号负责接收处理群众来信来电。保障困难群众、弱势群体的诉讼权益，为生活困难当事人减、缓、免诉讼费28.84万元，发放司法救助金8.4万元。组织下城区高频诉讼主体开展线上诉讼培训，健全技术指导、宣传引导等配套机制，推广网上立案、跨域立案、网上缴费等在线服务，实现“群众便利、法官减负、质效提升”的目标，全年区法院无纸化立案率达77%。

2020年10月28日，区法院执行局法官对失信被执行人进行现场取证

（区法院　供稿）

【司法效能提升】 2020年，区法院打造司法改革下城样板，优化员额法官管理，健全员额法官绩效考评、惩戒、退出机制。完善新型审判监督管理制度，压实院（庭）长审判监督管理职责，重点监管“四类案件”（涉及群体性纠纷，可能影响社会稳定的案件；疑难、复杂且在社会上有重大影响的案件；与本院或者上级法院的类案判决可能发生冲突的案件；有关单位或者个人反映法官有违法审判行为的案件）56件，落实司法责任制，严守办案质量生命线，加大瑕疵案件问责力度。健全院（庭）长重点办理重大疑难复杂案件制度，入额

院(庭)长办结案件4804件,占结案总数的31.1%。完善审判委员会、专业法官会议制度,健全类案与关联案件强制检索机制,促进裁判尺度统一。推进民事诉讼程序繁简分流改革试点,向12家银行发送"借款合同增加小额诉讼程序适用条款"的司法建议。激活督促程序"司法减负"和"替代纠纷解决"功能,试点信用卡纠纷电子督促程序,采用"一个债权人+N个债务人"的模式,通过非诉讼程序快速化解无异议纠纷。落实"平台+智能"顶层设计,全面推进无纸化办案办公,发挥"凤凰民间借贷智审"、移动微法院、移动执行等智能化平台作用,实现网上调解、网上开庭、网上查控,全年无纸化送达率超98%。建立信息采集中心,实行精细化编目和无纸化归档,便利当事人和法官网上阅卷,加快形成全业务网上办理、全流程依法公开、全方位智能服务的"智慧法院"新格局。推广政法一体化单轨制协同办案,提高刑事案件办理效率,审判反馈协同率和入矫执行协同率均达100%,涉案财物处置意见协同率和换押协同率均超96%。

【自觉接受监督】 2020年,区法院秉持"监督就是支持"理念,自觉向区人大、区政协专题汇报全年工作,并接受社会各界监督。落实区人大第十五届第四次会议决议,强化人大代表沟通联络全覆盖机制,邀请人大代表、政协委员视察法院、旁听庭审、见证执行11人次,并主动向政协、工商联、各民主党派及无党派人士通报法院工作情况。通过召开座谈会当面纳谏、发送短信线上征集等方式,向全区400名人大代表、政协委员及1000多名执业律师、银行法务工作者及社会各界人士征求意见建议,推进法院工作规范化。依法接受检察机关诉讼监督,邀请区检察院检察长列席审委会5人次,办理检察建议29件,促进法院与检察院沟通交流。深化阳光司法,公开裁判文书1.18万份,直播庭审2909场。在省级以上媒体播发工作动态119篇,通过官方微信、微博、今日头条号推送工作信息1200多条,公众开放日期间接待各界群众500多人次。 (叶麟儿)

司法行政

【概况】 2020年,区司法局围绕中心、服务大局,立足新目标、新定位,着力做好"固根基、扬优势、补短板、提能力"工作,统筹推进司法行政工作高质量发展。深化基层依法治理实践,为区域经济社会发展营造安全稳定的社会环境。根据新形势下执法司法规范化要求,通过"矫检、律检、普检"合作的"司检联动"模式,建立资源整合、互相支持的联动互助工作机制,全面提升执法司法规范化水平。加强疫情法律事务审查工作,对83份区级、23份街道级疫情防控政策文件进行审查,提供法律建议2条。出台《下城区关于联合推进行政争议实质性化解工作的实施办法》,构建信息互通、资源共享、协同互联的工作机制,成功化解一批机场快线项目引起的行政诉讼案件。加大"文明规范公正"司法所创建力度,推进"枫桥式"司法所创建工作,围绕"便民性、社会性、专业性"三大特征,发挥其在预防化解矛盾纠纷、教育改造特殊人群、基层民主法治建设、服务基层人民群众方面的作用。推进"清廉智慧司法"建设,开展廉政风险排查防控、司法规范化水平提升年等专项活动。区人民调解委员会和潮鸣司法所被评为市平安示范单位,武林司法所"96岁高龄老人卖房娶保姆"调解案例被《人民日报》、"澎湃新闻"等27家媒体刊登转载。

【社区矫正】 2020年,区司法局根据《中华人民共和国社区矫正法》等相关条例,更新对社区矫正对象请销假、执行地变更、考核奖惩、教育学习和公益活动等工作的标准和要求,有序做好规章制度的废改立,重点抓好执法流程的规范统一。发挥"互联网+修心教育"作用,实现"修心日记"从"纸日记"向"云日记"过渡,通过添加每日心情符号、敏感词辨别等功能,实时掌握社区矫正对象心理动态。配合扫黑除恶专项斗争,组织10次以社区矫正对象、刑满释放人员为重点的线索排查,涉及社区矫正对象、刑满释放人员1759人次,未发现异常情况。年末,全区有在册社区矫正对象181人,其中管制1人,缓刑162人,假释12人,暂予监外执行6人。

【人民调解】 2020年,区司法局完善非诉讼纠纷解决机制,协调区民政局、区公安分局、区市场监管局、市生态环境局下城分局、区卫生健康局、市规划资源局下城分局6个部门设立行政调解委员会，提升司法行政预防化解矛盾纠纷的整体合力。全年全区受理行政调解案件1.51万件，调解成功1.3万件，成功率86.1%；调解案件涉案金额2084.04万元。引导交通事故、物业纠纷、劳动争议和医疗纠纷等专业性调委会健全完善调解组织，为其配备专职调解员，加强矛盾纠纷源头化解和纠纷案件的调处力量。年内，全区各类人民调解组织调解案件2839件，调解成功2823件，调解成功率99.4%。

【公共法律服务】 2020年4月16日，区公共法律服务中心整体入驻区社会矛盾纠纷调处化解中心，为中心提供“便利店式”的服务模式，实现群众办事“只进一扇门”。全年指派法律援助案件445件，法律帮助认罪认罚案件620件，接待来电来访1014人次，为弱势群体和重点对象挽回经济损失400万元。加强律师行业队伍管理，组织开展律师行业专项教育整顿活动，组织全区57家律师事务所开展集中学习和执业警示教育。对律师队伍中出现违规兼职等行为从严处理，绝不姑息。深入推进“司法联侨”和“同心荟”新阶层人士统战工作，为全区1629家民营企业、侨资企业进行“法治体检”，解决法律问题289个，化解矛盾纠纷100多件。

【“七五”普法】 2020年，区司法局加大全民普法力度，开展多层次多领域普法活动，全面做好“七五”普法收官迎检工作。落实新任领导干部任前学法用法考试制度，28名新任区管领导干部全部通过考试。实施“学法用法三年轮训行动”，全区公务员参训率和专题法律知识考核通过率均达100%。通过推进“法润春芽”青少年普法项目、建立校园双普基地、编印《小学生法治教育读本》及开展“知法守法好少年”评选等举措，提升青少年法治意识。10月27日，天水街道仓桥社区举行区“司法联侨·金桥俱乐部”启用暨致公党杭州市委会“明志法律服务团”仓桥基地授牌仪式，俱乐部开设“法润金侨”大讲堂、法律服务室、阳光聊天吧、侨志愿者服务室等阵地，聘请“法护创客”律师顾问团和致公党杭州市委会“明志法律服务团”的律师作为驻点法律服务志愿者，为侨企提供法律咨询、普法宣传、维权保障等9项“司法联侨”法律服务。全区有49个社区建成普法阵地，建成率65%。成立《中华人民共和国民法典》讲师团，通过学习培训、主题讲座、法治论坛、网络公开课、在线问答等形式，开展民法典宣传。开展“法治带头人”“法律明白人”“遵纪守法示范户”培育工作，在社区居委会、居民群众中推选普法宣传工作者258名，充实普法宣传队伍。（王 媛）

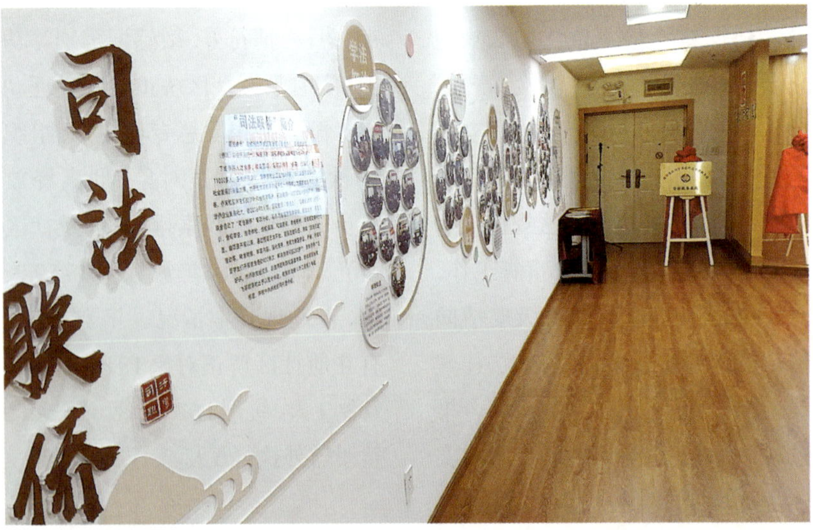

2020年10月27日，天水街道仓桥社区“司法联侨·金桥俱乐部”启用。图为该俱乐部设置的法治宣传墙
（区司法局 供稿）

仲 裁

【概况】 2020年，区劳动人事争议仲裁院积极应对受新冠肺炎疫情影响引发劳动纠纷大幅增长的实际，按照“预防为主、基层为主、调解为主”的方针，努力提升仲裁工作水平。与区法院执行局建立常态化工作联络机制，为疫情防控和经济社会发展提供司法服务和保障。借助区劳动人事争议仲裁院入驻信访超市的区位优势，充分发挥联动作用，实现劳动争议案件快立快审，降低劳动者维权成本。区仲裁委全年受理案件1767

件，通过仲裁成功调解案件1352件，结案率和调解成功率分别为99.7%和86.4%。区仲裁院获评浙江省2020年度调解仲裁案件处理工作成绩突出单位。区仲裁院选派人员代表杭州市参加全省劳动人事争议仲裁员业务技能竞赛，获团体二等奖。

【办案机制创新】 2020年，区仲裁院以下城区成立矛盾纠纷调解中心为契机，创建劳动纠纷"一窗式"即接即办工作机制，横向整合内部科室资源，设置无差别受理窗口，线上线下综合受理案件，实现劳动纠纷"投诉、调解、信访、庭审"一站式接待、一揽子调处、一条龙办理，提升仲裁案件处理质量和效率。区仲裁院发挥矛盾纠纷"终点站"作用，通过基层调解、网络调解仲裁调解等方式累计成功调处劳动纠纷案件2546件。疫情期间，区人力社保局开展"不见面"调解服务，建立在线矛盾纠纷多元化解平台（ODR）和劳动人事争议网络平台，劳动者通过平台在线上申请调解，由区劳动人事争议仲裁院入驻区矛盾纠纷调处化解中心的工作人员通过"网络+调解""电话+调解"的非接触模式，开展劳动纠纷化解工作。

【末端跟踪问效】 2020年，区仲裁院以维护劳动关系主体合法权益为核心，完善"人社+法律援助""人社+工会""人社+法院"等多部门协同处置机制，加大和谐劳动关系协调力度，充分发挥矛盾纠纷调处化解中心一站受理、调解前置、及时介入、专业指导的综合功能，实现案件"受理、分流、信访、调解、仲裁、诉讼、援助"全链条可咨询、可跟踪、可评价。区仲裁院与区法院建立常态化工作联络和信息共享机制，促进仲裁与庭审有机衔接。与杭天信公益法律服务中心达成合作协议，在下城区仲裁院设置法律援助专窗，委派律师每日轮流值班，依法为符合条件的农民工、工伤职工等群体提供法律援助服务，年内专窗受理申请公益法律援助案件80多件，全部按要求办结。 （陈　曦）

案　例

【制造销售假冒伪劣桶装水案】 2020年6月8日，区公安分局调集100多名警力开展集中抓捕行动，对一个涉嫌生产、销售假冒伪劣桶装饮用水的团伙进行抓捕。该团伙通过非法渠道购买假冒高端品牌桶装水的外包装，尔后把低价购入的低端桶装水灌装加工成高端品牌水后销售获利。此次抓捕缴获作案工具21件，涉案桶装饮用水1195桶，包装材料2.16万件，假冒标签2646件，查封制造销售假冒伪劣桶装水的水站15家，涉案金额130多万元；抓获犯罪嫌疑人31人，其中依法向检察机关移送起诉268人。

【特大网络跨境赌博案】 2020年8月10日，区公安分局调集警力赶赴陕西西安、安徽亳州、福建福州、浙江诸暨等地开展集中抓捕行动，侦破一起特大网络跨境赌博案，现场抓获包括主犯在内的违法犯罪嫌疑人129人，其中采取刑事强制措施56人，全部依法向检察机关移送起诉。经侦查发现，犯罪嫌疑人金某、吴某某、王某、虞某某等人通过开发、运营名为"米店""运锦""金太阳""蝴蝶"4款网上赌博App，通过接入中国体育彩票部分项目数据，设立私人资金盘的方式，招揽赌客线上充值、下注，进行网上跨境赌博，并从中牟取不法利益，涉案金额8670多万元。

【涉恶势力犯罪团伙开设赌场案】 2020年4月1日，区公安分局通过线索核查发现辖区有组织开设赌场的涉恶犯罪活动，遂抽调警力组织力量对重要线索开展专案侦查。5月12日，组织多个抓捕小组对位于杭州市区的40多处目标据点开展收网，当场抓获包括杨某某、郭某某等团伙主要成员在内的涉恶势力违法犯罪嫌疑人62人，其中采取刑事强制措施20人，年内依法向检察机关移送起诉19人。经查，犯罪嫌疑人杨某某兄弟三人，纠集郭某某、任某某等人，在杭州市区多地设立赌博窝点，开设流动赌场，并以扑克牌打"小九"的形式，组织聚众赌博，从中牟利，涉案金额70多万元。

【恶势力犯罪集团"恶意打假"敲诈勒索案】 2020年5月28日，区公安分局调集80多名警力对位于下城区建国北路的"恶意打假"敲诈勒索团伙实施集中抓捕，抓获主要成员吴某某在内的犯罪嫌疑人23人，现场查获用于作案的问题商品以及账本、工资表、公章等书证、物证。经核查，自2017年起，以吴某某为首的甘肃天水籍犯罪团伙辗转杭州市及周边区域内各大商店超市，利用提前准备好的问题商品，以买到过期、无合格证、有异物商品等为由，向各商店超市及商品生产厂家进行恶意索赔，涉案金额240万余元。11月28日，区法院依法对该恶势力犯罪集团做出判决，首犯吴红平被判处有期徒刑11年，8名集团骨干人员被判处有期徒刑3年至6年，13名其他集团成员被判处有期徒刑6个月至3年。（宋　晔）

【下沙董氏黑社会性质组织犯罪案】 2020年7月15—17日，区法院公开开庭审理下沙董氏家族组织及参与黑社会性质团伙犯罪案，并于12月27日公开宣判，认定违法犯罪事实113起，涉案资产8000多万元。下沙董氏家族长期以来以暴力威胁、以黑护商、以商养黑等手段，实施寻衅滋事、强迫交易、敲诈勒索、聚众斗殴、介绍卖淫、开设赌场、赌博、虚开发票、伪造国家机关印章、串通投标等违法犯罪行为，因该案涉及面广、牵涉人员多，由市法院进行分案处理。区法院根据各被告人的犯罪事实、性质、情节、社会危害程度和认罪悔罪表现，分别以参加黑社会性质组织罪、寻衅滋事罪、敲诈勒索罪、强迫交易罪、聚众斗殴罪、串通投标罪等12罪并罚，对被告人王某芳判处合并执行有期徒刑十七年，剥夺政治权利一年，并处没收个人全部财产；对被告人陈某军判处合并执行有期徒刑十五年，剥夺政治权利一年，并处没收个人全部财产；对被人告崔某亮判处合并执行有期徒刑十二年六个月，剥夺政治权利二年，并处没收个人全部财产。对其他成员、参加者和一般参加者数罪并罚，分别判处合并执行十一年到二年八个月不等的有期徒刑，并处没收个人全部财产或处罚相应罚金；并判决该黑社会性质组织通过违法犯罪活动或者其他不正当手段聚敛的财产及其孳息收益，依法予以追缴、没收。

【浙江省某进出口有限公司金融借款合同纠纷执行案】 2020年，区法院执行完成浙江省某进出口有限公司涉金融借款合同纠纷案，使该公司从负债4.75亿元到“无债一身轻”。2018年12月，区法院接市法院指定对浙江省某进出口有限公司涉嫌的9起金融借款合同纠纷系列案件进行集中执行。区法院在案件执行过程中对公司经营状况进行调查，按照“维护企业存续、保护企业活力、彻底化解纠纷”的思路，促成各方当事人达成和解，并推动和解协议按计划履行。2020年，区法院结合“三服务”活动，走访浙江省某进出口有限公司，根据企业经营现状，与申请人协调适当给予债务履行宽限期，至6月30日，执行完成本系列案件最后一个案件，促使该公司如期履行全部债务，并恢复正常生产经营，保障各申请人的债权利益。（叶麟儿）

【企业搬迁集体劳动争议案】 2020年6月，区劳动人事争议仲裁委受理一起因辖区某企业搬迁引发涉及60多人的重大集体劳动争议案。经查，企业因经营发展需要，计划搬迁至余杭区，部分员工不愿前往故要求单位支付经济补偿金，诉求总金额约122万元。区劳动人事争议仲裁委立案后，组成合议庭，对案情研判后做出相应的处置方案。通过“仲裁+法律援助”机制，在开庭前后多次组织调解，并由杭天信公益法律服务中心为劳动者提供免费法律援助。庭审当日，由仲裁员采用以裁促调、边庭审边调解的方法，帮助劳动者追讨经济补偿金，同时为涉事企业减轻经济负担。（陈　曦　杨燕琪）

15 军　事

人民武装

【概况】 2020年，区人武部贯彻习近平新时代中国特色社会主义思想和强军思想，开展“不忘初心、牢记使命”和“传承红色基因、担当强军重任”主题教育。组织民兵练兵备战，全年完成5批次集中训练。开展民兵整组工作，依托高校、高新企业建立新质民兵。加强国防动员工作，完成全区兵员征集任务。组织民兵参加疫情防控、全区环境整治“百日攻坚”行动。开展“9·18”警报试鸣和防空人口疏散演练及以在校学生军训为主要内容的国防教育，提高全民国防意识。区人武部在全省第三届岗位练兵杭州分赛场比武竞赛中取得总评第四名的成绩。

【政治教育】 2020年，区人武部把抓好“不忘初心、牢记使命”和“传承红色基因、担当强军重任”两项主题教育作为部队思想政治教育的中心工作。组织全体干部职工赴空军杭州笕桥机场，开展“追忆历史守初心、坚定信念担使命”主题党日，赴绍兴市柯桥区人武部、杭州杭氧集团参观见学。加强驻区部队优秀军人先进事迹的宣传。突出抓好正风肃纪，召开主题教育民主生活会进行自查剖析，开展风气整顿、财经清查、流毒清理等整肃活动，进一步形成风清气正政治生态。开展以“缅怀革命先烈，弘扬爱国精神”为主题的清明网上祭扫活动，缅怀革命先烈丰功伟绩，传承和弘扬先烈们无私无畏、不怕牺牲的革命精神。

【征兵“五率”考评名列全市第二】 2020年，区人武部按照“动员一批、送走一批、备好一批”的思路，强化组织领导，周密筹划部署，以大学生兵员征集为重点，严格落实宣传、体检、政审、防疫、廉洁征兵等各项制度规定，如期完成兵员征集任务。下城区在全市征兵“五率”（报名率、上站率、合格率、择优率、退兵率）考评中，名列第二。

【民兵练兵备战】 2020年，区人武部落实节假日敏感时段军情分

2020年9月18日，辖区学校组织学生参观介绍优秀军人先进事迹的“八一光荣榜”

（区人武部　供稿）

析、战备教育、战备演练等制度。修订完善平时、战时指挥机构编成方案、战备方案等。走访区国安办、区公安分局、区网信办，对接研商辖区安全形势，与区应急管理局、区市政公司等部门召开联动应急体系构建座谈会，初步形成情况联商、指挥联演、行动联动、物资联保等机制。开展基地训练、跨区联训、备勤轮训、在岗自训等练兵模式，全年完成5批次集中训练、2批次教练员和骨干训练。参加全省第三届岗位练兵杭州分赛场比武竞赛，取得民兵重要目标防卫专业第三名、通信专业第三名，总评第四名的成绩。

【民兵整组】 2020年，区人武部搞好国防动员潜力数据采集，走实整组步骤、环节，全面掌握民兵、专业队伍等潜力底数。走访编兵企事业单位，与辖区有关单位签订预征预储协议，筹措指挥车、运输车、红外成像仪等装备设备。调整组建基干民兵队伍，重点依托辖区高校、高新技术企业编组工程抢修、测绘导航、无人机等新质队伍，新质力量比例达34%，民兵队伍中党员和退伍军人比例符合规定标准。

【地方共建】 2020年，区人武部组织民兵参加“战疫”行动，下发民兵一次性医用口罩、橡胶手套、一次性防护雨衣。落实区内防汛备勤、跨区支援备勤工作。组织民兵参与下城“百日攻坚”行动。开展淳安县王阜乡“联乡结村”共建活动，提供帮扶资金10万元用于扶贫，组织10多人的医疗小分队到淳安县王阜乡进行送医送药活动。11月10—12日，区人武部领导会同区政府领导和有关部门，到北京市开展招商活动。

【安全管理】 2020年，区人武部采取日常灌输和集中学习相结合，警示教育和制度教育相结合的方法加强对干部职工管理，制订安全保密教育计划，坚持安全形势分析制度，定期传达学习上级纪委文件、安全工作文件等，落实党委安全教育制度。坚持把人、车、枪弹、水电、保密作为安全工作重点，定期进行实地检查。新冠肺炎疫情发生后，区人武部按照“定人员、定职责”原则，加强对疫情防控的组织领导，筹措一次性口罩1万余只、橡胶手套1000多副、医用防护服8套及消毒水、酒精、一次性防护雨衣等物资。全年未发生泄密失密事件，未发现新冠肺炎确诊、无症状和疑似病人。

（余雄华）

【石桥街道武装部获评杭州市首批“五星级”基层武装部】 2020年，石桥街道落实党管武装责任，加强队伍建设，推进基层民兵、应急队伍训练制度化、常态化，全面提升应急救援能力。街道武装部围绕“急、难、险”突发战备任务，为景荣、景安、石桥、华中等社区配备新型破拆设备、便携应急强光灯、防洪排涝等新式装备及民兵基本装备。建立民兵调整改革工作领导小组，高质量完成民兵整组任务。落实重大节假日民兵分队战备值班制度，定期开展“民兵大练兵”竞赛活动，辖区民兵精准练兵水平有效提升。以区市政公司、杭州汽轮股份有限公司等为主要力量编配民兵新质新锐分队，利用防空地下室建设分队集中隐蔽点，营造战备防灾等国防教育氛围。新冠肺炎疫情发生后，街道武装部组织民兵参与卡口防控、公共场所消杀、抗疫物资发放等任务，构筑防控疫情的坚固防线。3月，石桥街道武装部通过规范化建设考核，被评为杭州市首批“五星级”基层武装部。

（富炎强）

双拥共建

【概况】 2020年，下城区以科技拥军、教育拥军、文化拥军、法律拥军为载体，推进军地双拥共建工作。开展第二届“下城最美退役军人”评选，挖掘和宣传最美退役军人典型事迹。深化“一街道一项目”社会化双拥优抚志愿服务品牌。开展以爱国主义为核心的国防教育和以爱国拥军、爱民奉献为主要内容的双拥宣传教育，增强全民国防观念。通过组织军人退役返乡欢迎、送立功喜报、立功人员载入地方志等举措，营造良好的拥军优属氛围。杭州市连续8年获“全国双拥模范城”称号。

【社会化双拥服务】 2020年，下城区发挥党委、政府和共建部队双拥工作主导作用，健全完善协调机构和工作机制，成立下城区拥军支前队伍，配合保障部队完成军事任务，服务支持部队调整改革，助力部队开展训练战备，全年走访空勤部队军人家属11次。围绕军地联动、军民共建双拥工作内涵，推进社会化拥军和基层双拥规范化建设。成立全市首个“关爱退役军人协会”，开展双拥志愿双向服务。接受捐赠资金20多万元，用于帮扶辖区困难家庭。街道组建“退役军人志愿服务队”10支，招募老兵志愿者，形成政府机关、企事业单位和社会各界开展双拥服务的格局。

【“一街道一项目”服务品牌打造】 2020年，区退役军人事务局深化“一街道一项目”社会化双拥优抚志愿服务品牌，“鱼水情”系列8个社会化双拥优抚项目广受到退役士兵欢迎。开发“智慧老兵·退役军人数字驾驶舱”，建立区、街道、社区三级服务保障体系“一键应急指挥系统”和退役军人政策法规电子库。推进全市“智慧老兵”双拥服务平台“老兵码”申领，扩大“崇军先锋”商家联盟队伍，全区建立双拥志愿服务点36个。做好军人子女入学、转学等工作。

【“最美退役军人”宣传】 2020年，区退役军人事务局开展第二届“下城最美退役军人”评选，挖掘和宣传最美退役军人典型事迹，激励退役军人和干部群众学习最美退役军人、争当“最美退役军人”。10名退役军人当选“下城最美退役军人”，其中1名退役军人被评为“杭州市最美退役军人”。区退役军人事务局联合区委宣传部和区人武部组织开展向“最美退役军人”“最美军嫂”学习，通过下城政府网站、微信公众号、宣传橱窗、活动展板、短视频等形式开展学习宣传，形成学军、爱军、拥军氛围。全年各类媒体刊稿120多篇，宣传战斗英雄、抗战老兵、抗美援朝老战士、抗疫模范等先进事迹，举办宣讲活动6场。

【优抚活动】 2020年，区退役军人事务局常态化开展爱国拥军服务活动。在“八一”建军节前夕，举办关爱老兵“八个一”系列主题活动，区四套班子领导带队走访慰问驻军共建部队，全区按照“分级慰问、全面覆盖”的要求，采取入户走访、集中座谈、电话短信、联欢联谊等形式，将慰问范围扩大到全体退役军人，做到走访慰问全覆盖、零距离。召开老兵恳谈会、座谈会、议事会33场，通过面对面交流的形式，共同缅怀军旅岁月。抗美援朝70周年前夕，组织部分优抚对象和退役军人开展观影活动，激励退役军人退伍不褪色，永葆军人心，建功新时代。举办“八一杯”全区退役军人乒乓球联谊赛，激发退役军人凝聚力和向心力。按照新兵入伍“四尊崇”（新兵入伍做好欢送仪式、举行座谈、挂光荣榜、拍集体照）的要求，8个街道退役军人服务站举办形式多样的欢送会、座谈会，向新兵家庭颁发“光荣之家”牌匾。

【军人褒扬纪念】 2020年，区退役军人事务局，联合区人武部常态化开展军人立功送喜报活动，局领导带队走访慰问荣立“二等功”现役军人家庭。区政府举行纪念抗美援朝出国作战70周年活动，发放“抗美援朝出国作战70周年纪念章”211块。开展英雄烈士褒扬纪念工作，举办“清明祭英烈”网上云祭扫，开展“红色九月、彪炳历史、照亮未来”英烈褒扬活动，组织英烈故事宣讲和烈士日公祭、烈士遗属走访慰问，发放慰问金4.8万元。（朱少华）

人民防空

【概况】 2020年，区人防办围绕履行战时防空、平时服务、应急支援使命任务，推进人防军事斗争准备，深化人防审批改革，做好“4·4”全国性哀悼新冠肺炎疫情牺牲烈士和逝世同胞活动、“5·12”第十七次全市人防（民防）宣传月活动、“九一八”事变89周年等活动警报鸣放工作，加强区人防指挥所维护管理和人防工程管理，人防各项建设取得新的进展。

【人防审批制度改革】 2020年，区人防办推进投资平台（3.0版）和联合审图系统运行工作，完善人防系统后台建设，开展人防审批事项网上审批，实行人防审批即时办、掌上办改革举措，优化审批流程，简化办事材料清单，完成“并联审批”“联合审图”等人防审批改革任务。做好市人防办下放人防审批事项承接工作，全年完成人防审批事项包括地下空间开发兼顾人防要求审批、人防工

2020年10月28日，区人防办会同富阳区人防办开展“浙江金盾—20”系列人民防空实战化演习　（区住建局　供稿）

程易地建设核实、新建防空地下室战时功能和防护等级确定、人防工程易地建设费征收、人防工程平时使用登记手续办理、人防工程质量监督手续办理、人防工程竣工验收备案、人防预测绘、人防实测绘、初步设计审查。

【人防警报演练】 2020年4月4日10时，区人防办根据国务院办公厅《关于为新冠肺炎疫情牺牲烈士和逝世同胞举行全国性哀悼活动的通知》要求，全区所有的人防警报器管理单位准时拉响人防警报器，表达对抗击新冠肺炎斗争牺牲烈士和逝世同胞的深切怀念。5月12日，全区所属人防警报器统一鸣放，开展第十七次全市人防（民防）宣传月活动，鸣响率100%。9月18日，区人防指挥部、区人武部、武林街道联合在杭州广利大厦周边区域组织“9·18”警报试鸣和人民防空人口疏散演练。下城区仙林社区、中北社区、竹竿巷社区、凤麟社区等近300人参加。武林街道将此次演练与数字驾驶舱的使用相结合，实现以数字化方式强化联动响应，全部疏散人员从接到警报到隐蔽完成，仅用时6分钟。

【人防军事演练】 2020年，区人防办加强单边带电台和移动指挥车训练，完成区、街道、社区三级人民防空人员疏散预案修订和人防专业队伍整编。制订指挥部及其办公室、成员单位工作职责。编制人防指挥部年度工作要点并落实常态化运行。抽调抢险抢修和医疗救护2支专业队伍，参加全市人民防空专业队战备点验。组织队伍参与“浙江金盾—20”系列人民防空实战化演习，演习内容包括人员集结、人员输送、疏散与接收安置、通信保障、医疗救护保障、治安保障、交通运输保障、物资保障。

【人防工程检查】 2020年，区人防办根据《浙江省人民防空办公室关于开展全省防空地下室平时使用和维护管理大检查的通知》要求和市人防办的布置，落实人防工程大检查要求。成立下城区结建防空地下室平时使用和维护管理大检查工作领导小组，下设办公室，统筹全区防空地下室检查督查工作。召开全区结建防空地下室平时使用和维护管理大检查工作布置会，布置人防工程检查的阶段性要求。出动376人次，检查早期人防工程、自管工程、结建工程、在建工程，发现存在问题162处，发出整改通知书113份，并根据检查情况建立档案，促进人防工程完好率和使用率提升。　（刘景昕）

16 经济管理

国有资产监督管理

【概况】2020年，下城区深化国有资产监督管理，加快推进国有企业改革，激发国有企业活力，保障国有资产保值增值。全面落实国有企业年度经营责任，严格实施经营目标考核。区财政局直接监管企业3家，分别为杭州市下城区国有投资控股集团有限公司、杭州市下城区城市建设投资发展集团有限公司和杭州市下城区市政园林工程有限公司。全年区管国有企业实现营业收入27.58亿元、利润总额4.97亿元、净利润3.80亿元，分别比上年下降36.2%、增长237.5%、增长188.5%。至年末，区管国有企业资产总额1102.43亿元，所有者权益合计219.10亿元，分别增长5.7%、28.6%。

【强化国有企业监管】2020年，区财政局根据《下城区国有企业经营管理办法》，加强国有企业运营监管。1月22日，印发《关于改革市属国有企业工资决定机制实施办法（暂行）》，推进辖区国有企业工资决定机制改革。9月21日，印发《关于修订下城区区管国有企业监事会外派专职监管人员绩效考核与薪酬管理办法》，落实外派监事会年度目标责任制，规范专职监管人员晋升管理办法。编制区管国有企业年度经营责任书并完成对其经营管理目标的考核。按季度向区委、区政府汇总报告全区国有企业融资资金使用情况，确保企业融资规模可控、融资资金使用规范。完成杭州市下城区保安服务公司、下城区道路停车收费服务中心和下城区城市建设基础工程有限公司3家企业的公司制改革。

【国有房产资源整合】2020年，区财政局搭建国有房产资源一体化管理平台，强化国有房产资源统筹，推动拆迁安置房、经营性房产、办公用房等各类国有房产有序整合。制定国有房产管理办法，把自有国有房产纳入“资产云”系统管理，加强对通过租入、借入等方式取得的非自有房产台账管理。规定各单位涉及国有房产以转让、置换、拆除等方式处置的，需将处置方案报区政府审批同意后执行，未经区政府或授权部门批准的，不得擅自变更房产用途，不得擅自出借、出租或变相出租房产。区财政局还对租房申请、房产用途改变、空置房管理等做出具体规定。统筹做好两轮全区行政事业单位、国有企业经营性国有房产租金减免工作，累计减免租户1524户、租金5759.99万元。组织盘点单位对单位实际占有、管理和使用的自有房产，对行政事业单位房产使用情况进行清查，开展区国投集团招商引资协议招租房产专项检查，协调处理房产登记历史遗留问题，完成资产“云房产”数据校准。（裘文彬）

自然资源管理

【概况】2020年，市规划资源局下城分局转变自然资源利用与管理方式，加强重点建设项目用地保障，做好批而未供和供而未用土地“双清”、土地收储、节约集约用地，为下城区经济社会发展提供资源保障。全年出让经营性地块11宗53.67公顷，收取出让金203亿元。消化批而未供土地、处置供而未用土地、再开发低效用地土地面积均超额完成年度目标任务。办理征地批前程序项目18个，征地面积25.9公顷；征地批后实施项目36个，征地面积55.48公顷。完成“双清”任务5项，拆迁集体土地非住宅3家，建筑面积3.1万平方米；国有土地居民72户，建筑面积4320平方米；非住宅5家，建筑面积3.6万平方米。完成土地权属调查37件、办理国有大宗地首次登记22宗。办理国有不动产登记（单套）2.02万件。征收土地年收益金项目20个，办理资产处置项目19个。推进森林资源管理数据在下城区“落地上图”，开展森林督查暨森林资源管理“一张图”年度更新。完成年度耕地质量等级调查评定与监测，针对辖区耕地面积小的特点，建立相关保护机制，申请落实市级耕地保护补贴资金，并制订耕地保护补偿工作方案。区政府分别与文晖、东新、石桥3个街道签订年度耕地保护目标管理责任书，全年辖区无违法占地现象发生。下城区被省自然资源厅授予“2019年度省级国土资源节约集约模范县（市、区）”称号。

【节约集约用地】 2020年12月21日，下城区在全省国土资源节约集约模范县（市、区）评选中获“省级国土资源节约集约模范”称号。围绕市对区“空间换地”“腾笼换鸟”考核任务，按照“全区清理、逐级负责、分类处理”的原则，全面梳理并开发利用辖区批而未供土地。完成自然资源资产清查试点，提取整理全区范围内全民所有土地和集体所有土地、森林、水资源资产实物数据，建立自然资源资产清查数据库；完成全民所有土地、全民所有森林资源资产经济价值估算，编制辖区土地、森林、水资源资产空间分布、利用分析等相关图件；开展各类自然资源资产专题分析，形成下城区自然资源资产清查试点分析评价报告。开展“降存控新”专项行动，全年批而未供土地消化利用率106%，处置供而未用土地完成率333%，再开发低效用地土地完成率155%；盘活存量土地完成率184%，下城区消化批而未供土地、供而未用土地和低效用地再开发工作完成率全市排名均居前三名。全区紧扣第30个全国土地日“节约集约用地，严守耕地红线”宣传主题，组织开展规划资源业务培训及宣传进社区活动，东新街道沁苑社区通过设立宣传展板和有奖问答等形式宣传土地资源国情，普及土地管理法和汛期地质灾害防治办法。下城区节约集约用地工作被《人民日报》等媒体报道。

【经营性用地管理】 2020年，下城区按照“高质量做地统筹推进年”专项行动相关要求，坚持做优地做好地，形成“规划、做地、储地、出让”全链条服务。全年土地出让金位列主城区第一；完成经营性用地收储10宗24.67公顷。市规划资源局下城分局通过例会制、图表制、专员制、跟踪制，实时掌握地块收储出让进度。设立局长办公会议例会制，定期研究做地工作，明确时间节点，确保按时完成；制订涵盖7个大项、31个小项的辖区做地全流程操作图，包括征地、拆迁、规划、配套、环评、考古、办证等内容，通过操作图上墙的方法推进做地业务。安排专员每日对接做地单位、每周进行场地踏勘，掌握做地进度，根据需要召开会议，及时解决做地工作中的疑难问题。

【征地拆迁“双清”】 2020年，市规划资源局下城分局根据新的土地征收报批流程开展征地批前工作，全年办理征地批前程序项目18个，征地面积25.9公顷；征地批后实施项目36个，征地面积55.48公顷，全面完成5项“双清”任务，其中拆迁集体土地非住宅3家、国有土地居民72户、国有土地非住宅5家。贯彻落实集体土地拆房工地扬尘防治及安全生产监管责任，在夏季环保专项行动期间开展巡查55次，督促各做地单位和属地街道加强拆迁管理，年内全区集体土地拆房工地均完成拆除，场地平整达到规定标准。

【土地执法监督检查】 2020年，市规划资源局下城分局加强自然资源执法监察，落实联合执法机制，加大动态巡查督查和违法用地查处力度，全年开展日常巡查86次。对省自然资源厅下发的62个卫片图斑进行内业调查核实，并上报相关数据。开展农村乱占耕地建房“八个不准”专项行动，组建行动小组进行走访、宣传。召开农村乱占耕地建房问题专项整治行动会议，部署专项整治工作。根据扫黑除恶“六清”行动工作要求，围绕自然资源领域涉黑涉恶涉乱问题，全面落实“防范在先、发现及时、制止有效、查处到位”的工作机制，找准难点、重点、乱点问题，每周对辖区耕地进行不少于2次的巡查。在单位门口、拆迁工地及农用地周边悬挂横幅标语，张贴扫黑除恶相关海报；在单位、审批窗口、不动产登记窗口、公园、超市、建设工地等处向居民群众发放扫黑除恶宣传册1100份。协助区级“河长”开展褚家河巡查31次，发现并处理问题26个，解决群众投诉问题16个。

【不动产确权登记】 2020年，市规划资源局下城分局进一步深化不动产登记“最多跑一次”改革。对接市级微信预约服务系统，实现“互联网+”不动产登记模式，完成市级预约系统与自有内部管理平台全面对接，为申请人提供全网点、全时段预约服务，每日提供网上预约129件次；优化业务办理模式，实现从业务预约到办结归档全流程监管，规范内部管理，保证登记窗口良性运转。疫情期间，下城区不动产登记窗口推出上门服务、“无接触”查询、延时服务等便民举措。窗口工作被杭州电视台《杭州不动产之窗》栏目专题报道2次。对辖区32个危改项目开展办理变更登记权籍调查，推进杭氧生活区改造项目不动产权证书办理，做好集体土地批量注销。全年办理权籍调查项目37个，大宗地首次登记22个，国有不动产登记（单套）2.02万件，发放不动产权证书1.43万本、不动产登记证明5882张，依申请登记发证率100%，全年不动产确权登记实现零差错。（徐　峰）

2020年9月27日，市规划资源局下城分局在朝晖街道老房地社区举办“不动产登记进社区服务”宣传活动（市规划资源局下城分局　供稿）

创投基金管理

【概况】 2020年，区国投集团围绕年度工作目标和重要任务，通过产业基金投资和招商引资，吸引、撬动社会资金聚集。全年开工建设项目2个，完成竣工验收项目4个，年度项目总投资6.86亿元。引进企业57家，总注册资本148.7亿元，实际到位资金123.4亿元，其中利用外资3760万美元。承接浙江省金融控股有限公司、阿斯利康投资（中国）有限公司和物产中大集团股份有限公司等重点项目。引进企业实现税收收入3.47亿元，其中税收500万元以上的重点企业14家。完成9处房产不动产权证办理，总建筑面积1008.21平方米。

【非定向融资工具发行】 2020年5月15日，为拓宽融资渠道，降低融资成本，区国投集团发行非公开定向融资工具（PPN），发行规模15亿元，发行期限5年，发行票面利率3.18%，利率创全国同级别同规模非定向融资工具最低纪录。区国投集团构建多层次、广覆盖、有差异融资体系，根据货币政策宽松和债券市场收益率下行趋势，提前布局直接融资的债券市场。联合上市公司上海润达医疗科技股份有限公司成立定向融资工具发行工作专班，做好债券发行时间窗口预判，确定簿记建档时间，加强与中介机构及投资者沟通，实地走访金融机构，就区国投集团发展情况和未来五年发展战略开展沟通对话，组织发行推介“云路演”，提升其在非银行间市场知名度。在簿记建档阶段，集团财务团队现场实时盯盘，最终创下全国同规模平台PPN历史最低利率纪录。

【上市公司“双总部”产业集聚效应】 2020年，区国投集团在入主上海润达医疗科技股份有限公司（简称润达医疗公司）后，谋划实践“双总部、多侧翼”战略发展方向，把上海总部和下城区总部同时作为上市公司双核心，分别承担总部后台管理及业务资金统筹职能；以各省市子公司为发展侧翼，承担区域市场布局和拓展职能，通过上市公司业务和资金平台优势及资源赋能优势，做大体量、放大规模，实现区域税源新增。年内，润达医疗公司在下城区新设医疗科技和生物科技类公司7家，分别为国壹润达医疗科技（浙江）有限公司、润达融迈（杭州）医疗科技有限公司、杭州润欣生物科技有限公司、杭州润达医疗管理有限公司、惠中诊断技术股份有限公司、浙江橙原生物技术有限公司、杭州润达泓泰医疗科技有限公司，注册资本6.2亿元，实缴2.07亿元。区国投集团发挥上市公司带头效应，吸引产业集聚，带动上市公司及后期资本运作产业的模式创新和技术创新。依托上市公司资源平台，形成“平台+产业”的战略布局，打造富有活力和竞争力的医疗行业新生态。

【创投汇智·下城区创新创业大赛】 2020年12月15日，创投汇智·下城区创新创业大赛暨第三届天使梦想基金创业大赛在国投大厦举行。大赛由区委、区政府主办，区委组织部（区人才办）、区科技局、区国投集团承办，是杭州国际人才交流与项目合作大会下城分会场的重要活动之一，旨在发挥创业示范、服务人才和科技创新带动效应，鼓励更多社会主体参与创新创业，助推全区经济高质量发展，为下城区人才招引、项目落地打造“金名片”。大赛采用“社会资本领投、政府基金跟投”的投资模式和“专属赛道、专业评审”的评选模式，设置数字经济、医疗健康、文创消费三大专属赛道，吸引国内外医疗健康、数字经济、文创消费赛道的130多个优质项目报名参赛。通过线上初筛和3次线下路演专场的复赛形式进行多层选拔，有10多个项目晋级总决赛。其中，3个优质项目在决赛现场获得投资机构的投资意向书，并完成现场签约。决赛现场同时发布具备人才数据“一网打尽”、困难需求“一呼百应”、政策讯息“一键即达”、工作动态“一览无余”功能的信息化人才服务平台，打通人才服务“最后一百米”。（吴德峰）

2020年12月15日，创投汇智·杭州下城区创新创业大赛总决赛在国投大厦举行
（区国投集团 供稿）

市场监督管理

【概况】 2020年末，下城区有注册登记内资企业（含分支机构）3.92万户，比上年增长2.9%。其中，个体户2.2万户，减少0.7%。全年新增小微企业7614家、八大万亿元重点产业小微企业1448家。区市场监管局推进“个转企、小升规、规改股、股上市”市场主体升级工作，引导和支持个体工商户转型升级为公司制企业，新增公司制企业210家、股份公司21家、小微企业培育库企业6070家、科技型小微企业60家、知识产权贯彻标准企业5家、进出口经营权备案登记企业40家、有外贸出口实绩企业10家。统筹抓好疫情防控“人物并防”工作，开展防疫物资质量安全整治，检查辖区相关单位

2020年11月17日，区市场监管局开展进口冷链食品“物防”专项整治。图为执法人员检查冷链食品经营单位有关经营许可资料及进货凭证　（区市场监管局　供稿）

409家。深化开办企业“分钟制”改革和企业简易注销登记改革，助力优化下城区营商环境。区市场监管局为9567家（户）市场主体兑付“两直”（新增财政资金直达市县基层、直接惠企利民）补助资金6887.6万元，有关部门兑现国有经营性房产租金减免等6.05亿元，为实行转供电单位退还电费594.79万元。

【疫情期间市场监督管理】 2020年，区市场监管局多措并举加强疫情期间市场监督管理。2月5日，发布《农贸市场疫情防控十大举措》，健全辖区畜禽及产品质量安全追溯体系，落实动物及动物产品分销信息凭证制度。在农贸市场、结对社区等处设立党员先锋岗驻点管控，确保农贸市场环境整洁、交易有序。加强对口罩、消毒杀菌用品、抗病毒药品等防疫用品的市场全链条监管，抽样检查防疫物资23个批次，处置积压食品及原料1837千克，查处相关违法行为23起，罚没款43万余元。开展进口冷链食品“物防”专项整治，检查经营冷链食品单位191个，对186个批次的冷链食品进行核酸检测，检测结果均为阴性。开展“民用防护口罩专项治理”“口罩、防护服等防疫用品领域认证活动专项整治”等行动，对辖区内民用防护口罩及熔喷布生产企业的数量、名称、地址、生产状况及执行标准等进行排查，并抽查辖区生产、流通企业员工使用的防护口罩，先后检查生产企业、药店、商场超市等30多家，完成4批次400个样品抽样，对一家销售不合格口罩的商家进行立案查处。邀请专家督查口罩、隔离衣（防护服）等防疫物资检测机构检测结果，确保防疫物资检测报告数据准确、公正。

【企业开办时间压缩】 2020年8月1日，区市场监管局根据《杭州市关于进一步优化提升开办企业“分钟制”办理的指导意见（试行）》，会同区审管办、区税务局、区公安分局、区人力社保局等部门召开多部门联办“一件事”改革工作专题会议，明确各部门责任分工和工作要求，推进落实开办企业“分钟制”改革。在区行政服务中心开设“开办企业服务专区”，落实企业开办当场办结制，将企业开办流程中涉及的企业设立登记、公章刻制、银行账户开户、发票申领等环节整合为一体，实现企业开办“一事、一窗、一次”受理。年内，开办企业各业务环节均实现“一网提交、一次交互、数据共享、信息互认、零跑审批”，企业开办全流程“一件事”30分钟内办结。全年窗口受理企业全流程开办申请4298件。

【注销便利化登记改革】 2020年，区市场监管局根据《杭州市市场监督管理局关于进一步完善企业简易注销登记改革试点的实施方案》，深化简易注销登记改革，解决原简易注销登记适用范围有限、公告时间过长、登记流程容错率低等问题。实行注销便利化登记改革后，符合简易注销法定条件的企业实现当场办结，压减办理环节至2个，办理成本为零。对符合条件的企业只需在全国企业信用信息公示系统进行公示，无须再登报公告及办理清税证明和清算组备案，大幅度减少中间环节、降低企业制度性退出成本。全年办理企业注销申请2210件，其中简易注销申请1251件，占注销申请总数的56.6%。

【"证照分离"改革】 2020年，区市场监管局全面推进"证照分离"改革全覆盖试点工作，实现"照后减证""准入即准营"，降低企业制度性交易成本，优化营商环境，激发市场活力和社会创造力。4月27日，召开"证照分离"改革全覆盖试点工作推进会，对照《杭州市市级及以下实施审批的事项清单（141项）》，梳理区级在办事项，形成涉及全区14个部门57项事项的《下城区证照分离改革实施事项清单》，将涉企经营许可事项进行清单化管理；明确改革方式，细化改革举措，要求各部门按照省级公布的实施细则、办事指南、告知承诺办法、告知承诺书格式文本及事中事后监管举措等配套文件，逐条逐项推进改革工作；推进"优化审批服务"事项改革，按照《杭州市进一步深化市场监管领域"证照分离"改革全覆盖试点工作实施方案》，将"食品经营许可（除仅销售预包装食品外）"、"食品生产许可"两项"优化审批服务"事项进位提档为"实行告知承诺"事项。

【执法维权加强】 2020年，区市场监管局牵头完成"防疫物资专项整治""'亮剑2020'食品安全百日执法行动""冻品食品专项整治""烟票专项整治""保护'西湖龙井'地理标志商标和质量安全专项整治""旅游市场专项整治"等各类专项行动，查处各类违法案件529件，罚没款958万余元。深入开展"放心消费在浙江"行动，创建放心消费单位1827个、放心工厂25家、放心消费街区（商圈）2个、化妆品示范经营单位12个，创建无理由退货承诺单位840个、24小时"网订店送"药店12家。全年受理信访投诉举报1.98万件，比上年下降2%，为消费者挽回经济损失406万元。"12315"举报申诉中心接待各类群众来电、上门咨询397件。

【商标与广告监管】 2020年，下城区有有效注册商标8755件，商标有效注册总量4.9万件。申报商标品牌示范企业2家。监测网络广告1382条次，查处各类虚假违法广告案件116件，罚没款146.53万元。公示省"重合同、守信用"AAA级企业24家、省AA级企业24家、省A级企业14家。办理抵押物登记和合同格式条款网上备案；办理动产抵押登记33份，价值4.43亿元；办理格式合同网上备案28份。开展"亚运"专用特殊标志使用情况检查行动，查获一起某美容公司擅自使用"亚运"专用特殊标志在户外LED广告屏播放广告的案件，该公司在未获得杭州亚组委授权的情况下，擅自使用亚运会会徽标志，违反《特殊标志管理条例》有关规定，责令其立即停止侵权行为，并处罚款2000元。

【市场规范管理】 2020年，下城区有正常营业的各类市场35个，其中农贸市场24个、专业市场11个。有5个市场分别续评为三星级、四星级市场，5个农贸市场创建成为浙江省"放心市场"，3个市场通过"五化市场"（便利化、智慧化、人性化、特色化、规范化）提升验收。区市场监管局组织工作小组，会同区卫生健康局等部门，对辖区市场开展动物检验检疫工作，未发现辖区农贸市场存在活禽交易情况。配合做好非洲猪瘟和禽流感防控工作。开展动物诊疗机构、畜禽产品质量安全专项整治，完成犬类狂犬病强制免疫社会化服务试点，落实海富达冷库冷链进口肉类"物防"工作，全区动物防疫和畜产品质量安全工作位居杭州市主城区前列。

【食品安全监管】 2020年，区市场监管局组织食品监管专项行动26次，出动执法人员1.13万人次，对全区3823个餐饮食品经营单位进行监督检查，重点检查餐饮店食品经营许可证持证情况、从业人员健康体检情况、经营环境卫生达标情况、餐饮用具清洗消毒情况、采购食品原料索证索票和台账管理制度建立情况等，发现问题隐患434个，责令整改420个，对其中的126个小餐饮店发出责令整改意见书。组织6批次集中培训，培训基层监管人员、餐饮单位及学校食堂负责人、商场及农贸市场负责人2000多人。全年组织食品和餐饮用具监督抽检31大类2736批次，其中餐饮环节820批次、流通环节1463批次、生产环节20批次、保健食品12批次、餐饮用具403批次、小作坊食品18批次。对53批次不合格食品和提出复检申请后仍不合格的食品进行立案查处。全年立案查处食品违法案件44件（54批次），罚没款7.67万元。

2020年10月20日，区市场监管局工作人员检查辖区校园食堂食品安全

（区市场监管局　供稿）

【餐饮品牌创建】 2020年，区市场监管局根据“放心餐饮双千双百提升工程”三年行动方案，开展“餐饮食品安全示范店”创建活动。以“三净四无五可”（“三净”即厨房、环境、餐具干净；“四无”即无过期食品、无违法添加和非法添加、无回收食品加工销售、无违规操作；“五可”即后厨操作可视、企业管理可量、食材来源可溯、诚信承诺可查、群众感受可评）标准，培育一批“公示信息可查、食材安全可溯、操作加工可视、风险隐患可控、食品安全可感”的餐饮单位争创“放心示范餐饮单位”，全年创建放心餐饮示范店40个。指导杭州盒马网络科技有限公司下城区第一分公司创建浙江省“放心肉菜”示范超市。开展餐饮企业“红黑榜”评定，拟定《下城区餐饮行业红黑榜管理评价制度（试行）》，结合美团、大众点评等网络订餐平台，筛查“红黑榜”企业，并开展实地检查。年内，对外发布餐饮单位“红黑榜”4期，其中“红榜”上榜餐饮单位12个，“黑榜”上榜餐饮单位8个。

【阳光厨房智慧升级】 2020年，区市场监管局联合区教育局对辖区内28所中小学和幼儿园原有的阳光厨房进行智慧升级。在学校和幼儿园厨房内加装视频智能抓拍系统、紫外线消毒检测设备、冰箱温湿度检测设备，采用“日常按时推进+暑假集中攻坚”的方式，将暑期作为项目建设的重要节点，做好标准制定、点位采集、设备采购等准备工作，利用假期进行设备安装、调试和试运行，阳光厨房智慧升级工作历时5个月完成。通过“互联网+人工智能”“物联网+大数据”“大数据+健康码”等智慧化手段，提升食品安全保障能力。

【药品医疗器械安全监管】 2020年，区市场监管局加强药品不良反应监测及医疗器械不良事件检查，全区检查药品批发企业11家、零售药店200家、医疗机构120家次，检查覆盖率100%。“飞行”检查药品批发企业（连锁总部）3家、三类无菌植入性医疗器械经营企业70家；检查医疗器械生产企业10家、医疗器械经营企业330家次、区域性麻醉药品和精神药品批发企业5家次；完成1家一类医疗器械生产企业规范提升。抽样监督药品120批次、医疗器械防疫物资23批次，合格率均100%；配合省、市市场监管部门抽样监督医疗器械32批次、化妆品85批次。

【安全用药宣传】 2020年，区市场监管局在“药品科技宣传周”“全国医疗器械安全宣传周”“安全用药月”期间，通过发放宣传品、制作短视频及开展进校园活动等形式，做好安全用药政策宣传、知识普及和普法教育。共印制分发各类宣传海报500多份、“安全用药月”相关折页10款5000多份、新版《中华人民共和国药品管理法》《化妆品监督管理条例》等法规2000本。邀请名医专家制作“家庭安全用药健康课堂”“枸杞子科普宣传”“耳保健操”等短视频，在辖区街道、涉药单位内播放宣传。其中，“小小一盒药，来路可溯源”“安全用妆，伴您同行”等视频被市市场监管局微信公众号、短视频平台录用。开展“以案释法”普法宣传，结合某药店销售过期药品案等案例，警示药品经营、使用单位加强近效期药品管理，强化企业主体责任。联合市药品和医疗器械不良反应监测中心、潮鸣街道和杭州张同泰药业有限公司等单位，走进杭州市东园小学、杭州春蕾中学开展“药品安全校园行”活动2场，为学校师生普及安全用药知识。联合杭州电视台影视频道《老爸老妈新生活》节目组、区科协等单位，在区食品药品安全科普宣传基地——杭州市市民健康生活馆举办科普知识讲座和现场宣传活动3场。活动以“家庭安全用药”“关爱老人，守护健康”为主题，邀请资深执业药师进行授课，活动现场增设知识竞答互动环节，为现场群众普及安全用药知识。举行“关爱老人，守护健康”医疗器械科普宣传活动，向辖区近100位老年人科普家用医疗器械基础知识，并现场直播“耳保健操”教学和助听器验配演示等视频，为老年人提供更多服务。

【质量强区建设】 2020年，区市场监管局组织辖区商场超市参加卓越绩效管理模式培训、杭州市流通领域产品法律法规千人培训启动仪式暨下城区商场超市质量安全标准宣贯会等活动，增强辖区商场超市质量安全意识。开展质量奖申报评审工作，组织浙江英特集团有限公司、杭州王星记扇业有限公司等4家企业分别申报市、区政府质量奖，其中3家获区政府质量奖，指导奖金60万元。推进首席质量官制度，通过设立企业首席质量官，将产品“结果监管”提升至“全过程监管”。9月30日，组织辖区7家企业参加杭州市首席质量官会议，听取市市场监管局《关于进一步完善和深化企业首席质量官制度的意见》解读。11月25日，杭州首席质量官联盟“聚力高质量发展”系列活动之“走进联华华商·全程品控引领数智消费”在辖区的杭州联华华商集团有限公司举行。该公司向首席质量官展示“联华鲸选”未来店产品保质期管理技术、浙冷链系统在进口食品管理中的应用成果，并引领各首席质量官参观公司的生鲜配送中心、蔬果收货品质查验流程、水产附带“氧气包”配送模式、生鲜检测实验室。

【标准化建设】 2020年，下城区针对辖区制造业相对薄弱的实际情况，着力培育具有申报条件的梯队，推进“浙江制造”标准化创建工作。区市场监管局发布《家庭医生慢性病连续处方服务规范》《超市商品进货管理规范》《超市商品销售服务规范》《超市商品售后服务规范》4个区级地方标准，有序开展服务业标准化工作。辖区企业浙江省建设机械集团有限公司创建塔式起重机和双平臂落地抱杆两项“浙江制造”标准。组织辖区企业杭州市公共自行车交通服务发展有限公司将《疫情期间城市公共自行车卫生防控规范》标准项目申报杭州市标准化试点示范项目。申报的天水街道（社区）居家养老服务照料中心标准化试点项目通过市市场监管局验收。9月8日，区市场监管局组织辖区食品流通领域200多名企业负责人和食品安全管理人员商超管理人员培训，学习贯彻食品安全相关法律法规和工作规范。

【特种设备安全监管】 2020年，下城区在用特种设备9068台（辆），其中锅炉32台、压力容器398台、电梯6563台、起重机械（含立体车库）1745台、场内专用机动车330辆。全年出动监察人员926人次，监察特种设备生产、使用单位466家，监察特种设备1181台（辆），发现安全隐患54处，全部完成整改。发出特种设备安全监察指令书49份，责令停用或查封设备96台（辆）。办理特种设备案件9件，结案7件，罚款25万元。制定《下城区区特种设备安全大检查专项行动方案》，开展老旧住宅电梯、货运市场叉车、立体车库、快开门式压力容器等特种设备专项整治4次。邀请区质量技术协会电梯专家组对11个老旧住宅小区的40台电梯进行安全技术评估，对发现有重大安全隐患的电梯立查立改，对存在部件老化等情况的电梯，告知物业公司落实维修、更换等措施，确保居民乘梯安全。夯实以特种设备安全专委会各项工作制度为基础的多元共治局面，落实街道办事处的属地监管责任和部门行业监管责任，细化特监科、市场监管所和各街道办事处在特种设备安全隐患识别、传导、治理、通报、考核等工作中的分工，开展特种设备监管知识专题培训，会同各街道、部门和市场监管所开展联合检查26次、联合应急演练9次、联合培训和宣传4次，完善隐患整治“铁三角”工作关系，全年完成风险交办件42件，查明涉及超期在用等安全隐患81处，均按时完成整改。

【电梯综合智慧监管体系建设】2020年，区城管局根据杭州城市大脑建设要求，进一步推进电梯智慧监管体系建设，着力打造救援更提速、信息更精准、监管更智慧、治理更协同的电梯智慧监管体系。年内，该体系电梯透明维保上线率94.2%，上线率居主城区第一位、全市第二位。试点安装电瓶车阻梯系统，通过人工智能、神经网络等平台检测进入电梯的电动自行车，并播放语音警告提醒。全年下城区完成桦枫居等16个小区206台电梯新电瓶车阻体系统安装。会同区住建局和各街道开展住宅电梯“一元保”工作，全区183个小区2784台电梯完成投保签约。

（冯润杰）

知识产权保护

【概况】 2020年，区市场监管局加大知识产权宣传普及工作力度，搭建知识产权服务平台，组织和引导专利实施、专利申请及企业知识产权保护，推动知识产权创造、运用、保护和管理。全年全区专利申请6732件，获授权3944件，其中发明专利申请和发明专利授权分别为3400件和1183件；PCT专利国际申请20件。全区通过专利质押融资1.74亿元，万人有效发明专利拥有量115.27件。至年末，下城区获省级专利补助485.07万元、市级专利补助270万元。配合市市场监管局对企业、高校和科研单位三类专利权人主体及部分提供知识产权服务业务的机构，开展全国专利电子问卷调查与全国知识产权服务业问卷调查，年内，完成专利调查和知识产权服务业调查12家。引导企业完善知识产权管理体系，督促知识产权服务机构建立健全内部制度，优化辖区企业、知识产权服务机构运营环境。开展杭州市知识产权管理规范认证企业征集和杭州市专利试点企业申报，全区申报市专利试点企业7家。建立知识产权QQ群和微信群，辖区1000多家企业参加。

2020年4月26日，区市场监管局在区知识产权维权援助工作站举办“4·26”知识产权宣传活动

（区市场监管局　供稿）

【“4·26”知识产权宣传活动】 2020年4月26日，区市场监管局在区知识产权维权援助工作站举办“4·26”知识产权宣传活动。活动在线上线下同时进行。线下活动现场，区市场监管局组织杭州九洲专利事务所有限公司、杭州天昊专利代理事务所等单位，为园区20多家企业提供知识产权相关业务咨询；杭州银行就如何申请专利权质押融资贷款进行讲解。线上交流中，区市场监管局通过官方微信公众号推送下城区知识产权相关政策解读文案，并借助园区、街道、企业微信群进行推广普及。

【知识产权服务平台完善】 2020年，区市场监管局完善知识产权服务平台，打通知识产权供需链，实现企业与市场有效融合。建立创新企业公共服务平台，与浙江知夫子信息科技有限公司签订专利项目申报软件使用与维护项目合同，为辖区企业提供知识产权“云服务”，为享有政府资助的企业与个人（专利权人）开通网上申报入口。全年会同区财政局通过公共服务平台审核专利资助项目3个，申报发明专利1176件、实用新型专利1665件、外观专利127件。运用下城知识产权服务平台、下城知识产权QQ群开展为企咨询服务，通过即时通信和互动联系形式，实时掌握企业技术需求信息。运用“亲清在线”新型数字平台协同系统，与区财政、

税务部门进行数据协同，并上线专利政策兑现服务功能，为知识产权发展提供便捷服务。（冯润杰）

旅游行业管理

【概况】 2020年，下城区有旅行社116家，其中经营出境旅游业务的旅行社25家、三星级以上旅行社17家。有二星级以上星级宾馆饭店14家，其中金树叶级绿色旅游饭店3家、银树叶级绿色旅游饭店5家。下城区根据“战疫情、促发展”要求，加快“文旅融合”发展，推进旅游业早日走出困境。年内，受新冠肺炎疫情影响，全区115家旅行社暂停经营境内外团队旅游及“机票+酒店”产品，累计取消出行境内外旅游团队540个，涉及旅客1.15万人次；有6876人次散客取消出境游，受理涉疫旅游投诉纠纷136起，均妥善处置。做好旅游企业复工服务工作，线上线下联系走访企业560多家次。区文广旅体局组织浙江新世界国际旅游股份有限公司、浙江新航国际旅行社有限公司和今日国际旅行社等企业紧急采购口罩等医疗物资。助推浙江新世界国际旅游股份有限公司率先复工，该公司成为全市首家正式复工的旅行社。会同区总工会召开旅游目的地疗休养对接座谈会，全区16家旅行社负责人参加。通过“亲清在线”平台为杭州西湖温德姆豪廷大酒店、万华国际酒店等5家宾馆兑现降价优惠补助10.69万元，为浙江新世界国际旅游股份有限公司等18家旅行社兑付旅游纾困资金41.96万元，向34家购买无接触设备的旅行社补助20.4万元。完善“城市大脑下城文旅大数据”平台，通过实时监测旅游客流、旅游消费、酒店入住、旅游舆情、旅游交通等方面情况，实现文旅资源共享。辖区内的杭州大厦宾馆、浙江饭店等60家酒店实现“30秒入住、10秒退房”；浙江自然博物院等4家文旅场馆实现“20秒扫码”入院，旅游产业智慧化水平进一步提升。

2020年11月19日，区文广旅体局组织辖区旅行社导游参加杭州市第六届“金牌导游”大赛，6名导游获评“金牌导游”。图为“金牌导游”颁奖现场

（区文广旅体局　供稿）

【行业品质提升】 2020年，下城区开展跨贸小镇AAA级旅游景区服务大提升活动，跨贸小镇通过年度AAA级景区复核。为发挥政府扶持资金对旅游业的带动作用，区政府拨付重大休闲旅游项目建设、景区提升改造、特色潜力行业项目转型和旅游特色休闲示范点创建等扶持资金150多万元。6月3日，亚洲唯一驻场秀《X绮幻之境》“太阳马戏”复演。助动浙江新航国际旅行社有限公司、杭州信达国际旅行社分别申报五星级、四星级品质旅行社。浙江大酒店、浙江潮王大酒店分别通过四星级、三星级宾馆饭店复评。推进“厕所革命”，完善跨贸小镇新天地区块、电竞小镇等旅游公厕的公共设施，美化旅游厕所内外环境，更好地满足母婴、残障人士等特殊群体的如厕需求。全区旅游厕所百度地图标注率100%，提前达到《全国旅游厕所建设管理新三年行动计划（2018—2020）》提出的标注率要求。11月19日，下城区组团参加杭州市第六届金牌导游大赛，6名导游获评“金牌导游”，区文广旅体局获最佳组织奖。

【旅游行业监管】 2020年5月，下城区按照《浙江省推进“公筷公勺”行动工作方案》和市文明办相关要求，在全区星级宾馆饭店开展“文明餐桌、公筷公勺”专项行动，"公筷公勺"使用率100%。贯彻落实国家关于加强塑料污染治理的要求和《塑料污染禁限规定》，对全区星级酒店客房不主动提供一次性塑料用品、不按规定回收塑料物品（包括牙刷和梳子等）的情况进行检查；督促酒店餐饮部门禁止使用不能降解的打包盒，并采购可降解的打包盒有偿提供给客户，同时鼓励客人响应"光盘"行动。严格对照文明城市测评标准，结合省市公共场所服务大提升要求，对全区星级宾馆饭店开展地毯式明察暗访，针对查找出的问题，责令酒店逐条整改落实。

2020年7月20日，区市场监管局召开转供电价格政策通报暨专项整治会议

（区市场监管局　供稿）

【旅游行业审批】 2020年，下城区新开设旅行社5家。完成旅行社分社、分支机构审批事项16件，协助市文广旅体局完成旅行社（总社）审批初审21件、减退质保金初审4件。为旅行社减退质保金开通绿色通道，确保减退质保金通知到位率100%。区文广旅体局提供网络通信平台和电话24小时在线服务，及时为企业提供政策咨询和指导服务；做好质保金减退情况的数据汇总和情况分析，协调各银行为旅行社提取质保金提供便利。全年区文广旅体局为82家旅行社减退质保金2818万元，减轻疫情给旅行社带来的影响。

【旅游市场安全管理】 2020年，区文广旅体局通过微信小程序与辖区旅游企业签订安全生产责任书，明确旅游企业安全生产工作责任和义务，督促各旅游企业落实安全生产主体责任。加大疫情防控指导力度，排摸辖区内星级宾馆旅客入住情况，协助采取有效隔离观察措施。制定《旅游行业疫情防控指南》，结合秋冬季新冠肺炎疫情防控要求和行业发展现状，指导旅游行业稳步做好疫情防控和开放管理。制定《文旅行业防台防汛预案》，落实组织机构职责，提升文旅行业防台防汛应急处理能力。定期开展A级景区、星级宾馆和旅行社旅游安全检查，累计整改安全隐患62处，全年旅游行业未发生重大安全事故。

（马　珊　蔡晨曦　马　亮）

物价管理

【概况】 2020年，区市场监管局健全稳价控价工作机制，切实履行物价监管职能。加强防疫用品及生活必需品市场供应价格监测分析预警，开展稳企降费政策落实情况检查、转供电不合理加价专项整治及妨碍公平竞争的政策措施清理。在疫情防控期间，密切关注口罩、熔喷布、额温枪、消毒液等防疫用品价格，从严查处涉嫌哄抬价格的违法行为，确保防疫用品价格基本稳定。围绕群众最关切的民生商品价格情况，组织开展元旦、国庆等重大节日期间市场价格巡查，以及涉企收费、学前教育、美容美发、医疗服务、中医药价格收费等情况专项检查。发挥社会价格监督作用，规范专业市场和背街小巷农贸市场明码标价。做好价格投诉处理，对群众反映的停车收费、餐饮服务、医疗药品、转供电等收费问题及时受理和反馈。全年处理价格投诉纠纷710件，按时反馈和办结率均达100%。

【转供电不合理加价专项整治】 2020年，区市场监管局开展转供电不合理加价专项整治，通过清理转供电环节不合理收费，减轻一般工商业用户用电负担，打通电价政策落实"最后一公里"。7月20日，区市场监管局会同区发改经信局、城北电力分公司、城南电力分公司，召开转供电价格政策通报暨专项整治会议，辖区内商业综合体、产业园区和写字楼的83家转供电使用单位负责人参加。11月16日，区市场监管局组织召开经合社转供电主体价格政策宣讲暨专项整治会议，全区15个经合社负责人参加。会议要求各转供电主体单位在限期内完成自查自纠，并上报退费情况。全年通过自查自纠与随机抽查等方式，完成退费664万元，涉及终端用户7647户；立案查处7家，处罚金额104.49万元。约谈浙江永佳灯具家具广场市场主管单位，督促其做好退费工作，该市场涉及退费商户452家，退费金额31.92万元。

【稳企降费政策落实】 2020年疫情防控期间，下城区出台“关于支持小微企业共渡难关的意见”“助力企业复工复产劳动用工十项举措”“关于积极扶持重点民生保供企业的实施细则”“推进文化企业抗疫情促发展的十项举措”“促进商业综合体消费补助政策实施细则”“促进汽车消费补助政策实施细则”等惠企政策举措，区市场监管局会同区财政局、区金融办等部门，积极做好惠企政策落实工作，通过减费清负，加快企业复工复产。全年通过线上线下两个渠道减免国有经营性房产租金、兑现商贸服务企业补贴、免收企业担保费用等，优惠金额达6.05亿元，惠及企业和个人7.55万家（人）；退还82家旅行社质保金2818万元。

【妨碍统一市场和公平竞争政策措施清理】 2020年3月10日，下城区根据省市场监督管理局、省发展改革委、省财政厅和省商务厅联合印发的《浙江省清理妨碍统一市场和公平竞争政策措施工作方案的通知》文件，由区公平竞争联席会议办公室印发通知，开展妨碍统一市场和公平竞争政策措施清理工作。通知要求辖区各单位对2019年12月31日前区政府及有关部门制定的规范性文件和其他政策措施，凡有妨碍各类市场主体依法平等进入和退出市场、限制商品和要素在地区之间自由流动、违法违规实行区别和歧视性优惠政策、不当干预市场主体生产经营行为等情况的予以清理。全区清理规范性文件21件，其中，经审查有限制竞争问题文件20件，符合公平竞争审查制度例外规定继续保留的文件1件。对清理情况召开公平竞争审查联席会议成员单位会议进行审定，并委托第三方进行评估。结合清理工作，对新冠肺炎疫情期间出台的多项惠企政策和区级单位文件进行公平竞争审查。

【机动车检测检验服务收费监管】 2020年7月，区市场监管局组织开展机动车检测检验收费行为专项检查，检查组走访辖区内未更新机动车检测检验服务收费公示的杭州嘉城汽车服务有限公司，督促其为多收取检测费用的事主进行退款，对无法到场或无法提供原始发票的事主采取其他退款方式，妥善化解退费纠纷21起。向2个机动车检验检查站负责人重申机动车检测收费相关政策，并送达《机动车检测检验服务收费行为提醒告诫书》，要求经营主体严格落实明码标价制度，在经营场所醒目位置及企业官方网站公示收费项目、收费标准、服务内容、投诉举报电话等信息，自觉接受社会监督。

2020年5月，区市场监管局对辖区内电动车零售企业开展电动自行车头盔价格专项检查
（区市场监管局 供稿）

【美容美发行业价格行为专项检查】 2020年，区市场监管局根据市市场监督管理局关于开展美容美发行业价格行为专项整治的统一布置，对辖区内美容美发行业开展专项整治，出动执法人员86人次，随机抽查沿街美容美发行业店铺和租赁在写字楼内的美容美发工作室67家，告诫存在不合规行为的商户14家。对营业执照不全、明码标价不规范、预付卡预存金额突破规定上限的店家，责令其限期完成整改。

【电动自行车头盔价格专项检查】 2020年5月，区市场监管局针对电动自行车头盔价格上涨过快的情况，组织开展电动自行车头盔价格专项检查。检查组对辖区内经营爱玛、新大洲、哈啰、小牛、速珂等电动车品牌的企业进行逐家检查，发现有16家商店无头盔销售记录，有4家附带销售头盔的电动自行车商店存在未明码标价和未按规定内容和方式明码标价的行为，执法人员对上述20家商店提出限期完成整改要求。对注册在辖区的电子商务平台“云集”开展网络巡查，未发现有销售头盔的商店。区市场监管局结合专项检查开展守法经营宣传教育，要求经营者需依法明码标价外，不得捆绑销售商品。

【企业缴费负担监测】 2020年，区市场监管局新增杭州蓝色倾情服饰有限公司、浙江银泰商贸有限公司等5家具有代表性的企业作为企业缴费负担监测点，累计作为监测点企业10家。新设定的监测点监测周期一年。全区监测点企业涉及制造、商贸流通、服务等行业，涵盖规模以上企业、小微企业、科技型企业等重点类型企业，实现监测点全链全类型覆盖。设立企业缴费负担监测点旨在准确掌握企业缴费负担情况，发现涉企违规收费线索，提升涉企收费监管水平。

（冯润杰）

2020年9月17日，区统计局在武林夜市开展第十一届“中国统计开放日”宣传活动

（区统计局　供稿）

统　计

【概况】 2020年，区统计局坚持以数据质量为主线，树立全新统计理念，深化统计改革创新。加强全区统计工作组织、协调和指导。开展社情民意调查和城镇住户调查，完成全区工业、建筑业、能源、环境、固定资产投资、房地产开发经营、劳动工资、社会科技、服务业、批发和零售业、住宿和餐饮业等统计报表报送和审核，对区域内国民经济、社会发展情况进行统计分析和预测。开展统计普法宣传教育、统计执法监督、防范和整治统计造假等专项活动，组织限额以上单位统计工作自查1322家、数据核查1159家，依法查处存在的统计违法行为。加强统计名录库管理，做好新增四类规模以上企业统计工作，全区新增规模以上单位97家。推进统计基础工作规范化建设，组织社区统计人员开展业务培训。全年对3000多家企事业单位开展普法宣传，营造统计法制氛围。强化数据质量管控，举办统计年报定报、重点企业座谈及新增统计企业培训等活动42场，参加培训3000多人次。疫情防控期间，为辖区企业发放《惠企政策汇编》179册，协调解决企业复工复产面临的问题，监督企业奖励政策兑现情况。区统计局获评“美丽下城”建设“高质量发展”“数字经济发展”双项先进集体，并获评全市统计系统综合考

评先进单位。“下城统计预警监测分析团队”被区委组织部评为“干事创业好团队”。

【人口普查工作】 2020年，下城区依托各类载体和平台，拓展人口普查宣传面，引导群众支持和配合普查工作。在武林夜市开展以“大国点名，没你不行”为主题的第十一届“中国统计开放日”现场宣传，举办“人口普查，有你更为你”网络直播活动，呼吁市民配合人口普查工作。建立健全每日通报机制、交流答疑机制，创新普查培训模式，利用行政记录加强数据审核比对，全力保障普查工作质量。完成机构组建、划区绘图、“两员”（普查指导员和普查员）选聘、摸底调查、普查登记等工作，下城区普查工作通过省市人口普查摸底及普查登记表验收。“两员”测试、普查登记、比对复查等工作在全市考评中排名领先。下城区人口普查工作被人民论坛网、浙江经视频道、浙江新闻频道、杭州电视台等媒体跟踪报道。组织拍摄的人口普查宣传视频被国家统计局、省统计局微信公众号及“学习强国”学习平台录用，各类信息文章被省统计局省人口普查网站录用73篇。

【统计预警监测强化】 2020年，区统计局充分发挥统计部门职能，通过加强国内生产总值、固定资产投资、社会消费品零售总额等指标的监测，提升统计数据分析和解读的效力。充分发挥统计“数库”优势和“智库”作用，做好高质量发展考核、“15+7”（15项主要经济指标和7项转型升级指标）指标监测分析和预警工作，通过加大监测频率，提升经济运行预测研判能力，做到数据实、响应快、内容精、分析深、判断准，全年完成各类监测分析30多篇。针对疫情防控对全区经济社会发展的影响，加强餐饮、购物中心、旅行社、文化等行业的情况分析。完成《下城区规上企业新冠疫情影响调查报告》《下城区生产性服务业产能回复情况调查报告》等6篇相关分析报告。疫情防控进入常态化后，继续做好“走亲连心三服务”工作，开展各类民情民意调查，加强对整体经济形势分析和研判。全年撰写各类分析材料63篇，获区委、区政府领导批示32件。

【统计服务能力提升】 2020年，区统计局开展“走亲连心三服务”活动，走访企业了解企业经营发展情况，与企业共同分析研判经济形势，为企业安排部署下一步工作任务提供建议。通过走访调查，了解基层群众的思想动态和基本需求。全年由局领导带队走访企业292家、项目72个、住户133户，收集反馈问题60多个。会同区发改经信局、区商务局、区文创办等部门，做好主要指标预警监测。根据8个街道所属企业经营发展状况及变化情况，分析研判月度主要经济指标完成情况，提出具有针对性的意见建议，并向区委、区政府报送预警监测分析报告。

【统计宣传】 2020年，区统计局按照“快、精、准”的统计服务要求，进一步推广、完善“数据下城”App运用，并及时更新阅读数据。编印出版《下城概览》《统计公报》《统计年鉴》，实现调查统计资料区域内共享共用。发挥区统计局政务微博、微信工作“小编”团队的作用，依托“下城发布”、《今日下城》、下城新闻网等平台，做好政务微信微博的制作、推送，全方位提供指标发布、调查信息和数据解读，拓展统计服务维度。全年通过“下城统计”微信公众号推送信息87条，阅读量4万余人次，在线浏览量2492人次。

【统计法治建设】 2020年，区统计局以“提高统计能力、统计数据质量、政府统计公信力”为目标，推进统计法制建设。利用微信、微博定期推送统计普法专题文章4次，开展“9·20”统计开放日、“12·8”统计法颁布纪念日知识竞答等活动，全年组织普法宣讲企事业单位3000多家。强化数据质量管控，加强基层数据核实，定期召集街道统计人员进行数据交叉互审，提升报表数据质量。坚持数字核查和指导工作相结合，有序开展统计数据质量核查。年内，完成工业、投资、贸易、服务业等行业数据质量自查和数据质量核查，完成防范和惩治统计造假全面整改自查自纠。全面落实“双随机”抽查工作，依法开展统计执法检查，全年组织执法检查和数据核查企业40家，查处统计违法单位3家（其中罚款1家）。

【专项统计调查】 2020年，区统计局围绕领导关注、市民关心的热点难点问题，对接区人大办、区政协办、区委统战部、区委政法委和区治水办等部门，开展各类民情民意调查工作，以靠前服务、主动服务为宗旨，为全区深化改革出谋划策，全年组织开展各类统计调查35次。完成工业、建筑业、科技、能源、固定资产投资、贸易、服务业、劳动工资等专业统计报表的数据收集、审核汇总和数据上报等工作，真实、准确、全面反映全区经济社会发展情况。围绕复工复产、产能恢复、投资消费等方面开展专题调查，为区委、区政府和有关部门了解民情民意民声、制定有关政策决策发挥积极作用。做好城乡住户一体化调查，会同相关部门召开专题会议，分解落实事前预审、事中互审、事后机审工作，加强住户调查数据评估分析，推进记账户电子记账普及工作，从源头保障住户调查数据质量。

2020年6月30日，区统计局在武林街道启动网格化试点工作并召开动员大会

（区统计局　供稿）

【基层统计网格化试点】 2020年，区统计局按照“建特色网格带一流队伍和建一流平台促过硬数据”的目标要求，推进统计治理模式创新和管理创新。联合武林街道推进全区统计基层建设网格化试点，组建广利楼宇统计工作驿站等6个网格，开启基层统计工作管理新模式。9月28日，区统计局在杭州市统计网格化建设现场会议上介绍试点做法。12月31日，召开下城区统计网格化推进会，全面部署网格化建设工作，推进全区统计基层建设网格化管理。会上，武林街道各网格对企业进行答疑及报表核对，对统计相关问题进行面对面指导。现场建立微信群，方便各成员间沟通。此次活动有效提升街道统计调查对象数据质量，增强统计法治意识，营造良好统计工作氛围，为街道更好地开展统计网格化建设奠定基础。

【统计监测库建设】 2020年，区统计局联合区财政局、区税务局等部门，通过监测营业收入、利润等重点经济指标，加大摸排力度，筛选出一批有发展潜力的企业作为重点培育对象，建立准“四上”（规模以上工业企业、资质等级建筑业企业、限额以上批零住餐企业、国家重点服务业企业）企业库。及时监测、跟踪辖区企业生产经营情况，将达到规模标准的优质企业采编入库，配合做好全区企业“小升规”培育工作。全年新增贸易、投资、房地产等产业国家联网直报企业97家，退库企业78家，变更企业名称44家。（沈　萍　陈佳丽）

审　计

【概况】 2020年，区审计局完成审计及审计调查项目24个，审计总金额702.05亿元，查出违规金额2124.49万元、管理不规范金额6.88亿元。开展审计项目整改“回头看”，全年审计发现问题134条次，提出审计建议124条次；上报的141篇报告信息被各级领导批示、转批46次，被有关部门采纳及新闻单位刊播82次。深化财政审计大格局工作机制，对区财政局及57个一级预算单位和下属单位的财务数据进行采集和标准化处理，实现公共资金监督全覆盖。全年完成“三村”连片综合改造PPP（政府和社会资本合作项目）、城中村改造“四村”安置房建设、老旧小区综合改造提升、校园建设工程、东新路改造提升工程、百井坊巷拆迁安置房建设6个项目跟踪审计，投资总额122.2亿元。以

"最多跑一次"理念引领审计"两统筹"改革。《机构改革背景下组建审计委员会对基层审计工作的推动作用研究》论文被省审计厅评为优秀论文,"下城区2018年度本级预算执行及其他财政收支情况审计"被市审计局评为优秀审计项目,"区建设项目招投标管理专项审计"和"区教育局信息系统审计"获评杭州市优秀大数据审计案例。

【疫情防控资金和捐赠款物专项审计】 2020年2—4月,区审计局成立疫情防控资金和捐赠款物专项审计工作小组,针对疫情防控政策措施落实、资金管理使用、社会捐赠款物分配等情况进行监管。克服疫情防控期间资金和捐赠款物专项审计突发性和涉及面广的困难,结合区本级预算执行情况及相关单位经济责任审计,通过综合考虑和统筹组织,以嵌入式、融合式等方式,最大限度节约审计人力物力,挖掘有效资源,如期完成专项审计,并在审计署统一指导下,由各单位内审人员完成对本单位防疫资金及物资的审计,实时掌握第一手数据,及时纠正资金往来、物资出入库过程中的不规范行为,体现多方合力、共同监督审计模式的明显优势。

【大数据审计】 2020年,区审计局在疫情防控背景下,转变传统审计模式,树立科技强审理念,探索"大数据+非现场"审计模式,灵活运用电话、专网等方式与被审计单位进行沟通对接,并以线上传送照片和PDF文件等形式反馈项目资料、会计凭证等审计证据,平稳推进疫情防控期间审计工作。按照审计方案和大数据审计工作需求,采取"集中分析+分散核查"的审计方式,通过跨部门、跨行业、跨领域的数据关联比对和综合分析,提升审计效率和质量。将大数据分析技术运用到预算执行审计中,对全区一级预算单位及其下属单位的财政财务数据进行集中分析,通过关联比对、趋势分析,摸清预算执行、养老金发放、就业补助等数据情况,提高审计精准度。开展信息系统、审计专网和电脑终端检查,提高网络安全防护能力。

【政府预算执行情况审计】 2020年3—6月,区审计局对区财政局2019年度区本级财政预算执行及其他财政收支情况进行审计。预算执行审计,全面贯彻《中华人民共和国预算法》,聚焦财政预算绩效管理,在审计预算编制、批复、追加、执行等规定内容的基础上,增加对公共资金监督的内容。在本级预算执行和决算审计中,统筹审计资源、审计内容、审计成果,进行就业政策落实情况专题审计和"保工资、保运转、保基本民生"专题审计,严控财政供养人员、严禁违规发放津补贴,细化人员定额标准。树立"融合式"理念,将公务支出公款消费专项审计、乡镇街道决算审计、部门预算执行审计等内容嵌入审计项目中,减少重复审计。9月21日,区审计局向区第十五届人大常委会报告下城区2019年度财政预算执行及其他财政收支审计情况。

【领导干部经济责任审计】 2020年,区审计局完成文晖街道、长庆街道、区财政局、区住建局、区教育局、团区委、区妇联、多层农居建管中心8个单位11名领导干部的经济责任审计,促进领导干部依法用权、秉公用权、廉洁用权。利用被审计单位的会议记录、会议纪要、纪委巡察报告等资料,找准经济责任审计目标的着力点和切入点。启动审计"容错免责"机制,坚持"一事一议",严格落实程序管理。结合部门权力清单和工作职责,关注领导干部权力运行情况、内部控制制度建立和完善情况,提高经济责任审计监督重点的精准度。

【政府重大项目建设审计】 2020年,区审计局完成"三村"连片综合改造PPP项目、"四村"综合改造项目、老旧小区综合改造提升工程、建设工程价款结算审计调查和竣工财务决算等8个投资审计项目,投资总额181.4亿元。投资审计关口前移,深入施工现场,关注重大项目建设的前期准备阶段、工程实施阶段和竣工验收交付阶段,聚焦EPC(公司受业主委托,按照合同约定对工程建设项目的设计、采购、施工、试运行等实行全过程或若干阶段的承包)、PPP等新兴模式,在项目设计、招投标模式、合同签订、质量安全、工程进度、变更管理、造价控制等方面提出审计建议,保证建设项

下城区垃圾分类情况专项审计问卷发放现场 （区审计局 供稿）

目按计划进度有序推进。

【内部审计】 2020年，区审计局探索国家审计、内部审计和社会审计协同机制，督促引导各内审委员会进一步健全完善内部审计制度，规范开展内部审计工作，推进落实内部审计“一把手”分管机制。发挥内部审计的基础性、源头性、指导性作用，推进审计“两统筹”工作。参与杭州市内审协会组织的内部审计课题研究、内部优秀审计项目评比和疫情期间内审工作先进评比。组织内部审计业务交流和培训，形成信息和经验共享机制。9月11日，区审计局召开全区内部审计工作座谈会，8个街道、7个主要预算部门和4家企业内部审计人员参加，相互交流扩大审计监督覆盖面和整体性、提升审计监督整体效能等情况。完成《下城区2020年公务支出公款消费专项审计》报告。全年19个内审机构完成审计项目678项，审计总金额116.68亿元，促进增收节支6.25亿元，提出建议意见被采纳161条。

【专项审计调查】 2020年，区审计局开展全区建设项目招投标管理专项审计、教育局信息系统专项审计、垃圾分类情况专项审计等专项审计项目。4月，在区教育局信息系统专项审计中，从安全性、可靠性、经济性和数据有效性入手，对教育局信息系统的建设、管理和使用提出针对性审计建议。6月，在全区建设项目招投标管理专项审计中，提取区交易中心和招标办招投标系统的后台开评标数据，创建投标保证金分析、投标人身份分析等大数据模型，精准定位审计疑点。围绕工程招标、投标、评标和合同签订等关键环节，加强招投标全过程跟踪审计。8月，在垃圾分类情况专项审计中，实地走访查看并开展问卷调查，问卷覆盖8个街道10个社区40个小区，结合调查开展垃圾分类和“光盘行动”宣传。

【审计问题整改】 2020年，区审计局根据区委审计委员会会议精神，严格执行审计发现问题整改制度，督促各单位对审计发现问题的整改情况逐项盘点、逐一排查，形成完整详细的整改“施工图”，并将整改结果在门户网站进行公示，确保整改一个、达标一个、销号一个。定期向区人大常委会、区政府汇报全区审计整改工作落实情况。与全区巡察工作相结合，加强迟迟未整改到位、屡审屡犯问题的分析研究，制定相应对策。全年被审计单位整改审计问题107个，涉及金额6.91亿元，采纳审计建议68条。

（翁云婷）

17 特色产业

2021

数字经济

【概况】 2020年，下城区充分利用中心城区的区位优势和“武林新城”的发展机遇，克服疫情不利影响，凝心聚力抓好复工复产，坚持数字经济和新制造业“双引擎”驱动，聚焦数字赋能实体经济，推动数字经济高质量发展。全年完成数字经济核心产业增加值25.1亿元，与上年持平，数字经济核心产业增加值占全区GDP的2.2%。新旧动能接续转换不断加快，数字产业化、产业数字化、城市数字化水平全面提升。

【数字下城建设政策扶持】 2020年，根据杭州市“双引擎”行动部署，下城区加快推进数字产业化、产业数字化、城市数字化，进一步做优存量，做强增量，做大流量，推动互联网、大数据、人工智能与实体经济深度融合。印发《数字下城建设2020年工作要点》，明确“三化融合”发展工作具体目标任务，把“三化融合”工作纳入区对街综合考评范畴，压紧压实主体责任。7月14日，出台《下城区加快推进5G移动通信基础设施建设的实施意见》，加快5G在下城的规模部署，推动5G产业发展和商业应用。8月6日，制定《下城区关于促进区块链产业发展的实施意见》，专门设立规模10亿元的区块链产业创投基金，扶持区块链创新企业发展。为相关企业免费提供区块链服务网络（BSN）培训中心组织的区块链技术及有关内容培训。

【支持小微企业共渡难关】 2020年2月10日，下城区为减少疫情对企业发展造成的影响，出台《下城区关于支持小微企业共渡难关的意见》，帮助企业加快复工复产。对承租下城区自有的国有经营性房产的小微企业（包括个体户），免收2月、3月份房租。鼓励各经济合作社和辖区商业体适当减免租金和其他费用。对疫情防控产品经认定给予不超过实际研发投入10%的补助。对年税收50万元以下的商贸服务企业予以补贴。对报名参加境内外展会的小微企业，因疫情影响不能参会的，按原政策规定标准给予补助。意见还鼓励金融机构适当下调贷款利率，优化财政涉企资金审批拨付程序，适当延长区属企业因疫情影响无法按时履行合同的期限。意见自发布之日起施行。

【数字经济产业化培育】 2020年，下城区实施数字经济产业链精准招商，建立数字经济精准招引合作项目库，实行重点盯引项目专班化管理，年内完成4次重大项目招引签约，签约“微蜂泰科区块链科技”“阿斯利康东部中心”等重大项目75个，总投资650多亿元，项目涉及新基建、大健康、新零售、文创数娱等领域。启动区块链服务网络（BSN）全球商用，推进BSN全球运维中心建设。巩固浙江省软件和信息服务业示范基地创建成果，“左蓝微电子项目”获杭州市集成电路产业发展项目资助，“浮云网络科技项目”列入杭州市国际级软件名城创建名单。组织92家企业申报国家高新技术企业，62家企业获得认定。依托“凤凰行动”计划助推数字经济企业发展壮大，瑞丽医美国际控股有限公司在香港证券交易所上市，浙江天演维真网络科技股份有限公司、浙江出版传媒股份有限公司列入杭州市重点拟上市企业培育名单。

【产业数字化推进】2020年，下城区抓住防疫期间显现的数字赋能契机，强化区街协同走访企业的联系协调机制，挖潜引导辖区企业实施数字化改造。至年末，全区实施数字化改造项目14个，总投资5500万元。其中，“工厂物联网”项目4个，总投资1200万元；“机器换人”项目10个，总投资4300万元。推进“企业上云”专项行动，引导传统企业转型升级，全年新增“上云”企业821家，完成年度任务的149%，规模以上工业企业数字化改造覆盖率达到96%。迈迪信息技术有限公司通过第一批省级工业互联网平台认定，杭州经纬国际创意产业园获批杭州市数字化示范培育园区。探索新消费新模式，引导“云上消费”，创建夜间经济十大示范项目。借助5G、AI、AR、大数据技术赋能传统市场，杭州中国丝绸城省级高品质步行街开街。杭州新网红打卡IP——太阳马戏《X绮幻之境》入选中国新增旅游演艺五强。成立下城区移动通信基础设施建设领导小组，加强5G建设资源要素协调保障，全年新建5G基站192个，完成年度任务的113%。杭州联华华商集团公司“5G智联无人零售商场”成为首批杭州市5G场景应用示范项目，中国移动石桥数据中心加快建设，全区数字基建有序布局。

【城市数字化建设】2020年，下城区推进场景建设和推广工作。制定城市大脑相关标准，完成《区块链服务网络底层框架适配标准》国家级标准、《杭州城市大脑中枢枢纽节点建设规范》《基于中枢枢纽的数字驾驶舱建设规范》《基于中枢枢纽的基层治理场景建设规范》3个市级标准、《智慧下城数字化转型“四统一”规范2.0》等3个区级标准制定。停车先离场后付费场景接入停车场（库）334个，平均使用率40.1%；先看病后付费系统接入医院18个，平均使用率91.8%；30秒入住系统接入酒店61个，平均使用率75.5%，累计达标率100.4%；20秒入园系统接入园区5个，使用率100%；完成“双月攻坚”驾驶舱接入；新天地、武林商圈、丝绸城基层治理建设，下城枢纽建设，红会医院周边治理等城市大脑试点场景建设项目实施。发挥“亲清在线”平台助企惠民作用，平台兑现资金3.78亿元，惠及企业1.8万家，其中区级政策上线18个，兑现资金6704万元，惠及企业901家次。上线蓝领公寓房源309间，签约房源238间，分别完成目标任务的206%和159%。潮鸣街道入选工信部第四批智慧健康养老示范街道（乡镇）。（王晓斌）

楼宇经济

【概况】2020年，下城区推进楼宇经济发展，通过开发、出售或出租楼宇引进各类企业，扩大财税来源。全年新增商务楼宇面积14.69万平方米，新入驻企业273家。实现楼宇税收85.48亿元（不含金融楼宇）。全区有楼宇128幢，楼宇商务面积288.69万平方米。其中全口径税收超过1亿元楼宇55幢，超过10亿元楼宇4幢（金融楼宇）。楼宇入驻企业7816家，比上年增加227家，平均入驻率90.5%。

【楼宇社区整合】2020年，下城区8个街道有楼宇社区19个，比上年减少3个。其中，天水街道有坤和、延安2个楼宇社区，全年实现全口径税收36.16亿元，楼宇社区中有超过1亿元楼宇11幢。武林街道有广利、中北、武林路国际商业街区3个楼宇社区，原环西楼宇社区、武林楼宇社区合并为武林路国际商业街区楼宇社区，实现税收118.89亿元，增长21.1%，楼宇社区中有超过1亿元楼宇10幢。长庆街道有嘉德、汇金国际2个楼宇社区，实现税收27.75亿元，增长19.7%，楼宇社区中有超过1亿元楼宇9幢。潮鸣街道有凤起、庆春、环北3个楼宇社区，实现税收61.22亿元，增长12.6%，楼宇社区中有超过1亿元楼宇8幢。朝晖街道有环球中心、朝晖路、武林时代3个楼宇社区，实现税收10.61亿元，下降10.6%，楼宇社区中有超过1亿元楼宇8幢。文晖街道有江南、现代2个楼宇社区，实现全口径税收6.29亿元，增长6.6%，楼宇社区中有超过1亿元楼宇2幢。东新街道有新天地两新集聚区、中国杭州人力资源产业园2个楼宇社区，实现全口径税收20.60亿元，增长12.4%，楼宇社区中有超过1亿元楼4幢。石桥街道有华丰、中大银泰城2个楼宇社区，实现税收6.45亿元，下降5.1%，楼宇社区中有超过1亿元楼宇3幢。

【金融楼宇规模扩大】 2020年，下城区有31幢金融楼宇，比上年增加6幢。其中天水街道有广发银行大厦、金都杰地大厦、出版大厦、百井大厦、浙信大楼5幢，全年分别实现税收5亿元、1.91亿元、1.26亿元、5.85亿元和2076.25万元。武林街道有浙商银行综合楼、中国进出口银行（浙江省分行）、嘉里中心、浙江中银大厦、中国太平洋财产保险股份有限公司、广利大厦6幢，分别实现税收91.81亿元、3.94亿元、3080.64万元、3.16亿元、1.31亿元和1.04亿元。长庆街道有中国工商银行浙江省分行营业部大楼、凯喜雅大厦、浙江省农业银行大厦、汇金国际大厦、永通信息广场、东清大厦、之俊大厦、嘉德广场、国信房产大厦9幢，分别实现税收12.9亿元、1.59亿元、4.30亿元、2.13亿元、1.12亿元、1.03亿元、1亿元、8013万元和1874万元。朝晖街道有联锦大厦1幢，实现税收1.04亿元。潮鸣街道有杭州银行、浙江省农行营业部大楼、兴业银行大厦、华源发展大厦、杭州人保大厦、云天财富中心、金龙财富中心7幢，分别实现税收41.4亿元、4.27亿元、4.86亿元、2.28亿元、1.99亿 元、1.23亿 元 和2.05亿元。文晖街道有野风现代中心1幢，实现税收2.21亿元。东新街道有华洲创业大厦、杭州下城国投大厦2幢，分别实现税收1.5亿元和200.64万元。

【楼宇企业信息数字化建设】 2020年，下城区加强对楼宇系统维护，确保相关信息数据及时性与准确性。依托企业服务中心平台，加强楼宇企业信息动态管理，提升楼宇信息数据准确性。加大楼宇经济数字化管理服务推广与应用力度，通过企业移动端为楼宇企业提供政策咨询及意见收集，形成大数据支撑、内外网互联的服务闭环智慧化大数据管理，为企业开展相应的差异化服务打下基础。（郑　硕）

商贸服务业

【概况】 2020年，下城区商贸服务业积极应对新冠肺炎影响，保持市场正常供应，稳定消费和外贸预期。全区特色街建设有序推进，杭州中国丝绸城获评省级高品质步行街。建设“潮武林不夜城”，启动“运河湾国际风情港”建设，推动杭州大厦购物中心、银泰百货杭州武林店、杭州嘉里中心、杭州国大城市广场、杭州新天地等夜间外摆设计和审批。全区商贸综合体7个，总面积69.6万平方米，比上年增加19.17万平方米。全年实现社会消费品零售总额538.05亿元，增长0.6%。其中网上零售额365.17亿元，增长9.3%。完成货物进出口总额513.8亿元，增长22.3%。

【支持复工复产】 2020年，下城区组织商场、外贸企业、会展企业等1000多家商贸服务企业做好复工复产，重点协调好员工出行、物资运输、订单跟踪、防疫保障等工作，推出国有经营性房产租金减免政策、扶持重点民生保供企业、实施商业综合体和汽车消费补助等政策，兑付资金2862.35万元。启动“潮武林不夜城”“运河湾国际风情港”建设，打造“延安路武林商圈”和“新天地活力PARK”两大夜地标。线上线下组织“云购武林”“汽车消费六月嘉年华”“下城消费大讲堂”“夜越武林夜间抖音挑战赛”“数字赋能潮玩武林”“外贸优选商品进商场”等10多场有影响力的促销活动，组织商贸企业参与“舌尖上的杭州”厨神争霸赛、第七届中国（杭州）国际电子商务博览会、杭州休闲购物节等活动。统筹推进延安路国际化商业大街、武林路国际商业街区、杭州中国丝绸城、绍兴路汽车精品街等特色街区建设。开展延安路（北段）商业区域规划设计，杭州中国丝绸城入选首批省级高品质步行街。开发“云上消费”体系，建设“云mall”平台，开启各类“云购模式”，鼓励商家开展“柜姐直播”，建设专属线上平台等，实现“无接触购物”。武林路实施小商户“数字生活新服务”提升改造，50多家小商户开启支付宝数字生活新模式，武林商圈成为全国疫情后恢复正常营业最早的商圈之一。

【发展夜间经济】 2020年，下城区设立1000万元财政专项扶持资金，用于创建10个夜间经济示范项目。制订推进示范项目创建十大措施，推进十大创建示范项目创建工作。申报省级夜间经济试点城市（区）。对接"抖音"等平台，拍摄夜经济宣传视频，策划开展系列挑战赛。谋划培育"下城夜经济直播代言人"。《浙江日报》《杭州日报》等媒体平台，宣传下城区打造夜间经济工作。加快武林中央商城提升改造，探索24小时营业模式，引进24小时健身、餐饮等业态，建设"潮中央不夜城"。启动西湖文化广场"运河湾国际风情港"提升改造，营造良好的夜间经济发展环境。引导杭州大厦购物中心、银泰百货武林店、杭州国大城市广场、杭州嘉里中心、杭州新天地、武林路9号音乐街开展各类夜消费活动。联合杭州龙游路夜市举行"七彩夜市红动武林"等直播活动。会同杭州新天地举办首届"不夜杭州"生活节开幕式，打造新天地作为杭州"不夜城"的新地标。

【进出口总额增长】 2020年，下城区贯彻国家"六稳""六保"（稳就业、稳金融、稳外贸、稳外资、稳投资、稳预期，保居民就业、保基本民生、保市场主体、保粮食能源安全、保产业链供应链稳定、保基层运转）政策，克服新冠肺炎疫情影响，大力拓展国际市场。出台《下城区支持出口转内销补贴政策》，组织企业参加第127届、第128届线上中国进出口商品交易会，促进出口市场稳定。完成20多项反倾销、反补贴调查和贸易摩擦案件强制应诉调查。帮助企业签订多笔大额防疫物资出口订单。组织外贸产品直播带货专场活动，打通国内国外双循环。全年完成进出口总额513.8亿元，比上年增长22.3%。其中，出口额205.85亿元，增长1.7%；进口额307.95亿元，增长41.4%。

【对外服务贸易拓展】 2020年，区商务局开展服务贸易创新试点工作，推动以中国电建集团华东水利勘测设计院、中国水利水电第十二局有限公司等龙头企业为主的对外承包工程及以泛远国际物流有限公司、杭州越华货代公司等为代表的国际货代物流领域产业集聚，培育发展以重点优势企业为基础的服务贸易产业平台。推动服务外包向专业化、规模化和品牌化发展，进一步提升技术服务创新水平。全年服务贸易出口10.06亿美元，其中服务外包离岸执行额3.23亿美元。中国电建集团华东勘测设计研究院有限公司获评杭州市服务贸易示范企业。

【境外投资扩大】 2020年，下城区发展与"一带一路"国家对外合作，以科技与贸易为侧重点，扩大境外投资。浙江省土产畜产进出口集团有限公司在缅甸设立浙江惠元（缅甸）制衣有限公司，杭州凯泰睿德投资合伙企业在美国和中国香港分别设立安君泰生物科技有限公司和埃格瑞科技（香港）有限公司，浙江中胜实业集团有限公司在安哥拉设立计量工业有限公司，杭州澳赛科技股份有限公司设立的澳赛科技有限公司，境外投资项目涉及仪器仪表制造业、软件和信息技术服务业、生物科技、贸易进出口等领域。（郑　硕）

文化产业

【概况】 2020年，下城区围绕"两高两区"建设目标，聚焦大文化品牌，凝聚治理共识，聚力下城大运河文化带建设，做大格局、拉高标杆，为奋力当好建设"重要窗

2020年11月6日，由中国电建集团华东勘测设计研究院有限公司设计建设的墨西哥帕查玛玛光伏总承包项目投入运行　（区商务局　供稿）

口”“头雁战队”排头兵提供文化产业支撑。全年全区文化产业实现增加值65.50亿元，比上年增长6.5%，占全区GDP的5.8%。规模以上文化企业160多家，实现营业收入659.80亿元，增长23.8%，其中，设计服务业引领增长，创意设计服务规模以上企业营业收入545.44亿元，增长39%。

【文化企业复工复产】 2020年，下城区适当调整省文化产业专项资金用途，在“三服务”走访调研基础上，推出《下城区推进文化企业战疫情促发展的十项举措》。开展下城区推进文化企业战疫情促发展扶持项目申报、评审工作，立项扶持项目33个，涉及企业31家，扶持金额417.5万元，支持文化企业有序推进复工复产。承办“战疫情促发展主题巡演千里行”首演暨下城区“情暖战疫英雄”公益慰问演出，观看演出的医护人员和基层一线工作人员4000多人，人民网、人民日报客户端、《杭州日报》头版等主流媒体平台刊登报道40多篇，助推全区特色国际演艺行业复苏。推荐企业申报市文化企业帮扶纾困资金项目，年内全区立项5个。

【新兴文化业态培育】 2020年，下城区加快培养动漫游戏、在线教育、短视频、亲子教育等新兴文化业态培育，提升数字经济文化产业综合实力。引进专注于0～8岁全学科儿童启蒙教育的高科技教育企业杭州哈耶普教育科技有限公司和“常青藤爸爸”在线教育项目，在线教育项目作为全市重点文创项目参加杭州文化创意产业博览会暨文化产业高峰论坛，“里文化生活”项目作为下城区第四批重点招引项目在文化产业高峰论坛上集中签约。

【第十四届杭州文博会下城展馆活动】 2020年10月29日至11月1日，下城区在第十四届杭州文化创意产业博览会上设立独立展馆。省委宣传部副部长葛学斌，市委常委、宣传部部长戚哮虎，副市长陈卫强等领导分别到下城展馆参观调研。下城展馆以“电竞数娱，文蕴武林”为主题，展示下城特色电竞产业发展成果。首次将连续举办8年的亚洲设计管理论坛暨生活创新展纳入下城展馆，作为下城本土自主培育的具有较高市场化水平的文化产业会展项目，提升下城设计和会展品牌影响力。来自全国各地、各行业、各年龄层次的设计爱好者、科技爱好者1万多人次参观下城展馆。

【文化产业人才培育】 2020年，下城区加大文化产业核心人才、重点领域专门人才和高技能人才的培养和扶持力度，采取多种举措引进文化名人、名家及优秀团队。落户下城的文化名人中，在G20杭州峰会期间担任西湖山庄国宾馆总设计师的美学艺术家、设计师沈云堂成功举办由其创造的亚运精华版昆曲《牡丹亭》首场演出，剧作家余青峰创作黄梅戏《香如故》获杭州市文艺精品工程奖，杭州十竹斋艺术馆馆长魏立中获评“杭州工匠”，中国电建集团华东勘测设计研究院有限公司设计师孙淼军获评“下城区十大杰出青年”。

（黄　卉）

文旅产业

【概况】 2020年，下城区聚焦文旅融合发展目标，推进文旅产业资源高质量供给。加快建设新天地、武林之星两个文旅融合活力区及武林文化长廊、武林艺术商圈“两区一廊一圈”。制订《下城区打造“两区一廊一圈”时尚地标和文化高地行动计划》，成立武林艺术商圈联盟，并召开联盟第一次成员大会。统筹文旅融合资源、创新文旅产业业态，全区基本形成项目多元、资源整合、平台智能、人才集聚的大文旅体发展格局。

【都市旅游精品线路打造】 2020年，下城区在上年推出的“文化风情”“时尚潮购”“寻味街巷”等4条都市旅游专线的基础上，进一步整合博物馆、文保建筑、美丽街巷、非物质文化遗产等独具下城特色的文旅产品，全新推出“夜游武林”“活力新天地”“街巷探古”“非遗活态”等8条都市旅游精品线路。区文广旅体局会同区委组织部、区纪委分别推出“武林红韵”“清廉润心”专线，将下城文化旅游资源串珠成链。6月12日，区文广旅体局会同举办“遇见下城·乐游武林”都市旅游精品线路发布会暨武林艺术商圈联盟成立仪式，进一步扩大下城旅游影响力。

2020年6月12日，下城区成立武林艺术商圈联盟　（区文广旅体局　供稿）

【文旅融合“金名片”项目培育】2020年，下城区加快培育文旅融合“金名片”。城中里巷文旅市集成为国家文旅消费现场会示范点，并获文化和旅游部高度肯定。新天地中央活力区入选省市共育“金名片”项目，获副市长陈国妹批示肯定。新天地绮幻夜玩街区、“运河湾”国际风情港、“潮中央不夜城”等市集引进文化创意、娱乐互动、舞台表演、手作体验等，形成食、游、购、娱、体、展、演等多元一体的夜间消费市场，太阳马戏、OT酒吧等成为杭城夜间消费知名品牌。新白鹿餐厅、冠江楼等4个餐饮店获评浙江省“诗画浙江·百县千碗”特色美食体验店，新庭记文晖店、新白鹿龙游路店、桐山村等10家餐饮店分别获评杭州市“诗画浙江·百县千碗”特色美食旗舰店、示范店和体验店，促进“杭州味道”与“网红美食”的高度融合，激发旅游市场活力。

【文化旅游知名度提升】2020年，下城区发挥“文化搭台，旅游唱戏”的融合优势，将“文化走亲”与旅游推介相结合，丰富文旅推介的展现形式。承办“杭州都市圈新春文化旅游惠民大联展”活动，开展“约‘惠’杭州·精彩一夏”文旅产品直播，印制《下城街巷探古之旅》等宣传册，举办“遇见下城·影动之美”下城区都市旅游生活摄影大赛，以及“微游学”手机微拍大赛，举行巴东—下城旅游推介活动，提升下城旅游知名度。下城区组织赴河南、山东、广东和省内宁波开展旅游促销活动，推介下城区都市旅游资源，推进与客源地交流合作。

【文旅产业提质升级】2020年，下城区开展文旅产业提质升级行动，依托“城市大脑下城文旅大数据”平台，实现“10秒找房、20秒扫码”入园、“30秒自助”入住，让游客享受智慧旅游的便捷。加快武林文化长廊、武林美术馆、武林之星、新天地中央活力区等文化旅游项目建设。跨贸小镇旅游厕所革命三年行动计划完成。利用旅游大数据分析，实时掌握旅游客流、旅游消费、酒店入住、旅游舆情、旅游交通等情况，通过分析游客人次、旅游消费数据、旅游住宿评价等信息，实现文旅资源共享。

（马　珊）

18 工 业

2021

综 述

【概况】 2020年，下城区围绕杭州“新制造业计划”，聚焦数字赋能驱动，加快新旧动能接续转换，利用中心城区的区位优势和“武林新城”的发展机遇，培育引进制造业优质项目。全年完成工业总产值43.7亿元，比上年增长5.2%；完成工业销售产值46.6亿元，增长1.8%；规模以上工业增加值13.2亿元，增长12.5%；高端装备制造业增加值10.0亿元，增长17.0%；时尚制造业增加值0.6亿元，下降12.9%；新产品产值率44.5%，下降3.1个百分点；工业投资下降1.7%。全区规模以上工业企业25家，增加3家。

【规模以上工业企业效能提升】 2020年，下城区规模以上工业企业努力克服疫情影响，抓好复工复产，工业增加值比上年增长12.5%，其中高端装备制造业增长17.0%。高端装备制造业企业杭州汽轮机股份有限公司营业收

杭州人本轴承有限公司生产车间 （区发改经信局 供稿）

入44.96亿元，增长5.1%，营业利润6.12亿元，增长18.1%；利润总额6.21亿元，增长30.1%；总资产153.93亿元，增长22.2%。“中国机械工业企业核心竞争力100强企业”杭州人本轴承有限公司生产各类轴承779.89万套，增长15.6%，实现轴承销售收入74954万元，增长41.0%；税前利润6104万元，增长3.1%；上缴税费3021万元，增长3.9%。（鲁 剑）

工业企业转型升级

【概况】2020年，下城区实施工业企业转型升级行动，出台《2020年下城区“新制造业计划”工作要点》，支持企业以数字化、网络化、智能化改造为主的重大技术改造。紧抓防疫期间显现的数字赋能契机，强化区街协同走访企业的联系协调机制，引导辖区企业实施数字化改造。全区实施数字化改造项目14个，总投资5300万元。其中，“工厂物联网”项目4个，总投资1000万元；“机器换人”项目10个，总投资4300万元。推进“企业上云”专项行动，规模以上工业企业数字化改造覆盖率达到96%，浙江迈迪信息技术有限公司通过第一批省级工业互联网平台认定。

【工业汽轮机填补国内空白】2020年，杭州汽轮机股份有限公司与浙江大学联合研发的“年产120万吨～150万吨超大型乙烯项目核心装置用工业汽轮机”项目，入选年度浙江省首台（套）装备工程化攻关重点项目，填补国内在该领域的空白，并成功应用于大连恒力石化150万吨乙烯装置工程中。该项目应用智能化数字化设计技术全面优化产品和零部件性能，节能效益显著，安全性增强，使用成本降低，所开发的智能化数字化模块化产品设计平台对实现更大规模乙烯装置国产化具有重要的推广意义。

【新制造业计划推进】2020年，下城区借助杭州市“新制造业”政策东风，“双引擎”加快推进新制造业计划实施。制订工业用地“占一补一”平衡方案，实施杭叉集团和半山旧货市场存量工业用地提升改造和“布顿钢丝”等2个技改项目，引进外资制造业企业辛克奥实业公司落户下城，培植工业经济增长后劲。依托迈迪信息技术有限公司优势推进工业互联网平台建设，该公司入驻G60科创走廊，成为工业互联网专业服务商。深化工业企业“三服务”，向杭州汽轮机有限公司等4家重点关联企业派驻“一对一”驻企服务网格员，搭建政企沟通桥梁。多渠道建立杭产品供需对接信息平台，做精做细“武林新城”花香消费节等4场杭产品推广对接会，以网络直播带货、爱心直播间等新消费模式，推动产销衔接。（鲁 剑）

2020年下城区工业投资项目统计表

表2　　　　单位：亿元

企业名称	项目名称	投资总额	项目属性
浙江印刷集团有限公司	工业厂房	1.36	续建
杭州人本轴承有限公司	新能源电机轴承技改	0.11	续建
杭州人本大型轴承有限公司	工业装备轴承技改	0.05	续建
合计		1.52	

19 特色产业园（街区）

数字经济产业园

【概况】 2020年，数字经济产业园聚焦数字经济和制造业高质量发展“双引擎”驱动，自主引进企业274家，注册资金30.87亿元。完成集中签约重点项目16个，位列全区各平台第一位；吸引1亿元以上服务业大项目12个，完成率150%；实际利用外资4186.2万美元，完成率140%；实施产业链项目8个，完成率160%。产业园引进世界500强企业阿斯利康中国东部总部及其杭州国际生命科学创新园、全国首个由日本东京电视台全资设立的顶级动漫开发项目“都之漫”、纳斯供应链等优质项目和龙头企业落户园区。结合“武林新城”城市设计要求，全力推进多宗土地收储，推进杭州北景园生态公园（亚运电竞场馆）、武林美术馆、灯塔单元消防站、跨贸大楼等重点项目建设，进一步拓展园区产业发展空间。举办2020年浙江国际进口（武林洋淘）博览会，为杭州市民搭建家门口的“世界超市”，购物市民近10万人次，实现销售额超过1亿元。园区LGD俱乐部引进国内顶级电竞赛事王者荣耀KPL职业赛事，进一步打响电竞产业知名度。产业园获“浙江省参与第三届中国国际进口博览会突出贡献集体”“浙江省重点进口展商平台”“杭州市侨界创新创业示范基地”等称号。

【阿斯利康中国东部总部落户下城】 2020年6月9日，在第二十二届中国浙江投资贸易洽谈会上，下城区与阿斯利康投资（中国）有限公司签署《阿斯利康中国东部总部落户下城合作协议》，全球知名跨国公司阿斯利康投资（中国）有限公司正式入驻杭州下城区。作为世界500强制药企业，阿斯利康投资（中国）有限公司2019年入选中国医药市场前十大医药集团，以全年近49亿美元的销售额排名医药领域首位。阿斯利康项目重点围绕药品销售、营销推广等方面开展

2020年6月9日，阿斯利康项目签约落户数字经济产业园

（区数字经济产业园管委会　供稿）

工作，双方借力下城区互联网、移动医疗、电商环境等优势，共同打造杭州国际生命科学创新园，助推下城区生命健康产业发展。年内，园区以阿斯利康中国东部总部为龙头，以杭州国际生命创新园为支撑，吸引“名医济世”“一简医疗科技”等优质项目落地。

2020年9月24—27日，浙江国际进口（武林洋淘）博览会在浙江展览馆举行
（区数字经济产业园管委会　供稿）

【《关于促进区块链产业发展的实施意见》出台】 2020年，区数字经济产业园贯彻长三角一体化发展国家战略、聚焦“双引擎”驱动，在区块链服务网络（BSN）全球运维中心、展示中心、全球合作伙伴大会永久会址等七大重点项目落户园区的基础上，牵头起草《关于促进区块链产业发展的实施意见》，旨在促进区块链产业发展，培育区块链产业集群，打造高质量、高层次、高效能的区块链产业生态系统。8月6日，《关于促进区块链产业发展的实施意见》出台，意见提出专门设立规模为10亿元的区块链产业创投基金，探索“区块链+城市大脑”“区块链+社会治理”“区块链+疫情防控”等领域，将区块链技术全面应用于全区的城市管理、社区治理、政务服务和疫情防控等方面，为经济社会高质量发展增添新动能。至年末，区块链技术在城市大脑平台上有政务服务“最多跑一次”、酒店消毒监管、道路健康生态检测3个应用场景。园区集聚中科扶云（杭州）科技有限公司、杭州微蜂泰科区块链科技有限公司等代表性区块链企业。其中，中科扶云（杭州）科技有限公司是以区块链核心技术研究与应用为主的技术公司，主要应用于司法、政务、公益、溯源、供应链金融、数字资产等领域；杭州微蜂泰科区块链科技有限公司拥有50多项区块链底层技术专利，用数字科技连接金融和实体产业，公司完成上链资产近200亿元，完成上链智能设备超过1万台。

【一流营商环境打造】 2020年，区数字经济产业园管委会深入开展“走亲连心三服务”活动，全年走访企业157家次，解决问题近100个。切实兑现“电竞16条”政策，为10多家电竞产业链企业兑现扶持资金667.02万元。创新出口退货新模式，主动对接跨境电商出口企业，有效解决出口商品退货不通畅问题；响应eWTP框架下跨境电子商务物流服务革新的新趋势，跨境园区跨境电商出口额比上年增长90%；为在华留学生企业复工提供保姆式服务，该做法获中央电视台点赞。巩固提升跨贸小镇AAA级旅游景区形象，推进新天地核心区域公共设施和基础设施建设，助力打造国际一流营商环境打造。助力太阳马戏复演。数字产业园新天地活力区被省文化和旅游厅等7个部门授予夜间经济试点城市重点建设的“夜坐标”称号。

【浙江国际进口（武林洋淘）博览会在浙江展览馆举行】 2020年9月24—27日，由市政府、省商务厅主办，区政府、市商务局、中国（杭州）跨境电商综试区建设领导小组办公室、杭州日报报业集团承办，区数字产业园管委会、天水街道、都市快报社执行的浙江国际进口（武林洋淘）博览会在浙江展览馆举行。博览会以共享美好生活为核心，以高品质全球好货为支撑，采取线上线下实时联动，购物、行业研讨、商业对接相互结合等方式，打造集“2大展区4大内容”于一体的嘉年华立体展会，来自30

多个国家和地区的1万余种商品参展。博览会展期4天，参加购物市民近10万人次，直接销售额超过1亿元，进一步打响“武林洋淘”品牌。

【北景园生态公园建设】 2020年，区数字产业园管委会抢抓“电竞入亚”历史机遇，以打造一流亚运场馆为目标，加快推进杭州首个亚运电竞生态公园——北景园生态公园（亚运电竞场馆）建设。北景园生态公园以生态为主体、以电竞为特色，集休闲游憩、运动建设、文化体验、智能互动等功能于一体，是展现杭州城市特色、承办重要赛事、传达地域文化、塑造城市形象窗口的重要载体。北景园生态公园和电竞场馆项目总投资45.86亿元，项目占地面积约36万平方米。公园建设分两期，其中，一期（含电竞场馆）占地面积26万平方米，建筑面积8万平方米；二期占地面积9.7万平方米，均为园林景观绿化。生态公园及电竞主场馆设计方案“星级旋涡”由杭州中南建筑设计院设计。9月24日，电竞场馆项目开工，总建设工期400天。下城区成立由区数字产业园管委会牵头的项目建设指挥部，全年无休息并挂图作战，至年末，电竞场馆项目开挖及外运土方约49万立方米，完成土方总量的70.1%；桩基工程完成总量的95%；锚杆工程施工进度较预期提前1.5个月。项目建设指挥部在打造一流工程的同时，致力于把建设过程中的软硬件标准作为电竞场馆的系统标准，并着眼于打造国家电竞场馆建设的行业标准。

（徐娇娇）

2020年9月24日，北景园生态公园（亚运电竞场馆）项目开工

（区数字经济产业园管委会　供稿）

中国杭州人力资源服务产业园

【概况】 2020年，中国杭州人力资源服务产业园（简称服务产业园）发挥创新载体引才聚才作用，构建人才引领创新驱动新格局，累计集聚优质企业150家，包括万宝盛华人力资源（中国）有限公司、浙江中智经济技术服务有限公司、北京科锐国际人力资源股份有限公司等知名人力资源服务机构。产业园遵循“政府引导、社会参与、企业投资、市场运作”的原则，采取政企结合管理模式，发挥“政府服务+市场服务”优势，举办百家人力资源机构服务大学生“双创”活动、中国杭州国际人力资源峰会、高学历人才创新企业“加油站”等系列品牌活动，为创新创业人才提供优质人力资源服务。推进长三角地区国家级产业园一体化发展，共商协同创新网络建设计划，营造一流人才生态环境。坚持以高层次人才引进为核心，推进服务产业园改革创新，全年新认定杭州市高层次人才1300人，比上年增长4.7倍；新引进本科以上应届毕业生1.04万人，增长66.3%。其中：来自“双一流”高校毕业生1279人，增长47.2%；海外留学生488人，增长18.2%。

【产业园能级提升】 2020年，服务产业园加大招商引资力度，新引进北京维众人力资源管理有限公司、浙江婴护人力资源服务有限公司等品牌机构12家，企业入驻总数达150家，累计提供服务915万人次；引进海外专家及高端智力项目395个，各类高端人才（20万元年薪以上，或硕士研究生以上学历，或副高级以上职称）1.08万人，累计为8.77万家企业提供服务。全年接待人力资源和社会保障部及江西省、沈阳市、连云港市、无锡市、珠海市、嘉兴市等全国各地考察调研组109批次。11月8日，省人力社保厅发布《2020浙江省人力资源服务业发展白皮书》，浙江中智经济技术服务有限公司等9家机构入选2019年度浙江省人力资源服务机构综合100强，千汇人力资源有限公司等11家机构入选猎头100强，浙江雷博人力资源开发有限公司等8家机构入选劳务派遣100强，优蓝网等4家机构入选科技创新榜。在“发现驱动·智创未来——2020杭州人力资源服务和产品创新路演”活动中，上海东福网络科技有限公司杭州分公司“数据驱动的员工弹性福利方案”和杭州中智服务外包有限公司“预才网”2个项目被评为2020年杭州人力资源服务和产品创新优秀项目。

【助力企业复工复产】 2020年2月19日，产业园举办“战疫春风行动”紧缺岗位线上招聘会，引导1199家企业入驻，推出岗位4985个，接待求职应聘者6012人，签署就业协议1500多人。为解决市场劳动力供需不平衡矛盾，园区人力资源机构发挥自身优势，以“灵活用工”方式开展企业间劳动力余缺调剂，有效解决待岗员工就业、停工企业人力成本增加等实际问题。3月9日，副省长王文序调研产业园工作，对人力资源机构助力企业复工复产所做的努力给予充分肯定。

【人力资源机构服务“双创”联盟成立】 2020年6月13日，由市委人才办、市人力社保局、区委、区政府共同主办的“未来留‘下’·筑梦杭‘城’——杭州市百家人力资源机构服务大学生‘双创’活动”在浙江展览馆举行。大学生“双创”活动期间，全市100家人力资源机构正式集结成为服务“双创”联盟，为怀揣创业创新梦想的大学生提供优质人力资源服务。来自清华大学、北京大学等全国10多所高校“双创”代表、杭州市知名人力资源机构代表、大学生创业企业代表及在杭州的高校大学生代表200多人参加活动。新成立的“双创”联盟设置咨询培训、外包派遣、猎头招聘3个专业领域分联盟，主要提供创业辅导、创新孵化、灵活用工、人事外包、优秀人才寻访、任职资格分析等服务，为团队解决组织建设、运营管理、人才队伍建设等方面的瓶颈问题。

2020年8月27日，中国杭州国际人力资源峰会在下城区举行

（区人力资源服务产业园管委会　供稿）

【中国杭州国际人力资源峰会在下城区举行】 2020年8月27日，由中国领先的人力资源媒体品牌HRoot联合中国杭州人力资源服务产业园主办的中国杭州国际人力资源峰会在下城区举行，市委常委、组织部部长毛溪浩出席并致辞，省人力社保厅副厅长陈中，市委组织部副部长、市委人才办常务副主任陈键，区领导刘颖、柴世民、沈华锋、王振峰等出席活动，国内从事人力资源管理与研究的专家学者、人力资源企业负责人、企业首席执行官和人力资源总监600多人参加峰会。峰会以“融合共生·聚力同行”为主题，以“后疫情时代”打造人力资源企业升级版为主线，举办9场聚焦前沿的主题演讲，就人力资源企业在新常态下面临的挑战与机遇问题进行共同探讨，开幕式上，发布《2020HRoot全球人力资源服务机构50强榜单与白皮书》，该榜单覆盖全球12个国家。下城区政府与2家创新型国际知名人力资源服务机构签署意向入驻服务产业协议，

为杭州赋能企业数智转型提供助力与动力。（谢莹华）

中国（杭州）互联网影视产业园

【概况】 中国（杭州）互联网影视产业园位于下城区沈家路150号，由下城区政府、浙江清华长三角研究院杭州分院、杭州文化广播电视集团共同发起组建。园区面积1.9万平方米，主楼层高5.7米，户型设置有大、中、小多种，适合不同类型、不同规模的影视企业入驻。2020年，下城区致力于将园区打造成为特色鲜明、功能齐全、体制创新、产业链完整的互联网影视产业基地，加强招商引资，加快互联网影视文化产业集聚。至年末，园区入驻企业83家，其中入驻文创企业80家，包括杭州链红文化传媒有限公司、杭州走马围城影视制作公司、杭州舞国文化创意有限公司、杭州同与泽科技有限公司、杭州来咖文化创意有限公司等。入驻企业有知识产权200多项（包括商标信息、专利信息、作品著作权等）。实现营业收入4.38亿元。园区众创空间被评定为杭州市级众创空间，并申报成为杭州市科技企业孵化器。

【产业园疫情防控与复工复产】 2020年，中国（杭州）互联网影视产业园加强疫情防控工作。入驻企业浙江艾尔森环保科技有限公司捐助空气净化器220台、消毒液100吨和现金10多万元。入驻企业杭州非线性文化创意有限公司与浙江人民美术出版社合作录制"防疫战疫"纪实有声图书《平凡与不平凡》及抗疫报告剧《在一起》。针对疫情期间影视项目开发孵化难问题，产业园为企业免除2个月的房租和孵化服务费。依托平台布局开发影视文化新业态和新模式，加快园区企业复工复产。

【楼宇众创空间打造】 2020年，中国（杭州）互联网影视产业园在原500平方米众创空间基础上另辟办公空间400平方米，为小微型文化影视公司和项目公司提供物理空间、资金配套、产业政策扶持等服务。至年末，众创空间引进注册企业26家。园区运营团队与优质企业完善产业链布局，打造产业生态，为社会输送高质量人才并带动就业。

中国（杭州）互联网影视产业园区　　（区科技局　供稿）

【短视频培训中心建设】 2020年，中国（杭州）互联网影视产业园推进短视频培训中心建设，打造场景式电商直播间、多功能直播间、专用培训教室20多个。邀请业内专家导师团为"在孵企业"（指进驻到科技孵化器内经营并接受该孵化器所提供的孵化服务，但尚处于企业初级阶段的公司）开展专业培训，采取线上学习、线下培训相结合的方式，培训专业技能人才，并为网络主播发放专业技能证书。产业园获人力资源社会保障部、国家广电总局、工业和信息化部三大机构培训发证资格授权，其中人力资源社会保障部互联网营销师是列入《国家职业分类大典》的第142个新职业。根据授权，产业园可为企业提供网红直播培训，合格者可取得"直播销售员"工种证书。全年培训中心接受培训1000多人次，孵化"网红"（网络红人）300多人，为全市100多家企业提供新媒体运营人才支撑。

【市级孵化器建设】 2020年，中国（杭州）互联网影视产业园重点培育影视内容开发和后期制作、影视投资、管理和服务及动漫、游戏、景地旅游等相关文创领域内的初创型企业。全年孵化企业18家，扶持企业申请自主知识产权8项。孵化企业中，杭州三马为闯文化传媒有限公司取得广播电视节目制作营业许可证，杭州深巷文化传媒有限公司获中国作品版权登记证书，浙江允中也文化传媒有限公司作品获韩国光州和平国际戏剧节最佳剧目奖、北京当代小剧场戏曲艺术节最佳编剧奖、杭州市文化精品工程扶持项目称号。

（张建成）

西湖文化广场

【概况】 西湖文化广场占地13.3公顷，总建筑面积35万平方米，拥有170米高的市中心地标性建筑——浙江环球中心，入驻单位包括省市重点文化场馆、企事业单位135家，年人流量达2000万人次，是省内文化场所规模化、文化服务多元化、文化消费品质化的代表性广场之一。2020年，西湖文化广场成立环球中心楼宇社区党群服务中心、环球中心企业联盟服务中心和西湖文化广场综合指挥中心，实施提升改造景观照明、绿化景观、安全设施等项目，全方位、高品质服务场馆企业和市民游客，呈现“浙江文化中心”和“杭州城市客厅”的独特魅力。疫情期间，广场管委会推出有针对的防控和复工复产举措，免费向入驻单位杭州银耀百货有限公司、杭州联华华商集团有限公司等提供室外经营场地，举办促进消费活动。加强广场群众性文化活动管理，与14个文体团队签订《文体活动自律承诺书》，举办反恐防暴综合演练、消防安全演练、消防安全专项检查等活动9次。

【“一办三中心”机构健全】 2020年，西湖文化广场管委会着力打造“一办三中心”，将广场办公室搬入新办公场地，办公场所面积增加到300平方米。成立环球中心楼宇社区党群服务中心，举办党群联席会、先锋大课堂、青年文化日等活动，形成组织互联、信息互通、优势互补、党群互动的机制。成立环球中心企业联盟服务中心，由市场监管、税务、公安、物业、街道、社区等单位派员组成“一楼六员八人”团队，开发“环球企业云联盟”，实现复工复产申请、人才引进对接、法律解读咨询等助企服务“零跑次”。成立西湖文化广场综合指挥中心，由公安交警、消防安监、城管执法、市场监管等部门人员集中办公，设立监控大屏，增设人脸识别监控探头，实现监控盲区全覆盖、人流统计全时段、指挥功能全升级。通过成立三大服务中心，楼宇服务能级全面提升。

【综合提升改造项目实施】 2020年，西湖文化广场完成景观照明、绿化景观、安全设施提升等项目，彰显“武林都市”地标新形象。景观照明改造更换广场庭院灯100多套，庭院灯全部采用节能灯具。绿化景观改造以灰色为主色调，在广场东入口区域增设特色垃圾桶40个、抬升地理灯6个、不锈钢花箱56个。广场主要通道设置非机动车隔离装置5处、无障碍通道设施8处。广场公厕室内新增无障碍卫生间2处，便利老年人、残疾人等特殊人群如厕。提升改造后的广场文化体验环境更加舒适。

【首批“城市青年音乐角”设立】 2020年，杭州市以下城区为示范，在辖区青年集聚或人流量大的区

2020年11月16日，杭州市首批“城市青年音乐角”启用仪式在西湖文化广场举行

（朝晖街道　供稿）

域，首批设立10个点位的"城市青年音乐角"，与文化旅游线路相融合，旨在打造全国时尚文艺新高地，助推文旅产业发展。11月16日，杭州市首批"城市青年音乐角"启用仪式在西湖文化广场举行。市委宣传部副部长应雪林，区委常委、宣传部部长赵一文出席成立仪式。西湖文化广场音乐角位于广场西北角，邻近世纪联华超市出入口，人流量大。活动现场，来自浙江工业大学星星索大学生艺术团和Arena乐队的歌手用小提琴、萨克斯、贝斯等乐器伴奏，演唱《梦想天堂》《海阔天空》等歌曲。下城区"城市青年音乐角"启用后，每月组织不少于2次的音乐互动活动，讲述"杭州故事"，弘扬"下城精神"，为年轻人打造一个开放互动的音乐舞台。

【社区文化月群众文艺大会演】2020年10月27—29日，"风情大运河·文艺颂小康"下城区第三十三届社区文化月群众文艺大会演在西湖文化广场举行。会演包括基层群众文艺展示和高水平文艺演出，为期3天。首日举办下城区首届武林艺术商圈联盟惠民展演，邀请浙江京昆剧团、浙江小百花越剧院、浙江曲杂剧团、省市文化馆等单位，联袂表演《梁祝（选段）》、《牡丹亭（选段）》、童声合唱《闪亮小红星》等。28日，大会演活动举办专场演出，来自民间的下城群众文艺团队表演老歌演唱、民乐演奏、旗袍秀、排舞和街舞表演等。29日，举办下城区首届社区之歌精品展演，从全区75个社区中选拔出来的16首社区之歌进行首次演出，社区之歌以"歌颂社区家园、传唱小康生活故事"为主题。

（韩　芸）

杭州中国丝绸城

【概况】杭州中国丝绸城成立于1987年，位于下城区长庆街道十五家园社区，占地面积2万平方米，有签约商户407家，2020年销售总额18.24亿元。丝绸城是国家特色商业街，也是全国唯一的丝绸专业批发、零售市场，原为国家国内贸易局重点联系批发市场。2020年，丝绸城立足特色产业，通过数字赋能，打赢疫情防控、丝绸城能级提升两场攻坚战。丝绸城街区以"一心、双街、多区"为主体结构布局，构建"国际丝绸时尚发布中心、丝绸商贸中心、丝绸研发中心、国际丝绸联盟、思路寻梦"等区块，全力打造国际丝绸品牌中心，实现环境、品质、文化、智慧四大提升。年内，完成省级高品质步行街及省级四星级文明规范市场验收，被评为浙江省首批高品质步行街。

【丝绸城疫情防控】2020年，杭州中国丝绸城筑起"安全防控"和"病毒消杀"两道防线，主动做好丝绸城卡口志愿站岗服务，及时了解和协调解决商户遇到的实际困难，保障商户平稳有序经营。利用商会微信群、短信宣传疫情防控知识，对会员单位进行舆论引导和健康知识宣传。杭州丝绸城商会会员、企业家带头捐赠防控物资价值4.18万元。认真落实下城区关于支持小微企业共渡难关的政策，为丝绸城285家承租户减免3个月租金，约690万元。组织商户参加国家文物局、省政府主办的"2020丝绸之路周"活动，开展杭州中国丝绸城战疫旺街大促销活动，推出惠民消费券、街区消费"满就奖"等活动，助力丝绸城企业经济复苏。

【街区能级提升】2020年，杭州中国丝绸城以"国风丝韵，未来街区"为目标定位，全面推进环境、品质、智慧、文化能级提升。根据丝绸城空间、业态、资源的分布情况，对体育场路、凤起路2个主入口进行重新改造，新建2组既有丝绸文化寓意，又能互动体验的雕塑装置，并设置杭州中国丝绸城醒目LOGO装置。突破传统商业模式，立足"新零售"和夜光经济，大力引导新消费，推出网红直播间、"云上丝绸城"，开辟丝绸城网上销售新途径，构建"线上+线下""白天+夜晚"多种业态。在西健康路设立丝绸城精品区，通过私店订制形式，对200多家商铺橱窗美陈进行个性化设计改造。推出杭州中国丝绸城精品馆，引入网易严选线下店。设立丝绸城数字驾驶舱，借助5G、AR、大数据、Wi-Fi全覆盖等手段，打造超融合实景应用平台、客流分析管理数字平台及丝绸城智慧服务小程序。设立"丝里杭间"丝绸城沉浸式体验馆、AI互动空间，让市民、游客通过多媒体光影互动感受和体验丝绸文化的丰富内涵。挖掘丝绸城“非遗”传承人，聘请杭州都锦生实业有限公司、杭州王星记扇业有限公司的“非遗”传承人在街区开展“非遗”文化传播，弘扬丝绸文化。

【省级高品质步行街开街】2020年11月19日，经过近5个月的改造提升，杭州中国丝绸城省级高品质步行街以全新面貌开街。结合开街，举办“新消费·醉杭州”2020杭州休闲购物节。购物节以“醉·时尚—开街、醉·韵味—开市、醉·生活—开播”3个篇章为主要内容，推出丝绸旗袍走秀、民国绸庄情景剧、“非遗”文化体验、丝绸夜市，网红现场直播等活动，形成线上线下联动消费格局。打造杭州首个“丝里行间”丝绸文化数字体验馆，体验馆分为“云锦入梦”“武林丝韵”等五大板块，通过AI互动、动画投影展示、墙面趣味互动、异形装置投影等现代科技，重现杭州丝绸昔日盛况。通过丝绸文化数字体验馆，市民游客可直观了解丝绸的发展历史、学习丝绸知识、云游陆上丝绸之路和海上丝绸之路，感受千年丝路的繁华。新设立的杭州中国丝绸城精品馆展示来自柬埔寨、老挝、意大利、巴西、孟加拉国等国家的丝绸产品，同时，“国际丝绸联盟”正式挂牌精品馆。步行街管理采用“AR+5G”技术，将407家商户的信息标注到实景中，实现丝绸城管理信息的可视化。运用智慧服务小程序、停车引导、5G穿衣镜等多种服务功能，让市民、游客购物时全方位感受“智能+丝绸”服务，全面提升购物体验。（顾清清）

中国（杭州）汽车文化精品街区

【概况】中国（杭州）汽车文化精品街区（简称绍兴路汽车街）位于下城区东新街道绍兴路，南起德胜路，北至香积寺路，全长0.96千米，占地面积0.46平方千米，拥有奥迪、宝马、奔驰等10多家知名汽车品牌4S店和20多家汽车销售服务企业，是集汽车销售、汽车金融、汽车租赁、汽车用品电商、汽车文化展示为一体的汽车主题文化精品街区。绍兴路汽车街于2004年12月29日开街，以“经济立街、精品强街、文化兴街、休闲活街”为宗旨，连续10年年税收超过1亿元，2009年，街区成为下城区首条税收超过1亿元的国字号商业街区。2020年，绍兴路汽车街克服疫情影响，在全市率先复工，实现销量逆势增长，全年销售品牌汽车3.78万辆，销售额达105.4亿元，分别比上年增长4.0%和12.6%。实现税收1.87亿元。街区围绕汽车产业集聚和产业链延伸，重点拓展汽车保险、汽车互联网、汽车用品电商、汽车文化展示等相关产业，以业态精品化、环境休闲化、文化主题化、信息高端化为目标，全力构建现代、精致、时尚的绍兴路汽车文化精品街区。

【街区复工复产】2020年2月17日，绍兴路汽车街率先复工，成为全市最早复工的特色街区。东新街道与绍兴路汽车街商会共同成立复工专班，根据商家实际情况，通过“面对面”交流、“一对一”沟通，制定整体复工方案和《汽车街区疫情防控指导手册》，助力商家迅速复工复产。街区各企业共商对策，大力拓展汽车金融、汽车保险、汽车咨询与培训、汽车互联网、汽车用品电商等上下游产业链，不断完善汽车产业集聚和业态配套。进一步丰富汽车相关业态，将汽车元素融入市民生活，推出个性化的

2020年3月11日，中国（杭州）汽车文化精品街区春季“车享节”开幕

（东新街道 供稿）

汽车主题楼宇、汽车主题旅馆和汽车主题餐饮等服务配套设施。

【春季“车享节”开幕】 2020年3月11日，由东新街道、区商务局、区投资促进局、区城投集团共同主办，绍兴路汽车街商会承办的“逆风疾驰，云享车惠”中国（杭州）汽车文化精品街区春季“车享节”开幕。活动设置主会场和各4S店分会场，并通过现场直播形式连线互动。直播展示热门汽车品牌、款式、车型等，给消费者带来全新的看车、购车体验，在线观看达200多万人次。“车享节”上，东新街道、绍兴路汽车街商会联合推出“街区云平台”，共享街区各4S店资源，消费者只需用手机扫一扫二维码进入云平台，即可浏览街区13家4S店的实景展厅，体验云咨询等服务。活动现场发布《绍兴路汽车精品街区促进消费十项措施》，全面释放消费潜力。街区13家4S店面向疫情防控中做出奉献的“最美逆行者”推出医护人员专享购车优惠。

（赵寄言）

武林路国际商业街区

【概况】 武林路国际商业街区位于中央商务区核心区域，以武林路为轴，南起庆春路，北至体育场路，全长1.68千米，其与支路凤起路、龙游路、横长寿路、狮虎桥路、孩儿巷形成“非”字形街区，营业面积7.5万平方米。2020年，下城区以夜间经济为重要引擎，设立1000万元财政专项资金，组织丰富多彩的夜间经济活动。通过发展武林路国际商业街区“夜经济”，推进“夜武林”嘉年华之城中里巷示范项目创建，打造沉浸式夜市体验。搭建“武林店小二”服务平台，助推企业复工复产。武林街道以时尚为主题，把街区打造成为“下城最经典的街区”。

2020年7月24日，“夜武林”嘉年华之城中里巷开街仪式在嘉里中心举行

（武林街道 供稿）

【“夜武林”嘉年华之城中里巷开街仪式举行】 2020年7月24日，“夜武林”嘉年华之城中里巷开街仪式在嘉里中心举行。城中里巷东接延安路，西接武林路，邻近武林夜市，集花巷、艺巷、食巷、娱巷、农场、魅巷六大不同版块于一体，入驻美食、文创、农产品、花艺、娱乐互动、舞台表演、手作体验等夜市摊位60多个，形成食、游、购、娱、体、展、演等多元一体的夜间消费市场。开街仪式上，区商务局发布“越夜越武林”抖音挑战赛及数字赋能“潮玩武林”系列活动，活动内容包括街区“夜购”“夜游”“夜品”等。至年末，城中里巷在周末和节日组织开展乐队演出、盛装巡游、KML音乐节、沙滩啤酒节、有机生活节、万圣节活动、圣诞嘉乐季等活动100多场。

【武林夜市直播带货活动】 2020年，武林街道在武林夜市开展直播带货活动，推出多款网红爆款商品，将武林夜市打造成杭州“夜经济”的金字招牌。全年武林夜市实现营业收入486万元，比上年增长20%。6月15日，由区委组织部（“两新”工委）、区商务局主办，武林街道承办的“七彩夜市，红动武林”“两新”组织开放式主题活动在武林路国际商业街区党群服务驿站举行。14个“两新”组织党员直播带货，产品包括“喜得宝”蚕丝被、“普仕达”桌垫、“华泰绸庄”西汉五彩锦方巾、“新迪麦”香威尔流心蛋黄酥等，吸引市民游客前来购买。活动以直播带货的方式为企业搭建内销

2020年，武林街道在武林夜市开展直播带货活动　　（武林街道　供稿）

平台，线上观看人数超过4万人，点赞数超过10万人次。

【街区党建水平提升】 2020年，武林街道成立街区党支部，联合武林夜市管理方通过精准业态定位、严格经营资质审核、党员经营户亮明身份、诚信营户挂牌等方式，带动全体经营者诚信经营。成立嘉里中心外资银行联合党支部，增强嘉里中心外资银行党员的归属感。联合区投资促进局，举办主题沙龙活动，邀请三菱日联银行、三井住友银行等20多家世界500强企业、外资企业、金融机构围绕热门话题展开交流。6月15日，武林路国际商业街区党群服务驿站启用。街道以驿站为载体，开展红色讲坛、党群活动、学习教育和手工学堂等活动，定期面向商户开设直播技能培训课程，邀请商户子女参与"美美讲堂""非遗"文化体验活动，进一步推动楼宇社区与街区商铺间深入合作。（陆力舟）

南宋御街中北创意街区

【概况】 杭州南宋御街中北创意街区（简称中北创意街区）以中山北路为轴，东到中河路，西至延安路，南至庆春路，北到环城北路，全长1.86千米，面积1.2平方千米，分A、B、C三个区域。2020年，中北创意街区致力于营造高品质、舒适化、人性化的购物环境，全面提升消费者购物幸福指数。街区管委会完善监管职能，促进辖区商家规范化经营。加强宣传引导，提升商家对街区环境的认同感和责任感，营造"人人参与、共建共享"的良好氛围。推进街区绿化建设，以景观集聚商务，以商务提升品位，让街区楼宇与国际化接轨成为数字与实体完美融合的智能商务中心、商业与文化互动的商文中心。

【街区建设与管理优化】 2020年，中北创意街区成立防疫巡查小组，定人定点穿街入巷排查疫情，指导企业做好疫情防控，减轻疫情对企业的影响，帮助小微企业渡过难关。加强街区管理，每月对街区进行安全生产和消防隐患排查，并做好隐患治理工作。加强对企业的走访交流力度，为企业提供相关服务协调，提高街区入驻企业满意度，为街区经济发展创造安全稳定环境。开展街区企业间文化交流，举办创客产品和概念的展示、交流、互动和培训等活动，促进街区健康有序发展。加强旅游咨询中心建设，结合各重大节日，开展形式多样、丰富多彩的文娱活动，实现中心"旅游+公益"的服务宗旨。

【"百日攻坚"行动】 2020年，中北创意街区根据区委区政府关于"百日攻坚"行动相关部署要求，结合"美丽杭州"创建暨"城市环境大整治，城市面貌大提升"集中攻坚行动，组织党员骨干和社区工作人员，集中对小区、楼宇内卫生死角、大件垃圾进行清理。同时，继续做好垃圾分类宣传，向居民宣传定时定点投放和大件垃圾处置方式，引导居民积极参与垃圾分类，共同打造整洁有序的生活环境。加强对武林广场的巡查，让街区成为环境优美的示范街区。

（张婷婷）

20 投资促进·区域合作

招商引资

【概况】 2020年，下城区完善“1+3+8+X”（“1”指区招商服务中心，“3”指区城投集团，区国投集团、区数字产业园，“8”指全区8个街道，“X”指区各部门、区直机关）招商引资体系，推出“线上+线下”“云端+实体”招商办法。全年引进企业（项目）1724个，注册资本490.27亿元，其中，引进注册资金1亿元以上企业（项目）72个，比上年增长94.6%。引进的生命健康、区块链项目中包括阿斯利康中国东部总部、中国联合网络通信集团有限公司5G新零售直播基地总部、中国诚通控股集团有限公司浙江总部、中国华能集团有限公司能源浙江总部、物产中大集团股份有限公司供应链全球采购中心等一批大好高项目。

【利用外资全市第一】 2020年，下城区实际利用外资6.2亿美元，比上年增长20.6%，按照商务部口径外资完成总量全省县（区县）为第一。阿斯利康中国东部总部及阿斯利康杭州国际生命科学创新园分别在中国浙江投资贸易洽谈会、中国国际进出口博览会等国家级会展平台上签约；日本东京电视台都之漫项目作为应对疫情开展的“云招商”成果在全省招商成果榜上展示；摩根士丹利三期人民币基金项目、德国乎泊停车中国总部等优质项目签约、落地。

【大项目集中签约】 2020年，下城区聚焦项目招引，做好大项目推进工作，全年举行集中签约4次，通过集中签约和单独签约形式签约项目75个，总投资651.81亿元。10月29日，中国诚通融资租赁项目在第三批重点招引项目集中签约仪式上签署。项目设立旨在扩大诚通集团融资租赁业务的辐射面，实现与诚通长三角地区贸易、地产、投资的多板块联动。12月18日，下城区举行第四季度大项目集中签约仪式，现场签约项目

2020年10月29日，中国城通融资租赁项目在下城区第三批重点招商引资项目集中签约仪式上签约
（区投资促进局 供稿）

20个，总投资252亿元，其中浙江东方基因生物制品股份有限公司在下城区成立第二总部，共同打造大健康产业园区，提振医疗产业层级。

【“云招商”活动】 2020年，下城区创新开展疫情防控下的招商引资工作。发挥互联网平台优势，开展“云招商”活动。区投资促进局加强项目跟踪，改“面对面”交流为“屏对屏”“线对线”沟通，从场地租金政策、工商税务咨询、外资备案流程等方面为企业提供“全方位、一站式”服务。2月21日，下城区与日本株式会社东京电视台通过互联网终端，分别在杭州和东京远程签署“都之漫项目”投资合作协议。3月6日，“数据下—城”云峰会在下城举行，下城区通过“云上”方式创新企业服务模式，开展“云推荐”“云路演”“云签约”“云对接”，实现招商线上全闭环。

【招商模式升级】 2020年，下城区强化“一盘棋”招商机制，统筹“1+3+8+X”招商平台资源和信息，加强项目管理、推进和督办工作。建立重点项目区领导牵头联络机制，第一时间协调解决出现的问题和困难。完善招商项目专班工作机制，对重大招商项目实行一个项目、一个专班、一套方案、一抓到底的“四个一”机制，强化全流程、全方位、“一站式”服务。完善招商项目快速反应工作机制，强化项目会商评估，落实项目跟踪洽谈进度，对土地出让、企业落地政策快速决策，加快重点项目落户进程。实施招商正向激励，加大“1+3+8+X”招商平台招商单项考核权重，采取“周动态、月赛马、季签约”办法，年内下城区通报周动态31次，发布赛马榜10次，推动默动生物、德路通生物、圣湘科技等重点项目落地。

（周玲娜）

区域合作

【概况】 2020年，下城区以巩固扶贫协作成果、提高扶贫协作质量为重点，实施精准扶贫。印发《关于印发下城区2020年度东西部协作、山海协作工作计划及任务书的通知》《下城区2020年度山海协作工程工作计划》《长春市宽城区与杭州市下城区2020工作要点》，召开东西部扶贫协作联席会议，在资金支持、产业合作、人才交流、劳务协作等方面开展对口帮扶。全年提供东西部扶贫决战决胜工作。全年全区落实帮扶资金1.41亿元。贵州省黔东南苗族侗族自治州黎平县实现249个贫困村出列，13.52万人脱贫，贫困发生率从28.6%降至1.4%，群众认可度95%以上。湖北省恩施土家族苗族自治州巴东县实现118个贫困村出列，5.59万农户18.12万人脱贫，贫困发生率从39.1%降至0.3%。经两省政府批准，黎平县、巴东县正式退出贫困县序列。

【扶贫工作交流】 2020年4月20—22日，黎平县委副书记、县长王春雷带队到下城区开展扶贫交流活动，就进一步推进农村产业发展和实施乡村振兴战略工作交换意见。6月22—24日，6月29日至7月1日，区委书记刘颖，区委副书记、区长柴世民分别带队到黎平县和巴东县对接东西部协作工作，实地考察东西部协作帮扶项目，并召开双方联席会议。8月12日，湖北省恩施土家族苗族自治州政协副主席、巴东县委书记单艳平到下城区考察，召开东西部扶贫协作联席会议。11月28—29日，巴东县委副书记、县长郭玲到下城区学习考察，双方召开东西部扶贫协作联席会议。

【人才支援扶贫】 2020年，区委、区政府派出10名专业技术人才到贵州省黎平县、湖北省巴东县挂职。其中教师6人、卫生技术人员4名，挂职时间至少1年。挂职人才开展多种形式的支教、义诊活动。还与黎平县、巴东县共同举办专业技术人才培训22期，培训人数5354人次。开展“山凤凰关爱行动”，组织“组团式帮扶”，提高当地教育水平。

【产业合作和消费扶贫】 2020年，下城区帮助帮扶地对接招商资源。贵州省黎平县代表团到杭州访问期间，考察新天地集团有限公司、香飘飘食品有限公司等企业，与有关企业赴黎平投资考察事项进行交流。年内，辖区有24家企业在帮扶地新增投资4.47亿元，带动贫困人口就业2644人。开展消费扶贫，通过引进中药材企业、“线上带货、线下助销”等方式，实现消费农特产品折合金额525万余元。

2020年，下城区开展“消费扶贫我们在行动”活动。图为武林夜市推介贫困地区农特产品　　（区融媒体中心　供稿）

文晖街道“文小红”工作室联合杭州济邦邦科技有限公司为巴东县设立农产品电商销售平台，帮助拓展当地农特产品销售渠道。全区有116个工会组织参与“工会爱心购活动”，订购巴东县农产品价值125万余元。

【“山凤凰”关爱基金成立】 2020年，为提升“山凤凰”关爱计划的造血功能，下城区联合浙江省妇女儿童基金会和杭州工商信托股份有限公司成立“山凤凰”关爱基金，以“慈善信托+公开募集”方式筹集资金。4月7日，“山凤凰”关爱基金在支付宝、腾讯、新浪微博等平台上开通募捐通道。至年末，关爱基金收到社会各界爱心人士和企业爱心捐赠267万余元，惠及贵州省黔东南苗族侗族自治州黎平县贫困家庭女生258人。

【山海协作】 2020年，下城区加强与江山市、淳安县山海协作。11月18日，副区长王振峰带队到江山市乡村振兴示范点李坪村、清漾村和保安乡检查山海协作援建项目，看望慰问挂职干部。12月24日，江山市委书记童炜鑫带队到下城区对接山海协作工作并召开高层对接会，就共同做好山海协作工作交换意见。下城区利用帮扶资金支持结对村基础设施建设、发展产业项目和群众增收项目。增加对淳安县五庄村、江山市上余镇李坪村帮扶项目的投资，督促项目早日建成投用，全年投资增加到330万元。根据《下城区—江山市山海协作教育合作框架协议》，深入开展教育合作，下城区与江山市建立结对关系学习增至17所学校。下城区星辰幼儿园和江山市城关幼儿园开展“跟岗学习、深度浸润”校际结对活动。全年下城区落实区县协作资金3200万元，帮助临安区消除集体经济薄弱村、发展壮大村集体经济。推进与桐庐县百江镇联乡结村工作，牵头落实帮扶资金231万元用于项目建设。与省级结对扶贫对象衢州市衢江区大洲镇石屏村对接，落实帮扶资金100万元，帮助发展民宿、食品深加工等产业。　（施文杰）

21 财政·国家税务·金融

财 政

【概况】 2020年，下城区实现财政总收入145.68亿元，比上年下降16.8%；完成一般公共预算收入81.23亿元，下降15.9%，占财政总收入的55.8%；税收收入76.01亿元，占一般公共预算收入的93.6%。一般公共预算支出54.3亿元，增长22.2%。区级一般公共预算财政收支平衡。调整和压缩一般性支出，兜牢基本民生底线，严格控制行政成本，部门决算一般性支出压减，“三公”经费下降。

【财政收入运行态势良好】 2020年，下城区面对严峻的增支减收的局面，成立税务专班全力组织财政收入，全年财政总收入完成调整预算的102.0%；一般公共预算收入完成调整预算的102.5%，均完成市下达的目标任务，财政运行态势良好。健全安商稳商问题督办机制，加强领导走访联系和分级分类协调。全年转入企业1825家，入库一次性收入4.92亿元。坚持依法征管和“应收尽收”，征收非税收入6.05亿元，其中纳入一般公共预算管理的收入5.22亿元。

【财政支持产业发展】 2020年，下城区出台关于支持小微企业共渡难关的十条意见和助力企业复工复产劳动用工的十项举措。区财政局牵头做好“亲清在线”平台政策兑现工作，兑现各项惠企政策资金7.2亿元，其中“亲清在线”平台线上兑现资金3.38亿元。加大对产业发展和经营困难企业的帮扶力度，拨付“两直”（直达市县基层，直接惠企利民的财政资金）资金2.48亿元。深化数字经济“一号工程”，推进促进数字经济产业发展实施意见落地。完善推动企业上市、跨贸小镇及特色园区建设等政策，促进新兴产业上规模发展。制订人才生态“黄金30条”配套文件，安排人才专项资金3.47亿元，比上年增长80.0%。

【民生保障经费投入】 2020年，下城区本级民生相关支出39.44亿元，比上年增长15.3%，占一般公共预算支出的82.4%，持续保持占比在80%以上。全年安排城建综合管理支出5.69亿元，用于老旧小区改造、美丽小巷建设、电梯加装、公厕改造、雨污分流等项目，以及教育配套、安置房建设等。安排社会保障和就业支出10.43亿元，用于困难群体生活帮扶和重点人群就业扶持，保障城市居民最低生活和困难残疾人生活，加快街道级综合为老服务中心建设。安排公共安全支出6亿元，实施“雪亮工程”“智安小区”工程。安排公共文化支出8000万元，助进社区文化家园和“城市书房”建设，实施辖区10分钟文化圈、健身圈全覆盖。加快新天地、武林之星等文旅融合活力区及武林文化长廊、武林艺术商圈建设。安排卫生健康发展支出2.85亿元，优化医疗资源布局，提升改造社区卫生服务中心、社区卫生服务站，全年完成服务中心和卫生服务站改造7个。推进3岁以下婴幼儿照护服务试点工作。

【财政改革】 2020年，下城区深化预算管理改革。坚持集中财力办大事，优先确保基本运转支出、民生支出和全区重点工作。完成招标控制价审核项目30个，送审金额18.28亿元，核减金额5616万元。推行财政电子票据改革，全区173个行政事业单位开通电子票据。加强预算执行监管。将部门间转款、单位内部转款、提现超额、“三公”经费、会议培训费等支出列入重点监控范围。调整财政专户、集中户和基金专户的核算方式并规范各账户的资金管理和存放。高质量完成财政总决算、部门决算和政府财务报告会审。

【“三公”经费压减】 2020年，下城区统筹推进“六稳”“六保”（稳就业、稳金融、稳外贸、稳外资、稳投资、稳预期，保居民就业、保基本民生、保市场主体、保粮食能源安全、保产业链稳定、保基层运转）、疫情防控和经济社会发展等资金保障工作，压缩财政拨款支出安排的出国（境）费、车辆购置费及运行费、公务接待费三项经费支出，全年各部门“三公”经费均压减5%以上，部门一般性支出压减20%，盘活财政存量资金6.07亿元。

【财政监管】 2020年，下城区加强财政监督检查，开展基层财政资金安全及财政扶贫资金专项检查，涉及金额1.01亿元。抽取5个项目开展整体绩效评价，涉及资金总额2.56亿元。下城区年度社会组织发展专项资金项目成为全市主城区获评优秀项目。推广政府采购电子化交易，建立采购资金预付制度，落实政府采购扶持政策，鼓励各部门预留本年度政府采购项目预算总额的30%以上面向中小企业采购。配合区纪委完成全区单一来源采购专项检查，抽查单位12个，涉及采购项目51个、涉及资金7000多万元。建立新增地方政府债务限额及债务收支情况定期公开机制，全年下城区政府债务率为44.5%，属绿色低风险地区。完成年度化债任务和三年化债目标，下城区成为浙江省首个政府隐性债务实现清零区县（市）。牵头成立政府专项债券申报工作专班，年内下城区成功发行专项债券项目18个，募集资金18亿元。

（裘文彬）

国家税务

【概况】 2020年，国家税务总局杭州市下城区税务局（简称区税务局）贯彻十九大及十九届五中全会精神，落实区委、区政府及省、市税务局各项决策部署，服务“六稳”（稳就业、稳外贸、稳外资、稳投资、稳预期工作）“六保”（保居民就业、保基本民生、保市场主体、保粮食能源安全、保产业链稳定、保基础运转）大局，实现新冠肺炎疫情防控和税收主业的“双线胜利”。区税务局1名干部获“浙江省担当作为好干部”称号，1名干部获“浙江省巾帼建功岗位能手”称号，1名干部获全省税务系统进出口税收管理岗提升级笔试第一名。全年组织税收收入152.84亿元，比上年减少20.6亿元，下降11.9%，实现地方一般公共预算收入80.64亿元减收11.03亿元，下降12.0%。

【支持疫情防控】 2020年，区税务局出台落实支持疫情防控和企业复工复产税费优惠政策，成立工作专班，利用征纳沟通平台，推送优惠政策信息、操作指引信息533批次，涉及纳税人118.3万户次，

2020年7月20日，区税务局工作人员走访杭州奥斯卡影院

（区税务局　供稿）

对重点行业企业加强辅导。优化集成式服务，日均窗口业务笔数下降82.9%。开展税收征管情况专题分析。运用税收大数据帮助企业开拓内外销渠道。组织税务干部参与社区联防联控志愿服务194人次，时长1500多小时，捐款5.22万元。2个集体、9名个人被评为全市税务系统疫情防控工作先进集体和个人。

【税收征管】 2020年，区税务局完善流程、优化方式，推动征管质效提档升级。开展税源状况核查，逐户核实企业和个体户7769户，夯实征管基础。开发外地到杭建筑企业动态管理系统，267户企业依托该系统建立448个项目的预缴税款台账。有序实施发票电子化，全年有3.22万户纳税户使用增值税电子普通发票，占全部使用增值税普通发票纳税人的99.8%；推行使用通用普通发票3758户，推广进度99.8%，其中重点推广企业进度100%。设置专厅、专室、专线，举办“云直播”宣传15场，汇算期内，个人所得税年度汇算申报率达80.7%。开展企业所得税汇算清缴，汇算清缴申报率99.8%，核定征收面9.1%。落实房地产企业动态化管理，完成土地增值税清算项目5个，清算补缴土地增值税2.12亿元。落实社保阶段性减免政策，惠及企业和单位2.57万户、减免金额32.33亿元。

【依法治税】 2020年，区税务局推进网格化内控机制建设，全区划分网格78个，设置风险点1196个，涉及岗位202个、责任人229人。用好内控平台，严肃执法监督。发挥公职律师作用，加强重大合同合法性等法律风险审查，最大限度降低法律风险。完成风险应对任务3138户次，查补税款2037.12万元，加收滞纳金111.69万元，调整应纳税所得额285.64万元。创新开展“一快、二望、三比、四问”四步防控法，防范增值税发票风险。优化税务执法制度，用好省税务局“行政执法信息公示平台”，平台公示执法人员71人、准予行政许可信息及一般行政处罚信息3812条、取消进户执法项目清单3批次29项。探索实现民事执行与税费征缴“一件事”全流程“最多跑一次”，全年申报破产债权金额5819.26万元，收到清偿分配款309.19万元。

【纳税服务】 2020年，区税务局深化“放管服”改革、“最多跑一次”改革，开展“便民办税春风”行动，帮扶企业纾困解难。以“走亲连心三服务”活动为载体，实地走访纳税户1.92万户次，占暂区纳税人30.62%，帮助企业复工达产；深化落实“最多跑一次”“放管服”改革。“小夏服务”品牌被推荐到省税务局纳税服务优秀品牌评比。全年自编自导自演“小丫说税”系列课程11期、“小丫说纪”系列微剧6期，助推减轻税费政策落地。

【税收宣传】 2020年，区税务局在全国第29个税收宣传月期间，开展x场“税‘惠’春风起、吹暖住宿业”等税法宣传活动，与《今日下城》、区融媒体中心等联合开展税收宣传，实地走访辖区住宿企业，为住宿企业举办税费优惠政策讲座，介绍“非接触式”办税流程，提振企业复工复产信心。全年下城区被各级媒体录用税收信息211篇，其中中央电视台、《经济日报》、中国网、经济日报新闻客户端、《中国青年报》各1篇，浙江在线18篇，浙江新闻客户端3篇，新华网2篇，《杭州日报》5篇。

（王雨桐）

金　融

【概况】 2020年，下城区贯彻上级决策部署，坚持防范风险、促进经济发展、加强服务并重，着力提高服务实体经济效能，有效防控地方金融风险，推动下城金融稳定发展。至年末，全区有金融机构2743家，其中，银行机构218家，证券机构80家，保险机构292家，小额贷款公司7家，融资担保公司25家，典当行24家，融资租赁公司38家，私募基金公司147家，投资管理公司1320家，股份投资企业190家，期货消费金融、清算支付、财务公司、金融服务外包等其他金融机构402家。总部金融生态方面，民银行、证券、保险等金融机构中，有初级（含）以上金融机构总部90家，包括省级总部62家、杭州总部28家。全年金融业增加值445.39亿元，比上年增长11.3%，占全区生产总值的39.3%，占全市金融业增加值的21.8%。

2020年9月4日，下城金融联盟成立暨首批专项服务协议签约

（区金融办　供稿）

【金融帮扶】 2020年2月18日，区金融办协调辖区43家金融机构组成下城金融联盟，以“线上服务+线下走访”模式，构建政府、银行、企业信息传导机制、企业诉求协调机制，推动金融政策传导和金融服务对接“一次也不跑”，最大限度地满足企业融资的需求。全年帮助74家企业融资33.36亿元。9月4日，下城金融联盟首批专项服务协议签约仪式暨第一次联盟大会召开，区政府与中国工商银行、中国银行、杭州银行等8家银行签署首批专项服务协议，签约银行承诺为辖区科技、文创、拟上市企业及其他优质中小微企业提供未来三年不少于200亿元的意向融资支持。推进减费降息等惠企政策落实，全年金融联盟银行机构为区内小微企业和个体工商户提供4085笔减息贷款，减息金额超过1000万元。区政府给予银行降低企业融资成本财政奖励270.2万元。联盟成员单位还为20家企业租金、费用减负827.23万元，获政府财政补贴197.2万元。

【金融风险防范】 2020年，下城区集中开展私募基金风险排查，压实企业主体责任，督促开展审计工作，跟踪企业兑付进度，稳妥推进出险私募基金风险处置。对辖区小贷公司、典当行、融资租赁、融资担保和民间融资机构开展年审、评级、风险排查和专项整改，确保辖区金融业健康有序发展。通过“天罗地网”金融风险监测系统，开展涉非涉稳风险专项排查，排查重点领域企业1万余家次，预警并处理风险线索9条。实施金融企业联审机制，全年审核30家企业的变更和新设，防范金融风险输入。集中开展以“守住钱袋子·护好幸福家”为主题的防范非法集资宣传月活动，印发各类宣传品近5万份，并通过报刊、广播电视、网络宣传等渠道进行防范金融风险宣传。全区存量网贷机构实现全面清退。区金融办获杭州市网贷风险处置工作成绩突出集体嘉奖。

【企业上市培育】 2020年，区金融办修订出台《下城区关于加快推进企业上市的若干意见》，兑现浙江出版传媒股份有限公司、瑞丽医美国际控股有限公司、浙江卓锦环保科技股份有限公司和杭州泛远国际物流股份有限公司700万元上市奖励资金。挖掘潜在优质企业，充实重点拟上市企业后备库，实施“3+1”（近期、中期、远期3个阶段和重点拟上市企业）梯队培育模式，为49家后备库企业邀请深圳证券交易所、上海证券交易所专家解读上市政策，为拟上市企业提供“一对一”服务。全年新增上市企业1家、辅导备案（向中国证监会备案）企业1家、新增报会（上市申报材料上报中国证监会并获受理）企业2家、杭州市重点拟上市企业3家。

【瑞丽医美公司上市】 2020年12月28日，下城辖区瑞丽医美国际控股有限公司在香港联合交易所主板挂牌上市，成为全国医美行业首家民营港股上市企业，股票名称为“瑞丽医美”。全球发行3.425亿股，发行价每股0.4港元，募集资金1.37亿港元。该公司是浙江医美服务供应商，服务内容包括美容外科服务、微创美容服务。公司有4个医疗美容院，其中3个在浙江。　（董　钰）

22 城区建设

城区规划

【概况】 2020年，市规划资源局下城分局加强城区规划管理，统筹区域城市空间资源配置。全年完成控制性规划局部调整7个。完成建设项目规划行政许可274件。对105个在建项目开展规划批后监管，监管总建筑面积753万平方米，促进控制性规划及相关专项规划加快落地。完成规划验线22件、竣工规划核实11件、土地复核验收14件。组织建设项目规划批前公示71件。开展对校园建设等批后建设项目检查。查处国有土地上违法建设案件15件。涉嫌违法建设案件被移交执法部门15件。

【规划研究】 2020年，市规划资源局下城分局配合杭州市国土空间总体规划编制，对接“面向2050”的城市发展战略，结合第三次全国国土调查和下城区全民所有自然资源资产清查试点工作成果，将城区发展诉求纳入市国土空间总体规划，统筹优化“三生空间”（生产、生活、生态三类空间），明确辖区重大交通市政基础设施、公共服务设施和重大产业平台布局。以新一轮国土空间总体规划为引领，构建“多规合一”体系，解决原有各级各类空间规划存在的冲突问题，实现土地利用规划、城乡规划有机融合。加强城区规划管理，牵头开展杭州制氧机集团股份有限公司和杭州锅炉集团股份有限公司工业遗存、杭州和平会展中心区域、“七村”道路桥梁标高等的规划研究，以及浙江浙金钢材现货市场地块、浙江工业品市场地块、杭州轴承集团有限公司和杭叉集团股份有限公司地块等重点更新片区的规划研究，为构建新型产业空间，开展辖区工业遗存提升改造新路径探索。

【控规优化】 2020年，市规划资源局下城分局落实杭州市城市总体规划、下城区分区规划、城市设计相关要求，加强控规编制质量管理，开展灯塔单元、华丰单元、石桥单元控规修编。组织控规局部

2020年4月1日，市规划资源局下城分局组织检查校园建设项目

（市规划资源局下城分局　供稿）

调整及选址论证工作，优化下城区中北部产业布局，完善区域公共配套服务设施。年内完成浙金钢材市场地块、杭氧北区块、浙江工业品市场、北景园生态公园安置房、杭轴杭叉片区等7个项目控规局部调整。实施“多规合一”，做好控规实施和土地实际权属差异衔接，根据项目的土地测绘情况开展控规动态维护工作，为项目落地提供规划依据。

【建设项目行政审批】 2020年，市规划资源局下城分局深化投资项目审批制度改革，实行“两书合一”“书证合办”，推行新版《建设项目用地预审与选址意见书》、“建设用地规划许可证”和“建设工程规划许可证”的使用，实现流程再造。全年完成行政审批事项274件，其中：选址论证报告审查29件，用地预审与选址意见书67件，规划条件审查50件，方案审查13件，用地规划意见审查52件，建设用地规划许可证23件，建设工程规划许可证40件。划拨供地审查10项，出让地块成立项目公司3项，招拍挂签订出让合同3项。疫情期间，依申请对3个项目延期签订土地出让合同，涉及土地出让金19.65亿元；依申请对2个项目延期缴纳土地出让金，涉及金额7.9亿元。

【规划服务】 2020年疫情期间，市规划资源局下城分局落实市规资局“疫情期间十条保障服务措施”制定疫情期间项目审批工作方案，以“走亲连心三服务”活动为载体，积极为企业、结对社区、群众排忧解难。与辖区各做地主体、建设单位、街道、相关部门联动，做好建设项目规划指导，通过线上指导的形式为恒隆广场、武林之星嘉里中心等重点项目及杭州滨江房产集团股份有限公司、杭州绿城集团有限公司等房地产企业提供测绘等服务；复工复产后，加快推进建设项目的规划服务工作，对接安置房批后修改和规划验线工作；加快推进10%村级留用地项目落地；做好东新单元地块12班幼儿园、石桥公共租赁房人才公寓、杭州城北体育公园三期地下公共停车库等民生项目的规划技术指导，提前完成工程证核发，助力项目推进；完成道路及河道项目9项，包括做好东新路道路工程的全程对接工作；配合区住建局完成105部既有住宅加装电梯方案审查。 （徐　峰）

城市投资建设

【概况】 2020年，区城投集团以完成民生保障工程为工作重心，全力推进北部“武林新城”建设。创新“项目+党建”形式，建立“一党员一项目”点对点联系机制。按照“突出重点，全面推进”的要求，加快国有土地上企业签约、腾房进程，促进规划区域内土地征迁清零。以大项目建设为契机，推动土地高效利用，全年出让土地8宗。确保28个安置房项目、14所学校、77个配套项目建设进度达到预期目标。以“店小二”服务精神抓好招商引资和项目落地工作，全年引进优质企业7家。完善蓝领公寓统筹管理，保障国有资产保值增值。深化数字经济“一号工程”，推进数字化转型，通过数字赋能助推企业转型升级。年末，区城投集团总资产规模达726亿元，其中净资产110亿元。

【征迁工作】 2020年，区城投集团根据征迁清零目标，完成“三村”范围内223户居民、1026户农居户过渡费发放和10家国有土地上企业搬迁签约、腾退工作；“四村”范围内完成83户居民过渡费

杭州东园婴幼园绘景园区 （区城投集团　供稿）

发放，10家国有土地上企业搬迁签约、腾退工作。全年区城投集团完成“七村”国有土地上7.5万平方米房屋和“四村”集体土地上17.88万平方米非住宅房屋的拆除工作。

【民生项目建设】 2020年，区城投集团坚持打造城市经典理念，通过明确责任清单、倒排计划、挂图作战，全面推进民生项目建设。全年在建民生项目涉及石桥单元地块、东新单元地块和灯塔单元地块等28个安置房建设项目，三塘单元地块30班小学、东新单元地块24班小学和24班中学及地下社会停车库等校园项目14个，东新单元地块锡铂园南侧绿地兼地下公共停车场、东新单元地块文晖消防站等配套服务设施项目6个，三塘单元善新路（文南路—新西路）、文晖单元蝶飞路（长岳街—王马路）、三塘单元再行路延伸段等77个配套基础设施项目，以及7个自营产业项目，在建民生项目总投资34.26亿元。年内，杭州中国丝绸城提升改造项目完工并重新开街。

【“云上丝绸城”打造】 2020年6月，区城投集团、长庆街道联合成立杭州中国丝绸城提升改造工程领导小组，对丝绸城进行全面改造提升，围绕打造“云上丝绸城”，携手知名电子商务平台“网易严选”，在街区设置“网易严选精品”线下店专区，以“线上+线下”的模式推广丝绸产品。为丰富夜间活动、提升街区人气，街区设置特色店铺、“国风民乐·城市青年音乐角”，并

提升改造后的杭州中国丝绸城夜景　（区城投集团　供稿）

推出“丝巾奶茶”特色饮品。设立全市首个“丝里杭间”丝绸文化数字体验馆，运用AI互动、动画投影展示、墙面趣味互动、异形装置投影等科技手段，形象化介绍杭州丝绸发展历史。通过“AR+5G”技术，将街区407家商户信息录入实景应用平台，通过人、房、企信息的立体化展示，实现丝绸城管理信息可视化。街区安装客流数据监测设备，实时显示街区平均客流量、峰值客流、高峰时段、淡旺季等情况，提升街区管理水平。11月19日，提升改造后的丝绸城重新开街。

【土地收储出让】 2020年，区城投集团以大项目建设为契机，全面推动土地高效利用。全年完成土地出让8宗，涉及华丰单元、文晖单元、东新单元、石桥单元、灯塔单元、三塘单元等地块，土地总出让金202.4亿元，出让面积34.04公顷。完成“收储待出让土地”出让5宗，涉及三塘单元（香积寺路交叉口）、东新单元（陆家河北）、东新单元（费家塘路2号）、东新单元（行政服务中心）、东新单元（杭氧北3号）等地块，总面积6.92公顷。

【产业布局优化】 2020年，区城投集团优化产业布局，推进招商引资工作，全年引进杭州银行股份有限公司、杭州时代宏腾房地产开发有限公司、杭州时代控股有限公司等企业7家，总注册资金15亿元；与杭州首屏讯智信息技术有限公司、浙江元德森科技有限公司、杭州中国丝绸城运营管理有限公司等5家企业签订产业链项目；完成再生医学（干细胞、免疫细胞）项目、科林全球数据中心项目、印力杭汽轮TOD综合体项目等签约项目5个，推动重点产业集聚发展。

【国有资产保值增值】 2020年，区城投集团通过制订房租收缴计划推进表，进行线上、线下多渠道催缴，实现出租物业租金100%

收缴，所有资产总租金收缴率达97.1%。全年完成1153处安置房、513处其他房产清查，并实现“一户一档”。年内，蓝领公寓拥有出租房源3252套，出租率92%；华丰·悦居蓝领公寓房源858套，出租率90%；石桥南苑蓝领公寓房源2050套，通过“亲清在线”出租247套，区城投集团加强招租工作，促进国有资产保值增值。

【数字赋能转型升级】2020年，区城投集团深化数字经济“一号工程”，打造完成“数字城投驾驶舱”V1.0，涵盖集团8个部门及5家子公司全部业务流程及数据。平台结合城投集团五年战略规划发展目标，搭建平台型人工智能中枢，对现有分散工作职能进行统一规划管理，将“业务数据沉淀在人”升级为“业务数据沉淀在系统”，包含驾驶舱系统、智慧工地系统、地块管理系统、办公OA系统、搬迁回迁管理系统、风控管理系统、项目审计管理系统、财务管理系统、人力资源管理系统、资产管理系统、产业招商系统、进度管理系统、项目管理系统等，实现对各项业务的精细化、智能化和可视化动态监管，提升管理效率和信息化水平，形成具有城投特色的智慧管理体系。（张　蓉）

公共基础设施建设

【概况】2020年，下城区开工建设永丰公园地下停车库、三塘单元长德弄幼儿园等19个项目，项目开工率100%。建成北景园老人公寓、杭州市观成武林小学、杭州市安吉路实验小学新天地校区等6个项目，完成年度计划的150%。完成西湖漾（白石巷—西文街）段河道整治，长浜河、红西河、沈家河等河道完成主体工程的80%以上，推进东新河、红西支河、杭锅支河整治。开通地铁5号线后通段，实现与杭州地铁既有线网换乘，提升城市综合承载力。全年《杭州日报》等主流媒体刊登大城北发展和“武林新城”建设新闻稿110多篇。杭州三塘单元地块54班九年一贯制学校及地下社会停车库等工程获省住建厅颁发的“钱江杯”优质工程奖等奖项8项。

【区域路网建设】2020年，区住建局结合城中村改造，加快推进区域路网建设，完善全区交通功能。全年推进30条26.3千米道路建设，其中开工建设通胜弄、东新单元九号支路等道路6条，建成西文街、香积寺路等道路6条。推进东新路等5条“迎亚运”主次干道建设，同步开展15条亚运道路前期准备工作。其中西文北路二期南起白石巷白石北路，北至西源弄，全长350米，项目包括道路工程、排水工程、交通设施、绿化工程、市政设施配套等。

【交通治堵工程实施】2020年，区治堵办牵头实施公交站点优化等交通治堵工程。年内，建成并开通白石巷和朝晖路2个公交站点，开通社区微公交线路1104路和杭州求知小学、杭州市长寿桥小学2条特色公交线路；完成体育场路与中河路交叉口等3处堵点治理及杭州市胜蓝实验小学、杭州市安吉路实验学校和杭州市天水小学等校园周边堵点治理。会同交警下城大队对重点区域交通实施长效管理，最大限度地减少机动车违停违章。通过划设非机动停车车位、指定责任单位和专人加强地铁周边交通秩序管理、开通地铁周边公交车接驳专线、增设P+R停车换乘泊位等举措，改善地铁站点周边交通环境。

2020年开通的特色公交线路“求知专线”在杭州求知小学门口接送学生
（区住建局　供稿）

【公共停车场建设】 2020年，下城区在绿城凤起潮鸣地块、杭州市观成武林小学和杭州市安吉路实验学校建成社会公共停车场项目3个，新增公共停车泊位850个；在中冶锦绣华府、朗诗熙华府等住宅小区建成配套停车场库5个，新增停车泊位3510个。在绿城凤起潮鸣小区、万家星城南48班学校、三塘灯塔小学建成3个社会停车库，并出让杭州城北体育公园南和永丰公园地块，用于建设社会停车库。开展《杭州市下城区停车场库建设“十四五”发展规划》编制。全区公共停车场库基本实现“先离场后付费”。按照“政府引导、市场运作、分类保障、合理布局”的总体思路，统筹推进辖区汽车充电桩建设，全年建成新能源汽车充电桩166个，其中公用充电桩87个。

【海绵城市建设】 2020年，区住建局配合市海绵办完成下城区海绵城市建设区域化评价，统筹推进海绵城市区域化建设，并编制完成全区海绵城市“十四五”建设规划。开展海绵城市建设工作培训。加强建设项目现场管控，市、区两级海绵办组织对东新单元地块24班小学和24班初级中学及地下社会停车库、东新单元地块15班幼儿园、东新单元地块12班幼儿园3个海绵城市建设项目“回头看”。全区有海绵城市重点建设项目30个，建成西湖漾（白石巷—西文街）综合整治工程、东新单元地块15班幼儿园等海绵城市建设项目16个。全区海绵城市建设项目审批质量结果均为A级。

【建筑节能改造】 2020年，下城区推进公共建设项目建筑节能改造，改造面积15.3万平方米，平均综合节能率15%。实施可再生能源建筑应用工程面积103.1万平方米，完成可再生能源应用工程面积55.65万平方米。区住建局协同杭州中大银泰城进行建筑节能改造，改造方案经省建筑科学设计研究院专家审查后，于6月29日完成中央空调系统和地下车库照明系统节能改造。该项目成为下城区节能改造工程的样板。年内，武林（杭州）医院、国信大厦、中大银泰城等节能改造项目有序实施。

【地铁征迁任务完成】 2020年，下城区完成市轨道办下达的地铁征迁46项目标任务，保障辖区13个地铁站点建设按照预先计划进行。实施“百日攻坚”行动，区地铁办利用数字工地驾驶舱模块，统筹疫情防控和轨道交通建设各项工作，督促各街道、各部门落实属地责任。全年完成房屋征收1.4万平方米，征地1.08万平方米，借地7.3万平方米，征迁任务全部完成。

（刘景昕）

建筑业

【概况】 2020年，下城区有建筑业企业205家，其中有特级资质企业3家、一级资质企业42家、二级资质企业97家、三级资质企业42家。有劳务企业21家、监理企业23家。监理企业中，综合资质企业2家，甲级企业15家，乙级企业4家，丙级企业2家。有注册建造师2547人、专业技术人员2806人、管理人员4468人、技术工人3833人。全年完成建筑业总产值275.5亿元，比上年增长11.9%。上缴税收11.3亿元。有4家企业6个项目获国家优质工程奖，8家企业18个项目获“钱江杯”优质工程奖，9家企业26个项目获“西湖杯”结构优质奖，8家企业10个项目获评省建筑施工安全生产标准化管理优良工地，5家企业11个项目获评市建设工程施工安全生产标准化管理优良工地。

【建筑工程审核】 2020年，区住建局受理和预审企业资质申报50家76项，新引进一级资质企业1家，自主培育一级资质企业1家。推进全区建筑业企业告知承诺制审批工作，15家建筑业企业通过告知承诺制方式取得资质证书、安全生产许可证。深化“互联网+政务服务”工作，推进“最多跑零次”改革，各类人员审核均在浙江省建筑市场监管与诚信信息平台完成，全年完成注册人员信息备案管理2292人次、职称人员信息备案管理1340人次、现场管理人员信息备案管理1269人次、技术工人信息备案管理2211人次。

【企业帮扶服务】 2020年，区住建局开展“走亲连心三服务”活动，走访建筑企业98家次，帮助解决企业发展过程中遇到的困难。根据省、市改革保证金制度的工作部署，加快推行工程保函替代保证金、信用与工程保函挂钩等制度，加强对保证金监督管理。保证金政策惠及建筑企业1680多家，减免退还投标保证金4.95亿元、履约保证金3425万元、农民工保证金980万元、质量保证金1589万元。

【建筑业市场监管】 2020年，区住建局与辖区建筑企业分别签订《下城区建筑业企业安全生产（防火）、文明施工目标责任书》《下城区建筑业企业社会治安综合治理目标管理责任书》和《下城区建筑业企业防范处置企业拖欠工资促进劳动关系和谐稳定工作目标责任书》，共签订各类责任书450多份，压实建筑企业安全生产主体责任。加强对建筑企业市场行为监管，在建筑企业取得企业资质、安全生产许可证后，委派相关人员对申报企业有关资产、主要人员、技术装备、技术负责人业绩等情况进行核查，核查企业38家，对核查发现的问题督促其限期完成整改。

【建筑工人管理】 2020年，下城区加强建筑行业高技能人才队伍建设，组织推荐7家企业18名选手及4个团队项目参加杭州市建设行业砌筑工、手工木工、建筑信息模型技术等项目的技能竞赛，1家企业、4名选手、2个团队项目分别获一等奖、二等奖、三等奖和优胜奖。有10多个参赛选手获相应职业（工种）高级工（三级）职业资格证书。建立健全保障农民工工资支付长效机制，抓好实名制管理制度、工资保证金制度、分账管理制度、按月足额支付制度、委托银行代发工资制度、维权信息公示制度等制度的落实，全区111个在建项目均建立上述六项制度，年内，区住建局协调处置建筑企业拖欠或克扣农民工工资纠纷11起。 （刘景昕）

房地产开发

【概况】 2020年，区住建局围绕稳控房价要求，大力推进商品楼盘销售工作。年内，推盘销售楼盘13个，实现销售额128.28亿元。做好形象进度确认、房地产企业资质审批、房产预售前期准备等工作，完成杭州中海启晖房地产有限公司、杭州嘉佑置业有限公司等38家次房地产企业资质审批。加强房地产企业监管，联合区质监站、区安监站对中海望庐等楼盘全装修房产项目进行专项检查。全年受理办结房地产企业资质审批38家次，受理房地产开发项目工程形象进度核准申请23件，均在法定期限内办结。与16家房地产开发公司建立联系机制，助推企业复产复工。开展租赁市场专项整治。

【房地产库存梳理】 2020年，区住建局根据全市房地产企业复工复产专题会议精神，建立建筑业和房地产工作专班，对辖区房地产项目建设和投资情况进行梳理，编制应开未开和在建在库的房地产项目清单，并做好统计分析及上报。区住建局会同有关部门协调房地产开发企业对未开工项目加快做好开工准备，落实商品住房项目建设进度和上市安排，为市场提供有效供给。加强商品住房项目预售管理，严格查处具备预售条件的项目拖延上市、变相捂盘的行为。

【房地产租赁市场整顿】 2020年，区住建局根据市住保房管局《杭州市住房租赁市场摸底排查整顿规范专项工作方案》，对辖区房地产租赁企业开展专项整顿。制订“一企一策”方案，做好租赁市场纠纷化解工作，蛋壳（杭州）公寓管理有限公司、浙江互盈经济信息咨询有限公司、杭州一租物业有限公司、杭州一租科技有限公司和杭州素邦房地产代理有限公司5家企业租赁业务矛盾纠纷被化解。按照“三个一批”（即“规范一批”“整改一批”“淘汰一批”）要求，对辖区住房租赁企业进行分类管理和处置。 （刘景昕）

房产管理

【概况】 2020年，区住建局完成“三改一拆”旧住宅区改造项目19个，涉及户数2.82万户，面积130.21万平方米，完成率128%。受理直管公房审批业务70件，收益金429.23万元。直管公房不动产首次登记12件，变更登记11件，转移登记1件，房屋测绘29户。规范直管公房租赁管理，加强公房拆迁地块核查。开展危旧房权证办理，完成孝丰路12号19户住房危旧房权证办理项目首次登记和29户住房分户测绘，其中出示成果图23户。

【直管公房产权管理】 2020年9月29日，区住建局会同区财政局制订《下城区直管公房信息规范化管理方案》，推进直管公房信息系统与区国有资产管理平台的信息互通。针对直管公房空置非住宅招租难、管理难等问题，与区国有资产控股集团有限公司建立委托管理合作模式，由区国有资产控股集团负责公开招租后的日常管理及租金收缴，并根据协议按比例向区住建局缴纳租金。加强公房拆迁地块核查，协调长寿路重点区块消防改造修缮工程中涉及的直管公房搬迁工作，针对该项目涉及的9套直管公房，按公房收回、单位承租、产权置换三种类型进行分类。年内，楚妃巷4套直管公房完成房源确认与安置收尾工作。

【危旧房权证办理】 2020年5月29日，区住建局出台《下城区危旧房改善（危旧房治理）房屋资金结算方案》，对危旧房改善治理房屋资金结算对象、流程及结算方式等做出具体规定。开展危旧房权证办理，全区除去完成危旧房权证办理的孝丰路12号，其余需办理危旧房产权项目11个，涉及住户375户，总建筑面积1.57万平方米，其中部分危旧房涉及违章建筑认定、历史资料缺失等问题。经过核查，核减项目2个，主要涉及居民对权证办理或测绘结果有异议的情况；暂缓办理项目18个，涉及居民异议、宗地权属界限不清等问题。 （刘景昕）

城区绿化

【概况】 2020年，区住建局践行“绿色发展”和“公园城市”理念，重点推进城区绿化扩面，提升辖区道路、河道、公园及居住区绿化景观质量。启动杭州城北体育公园三期建设，推进杭州北景园生态公园区块绿地建设，建成新天地公园1万平方米现代园林景观。完成杭玻街、环城东路绿化提升及香积寺路树穴扩容改造、沈家河滨水绿地改造。打造体育场路月季景观大道。完成中河高架（上塘路—中河路）高架桥桥墩景观提升及喷淋系统改造。国庆节期间，打造杭州艮山运河公园、环城东路及高架等11处景观小品，提升周边绿化景观。全年全区新增绿化面积9.22万平方米，其中屋顶绿化面积5112平方米。

【绿地整治】 2020年，区住建局推进“城市环境大整治、城市面貌大提升”等行动，整治问题绿地80多处，面积3万余平方米，有效改善全区绿地失管情况。完成临丁路1万平方米“三不管”绿地代整治工程。实施杭州万向公园改造提升工程，将原废弃喷水池变为月季花境。完成香积寺路、东文路行道树树穴展宽工程，扩大单株树穴321株，打通带状树穴48处，增加道路绿地面积1151平方米。完成5个公园和绿地18处无障碍设施改造，为残疾人漫步休憩提供方便。

【花事活动】 2020年，区住建局围绕春节、国际劳动节、国庆节等重要节日，创作环境小品、自然花境和立体花坛等，其中春节“阖家欢乐”环境小品、城东公园“花溪叠瀑”自然花境获全市自然花境评比一等奖，国际劳动节“运河魂”花镜、国庆节“乘风破浪”立体花坛分别获全市“五一”花境评比和“十一”立体花坛评比二等奖。举办杭州城北体育公园专题紫薇花展，现场进行紫薇控花修剪培训和家庭养花技术指导。参加市园文局、杭州西湖风景名胜区管委会联合主办的“卫爱同行，美丽长三角”精品菊展，下城区制作的

改造后的临丁路游步道 （区住建局 供稿）

《心灵花园》菊花小品获“综合布展大奖”。

【绿化养护管理】 2020年，下城区坚持制度化、市场化管理养护绿化，依托市绿化管理站信息化管理平台和区绿化办督查抄告系统，加强对绿化养护企业检查，全年受理市级绿化问题抄告469条，第三方抄告6723条，数字城管热线抄告32067条，回复率和整改率均100%，整改及时率95%。加强第三方养护监管巡查，按“双最”（最好最差）绿地每周全覆盖、其余绿地每月全覆盖为标准开展常态化巡查。健全公共绿地养护合同履约监管机制，落实绿地养护量化清单管理模式，加强养护工作绩效考核和规范化管理。实行每季度养护例会、每月区“双最”检查、每周第三方监管例会等制度，确保绿化养护工作责任落到实处。（刘景昕）

代建项目建设

【概况】 2020年，区建管中心加强代建校园工地管理，针对新冠肺炎疫情，有序做好工地疫情防控和物质保障工作。围绕“精、细、实、严”四项标准加快推进东新单元地块24班草庵小学及社会停车库、东新单元地块12班草庵幼儿园等项目建设。年内完成三塘单元地块42班小学及社会停车库项目前期规划准备。

【24班草庵小学项目推进】 24班草庵小学位于下城区东新单元，北至香积寺路，南至长浜弄，西至长浜路，总占地面积2.25万平方米，建筑面积4.01万平方米，其中，地上建筑面积2.25万平方米，地下建筑面积1.76万平方米，项目总投资5亿元。2020年，24班草庵小学地下室主体结构完成95%，钢结构施工至2层，完成总体工程的27%。地下室1～7区块完成顶板浇捣，8区块完成基础底板混凝土浇捣。

【12班草庵幼儿园项目推进】 12班草庵幼儿园位于下城区东新单元，东至长浜河，西、南至24班草庵小学，北至香积寺路，总占地面积6017平方米，建筑面积9564.12平方米，其中地上建筑面积5675.85平方米，地下建筑面积3888.27平方米，项目总投资4518.4万元。2020年，幼儿园项目地下室顶板钢筋绑扎完成工程量的90%，总体工程量完成23.2%。

【长木42班小学项目初步设计方案完成】 2020年11月6日，长木42班小学项目设计方案提交杭州市规划编制委员会审核并通过，项目设计方案由浙江金瑞建筑设计有限公司编制。该小学位于下城区三塘单元内，南起杨六堡路，北至兴新北路，东沿珠埠漾西路，西临大业巷，总占地面积2.85万平方米，建筑面积4.35万平方米，其中地上建筑面积2.85万平方米，地下建筑面积1.5万平方米，项目总投资5.3亿元。（翁馨璐）

杭州新天地公园 （区住建局 供稿）

23 城区管理

市容管理

【概况】 2020年，区城管局推进垃圾分类示范城区建设、无障碍环境建设、环境整治百日集中攻坚、民生实事等重点工作。建立“网格专管员+自管员+巡查员”三员队伍和“志愿、自管、智能”“3Z”模式，开展沿街商铺垃圾“定时定点”清运试点，保障生活垃圾日产日清。年内创建市级垃圾达标街道8个，省级、市级垃圾分类示范小区16个和99个，垃圾总量实现负增长。全区处置生活垃圾23.75万吨，比上年下降3.97%，生活垃圾无害化处理率100%。建立跟踪复核、升级督办考核等序化管理制度，集中开展各类执法事项整治行动，全年立案查处犬类案件142起、渣土类案件181起。推进无障碍环境建设，完成市人大督办的10个无障碍点位改造和1766个无障碍环境问题整改，完成残疾人机动轮椅车泊位划设。实施7条美丽小巷、20座公厕、24个小区二次供水提升改造。开展800幢老旧小区楼房雨污水管道“清肠行动”，完成1873幢房屋雨污分流整治。发布全市首个智能公厕统一管理平台。试点东河生态清梳工程，引入全市首例内河船上清淤作业模式。推进4条无违建河道创建，建成省、市级美丽河道15条，3个街道开展污水零直排创建试点。扩大“先离场后付费”模式试点，先后接入信息平台场库334个、停车泊位62778个，其中道路泊位176个。试点成立城区精细化管理“红旗班”，率先实行“智慧路长制”，通过植入“云上城管”系统，对环卫作业进行升级。引入区块链技术，提升道路健康监测系统功能，实现道路养护线上线下联动作业。

【城区道路保洁】 2020年，下城区道路保洁面积414.28万平方米，比上年增加5.52万平方米，其中一、二类街巷保洁面积174.34万平方米，市场化保洁率85%。区城管局实施综合养护一体化工程，主干道和次干道机械化清扫率分别达100%和85%。一类、二类道路和一类街巷每日普扫3次，三类道路和二、三类街巷每日普扫2次；一、二类道路每周清洗2次，其余道路、街巷每周清洗1次。试点成立精细化城市管理“红旗班”，科技赋能传统环卫作业。强化道路保洁检查考核，全年检查道路3087次，发现问题1298处；检查街巷6850次，发现问题2612处；检查公厕3152次，发现问题902处，清理道路两旁“牛皮癣”208.01万处。 （陈雨林）

【渣土运输管控】 2020年，区渣土管理办公室梳理优化建筑垃圾处置核准审批流程，按照“最多跑一次”要求，推进审批事项进窗口工作，提高行政审批效能。结合辖区实际情况，研究制定建筑垃圾管理制度，规范建设单位、施工单位、运输企业等责任主体的建筑垃圾处置行为。加强建筑垃圾准运资质管理，年内受理工程渣土准备证1818张，处置工程渣土433万立方米。创新工程渣土外运方法，对恒隆广场工地泥浆管道外运项目纳入统一监管，做精做细管理服务，该工地按规范要求外运泥浆450万立方米，有力保障城区道理的清洁与通畅。对全区在建工地、拆后未利用土地、10%留用地及公共部位等重点区域进行"地毯式"排查，严厉打击建筑垃圾非法处置行为，全年取消非法建筑垃圾处置点12个。加大工程渣土非法运输、随意倾倒、抛洒滴漏、污染路面等违法行为的查处力度，会同公安、交警、运管等部门开展执法检查154次，立案查处渣土车偷倒乱倒等违规案件181件，罚款113.33万元。开展渣土领域"扫黑除恶"专项宣传，发放宣传资料1300多份。

（郭建民）

【城区夜景亮化】 2020年，区亮灯监管中心加强对下城区商业繁华地段的户外广告亮灯监管，重点监管武林商圈周边地带的户外广告灯光。全年出动巡察人员3748人次，检查发现亮灯问题2259处，其中景观照明问题1149处、户外广告灯光设施问题1110处，督促相关责任单位按时间节点完成整改。养护单位更换灯具1167套、电缆线1140米、镇流器168只、开关电源299只，修复灯光设施745处。实施城市景观精细化管理，以城市亮化"云管理"平台为基础，采取城市道路照明与景观照明一键开关控制。"云平台"提供全方位、多层次的监测、控制、大数据分析、智能预警、主动派工、辅助决策等功能，确保春节、省市区"两会"、劳动节、国庆节等重要节点和重大活动期间的夜景照明。

（郑志勇）

【生活垃圾分类特色模式推出】 2020年，下城区以"志愿、自管、智能"的"3Z"模式，构建"政府主导、企业参与、社会支持、全民共建"的生活垃圾分类体系。疫情防控期间，组织党员开展上门和现场指导等志愿服务，组织楼道长、社区工作者、分类指导员、物业管理员等做好教育、示范和督管工作。创新垃圾分类应用场景，运用积分兑换、停车费减免等激励举措，吸引居民群众自觉参与垃圾分类。全区324个居民小区及企事业单位实行生活垃圾分类，其中居民17万户，居民小区和商业街"定时定点"清运覆盖率100%。区属国有企业参与垃圾清运和文晖、东新街道垃圾清运模式改革工作平稳完成。全区垃圾清运车辆全部安装车载称重系统。全年清运生活垃圾22.9万吨，日均627吨，清运总量比上年下降10.4%，垃圾回收利用率45%。

（吴纯纯）

【河道环境治理】 2020年，区河道保护管理中心以水生态改善为目标，提升河道精细化管养水平，全年全区疏通雨污水管道797.32千米，清理淤泥6165.96吨，打捞河道水面垃圾、水草1119.05吨，完成配水1.21亿立方米。完善河道轮疏机制，完成北大河河道清淤，并在全市首推东河船上清淤作业模式。完成117个"污水零直排生活小区"雨污分流整治和朝晖街道44个"污水零直排小区"建设，完成文晖、东新、石桥3个街道"污水零直排街道"建设。推进横河港、西湖漾智慧河道建设和东新片区"水平衡"试点智慧管网建设。年内，下城区创建运河片区古新河等省级美丽河湖9条（个）、横河港等市级美丽河湖6条（个）。完成潮鸣街道"乐水小镇"和5个"水美乡村"创建工作。完成蔡家河、油车港等4条河道9.11千米的"无违建"创建。4月1日，下城区启用"5G+AI"模式无人保洁船对

2020年4月1日，下城区启用"5G+AI"模式无人保洁船对河道进行保洁养护

（区城管局 供稿）

河道进行保洁养护。自动保洁船由蓄电池提供动力，具有主动避障、自主返航等功能，可在规划航行路径内持续清扫水面7小时，并无任何排放和污染。（董雨可）

【停车管理】 2020年，下城区有停车泊位8132个，其中收费泊位5125个、免费停车泊位3007个；收费点175个。全年受理停车包月证8811张，收取停车费4570.15万元，其中包月费1062.58万元、补缴费245.89万元、道路停车费3261.68万元。完成三塘社会立体停车库项目用地复核验收、工程结算审计、财务决算、不动产权证申领及工程款尾款结清等工作。加强杭州观成中学地下社会公共停车库收费管理，制定有关收费制度，落实专人管理。完成14个“先离场后付费”示范场库建设，全面开通路面及场库“先离场后付费”功能，“先离场后付费”系统数据质量合格率100%，平均使用率44.3%。（王晨艳）

【武林广场残疾人机动轮椅车泊位划设】 2020年9月10日，区城管局在武林广场东侧电信大楼前划设的残疾人机动轮椅车泊位投入使用，为全市残疾人机动轮椅车停靠提供便利。区城管局划设的单个机动轮椅车泊位长2米、宽1.6米，比普通停车泊位面积大，并划有醒目的黄色斜线条，方便残疾人停放。划设泊位前，区城管局就泊位选址、占用空间、标识标牌等事项，听取市残联肢残协会负责人及无障碍环境建设专家意见，并进行现场踏勘，反复比较后选定最便捷合理的停车范围。划设过程中，多次邀请残疾人到场体验，根据残疾人的意见进行细节完善。泊位划设后，区城管局会同天水街道安排专人巡查，确保泊位专位专用。（下城年鉴编辑部）

提升改造后的杭州地铁1号线武林广场站E出口绿化景观（区市政公司　供稿）

【关爱环卫工人】 2020年，下城区建有“城管之家”2.0版本“城管驿站”20个，其中3个被市城管局认定为精品“城管驿站”。“城管驿站”植入城管文化，将其打造成为传播党的声音、传递党的温暖、凝聚社会力量的前沿阵地。区城管局为全区1352名环卫工人办理人身意外伤害保险。举办应急救护、健康养身、消防安全、防灾减灾、垃圾分类等知识讲座40多场，1300多人次参加。开展帮扶慰问，慰问困难职工和退休职工。举办“小候鸟”夏令营，丰富环卫工人子女假期生活。10月26日，举办下城区庆祝浙江省第24个环卫工人节活动，对评选出的11个省、市、区城市市容环境卫生工作成绩突出集体和25名“杭州市十佳城市美容师”“杭州市优秀城市美容师”进行表彰。（陈雨林）

市政管理

【概况】 2020年，区市政公司加强市政工程建设，实施老旧小区改造、电梯加装管线迁移、美丽小巷提升、雨污分流等项目，提升区域人居环境。全年完成文晖街道河西南38号、德胜东村、潮鸣二期、王马社区南片4个老旧小区改造，稻香园20幢2单元、春丰苑7幢2单元等50多个电梯加装管线迁移，杭州市长寿桥小学凤起校区等53所学校、下城区中西医结合医院等20个医院“污水零直排”工程及打铁关新村、三塘桃园等2000多幢房屋雨污分流，建国北路沿线、中北苑小区等27个低洼积水改造，会安坝、蝶飞巷等6个美丽小巷提升任务。完成全区800幢房屋“清肠行动”、杭州地铁5号线风起路站保通工程、同心弄道路整改、红西河和陆家河驳坎修复、打铁关和武林广场地铁口综合提升改造等市政项目及文晖、东新、长庆3个街道无障碍设施建设。其中雨污分流项目在全市考核中位列第一。

【市政设施和河道维护管理】 2020年，区市政公司加强辖区内道路、桥梁、雨污水管网等市政设施及河道日常维护管理工作，确保各类市政设施安全运行和河道整洁美观。全年完成146条市管道路及597条区管道路养护作业，修复车行道5.5万平方米、人行道2万平方米，修复桥梁设施400处，疏通雨水管网63万米、污水管网1.2万米。完成46条主次干道、150万平方米的道路保洁和环卫设施维护。加强中河、东河、古新河、贴沙河、南应家河、古新河日常养护，出动保洁人员5400人次、巡查人员1200人次，打捞、处理河道和河岸垃圾1640吨。完成庙桥港美丽河道提升改造，对东新园小区望景桥附近的凉亭进行屋面固定、宝顶安装、粉刷涂新，并邀请钱塘书画研究社学者为凉亭题词，改造后的凉亭成为小区居民休闲娱乐的打卡地。

【新天地区域城市管理“红旗班”成立】 2020年4月28日，区市政公司探索创新城市管理新模式，赋能数字治理，与区城管局、交警下城大队等部门开展横向联动，在新天地区域成立“红旗班”，由“红旗班”统一运作“跨岗位、跨领域、跨部门”多元服务新型城市管理。“红旗班”以“制度完备、装备精良、人员精干、作业精细”为原则，集市政、环卫、园林、物业等工种，配备新能源高压冲洗车、新能源清扫车，借助智能化网络平台和手持终端等高科技装备，对区域内绿化、照明、建筑立面、城市家具等进行高频次全覆盖式运营维护，达到洁化、序化、绿化、亮化、美化、集成化、信息化、人性化的“八化”目标，打造城市运营维护联动的“下城模式”和城市管理的精细化标杆。

2020年4月28日，下城区城市管理“红旗班”成立　（区市政公司　供稿）

【老旧小区物业管理】 2020年，区市政公司以“树品牌、做品质”为导向，加强老旧小区物业标准化管理。为解决老旧小区物业管理“基础设施差、管理介入难、居民认识度不足”等问题，探索建立老旧小区准物业红色物管联盟“145”工作机制。因地制宜围绕老旧小区绿化实施提升改造，集中力量整治绿化带垃圾堆物，并协同园林班组根据实际情况新增、补栽、制作小型绿化带，全年为老旧小区修剪绿化12.5万平方米，补种绿化1万余平方米。优化小区物业服务体系，根据居民反馈的“问题清单”“需求清单”，有针对性地为各小区制定工作方案，实现居民需求和“红色物管”服务无缝对接。通过维修更新门禁系统、清理生活垃圾和规范施划停车位等工作，提升小区生活环境品质。加强安全问题排查，引导社区党员参与物业管理，对占用堵塞消防通道、安全出口和乱拉线充电等情况进行劝阻，确保“生命保障线”安全通畅。会同属地社区开展便民公益日服务活动，为居民提供维修更换灯泡、检修电线、疏通管道等免费服务。

【应急处置】 2020年，区市政公司做好突发天气防汛、防台、防冻、防雪、抗旱、保绿等应急抢险任务，以及管辖范围内市政道路、桥梁、排水管道应急抢险等应急工作。全年完成各类响应17次，出动人员6800人次。探索应急抢险新模式，与区、街道人武部合作组建工程机械排民兵队伍，并配备大型装卸车及储物室方舱，提升防汛

交警下城大队队员在巡逻过程中为辖区居民提供帮助(交警下城大队　供稿)

抗台、抗旱保绿与防雪抗冻等应急抢险能力。组织承办全区应急综合演练,并在杭州市城管系统抗雪防冻应急演练中获三等奖。

(陈韵奕)

交通管理

【概况】2020年,交警下城大队树立"交通管理应该像绣花针一样精细"的理念,围绕"安全、畅通、便民"总目标,探索中心城区交通治理"下城模式",构建"政府主抓,部门联动"的交通管理新格局。全年全区发生道路交通死亡事故6起,比上年下降45.5%。加强高峰时段、易堵路段排堵保畅,加强精细化管理,完善交通治堵"八大机制"(即规建管合成作战、公共交通优先、道路资源利用最大化、精细管理、动静态交通协同、交通事件快处快撤、道路快速抢修联动、区域交通综合治理),堵点报警率下降37.2%。出动警力7000人次,完成各类交通线路安保335批次。指定民警对应75个社区,开展电子证照注册和电动自行车排查工作,排查电动自行车11.4万辆,电子证照注册1.2万份。交警下城大队在杭州市主城区年度道路交通安全综合治理工作中排名第二位。

【交通违法治理】2020年,交警下城大队加强路面交通违法行为治理,通过"治乱"促进"治患",消除交通事故隐患,推进道路交通事故预防"减量控大"工作。开展"千警上路"和"道路安全教育"交通违法联合整治,重点查处电动自行车闯红灯、骑行快车道、逆向行驶、停车越线、不戴头盔5类重点违法行为,对有重点道路交通违法行为的当事人进行谈话教育7.4万人次。重点治理工程车、电动自行车违法行为,全年查处工程车违法2017起,电动自行车违法7.3万起,行人违法1.6万起,开车打电话违法7.8万起,机动车不礼让行人3.3万起。开展守"七门"(单位门、学校门、社区门、企业门、工地门、路门、停车场门)行动,严格落实"不戴头盔不准进、不准出、不准在内部骑行"的"三不准"要求,电动自行车头盔佩戴率提升至90%。依托"电动自行车专项治理行动"和"美丽杭州环境整治行动",加强部门联动治理机制建设。会同区城管局、区住建局、区应急管理局等部门,联合开展路面执法、工地监管、扬尘治理等工作,通过多部门合力,形成辖区交通安全管理闭环。

【交通隐患治理】2020年,交警下城大队通过建立健全交通安全隐患排查治理机制,规范道路交通安全隐患的排查整治工作,预防和减少重大道路交通事故的发生。根据《中华人民共和国道路交通安全法》,结合辖区实际,进行道路交通隐患治理。全年通过"平安下城"发布事故防控建议7份,预警5次;排查整改路段斑马线171处,治理绿化遮挡121处、照明不足11处,处罚违规占道施工134起。2月21日,交警下城大队推出"交通事故反馈小程序",通过收集事故信息,开展数据分析,为道路交通隐患治理和事故防控提供数据支撑,全年收集交通事故分析反馈意见4.14万份。

【新型指挥体系构建】2020年,交警下城大队探索构建"大脑+手脚"警务组织模式和"情报+行动"警务运行机制,形成大队指挥室、中队勤务室、路面警力联合作战方案。全年新增视频巡查员50人、巡逻执法车队员36人，新增无人机2台，创新开展“定巡结合，以巡为主，空地结合”勤务模式，实现警情主动发现、事故快速处理、处理后快速撤离。年内，事故主动发现率28%，5分钟到警率70.4%，5分钟撤离率45%。将原有路面值守勤务模式调整为不间断巡逻模式，配合视频巡查开展全方位机动作战，有效降低交通事故对道路畅通的影响，提升辖区道路通行速度。

【交通治堵】 2020年，交警下城大队多措并举治理道路交通拥堵。优化交通信号灯配时，解决因部分交通信号灯配时不科学，造成的道路拥堵问题。新增信号配时员22人，在早高峰、晚高峰、平峰3个时段进行定点值守，根据高德地图提供的数据实时预警，提前干预调控行驶缓慢的路段，防止堵点出现。联合高德地图、支队信号配时中心调整78个路口的信号配时，新增信号配时方案126个。通过开通公交专线减少道路流量，全年开设地铁接驳公交线路4条、“求知专线”特色公交线路7条。充分发挥交通诱导功能，通过“下城发布”、“平安下城”、微信朋友圈等自媒体发布“下城交警打通支小路毛细血管”绕行提示27次及“下城交警拥堵预警”提示12次。

【交通安全宣传】 2020年，交警下城大队推进交通安全治理工作，重点加强交通治理工作站（简称交治站）建设，交治站由交通文明播报牌、数字工作区、VR体验区、宣教室4个功能区组成，对重点交通违法人员、60周岁以上老年人及12周岁以下儿童等常住人口和流动人口进行交通安全教育宣传。成立街道交通安全治理中心2个、社区交治站11个、企业交治站7个。依托交治站为宣传载体，对发生3次以上违法行为的电动自行车驾驶人教育训诫7.4万人次。开展上门宣传2140多次，对一般程序伤人事故开展“以一促十”宣传教育421次。借助各类平台发布交通安全宣传教育案例视频52期。

【交通保障“三服务”】 2020年，交警下城大队做好交通保障“三服务”工作，通过线上、线下双向驱动，保障辖区车辆出行畅通便利、道路交通秩序安全平稳。建立警企联络机制，全年创建警企微信群21个，入群企业3423家，通过警企微信群，为企业解答相关问题，并在群内发布道路通行信息3145条，助力企业复工复产。主动对接并实地踏勘辖区各工地务工人员返杭集中隔离点，为各复工包车企业提供护航服务。全年开展上门服务340多次，为企业协调解决停车泊位2000多个。新建绿色停车泊位200个、不同时段停车泊位5234个、夜间停车泊位1162个。 （周钰博）

城管综合执法

【概况】 2020年，区城管局深化基层综合执法改革工作，坚持依法行政，严格遵守执法公示、执法全过程记录、重大执法决定法制审核三项制度。推行行政处罚结果公开，全部案件及审批事项实行网上办理。“美丽下城”创建暨“城市环境大整治、城市面貌大提升”集中攻坚行动期间，各街道综合执法队开展“利剑二号”“十乱”等专项执法整治，全面提升市容环境品质。全年查处行政处罚案件约5.39万件，其中一般程序案件2236件、简易程序案件5.17万件，罚款1116.26万元。深化“最多跑一次”改革，将纳入“最多跑一次”事项的清单条理化、规范化，所有事项在政务服务平台上受理，其中17个涉及市政、排水、环卫、水务方面的投资项目在3.0投资平台上受理。全年区城管局受理行政许可或备案2948件。区指挥保障中心受理市民来电、来信、来访10016件，比上年减少706件。办理区“两会”期间建议提案3件。

【户外广告管理】 2020年，区城管局加强户外广告规范化管理，完善长效管理机制。开展日常巡查、回头检查和严格执法，做好户外广告、店招店牌、电子显示屏管控，防止非法户外广告回潮。全区拆除违法设置的大型广告47块、灯杆道旗广告1292块、各类横幅959块。查处各类广告违法行为54起，罚款1.24万元。对违规LED显示屏及破损店招牌进行清理。完成25块显示屏的“三联”（联网、联播、联控）工作。按照有关户外广告设置管理规范，完成辖区10条道路户外广告设置详细规划编制。

（郑志勇）

【城管信访受理】2020年，区城管局秉持“以群众呼声为第一信号，以群众满意为第一标准”的理念，依法、及时、就地解决群众对城管工作的合理诉求。全年受理市民来电、来信、来访10016件。其中：省、市信访受理平台转办件8835件，比上年下降9.9%；区城管信访投诉系统（含110热线、公共服务平台）转办件1140件，上升39.4%；自接件和区信访局转办件41件，下降60.6%。受理信访件中，涉及环境保护3987件，下降3.3%；市容环卫2046件，下降6.8%；市政公用1147件，下降34.8%；工商管理545件，下降33.6%；治安交通762件，下降18.6%；城市规划477件，下降24.5%；城市绿化185件，下降26.6%；河道管理44件，下降31.3%；停车收费542件，下降13.3%；其他各类信访件281件，增长24.9%。下城区在全市城管信访工作考核中得分98.45分，在主城区排名第二位。

（沈　洁）

【城管“最多跑一次”改革深化】2020年，区城管局围绕深化“最多跑一次”改革目标，做好涉企事项和居民个人办事事项审批服务工作。全年受理市容环卫、市政、河道、水利类各项行政许可件或备案件2948件，其中，市容环卫类事项1142件，包括利用广场等公共场所举办文化、商业等活动许可157件，设置其他户外广告设施和招牌、指示牌备案641件，临时堆放物料、搭建非永久性建筑物、构筑物或其他设施审批62件，养犬许可162件，城市建筑垃圾处置核准103件，工程渣土准运证核准15件，工程消纳场地登记2件；市政类事项1769件，包括污水排入排水管网许可899件，污水排入排水管网许可证变更14件，临时占用城市道路审批45件，挖掘城市道路审批39件，排水接管技术审查772件；河道、水利类事项37件（个），包括临时占用、挖掘河道设施许可13件，水土保持方案（报告书）10件，水土保持方案（报告表）6件，水土保持方案批复3件，水土保持设施验收方案5个。推进数字化转型工作，所有办事事项均进驻区行政服务中心集中办理，实行“即办承诺制”。推出电话预约制，区行政服务中心城管窗口可受理排水许可、占用和挖掘城市道路等审批事项的预约，为企业和群众提供办事便利。完善政务服务网办事指南，所有事项均实行网上办、移动办、“零跑次”。推进“好差评”平台系统工作和行政服务窗口规范化建设工作，加强新进窗口工作人员的业务知识和工作技能培训，全年窗口业务办理满意率和实现率均达100%。区城管局审批窗口被评为区“红旗窗口”。（吴娟娟）

【城管执法规范】2020年，区城管局查处市容环卫、市政、绿化、规划、环保、工商、公安、交通等相对集中城市管理行政执法类的行政处罚案件5.39万件，罚款金额1116.26万元。加强执法主体资格管理，严格把好执法资格准入关，确保执法人员持证上岗、亮证执法，区城管局取得综合行政执法资格证181人。推行行政许可、行政处罚逐级审批制度，并按照法定程序进行网上流转，做到“过程可视、环节可控、结果可查”。落实行政执法公示、执法全过程记录和重大执法决定法制审核制度，重大、复杂行政处罚案件均按规定集体讨论决定。完善部门权力清单和责任清单动态调整机制，实现“行政权力进清单、清单之外无权力”。贯彻执行《杭州市综合行政执法机关执法质量考核评议实施办法》等制度，加强各类合同规范化管理，完善合法性审查、内部登记等机制，全年审核合同199件。依托浙江政务服务网公开行政处罚结果信息。注重规范执法、说理性处罚，全年受理行政复议案件2件、行政诉讼案件1件，无被撤销和败诉案件。严格落实行政机关负责人出庭应诉制度，部门负责人出庭应诉率100%。（孙可人）

24 环境保护

环境综合整治

【概况】 2020年，下城区围绕污染防治攻坚战阶段性目标任务，突出精准治污、科学治污、依法治污，提升环境综合整治能力，打好污染防治攻坚战，辖区大气环境质量、水环境质量进一步提升。全区市控以上功能区断面水质状况达标率100%，饮用水备用水源水质达到标准要求。按照环境空气质量标准（GB3095—2012）评价，全年下城区环境空气优良天数325天，优良率89.2%。环境空气中的PM2.5平均浓度为32毫克/立方米，比上年下降27.3%，下降率在全市大气环境年度考核中排名第二位。

【大气污染防治】 2020年7月8日，区政府印发《下城区打赢“蓝天保卫战”暨大气污染防治2020年实施计划》，全面部署燃煤烟气、工业废气、车船为期、扬尘灰气、城区排气及应急响应六大方面的具体工作任务，明确各职能部门和属地街道的工作职责。市生态环境局下城分局开展移动源污染治理攻坚行动，联合杭州市机动车排气污染防治中心、第三方检测机构对辖区禁用区范围内的工地开展非道路移动机械专项执法检查，随机抽检3个工地的12台非道路移动机械，对1家非道路移动机械排放超标企业进行立案查处并责令整改。深化挥发性有机物（VOCs）治理，加大对生产经营活动中产生挥发性有机物的单位的监管力度，督促其落实污染防治措施。推动区域性汽修钣喷中心示范项目建设和汽修行业喷涂作业集中式、节约化、环保型发展，提升行业绿色化管理水平。开展建筑垃圾消纳场所专项执法，对未落实扬尘防控措施的4处消纳场所进行立案查处，并会同区城管局等部门进行常态化巡查，跟踪监控消纳场所清理进度，12处消纳堆场所全部完成清理。实施裸土地块“换绿工程”，对辖区绿化暂不开发的地块，将原用于扬尘治理的密目网、土工布替换为绿地，变“塑料绿”为“植物绿”“生态绿”，全年完成11个地块

实施“换绿工程”后的杭州新世纪钢材市场地块

（市生态环境局下城分局　供稿）

的"换绿工程"。该项目获市大气办肯定，相关做法在杭州电视台综合频道播出。联合浙江工业大学机械学院研发下城区大气环境质量移动监测系统，利用终端数据采集、后台大数据分析等技术手段，对特定区域开展"CT扫描式"环境监测，绘制出大气污染分布地图，并细分至社区网格，实现"更精准地锁定污染源头，更科学地评估治气成效"的目标。

【水环境治理】 2020年，下城区全力推进"污水零直排区"建设，完成117个市定生活小区雨污分流整治，文晖、东新、石桥3个"污水零直排"试点街道通过市级验收。建成西文北路（二期）、善新路等4条道路市政雨污水管网各1.22千米。完成800幢老旧小区房屋"清肠行动"，落实无物业小区1600个化粪池清掏，为老旧小区疏通堵点、痛点，解决污水管道"肠梗阻"问题。全年清疏排水管网797.3千米，确保排水管网24小时畅通。以智慧化河道建设为重点，推进运河片区美丽河湖建设，打造集"景观带、生活带、智慧带"为一体的美丽河湖品牌。其中贴沙河、古新河和南应加河等9条运河片区美丽河道创建成为省级美丽河湖。推进无违建河道创建，完成蔡家河、油车港等4条河道管理范围无违建创建工作。试点开展东河生态清疏工程，有效消除底泥污染，改善河道水质。全区开展涉水联合执法行动431次，发现并处理问题91个，立案25件，年内办结20件，罚款6.44万元。

【土壤与固体废物治理】 2020年6月30日，市生态环境局下城分局根据杭州市全域"无废城市"建设工作方案，结合辖区情况，制定《下城区全域"无废城市"建设工作方案》。全区垃圾分类覆盖至8个街道、75个社区、322个小区及辖区各公共机构、企事业单位，参与家庭近17万户。新创建省级示范片区2个、省级示范小区16个、市级达标街道8个、市级示范小区99个。全年清运生活垃圾20.79万吨，比上年下降11.8%，资源化利用率超过45%，无害化处理率100%，垃圾总量连续实现负增长。严格规范危险废物和化学品环境管理，组织审核危险废物产生企业328家次，100多家产生危险废物单位按照规范要求设置标志标签。完成西文村等5个地块土壤污染状况初步调查。协调推进杭州新世纪钢材市场土壤修复工作，并督促做好二次污染防治和工作留痕，该市场A区污染地块通过省生态环境厅验收。 （曹雪峰）

环境管理执法

【概况】 2020年，市生态环境局下城分局加强环境监察执法，维护辖区环境安全。坚持绿色发展模式和环境问题导向，将大气污染防治、饮用水源地环境保护、危险废物治理、土壤污染防治列为工作重点。完善建设项目环评制度，充分运用行政处罚、限期治理等手段，对各类环境违法行为"零容忍"。全年出动执法人员1375人次，检查企业643家次，立案18件，做出行政处罚决定18件，罚款58.98万元。完成45家企业"双随机"抽查、3个医疗机构及1个饮用水水源地跨部门联合抽查，抽查情况录入移动执法平台。关注群众环境诉求，全年处理各类环境信访505件，其中政务平台458件、微信举报平台47件，信访处理率和满意率均100%。

【建设项目环境管理】 2020年，市生态环境局下城分局深化"放管

2020年11月16日，市生态环境局下城分局会同区城管局对贴沙河饮用水水源地水质进行随机抽查 （市生态环境局下城分局 供稿）

服”改革，优化审批服务，加强建设项目环境管理，根据省、市环保部门《关于统筹做好疫情防控和经济社会发展生态环保工作的指导意见》及《浙江省第五批不纳入建设项目环境影响评价审批的目录》，做好“规划环评+环境标准”内建设项目的落地工作。推进“互联网+政务服务”建设，生态环境政务纳入一体化在线政务服务提升工程。落实完善“双随机、一公开”抽查制度，明确企业分类细则，调整随机抽查系数，对严管企业、常规企业、放心企业等实行差别化监管。对在环境影响评价和辐射安全许可手续及相关评估报告等方面满足条件的医疗机构给予有关事项豁免办理。优化建设项目环评审批服务，在严格环境准入要求基础上，强化对基础设施、制造业、节能环保等领域项目的环评服务。全年审批建设项目环境影响评价文件9件，其中报告表8件，告知承诺制建设项目1件；备案“区域环评+环境标准”改革环境影响评价文件3件，备案“零土地”技改项目环境影响评价文件1件，备案登记表231件。新申报开工工地15个，审批夜间施工企业2041家次。建设项目环评执行率100%。

【环保督查】 2020年，市生态环境局下城分局通过日常巡查、移动源执法检查、建筑垃圾消纳场专项执法、重点领域隐患排查等执法行动，推进中央环保督查反馈问题整改和省、市环保督查发现问题整改。加大联合执法频次及与相关部门的沟通力度，会同区公安分局食品药品和环境犯罪侦查大队、市机动车管理服务局下城管理处和区城管局对辖区汽修企业、水源地开展联合执法。联合区监委、区信访局、区城管局、区住建局对辖区涉及的3个反馈问题进行整改完成后的现场验收。牵头督促各部门、各街道开展“回头看”排查和信访件销号工作，完成第一轮中央环保督察67件信访件排查，并做好第二轮中央生态环境督察准备。中央生态环境督察组进驻浙江后，全区收到中央环保督察交办信访件56件，至年末办结销号37件。

【辐射环境管理】 2020年，市生态环境局下城分局开展核与辐射安全隐患排查工作，先后检查企业30多家，对射线装置场所及其防护设施、管理制度执行情况、法规执行情况等进行现场检查，督促各企业按照规范要求使用射线装置，落实辐射安全管理责任。严格审核辐射安全许可证申请材料，并进行现场踏勘，全年为辖区22家企业核发辐射许可证，其中新申请10家、重新申领12家。延续、变更、注销许可证18家（包括延续5家、变更10家、注销3家）。会同区卫生健康局推行辐射安全许可和放射诊疗许可“两证同发”工作，全年获“两证同发”核准医疗机构22个。（曹雪峰）

环境宣传教育

【概况】 2020年，市生态环境局下城分局以建设生态文明城市为目标，开展各类环保宣传活动。全年编制《下城环保快讯》41期、《下城区生态河道水质监测简报》12期。在市生态环境局外网网页分局栏目下实时更新生态信息，公布工作动态，方便市民监督环保工作。通过“下城环保”官方微博、微信平台，发布空气质量、工作动态和绿色生活小贴士等信息530条。加强网评员队伍建设，开展网评活动50次。会同区教育局、区民政局、区卫生健康局和各街道，持续推进“多绿”创建工作。深入企业开展环保法律法规宣传教育，组织各类环保教育讲座10场。利用“3·5”学雷锋纪念日、“3·12”植树节等节日，开展环保志愿者进社区活动，宣传环保工作，发放环保袋。联合天水街道在中大广场举办环保文艺演出，提高公众环境保护意识。杭州市绿洲花园幼儿园和杭州市天水小学获评浙江省第十批省级绿色学校（幼儿园）。

【世界环境日宣传活动】 2020年6月5日，长庆街道王马社区开展以“美丽中国，我是行动者”为主题的世界环境日宣传活动，活动由市生态环境局下城分局、区“五水共治”暨“河长制”管理工作领导小组办公室、东新街道办事处承办。活动现场向居民发放环保知识宣传资料、垃圾分类知识手册、公筷公勺文明用餐宣传单等宣传资料500多份。现场设立环保法律法规咨询、垃圾分类规范宣传、文明用餐宣传、便民服务4个咨询点和环保知识有奖竞猜点，为居民普及环保知识。（曹雪峰）

25 科　技

科技创新

【概况】2020年，下城区加强企业主体培育，加大科技创新资金投入，营造创新创业氛围。区科技局统筹科技企业和科技平台抗疫工作，帮助企业健全检疫查验和健康防护制度，保障企业安全有序复工。按照“急用先行、特事特办”原则，组织实施应急攻关科研项目。调整科技计划实施要求，扶持受疫情影响较大的企业。对外国工程师入境许可办理实行“全零跑”，通过“书面+承诺”方式，全流程在网上办理。推动创新产业集聚平台建设，培育创新型企业，推进区域经济加快恢复。浙江省通信产业服务有限公司、云集共享科技有限公司和浙江高速信息工程技术有限公司等高新技术企业发挥运用科技优势，助力抗击疫情。区科技局组织研发科技抗疫项目6项，其中被列为省重点研发计划1项、市防控应急科研项目2项。全区新认定高新技术企业62家，新增省科技型中小企业145家，新培育“雏鹰企业”31家。全年R&D（研究与试验发展）经费支出13.83亿元，占地区生产总值的1.32%，占比全市主城区排名第二。规模以上工业高新技术产业增加值11.54亿元，比上年增长18.3%，占规模以上工业增加值的87.1%。加快实施《下城区高新技术企业培育三年翻番计划（2017—2020）》，深化引进、培育和挖掘人才工作。全年组织科技人才培训5场，参训600多人次。新增省科技创新领军人才、青年拔尖人才6名，科技人员入围国家有关培养计划推荐人才1名，组织申报市级以上外籍人才项目11项。

【技术创新平台建设】2020年，下城区推动“众创空间+科技企业孵化器+产业园”平台体系扩容增效，培优做强科技企业孵化器和众创空间，发挥科技孵化平台在建设创新型平台中的新引擎、新动能作用。与世界500强企业阿斯利康制药有限公司签署阿斯利康中国东部总部落户下城合作协议，共同打造杭州国际生命科学创新园。依托阿斯利康制药有限公司在全球的优势，引入国内外优质生命健康孵化项目，并为孵化项目提供专业辅导及产业化保障。区科技局将企业数字化创新与城市数字化经济相结合，培育以“数字医疗及创新+新型医疗服务”为主的生命健康产业，年内新增浙大网新永佳数智产业园和聚兴科创园。其中，浙大网新永佳数智产业园依托浙江网新集团资源优势，导入浙江大学人才资源及浙大网新科技股份有限公司、浙江众和科技股份有限公司等上市公司资源，打造政产学研合作的数字经济发展新基地。聚兴科创园引入拥有“孵化经验”的专业团队，打造数字经济孵化新平台。全年全区新认定市级众创空间5家、市级孵化器1家。

【“双创”重点活动】2020年，下城区举办2020“数智未来”院士论坛暨院士工作站揭牌仪式、新天地数字经济论坛、创投汇智·下城区创新创业大赛、“云直通”进

2020年11月8日，下城区举行"数智未来"院士论坛暨院士工作站授牌仪式。图为航天科工广信智能技术有限公司杭州市院士工作站授牌仪式现场

（区科技局　供稿）

下城小微企业专场活动、杭州市金联会下城服务基地揭牌仪式暨走进科技园活动等活动10场，组织科技型企业参加浙江·杭州国际人才交流与项目合作大会、全国人工智能大会等活动10场，促进区域资金、技术和人才集聚。在"数智未来"院士论坛暨院士工作站揭牌仪式上，副区长王振峰为中国工程院院士钟山和中国航天科工集团第二研究院科技委原秘书长侯萍梅颁发聘书。航天广信院士工作站按照产学研合作的理念，聚焦物联网、大数据、人工智能等新一代信息技术，在智能建筑、智能交通、智慧城市、服务集成等领域推进科技创新和科技成果转化，提升企业自主创新能力，增强市场竞争力。下城区组织科技型企业参加"市长杯"杭州高价值知识产权职能产品创新创意大赛，辖区企业杭州源清生物科技有限公司开发的"肿瘤精准医疗+人工智能技术研发与产业化"项目获"创意组优秀奖"，该项目历时6年开发研究，相关研究成果在多种国际著名学术期刊上发表。

【下城区创新指数全省排名靠前】2020年12月4日，省统计局、省科技厅联合印发《2019年度浙江省县（市、区）科技进步统计监测评价报告》，发布全省各县（市、区）创新指数。下城区创新指数154.5，在浙江省排名第16位、在杭州市排名第4位，创新指数比上年提升15.7。下城区落实科技创新政策，全年财政科技支出1.92亿元，增长19.3%。实施科技创新税收优惠政策，减轻企业成本负担。辖区享受上年度企业所得税汇算清缴享受研发费用税前加计扣除政策321家，扣除额13.16亿元；高新技术企业享受优惠政策减免所得税1.16亿元。大力培育高层次人才，全区组织申报市级以上外籍人才项目11项，新认定高层次人才1199名。发挥创新载体吸引力，加强与中国航天科工二院、俄罗斯科学院等海外人才驿站交流，促进科技招商引才工作。区数字经济产业园按照"一园、两核心、多平台"发展布局，引进世界500强企业阿斯利康中国东部总部及杭州国际生命科学创新园项目，签约微蜂泰科区块链科技等项目，全年引进重点项目7个。

2020年下城区孵化器和众创空间基本情况表

表3

序号	类　型	名　称	级　别
1	孵化器	杭州市下城区科技创业中心	国家级
2		杭州天盛科创孵化器	国家级
3		创富港孵化器	市级
4		博济滨江智谷孵化器	省级
5		海蓝电竞孵化器	市级
6		互联网影视产业孵化器	市级

续表3

序号	类 型	名 称	级 别
7	众创空间	经纬创造社	国家级
8		拾青空间	国家级
9		泛创空间	省级
10		麒麟V创空间	省级
11		极地国际创新中心	省级
12		智汇社空间	省级
13		建银创客工场	省级
14		康臣众创	省级
15		聚能众创	市级
16		创得空间	市级
17		互影空间	市级
18		牧拓空间	市级
19		ROCK星空间	市级

（全信军）

科技成果转化

【概况】 2020年，区科技局落实科技扶持政策，鼓励科技企业加大研发力度，加快全区发明专利成果转化，增强企业核心竞争力。全年全区技术交易总额11.78亿元，发明专利实现产业化81件。创新券使用额61.32万元，比上年增长17.3%。对企业通过网上技术市场吸纳国内外高校院所和杭州市新型研发机构最新科研成果的，以及通过市级科技部门组织的科技成果拍卖从无关联单位获得先进科技成果实现产业化的，给予不超过实际技术交易额的20%、最高150万元一次性补助。下城区的科技成果转化指数位于全省县（市、区）第三。其中，成果交易指数和转化绩效指数均位列全省前三。

2020年9月19日，下城区举办全国科普日暨下城区科普宣传周活动。图为科普日科普互动体验和科普知识宣传现场 （区科技局 供稿）

【科技人才工作】 2020年，下城区贯彻落实创新驱动发展战略和人才强区战略，激发创新主体引才用才动力，广泛吸纳海内外人才。全年新增省科技创新领军人才6名，入围国家有关培养计划推荐人才1名，组织申报市级有关培养计划人才11名；组织申报省、市有关培养计划人才4名，申报杭州市有关引智项目7项，其中立项3项。联系海外人才驿站，对接引进人才项目，开展英才评选活动。充分发挥杭州市高层次人才认定政策效应，下城区科技企业被认定市高层次人才的数量占全区认定数的50%，其中省级以上领军人才占全区认定数的45%。下城区发挥科技人才领军作用，在“卡脖子”领域关键技术上取得新突破，全年全区获得浙江省科学技术奖项12项。

【下城区科技成果转化指数位列全省第一梯队】 2020年12月24日，中国浙江网上技术市场活动周发布浙江省科技成果转化指数，其中，下城区科技成果转化指数位列全省第一梯队，成果交易指数和转化绩效指数分别位列全省90个县(市、区)第三和第二。区科技局把贯彻落实《中华人民共和国促进科技成果转化法》《浙江省促进科技成果转化条例》及《浙江省专利条例》作为科技创新工作的重点，完善科技成果转化机制，培育高新技术企业和科研机构，将科技成果转化为现实生产力，为地方产业发展和产业结构调整提供技术支撑。全年全区技术交易总额72.44亿元，占地区生产总值的6.9%。科技产出取得成果，每万人拥有发明专利107.89项，列全省第三位。科技服务业营业收入762.69亿元，占规模以上服务业营业收入的73.9%。工业高新产业水平不断提升，规模以上工业企业研发机构设置率达47.8%，高新技术产业增加值占工业增加值的83.5%，比重列全市13个区县(市)第三位。 (葛俊峰)

科技服务与交流

【概况】 2020年，下城区加强科技服务与交流工作，构建“亲清”新型政商关系，支持科技企业抗击疫情和复工复产。围绕企业和人才需求，搭建产学研项目对接和创投融资服务平台，帮助企业解决实际困难。上线国家高新技术企业、省科技型中小企业补助政策兑现项目，减少企业线下审批环节，减轻企业负担，全年上线“亲清在线”项目4个，兑付补助资金3765.8万元，惠及企业138家。举办“数智未来”院士论坛暨院士工作站揭牌仪式、新天地数字经济论坛和杭州市金联会下城服务基地揭牌仪式暨走进科技园等活动，组织相关企业参加浙江·杭州国际人才交流与项目合作大会、全国人工智能大会等活动。推动院士专家工作站、省级研究院等产学研机构建设，组织申报认定省级以上研发机构7个，市级研发中心9个、市级产业创新服务综合体1个。

【下城区举办“数智未来”院士论坛暨院士工作站揭牌仪式】 2020年11月8日，下城区在杭州国际博览中心举行“数智未来”院士论坛暨院士工作站揭牌仪式。活动由市科技局，市科技协会，区委、区政府主办；区委人才办，区科技局(区科协)，区住建局东新街道党工委、办事处承办；航天科工广信智能技术有限公司协办。参会专家在论坛上分享前沿数字技术与工程技术的融合发展情况，探讨数字技术为企业赋能的时代话题。其间，召开智慧城市发展趋势交流座谈会。揭牌仪式上，市科协副主席王菊红、巡视员宋新剑、副区长王振峰为航天科工广信智能技术有限公司院士工作站、中国工程院院士钟山和中国航天科工集团第二研究院科技委原秘书长侯萍梅授牌和颁发聘

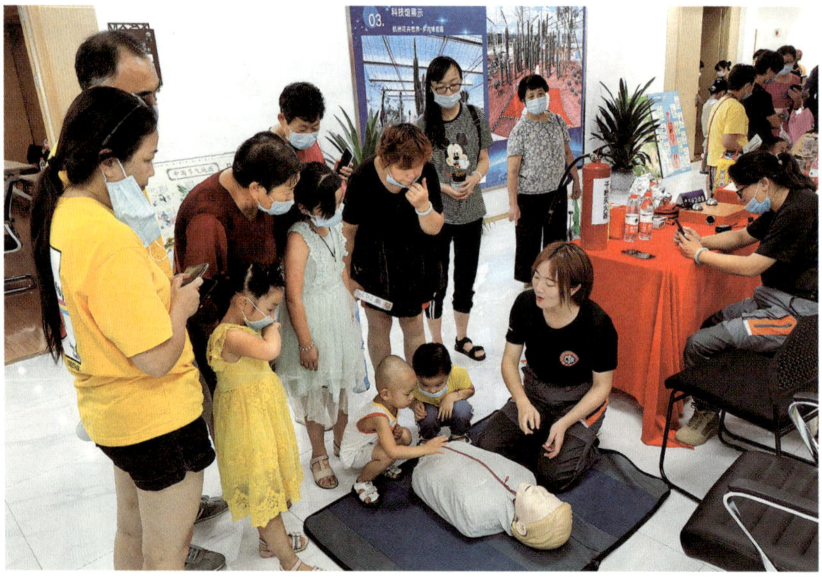

2020年8月24日，下城区科技活动周在东新园社区文化家园启动。图为专业急救员在活动现场为辖区居民普及应急救护知识 (区科技局 供稿)

2020年8月24日，下城区东新园社区党群服务中心在科技活动周期间举办科技体验活动　　（区科技局　供稿）

书。钟山做题为《发展数字经济的根本和演化》的学术报告，解读数字经济“虚拟化、信网化、感知化、精控化、服务化、管理化”的内涵，分析数字孪生在智能建筑领域、智慧城市建设领域的沿袭、发展和应用趋势。航天科工广信智能技术有限公司发布“慧石物联网中台”产品和“1+4+N”平台战略，展示“1+4+N”平台依托“慧石物联网中台”产品，通过无线网、物联网、基础网、互联网，支撑智慧社区、智慧楼宇、智慧交通、智慧医疗、智慧教育等智慧业态的功能。

【科普工作】 2020年，区科技局加强普及科学知识、传播科学思想、倡导科学方法等科普工作，提高全民科学素质。抗疫期间，利用“科普e站”和微信公众号转发疫情防控应急科普知识，并制作防疫科普宣传展板650块、宣传折页5000多份。新建“科普e站”5个，累计27座。新增区级科普教育基地2个，提升改造老旧科普画廊5个，全区科普馆和科普教育基地全部免费对外开放。利用社区、楼宇、学校、企事业单位大屏、多功能一体机等终端播放“科普中国”优质资源，为公众提供精准的科普服务。全年开展各类科普益民活动200多场、科普讲座80多场、部门学（协）会和企业科协活动10场。科普阵地组织开展丝绸扎染体验、环保书皮制作、应急救援培训、青少年实战应急体验等活动21场。9月，组织区网络科普知识竞赛，参赛人数1.8万人，发放科普资料1万余册，实施科普工作项目11个。　（葛俊峰）

26 教育

综述

【区域教育工作】 2020年，下城区有中小学33所、特殊教育学校1所、幼儿园36所、教育系统直属单位5个。全年区财政投入教育经费16.58亿元，其中国家财政性教育经费14.11亿元。3～6周岁幼儿毛入园率123.6%，6～15周岁学龄儿童入学率100%。下城区推进新时代德育系列工作，组织26位学校校长讲授"新时代集体主义教育"思政课，组织32所学校参与"行走下城校园"云端巡礼活动。启动"薪火项目""种子项目"，探索研究区域实践机制和路径，完成三轮31项课题研究，阶段性研究成果分别刊登于《中国教育报》《中国德育》《教育家》等报刊。借助信息化手段开展家校共育工作，27所中小学和幼儿园完成"浙江省数字家长学校"申报工作。出台《下城区教育局关于进一步加强中小学心理健康教育工作的通知》，联合相关心理服务机构启动心理服务进校园项目，为师生、家长提供全方位心理指导，受益人数3万余人次。组织线上"武林汇教"国际论坛，加大干部教师参与东西部协作扶贫支教力度，推进下城教育品牌向前发展。《杭州市下城区教育志（1978—2018）》出版，为传承下城教育的历史脉络和文化底蕴提供资料。

深化教育改革实践，启动"1+1"公民协同发展共同体（1所优质民办学校领办1所公办学校，在合作中促进双方共同发展）模式，区域内新建配套的公办学校与民办学校对接协同发展。出台《下城区公办初中提质强校发展计划（2020—2023年）》，并举办初中提质强校行动现场推进会，以多种形式实施合作办学。

学前教育、义务教育、社区教育等各级各类教育均衡发展。出台《下城区学前教育深化改革规范发展的十条举措》《下城区发展学前教育第三轮行动计划（2020—2023年）》，推出"2020年幼儿园体育特色项目"等系列活动，被省政府办公厅授予"实施学前教育补短提升工程措施有力、成效明显的县（市、区）"称号。出台《进一步做好小学生放学后校内托管服务工作的指导意见》《下城区公办初中提质强校发展计划（2020—2023年）》，成立下城区教育质量监测领导小组，设立教育质量监测中心，组织"中小学生阅读能力专项测评"。深化"五育并举"，打造"武林杯"赛事品牌，开展"武林小名嘴"选拔、美德少年评选等活动。杭州市安吉路实验学校被授予"全国文明校园"称号，杭州市东园小学获评"全国优秀少先队集体"，杭州市长寿桥小学获评"浙江省文明校园"。承办杭州市全民终身学习活动周开幕式，推出"百课惠民项目进文化家园"等11项社区教育活动。改革推进"1050"工程，开设朝晖街道老年学堂，向西藏那曲市、贵州黔东南苗族侗族自治州黎平县等地展示非物质文化遗产手工技艺。深化民办培训机构长效监管机制，完成机构清查整治。举办"民办教育培训机构校长高级班"暨民办培训机构诚信办学创星级培训会，引导民办教育培训机构依法、诚信、规范办学。

提升人才队伍建设，出台《青年干部提优增能“菁英”计划（2020—2022年）》，推进“下城区教育卓越人才发展计划”。建立完善教师与公务员收入分配政策调整的联动机制，增加中高级职称教师人数，引导岗位超比例学校教师向岗位空缺学校流动。开展“新锐”系列教师培养，深化名师智慧空间站建设，实施线上教师海外研修项目，举办第十三届课堂节。全区名师智慧空间站数量增至20个，杭州市政府机关幼儿园教研大组、杭州市绿洲花园幼儿园教研大组、杭州市艮山中学物理技术组被评为杭州市先进教研组。杭州市青蓝小学“经历伴随成长：基于十二种经历的城市小学育人新探索”、杭州市万家星城幼儿园“五联·四式：‘玩·美’馆联动新样态的建构与实施研究”、杭州市下城区教师教育学院“居家体育微课：区域推进中小学教师专项研训的载体设计与实施”等课题获杭州市教育科研优秀成果一等奖。

推进教育资源保障，全年校园竣工6所（其中启用5所），完成3所配套校园建设，强化“一书一表一报”（校园建设工作任务书、进度计划表、工作简报）机制，保障校园建设项目顺利实施。制订《校园建设项目比学赶超流动红旗竞赛实施方案》，形成良好校园建设氛围。完成41项暑期维修、改造项目。实现公办中小学、幼儿园空调安装及教室照明环境提升工程全覆盖，并引入智能物联网技术，对全区空调进行万物互联和精准智能管控。完成15所学校“智安校园”建设，建成25个中小学智能食堂“阳光厨房”。实现幼儿园“紫外线报警器”及初中智能大屏交互多媒体设备全覆盖。10所学校15个教室申报为省新型教学空间。新增杭州市智慧教育示范学校6所。在全省县（市、区）教育现代化发展水平监测中，下城区现代化发展水平得分85.14分，高于全省平均分11.56分。年内，下城区被确立为浙江省语言文字规范化区；杭州市景成实验学校、杭州长江实验小学、杭州市求知小学、杭州市朝晖幼儿园（朝一园区）、杭州市政府机关幼儿园（灯芯园区）5所校（幼儿）园被评为省首批现代化学校；完成4所学校申报优质校园的综合督导、第二批8所优质学校复核评估和9所民办幼儿园的综合督导。下城区连续3年获评全省教育业绩考核优秀单位。

【心理健康防护】 2020年2—6月，区教育局以“分层指导、医教结合、课题引领”等方式推进心理防护工作。印发《关于进一步加强中小学心理健康教育工作的通知》，加强学校心理健康建设，促进师生身心健康。完成杭州市景成实验学校、杭州市春蕾中学、杭州市朝晖中学、杭州市长寿桥小学等7所学校的“浙江省中小学心理健康教育示范点”创建。“下城区援鄂医护人员子女心理健康状况调查与心理干预”课题被浙江省教育科学规划领导小组办公室批准结题、下城区“疫情下中小学生家长心理健康状况调查和区域辅导策略”课题被确立为“浙江省教育科学规划课题‘防疫与复学’认定性课题”。年内，区教育局组织制作微课53节，推送微信10期，直播家长大课堂16期，开展线上线下个案咨询466人次。受益人数3万余人次。

【抗疫保学工作】 2020年3月，区教育局成立返校复学工作专班，建立“一个科室挂钩一个街道”的工作指导机制和责任包干机制，局领导对应联系分管科室，推进全区教育系统返校复学工作。学校严格执行师生情况日报制度，并持续跟进防疫物资保障；局校两级分层制订返校复学方案，并签订“控疫保学”工作责任书；联合相关部门开展多轮各类检查。加强校园卫生站建设，所有中小学校均配备专职校医，助力疫情防控落实到位。7月，出台《下城区教育局关于“抗疫保学”先进集体评选考评指标》，以奖代评全方位推进抗疫复学工作，59个单位获评“抗疫保学”达标单位。6月，开展“疫情防控践初心 以爱育人担使命”主题教育，通过“机制化”培树新风、“多元化”党史教育、“专业化”推进发展、“个性化”精准帮扶、“全员化”心理复位、“项目化”家校协同、“责任化”落实防控、“层级化”改造提升、“智能化”守护平安9个项目分线推进的形式，将丰富多彩的宣传教育和实践活动贯穿各项教育工作中，合力推动学校发展。全年实现教育系统“无感染”“无意外”目标。

【德育阶段性研究成果丰硕】 2020年4月1日，下城区出台《关于加强“家校（园）共育”工作的指导意见》，推进建立以“家校（园）社”为合作主体的共同育人体系。5月12日，《杭州下城：集体主义教育“新”探索》被刊登在《中国教育报》《一线关注》栏目。5月17日，《杭州下城探索新时代集体主义教育》上线“学习强国”杭州学习平台。《中国德育》期刊专题报道下城区德育工作。7月，《家校协同育人共同体构建的下城经验》及杭州市朝晖实验小学、杭州市现代实验小学和杭州市胜蓝实验小学等6所学校的家校协同共育经验刊登在《教育家》期刊专栏。下城区“家庭教育创新治理模式”获中国教育科学研究院肯定，并报送教育部《教育参阅》杂志。8月，《家长咖啡厅：德育工作家校一体化新思路》由浙江大学出版社出版。11月，区域家庭教育指导工作在杭州市家庭教育年会上做典型经验交流。12月，辖区27所中小学、幼儿园被认定为首批“浙江省数字家长学校”。全区47所学校（幼儿园）参加全国示范学校（幼儿园）创建活动，各学校（幼儿园）家长注册率达100%。

【区教育质量监测中心成立】 2020年9月，区教育局成立“下城区教育质量监测领导小组”，领导小组下设办公室和教育质量监测中心。通过下城区“星空计划”引进正高级特级教师，岗位直招招聘优秀硕士毕业生，充实到教育监测与评价岗位。12月25日，中心组织首次“中小学生阅读能力专项测评”监测，参测对象为辖区中小学四年级和七年级学生，通过对学生综合阅读能力的测评，指导学生采用多种阅读方法，提高阅读的有效性，并以网络答卷的形式测评学生、语文教师和学校校长，通过监测数据，驱动教育教学改革，推进全域优质教育。

【“新锐师说”宣讲团成立】 2020年12月22日，区教育局“新锐师说”宣讲团成立，首批成员由杭州市安吉路实验学校等8所学校的10名教师组成。团队紧扣学习习近平总书记关于教育的重要论述，以坚守教育“绿水青山”的体会、感受和实践为主线，围绕“智慧育人、教育传承、援教帮扶”3个主题，通过寻访、挖掘、撰写身边育人故事的形式，在新教师、班主任、党团员教师等各层面进行宣讲，分享教育教学的智慧和艺术，传递教育实践的情怀和力量。12月26日，下城区“新锐师说”宣讲团进校园暨青年教师“微党课”在杭州观成武林小学举行。

【线上教学推广】 2020年，区教育局以“问题导向、注重实效、学以致用”为原则，针对共性问题和经验方法，开展多轮“基于问题解决的网络教研”，推广线上教学研讨。组织中小学校各学科通过网络端开发并推送优质教学资源70期。体育学科完成居家体育锻炼原创视频225个，被各类媒体转发报道，累计获点击量70多万次。小学语文推出空中课堂200节，辐射至全国近20个省份。全区有191节优质网课被“杭州市共享课堂”录用。开展的“基于个性需求的在线调研”“基于亮点分享的线上展评”“基于质量提升的线上分析”等线上教学活动，获各校师生的支持和认可。

【结对帮扶支教】 2020年，下城区选派优秀干部和骨干教师参与东西部帮扶支教。10月26日，举行“下城·黎平·巴东班主任工作室协作共同体”成立仪式，东西部协作“4+2”组织架构（“4”为下城区所属省、市、区、校四级班主任工作室，“2”为东西部协作的贵州黔东南苗族侗族自治州黎平县、湖北恩施土家族苗族自治州巴东县两地联合开展活动的班主任工作室）班主任协作共同体的成立为东西部结对帮扶支教提供有效支撑。并成立第一届理事会，致力于班主任工作室的创新与实践研究。聘请省内专家、名师为协作共同体提供智力和资源支持。仪式现场开展“下城区班主任首届‘武林论道’活动”，各校班主任将现实教学案例以情景剧的形式演绎展示并进行分析研讨，来自省、市、区各级班主任工作室领衔人、班主任代表及网上连线的对口援教地区湖北恩施土家族苗族自治州巴东县、贵州黔东南苗族侗族自治州黎平县、新疆维吾尔自治区阿克苏市等地教师1300多人参与活动。通过互动活动将优质教育资源辐射到结对地区。

【“名校园+新校园”集团化办学】 2020年，下城区探索实施“名校

2020年5月15日，浙江省杭州第十四中学教育集团艮山中学揭牌

（区教育局　供稿）

园+新校园”公民协同发展共同体办学模式，扩大优质教育资源覆盖面。9月，杭州市安吉路新天地实验学校、杭州东园婴幼园绘景园区启用；民办学校杭州市观成实验学校领办公办学校杭州观成武林小学和杭州观成武林中学；民办学校杭州长江实验小学领办文晖单元待建五里塘18班公办小学——杭州长江绿洲小学；10月9日，民办学校杭州启正中学和公办学校杭州大成岳家湾实验学校签订《公民协同发展备忘录》；杭州市东新园学前教育集团、杭州市三塘学前教育集团等8个教育集团名下的名园与杭州星星幼托园、杭州景翠幼儿园等9所民办幼儿园进行结对办学。以多种模式，实施合作办学，推进名校集团全域发展。5月15日，杭州艮山中学与杭州第十四中学签署名校集团化协议，挂牌杭州第十四中学教育集团艮山中学，实行集团“一体化”招生。10月9日，扩大杭州高级中学和杭州启正中学合作办学辐射面，杭州启正中学公民协同发展共同体学校杭州大成岳家湾实验学校成立“少年星学院”，依托杭州高级中学教育集团的天文、数竞、文学等书院特色课程培养新时代少年。11月19日，下城区与浙江工业大学教育科学与技术学院签约，将杭州市朝晖中学光明巷校区纳入浙江工业大学附属中学管理。

2020年杭州市下城区“名园+民园”办学模式情况表

表4

集团名称	名园	民园
杭州市东新园学前教育集团	杭州市东新实验幼托园	杭州星星幼托园
杭州市三塘学前教育集团	杭州市三塘实验幼托园	杭州东新幼儿园 杭州景翠幼儿园
杭州市大成学前教育集团	杭州市大成实验幼儿园	杭州百乐美幼儿园有限公司
杭州市绿洲学前教育集团	杭州市绿洲花园幼儿园	杭州重机幼儿园
杭州市京都学前教育集团	杭州市京都实验幼托园	杭州杭锅新村幼儿园
杭州市朝晖学前教育集团	杭州市朝晖幼儿园	杭州闸首幼儿园
杭州市天水学前教育集团	杭州市天水幼儿园	杭州爱婴幼儿园
杭州市景成学前教育集团	杭州市景成实验幼儿园	杭州市公共交通集团有限公司幼儿园

【下城区通过浙江省语言文字督导评估】 2020年9月，下城区调整语言文字工作委员会成员单位，新设由28个成员单位组成的下城区语言文字工作委员会。委员会坚持“政府主导、语委统筹、部门支持、社会参与”的语言文字管理体制，形成“一级抓一级，一级带一级，层层抓落实”的管理模式，

加强语言文字基础建设和管理服务。10月，区语言文字工作委员会办公室和区委组织部对全区50周岁以下公务员进行普通话水平等级测试。年内，全区70所中小学、幼儿园创建为语言文字规范化示范学校或达标学校。其中，杭州市刀茅巷小学被评为国家级语言文字规范化示范学校，杭州市青蓝小学、杭州市朝晖实验小学和杭州市长青小学被评为省级语言文字规范化示范学校，杭州市青春中学、杭州市风帆中学和杭州市春蕾中学等17所学校（幼儿园）被评为市级语言文字规范化示范学校。全区8个街道通过杭州市语言文字规范化街道验收，长庆街道丝绸特色街、天水街道屏风街、朝晖街道朝晖路、潮鸣街道体育场路（潮鸣街道路段）创建市级语言文字规范化示范街，其中长庆街道“丝绸特色街”获教育部语言文字应用管理司肯定。11月23—24日，省、市语言文字工作评估团队对下城区语言文字工作进行现场评估。督导评估组重点围绕语言文字事业发展的制度建设、条件保障、宣传教育及发展水平等方面，实地抽查区行政中心、区融媒体中心、区社会矛盾纠纷调处化解中心、丝绸城特色街等10个具有代表性的单位、场所和特色街的用语用字情况，召开座谈会、汇报会，并进行台账查阅、问卷测查及随机访谈。最终认定下城区达到浙江省语言文字规范化区评估标准，通过浙江省语言文字工作督导评估。

2020年，下城区实施公办中小学、幼儿园空调安装及教室照明环境提升工程
（区教育局　供稿）

【学校体育工作模式探索】 2020年，下城区结合亚运时间节点和运河区位优势，深化“1+X”模式，畅通社会优质体育教育资源进校园渠道，探索构建学校体育工作新形式，打响区域体育教育特色品牌。11月7—8日，举办下城区“活力运动周”和中小学生田径运动会。聘请吴鹏、谢军、宋幼萍等奥运冠军担任下城体育教育的“武林总教头”，提升区域体育品牌项目水平。组建中小学击剑、棋类、游泳联盟和幼儿园足球联盟“3+1”模式的体育联盟，通过开展体育课题研究、举办体育活动、优化体育项目、加强体育文化建设等校际互动，带动联盟学校实现跨越式前进。

【教学设施优化】 2020年，下城区投入财政资金4694万元，对44所校园66个校区1304个教室进行教学设施优化。对80个校园进行电力扩容改造，其中，对35个校园进行高压扩容、45个校园进行低压扩容，为1025个普通教室和279个专用教室安装空调设备，实现教室空调安装全覆盖。引入智能物联网技术，对全区空调进行万物互联和精准智能管控。投入资金778.44万元，改造70个校区的1.99万盏教室护眼照明灯，护眼照明灯加入光线传感器模块，自动收集每个教室光照强度信息并上传平台，进行云端集中管控，实现全区中小学及幼儿园教室护眼照明灯全覆盖。

【校园安全管理】 2020年，下城区加快推动全区中小学幼儿园安全防范建设，全面落实专职保安员配备、校园封闭化管理、一键式紧急报警和视频监控系统与公安机关联网、“护学岗”设置等工作。成立平安创建领导小组，每月召开专题安全工作会议。建立校园安全隐患排查机制，对校园内部保卫力量、安全防护装备、安全管理制度等开展专项检查，排查问题隐患

67个并整改到位。指导校园对教职员工和学生开展多种形式的安全教育培训活动，全面落实校园安全防范措施，完善“护校安园”常态化工作机制。

【依法治教】 2020年，下城区人大常委会完成对区教育局的行政执法评议，并依法依规公开教育政务信息，落实法治政府建设第一责任人职责，优化完善依法行政工作领导小组运行机制。完善重大教育行政决策制度，开展合同合法性审查工作40多项。全面推行“双随机、一公开”监管，对所属中小学、幼儿园及民办教育机构进行严格督查。完善领导干部学法制度，加强教师队伍的法治教育和法治队伍建设。通过宣传栏、电子屏等载体宣传法律常识、道德法治等内容，并以“互联网+”为载体，探索互动化、个性化的法治宣传教育途径。

【教育服务】 2020年，区教育局依托浙江省政务工作2.0智能化平台，实现全程数据共享，全面提升“互联网+”政务服务水平，全年办理各类事项1万余件。区行政服务中心教育分中心行政审批职能实现“一窗受理、内部流转、一窗发证”服务模式。年内，办理教师资格认定266人，批准设立民办培训学校7所，年检有办学许可证66所，接待群众来访来电2600多人次，120多人次解决入学难的问题。通过为室外体育场加装路灯、延长室内体育场馆开放时间等方式，优化校园体育场（馆）开放服务工作，同时落实校园体育场馆开放试点，为学校附近居民健身提供便利。出版《杭州市下城区教育志（1978—2018）》，建成下城教育文化馆。 （陈秀芳）

学前教育

【概况】 2020年，下城区有各级各类幼儿园36所，其中区教育局所属24所、区直属部门所属3所，民办幼儿园9所。全区在园婴幼儿14822人，其中公办幼儿园婴幼儿12577人，占入园婴幼儿总数的84.9%。学前三年幼儿毛入园率123.6%，优质教育覆盖率96.7%。区教育局实施《下城区学前教育深化改革规范发展的十条举措》和《下城区发展学前教育第三轮行动计划（2020—2023年）》，开展“普及普惠县域评估”工作，探索多元化办园模式，促进学前教育优质均衡发展。年内，7所在建幼儿园申请国家发展改革委组织的“实施普惠托育服务”专项托位（指专项托育服务位数）建设补助。全区36所幼儿园539个班级（含民办135个）安装紫外线报警器，保障幼儿健康和安全。采取园内扩招、区内调节、新增学位、公民协同等方式稳步推进学前招生工作，全年开设小班198个，招生5249人，调配761人。在14所幼儿园开设托班25个，实际托位数420人。联合区卫生健康局，依托杭州观成幼托园成立的“下城区3岁以下婴幼儿照护服务师训基地”，组织早教老师和看护人开展照护培训；以“云端在线培训”的形式，开展教育培训活动11场，参加活动的教师、家长1200多人。利用“下城区早教资源中心”微信公众号《早教博客》《亲子游戏》《你问我答》《好书推荐》等栏目，提供早期教育服务。联合杭州市口腔医院、区卫生健康局、区卫生疾控中心、区文广旅体局开展“小伢儿健康季”系列活动。下城区被省政府办公厅评为“实施学前教育补短提升工程措施有力、成效明显的县（市、区）”。区教育

2020年7月1日，下城区教育文化馆开馆 （区教育局 供稿）

局获市幼儿园教师风采活动比赛优秀组织奖、杭州市东新实验幼托园和杭州市朝晖幼儿园编排的歌曲《夜空中最亮的星》和《每当我走过你窗前》分别获金奖和银奖。杭州东新幼儿园和杭州景翠幼儿园2所民办幼儿园通过“浙江省二级幼儿园”等级评定；23所公办幼儿园（园区）通过浙江省一级幼儿园复核评定；杭州市武林幼儿园、杭州市麒麟幼儿园和杭州市闻首幼儿园通过浙江省二级幼儿园复核评定。

【《发展学前教育第三轮行动计划（2020—2023）》印发】 2020年11月25日，下城区为进一步加快学前教育改革步伐，实现“十三五”期间学前教育高品质均衡发展，印发《下城区发展学前教育第三轮行动计划（2020—2023年）》。主要包括优化学前教育布局，结合考虑“全面二孩”政策实施，建立以普惠性幼儿园为主体、个性化民办幼儿园为补充的学前教育格局；规范配套幼儿园建设和使用，健全联动管理机制，确保小区配套幼儿园与首期建设的居民住宅区同步规划、同步设计、同步建设、同步验收；增加学前教育普及普惠受益面，支持鼓励社会力量参与举办普惠性幼儿园，探索“政府购买服务”等机制，制定优惠政策，提供业务指导与支持；完善学前教育投入保障体系，加大学前教育经费保障力度，强化学前教育人均日常公用经费投入机制，优化民办幼儿园扶持机制，加大区本级学前教育专项资金投入，健全民办幼儿园收费监管机制；加强学前教育保教队伍建设，严格依照标准配备教职工，依法保障幼儿园教师待遇；推进名园集团化，探索跨区域、跨类别幼儿园集团化办学等多种运作模式，完善幼儿园等级评定和质量检测体系；学前教育课程改革，遵循幼儿身心发展规律，规范幼儿园及相关教育培训机构的课程实施和保教行为，为建成普及普惠、开放多元、优质均衡、公民办一体的学前教育公共服务体系提供支撑。

【幼儿园体育特色活动】 2020年9月25日，区教育局、区文广旅体局联合印发《关于开展下城区幼儿园体育特色项目创建申报工作的通知》，旨在普及幼儿体育特色活动，弘扬中国传统文化，增强幼儿体质。10月22日，审核通过辖区幼儿园申报的体育特色项目7个，发放奖励经费5000元。10月22日，举办首届武林“酷爸辣妈”运动达人评选活动，全区29所幼儿园、47户家庭参加评选。11月7日，举办区中小学生田径运动会，杭州市凤栖幼儿园、杭州市安吉路幼儿园、杭州市新华实验幼托园等10所幼儿园、10户代表家庭参加。同日，举办以“亲子定向，趣游下城”为主题的“奔跑吧，杭州”亲子定向赛，来自杭州市朝晖幼儿园、杭州市星辰幼儿园、杭州市仙林幼儿园等5所幼托园的300名幼儿和家长参加趣味互动游戏。

【学前教育工作会议】 2020年12月7—8日，区教育局召开年度学前教育工作会议，总结全年学前教育工作情况，展示学前教育在“医教结合”“体教结合”“师德师风建设”“课程与品牌建设”等方面取得的成果。会上，对2所获市级足球特色幼儿园及9所获区级第二批体育特色项目、9所获区级提质增效奖、8所获区级第二轮优势品牌项目的幼儿园进行表彰。会议期间，开展幼儿园品牌（课程）建设暨下城、建德“城乡互助共同体”交流和“园长沙龙”等活动。

（陈秀芳）

中小学教育

【概况】 2020年，下城区有九年一贯制学校5所，小学19所（含民办小学1所），初级中学8所（含民办初中1所），特殊教育学校1所，普通高级中学1所。中小学在校学生3.98万人，九年义务教育完成率100%。区教育局出台《进一步做好小学生放学后校内托管服务工作的指导意见》《下城区公办初中提质强校发展计划（2020—2023年）》，实施公民办中小学同步招生，探索民办领办公办新思路；开展中小学提质增效奖、中考质量奖、生源稳控奖、新白鹿金银奖的评选；开设“新时代集体主义教育”思政课；开展中小学特色品牌建设、“视觉2020，关注普遍的眼健康”护眼主题等活动，稳步推进全区中小学教育发展。新冠肺炎疫情防控期间为“杭州市共享课堂”推送远程教学优质网课191节。举办下城区第十三届课堂节，以课堂展示、特色品牌提炼、科研成果推广和专家讲座相结合的形式，推出各学科研训展示周活动。下城区被确立为浙江省语言文字规范化区。全年有141项课题立项，杭州市青蓝小学“让知识‘活’起来：经历伴随学习的模式构建与实践”课题获杭州市第六届基础教育教学成果奖一等奖。

【杭州安吉路实验学校获评“全国文明校园”】 2020年11月20日，杭州安吉路实验学校在全国精神文明建设表彰大会上被中央精神文明建设指导委员会授予“全国文明校园”称号。学校统筹平衡师资力量和教育资源，实现办学思想、德育培养、校园管理等方面“九年一贯”的有效衔接。加强思想道德建设，成立文明校园创建工作领导机构。制定完善文明校园创建工作的各项制度。安排部署、研究解决创建工作中出现的问题，将文明校园创建活动与文明办开展的文明创建活动有机结合。强化责任意识，加强班子建设。通过名师引领、梯度培养、组建特色教师群，做好师训科研工作，打造活力务实的教科研团队。构建星级教师引领体系，发挥星级教师示范引领作用，学校有特级教师和正高级教师各1名，省、市教坛新秀和市级优秀教师39名。学校以“学生养成教育”为宗旨，遵循“乐学，静思，笃行”学风，把“为学生的终身发展奠基”作为目标，形成具有“安吉路”特色的育人模式。培养社团指导教师，构建“一社（浅草社）、二团（合唱团和管乐团）、三化（九年教育系列化、校园的数字化、管理的自动化）、四队（网球队、羽毛球队、武术队、篮球队）、五特（体育特色、科艺特色、德育特色、国际化教育特色和校本课程特色）”的活动格局，拓展学生活动领域，促进学生全面可持续发展。在环境育人方面，通过修建、改善学校文化长廊、花坛及运动场地，为学生提供更好的学习环境。围绕“紫藤”校园文化建设主旋律，以社会主义核心价值观为主要内容，定期组织开展“尚德”“崇智”“美心”“健体”“爱劳”校园文化活动及文明班级创建评比活动。

【公（民）办中小学同步招生】 2020年5月20日，下城区印发《关于做好2020年义务教育阶段学校招生工作的通知》，明确全年义务教育阶段招生对象、招生范围、报名办法和录取办法，要求民办学校录取与公办学校第一批录取同步实施。6—7月，全区中小学分别完成招生工作。杭州观成实验学校、杭州启正中学和杭州长江实验小学3所民办学校报名人数均超过招生计划数。建立热点公办学校户籍生入学信息发布和预警机制，实施流动人口随迁子女积分入学，将符合市区义务教育入学条件的随迁子女，其父母在下城区居住证积分管理部门申请取得居住证积分后，入学报名时依据入学申请人适用积分按由高到低顺序进行排序，依次安排录取学校，保障适龄儿童就近入学。

【公办初中提质强校行动】 2020年11月12日，下城区出台《下城区公办初中提质强校发展计划（2020—2023年）》，全年投入公办初中提质强校发展计划专项经费2000多万元。通过提升办学条件、落实名校集团引领、队伍专业化培养、教学改革深化、教育信息化扩面和特色品牌培育六大工程，全面推进公办初中提质强校行动。11月19日，区教育局在杭州市朝晖中学召开下城区初中提质强校行动现场推进会，杭州市朝晖中学、杭州市安吉路实验学校、杭州市景成实验学校和杭州市风帆中学4所公办初中被确定为杭州市首批提质强校试点学校，杭州市安吉路实验学校、杭州市景成实验学校、杭州市大成岳家湾实验学校、杭州市明珠实验学校、杭州市青春中学、杭州市春蕾中学、杭州市朝晖中学、杭州市风帆中学、杭州市风华中学等9所公办初中被确立为下城区公办初中提质强校行动试点学校。对纳入市、区两级试点的学校，一次性给予提质强校启动资金350万元。浙江工业大学教育科学与技术学院、杭州市朝晖中学两所学校合作。12月3日，在杭州景成实验学校就“提质强校”专题开展“家门口的好学校”全媒体直播活动，活动由市教育局、杭州市文化广播电视集团主办，区教育局、FM89杭州之声承办。

【特色项目学校和特色培育项目建设】 2020年，区教育局开展中小学特色品牌建设活动，以评定特色培育项目、特色项目学校等方式推动各中小学、九年一贯制学校特色品牌建设。11月25日，通过抽查认定各学校原有的“特色项目学校”“特色培育项目”，评审新申报“特色项目学校”“特色培育项目”，最终公布特色项目学校6所、特色培育项目100个，其中新增特色项目学校1所、特色培育项目30个，实现“十三五”规划期间100个特色培育项目建设目标。全区学校形成“学生有特长、教师有发展、学校有特色”的良好态势。

（陈秀芳）

2020年11月20日，杭州市全民终身学习活动周暨下城区终身教育超市开幕式在浙江展览馆举行

（区教育局 供稿）

社区教育

【概况】 2020年，下城区有社区教育机构84个（所），其中社区学院1个、街道社区分院8个、市民学校75所。围绕“基于用户视角的移动学习地图运作模式研究——以杭州市下城区‘享学地图’为例”“疫情背景下杭州市下城区‘一图一盟一空间’社区教育平台实施策略研究”两项课题，提升社区教育科研水平。持续打造“市民终身学习空间”，改革升级社区教育“1050”工程（10个“民家工作室”和50个精品学习型社团）。开展“百课惠民”系列微课和直播课，会同区委宣传部召开“社区教育进文化家园”工作推进会，推进“30分钟市民学习圈”建设。承办杭州市全民终身学习活动周开幕式，与区委宣传部、区文广旅体局、杭州银行联合举办第四届市民学习手机微拍大赛，开展公办中小学、幼儿园社区教育开放日活动，营造终身学习的良好氛围。天水街道获评“2020年杭州市示范街道（乡镇）30分钟市民学习圈”。“百课惠民”活动服务线下群众3000多人次、线上群众20万人次。全年社区教育和培训受众人数50多万人次。推进“1+8+N”（1个社区学院“武林银杏”老年学堂，8个街道，N个社区不同类型社会服务机构）老年教育服务模式建设，联合街道、社区、社会机构等单位为辖区老年人提供高质量老年教育。下城区社区学院、朝晖街道、中大金石集团有限公司三方联合成立首批“杭州市下城区朝晖街道老年学堂”。浙江老年开放大学下城学院报送的“‘武林银杏’老年学堂办学模式探索与实践”课题被浙江省社区教育指导中心评为全省老年教育优秀案例二等奖。开展“享学堂”开办成人培训，形成“专享定制”、“送训上门”、“创建平台”和“公益服务”培训形式。全年“享学堂”开办成人培训近100场，参训4500多人次。“享学堂”成人培训项目被评为浙江省成人教育品牌项目。会同区委组织部在下城区城市基层党支部学院开设“两新专职党务工作成长营”，与区总工会联合开展“轻创业培训”“红十字救护员培训”和“电脑高阶技能培训”等。拓展“手工的村落”项目实施形式，启动“行走的工匠”计划，实施包括西藏那曲、贵州黎平在内的民族手工艺生产课程的开发，并面向全国以直播课和线下体验的方式推广“非遗”手工技艺，以包销定制的模式助推产教融合，促进乡村振兴。下城区社区学院报送的“探索社区教育中非遗传统文化资源的开发和利用”课题被浙江省社区教育指导中心评为全省社区教育优秀案例一等奖。

【“1050”工程升级版推出】 2020年5月，下城区推出社区教育“1050”工程升级版实施方案，扩大下城社区教育特色品牌影响力和覆盖面。采取五年一轮、两年一评、一年一考核的方式，每五年择优评选“民师民家工作室”（原为“民家工作室”）10个和“民星学习型社团”（原为精品学习型社区）50个，推荐参加市学习共同体评选；每两年培育民家工作室10个；每年考核产生“优秀民家工作室”10个。文晖街道“三巧”聚爱心社、长庆街道“百老惠”合唱团、石桥街道景春社区红色义工社、天水街道先锋艺术团获评杭州市示范性学习共同体，东新街道郑芬兰·小巷三寻工作室、长庆街道蒋明·蒋氏旗袍工作室、潮鸣街道施美星·品之行生活文化体验坊等10个工作室（坊）获评下城区民师民家工作室。天水街道先锋艺术团、摄影协会、长庆街道百老惠合唱团和王马书画社等10个社团获评下城区民星学习型社团。东新街道郑芬兰·小巷三寻工作室、石桥街道赵士华·片庐古陶瓷欣赏工作室、朝晖街道罗烈洪·新月读书会等10个工作室获评下城区优秀民家工作室。

【“一元多项”直播模式推出】 2020年3月，下城区社区学院与区委组织部、区妇联、杭州银行、民家工作室等企事业单位合作，开设专项定制课程及系列课程，形成“一元多项”社区教育直播模式（一个直播平台，多个合作项目）。5月，开发专属“享学云”直播小程序，推出烘焙、手工等系列课程。6月，与区教育局工会联合打造“云享”学堂，将直播面扩展到贵州黔东南苗族侗族自治州黎平县山区的教师。年内开设直播课程50多节，观看人数4万余人次。 （陈秀芳）

校外教育

【概况】 2020年，下城区开展“99公益日，一起献爱心”、中小学生“垃圾分类”主题教育、区火炬银奖考评等活动，鼓励全区少先队员争做新时代好队员。推进“红领巾学院”建设，开展首届“红领巾学院”思政微队课大赛、少先队辅导员专项培训及技能大赛等。下城区在杭州市思政微队课比赛和杭州市技能比赛中4人获一等奖。开展“新时代、新少年、美好生活手拉手”第三届杭州武林小名嘴选拔活动、美德少年评选活动及第十届“红领巾小领袖班”培训，提升少先队小干部素质。组织青少年体育比赛20场，打造“武林杯”体育赛事品牌。杭州市天水幼儿园获评全国青少年校园足球特色幼儿园，杭州市青蓝青华实验小学、杭州市风帆中学获评浙江省青少年校园足球特色学校，杭州市朝晖新村五区幼儿园获评浙江省青少年校园足球特色幼儿园，杭州市求知小学、杭州市东园婴幼园获评杭州市优秀校园足球特色学校，杭州市朝晖实验小学获评杭州市足球特色学校，杭州市朝晖幼儿园、杭州观成幼托园获评杭州市足球特色幼儿园，下城区获校园足球文化特色区称号。下城区选派1500多名小棋手参加全国业余棋王争霸赛线上比赛，营造棋类文化良好氛围。区教育局获评杭州市棋类进课堂市先进单位。开展“魔幻厨房之猫耳朵制作”等9门线上综合实践课程，线下开展金石篆刻、中医药文化、创意编织、少儿茶艺、第十届“杭州靓·我们靓”新童谣大赛、浙江省中小学生第十六届“品味书香，诵读经典”征文活动、“全面小康，我们来了”主题演讲活动与征文活动及下城区中小学生第二届诗词大会等活动，为辖区内中小学生提供生动有趣的校外教育服务。朝晖青春

2020年5—9月，下城区青少年活动中心承办“新时代新少年、行走家乡绘梦想”——第三届杭州市“武林小名嘴”活动 （区教育局 供稿）

2020年11月7日，下城区中小学生田径运动会暨“下城体育项目联盟”“武林总教头”“武林酷爸辣妈”授牌和颁奖典礼在下城区体育中心举行 （区教育局 供稿）

健康俱乐部被予于“中国计生协国家青春健康教育示范基地”称号。组织下城区第十二届中小学生文化艺术节、区青少年科技创新大赛，优秀作品送省、市参赛。区教育局在第十二届杭州市中小学生文化艺术节活动中获优秀组织奖，杭州市艮山中学编排的戏剧节目《请您替我撒个谎》、杭州市胜蓝实验小学《沁园春雪》书法作品、杭州长江实验小学平面设计作品《守护家园》在浙江省学生文化艺术节比赛中获一等奖。杭州启正中学“基于重力自平衡的实用新型勺子”课题获第三十五届杭州市青少年科技创新大赛优秀科技创新项目一等奖；杭州市德天实验小学《杭州市常见植被滞尘能力观察实践报告》获第三十五届杭州市青少年科技创新大赛科技实践活动一等奖；杭州市朝晖中学《体能修复胶囊》作品获第三十五届杭州市青少年科技创新大赛科幻画活动一等奖。

【下城区首届“红领巾学院”思政微队课大赛】 2020年4月，区少工委开展下城区首届“红领巾学院”思政微队课（对少先队员进行思想政治教育的短视频课）大赛，全区64名党团员辅导员老师、学校少工委主任为少先队员授思政微队课。在大赛必修课评比中，获授课一等奖5人、二等奖8人、三等奖10人；在选修课评比中，获授课一等奖3人、二等奖6人、三等奖10人。其中，2名辅导员获杭州市思政微队课一等奖，1名辅导员获浙江省思政微队课二等奖。

【下城区中小学生田径运动会】 2020年11月7—8日，区教育局会同区文广旅体局举办主题为“古运河、新活力、齐运动、迎亚运”的下城区中小学生田径运动会。运动会开幕式暨“下城体育项目联盟”“武林总教头”“武林酷爸辣妈”授牌和颁奖典礼在下城区体育中心举行。活动邀请奥运冠军吴鹏、谢军、宋幼萍、严诗敏、汪洋等担任下城体育教育“武林总教头”，帮助下城区打造和提升区域体育品牌项目。运动会开幕式以“千年古运河”“扬帆新武林”“健康赢未来”3个篇章，演绎传统体育、现代体育和未来体育的魅力，讲述古运河文化、中国体育发展历程、下城校园体育特色等内容。中小学生田径比赛有674名运动员参加，其中中学生竞赛项目14项、小学生竞赛项目11项，评出各项奖牌74枚。

【“武林小名嘴”评比活动】 2020年6—9月，下城区以“新时代、新少年、美好生活手拉手”为主题，举办第三届杭州武林小名嘴评比活动。活动由市精神文明建设委员会办公室、共青团杭州市委、市教育局等10多个单位共同参与“武林小名嘴”选拔活动，全市13个区县（市）及杭州钱塘新区近500名少先队员参加选拔。经过海选、复选、暑期集训营、决赛选拔，最终评出“十大武林小名嘴”10人、“武林小名嘴”提名奖10人、“武林小名嘴”优秀奖76人。其中，杭州市现代实验小学、杭州长江实验小学2名学生被评为“十大武林小名嘴”，杭州市安吉路实验学校、杭州观成实验学校（小学部）2名学生获“武林小名嘴”提名奖，杭州长江实验小学等学校的12名学生获“武林小名嘴”优秀奖。 （陈秀芳）

特殊教育

【概况】 2020年，下城区唯一的特殊教育学校杭州市健康实验学校有学生90人（含送教上门学生14人），教师30人，教师中本科及以上学历28人。学前班以定点康复机构要求为参照，确立以康复为核心的生活化教学，2名学生毕业后直接就读普通学校，实现特殊儿童学前教育阶段的有效转衔。筹备职高班，为实现特殊教育向学前教育和职业教育两头延伸奠定基础。发挥特殊教育中心职能，指导普通学校建立资源教室，实现资源教室在全学段和各街道的布局。规范随班就读学生审核认定工作，依照残疾标准和教育部随班就读政策要求，审核通过随班就读学生256人，其中学前段11人、小学段209人、初中段36人。学校基于杭州市第一批少先队工作改革试点学校开展卫星班融合教学及普通学校、特殊教育学校之间的少先队结对活动，构建新集体背景下智力残疾学生“走校制”融合教育模式，改变特殊教育学校的“孤岛化”局面。开展区级特殊教育论文评选、省市特殊教育专家专题讲座、随班就读指导教师培训等活动。选派10名骨干教师开展运动康复、艺术培养、家庭指导等内容的送教上门活动。1名教师在杭州市培智学校“以生活体验为核心”教学活动评比中获一等奖，3名教师撰写的论文获杭州市特殊教育论文一等奖，1名教师获浙江省首届资源教师基本功比赛学前组一等奖。

【线上教学资源被“学习强国”杭州学习平台收录】 2020年3月19日，“学习强国”杭州学习平台播发杭州健康实验学校学生在新冠肺炎疫情“停课不停学”时段内的教学视频，视频中学校学前班儿童以绘画的形式表达抗击新冠肺炎疫情的信心。视频收录学生作品18幅，内容包括做好测体温、戴好口罩等方面的宣传。

【承办市特殊教育教学研讨活动】 2020年9月29日，杭州健康实验学校承办杭州市培智教育教学研讨活动，共同探讨教材在生活数学课上的使用及如何提高培智课堂教学成效相关课题。活动围绕“共研部编教材打造高效课堂”主题，展示生活数学课3节。3名老师分别执教培智二年级《认识7》、培智三年级《认识图形》和培智四年级《11—20各数的认识》，通过教学视频展示授课教师的专业素养和教学技能。课后教师围绕课堂教学展开讨论，对教学中的实际问题进行分析、反思和交流。参与活动的校长在活动中分享《健康·爱——志愿服务助力特殊学校发展》的经验介绍。研讨活动采用线上线下相结合的方式，由市、区两级教研员和辖区教师参加线下互动，杭州市其他城区的特殊学校、资源教师及杭州健康实验学校结对学校——福建省三明市特殊教育学校老师通过线上直播的方式参与活动。　　（陈秀芳）

驻地学校

【浙江工业大学】 2020年，浙江工业大学有朝晖、屏峰、莫干山和之江4个校区，其中朝晖校区位于辖区内，地址潮王路18号。学校设二级学院26个、独立学院（之江学院）1个。开设本科专业67个，其中国家一流专业建设点15个、国家级特色专业7个。有国家重点（培育）学科1个，浙江省一流学科A类10个、B类8个。有一级学科博士学位授权点9个、一级学科硕士学位授权点29个、硕士专业学位授予权19种及博士后科研流动站9个。学校建有国家级211协同创新中心1个、省部共建211协同创新中心1个；国家级大学科技园（牵头建设）1个、国家工程技术研究中心1个、省部共建国家重点实验室（筹）1个、国家地方联合工程实验室（研究中心）2个、国家级国际科技合作基地3个、国家级实验教学示范中心3个、国家级虚拟仿真实验教学中心2个；教育部重点实验室（工程研究中心）、浙江省重点实验室等省部级科研平台52个。

浙江工业大学有全日制在校本科生1.93万人（含独立学院）、各类硕士研究生1.03万人（其中全日制硕士研究生8457人）、博士研究生951人、学历留学生1114人。在职教职工3236人，其中正高级专业技术人员483人。

学校出台《浙江工业大学“三全育人”综合改革实施方案》《中共浙江工业大学委员会关于全面建设一流本科教育的若干意见》《浙江工业大学本硕博一体化人才培养实施办法（试行）》。“四化五心”志愿服务实践育人体系入选教育部第三批高校思政工作精品项目。5个项目获批教育部新工科、新农科研究与实践项目。11门课程获批国家级一流课程。新增国家级虚拟仿真项目1个。2个一级学科硕士学位授权点通过专项评估。学校学生在科技竞赛中获国际一等奖5项、二等奖2项，国家级特等奖1项、一等奖37项、二等奖63项、三等奖63项。新增海外合作伙伴4个。入选教育部“中外高水平大学学生交流计划”暨中澳学分互认联合培养项目3项。新增国家“海外高层次人才引进计划”青年学者2人、百千万人才工程国家级人选1人、浙江省特级专家1人。获批国家“高端外国专家项目”2项。入选第二批浙江省“院士结对青年英才支持计划”6人；入选“浙江省高校领军人才培养计划”创新领军人才人选18人、高层次拔尖人才人选29人、青年优秀人才人选12人；浙江省思政理论课教师创新领军人才1人。出台《浙江工业大学“健行特聘教授岗位”制度试行办法》。获第五届全国高校青年教师教学竞赛工科组一等奖。17个学科上榜2020软科世界一流学科排名。学校被科技部评为“赋予科研人员职务科技成果所有权或长期使用权试点单位”、被国家知识产权局和教育部评为“首批国家知识产权示范高校”。全年科研经费9.01亿元，其中科技项目经费5.1亿元。获浙江省科学技术奖一等奖4项，其他省部级科技创新奖一等奖及以上奖励4项；新立项国家重点研发计划专项项目1项、政府间国际科技合作项目1项、青年科学家专题项目1项。新立项国家自然科学基金项目157项，其中重点、“优青”、联合基金重点等项目13项。新立项省重点研发项目12项。获教育部第八届高等学校科学研究优秀成果奖（人文社会科学）二等奖4项、青年成果奖1项。新立项国家社科基金项目40项，其中重大招标项目1项。

学校服务区域发展和国家战略成效明显。获批建设省级产业创新服务综合体3个。成立地方研究院4个，新建技术转移中心2个、校企联合研发中心24个。成立浙江工业大学莫干山研究院，会同湖州市、德清县推进“浙北硅谷”规划建设。与浙江省人民医院合作共建医工融合创新研究院。围绕浙江“重要窗口”建设和省域治理现代化部署，与省发展改革委、省商务厅、省经信厅、省信访局等建立合作关系，成立省域治理现代化研究平台6个。支撑内涵式发展的办学条件持续改善。修订完成《浙江工业大学章程》，并获省教育厅核准。完成新一轮全员岗位聘任。

【杭州高级中学】 杭州高级中学为浙江省首批重点中学。2020年，有贡院校区和钱江校区2个校区，其中贡院校区位于辖区内，地址为凤起路238号。学校是首批一级特色示范学校，首批现代化试点学校之一，新课程新教材实施国家级示范学校，以及浙江唯一的西安交大少年班基地学校。获评“浙江省文明校园”、杭州市第一批清廉文化示范点、教育系统清廉学校示范点。

学校两个校区总占地面积15.32万平方米，校舍建筑面积17.11万平方米，教学及辅助用房面积6.14万平方米，行政办公用房1.54万平方米。在校学生3584人，教职工339人，其中专任教师304人、特级教师13人、正高级教师9人。年内，引进英语特级教师1人，培养正高级教师1人，公开招聘优秀教师和大学毕业生20多人。选派1名党员教师赴贵州省黔东南苗族侗族自治州民族高级中学支教。杭高教育集团形成杭高贡院校区、杭高钱江校区、杭州钱塘学校、杭州市夏衍中学、杭州启正中学、杭州启成中学及杭高国际部形成大学预科、高中、初中、小学及中外合作办学的多年龄段、多元化办学格局。

学校推进“五育并举”的举措，以开设网上“云课堂”的方式，克服新冠肺炎疫情对授课带来的影响，并实现课业提质增量。在“叶圣陶”杯、鲁迅青少年文学奖、浙江省少年文学之星、全国英语创新大赛等语言类学科比赛中获奖人数达100多人次。学校成为西安交通大学少年班预科基地，招收首届学生31名。学生在浙江籍高中毕业生体质健康测试中，分别获浙江省第七名、杭州市第一名。

学校贡院校区形成“一亭一苑一雕塑”“二馆三园四广场”的景观布局。同时，将扇形教室升级为教师阳光办公室；改修五进外径为青春跑道，满足全校学生课间跑操的需求；重塑校史馆南侧外部空间，解决校园停车问题。综合楼学生宿舍350个床位改造工程批准启动，解决校区“住校难”问题。钱江校区完成“游泳馆”升级工程，建立“勇立潮头”人文景点。学校获“杭州市第十二届教育科研先进集体”称号，语文教研组获“浙江省先进教研组”称号。学校教师在杭州市11个新教材研究小组中担任5个学科组组长。

【杭州第十四中学】 杭州第十四中学是浙江省一级重点中学。至2020年底，学校有凤起校区和康桥校区，其中凤起校区位于辖区内，地址为凤起路580号。2个校区总占地面积13.38万平方米，校舍建筑面积11.03万平方米，教学及辅助用房面积6.92万平方米，行政办公用房0.94万平方米，教室124个，学生3350人，在职在编教职工288人。

学校教师团队质量不断提升。学校获杭州市第十二届教育科研先进集体荣誉称号，数学组获评浙江省先进教研组。青年教师卓芳芳获浙江省2020年高中生物课堂活动评审一等奖。周忠辉等教师的多篇教育教学论文在《化学教学》等国家级刊物发表。青年教师傅美思在浙江省高中地理学科基地建设与新教材教学研讨会上做主题发言。校长唐新红被评为年度“杭州市优秀校长”。

学校被评为浙江省首批现代化学校。学校坚持人本化、个性化、信息化、国际化育人，推动集团教育教学改革创新、内涵发展和质量提升，充分发挥名校集团示范、辐射和带动作用。5月15日，浙江省杭州第十四中学教育集团艮山中学揭牌，纳入十四中教育集团管理。10月26日，中国工程院院士邱爱慈回校，开展主题为“马兰精神薪火相传”的讲座，传播爱国、爱校之情。

【杭州市开元商贸职业学校】 杭州市开元商贸职业学校是杭州市教育局直属的国家级重点中等职业学校，是浙江省培养商贸类人才规模最大的专门化中等职业学校。2020年，学校有流水苑校区、施家桥校区和长德校区3个校区，其中流水苑校区和施家桥校区位于辖区内，地址分别是绍兴支路29号和朝晖路169号。学校以“崇实耐劳”为校训，秉承“为个人谋生之准备、为个人服务社会之准备、为国家及世界增进生产力之准备”的黄炎培职业教育思想，践行“服务国家社会、服务企业单位、服务家长学生”的办学宗旨。学校是中国商业联合会理事单位、中国职业技术教育学会商科专业委员会副主任学校、中国经济学会职业教育分会副会长学校、全国电子商务职业教育教学指导委员会委员学校、全国跨境电子商务综合实验区职业教育集团理事学校、全国商业文化传承与创新工作委员会委员学校、全国“1+X”证书制度试点院校、全国直播电商职业教育集团副理事长学校、全国青少年校园足球特色学校、浙江省改革发展示范学校、省文明学校、省绿色学校、省“千校结好特色学校”、省中职商贸专业大组理事长学校、省中职教育“三名工程”商贸类评建协作会秘书长学校、省首批现代服务业商贸专业实训基地。年内，学校改善办学条件，投入使用智慧校园一期工程。与贵州省麻江县中等职业学校签约结对协议，落实温暖工程“初阳计划”，促进中西部地区职业教育协同发展。

学校3个校区总占地面积6万平方米，在校学生2396人，教职员工210人。开设电子商务、跨境电子商务、国际商务、连锁经营与管理、工商行政管理事务、移动商务六大精品专业，拥有39个现代化商贸专业实训室。有特级教师1名、正高级教师2名、高级教师97名，高级营销师、国家级店长、电子商务师、工程师等“双师型”教师90名。13名教师担任省、市学科教学研究会理事长或理事成员，40多名教师分别获浙江省特级教师、浙江省师德楷模、杭州市“十佳教师”、杭州市优秀教师以及浙江省“春蚕奖”荣誉。学校有电子商务专业“王欣名师工作室”、连锁经营与管理专业“傅晖名师工作室”、书香文化特色的“陈明梅班主任工作室”等名师工作室。年内，新开设“移动商务”专业，把“商品经营”专业改为“连锁经营与管理”专业，为城市经济社会发展提供精准服务。召开开元商贸职教集团年会暨杭州市中职教育商贸专指委年会，吸引5所高职院校和2家企业参与合作，推进中高职一体化和高水平专业建设。在浙江省高水平专业评估中，学校“电子商务”和“连锁经营与管理”两个专业被列为高水平专业建设项目。在浙江省中等职业教育第二批“三名工程”项目建设第二年度考核中，“连锁经营与管理”在优势特色项目建设类评比中获优秀成绩。学校被评为杭州市第十二届先进教育科研集体。“基于‘实战场’的中职商贸类专业建设探索与实践”课题获评浙江省职业教育改革优秀典型案例，课题成果获杭州市人民政府成果一等奖。学校获浙江省第十二届中小学生校园足球联赛杭州市级赛第一名。学校被评为年度杭州市优秀校园足球特色学校。教师孙倩雯获全省“商品展示技术项目”第二名，获“浙江省技术能手”“浙江省青年岗位能手”和“浙江省巾帼建功标兵”称号。商品经营专业学生张舒妍获全省第四十六届世界技能大赛“商品展示技术项目”选拔赛第三名。

【杭州市人民职业学校】 杭州市人民职业学校是杭州市教育局直属省级重点中等职业学校，学校位于建国北路回龙庙前32–1号。学校以“一体两翼”为培养模式提升教育质量，实现学生成长成才。学校是中央财政支持的学前教育实训基地，获评浙江省文明单位、浙江省首批艺术教育特色学校、浙江省十大优秀会展教育院校、杭州市文明校园、杭州市教育系统先进团基层党组织、杭州市中小学德育工作先进集体、杭州市人民满意学校等荣誉。学校学前教育专业是浙江省示范专业、品牌专业，文秘专业是浙江省示范专业，会展服务与管理专业是浙江省特色专业、杭州市示范专业。

2020年，学校有教学班41个，全日制在校生1590人。学前教育专业学生数占比超过一半。学前教育专业学生857人、礼仪文秘专业479人、会展服务与管理专业254人，分别占全校学生人数的53.9%、30.1%和16.0%。全年招生542人、毕业507人，升入高等院校504人，升入高一级学校学生占毕业人数的99.4%。学校有教职工140人，其中女教工108人，占77.1%；专任教师127人，占90.7%；硕士研究生及以上学历46人；高级职称56人，其中正高级1人。

2020年，新建幼儿园模拟实训空间，打造幼儿保育职业体验中心。与浙师大杭州幼儿师范学院、杭州市朝晖幼儿园结成“一班一园三方共育”产教融合教育教学共同体。承办杭州市幼儿园园长培训、区县市幼儿园行政管理干部培训及骨干研修班培训，进一步发挥杭州市幼儿园园长培训中心基地作用。组织学生参与2020（杭州）国际数字教育大会，锻炼学生展会平面设计、礼仪服务、会务服务、展览展位设计搭建、融媒体宣传等方面的实践能力。与贵州、湖北等地学校结对，与安徽省徽州师范学校签订协议，持续开展教育合作帮扶活动。学校获评浙江省高水平专业（群）建设单位。其中幼儿保育（学前教育）、会展服务与管理分别成为A、B类专业。学校基于人工智能的动作技能实训系统入选杭州市首批“新一代人工智能应用场景”。在全国中职文秘、速录和礼仪技能竞赛中，学校4个代表队获得团体一等奖，9名学生获个人一等奖。参加浙江省中小学艺术节比赛获舞蹈赛项一等奖，参加浙江省艺术节获美术作品比赛一等奖，参加杭州市中小学生文化艺术节获合唱赛项、舞蹈赛项比赛一等奖，小组唱赛项、三人舞赛项二等奖。3名学生获2019—2020学年中等职业教育国家奖学金。（陈秀芳）

27 文化·体育

综　述

【概况】2020年，区文广旅体局坚持以文化引领、推进文旅融合，加快体育强区打造。完成国家公共文化服务体系示范项目——“社区公共文化服务动态评估体系”创建，基层公共文化服务绩效评估排名全省第四位、非物质文化遗产保护发展指数排名全省第七位。区文化馆、区图书馆成功复评国家一级文化馆。全年举办文化惠民服务890场，服务群众20万人次。建立文化“云平台”，推出艺术“云课堂”400多门。建成城市书房5个、城市书吧2个，书房和书吧面积2700平方米，藏书3.5万册。成立舞林艺术商圈联盟，助力商旅文融合发展。杭州新天地中央活力区入选省市文旅融合“金名片”。城中里巷文旅市集成为国家文旅消费现场会示范点。推出“夜游武林”“活力新天地”等旅游精品线路。举办首届“长三角”水上运动节暨武林运动时尚嘉年华、国民体能大赛、杭州马拉松等品牌赛事。文旅市场监管规范有序，“网上办”“掌上办”“即办件”等六大“最多跑一次”改革事项实现率100%。开展扫黄打非、护校安园、旅游目的地整治等专项行动。新冠肺炎疫情一级响应期间，全区关停文旅体场所330多个，暂停115个旅行社经营团队游产品，取消旅游团队540个，涉及游客1.15万人次。受理涉疫旅游投诉136起，处置率100%。助力企业有序复工复产，浙江新世界国际旅游有限公司成为全市首家复工旅行社。区体育场成为全市首批对外开放的室外体育场馆之一。全区82个旅行社暂退质保金2818万元，49个宾馆、旅行社获政府扶持资金68万元。举办“情暖战疫英雄”等公益慰问演出。为抗疫第一线的社区工作者演唱区文化馆创作的《共同的信念》《同心守望》《公筷公勺狂想曲》等抗疫歌曲。

【文化惠民服务】2020年，下城区“社区公共文化服务动态评估体系建设”项目通过文化和旅游部验收。下城区完善社区公共文化服务绩效评估机制，提升社区公共文化服务体系工作被《人民日报》、新华社等媒体报道。启动文化基因解码工程，推出区级公共文化服务数字资源云平台，实现文化惠民“个性化定制服务”。整合省、市、区三级公共文化资源和社会力量，成立武林艺术商圈联盟，实现主流群体公共文化服务全覆盖。举办线上文化“云走亲”、“非遗”直播带货等活动近100场。举办“文化和自然遗产日”下城区“非遗”乐购嘉年华、“非遗”匠心市集等活动，将“非遗+夜间经济”“非遗+体育健身”相结合，集中展示“非遗”项目成果。6月12日，区文广旅体局举行“遇见下城·乐游武林”都市旅游精品线路发布会暨武林艺术商圈联盟成立仪式。会上，推出都市精品旅游路线10条，并宣布由18家文化艺术单位、商旅文企业等联合组建的武林艺术商圈联盟成立。10月27日，区文广旅体局举办“风情大运河·文艺颂小康”第三十三届社区文化月星级团队精品展演，邀请浙江京昆剧团、浙江小百花越剧院、浙江曲

2020年10月27日，区文广旅体局在西湖文化广场举办“风情大运河·文艺颂小康”第三十三届社区文化月星级团队精品展演　（区文广旅体局　供稿）

杂剧团等联盟成员单位，为市民群众表演越剧《梁祝（选段）》、昆曲《牡丹亭（选段）》及童声合唱《闪亮小红星》等节目。

【文旅融合发展】 2020年，区文广旅体局深入推进新天地、武林之星两个文旅融合活力区及武林文化长廊、武林艺术商圈“两区一廊一圈”建设。成立武林艺术商圈联盟，整合18个省、市文化单位及商圈企业，助力商旅文融合发展。创新新天地中央活力区项目获副市长陈国妹批示肯定。推出夜游武林、活力新天地等旅游精品线路，借力“诗画浙江·百县千碗”工程，推出下城十大特色美食店。整合文旅体资源，助力十大夜间经济示范项目发展，城中里巷文旅市集成为国家文旅消费现场会示范点，太阳马戏、OT酒吧等成为杭城夜间消费知名品牌。全年全区完成文旅体项目投资16.8亿元，为年度计划的155.9%。跨贸小镇开展旅游景区服务大提升活动，旅游厕所革命三年行动计划完成。全区56家酒店实现30秒入住、10秒退房；4家文旅场所实现20秒扫码入园。全年拨付重大旅游设施项目、特色潜力行业项目和休闲示范点创建项目补助资金150多万元。

【全民健身工程建设】 2020年，区文广旅体局围绕大运河文化带建设、“长三角”一体化战略和亚运城市行动，举办首届“长三角”水上运动节暨武林运动时尚嘉年华、国民体能大赛等品牌赛事。杭州马拉松在武林广场开跑。推进亚运场馆设施和公共体育健身设施建设，将武林广场变身为亚运城市广场。启动杭州亚运电竞馆建设和省全民健身中心、市体育馆、区文体中心提升改造工程。杭州城北体育公园一、二期提升项目建设加快，三期建设工程启动。通过硬件改造提升和运营管理升级，区公共体育场馆面貌大为改观。全年建成社区百姓健身房6个、多功能运动场2个、其他各类体育场地20多处。全区公共体育设施总面积达92万平方米，人均面积增至1.7平方米。举办、承办“全民健身·共享亚运”杭州绿道毅行大会、全国啦啦操联赛、“亚运进校园”等各类体育活动210场，其中区体育中心承办省、市、区体育赛事86场次。　（葛松松）

公共文化

【概况】 下城区有群众文化机构85个，其中区级文化馆1个、区级图书馆1个（街道分馆8个）、街道综合文化站8个、社区文化活动室75个，各类文化团队422个。全年举办各类群众文化活动5350场，参与群众23.48万人次，其中，送戏下基层340场，举办培训讲座230场、展览60场、图书阅读291场、“文化走亲”活动45场、其他群众文化活动4384场。实施“基层公共文化菜单式服务”项目，为社区、工地、校园提供创作、演出、展览、体验、培训等文化活动。

【公共文化服务】 2020年，下城区创建国家公共文化服务体系示范项目——“社区公共文化服务动态评估体系”，并通过《杭州市基本公共文化服务标准》达标认定，实现省、市、区三级公共文化服务标准达标全覆盖，公共文化服务绩效排名全省第四位。成立武林艺术商圈联盟，18家联盟成员单位与20个社区结对，认领公共文化服务项目34个。创新公共文化“线上+线下”服务模式，打造全省首个数字文化共享平台“掌上文化云平台”，平台提供个性化、智慧化的文化惠民服务，推出“艺术云课堂”“非遗云展厅”“线上抗疫作品专题展”等公共文化服务活动64场，发布400门线上“文化慕课”，开展线上阅读推广活动176场，线上征集抗疫文艺作品104件，举办“区域联动·乐享云端”线上文化走亲活动2场。

【公共文化活动】2020年，区文广旅体局举办第四届“文化和自然遗产日”活动、第三十三届社区文化月系列活动、首届武林艺术商圈联盟惠民展演、首届社区之歌精品展演等武林文化系列活动，将“武林文化”打造成为大运河文化带的特色项目。开展“四送”（送工友、送卫士、送清廉、送关爱）演出60场，惠及群众10多万人次。制定“文化菜单”，将1000多个文化培训课时按需配送到街道、社区，培训人数3万余人次。区文广旅体局与浙江京昆艺术中心联合承办“三省一市”五大剧种共演《雷峰塔》专场演出活动，邀请100多名抗疫工作者和“最美”人物观看；会同区委宣传部举办“情暖战疫英雄”专场公益慰问演出。发放太阳马戏《X绮幻之境》、法国艺术启蒙魔术剧《美术馆奇妙夜·星夜》等惠民戏票；与武林艺术商圈联盟合作开展高品质文化惠民活动，推出“大师课堂”“武林艺萃”“下城朗诵营”“美育传习课堂”等公共文化特色培训讲座。创作抗疫歌曲《共同的信念》《同心守望》、分餐制题材歌曲《公筷公勺狂想曲》、“百县千碗”题材歌曲《名不虚传》、“全面小康”题材歌曲《看老乡》、“非遗传承”题材舞蹈《剪彩芳菲》及“社区之歌”60多首。

【文化阵地建设】2020年，下城区8个街道、20个社区实现文化阵地标识统一化，建成社区文化家园59个。申报“杭州书房”3家，建成“武林书房（吧）”3家，启动建设“杭州书房”大运河旗舰店，总面积1900多平方米，藏书2.8万册，打造“十分钟文化圈”内多样公共阅读空间。推进武林广场、西湖文化广场、武林美术馆、互联网影视产业园等文化地标建设，打造一条具有下城特色的文化长廊。启动下城区文体中心大楼公益性文化场馆整体提升改造，完善公共文化场所软硬件设施，激发公共文化场馆活力。持续打造区、街道、社区三级文化阵地，完善图书馆、文化馆总分馆管理机制，建立“文化导师”制度，安排下城区文化馆文化辅导员进基层开展艺术辅导、团队培育工作，在各街道、社区定人定时定点开展针对性、个性化服务。（陶　键）

2020年，下城区推出“美育传习课堂”公共文化特色培训讲座。图为参加“美育传习课堂”书法培训的市民展示书法作品　（区文广旅体局　供稿）

文化艺术创作

【概况】2020年，下城区建立并完善文艺创作激励机制，坚持文艺创作“贴近人民、贴近生活、贴近时代”的总要求，注重原创作品打造，鼓励文艺工作者深入基层采风，发动群众演绎身边人、身边事，打造符合下城特色的本土文艺作品。全年文艺作品获市级以上奖项30多个，原创歌曲《无悔的青春》获第十一届浙江省音乐舞蹈节（声乐类）浙江舞台艺术兰花奖作品银奖，并入选浙江省十佳优秀歌曲。

【文艺创作】2020年，区文化馆坚持以社会主义核心价值观为引领，紧扣时代主题组织创作一批反映时代主题的文艺作品。文艺作品获市级以上奖项30多个，其

2020年9月30日，区文化馆编排的原创舞蹈《剪彩芳菲》参加第十届杭州市风雅颂民间艺术展演活动
（区文广旅体局 供稿）

中，原创歌曲《无悔的青春》（吴哲作词，陆建江作曲）获第十一届浙江省音乐舞蹈节（声乐类）浙江舞台艺术兰花奖作品银奖，并入选2020年度浙江省十佳优秀歌曲。疫情期间，创作抗疫歌曲《同心守望》（徐镇作词，陆建江编曲）、《共同的信念》（吴哲作词，陆建江作曲）。围绕“文明用餐”主题，创作原创歌曲《公筷公勺狂想曲》（吴哲作词，陆建江作曲），该歌曲在“下城区611公筷公勺主题宣传活动”创意作品比赛中获（视频类作品）特等奖，并被《杭州日报》、杭州新闻、中国蓝新闻、浙江之声等媒体报道。“百县千碗”主题歌《名不虚传》（吴哲作词，陆建江作曲）在杭州嘉里中心新歌发布会上发布。围绕“全面建成小康社会”主题，创作原创歌曲《看老乡》（耿德迎作词，陆建江作曲）在我是星力量“小康路上幸福多”杭州文广大型媒体采风行动颁奖盛典上演出。“非遗”主题题材的原创舞蹈《剪彩芳菲》参加第十届杭州市风雅颂民间艺术展演活动获优秀表演奖。选送的两名小选手在市文化馆举办的杭州市少儿故事演讲大赛中获银奖。选送的《当前群众合唱团建设中应注意把握的问题》等5篇论文参加杭州市第二十七届群文论文比赛，分别获一等奖和二等奖各1个、三等奖3个。选送的《社会力量参与公共文化服务建设下城模式探究》论文在浙江省第二十二届公共文化论坛征文活动中获二等奖。选送的《公筷公勺狂想曲》《梦里杭州九九回》两首歌曲获“歌颂新时代”歌词大赛铜奖。

【文艺成果】 2020年4月20日，省文化和旅游厅发布《浙江省非物质文化遗产保护发展指数评估指标数据》，下城区评估数据总分位列全省县（市、区）第七名。区文化馆选送29幅剪纸作品参加杭州市第二届“廉值千金心向党”剪纸艺术展活动，获“优秀组织奖”。下城区“非遗”项目彩泥塑代表性传承人王笃生被命名为第三届“下城工匠”，被区总工会聘为“下城工匠市集”特邀工匠。区文化馆选送的爱越剧社戏曲作品《碧玉簪·送凤冠》和杭州市京都小学戏曲作品《玉树芝兰》参加杭州市中小学生戏曲大赛均获银奖，选送的杭州武林新星越剧联谊会戏曲作品《祥林嫂·洞房》和区文化志愿者吴阳春的戏曲作品《牡丹亭·游园》参加“戏曲芬芳·非遗传承”——杭州市民间戏曲大赛获金奖和铜奖各1枚。

（李　黎）

文化市场管理

【概况】 2020年，区文广旅体局秉持“群众办事跑一次是底线、一次不用跑是常态、跑多次是例外”理念，通过流程再造减环节、信息共享减材料、并联办理减时间，做好文化、旅游和体育市场的行政审批工作。全年完成各类许可审批337件、备案47件。杭州市企业信用联动监管平台收录监管企业信息426家，受理群众来访来电1200多人次。至年末，下城区行政区域内经依法许可或备案的文化市场经营场所和单位483个，其中互联网上网服务营业场所43个、游艺娱乐场所13个、歌舞娱乐场所42个、广播电视节目制作经营单位107个、艺术品经营单位21个、文艺表演团体8个、演出经纪机构25个、演出场所6个、互联网文化经营单位72个、高危险性体育项目（游泳）经营单位30个、旅行社116家。

2020年2月2日，区文广旅体局行政执法大队对校园周边文具商店进行检查
（区文广旅体局　供稿）

【"互联网+政务服务"深化】2020年，区文广旅体局完善"互联网+政务服务"体系，借助"网上办、掌上办"、大数据共享、承诺时限压缩比优化、"即办件"、电子证照替代等手段，通过信息共享系统，为企业减免材料260份，提升市场主体办事便捷度。全面启用政务服务2.0系统，年内接入系统的办事事项54项。通过优化完善收件及审批系统，对接入系统但无办件数据的事项进行收件验证，将政务服务工作落到实处。

【文化市场服务提升】2020年，区文广旅体局提升文化市场服务质量，为旅行社开通"零审批"质保金绿色减退渠道，并协调银行为旅行社提取部分质保金提供便利。全区有82家旅行社获质保金减退2818万元。推进"证照分离"改革，通过取消审批、审批改备案、告知承诺、审批服务优化等方式落实改革举措。将广播电视节目制作经营单位、游艺娱乐场所、文艺表演团体设立审批改为告知承诺制。提高高危险性体育项目审批效率，通过加快现场核查速度，应对夏季体育项目（游泳）申请场所多、审批时间集中的情况。接入"好差评"服务评价机制，通过服务评价机制整改存在的问题，发现问题做到即整即改。

【文化市场执法管理】2020，区文广旅体局加强文化市场执法管理，全年出动执法人员7070多人次，检查文化市场经营单位4730个次，行政处罚立案调查并办结案件6件，罚款金额1.02万元。开展"双随机"执法27次、联合执法12次，拆除非法地面卫星接收设施757个。处理旅游投诉纠纷258件，查处非法导游632人次、黑车420辆次。落实区平安创建维稳安保等重点工作，聚焦文化和旅游市场经营单位安全隐患排查整治，与文化经营单位签订安全生产责任书179份。开展人员密集场所消防演练、"安全生产月"暨法治宣传等活动，确保文旅市场平稳有序。（蔡晨曦　梁　芳）

历史文物保护

【概况】2020年，下城区范围内有不可移动文物33处，其中文物保护单位20处、文物保护点7处、未定级不可移动文物6处。文物保护单位中，全国重点文物保护单位5处，分别为马寅初旧居、龙兴寺经幢、欢喜永宁桥、京杭大运河（下城段）、仁爱医院旧址。省级文物保护单位5处，分别为浙江省第一师范旧址、浙江省高等法院及杭县地方法院旧址、天主教堂、司徒雷登故居、毛泽东思想胜利万岁展览馆旧址。市级文物保护单位10处，分别为岳官巷吴宅、明宅、白衣寺、浙江省人民体育馆旧址、古通济桥、张同泰药店、沙孟海旧居、孩儿巷98号、艮山门侵华日军碉堡旧址、梁宅。文物保护点分别为梅王阁、钱王井、坝子桥、广安新桥、杭州东园婴幼园教学楼、杭州纺织机械有限公司厂房和会场、乐善堂井。尚未定级的不可移动文物分别为原杭州重型机械厂建（构）筑物、永宁变电所宿舍、原杭州轴承厂厂房、天水堂、耶稣堂弄5号民居、王公坟神道柱。全年投入文物保护专项资金60万元。下城区坚持"保护为主、合理利用"的原则，以"打造古都魅力、和谐风景城市"的定位，推进16处历史建（构）筑物及1处历史保护地段保护管理，以及历史建筑测绘建档、保护修缮及“智慧消防”建设。对陆游纪念馆、白衣寺、吴宅、马寅初纪念馆等文保单位进行保养维护，对艮山门碉堡进行保护修缮和周边环境整治。为减少恒隆广场施工影响，对天主教堂实施临时加固。全年完成11处历史建筑测绘，其中包含梅鹤堂、达三里2处历史建筑典型测绘。完成灯芯巷别墅建筑、灯芯巷24号别墅建筑群、教场路30号别墅建筑、清代民居建筑、仁德里12号建筑、浙江工农速成中学科学馆旧址6处历史建筑“智慧消防”系统安装，并全部通过安装验收。参加市园文局组织的“十佳文物保护利用案例”征集活动，推荐的毛泽东思想胜利万岁展览馆旧址（浙江展览馆）入选十佳文物保护利用案例名单。

【文物管理】 2020年，区住建局按期巡访辖区33处文保单位（文保点），检查文物建筑安全使用情况，动态掌握各文保单位（文保点）文物保护情况，督促整改巡访中发现的危害文物安全隐患问题；不定期组织文保单位消防演练，提升安全意识；配合市园文局、下城消防救援大队开展节前和汛期文物安全大排查。结合国家和省文物局实施“天地一体”工程，采用远程管理、智能监察、集中指挥的方式，加强野外不可移动文物的前置性保护预警。委托浙江省古建筑设计研究院对全国重点文物保护单位龙兴寺经幢、欢喜永宁桥和市级文物保护单位古通济桥进行基础沉降和位移监测。根据市园文局关于文物建筑“智慧消防”系统建设三年行动计划安排，完成10个文物保护单位的“智慧消防”系统建设。年内，完成“智慧消防”系统验收的历史建筑6处。

【历史建筑保护修缮】 2020年，区住建局实施建筑修缮工程，组织专业单位对历史建筑进行勘察，全面评估历史建筑沉降、倾斜、开裂程度。根据“修旧如故”原则，在修缮历史建筑外立面及加固内部结构体系的基础上，保留建筑原本的特色风貌。重点对梅鹤堂、达三里建筑、环西新村1号、原杭州制氧机厂建（构）筑物群4处历史建筑进行修缮管理。完成原杭州制氧机厂、原杭州锅炉厂老厂房保护利用（修缮）项目、梅鹤堂历史保护及提升改造、环西新村1号（历史保护建筑）提升改造整治，加快达三里历史建筑群保护修缮工作进度。 （刘景昕）

修缮后的原杭州制氧机厂老厂房 （区住建局 供稿）

文化遗产保护

【概况】 2020年，下城区有区级以上非物质文化遗产代表性项目59个，其中国家级3个、省级6个、市级11个、区级39个。非物质文化遗产生产性保护示范基地12个，其中国家级2个、省级3个、市级4个、区级3个。非物质文化遗产传承教学基地5个、体验点6个、宣传展示基地4个。非物质文化遗产传承保护基地8个，其中国家级2个、省级3个、区级3个。区级以上代表性项目代表性传承人50人，其中国家级2人、省级9人、市级6人、区级33人。

【区“非遗”成果申报】 2020年，下城区推进文化基因解码工程，从全区十大类200多项文化元素中筛选出重点文化基因18个，并发布文化资源普查手册。对王星记扇业、都锦生丝绸等4个重点文化基因进行试点解码。推进国家、省、市、区、街道五级非物质文化遗产名录体系建设。年内,“春雨工程”志愿服务项目向文化和旅游部申报,木版水印技艺、制扇技艺(王星记扇)等5个项目入选第一批杭州市传统工艺振兴目录,杭州长江实验小学、杭州市长寿桥小学获评市级“非遗”教学传承基地,30名非遗工作者成为“中国非遗年度人物”提名候选人,2位代表性传承人分别获“杭州工匠”“下城工匠”称号,5位代表性传承人获杭州市文旅行业“能工巧匠”称号。配合财政部绩效评价工作组开展都锦生国家非物质文化遗产保护专项资金绩效情况调研,工作组对都锦生“非遗”保护传承工作成果及社会绩效给予肯定。完成省级非物质文化遗产项目及传承人评估、省级非物质文化遗产保护单位调整及中国非物质文化遗产年度人物推荐等工作。

【区“非遗”宣传活动】2020年,下城区开展“非遗”宣传活动,弘扬优秀传统文化。辖区非物质文化遗产场馆免费向市民群众开放,不定期举办线上线下系列“非遗”传承体验活动。其中,线上举办“下城区非物质文化遗产项目作品·雅集云赏”系列活动18场,线下举办“武林艺萃”系列活动10场,活动内容涵盖少儿昆曲、少儿京剧、成人越剧集训及戏曲名家大讲堂,参加群众500多人次。举办线下“大师寻徒”暑期“非遗”传习课堂,邀请非物质文化遗产传承人现场教授手工泼染剪纸、江南洞箫、丝绸扎染、彩泥塑、盘扣制作等。

【“非遗”项目交流推广】2020年,下城区整合社会资源,拓宽“非遗”宣传展示传播渠道,推进“武林艺萃”戏曲曲艺品牌建设。成立武林艺术商圈联盟,创新非遗“云展示”,打造非遗共享平台,推出线上“‘非遗’云课堂”、“‘非遗’云展厅”、“‘非遗’抗疫作品专题展”、“区‘非遗’作品·雅集云赏”展示、“非遗”文化慕课50多场。推动“非遗”题材文艺创作与产品研发,开展“非遗人在行动”创作活动,创作抗疫题材“非遗”作品15件。联合“非遗”传承人创作“非遗传承”剪纸题材舞蹈《剪彩芳菲》,该节目参加杭州市风雅颂民间舞蹈展演和杭州市舞蹈展演。组织“非遗”项目参加第三届中国国际进口博览会、中国(深圳)国际文化产业博览交易会、湖州商品交易会、全国老字号博览会、长三角民间艺术文创产品邀请展、全国文房四宝博览会、杭州—云南非遗交流展示活动等展示交流活动。

【“非遗”项目管理】2020年,下城区完善“非遗”资金管理办法及各项区级“非遗”保障制度,建立国家、省、市、区、街道五级“非遗”项目保护体系。加大“非遗”保护资金投入,全年投入专项资金986.48万元,其中,财政补助253.38万元,社会资金投入733.1万元。完善“下城非遗”官方微信公众号运营管理,加大“非遗”数字化宣传力度,提高社会影响力。完成《保护城市文脉 创新非遗传承——浅谈杭州市下城区“非遗在社区”城市传统文化传承的实践与思考》等“非遗”理论调研论文2篇。开展第13个“服务传承人月”活动。（郭莉莎）

群众体育

【概况】2020年,下城区群众体育工作以全民健身工程为指引,加强体育场地建设、体育活动组织、体育社会组织建设、体育健身指导四方面工作,群众性体育活动品质不断提升。开展杭州市全民健身日

改造后的下城区体育中心　　（区文广旅体局　供稿）

2020年10月15日，区文广旅体局在区体育馆举办"'全民健身、共享亚运'杭州市工间操公益培训"活动 （区文广旅体局 供稿）

全市大联动下城赛区活动、"'全民健身、共享亚运'杭州市工间操公益培训"和"全民健身·共享亚运"杭州绿道毅行大会下城分会场活动等。完成第六次国民体质监测，参加监测居民及企业员工285人。全年参加区体育场、区体育馆健身活动10多万人次。举办各类赛事80场，参与人数2万余人次。

【体育场馆提升】 2020年11月7日，下城区体育中心提升改造工程完工。区文广旅体局推进公共体育场馆第三方专业运营管理体制改革，将体育场沿街洗车店改造成为集运动培训、餐饮服务等于一体的体育休闲街区，提升场馆整体形象。积极探索丰富场馆体育休闲业态、降低管理成本、提升场馆活力等方面的途径。通过完善硬件配套设施和运营管理模式、提升改造周边环境、增强智慧场馆功能等办法，全面提升下城区体育中心场馆综合服务能力。

【群众体育赛事】 2020年8月8日，杭州市全民健身日全市大联动下城赛区活动暨下城区亚运"五进"启动仪式在区体育馆举行，活动以"全民健身全民小康""全民健身共享亚运""亚运五进（进学校、进社区、进企业、进社团、进机关）"为主题。来自各行各业的100多名年龄从6岁至65岁不等的选手，开展颠球折返跑、跳绳、波速球深蹲、蛙跳、俯卧撑、仰卧起坐、平板支撑、呼啦圈竞走8个项目的比赛。活动通过趣味挑战的形式，践行全民健身理念。10月15日，区文广旅体局在区体育馆举办"'全民健身、共享亚运'杭州市工间操公益培训"首场活动。来自全区各个单位及街道的150多名体育爱好者参加广播操及排舞学习。培训以"体育+健康"为理念，将工间操普及到基层，增强群众体育健身意识，提升全民身体素质，营造"全民健身、共享亚运"氛围。10月31日，区文广旅体局在杭州城北体育公园开展"全民健身·共享亚运"杭州绿道毅行大会下城分会场活动，下城区参赛选手300多人。全年区文广旅体局举办线下绿道毅行活动10多场，注册参与人数3万余人。绿道毅行活动邀请武术世界冠军王地和下城区浙江省优秀共产党员黄飞华等4人为绿道毅行大使。

【金秋武术大赛】 2020年11月29日，下城区金秋武术大赛在区体育中心举行。比赛由区文广旅体局主办，区老年人体育协会、区武术协会承办。区武术协会选派500名会员进行24式太极拳、九曲气舞、功夫扇、麒麟鞭等武术项目的集中展示，包括举行太极和健身气功2个项目的竞赛，来自全区20个健身气功站点300多名选手参加。比赛聘请2名国家级裁判员担任赛事评分工作。 （陆 婷）

竞技体育

【概况】 2020年，下城区打造各类体育品牌赛事，申办和承办浙江省青少年足球冠军赛、首届长三角水上运动节、全国全民体能大赛总决赛等赛事活动20场，参加比赛3万人次。主办"武林杯"足球、羽毛球、乒乓球、击剑等体育赛事80场，全区58个单位近20万人参加。组织参加省、市各类体育竞技赛事，获金牌34枚，奖牌总数91枚。区文广旅体局选送的代表队在杭州市第三届市民体质大赛暨国家体育锻炼标准达标赛中分别获团体三等奖和2项个人第一名的成绩。

【首届长三角水上运动节暨杭州武林运动时尚嘉年华】 2020年8月31日，区文广旅体局在浙江省三立开元名都大酒店召开新闻发布会，介绍“东恒杯”首届长三角水上运动节暨杭州武林运动时尚嘉年华活动筹备情况。省体育局副局长张亚东、市体育局副局长王黎、副区长包晓东出席发布会。9月11—13日，“东恒杯”首届长三角水上运动嘉年华暨杭州武林运动时尚嘉年华活动在杭州城北体育公园及上塘河水域（古京杭大运河）举行。活动融合“长三角”体育、运动、时尚、健康、文化、旅游等各类元素，分“匠心市集”“酷玩运动”“全民健身挑战”“好物码头”“潮FUN武林音乐节”五大版块，吸引市民群众3万余人参加。来自21个城市的300多名运动员参加嘉年华活动的比赛项目，在16个赛项中选出冠军、亚军、季军48人。

【全国全民体能大赛杭州站在武林广场举行】 2020年11月7—8日，全国全民体能大赛杭州站在武林广场举行，来自杭州城区各个行业的200多名体育爱好者参加。选手分男女组进行肩扛沙袋箭步走、杠铃火箭推等多个动作组成的体能赛，采用累计积分的方式决出团体、个人冠军。大赛分别在上海、苏州、成都、深圳、长沙、杭州6个城市进行，报名参赛1296人，最终在杭州完成全国总决赛。总决赛决出男子个人、女子个人及团体赛3个项目的年度总冠军3名。比赛通过央视视频、中国体育、新浪体育等网络平台全程直播。首届杭州健身用品博览会在赛事期间同时开展。

2020年11月7日，全国全民体能大赛杭州站比赛在武林广场举行

（区文广旅体局　供稿）

【全国啦啦操联赛（杭州站）在下城区举行】 2020年10月30日至11月1日，由中华全国体育总会、国家体育总局体操运动管理中心主办，全国啦啦操委员会、市体育局承办，区教育局、区文广旅体局等单位协办的全国啦啦操联赛（杭州站）暨“全民健身·相约杭州”杭州市第五届啦啦操公开赛在杭州城北体育公园举行。比赛设置公开组和俱乐部组，有舞蹈啦啦操、花球啦啦操、街舞啦啦操、爵士舞蹈啦啦操、技巧啦啦操规定动作和自选动作、校园啦啦操示范套路和自选套路、亲子啦啦操等项目。全市有111支啦啦操队伍2000多名运动员参加比赛。杭州市春晖小学奥莉奥啦啦操队获“第三套校园啦啦操示范套路”公开组第一名。

【省市体育赛事取得好成绩】 2020年，下城区选送运动员参加杭州市中小学生阳光体育击剑锦标赛暨省两赛选拔赛，获男子组第二名和第三名各2个，女子组第一名3个、第二名4个、第三名2个，团体总分位列全市第四名。选送运动员参加杭州市中小学生阳光羽毛球锦标赛暨第七届杭州市羽毛球协会训练基地交流赛，总分位列全市第二名，并获“道德风尚奖”。选派运动员参加浙江省第三届女子体育节健身气功比赛，获集体马王堆导引术一等奖和集体气舞二等奖。 （陆　婷）

综　述

【卫生健康事业发展】 2020年，下城区有户籍人口432229人，育龄妇女106820人。全年出生婴儿2340人，无孕产妇死亡，婴儿死亡率2.1‰，5岁以下儿童死亡率2.44‰，国家免费孕前优生健康检查率85.2%，全区户籍人口出生性别比109.3。辖区内有各级各类卫生医疗机构356个，工作人员1万余人，其中卫生技术人员8013人；卫生医疗床位13262张，平均每千人31.3张；平均每千人有执业医师14.29人、平均每千人有注册护士18.62人。全年实际占用床位361.37万床次，出院患者3.09万人次。社区卫生服务机构诊疗总数223.58万人次，比上年减少20.16万人次。

【医疗机构党建工作】 2020年6月11日，区卫生健康局会同区委组织部印发《关于加强民营医疗机构党的建设工作的实施意见》。区卫生健康局以“党建引领促发展、医德医风争一流”为主题，实施“党建双强、勇当先锋”提升工程。建立党委领导班子和行业党委班子成员定点联系制度，新建党支部4个。开展党建结对工作，6个社区卫生服务中心分别与民营医疗机构结对。深化民营医疗机构党建轮班例会制，制定行业党建清单，定期召开民营医疗机构党建专题座谈会。分领域选取部分机构党员和专家组建“红色调解”工作室，在区社会矛盾纠纷调处化解中心设立医疗纠纷人民调解委员会轮值窗口。组建中医、医美、医养、口腔4个领域公立和民营医疗机构组成的党建联盟，组织民营医疗机构参与援鄂、核酸检测和机场转运人员等工作。抽调辖区内树兰（杭州）医院、杭州康馨康复医院、浙江康静医院、浙江明州康复医院和怡康护理院等民营医疗机构的91名医务人员赴湖北武汉支援抗疫及参与辖区医疗隔离点防控工作。树兰（杭州）医院医生刘元春被授予“全国卫生健康系统新冠肺炎疫情防控工作先进个人”称号，18人获评“最美逆行者”。成立“武林郎中”“武林纯美”“武林皓齿”“武林益寿”4支志愿者服务队，通过进楼宇、进学校、进企业、进社区“四进”活动，服务群众2000多人次。

【卫生行业廉政建设】 2020年，区卫生健康局组织开展交叉互查、专项督查、民主测评等警示教育“十个一”系列活动，进一步改进工作作风。年内，完成整改问题24个，修改完善规章、制度、流程23项。开展反商业贿赂专项整治行动，约谈提醒机关科室和单位主要负责人29人次，谈话提醒当事人51人次。完成违规享受集体土地征迁安置政策专项整治等工作。开展“清廉行医”行动，区卫生健康局组织撰写的文章《聚焦源头治理，焕发清廉医院活力》《监督+引领，协同共建清廉医院》分别在省、市纪检监察网站上刊登。

【医疗结对帮扶】 2020年，区卫生健康局选派41名医务人员赴湖北省恩施土家族苗族自治州巴东县、贵州省黔东南苗族侗族自治州黎平县开展医疗工作帮扶支援，其中，赴巴东县12人，赴黎平县29人。4名高年资医生驻点帮扶一年半。帮扶人员受理门诊、急诊、会诊3.08万人次，组织培训当地医护人员5830多人次，推广容易在基层医疗机构推广应用的技术7项；开展健康扶贫义诊活动50次，惠及患者3140多人次；捐赠各类医疗设备、书籍总价值3.5万元，提升受援地区医疗服务水平。年内，下城区有关部门及社区卫生服务中心接收巴东县、黎平县33名业务骨干挂职锻炼。深化与江山市基本医疗和公共卫生服务中心的山海协作。11月，江山市卫生健康局主要负责人带队到下城区开展座谈交流。下城区疾控中心与江山市疾控中心，长庆潮鸣街道社区卫生服务中心与江山市峡口中心卫生院，清湖街道社区卫生服务中心、天水武林街道社区卫生服务中心与江山市长台中心卫生院，文晖街道社区卫生服务中心与江山市淤头中心卫生院分别签订医疗合作协议。（邵琴燕）

疾病预防与卫生应急体系建设

【概况】2020年，区卫生健康局坚持“联防联控、群防群控、专防专控”机制，加强卫生应急准备工作，完善传染病应急处置体系，提升传染病重大疫情预测预警能力。全年规范处置突发公共卫生事件5起，其中，新冠肺炎病例聚集性疫情1起，学校诺如Ⅱ型病毒感染胃肠炎疫情4起。通过隔离治疗病例，隔离密切接触者并进行医学观察，学校暂停上课等综合防治措施，有效控制疫情蔓延。全区各级医疗机构法定传染病报告率、及时报告率、病因查明率均为100%。6个社区卫生服务中心全部建成省疫苗管理信息系统，实现疫苗从出库到接种全程可追溯。区卫生健康局获评“2004—2019年中国死因监测报告工作突出贡献集体”，区疾控中心主管医师何宝华获“中国死因监测工作突出个人”称号。

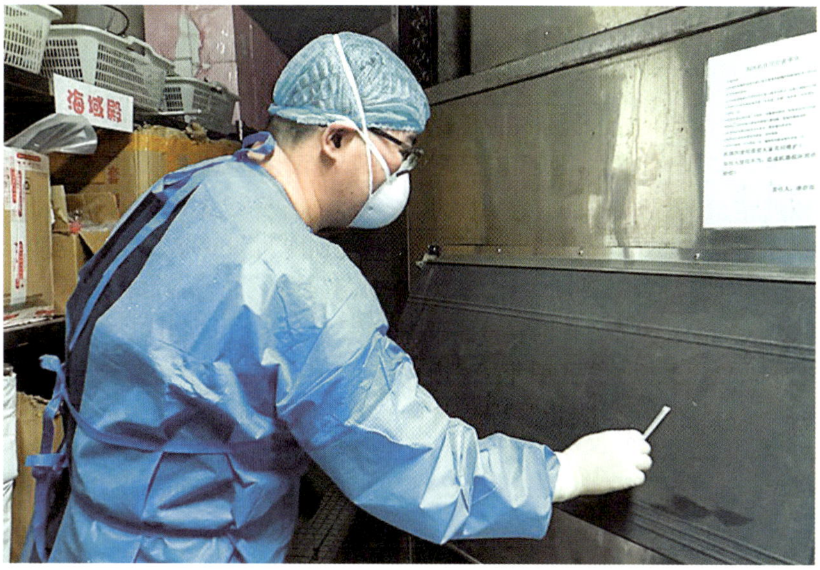

2020年12月30日，区疾控中心工作人员在世纪联华（西湖文化广场店）开展冷链食品新冠病毒核酸检测（区卫生健康局　供稿）

【传染病监测】2020年，区卫生健康局报告法定传染病24422例，系统报告质量综合率99.9%。无甲类传染病疫情，乙类、丙类传染病19种7828例，报告发病率1488.21/10万人，比上年下降37.99%。肠道门诊总初诊人数6942人。采集514件水源样本、餐饮食品样本等进行检测，未检出霍乱弧菌及大肠杆菌。对760例腹泻病例进行O157：H7大肠杆菌检测，检出O157：H7阳性病例1例。全年采集感染性腹泻病原学监测样品150份；采集手足口病样品61件，其中由COXA16病毒引发的病例3例，其他肠道病毒阳性21例，阴性37例。开展血吸虫病监测，查螺1.1万平方米，未发现钉螺；开展流动人群血吸虫病抗体监测420人，均为阴性。开展疟疾“三热”病人监测558例，未检出疟原虫。

【卫生应急处置能力提升】2020年9月16日，区卫生健康局举办突发公共卫生事件应急处置技能比武，区疾控中心和各社区卫生服务中心7支队伍参加。比武以秋冬季新冠肺炎疫情防控和救灾防病为主题，综合检验应急队员的防治知识和消毒、防护能力，提升秋冬季传染病防控水平。9月23—24日，区疾控中心参加全市秋冬季疫情防控暨新冠肺炎疫情防控应急演练，获团体一等奖。12月3日，组织全区开展精神卫生综合管理技能比武。

【免疫规划】 2020年，下城区接种疫苗31.87万剂次，其中，免疫规划疫苗6.81万剂次（包含民生流感疫苗1.13万剂次），非免疫规划疫苗25.06万剂次。接种狂犬病疫苗18828剂次。全年收到AEFI报告131例（一般反应117例、异常反应12例、偶合症和心因性反应各1例）。处置学校水痘暴发疫情和聚集性疫情各1起。接到麻疹风疹疑似病例报告13例，排除11例，应急接种密切接触者213人。开展重点人群流感疫苗和新冠肺炎疫苗免费接种，全年发放免费流感疫苗11600支，接种11313支，完成率97.5%。开展四联苗安全性观察，完成观察861剂次，监测到一般反应10例，完成副反应病例及对照组采样1例；东新街道、文晖街道开展“13价肺炎球菌多糖结合疫苗”的安全性观察；开展病毒性肝炎监测，采集样本376份。完成春节返乡儿童和进杭儿童“九苗”补种，补种常住儿童1951剂次、流动儿童1472剂次。

【精神卫生工作】 2020年，下城区登记在册的严重精神障碍患者2415人，发病报告率4.6‰；规范管理患者2408人，规范管理率99.7%；规范服药患者2253人，规范服药率93.3%；面访患者2378人，面访率98.5%。为588名严重精神障碍患者进行免费体检，加强对重点管控人员随访管理。区社会心理服务指导中心完善场地规划，设立心理咨询室，形成参观、体验、咨询在内的一站式服务模式。8个街道依托综合治理中心，完成心理服务站设置，75个社区建成心理咨询室。开展重点人群心理健康知识讲座，对严重精神障碍患者家属，以街道为单位，邀请专家普及家庭康复技术，提高监护能力。以世界睡眠日、世界精神卫生日为契机，开展义诊咨询，普及心理健康知识。全年举办各类心理健康讲座22场、义诊30场。区卫生健康局为助力新冠肺炎疫情防控，缓解群众心理压力，按需提供免费测评和公益咨询服务，惠及群众300多人次。搭建心理服务平台，参加心理评估8000多人、集体辅导1200多人，实施“一对一”干预2434人。

【结核病和艾滋病防治】 2020年，下城区加强结核病和艾滋病防治工作。实施结核病患者健康管理，全年登记活动性肺结核147例、结核性胸膜炎14例、肺外结核52例，活动性肺结核病例健康管理率100%。非定点医院报告疑似结核病人194人，36人主动转诊，社区医生追踪到位156人，追踪到位率98.7%，总转诊到位率99%。管理耐药结核病人31例，社区医务人员督导治疗、随访管理率100%。开展常规HIV/TB联合筛查，为434名HIV感染者和病人提供结核病免费筛查。开展结核病病人密切接触者免费筛查工作，发放免费筛查卡200张，接受筛查70人，未发现可疑患者。全区肺结核规范管理率98.6%，规范服药率95.1%。全年开展HIV筛查27.31万人次，初筛阳性339例，确认阳性147例，阳性率53.83/10万人。快检18658人次，新发现HIV阳性39例，确认阳性率0.21%。开展自愿咨询检测（VCT）1933人，HIV抗体待复检24例，确诊阳性22例，提供转介服务14人。累计存活艾滋病病例441例，其中接受抗病毒治疗420例。新增管理感染者/病人26例，治疗率96.2%。

【慢性病防治】 2020年，下城区加强慢性病监测和社区综合防治。辖区新发生恶性肿瘤、脑卒中、糖尿病和冠心病急性事件5293例，发病率分别为568.95/10万人、358.85/10万人、346.63/10万人、88.45/10万人。35岁及以上首诊病例高血压测压率100%。全年高血压管理人数43278人，规范管理人数30939人，规范管理率71.5%；控制人数29077人，控制率67.2%，高血压高危人群健康管理率2.1%。糖尿病管理人数13200人，规范管理人数9275人，规范管理率70.3%；血糖规范控制人数8146人，控制率61.7%，糖尿病高危人群健康管理率2.1%。高血压重点人群管理率54.3%，规范管理率42.7%。糖尿病重点人群管理率54%，规范管理率41.3%。开展中国心脑血管疾病监测质量研究试点，完成2015—2019年间的351例心脑病例质量控制复核；开展浙江省居民慢性病漏报调查，覆盖10个社区，调查居民3721户10003人；完成浙江省成人危险因素调查和杭州市健康期望寿命调查，接受调查

1139人。区卫生健康局组织参与《中小学生安全出行教育活动教师指导手册》编写，该书由浙江科学技术出版社出版。

【健康危害因素监测】 2020年，下城区完成食品污染物及有害因素样品监测411件，完成率103.8%，监测结果超标样品8件，其中谷物及其制品中脱氢乙酸超标6件、蔬菜及其制品中甲醛超标2件，超标样品率2%；常规特定病原体食源性疾病监测点（浙江大学医学院附属儿童医院）系统上报疑似食源性病例384例，对191例病例进行沙门氏菌、志贺氏菌、副溶血弧菌及致泻性大肠埃希氏菌检测，其中沙门氏菌阳性10例；11个监测医疗机构报告疑似食源性疾病病例459例，无疑似食源性异常病例和毒蘑菇中毒病例报告。采集末梢水样品120件，合格率100%，二次供水样品41件，合格率99.9%。报告职业病、疑似职业病和农药中毒病例分别为40例、21例、17例，其中本地病例分别为0例、3例、3例；185例尘肺病例中随访到位109例，随访率58.9%，所有病例所属用人单位在辖区均无工厂；完成102个职业病危害现状调查、17个工作场所职业病危害因素监测；对5个单位的重点职业病危害因素进行风险评估。（邵琴燕）

公共卫生安全与监督

【概况】 2020年，区卫生健康局加强卫生健康执法监管工作，开展公共场所经营单位、医疗机构、大中小学校（含幼托机构）等单位和机构的公共卫生监督检查1350个次，参与驻企驻校指导300多个次，实施行政处罚309件（立案件），罚没款及没收违法所得118.3万元，受理并处理群众投诉136起。办理医疗机构执业许可证、公共场所卫生许可证、放射诊疗许可证等4527件。新冠肺炎疫情防控期间，对各类医疗机构、重点公共场所、医学集中隔离点，严密把控预检分诊管理、医疗废物管理、院感防控、个人防护、人员健康管理、场所环境消杀、公用品消毒等重点环节，并进行分类指导，对存在严重问题的重点行业实施处罚，处罚民营机构42个、中医门诊部4个、消毒产品经营单位和区级医疗机构各1个。组织卫生医疗机构开展依法执业自查，建立医疗服务信用监管机制和多部门协同监管机制。辖区3个住宿单位应用“互联网+物联网”，实施客房保洁全过程在线监控。开展汽修、印刷等行业专项监督，对两家汽修企业违反《中华人民共和国职业防治法》的行为，分别处以2.5万元和3万元的罚金。完成对树兰（杭州）医院呼吸道传染病专业、肠道传染病专业、肝炎专业3个诊疗科目的行政审批。

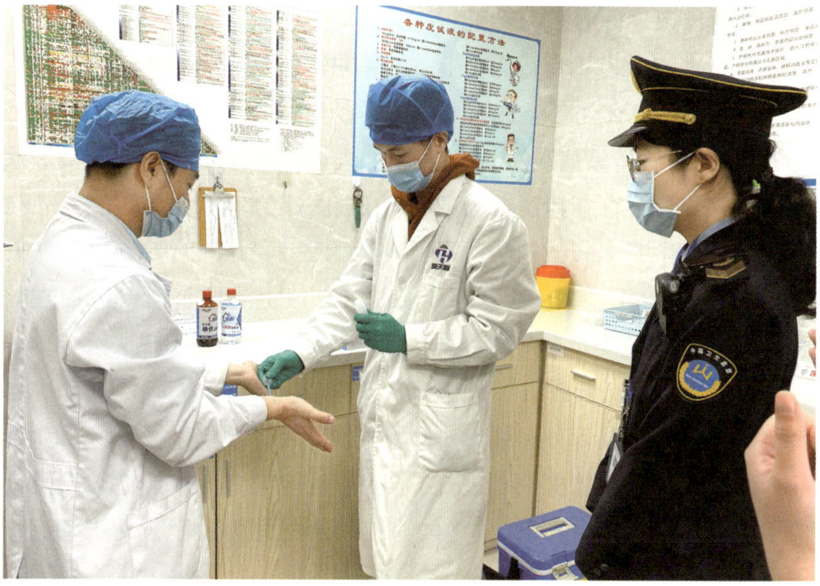

2020年11月5日，区卫生监督所执法人员委托第三方检测机构对辖区医疗机构院感工作开展现场采样监测（区卫生健康局 供稿）

【医疗机构监管】 2020年，区卫生健康局开展医疗机构综合监管，制定并印发《下城区医疗质量控制中心管理办法（试行）》。委托市级质量控制中心质控专家对医疗机构前期设置审批、事中验收和事后监管进行全程监管。全区240个单位全部通过浙江省医疗机构自查自律系统检查。结合疫情防控开展依法执业检查130多次，联合区市场监管局和区医保办开展医疗质量和床位检查15次，出动质控专家600多人次，现场检查医疗机构283个、“飞行检查”医疗机构330多个。加强纠纷投诉处理，处理各类纠纷投诉495件，结案率

100%；对涉及投诉的17家企业进行诫勉谈话，7家有不良行为企业进行记分；立案查处各类医疗机构中依法执业、传染病防控、放射诊疗管理等环节存在违法行为的案件210件，罚款及没收违法所得92.75万元。组织中医、医美、口腔、医养4个专业委员会共同参与行业管理。依据《浙江省医疗卫生信用评价指标及评分标准》，对社会办医院和健康体检中心进行信用评价，辖区39个医疗机构信用等级评定为A级32个、B级7个。

【公共场所监管】 2020年，区卫生健康局开展公共场所监管“三放心”活动，结合新冠肺炎疫情防控工作，针对住宿、美容理发等重点场所开展监督执法，立案查处各类违法案件269件，罚款及没收违法所得22.89万元。区卫生监督所解决住宿场所现场监督盲点，杜绝一块抹布擦到底的“毛巾门”事件，借助住宿场所透明保洁智能监管试点项目，实现对酒店公用品更换、清洗、消毒、保洁，对员工打扫客房全过程及对消毒柜有效消毒进行全面跟踪监控，提升卫生监督实效。重点关注生活类美容场所的规范经营情况，配合做好生活美容场所违规开展医疗美容行为的查处，维护公众健康权益。

【非法行医打击】 2020年，下城区加大非法医疗美容打击力度，全年查处非法行医案件15起，罚款及没收违法所得37.78万元。6月2日，下城区医学会医疗美容专委会成立，带动辖区45个医疗美容机构完成医疗机构自查工作。开展非法医疗美容“回头看”排查，对以往查处的非法医疗美容被处罚人进行回访，通过回访查处非法开展医疗美容的生活类美容场所2个，依法再次予以行政处罚。6月16日，区卫生监督所等部门在城北新天地区域查获非法医疗美容机构（生活类美容为主）5个。结合整治活动，组织在校学生和生活美容机构工作人员现场观摩执法。全年通过群众举报，查处非法医疗美容案件3件。 （邵琴燕）

妇幼保健服务

【概况】 2020年，区卫生健康局加强妇女儿童健康管理，规范妇幼保健服务。做好孕产妇孕期检查及新生儿疾病筛查。结合0～3岁婴幼儿托育工作，加大儿童早期发育筛查工作覆盖面，提升基层干预指导业务能力；推进3岁以下婴幼儿照护服务示范区创建。全区新增3岁以下婴幼儿照护服务机构10个、托位300个，累计44个，2～3岁婴幼儿毛入托率峰值达30%。举办孕妇及育儿知识辅导和技能培训85场，培训3000多人次。将计划生育统计管理工作纳入人口监测基本公共卫生服务项目。推进公共场所母婴设施建设工作，指导公共服务单位建立长效维保机制，确保场所母婴设施长期持续可用。印制发放“临时母婴室”宣传标贴，引导企事业单位为哺乳期女性职工提供便利。

【3岁以下婴幼儿照护服务】 2020年，区卫生健康局以数字赋能为动力、以科学育儿为目标，协同各方力量，进一步提升3岁以下婴幼儿照护服务质量和水平。推广由街道提供场地、卫健部门提供咨询监管、计生协和社区参与联办、专业机构运营管理的普惠式“社区托育”模式，实现3岁以下婴幼儿就近入托。出台《下城区社会办托

下城区社区普惠型托育机构——长庆街道“奶牛城堡”

（区卫生健康局 供稿）

育服务资金扶持实施办法》，通过购买服务、减免房租等措施扶持社会办托育机构。实施“托幼一体化”工作，新建幼儿园同步建设托班；加大托幼资源统筹力度，鼓励幼儿园增加托班服务供给，支持民办幼儿园开设托班。普及家庭科学育儿知识，加强孕妇及其家庭的科学育儿、喂养护理、常见病防治等知识的宣传教育。协同托育机构推出“智慧育儿说”系列直播课程，开启线下培训线上同步直播模式，全面提升婴幼儿家庭科学育儿能力。

【妇幼保健管理服务】 2020年，区卫生健康局完善妇女儿童全周期健康保健机制，加大高危孕产妇和儿童管理，避免可预防的孕产妇死亡，降低儿童死亡率。新冠肺炎疫情防控期间，实施全区孕产妇线上“一对一”管理，同时开设线上孕妇及育儿课堂。实施妊娠风险防范、危急重症救治、质量安全提升、专科能力建设和便民惠民五大行动。加强分级管理，加快辖区内危重孕产妇和新生儿会诊、转诊、技术指导等救治网络建设。全年常住人口活产数5633人，孕产妇早孕建册率98.1%，系统管理率95.5%，产后访视率96.4%，孕产妇签约服务率83.7%。0～6岁儿童健康管理率98.6%，0～3岁儿童签约率83.6%。实施孕产妇艾滋病、梅毒和乙肝检测，检测率均为100%，未发现HIV抗体阳性孕产妇；梅毒感染及乙肝携带孕产妇、新生儿均采取相应治疗措施。

【儿童发育监测与筛查项目】 2020年，区卫生健康局建立儿童早期发育监测、筛查和儿童早期发展干预服务体系，在辖区内6个社区卫生服务中心儿保门诊开展0～3岁儿童发育监测。在儿童关键年龄段（8月龄、18月龄、30月龄）进行儿童发育监测与筛查及早期发展指导发育筛查，根据0～3岁儿童的发育特点，对筛查出在感觉、运动、语言认知和社会情绪等方面存在问题或发育偏离的异常儿童及时给予早期干预或转诊，最大程度开发儿童潜能，提升儿童健康水平。全年完成婴幼儿标准化发育筛查（DDST）9475人，其中，早期干预306人，早期发展指导10745人。

【青春健康教育】 2020年，区卫生健康局联合区教育局开展青春健康教育活动。组织省级青春健康教育师到中小学校开展青春健康大讲堂活动17场，参加培训的中小学生和家长3289人次。联合杭州市开元商贸职业学校开展第十一届“人口文化节”活动，向辖区职业学校学生发放《青春健康口袋书（初中版）》3000册，普及青春健康教育知识。指导浙江工业大学青春健康同伴社申报中国计划生育协会青春健康高校社团服务项目。辖区大学新生艾滋病预防知识普及率100%。

【婴幼儿照护服务示范区创建】 2020年，下城区根据《中国计划生育协会3岁以下婴幼儿照护服务示范创建区项目合作共建协议》，探索开展示范创建工作。下城区婴幼儿照护服务发展促进会吸纳全区30家婴幼儿照护服务相关企事业单位入会。通过建立定期会议制度，开展安全教育、职业道德建设、业务培训等，规范婴幼儿照顾服务工作；协助社区对第三方机构进行质量把关；建立托育机构诚信档案和黑名单制度，开展服务质量比拼活动，树立良好行业风范。用好数据赋能智慧名片，结合杭州“城市大脑”建设，开发“舒心照护”平台，打通孕期准妈妈、3岁以下婴幼儿、照护机构三大主体数据，开发医生端、家庭端、机构端三大功能模块，通过共享互认全域信息资源，打造智慧决策中枢系统。制订下城区婴幼儿照护服务“十个一”工作进度表，将年度工作层层落实。通过“推出一个公众号、共建一个公办民办互助联盟、建立一个直播平台、设计一套固定标识、编写一本育儿之道、制定一套服务管理规定、成立一个行业促进会、编印一份育儿杂志刊物、成立一个家训基地、成立一个师训基地”10个细化措施，规范托育机构服务管理。

【计划生育协会工作】 2020年，区计生协会投入市、区两级计生特殊家庭暖心行动走访慰问经费109.8万元，组织街道、社区计生协会对计生特殊家庭开展走访慰问，并配合街道社区卫生服务中心计生特殊家庭心理援助志愿者，对新失独的计生特殊家庭提供心理健康关怀服务。通过公开招标为3万名独生子女家庭、计生特殊家庭等计划生育家庭人员购买保险

34.42万元，全年获保险理赔44.32万元，理赔率128.8%。（邵琴燕）

爱国卫生与健康城区建设

【概况】2020年，区卫生健康局推进武林健康商圈建设和各类"健康细胞"工程建设。累计培育"健康细胞"工程177个，其中"健康社区"21个、"健康企业"25家、"健康家庭"100户、"健康促进医院"3个、"健康促进学校"28所。推进"无烟单位"建设，开展无烟日宣传和控烟宣讲活动28次，印制发放禁烟宣传资料2500多份。开展环境卫生整治和防蚊灭蚊工作，守护辖区居民健康安全。定期开展爱国卫生督查，组织开展"月末"和周五卫生大扫除、第32个爱国卫生月活动，开展春、秋两季灭鼠工作。承办市全民营养周（"5·20"学生营养日）活动、"3·24"世界结核病日、"4·25"全国预防接种日、"5·31"世界无烟日和第18个全国职业病防治法宣传周等活动，普及科学防病知识，提升居民防病意识和能力。承办浙江省国产13价肺炎疫苗首针接种仪式，开展主题为"预防比治疗更重要"的肺炎球菌防治知识讲座。省爱卫办病媒生物控制水平评估组对辖区"四害"控制水平进行评估检查，评估病媒生物控制水平为C级。

【健康城区建设】2020年，区卫生健康局巩固全国健康促进区建设成果，推进"健康单位""健康家庭"建设。杭州市儿童医院、树兰（杭州）医院、浙江省口腔医院通过省级健康促进医院验收；杭州市长青小学、杭州市安吉路实验学校、杭州市文龙巷小学获"健康促进学校"金奖；杭州市景城实验学校获"健康促进学校"银奖。辖区申报的46个单位通过市级"健康单位"验收。联合区教育局在辖区学校挑选培育"健康家庭"100户，围绕学习健康知识、培育健康素养、提升健康体能、传递健康技能四方面推进"健康家庭"建设。推选优秀讲师打造健康科普师资队伍。举办第二届"健康教育讲师"宣讲技能比武，评选出首席健康讲师6名，推选2名优秀讲师参加杭州市科普职业技能竞赛均获一等奖。年内，组织讲师以居民健康素养知识为基础开展巡讲328次，发放健康教育宣传资料31种39万余份，其中省、市级健康教育补偿服务资料11种、12万份。

2020年9月1日，武林健康商圈启动仪式在浙江展览馆举行
（区卫生健康局　供稿）

【爱国卫生工作】2020年，区爱卫办开展环境卫生整治工作，加强重点场所环境卫生督查。联合辖区街道清理楼道1008个、卫生死角1526处，清除垃圾和堆积物2000多吨，悬挂宣传横幅207条，张贴宣传海报3万余张。加强辖区重点场所排摸和督导，全年各部门、街道督查单位4938个，发现并整改问题5838个，清除病媒孳生地3.13万处，印发宣传资料5.91万份；区爱卫办发放抄告单66张，抄告问题846个。开展春、秋季除"四害"工作，张贴灭鼠通知6230份。在全区8个街道75个社区公共环境、公园、城区绿化带、垃圾收集和堆放场所、建筑工地、河道两侧沿岸及下水道、窨井（缸）等处，统一投放鼠药。督促各消杀公司在灭鼠前、灭鼠后进行鼠密度测定，春、秋季鼠密度分别由1.5%、2%降至1%、0.5%。

【健康商圈建设】2020年，区卫生健康局组建武林健康联盟，将健康文化、健康行为与时尚潮流文化相融合，将健康意识与主流生活方式相融合。开展系列健康促进行动，打造“武林健康说”品牌，开展健康餐厅之厨师健康饮食行动、健身场所运动保护行动等。推行小份菜等合理膳食、健康“守门人”进楼宇等活动；秉持全生命周期健康管理理念，在健康联盟单位配备“微型急救站”、健康小站、母婴室等。结合跨年活动、“双十一”武林巡游、武林洋淘节、武林广场灯光秀、动漫巡游等活动，注入健康理念、增加健康元素，以多元化形式开展健康教育、健康知识宣传。9月1日，区卫生健康局结合全民健康生活方式日宣传活动，在浙江省展览馆举办“健康浙江、健康杭州”全面普及健康知识专项行动暨下城区“武林健康商圈”启动仪式。

【健康生活方式普及】 2020年，区卫生健康局建立“两网两微”（两个网站、两个微信公众号）健康教育宣传阵地。全年组织宣传活动150多次，其中区疾控中心组织大型宣传活动11次。利用微信平台每日更新健康信息及健康知识，根据季节特点发布防病信息和科普知识。下城疾控微信公众号推送文章316篇，发放纸质健康教育宣传资料31种39万余份。加强新冠肺炎疫情防控，通过制作视频、歌曲、顺口溜、云课堂、短信、海报、折页等方式，将最新的疫情防控知识、政策信息第一时间向公众传递。制作发放居家、社区、楼宇、工地、学校、企业六类新冠肺炎预防指南宣传折页9种、15万余份，海报11种、2万余份。联合全区各部门开展无烟单位建设，创建无烟机关37个、无烟事业单位108个、无烟餐饮单位911个、无烟宾馆32个、无烟娱乐场所3个。（邵琴燕）

社区卫生

【概况】 2020年，区卫生健康局完成基本公共卫生项目当量272.5万个，累计拨付项目经费3483万元，人均66.22元，人均经费中的5.44元用于基层医疗卫生机构开展新冠肺炎疫情防控的人员经费、防控物资采购、健康宣教资料印发等支出。全年第三方考核项目群众知晓率69.3%，基本公共卫生服务满意率99.1%。深化家庭医生签约服务，全区累计签约18.21万人，常住人口签约覆盖率34.6%，困难人群、计划生育特殊家庭签约全覆盖，离休干部愿签尽签，中小学生签约率超过50%，残疾人签约率超过75%，建立家庭病床560张。杭州市第三方绩效评价有效签约率87.8%，签约居民满意率98.8%。

【基本公共卫生服务】 2020年，区卫生健康局通过加强基本公共卫生服务项目管理和完善基本公共卫生服务项目相关制度，提高公共卫生服务满意率。开展各类项目培训和宣传，组织6个社区365名卫生服务中心医务人员参加基本公共卫生服务项目竞赛；利用微信公众号和网络平台，以及在人流密集处张贴宣传海报、悬挂横幅、分发宣传折页、开展义诊咨询等形式开展宣传活动。全年组织义诊咨询88场次，制作基本公共卫生项目宣传折页5.6万份、海报1026张，提升居民项目知晓率。依托市社区卫生服务信息系统，推进电子健康档案动态使用和质控管理；以签约居民为重点，有序建立并开放居民电子健康档案。年内，全区建立电子健康档案47万份，向居民个人开放26.6万份，开放率56.3%，结合企业退休人员体检为辖区常住老年人提供健康体检，辖区4.7万老年人、4.3万高血压患者、1.3万糖尿病患者纳入健康管理。

【分级诊疗体系建设】 2020年，区卫生健康局加强紧密型医联体合作，推进分级诊疗体系建设，逐步形成“小病在基层、大病到医院、康复回社区”的就医新格局。每周选派社区全科医生到浙江省人民医院、杭州红十字会医院驻点坐诊服务，提升全科医生业务水平；各中心开设慢性病联合门诊，邀请医联体专家定期坐诊，“一对一”培养慢性病全科医生，全年开展坐诊活动583场；建立全科和专科融合型家庭医生团队，将省、市级医院专家纳入家庭医生团队，建立团队沟通微信群48个，方便学习与交流。利用市级医联体影像会诊中心、心电会诊中心、消毒供应中心、慢病联合诊疗中心等资源，会诊影像疑难病例8147例，会诊心电疑难病例4816例，转诊18.07万人次；安排40名医务人员进修医疗课程，选派人员参加省、市级学术活动81场，选派7名医生参与市级医院查房，市级医院下派6名医生到基层锻炼。开展医院、社区“大手拉小手”健康教育活动，邀请省、市级医院专家进社区开办健康教育讲座及解读体检报告，全年举办专家健康教育讲座15次、解读体检报告9场。

【智慧医疗建设】 2020年，区卫生健康局探索“互联网+诊疗”模式，结合“慢性病连续处方”免费送药到家服务，实现“网上轻松一点、健康服务到家”全流程签约就诊、健康管理服务。接收省内互联网医院“首单”业务，实现区属医疗机构“互联网+诊疗”服务全覆盖；全区签约医生线上复诊436次、咨询服务256次。通过区域卫生信息化平台，接收预约挂号17.9万人次，自助机挂号9.2万人次，诊间结算145.9万笔，诊间结算比上年增长104.6%。推广杭州“健康码”就医功能，通过该功能就医的患者达3.8万人次，使用率超过40%。推进数据归集共享，完成体检业务、门诊业务、住院业务、检查检验等17项数据上传。推进“舒心就医”工作及区域信息平台系统改造，实现区属医疗机构“舒心就医”全覆盖，协调辖区2个省级医疗机构和10个民营医院完成平台系统改造，全年“舒心就医”指数超过90%。

【家庭医生签约服务】 2020年6月15日，区卫生健康局会同区财政局、区人力社保局印发《下城区医养护一体化家庭医生签约及基本公共卫生服务绩效评价方案》，推进签约门诊标准化建设，完善预约门诊、转诊会诊、出院回访等服务，提高居民满意度。持续提供慢性病连续处方服务，并推出将药品免费配送到家服务。开展慢性病连续处方服务监测管理，全年开具慢性病连续处方20.3万张，配送到家2.1万人次，电话回访管理15.8万人次，惠及居民4.8万人，社区就诊率67.6%。扩大签约服务覆盖面，针对签约人群不同需求组建各类微信群，通过微信群定期推送具有针对性的健康指导文章，同时对各类医疗咨询进行答疑；全年发送健康宣传教育短信53万条。

【“优质服务基层行”活动】 2020年5月，区卫生健康局开展“优质服务基层行”活动，围绕传染病防控、医疗质量安全管理、护理管理、感染管理等方面，加强基层机构能力建设；实施基层卫生人才能力提升培训项目，遴选5名全科医生到医联体市级以上医院和签约培训基地进行学习实践，提升基层医务人员服务能力。朝晖街道社区卫生服务中心通过“优质服务基层行推荐标准”建设评估。全区实现优质服务基本标准全覆盖，其中4个基层医疗卫生机构达到推荐标准。

【基层医疗机构设施完善】 2020年，区卫生健康局完成3个卫生服务中心、5个卫生医疗站点和PCR实验室（基因扩增实验室）提升改造。其中朝晖街道社区卫生服务中心改造面积160多平方米，东新街道社区卫生服务中心改造面积500多平方米；对石桥街道社区卫生服务中心医疗副楼及外立面进行整体提升改造，对东新园、皇亲苑、环北3个社区卫生服务站进行改造，融合全科门诊、中医特色门诊、慢性病筛查与健康管理、中医理疗及其他基本医疗服务功能，启用竹竿巷社区卫生服务站，整合站内健康服务区、中医理疗区、诊室等各区域的功能布局。完成区疾控中心PCR实验室提升改造，消除实验室生物安全隐患，提升核酸检测能力，为疫情常态化防控提供检测保障，为辖区群体性不明原因发热、腹泻等其他传染病的检疫防控工作提供支撑。

提升改造后的东新街道社区卫生服务中心　　（区卫生健康局　供稿）

【医养结合】 2020年，下城区医养结合能力进一步提升，全区有医养结合机构5个、医疗床位1700多张、养老床位2300多张；提供老年康复护理的医疗机构26个，有护理型床位5700多张。长庆潮鸣街道社区卫生服务中心开展省级基层医养结合能力提升试点，建立区级老年健康指导中心，在住院部开设安宁疗护病区，设有安宁疗护床位10张、临终关怀室1间；组织开展生命关怀社区教育、老年护理员照护技能培训。开设多学科慢性病联合门诊，完成2例住院患者和1例居家患者的安宁疗护评估。朝晖街道社区卫生服务中心纳入“互联网+”护理服务体系；十五家园社区和塘南社区完成国家老年人心理关爱项目，为辖区1300多名老年人提供心理评测及后续干预。为65周岁以上老年人提供签约服务5.54万人，覆盖率80.2%；提供以高血压、糖尿病等慢性病管理为主的居家医养结合服务2.98万人次。

【残疾人精准康复服务】 2020年，区卫生健康局深化残疾人“康复进家庭”服务，将肢体三、四级残疾人、视力残疾人纳入社区精准康复服务对象。4月24日，出台《下城区残疾人“康复进家庭”社区精准康复服务质量评价细则》，推进项目规范实施。按照任务分工，组建42支由全科医生、中医或康复师、心理咨询师、社区护士、社区助残员组成的“医康护”队伍，为辖区残疾人提供家庭医生签约服务、康复需求调查、医疗保健服务、专业康复服务。为有医疗、护理需求的残疾人提供上门送医送药、心理疏导、日常生活适应性训练指导等服务。根据康复评估结果，为有康复需求的残疾人建立家庭病床，参照家庭病床管理要求提供专业康复治疗仪器和中医康复服务。全年签约残疾人6057人，完成上门康复评估824人，提供家庭医疗保健服务3173人次、家庭康复服务2976人次。

【基本医疗惠民服务】 2020年，区卫生健康局根据区委、区政府办公室印发的《关于深化“春风常驻”提升困难群体生活品质的若干规定的通知》，为困难人群提供就医救助服务。对市低保家庭、低保边缘家庭（包含市困难家庭、区级困难家庭）在辖区社区卫生服务中心及所属的社区卫生服务站与家庭医生签约享受“十免十减半”和基本药物“个人零自负”优惠。年内，服务就医救助人群916人次，提供“十免十减半”服务减免医疗费用1240.08元，基本药物减免医药费2.9万元。联合区民政局开展困难家庭签约服务宣传全覆盖，全区登记有低保人员2281人、困难人群1308人。 （邵琴燕）

新冠肺炎疫情防控

【概况】 2020年，区卫生健康局织密防控网络，全面开展新冠肺炎疫情防控工作。全区执行消杀任务77次，完成消杀面积5.89万平方米，消杀空间2.67万立方米，其中对入境货物消杀50次，完成消杀面积2.61万平方米、空间2.67万立方米；制作发放新冠病毒防控宣传折页10种15万余份、海报11种2万余份，编写发布各类微信文章126篇，开展培训指导568场次，覆盖人群5万余人次；对各类企业、学校、托幼机构开展复工复产复课指导540家次。下城区新冠肺炎疫情防控工作平稳有序，其中1个社区卫生服务中心、2名基层卫生管理者和1名基层干部获中国社区卫生协会通报表扬。天水武林街道社区卫生服务中心获评“杭州市抗疫先进集体”、3名医务人员获评“杭州市抗疫先进个人”。

【社区群防群控】 2020年，区卫生健康局发动社会各界力量，落实重点人群社区排查管控和数据监测统计，推进全区疫情防控工作。各基层医疗机构开展电话调查192人次，排查各类重点人员53718人，其中通过电话排查15549人，排查发现需居家健康监测617人，第三方电话质控回访8020人，排查后将发现的问题清单及时反馈各街道。通过线上线下各种形式将疫情防控宣传知识传播到辖区学校、街道、社区、楼宇。印刷宣传折页2万份发放至街道社区、农贸市场，在小区居民楼道张贴《告居民书》和《冬春季呼吸道传染病预防核心信息》，在各医院醒目处设置温馨提示牌，结合春运、大型节日等节点，策划关于冬春季传染病防控主题方案12个，群发防疫提示短信30多万条。发挥“武林大妈”群防群治和“潮爸潮妈”等党员志愿者作用，协助社区工作人员对外地到杭州人员进行登记上报。鼓励辖区群众利用“110社会应急联动平台”、信访渠道、电话申报等方式配合防疫工作，全区形成人人参与的防控局面。

【医疗服务安全管理】 2020年，区卫生健康局在新冠肺炎疫情期间开展精准防控，筑牢社区防疫阵地，确保医疗服务安全。提升基层精准防控能力，完善医院感染持续改进制度，落实医务人员管理、就诊患者管理、医疗环境管理及制度流程管理“四维”管理办法，实行防疫知识技能培训机构人员全覆盖，并实时更新培训内容。各社区卫生服务中心加强预检分诊管理，实行“一门进出”、双人双岗，对所有进入人员进行查码体温监测及流行病学调查。各诊间实行单人单间就诊，设置隔离观察间和隔离病房。各医疗机构落实住院患者陪护人员院感管理，建立重点地区返岗医护人员报告制度。疫情防控一级响应期间，暂停预防接种科、口腔科等重点科室的接诊服务；根据群众需求选择性开放或交替开放社区卫生服务站点门诊服务。推广网上预约就诊和分时段就诊，减少病人等候时间，避免人群聚集。3月11日，辖区6个社区卫生服务中心基本恢复正常诊疗，各社区卫生服务站有序复诊。

【复工复产健康指导】 2020年，区卫生健康局打好新冠肺炎疫情期间复工复产保障“组合拳”，降低因复工复产人群聚集产生的传播、感染风险，指导全区5000多家企业有序复工复产，其中规模以上企业1000多家，服务覆盖率位居主城区第一。在商业综合体开业时上门指导，实地查看卡口测温、员工健康申报、隔离间准备、消毒液储备、空调新风系统使用、员工就餐等情况，对发现的消毒液配制和使用方法不规范等问题进行现场授课演示。根据辖区医疗机构不同医疗项目的不同防控风险级数，分类规范、有序落实开诊指导，确保医疗机构具备体温测量、健康码查验、个人防护和单间诊疗措施。查看酒店、旅店等公共场所防护用品、消毒产品配备使用情况，检查员工及顾客管理台账，检查公共区域、公共用品用具清洗消毒及通风系统设施运作情况。检查企业疫情防控预案、职工健康管理、生产车间等重点场所环境消毒等情况。卫生监督协管员重点开展辖区“五小”行业（小食品经营及加工单位、小理发美容店、小旅店、小浴室、小歌舞厅）巡查指导，出动卫生监督员126人次，检查各类医疗机构198个、各类公共场所227个、职业卫生企业8家。

【复课复学健康指导】 2020年，区卫生健康局加强辖区中小学开学复课指导和监督，启动三查验“通关”模式。通过调查摸底，了解各中小学复课时间，以便后续开展精细化指导。3月，联合区教育局成立助学指导小组，了解各学校开学前健康排查、临时隔离场所设置、公共场所和物体表面清洁消毒、异常情况处置等情况。建立微信群和钉钉群，将上级发布的疫情防控文件和新冠肺炎预防手册等内容及时上传至群内，对部分学校的有效防控措施在群内宣传推广，方便各校学习借鉴。线上核查各校应急预案、管理制度等材料，对发现的疏漏问题进行指导，为学校复课准备理清思路，并依据各学校开学时间批次，先后落实开学细化方案，实行“一校一策”，将责任落实到每个环节和流程。依托区卫生

下城区辖区医务人员在杭州市青蓝小学门口帮助低年级学生进行手部消毒
（区卫生健康局　供稿）

监督所学校卫生线上自查系统，布置各学校卫生老师按照自查系统中六大模块的具体要求，逐一对照，自查自纠，完善学校档案信息。现场复查隐患落实整改情况，确保学校具备放心开学的条件。查看防疫物资储备、消毒记录及消毒操作方法，查看隔离点设置及周边环境。在各类各级学校复课后，继续做好常态化督导，不断根据实际情况调整防疫措施，织密安全复学“立体防护网”。

2020年4月6日，下城区医务人员在隔离点对省外到杭州人员进行鼻拭子采样

（区卫生健康局　供稿）

【集中医学观察工作】 2020年，区卫生健康局按照区防控办指令，承担集中隔离医学观察点独立运作任务，负责新冠肺炎患者密切接触者、重点疫区返杭人员、境外返杭人员的集中隔离医学观察任务。有200多名来自7个医疗机构和16个社会办医疗机构的医务人员参与隔离医学观察点工作，各集中隔离医学观察点累计处置32架次国际商业航班入境人员，转运3542名境外返杭人员。

【精密智控】 2020年，区卫生健康局利用“一码一库一平台一指数”智慧手段，实现智慧化、信息化疫情防控。根据省、市精密质控考核要求，严密做好疫情管控工作，筑牢境外疫情输入防线。针对重点人员防控问题，依托省疫情防控系统平台，快速处理重点人员信息。召开精密智控联系人会议，落实各部门、街道精密智控联系人，建立区、街道、社区三级网络体系，加快数据处理的速度；协调区侨办组织各街道、社区提前了解侨胞返乡意愿，落实联系人机制并跟进相关服务，做到人员入境“预先知、登机知、落地知”；组织街道加强入境人员自主摸排，利用社区网格化管理，对重点地区到浙人员进行摸排，追踪重点人员入浙情况。定期发布全区精密质控情况通报，抗疫期间发布通报29期。（邵琴燕）

【境外疫情输入防控】 2020年，区投促局根据省、市防疫指挥部相关要求，建立境外入境人员联防联控机制，组织工作专班，保障涉外疫情信息互通，协助做好入境外籍人士语言沟通和政策解释，确保入境外籍人士均能理解配合。根据疫情发展动态，与区公安分局及各街道办事处建立信息沟通渠道，对到下城区的重点地区外籍人员和回国人员进行摸底排查，了解掌握定点隔离和居家隔离外籍人士的生活状况，尽可能满足外籍人员的合理需求，尊重其语言文化和生活习惯。

（周玲娜）

29 人力资源和社会保障

综　述

【人力社保工作】 2020年，下城区统筹抓好疫情防控和人力资源管理各项工作，把稳就业放在“六稳”首要位置，推进就业优先，实施减负稳岗，保障企业复工复产。出台助力企业复工复产的“暖心十条”和“促进就业十条”政策，获副省长王文序肯定。成立企业员工返岗专班，开展省际劳务协作，通过扶贫专列接送返杭务工人员183批次3900多人。落实社保降费减负政策，为企业减免养老保险金22.39亿元、医疗保险金6.08亿元，返还社会保险金、失业保险金2.68亿元，发放以工代训补贴、技能提升补贴、招工补贴等补贴1.1亿元。聚焦重点人群就业问题，开展“百日千万网络招聘行动”“云聘汇”等线上线下招聘活动71场次。全年城镇新增就业4.69万人，比上年增长58.4%；失业人员再就业1869人，安置就业困难人员998人。推进职业能力建设，新认定区级技能大师工作室4个，举办职业技能竞赛5场，参赛选手1397人，其中获高级职业资格证书1221人、获中级职业资格证书74人。推进全民参保计划，基本养老保险全民参保率99.6%，位列全市第一，基本医疗保险综合参保率99.1%。做好11万名企业退休人员社会化管理服务工作，为退休人员发放节日慰问费2.68亿元。深化“放管服”改革，创新技能人才评价机制，下城区成为全市首个开展企业职业技能等级认定试点工作城区。推出行政服务事项全城通办、全程网办、“一件事”联办等便民举措，36个高频办理事项接入政务2.0系统。加强人力社保队伍业务建设，下城区代表队在全国人力社保系统窗口业务技能练兵比武中获全市第一名；选派的2名窗口工作人员作为杭州市代表队成员获全省二等奖，其中1人入选浙江省代表队，在全国比赛中获浙江人力社保系统“知识通”称号。区仲裁院1人被评为

2020年11月17日，下城区承办杭州市职业技能等级认定现场推进会

（区人力社保局　供稿）

"浙江省劳动人事争议仲裁员业务能手"。

【招才引智】2020年,中国杭州人力资源服务产业园引进浙江实就医护人力资源服务有限公司、杭州八斗信息科技有限公司、杭州汇智东方人力资源服务有限公司等品牌机构12个,累计入驻机构150个。引进高端人才(年薪30万元以上、博士以上学历或副高以上职称人才)2914人。发挥"政府服务+市场服务"优势,举办百个人力资源机构服务大学生"双创"活动、中国杭州国际人力资源峰会、高学历人才创新创业"加油站"等系列品牌活动,为创新创业人才提供优质服务。推进长三角地区国家级产业园一体化发展,为区域经济转型发展提供智力支撑。根据高层次人才分类认定和补充目录,下城区新认定杭州市高层次人才1199人。新引进本科以上应届毕业生10448人,比上年增长66.3%,其中:来自"双一流"高校毕业生1279人,增长47.2%;海外留学生488人,增长18.2%。

【社会保障水平提升】2020年,下城区推进全民参保计划,基本养老保险全民参保率99.6%,位列全市第一,基本医疗保险综合参保率99.1%。规范企业职工基本养老保险省级统筹制度,成立工作专班,加强数据调试,全区数据嵌入系统顺利上线。加大社保基金风险防控力度,按照管办分离原则,执行授权管理,确保人岗匹配、事权适配,企业职工基本养老保险基金安全评估得分位列全市第一。深化东西部劳务协作,与贵州黔东南苗族侗族自治州黎平县、湖北恩施土家族苗族自治州巴东县、成都国家级人力资源服务产业园签订战略合作框架协议,下城区劳务输出相关做法被《人民日报》专版刊登。

【劳动关系和谐稳定】2020年,下城区借助数字赋能摸排欠薪隐患,通过现场调查扫清欠薪盲点,打击各类恶意欠薪行为,巩固"无欠薪区"创建成果。围绕重点领域、重点行业,加大专项整治、联合执法和信用惩戒力度,保障劳动者合法权益。下城区在"杭州无欠薪"行动专项工作指标考核中,位列各区(县、市)第一名。提升劳动纠纷调处水平,创建"一窗式"即接即办调处机制,推行"网络调解""在线庭审"等仲裁调解方式,降低劳动者维权成本。全年全区劳动仲裁案件结案率和调解成功率分别为99.7%和86.4%,区人力社保局获"浙江省劳动人事争议案件处理工作先进单位"称号。 (陈　曦)

人事工作

【概况】2020年,下城区以"先立后破、不立不破"为导向,推进事业单位人事管理和工资福利工作改革。完善岗位设置和岗位聘任工作,完成全区26个涉改事业单位岗位设置方案调整和人员转隶。修订下发《下城区事业单位七、八级普通职员管理办法》,提高事业单位人事管理科学化、规范化、制度化水平。加强日常审核,全年受理、初审并备案事业单位岗位变动1130人次,其中,管理岗位、专业技术岗位和工勤技能岗位职务晋升岗位变动618人次,审核转正定级、新进人员定级、辞职和退休减员等450人次。审核事业单位人事调动调配手续253人。完成事业单位工作人员和公务员工资晋级晋档工作。确认复核430名新招聘事业单位工作人员工龄及工资。加强新增事业单位工作人员因私出入境备案管理。完成区属部分事业单位工作人员招聘面试及入编手续办理,录用119人。推进教育卫生系统事业单位公开招聘工作,对6个批次的公开招聘方案进行审核备案。完成3名社区党组织书记入事业编工作。配合区退役军人事务局完成事业编制随军随调家属商调安置及转业士官安置工作。为抗美援朝老战士发放"中国人民志愿军抗美援朝出国作战70周年"纪念章178枚。

【机关内部"最多跑一次"改革深化】2020年,区人力社保局组织178个区属事业单位通过省事业单位人事工资管理服务系统完成基础信息采集和"云签章"申报工作,全年流转办结公开招聘结果备案、岗位聘任变动、招考录用等业务1744件。在"浙政钉"事业单位工作人员职业生涯全周期"一件事"平台上线公开招聘后续业务、人员交流调入后续业务、人员交流调出后续业务、人员退休后续业务、人员解聘后续业务、人员开除后续业务、人员岗位变动后续业务7项事业单位工作人员职业生涯全周期“一件事”事项。年内，下城区在“浙政钉”事业单位“一件事”平台推送并办结人员岗位变动后续业务、人员退休后续业务等1009件。

【机关事业单位工资福利管理】2020年9月，区人力社保局开展年度行政奖励计划申报工作。经汇总筛选并报区政府常务会议讨论通过，确定党建引领社区治理全市综合试点工作等14个项目获行政奖励。根据奖励计划，对上年度获考核优秀的652名事业单位员工进行嘉奖，并完成上年度事业单位年度考核备案，全区事业单位4949名在编人员，652人被评定为优秀等次，占参加考核人员的13.2%。完成全区182个事业单位统计年报，摸清事业人员数量、人员结构和人才队伍底数，为加强机关事业单位管理提供基础资料。全区事业单位岗位设置率、聘用管理制度落实率均达100%。

（陈 曦）

人才开发

【概况】2020年，区人力社保局坚持“人才是第一资源、创新是第一动力”理念，启动各类人才评审、职称认定及专业技术人员聘任工作。新认定杭州市高层次人才1200人，比上年增长4.73倍，其中B类、C类、D类、E类人才分别为16人、50人、333人和801人。首批认定区高层次人才37人，其中区领军人才11人、区高级人才26人。

2020年7月22日，区人力社保局采用远程视频路演的方式召开海外高层次人才培养引进计划答辩评审会

（区人力社保局 供稿）

新引进本科以上应届高校毕业生10448人，增长66.3%，其中：“双一流”高校1279人，增长47.2%；海外留学生488人，增长18.2%。审核发放高学历应届毕业生生活补贴1.36亿元，发放大学生“青荷礼包”3193份。选拔73名人才作为“十四五”期间第一批培养人选。做好博士后科研人才、钱江特聘专家等各项高学历、高层次人才引进培养工作。对接引进海外人才项目，通过国际人才交流大会平台、海外引才联络站、涉外人力资源服务机构，申报各类海外高层次人才引进计划人选10多人。

【专业技术人员管理】2020年，下城区初（认）定初级职称6批809人，初定中级职称6批93人。审核上报评审中级职称680人、高级及以上职称363人。审核实行居住证积分管理的专业技术人员职称82人。年内，为764家区属企事业单位在“杭州市专业技术人员学习新干线”学习平台办理开通手续，注册专业技术人员1.35万人，审核学分申报和学历教育抵学分1510项。

【聚才平台搭建】2020年，下城区围绕广纳海外人才、厚植本土人才、集聚青年人才、打造人才平台、创新体制机制、优化人才服务6个方面制定30条政策，并优化提升2个人才计划，制定高层次人才分类认定、住房保障、生活服务，以及人才发展专项资金管理等办法，形成以“1+6”为核心的人才政策体系。对经认定的高层次人才给予5年内每月最高5000元住房租赁补贴；海外人才项目最高可获1500万元的项目资助；对特别优秀的人才团队和项目“一事一议”，最高可获得1亿元的资助。推进“下城工匠”队伍建设，对“下城工匠”“技能大师工作室”领衔人等蓝领人才，给予最高10万元的资助。8月27日，中国杭州国际人力资源峰会在下城区举行，区政府和两家创新型国际知名人力资源服务机构签署意向入驻协议，为区域经济发展注入新活力。（谢莹华）

人才服务

【概况】2020年，区人力社保局构建全方位多层次人才服务体系，深化大学生创业就业服务。出台大学生创业园管理办法，做好人才公寓日常管理、人力资源服务许可、人事档案管理服务等工作，助力人才创新创业。全年全区接收流动人员人事档案2975份，办理人事档案转出1296份，提供人事档案服务6300多人次，完成1万份人事档案电子影像化工作。深化“最多跑一次”改革，实现人力资源服务许可事项网上办、即时办。实地走访区属人力资源机构100多家次，办理人力资源服务许可82件。做好引进人才居住证审核工作，全年审核通过引进人才居住证申请3162人，完成杭州市留学回国人员工作证申领核准678人次。举办高学历人才创新创业“加油站”活动，首次尝试“直播带岗”的新型招聘形式。

【大学生创业就业服务】2020年，区人力社保局落实项目无偿资助、房租补贴、大学生就业补贴及大学生创新创业“一件事”等政策。全区引进6家大学生创业企业入驻大学生创业园，审核拨付4批次27个大学生创业项目无偿资助区级配套资金84.6万元。4月15日，印发《杭州市大学生创业园（下城园区）管理办法》，对大学生创业园企业入驻条件、入驻程序、管理要求等内容做出明确规定。建立完善入驻企业退出机制，对协议期满退园、协议期未满退园、强制退园三种不同情形提出具体退出办法。

【高学历人才创新创业“加油站”活动】2020年11月8日，下城区在中国杭州国际人才交流和项目合作大会主会场举办高学历人才创新创业“加油站”活动。“加油站”活动由市委组织部（市人才办），市人力社保局，区委、区政府主办，区委组织部（区人才办）、区人力社保局承办，采用“线下线上”双线结合的方式，为有求职意向的高学历人才提供系统配套服务。活动邀请市人力社保局、市住保房管局、市公安局、市科技局、市市场监管局、杭州银行6个政府部门和金融机构为高学历人才提供政策咨询，邀请人力资源服务机构、风投机构负责人和创业明星为现场求职的高学历人才提供就业辅导、创新创业和个性化职业生涯指导。活动首次开设视频直播专区。活动当天在线观看人数3.02万人次。

2020年6月13日，杭州市举办大学生“双创日”活动。区人力社保局推荐的杭州源清生物科技有限公司董事长徐清华被评为杭州市十大大学生“创业之星”

（区人力社保局　供稿）

【人才公寓管理】2020年，区人力社保局加强人才公寓管理，全年为区属529个单位办理人才公寓租赁、续租手续及退租申请，签订合同773份。开展人才公寓清查工作，对入住人才公寓人员及相关企业进行审查，严防出现转租、转让、入住人员与登记不符等情况。年内，入户核查936户，查处企业注册地址发生变化8户、转租转让等违规行为2起。对注册地址发生变化的企业和有违规转租行为的当事人，强制清退其入住的公寓。人才公寓整体入住率超过99%。（谢莹华）

就业创业

【概况】2020年，下城区就业形势总体平稳。全区新增就业4.69万人，比上年增长58.4%；失业人员实现再就业1869人，其中就业困难人员再就业998人。全年审核发放市、区促进就业资金6007.24万元，惠及就业对象1.63万人次。全面落实稳定岗位社会保险费返还工作，累计返还5批次2.46亿元社保费，惠及企业10521家。开展工业企业专项奖补发放工作，发放奖金456.92万元，惠及企业293家。推进稳定岗位失业保险费返还工作，全区涉及企业249家，总金额965.02万元。落实小微企业招聘高校毕业生社保补贴政策，全年发放补贴762.04万元，惠及高校毕业生910人。与杭州银行等4家银行及浙江中睿融资担保有限公司合作，采取多种创业担保贷款形式，年内发放创业担保贷款3140万元、贴息贷款169.51万元。举办紧缺岗位专场招聘会、大学生专场招聘会、秋季公益专场招聘会等线上线下招聘会71场，进场单位1055个，提供岗位4549个；开展“政策宣传服务周”“就业援助私人定制服务周”“重点群体公益周”等活动，其间，入户走访344人，制订“私人订制”帮扶方案30多个。

2020年8月26日，区人力社保局举办湖北巴东县—杭州下城区东西部对口帮扶就业培训班　（区人力社保局　供稿）

【助力复工复产】 2020年，区人力社保局在疫情发生后，组织专班排摸辖区企业返岗人员信息，与当地人力社保部门协调务工人员点对点接返事宜，有序接返四川、贵州、河南、安徽、江西、湖北等省外员工540人。与辖区防疫物资、生产生活必需品及上下游产业的生产企业进行“点对点”电话沟通，了解企业用工需求，开发新岗位吸纳就业。对300家规模以上工业和出口企业进行用工调查，及时了解企业用工动态。开展省际劳务协作，与安徽省宣城市绩溪县、郎溪县开展省际劳务协作，签订人力资源合作协议，建立疫情期间企业缺工招聘、返杭复工人员输送、复工人员保障等机制。出台惠企政策，内容涉及招工补贴、支持返岗包车、奖励以老带新方面。落实“下城区引才用工政策”，9家企业通过杭州市“亲情在线”平台兑现招工补贴29万元；制订“下城区促进就业十项举措”，在人力资源机构就业服务、对口帮扶转移就业等方面予以补助。

【东西部劳务协作】 2020年，下城区深化东西部劳动协作，与贵州黔东南苗族侗族自治州黎平县、湖北恩施土家族苗族自治州巴东县人力社保部门召开联席会议6场。5月18日，在杭州市·黔东南苗族侗族自治州深化东西部扶贫协作促进稳岗就业协议签署仪式上，与黎平县人力社保部门签订《下城区·黎平县深化东西部扶贫协作促进稳岗就业协议》。推进黎平县驻下城区劳务联络站建设，拨付补助资金3万元。对中西部22省在下城区建档立卡的6138名就业人员进行情况调查，核定稳定就业人员2982人，形成台账并同步录入国务院全国扶贫对象基础信息管理系统。鼓励浙江乐缘人力资源有限公司、浙江翳护人力资源有限公司和杭州领航人力资源服务有限公司等机构参与对口帮扶。审核发放社保补贴和人力资源服务机构就业服务补贴4万余元。举办东西部劳务协作线上招聘会2场，参加招聘企业200多家，提供就业岗位1300多个。全区来自贵州省黔东南苗族侗族自治州、湖北省恩施土家族苗族自治州建档立卡劳动力新增就业84人。举办扶贫职业技能培训班，组织巴东县30名贫困学员到杭州培训。全年开展帮扶技能培训15期，参训1521人，培训后实现就业1501人。

【职业能力建设】 2020年，区人力社保局鼓励停工半停工企业开展线上培训，并给予政策补贴，全年通过备案培训项目150个，审核通过补贴项目85个，发放补贴208.7万元，惠及3207人次；落实技能提升补贴拨付资金220.5万元，惠及1229人次。新认定杭州长运运输集团有限公司黄红军汽车修理技能大师工作室等4个区级技能大师工作室，推荐申报杭州新白鹿壹店餐饮有限公司汪海瀛中式烹调技能大师工作室为市级技能大师工作室。完成4家企业备案申请并为认定企业发放扶持资金3万元。中大金石集团45名员工获养老护理员5级职业技能等级证书。推进企业以工代训补贴工作，全年受理审核企业410家，惠及7609人次，拨付资金380.45万元。举办职业技能竞赛5场，工种涉及汽车维修工、保育员、育婴员、中式烹调师等，参赛选手1390多人，通过比赛取得高级职业资格证书1221人次、中级职业资格74人。加强民办职业技能培训学校监管，对全区职业技能培训学校进行核验，规范学校办学行为，完成杭州市下城区人和家政服务职业技能培训学校和杭州市下城区培华职业技能培训学校的设立申请行政许可事项办理。

（陈 曦）

社会保险

【概况】 2020年，下城区围绕改善窗口服务、提升保障民生水平两大主题，创新工作思路，深化“最多跑一次”改革。全年全区养老保险参保32.89万人，比上年增长7.3%；工伤保险参保34.20万人，增长8.2%；居民养老保险参保率99.6%，位列全市第一名；企业职工基本养老保险基金安全评估A级，居全市第一位；实行社会化管理服务的企业退休人员10.91万人，其中市本级10.22万人、回杭人员972人、省部属单位4334人、铁路系统1636人。发放节日慰问费2.68亿元，惠及30.47万人次；探望大病住院人员1.46万人次，发放慰问品价值126.12万元；料理丧事1604人，涉及金额25.44万元；帮扶困难人群2500人次，发放补助金265万元；组织退休人员参加文娱健身活动，参加人员7.91万人次。完成省、市医保改革工作任务，全区户籍人口医保参保率99.6%，残疾人、困难家庭人员医保参保率100%。

【医保改革推进】 2020年，下城区实施生育保险和职工基本医疗保险合并征缴，全年区医保中心接收生育待遇申请9896件，受理审核6595件，涉及单位2911个，金额1.39亿元；实行社保、医保经办分离，组织人员对接社保部门，确保经办事项平稳移交。深化“最多跑一次”改革，区医保中心负责的39个政务服务事项全部实现“跑零次”，其中21个民生事项和3个联办事项实现“一证通办”，医保事项网办率83.3%。加强医保基金监管，全年受理4批次35个医保机构申请，34个单位通过医保定点资格，其中医疗机构30家、药店4家，通过率97.1%。

【社会惠民政策落实】 2020年，下城区落实社会保险费减征政策，全区减免基本养老保险22.39亿元，惠及2.56万人；减免失业保险9823.78万元，惠及2.57万人；减免工伤保险3814.37万元，惠

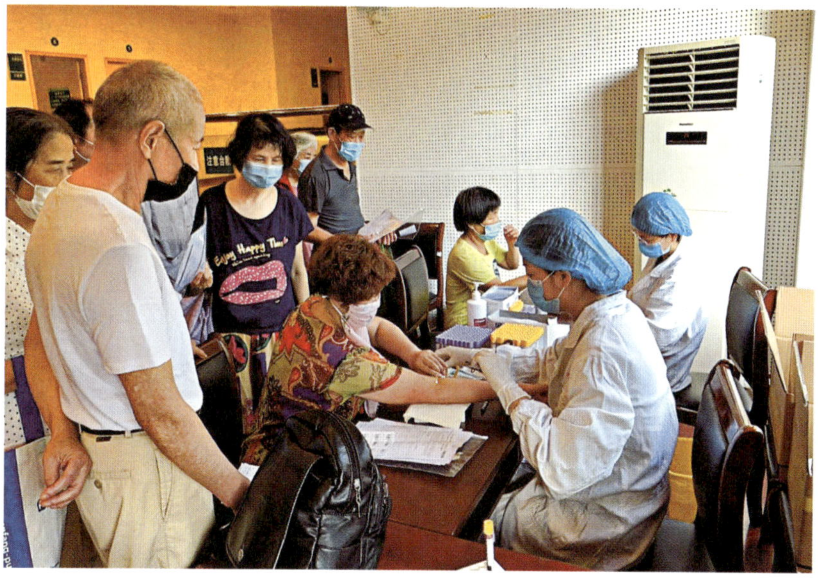

2020年6月15日，区人力社保局组织离退休人员体检。图为石桥街道社区卫生服务中心体检现场

（区人力社保局 供稿）

及2.53万人；保障参保群众权益，解决因疫情延迟上报导致的医保待遇问题43个、养老待遇问题4个、跨年补缴问题16个；受理审核房租补贴二次申诉600人次，帮助首次申诉被驳回的131名参保人员享受房租补贴；全年审核退休人员材料3896人；联合区退役军人事务局，完成全区退役军人社会保险补缴审核、退休退役军人待遇提高和退役军人社会保险接续清理；调整工伤费率，通过大数据比对和实地走访，确定需提高工伤风险等级的单位2490个。

【社保基金监管】 2020年，下城区加强社保基金审查。按照"分段把关、分人负责、相互制衡"的思路，分离监督岗位与业务经办岗位的管理事项，制订内控稽核工作计划和《社保基金会工作人员职业行为守则》，编制《岗位廉政风险点汇编》，完善工作流程。开展社保基金专项整治，防止社保基金流失。加大对享受社会养老保险待遇人员的核查力度，设立社保基金监督举报电话和投诉信箱，推动"阳光监管"机制长效运行，严防虚报冒领社保基金情况发生。与区法院、区检察院建立协作联动机制，了解服刑人员信息，约谈违规领取待遇的服刑人员，促使其主动退回违规领取的社保基金。全年约谈服刑人员26人次，追回社保基金24万元。

【企业职工"退休一件事"联办】 2020年，区企业退休人员服务中心推出咨询专线和退休证免费邮寄业务，减少感染风险，实现退休办理"跑零次"。7月，区企业退休人员服务中心针对"退休一件事"暂时无法上线的情况，及时与社保、医保部门对接，通过线下内部多跑腿，实现办事群众少跑腿。创新领取养老金资格认证办法，整合公安户籍、医保就医、企业退休社会化服务等部门的信息数据，通过大数据互通互联，实现领取养老金资格认证"跑零次"。年内高效完成领取养老金资格认证工作。

【企业退休人员社会化管理】 2020年，区企业退休人员服务中心将参加机关事业单位养老保险的民办学校退休教师纳入社会化管理，将人员名单和档案材料移交市企业退休人员服务中心，统一参加浙江省社会保险事业管理中心的职工基本养老保险，将按月领取基本养老金手续的杭州市区户籍国有企业退休人员，分批移交户籍所在地的街道和社区实行社会化管理。年内全区接受社会化管理退休人员增加2500多人。开展企业退休人员社会化管理专项资金审计工作，审计范围覆盖8个街道，其中潮鸣、文晖、东新、武林4个街道接受市级部门审计检查，朝晖、天水、长庆、石桥4个街道接受区级审计检查。 （陈　曦）

和谐劳动关系构建

【概况】 2020年，下城区巩固"无欠薪区"创建成果，提升欠薪治理体系建设水平和治理能力，在"杭州无欠薪"行动专项工作指标考核中位列全市第一名。区劳动人事争议仲裁院按照"预防为主、基层为主、调解为主"的方针，应对受新冠肺炎疫情及经济下行影响造成劳动纠纷大幅增长的态势，通过"一窗式"即接即办工作机制、网络调解等方式，推进全区和谐劳动关系构建。全年受理劳动纠纷调解案件1767件，成功调解1352件，结案率和调解成功率分别为99.7%和86.4%。下城区获评浙江省年度调解仲裁案件处理工作成绩突出单位。

【劳动保障监察】 2020年，区劳动保障监察大队健全根治欠薪长效机制，通过末端问效，落实用工实名管理、工资支付保证金差异化存缴等六项制度，推进基层劳动纠纷综合治理。加快劳动纠纷一体化平台建设，依托区社会矛盾纠纷调处化解中心，设立综合窗口，实现劳动纠纷"一窗受理"，实现劳动纠纷化解"最多跑一地"，维护劳动者合法权益。深化系统数字转型应用，依托欠薪联合预警指挥平台、工资支付监管平台、劳动纠纷治理一体化平台和劳动保障信用监管平台，推进根治欠薪工作数字化转型。完善"一点投诉、全省联动"工作机制，实行首问责任制，畅通劳动者维权渠道；加强日常巡查，依法查处各类违法案件。全年巡查用人单位863个，书面审查用人单位8733个，受理投诉举报案件192件，办理行政处罚和行政处理案件14件，处理"110社会应急联动平台"警情1497件、"12345"

2020年12月30日，区劳动监察大队在大润发超市检查劳动用工情况

（区人力社保局　供稿）

信访件1987件、网络预警警情329件。

【根治欠薪攻坚行动】2020年，下城区开展根治欠薪夏季、冬季攻坚行动，巩固"无欠薪区"创建成果，攻坚行动期间检查用人单位234个。加强与区法院、区检察院和区公安分局沟通协调，完善行政执法与刑事司法衔接处理机制；制定劳动保障监察突发事件应急处置办法，落实欠薪应急周转金制度；前移预防关口，完善部门联合预警机制，将问题解决在萌芽状态。重点关注工程建设领域、加工制造领域等易发欠薪问题行业，开展专项执法行动和督查活动，全面排查欠薪隐患。深入推进信用体系建设，加大欠薪"黑名单"公布力度，构建"一处失信、处处受限"的联合惩戒机制，在门户网站发布并向区信用办推送拖欠工资"黑名单"信息2条，警示和震慑用人单位，以法治手段构建根治欠薪工作新格局。

【仲裁机制创新】2020年，区仲裁委秉持"守民生、保稳定、促发展"初衷，坚持走好劳动争议仲裁的网上"群众路线"。采取"网络调解""在线庭审"等仲裁调解方式，降低当事人维权成本，实现"让数据多跑路、群众少跑路甚至不跑路"的目标。全年通过网络平台受理案件392件，网络办案率22.2%；通过网络调解案件46件，并首次实现网络庭审。开设集体案件、涉疫案件绿色通道，全年处置10人以上集体案件15件，其中13件案件调解结案，涉及劳动者500多人，调解案件从立案到结案平均处置时间不超过15天。采用"5+2""白加黑"工作模式，双休日排庭处置案件300多件。创建劳动纠纷"一窗式"即接即办工作机制，横向整合内部科室资源，设置无差别受理窗口，线上线下综合受理案件，对调解不成的依法分类处理，实现劳动纠纷"投诉、调解、信访、庭审"一站式接待、一揽子调处、一条龙办理，发挥矛盾纠纷"终点站作用"，全年调处案件2546件，所有案件当年结案。

（陈　曦）

30 社会生活

居民生活

【居民收入】 2020年，下城区居民收入继续保持稳定增长的态势。人均可支配收入73565元，比上年增长4.6%，扣除物价上涨因素实际增长2.4%。从四大类收入来源来看，工资性收入、经营净收入、财产净收入、转移性净收入均有增长。其中：人均工资性收入43268元，增长2.2%，拉动可支配收入增长1.3个百分点；人均经营性收入1509元，增长7.9%，拉动可支配收入增长0.2个百分点；人均财产性收入11823元，增长9.0%，拉动可支配收入增长1.4个百分点；人均转移性净收入16965元，增长7.8%，拉动可支配收入增长1.7个百分点。

【居民消费支出】 2020年，下城区居民人均消费支出49557元，比上年增长1.6%。其中：居民人均教育文化娱乐支出5262元，下降13.7%；人均居住支出17368元，增长28.0%；人均医疗保健支4458出元，下降16.4%；人均生活用品及服务支出2383元，增长3.8%；人均食品烟酒支出12372元，增长1.7%；人均交通通信支出4124元，下降25.1%；人均其他用品及服务支出1203元，下降56.8%；人均衣着支出2387元，下降8.6%。

【物价总体平稳】 2020年，杭州市居民消费价格总水平平均比上年上涨2.1%。其中，食品烟酒类价格上涨6.9%，影响居民消费价格总水平上升1.9个百分点。另外，猪肉价格上涨44.4%，鲜菜价格上涨2.0%，衣着类价格上涨0.1%，租赁房屋价格0.2%，教育服务上涨4.9%，医疗保健类价格上涨3.1%，西药价格下降3.1%。

【困难群众物价补贴】 2020年，杭州市居民消费价格水平上涨2.1%、涨幅比上年回落1.0百分点。其中，消费品价格上涨2.7%，服务价格上涨1.4%。为减轻物价上涨对群众带来的生活压力，下城区向低保、困难家庭和残疾人基本生活保障对象发放物价补贴380.38万元，惠及困难群众2900多万人。

（马晓丹）

社会事务管理

【概况】 2020年，区民政局以保障改善民生、提升服务质量、优化社会事务管理为目标，全力推进“重要窗口”“头雁战队”建设。婚姻登记和区划地名窗口完成升级调整，硬件设施达到AAA以上标准，婚姻登记实现全省通办。开展流浪乞讨救助管理质量大提升专项行动，对全区救助管理机构、托养机构进行全覆盖检查，提高救助服务水平。区划地名14项业务实现“最多跑一次”进阶“跑零次”，网办率达98%。

【婚姻登记全省通办】 2020年10月13日，下城区婚姻登记在全市通办的基础上实现全省通办。浙江省户籍范围内的居民婚姻将不受区域限制，只要婚姻登记当事人双方或一方为浙江省居民，便可以在下城区办理结婚登记、离婚登记或补领结婚登记证。跨区域的婚姻登记人需要提前在浙江政务网、杭州市民政局官网和“浙里办”App进行网上预约。推出星期日值班制度，网上预约的婚姻登记人可在周日办理结婚登记，并设立援鄂医务人员婚姻登记绿色通道。全年下城区婚姻登记处办理结婚登记3694对，比上年下降2.8%；离婚登记1320对，下降3.1%；补领结婚证667对、办证合格率100%。9月7日，下城区婚姻登记处从绍兴路400弄46号搬入香积寺东路58号二楼，面积800多平方米，设中式、西式2个颁证大厅、3个结婚登记室、1个离婚登记室、1个婚姻家庭辅导室。婚姻登记处地理位置优越，交通便捷，内部设施齐全。设施达到AAA级以上标准。

【流浪乞讨人员救助】2020年，下城区救助乞讨人员450人，其中，未成年人14人，智力障碍和精神病人6人，送到救助站34人。按照民政部等11个部、委要求，下城区加强生活无着落流浪乞讨人员救助管理，开展“寒冬送温暖”“炎热送清凉”等专项救助行动，发挥部门联动作用，救助居无定所、流落街头的各种生活无着落人员。全区开设临时避寒点10个，出动救助车辆2200多辆次，发放救助引导卡200多张、食品和衣物200多份、防疫用品40多份。组织社会力量参与流浪乞讨人员心理疏导、生活照料等救助管理和未成年人保护工作。

【殡葬改革】2020年，下城区推进惠民殡葬改革工作。开展安葬（放）设施违规建设经营专项摸排，全区街道社区对辖区安葬（放）设施进行摸排确认，梳理上报安葬设施信息4条。推进殡葬移风易俗改革，全年在杭州殡仪馆火化遗体2217具。开展冬至、清明期间文明殡葬宣传，发放文明祭扫宣传册2500多份，对4处骨灰堂开展安全专项检查。倡导绿色殡葬行为，有49名逝者参加骨灰撒江活动，42名逝者选择树葬、花坛葬等节地生态安葬。

2020年9月7日，下城区婚姻登记处搬入香积寺东路58号（区民政局　供稿）

【地名审核审批】2020年，区民政局根据企事业单位和个人需求，认真做好地名审批审核工作。推出“在线答疑、预约咨询、现场审办”服务，对企事业单位和个人的审批急件，做到即收即办，通过现场急件快速取证，在最短时间内予以解决。深化“政务2.0”工作机制，与区财政局、区国有资产经营公司联动认定房屋产权，确定房屋地址，减少资料迭代审核，改变以纸质图纸基础标注的传统作业习惯，采用PTF版电子图稿绘批注取证，实现区划地名14项业务“最多跑一次”。全年完成地名申报15处，核发门牌证明、地名证明3661件，制作各种门（幢）牌标志4472块。

（李道法）

社区建设

【概况】2020年，下城区有社区75个、社区工作者956人，取得助理社会工作师及以上资格的678人，占社会工作者总数的70.1%。其中助理社会工作师321人、社会工作师357人。下城区深化创建街道管理和服务创新实验区，提升基层治理水平。举办全国街道体制改革和服务管理创新经验现场专题交流会，上线发布杭州社区智治平台——下城平台。全国试验区建设成果、社区智治在线平台建设、养老服务智慧化等民生重点工作被《人民日报》、新华网、《中国社会报》等媒体报道。

2020年11月2—4日，全国街道体制改革和服务管理创新经验现场专题交流会在下城区召开 （区民政局　供稿）

【全国街道服务管理创新实验区建设】 2020年，下城区深化全国街道服务管理创新试验区建设，将实验区建设与杭州“城市大脑”建设相结合，全面构建“1+8+X”数字驾驶舱体系（即1个区级数字驾驶舱、8个街道数字驾驶舱、多个社区和园区数字驾驶舱），在全省率先上线“杭州社区智治在线——下城平台”，打造社区治理的“智治云”、社工爱用的“好帮手”、实时在线的“民情通”。打造民生保障综合服务平台，实时归集整合1.16万条企业退休人员管理、就业、社会救助、居家养老、残疾人保障等信息数据，以民生保障政策为依据进行比对和分析，对服务对象进行个案精细化管理，实现服务到期的主动提醒，政策调整的及时预警，老年证、残疾证等特需服务的在线办理。11月2日，全国街道体制改革和服务管理创新经验现场专题交流会在下城区召开，民政部副部长王爱文对实验区创建工作给予充分肯定。副省长王文序，副市长王宏、胡伟分别做出批示。民政部《全国社区建设部际联席会议简报》专题刊登下城实验区创建工作做法。下城区《以街道政务信息化建设为载体，高质量推进基层治理现代化》一文编入《和谐共治与精密智治的制度创新——长三角基层治理蓝皮书》创新案例。

【社区组织换届选举完成】 2020年10月，下城区启动社区组织换届工作。12月19日，全区8个街道，75个社区，13个经济合作社进行换届选举。选举产生新一届社区“两委”（社区党委、社区居委会）班子成员728人，经济合作社董事会、监事会成员145人。居委会本土委员较上一届增加53名，占80.4%。全区平均参选率达到99.3%，比上届提高4.8个百分点。

【社工队伍建设】 2020年，下城区开展社会工作人才队伍建设课题调研，健全“项目社工”管理机制，加强社会工作督导和领军人才培养。区委社区建设和治理委员会办公室制定印发推进下城区街道社会工作站及社区特色社会工作室建设的意见和项目社工管理实施办法，规范项目社工的选拔聘用、日常管理、教育培训、考核评价和退出机制，深化“社工转型”。组织社会工作者参加省市“社工好故事”演讲比赛。做好省市品牌社会组织和领军人才推荐。组织社区工作者、社会组织从业人员参加全国社会工作职业水平考试和市级社会工作督导人才选拔。年内建成街道社会工作站8个、社区特色社会工作室16个。9名专职社区工作者被提拔，2名社区工作者被评为浙江省社会组织领军人才，1名社会工作者入选浙江省社会工作督导助理培养名单，150名社会工作者取得全国社会工作职业初级、中级职称，218名社区工作者纳入社区后备干部名单。全年全区面向社会招聘社区工作者78人。 （李道法）

社会组织

【概况】 2020年，下城区办理社会组织成立登记18个，申请变更87个，注销社会组织25个，名称预登记33件。组织开展社会组织年检年审，完成民办非企业单位年检工作268个，社会团体年检工作99个。将社会组织情况纳入信用建设内容，开展社会组织执法检查，查处非法社会组织3个，上报守信和失信案例各4例。社会组织服务窗口从绍兴路400弄46号搬入香积寺东路58号区行政服务中心内。

【社会组织培育】 2020年，下城区开展公益创投、政府购买服务、资金支持等活动，19个公益创投项目获得资助125万元。15个社会组织获得6.64万元专项扶持资金。开展第四届社会组织公益嘉年华活动，以“智慧社区服务”为主题，20多个社会组织、社会力量参与展示。成立区民政局社会组织联合党支部。组织动员社会组织参与东西部对口帮扶和组织到贵州省黔东南苗族侗族自治州黎平县开展暑期公益行活动，建设“留守儿童之家”与“梦想图书室”，向湖北省恩施土家族苗族自治州、贵州省黔东南苗族侗族自治州捐赠物资180.59万元。

【智慧社区服务社会组织公益嘉年华活动】 2020年6月8日，由区民政局主办，天水街道承办的下城区智慧社区服务社会组织公益嘉年华活动在武林广场举行。副市长王宏、省民政厅副厅长江宇、区委书记刘颖等出席活动。公益嘉年华活动以“智慧社区服务”为主题，旨在为全区社会组织、社会力量搭建参与智慧社区服务的展示和交流平台。活动现场，全区8个街道20多个社会组织参与智慧社区服务情景化展示，展示内容涉及智慧养老、电商扶贫、“云上课堂”、智慧托育等，现场的智能设备吸引市民驻足体验。通过情景展示，让市民感受智慧化服务带来的便捷与高效。

【关爱社区抗击新冠病毒疫情工作者服务团队建立】 2020年1月，区民政局、区社会工作者协会整合多方资源，在全市建立心理健康和社会工作支持网络，组建由在杭高校、社会工作机构、社会心理服务机构等11个单位参加的在线关爱社区抗击新冠肺炎疫情工作者服务团队，对在疫情防控期间家庭发生困难的社区工作者提供帮助。服务团队成员有80多人，开展在线疑难问题督导、社区疑难问题咨询解答，用专业服务减轻抗疫一线社工负担。下城区委托在校的专家团队为抗疫一线社区工作者量身定制情绪评估问卷，开发并上线“下城区防疫一线社区工作者情绪在线评估系统”，为社区工作者调整工作状态和心理状态提供参考和心理危机干预。（李道法）

社会救助

【概况】 2020年，下城区深化“春风常驻”困难群体帮扶机制，以“出现一个发现一个、发现一个帮扶一个、帮扶一个解决一个、解决一个稳定一个”为目标，整合资源，统筹社会救助工作。全区四级救助圈有救助对象2227户3134人。其中：第一级救助圈低保家庭1706户2287人；第二级低保边缘家庭347户570人；第三级街道级困难家庭112户188人；第四级社区级困难家庭44户71人及特困家庭18户18人。救助对象中有残疾人单列户651户663人，支出型低保363户688人，收入型最低生活保障674户907人。全年发放低保、特困人员保障金2333万元，低保边缘定期补助金45万元，低保、特困人员物价补贴327万元，最低生活保障边缘人员物价补贴56万元。审核发放市级临时救助603户385万元，区级临时救助96户49万元，困难家庭老人住院护理补贴181人次106万元。发放孤儿及困境儿童生活费补贴3342人次176.7万元。为四级救助圈低收入群体发放春节慰问金564万元。完成294人的低保家庭参保审批，发放参保补助94.16万元。

【第三方家境调查】 2020年，下城区按照省市救助平台核查要求，对居民家庭经济状况进行信息核对，各银行、证券、保险等机构积极协助，及时反馈困难人员信息。各街道、社区通过现有政务办理大厅、服务平台，设立统一综合性申请窗口，配备工作人员负责受理和转办社会救助申请，实现救助申请人与相关部门无缝对接。引入第三方社会组织参与困难家庭家境调查，与救助平台审核审批同时进行，并将入户调查报告作为审批材料之一。完善困难群体主动发现机制，全年完成1002户家庭家境调查，及时发现一批潜在的生活困难群众。

【最低生活保障工作专项治理】 2020年5月，区民政局制定最低生活保障专项治理工作实施方案，确定9个方面的治理重点，在各街道自查自纠的基础上，分组对街道进行调研和督查。建立专项治理问题和整改清单，督促各街道立行立改。区委常委、纪委书记沈国祥带队到各街道调研指导专项治理工作。各街道落实专人负责，对发现的问题明确整改责任单位和责任人，实行整改对账销号。线上通过民生保障平台核查数据；线下利用公开社会救助投诉举报电话，查处社会救助工作中各种损害群众利益、发生在群众身边的腐败问题。全年走访最低生活保障家庭2600户，发现低保政策落实不到位等问题155个，查处骗取享受低保政策1人，注销低保家庭6户9人。

【"养老顾问"制度实践】 2020年，下城区探索实践"社区救助顾问"制度，旨在让困难老人在"不离家、不离亲、不离群"的情况下实现信息可知、情感可依、服务可及，助力多样化、精准化、专业化、智能化的居家养老服务体系。为最低生活保障、最低生活保障边缘中度或重度失能等级的老人提供一对一专业服务，形成个性服务方案。试点期间，采取1名社区救助顾问服务30名对象的办法，建立1支约150人的社区救助顾问团队，依托浙江省大救助系统，通过电话、微信、上门等方式，关注困难老人的健康状况和家庭生活情况。在街道综合为老服务中心设立专业咨询点，为困难老人提供政策咨询、资源链接等服务，并通过电话"58081398"一号呼叫至服务平台，由常设平台座席顾问进行线上解答或解决。

【社会救助"一证通办"】 2020年，下城区依托浙江省大救助平台，实现社会救助"一证通办"，困难群众需要房产证明、银行流水收入清单、婚姻证明等材料，均由省大救助平台通过与9个部门15类信息和73个银行数据的无缝对接，实现线上实时获取，方便办事群众。6月，下城区实施最低生活保障家庭每月电费减免的政策，申请人只需在工作人员入户调查时，预先填写住户信息，通过审批后，即由民政部门依托省大救助平台，直接推送至电力部门，困难群众就可享受每月15千瓦的电费减免。

（李道法）

老龄工作

【概况】 2020年，下城区户籍人口中60周岁以上老年人11.89万人，占总人口的27.5%；65周岁以上8.71万人，占20.2%。70周岁至79周岁3.38万人，占老年人口的28.4%，80周岁以上2.43万人，占老年人口的20.5%。全区百岁（周岁）老人54人。全区老年人口持续增长，人口老龄化程度不断加深。全区老龄化程度前三位的街道分别是潮鸣街道、朝晖街道、长庆街道，老年人口比例分别达38.3%、36.2%和35.4%。全区有养老机构9个、老年公寓1个、护理院9个，有养老床位5899张，每百位老人拥有床位5.04张。有医养结合机构5个，为老年人服务的综合医院、中医院、康复护理医院、社区医院22个，可提供护理型床位7720张。4个未设置医疗机构的养老机构均与邻近的医疗卫生机构建立卫生保健协作机制。长庆潮鸣社区卫生服务中心设置安宁疗护住院病区，有床位10张，主要从事安宁疗护医疗服务。

【老年健康服务】 2020年，下城区享受高龄津贴的户籍老年人2.44万人。80～89岁老年人每人每月50元，90～99岁老年人每人每月100元，100岁以上老年人每人每月300元。为4.83万名65周岁以上老年人提供健康体检管理，为2.71万名高龄老人、低保和优抚等对象补贴投保意外伤害保险，投保金额80.3万元。累计出险609人次，赔付金额174.48万元，赔付率超过80%。在春节、重阳节期间慰问困难老人240人，发放慰问金20万元。市、区两级慰问118位百岁老人（虚岁）。区医学会、区慈善总会、区老龄办等向辖区困难老年捐赠近3万元的防疫物资。

【居家养老设施建设】 2020年，下城区投入资金共1880万元用于居家养老设施建设。新建养老服务综合中心1个、改造养老服务综合中心4个，新增和改造总面积5700平方米，新增床位56张。新建老年食堂3个，改造老年食堂6个，新增就餐535人。推进老旧小区电梯加装工作，投入资金3225万元，完成加装电梯联审102台，完工86台，惠及居民1200户4000多人。完成老旧小

2020年10月23日，下城区老龄委举办“健康养老月”活动启动仪式。图为获评“最美”单位代表和“最美”人物代表接受表彰 （区老龄委 供稿）

区综合改造提升项目26个，惠及社区52个、居民近3万户。结合改造，增加楼梯扶手、转角座椅和实施台阶坡化。投入资金84万元，对全区70户困难老年人家庭实施适老化改造。

【敬老爱老助老工作】 2020年，下城区开展敬老爱老助老“最美”系列先进选树活动，营造社会敬老爱老助老氛围。东新街道获杭州市“最美敬老爱老示范街道（乡镇）”称号，武林街道仙林社区获杭州市“最美敬老爱老示范社区（村）”称号，朝晖街道朝晖二区张建强（家庭）获杭州市“最美敬老幸福家庭”称号，“下城区章大姐暖心服务站”获杭州市“最美敬老社会组织”称号，长庆潮鸣街道社区卫生服务中心医生杨文、天水武林街道社区卫生服务中心医生俞佳丽获杭州市“最美敬老签约医生”称号，“最美”人物在“健康养老月”仪式上受到区政府表彰。下城区各社区还推出小区“孝心车位”，鼓励子女多回家看看。

【“老青互助”工作驿站成立】 2020年，下城区在长庆街道开展“老青互助”活动试点，并成立“老青互助”工作驿站。“老青互助”活动采取年轻人与老年人居家结对的方式。独居孤寡老年人则以优惠的价格向在杭州创业的年轻人出租闲置房屋（间），帮助破解在杭州创业的青年租房难、独居孤寡老人照料难“双难”问题。“老青互助”工作驿站，由街道与辖区共建单位合建。年内“老青互助”工作驿站实行结对养老模式4对。

【老年人文体活动】 2020年，下城区有区级老年电大分校1所，老年电大教学点75个，春秋两季参加老年电大学习的老年学员2.33万人次。有老年大学、老干部大学、社区银龄学院各1所，在校学员3000多人；老年教育覆盖率超过20%。有老年文体团队294个，开展健身、舞蹈、演出、比赛等文体活动，全年参与活动3.43万人次。

【下城区百岁老人54人】 2020年末，下城区有百岁老人54人（周岁），男女性别比例为17∶37。下城区百岁老人人数最多的是武林街道，有13人，其次是长庆街道、潮鸣街道，各有9人。年龄最大的老人是居住在武林街道环西社区的姚女士，出生于1914年，已106岁高龄。 （杨 震）

退役军人事务

【概况】 2020年，下城区围绕“坚持以退役军人为中心”的工作理念，建立健全组织管理体系、工作运行体系、政策制度体系。开展“思想政治工作年”“基层基础基本建设年”活动，推进“新时代枫桥式退役军人服务站”建设，加强退役军人思想政治、就业安置、优待褒扬、权益维护和服务保障等工作，区退役军人事务局获2020年度杭州市退役军人工作“七大职能目标”综合评价优秀等次。

【退役军人服务管理】 2020年，区退役军人事务局推进“新时代枫桥式退役军人服务站”建设，提升服务站服务保障水平。打造示范型退役军人服务中心，老兵阅读区、风采展示区、老兵荣誉墙等重新装修布置，“一厅两室”（服务大厅、法律援助室和心理咨询室）服务环境更加优化。服务中心邀请专职律师和心理咨询师免费为退役军人提供法律维权和心理疏导服务，并做到服务人员、工作职责、工作制度公开上墙，营造尊崇关爱退役军人的浓厚氛围。年内，区退役军人服务中心和潮鸣、石桥、文晖、武林街道退役军人服务站被评为全国“示范型”退役军人服务中心（站），区退役军人服务中心、潮鸣街道退役军人服务站、东新街道沈家社区退役军人服务站被评为浙江省首批“新时代枫桥式退役军人服务中心（站）”，区退役军人服务中心和4个街道、5个社区退役军人服务站被评为全市首批“新时代枫桥式退役军人服务中心（站）”。

【优抚对象帮扶】 2020年，区退役军人事务局做好退役军人及其优抚对象的信息数据采集、优抚帮扶等工作，通过退役军人信息采集系统采集退役军人信息数据，并对数据进行归类建档。建立重大节日、重大变故、独居高龄、生活困难、重病重残退役军人“五必访”制度。加强无军籍职工和部队移交的军队离退休干部服务管理，组织重点优抚对象体检20人。为退役士兵发放一次性退役金和地方一次性经济补助金。为“三属”（烈士遗属、因公牺牲军人遗属、病故军人遗属）办理优待证，并完成“三属”优待证年检。加大对困难退役军人帮扶援助力度，对享受定补的“三属”和六级以上的残疾军人开展帮扶138人次，慰问因病致困退役军人21人。

【退役军人移交安置】 2020年，区退役军人事务局配合做好军队退休干部和伤病残退役军人接受工作。围绕军转干部安置质量不低于往年的目标，加强与区委编办和各用人单位的沟通协调，增强工作透明度。全年完成团职和营以下军转干部及转业士官安置任务。其中营以下军转干部（含专业技术干部）全部安置在公务员岗位（含参公单位有关岗位），安置质量保持全市领先。

【退役军人就业创业】 2020年，区退役军人事务局做好退役军人就业创业服务工作。建立下城区退役军人就业创业孵化基地，加大退役军人培训和就业支持力度，举办人力社保、税务、科技等部门参加的“双创”政策宣讲会，聘请创业导师面对面讲解军队走向社会，走向职场应具备的知识。组织8家退役军人创办的企业参加杭州市首届“建行杯”退役军人创新创业大赛，参赛的杭州君轩建材有限公司获传统及现代服务业领域创新创业二等奖。建立学历教育与职业技能培训相结合的培训体系，提高退役军人就业创业能力，组织退役士兵免费参加职业技能培训和学历教育，11名退役士兵参加社工公开选拔定向招考。按照“适应性培训参训率达到100%、培训后就业率达到85%以上”要求，实现有就业需求的退役军人充分就业。承办全市退役军人（随军家属）专场招聘会，下城区组织74家企业参加招聘，提供岗位4400多个工作，现场304人达成初步就业意向。

【退役士兵社保接续】 2020年，下城区按照“稳、慎、准”工作要求，克服工作对象人数多而散、断保原因复杂、时间跨度大等困难，推进部分退役士兵社保接续政策落实落地，解决好部分退役士兵未能及时参加基本养老、基本医疗保

2020年9月27日，由区退役军人事务局承办的全市退役军人（随军家属）专场招聘会在下城区举行 （区退役军人事务局 供稿）

险或参保后因企业经营困难、下岗失业等原因缴费中断等方面的历史遗留问题。全年全区完成部分退役士兵养老保险补缴753人、达到法定退休年龄医疗保险一次性补缴13人，涉及财政补助资金771万元。

【退役军人服务保障】 2020年，区退役军人事务局完善全区重点优抚对象基础信息数据库，实行"一人一档"动态服务管理。做好企业退休军转干部补贴审核、节日慰问等工作。规范退役军人日常信访接待工作，建立诉求、责任和化解清单。全年退役军人的来访、来电政策咨询及各级的督办件、转办件均妥善办理。（朱少华）

民族事务

【概况】 2020年，下城区民族工作坚持以铸牢中华民族共同体意识为重点，以深化"石榴籽"工程为主线，围绕"大团结"主题，开展民族团结进步宣传教育和创建工作，全区民族工作呈现和谐发展良好局面。发挥延安新村和新颜苑2个社区全国示范标杆作用和杭州市明珠实验学校"省级民族团结进步创建重点培育单位"辐射带动作用。开展"民族团结进步宣传月暨宗教政策法规学习月"活动，推进民族团结进步教育"进学校、进课堂、进学生家庭"和民族村农副产品"进社区、进超市、进电商"工作，促进城市各民族交往交流交融和共同繁荣发展。建立全国首个"石榴籽e家"电商基地，通过网络直播推介活动，帮助少数民族地区销售农副产品。助力企业复工复产，帮助富阳区畲乡少数民族企业解决乌米饭滞销问题，受到人民网等媒体的关注。指导物美商业集团华东公司开展民族团结进步创建工作，公司被命名为"省级民族团结进步创建重点培育单位"，杭州同心少数民族服务中心理事长兰兰被评为"浙江省民族团结进步模范个人"。

【省政协领导调研城市民族工作】 2020年5月11日，省政协副主席陈铁雄一行到下城区新颜苑社区走访杭州同心少数民族服务中心，调研城市民族工作，参观民族文化阵地并召开座谈会。陈铁雄对杭州同心少数民族服务中心和新颜苑社区创新推进城市民族工作的做法和取得的成效给予肯定，并就完善、提升中心各项工作，进一步加强城市民族工作提出要求。区政协副主席潘松萍等陪同调研。

【云上歌会"三月三"活动】 2020年3月26日（农历三月初三），下城区新颜苑社区举行"天下畲族一家亲，云上歌会'三月三'"为主题的线上畲歌对唱庆祝活动。省政协副主席马光明，市民宗局副局长钟芳源，区委常委、统战部部长黄飞参加主会场活动。景宁畲族自治县少数民族发展促进会、苍南县壹家亲少数民族服务中心等9个畲族相关单位共同发起"云歌会"，畲族同胞在会上演唱《彩带山歌传家宝》《畲汉一家亲》《畲家三月三》《特殊的三月三》《抗疫之歌》等歌曲。遂昌分会场举行《遂昌畲族山歌选集》首发仪式。活动设6个分会场。

【"石榴籽e家"工作站揭牌】 2020年6月30日，由区委统战部主办的"庆7·1助脱贫——'石榴籽e家'工作站揭牌仪式暨湖北巴东县少数民族农产品推介网络直播"活动在浙江谷绿农业科技公司举行。市民族宗教局副局长钟芳源，区委常委、统战部部长黄飞参加并讲话。活动围绕助力脱贫攻坚、拓宽少数民族地区农副产品销售渠道、打造致力于民族乡村振兴的电商基地主题进行座谈研讨，并专场组织为湖北巴东县少数民族农产品推介网络直播，有60.64万人次观看直播，实现销售额90.25万元。

【物美商业集团华东公司被命名为"省级民族团结进步创建重点培育单位"】 2020年12月7日，物美商业集团华东公司被省民宗委命名为第三批"省级民族团结进步创建重点培育单位"。物美商业集团华东公司致力于发展民族团结进步工作，持续多年开展"民族团结进步创建进社区、进学校、进企业"活动，深入实施"石榴籽"工程。开展"三个离不开"（汉族离不开少数民族、少数民族离不开汉族、各少数民族之间也相互离不开）教育，促进各民族员工之间交往交流交融，形成不同民族职工大团结的氛围。公司在物美超市东新店设立企业少数民族宣传教育基地、少数民族文化中心和民族商品特色展示区，定期开展少数民族员工培训、民族文化大讲堂等活动。

（冯俊虎）

宗教事务

【概况】 2020年，下城区贯彻党的宗教工作基本方针，宣传、落实《宗教事务条例》《浙江省宗教事务条例》，压实“三级网络两级责任制”，围绕实现宗教事务管理从“治标”向“治本”转变、宗教工作从“管得住”向“管得好”转变的目标，谋划和建设“治本”工作机制，建立健全统战（民族宗教）牵头，公安、网信和教育部门参加的四部门联席会议机制，实现信息共享和快速反应，有效应对突发事件，保障大型宗教活动顺利开展。开展“十百千万”普法工程，进一步强化法治意识，天水堂被省民族宗教事务委员会、省普法办公室联合命名为“省级宗教法治宣传教育基地”。深入实施宗教领域“四治”专项行动，全面完成基督教私设聚会点治理工作。推进平安宗教活动场所创建，围绕防范宗教向未成年人传教、场所建筑和消防安全等重点工作，完善宗教问题整治工作长效机制，天水堂被省民族宗教事务委员会表彰为“省级平安宗教活动场所”。

【市领导到下城区调研宗教工作】 2020年2月16日，市委常委、统战部部长陈新华一行到下城区调研宗教工作，区委常委、统战部部长黄飞陪同调研。陈新华到天主教杭州天主堂，检查疫情防控工作并慰问宗教界代表人士，对前一阶段下城区宗教领域的新冠肺炎疫情防控工作表示肯定，要求继续严格落实暂停开放宗教活动场所和暂停一切集体宗教活动的“双暂停”措施，并希望属地街道和社区在配合做好相关工作的同时，给各宗教活动场所提供必要的帮助。

【天水堂被命名为“省级宗教法治宣传教育基地”】 2020年12月20日，基督教东新聚会点被省民族宗教委、省普法办公室联合命名为“省级宗教法治宣传教育基地”。基督教天水堂贯彻政府宗教政策，落实“十百千万”普法工程，在教职人员和信教群众中开展国家意识、宪法意识、公民意识和法制意识教育，培养教职人员和信教群众守法意识、辨识能力和法治素养，促进宗教关系和谐。

【区宗教工作领导小组会议】 2020年3月9日，区宗教工作领导小组会议召开。区委常委、统战部部长黄飞出席并讲话。会议肯定各成员单位在协助宗教界抗击疫情方面所做的工作，强调要提高认识，时刻保持清醒头脑，继续落实好辖区内宗教活动场所和民间信仰活动场所暂停开放、暂停举办集体宗教活动的“双暂停”措施，推动宗教领域涉疫情风险隐患防范化解，有效引导教职人员和信教群众以科学的态度应对疫情。会议传达省、市关于宗教领域防范化解涉疫情风险隐患工作相关要求，部署相关工作任务。区宗教工作领导小组有关成员单位交流发言。区宗教工作领导小组成员单位负责人、各街道宣传统战委员参加会议。

（冯俊虎）

住房保障

【概况】 2020年，下城区开工安置房8918套，完成52个老旧小区综合改造提升工作。发放市级高层次人才购房补贴33人次、1424.02万元，租赁补贴271人次、127.25万元；区级高层次人才租赁补贴补差1.5万元；应届大学生租赁补贴6340人6340万元。受理市本级公租房货币补贴业务7360件；廉租住房业务2076件，发放货币补贴1731.3万元；办理房屋租赁备案12481件。开工人才专项房用地2宗。审核办理机关事业单位职工住房补贴537件。完成97件住房补贴退款审批事项。蓝领公寓石桥南苑项目对外招租。

【52个老旧小区综合改造完成】 2020年，下城区实施“10+X”改造模式，印发《下城区创建老旧小区综合改造示范城区工作方案和实施细则》《下城区老旧小区改造提升工程工地开工疫情防控方案》《关于区旧改专班联系指导街道旧改项目的通知》《下城区老旧小区综合改造提升专项资金管理办法》等文件，加快推进老旧小区改造工作。全年完成52个老旧小区综合改造（除树园完成计划开工），涉及住宅872幢41664套，总建筑面积262.84万

平方米，总投资10.6亿元。老旧小区改造工作被《人民日报》、新华社、“学习强国”平台、《杭州日报》等媒体报道。

【蓝领公寓建设】 2020年，下城区按照市建委三年内筹建蓝领公寓3200套（间）的任务要求，自加压力，提前一年建成王马里蓝领公寓1.0版、华丰悦居蓝领公寓2.0版，以及石桥南苑蓝领公寓3.0版，提供有效房源3252套（间），成为杭州市首个完成筹建任务的城区。11月23日，全市规模最大的蓝领公寓石桥南苑项目对外招租。年内，亲清在线平台实际上线蓝领公寓房源528套，出租房源454套，出租目标完成率和出租房源数均排名全市第一。

【公租房配建和人才租赁住房项目开工】 2020年，下城区计划配建公租房项目5个，配建3.82万平方米。其中，三塘单元XC0506-R21-18地块配建5961.36平方米，东新单元XC0606-R21-08地块配建2424.62平方米，文晖单元XC0404-R21-03地块配建6866.62平方米，文晖单元XC0402-R21-22地块配建10662.68平方米，文晖单元XC0402-R21-23地块配建12323.88平方米。除东新单元地块尚未出让外，其余4个地块均开工。三塘单元地块、石桥单元地块人才专项租赁住房项目开工，计划提供房源722套。

【集体土地征迁福利分房问题整治】 2020年，区住建局根据杭州市《关于违规享受集体土地征迁安置专项治理工作相关处理政策问题的答复意见》及全区纪律检查工作要求，对集体土地上的五类福利分房重复享受问题开展专项整治，年内完成97件住房补贴的退款审批事项，退款390万元。

【下城区单体量最大老旧小区改造项目德胜东村完工】 2020年12月7日，下城区德胜东村老旧小区改造项目完工。德胜东村为下城区单体量最大的老旧小区改造项目，总投资1.1亿元。小区位于下城区东新街道，始建于20世纪90年代初，有居民3200多户，常住人口9000多人。改造过程中，根据打造“5分钟生活圈”的要求，完善社区办事大厅、党群服务中心、卫生服务站、微型消防站、农贸市场、居家养老服务照料中心（老年食堂）、地下车库等基础设施配套。小区69幢楼房拆除保笼，电线“上改下”，居民更换窗户和空调。主道路蝶飞巷新增主题为“从前慢”的文化墙，将街头巷尾各种历史记忆在文化墙上定格。经过改造，小区环境得到改善。（刘景昕）

天水街道

【概况】 天水街道区域面积1.37平方千米，辖灯芯巷、仓桥、胭脂新村、戒坛寺巷、延安新村、皇亲苑、环北新村7个社区。2020年末总户数4.04万户，常住人口4万人，流动人口1.33万人。辖区内有武林广场等城市地标及华东医药股份有限公司、杭州大厦有限公司、银泰商业集团、物产中大元通集团股份有限公司等重点企业。街道聚焦争当"重要窗口"头雁风采排头兵，以建设国际一流繁华商圈为目标，坚持以民为本、务实创新，建成全国街道服务管理创新实验区、社会治理综合服务中心，实现经济社会各项事业有序发展。全年举办"浙里来消费·万企联动促万亿消费"暨"云购武林"嘉年华、"武林洋淘"等大中型活动20多场。街道重点工作多次获省、市领导批示肯定，被省级以上媒体报道200多次。戒坛寺巷社区被浙江省文化和旅游厅评为浙江省文化示范社区，万寿亭农贸市场获评省防控新冠肺炎疫情市场保供贡献突出企业。

2020年3月28日，天水街道在武林商圈举办"浙里来消费·万企联动促万亿消费"暨"云购武林"嘉年华活动
（天水街道　供稿）

【经济发展】 2020年，天水街道实现税收24.85亿元，地方财政收入12.73亿元。限额以上社会消费品零售总额108.07亿元，比上年增长5.7%；限额以上商贸销售额1069.1亿元，增长7.3%；完成固定资产投资28.24亿元，增长20.8%。街道有税收100万元以上重点企业190家，其中年纳税1000万元以上企业41家、年纳税300万～1000万元企业46家。外贸出口总额38.95亿元，服务贸易总额2.5亿美元，服务外包完成额6400万美元。全年引进企业219家，注册资金68.5亿元。其中，注册资本1000万元以上企业82家。实际利用外资3.93亿美元。产业链项目上报12家，完成率240%；集中签约项目7个。辖区有1亿元以上楼宇11幢。

【环境综合整治】 2020年，天水街道实施并完成环北新村、戒坛寺巷、皇亲苑3个社区的104幢老旧小区31万平方米提升改造工程，其中，环北新村老旧小区被推荐上报住房和城乡建设部老旧小区改造先进典型名单。巩固垃圾分类成效，加强垃圾投放点规范化建设，街道被评为浙江省生活垃圾分类示范片区、杭州市垃圾分类优胜街道。万寿亭农贸市场综合改造提升工程高分通过省市“五化”（便利化、智慧化、人性化、特色化、规范化）标准验收。开展环境提升“百日攻坚”行动，建立完善每日“3456”（“三巡四清五劝六上报”）工作法，形成常态化和长效化的管理。着力整治屏风街农贸市场周边秩序和武林广场1号线E出口周边秩序，妥善解决餐饮油烟扰民督办件等问题。推进老旧小区电梯加装、居民区二次供水改造、商圈无障碍设施建设等工作。围绕创建“污水零直排”街道目标，加快辖区雨污分流改造进程，全街道环境发生明显变化。

2020年7月15日，第二届武林商圈党建联盟年会举行　（天水街道　供稿）

【社会事业建设】 2020年，天水街道优化社区各项服务工作。灯芯巷社区试点开发应用“社区微脑”，推动社区服务从“经验判断”向“数据预警”转变，确保民生服务事项到期能提醒，让社区治理更智慧更精准。全年开展邻居节、少数民族“颁金节”等文化惠民活动20多场，街道获评“杭州市示范街道（乡镇）30分钟市民学习圈”。街道打造健康商圈品牌，服务保障全民体能大赛、杭州马拉松等文体赛事。做优“女儿家”品牌，新建皇亲苑“女儿家”老年食堂，扩大老年助餐服务覆盖面。为100户特殊老人家庭实施适老设施改造；为16户孤寡老人家庭安装45台人体感应“传感守护仪”，便于社区实时了解情况，快速进行突发情况处置。全年街道全面完成17个民生实事项目，居民生活更加便捷、舒适。年内“女儿家”居家养老服务中心获评杭州市敬老文明号。

【基层治理】 2020年，天水街道深化改革创新，打造街道社会治理综合服务中心，服务对象覆盖7个社区。综合服务中心面积2000平方米，设置办事窗口17个，实现“一站式接待、一揽子调处、一条龙服务”，《人民日报》及省、市级媒体相继进行宣传报道。推进“城市大脑”天水数字驾驶舱升级工作，形成街道—社区—网格三级联动立体指挥体系，实现商圈治理由传统模式向精密智控转变。发挥“武林大妈”“天水义警”志愿组织群防群治作用，街道被授予“杭州市矛盾纠纷化解工作先进集体”称号。年内，完成4个社区微型消防站建设，安装智慧用电系统204套。完成万寿亭公寓和省民航系统宿舍楼消防安全重大隐患整改，辖区居民安全感进一步提升。

【基层党建】 2020年，天水街道推进武林商圈党建联盟建设工作，联盟成员单位超过170个，覆盖基层党组织1125个，党员1.49万名，联盟为2.16万人次提供各方面服务。在春节期间，组织来自联盟单位的566名“红色义工”驻守社区一线。承办“未来留‘下’·筑梦杭‘城’”双创活动，整合商圈党建联盟资源优势，推出“千万”计划（即提供1000个就业岗位和10000个实习机会），解决企业“用工难”、学生“就业难”问题。完成社区组织换届选举，社区党政领导“一肩挑”率100%，“两委”班子平均年龄比上届降低4.31岁，队伍结构进一步优化。建成江山弄、天巢花苑、平安居等小区组织阵地，建立小区党组织28个。深化楼宇党建和经济专员两支队伍建设，累计服务企业186家，收集并解决问题80多个。建成武林门码头党群驿站，打造“教育连桥”服务阵地，全年接待4批中青班的学员学习考察。为杭州市高层次人才兑现人才专项资金678.47万元。制定街道机关工作人员考核等制度和办法，开展社工培训等活动，激发党员干部干事创业积极性。

【创新战胜疫情工作机制】 2020年，天水街道创新战疫工作机制，推出“三关三问三告知”、“蓝黄贴”、电子门禁、传感守护仪等系列温情举措，推动“解除隔离就当志愿者”的反哺之情在辖区形成风尚。探索无人菜摊、直播卖菜等方式，保障民生供应。创新“推码十招”，推广健康码“ETC”、红外线测温仪，实现精密智控。发挥党建联盟优势，“公羊会”、华东医药股份有限公司、浙江英特药业有限责任公司等助力抗疫；盘活商圈客房、车位、防疫物资等资源，向693家店铺送上“开门五件套”（口罩、消毒棉片、一次性手套、温馨提示告知书、党建联盟致企书）。组织“大企带小企”，实现互帮共促，助推银泰百货（杭州武林店）成为全市首个复工开业综合体，恒隆广场、“杭州中心”等重点工程率先复工，全年杭州大厦销售额比上年增长32.2%。3月28日，举办“浙里来消费·万企联动促万亿消费”暨“云购武林”嘉年华活动。武林商圈复工复产做法被省委改革办《领跑者》刊物转发。

【公共服务改革】 2020年，天水街道创新“先离场后付费”“通停通付”智慧停车系统，成为全市推进公共场所服务大提升样板。街道整合武林商圈8个公共停车场库2685个停车位信息，通过城市大脑数字驾驶舱并联场库系统，在商圈主要道路搭建17块电子引导大屏。同时，上线商圈公共服务引导小程序，并在广场增设158处路面指示引导牌，实现场库泊位平均利用率提升45%、延误指数下降6.6%、掉头率下降62%。优化“先离场后付费”应用功能，对商场、停车场实施数字化升级改造，通过流程重塑，免去消费者离场前手动核销环节，车辆离场自动完成费用结算，平均离场时间从30秒压缩到3秒，实现“先离后付，不扫就能走”。建立商圈“通停通付”平战结合模式，商场与周边场库开展选择联动，降低消费者寻找车位的难度，化解商场停车位不足的问题。

【亚运城市广场打造】 2020年，天水街道推进“亚运城市行动”，将武林广场打造为亚运城市广场。在武林广场设立全市首个亚运会倒计时牌，成为杭州新晋网红打卡点。围绕亚运城市广场概念，在武林广场设置亚运会吉祥物雕塑，制作亚运小品、悬挂亚运标识，种植花草，完成武林广场绿化提升。在商圈各道路设置300多个四国语言道路指示标识，增设全市首个地铁口盲文导视牌。推出迎亚运系列专题画展、影展、商品展，提升城市客厅亚运氛围和魅力指数。结合迎亚运主题，组织工会毅行、跳绳等系列赛事。结合老旧小区改造推进社区健身公园建设，打造更加便捷惠民的“10分钟健身圈”。

【老旧小区综合改造提升】 2020年，天水街道启动老旧小区综合改造提升计划，将环北新村、戒坛寺巷、皇亲苑3个社区一次性纳入改造，项目涉及居民楼104幢，居民5320户，总建筑面积31.08万平方米。邀请中国美术学院专业团队进行方案设计，追溯历史肌理，深

2020年7月，天水街道在武林广场设置亚运会吉祥物雕塑（天水街道　供稿）

挖文化底蕴，增添新型功能，力求打造更宜居、更现代、更智慧的社区环境。5月12日，街道召开老旧小区综合改造提升集中攻坚誓师大会。11月，环北新村社区改造完成，改造包括违章建筑拆除、外立面和公共部分整修、停车扩容、管线“上改下”、绿化提升、服务设施改造等10个方面。结合改造，挖掘历史文化，建设文化家园和海绵小区，打造居民共享客厅，提升“小区管家”服务质量等。

2020年11月11日，改造提升后的万寿亭农贸市场开业　（天水街道　供稿）

【万寿亭农贸市场改造提升】 2020年7月，天水街道实施万寿亭农贸市场提升改造工程。经过3个月施工，11月11日正式启用。改造后的农贸市场达到“五化”（便利化、人性化、规范化、智能化、特色化）标准。市场设置咨询台与查询终端设备、数字摄像头和数字屏，新增老年人专属休息区、无障碍感应通道、第三方厕所等人性化设施。市场布局分为蔬菜区、水产区、鲜肉区、冷冻区、禽蛋区、干货区等区块。并设置“爱心菜”专柜，通过与杭州菜场买菜网络科技有限公司合作，实现线上线下联动，市民在线点单后，“爱心菜”将速配到家。市场开业当天举办“零利润”销售、年货节礼包发放等活动，进一步让利消费者。

【首个杭州社区智治在线下城平台应用】 2020年5月，天水街道灯芯巷社区在全市率先开发应用“杭州社区智治在线下城平台——灯芯巷社区平台”，全面构建社区智慧治理新模式，着力实现基层服务便民利民惠民、基层治理轻负优质高效。平台在传统入户走访采集信息的基础上，拓展政务数据联通等信息采集途径，打通“基层治理四平台”及党建、公安、民政、社保、城管等部门数据，实现信息快速流转。社区通过该平台可查询辖区实有住房、实有人口等重点服务对象以及社区监控等基础信息。平台以相关政策为依据，实现服务升级、主动提醒等必要预警，为社区工作者开展更加精准、精细的民生服务提供“智能化”工具，推动社区服务从“经验判断”向“数据预警”转变。

【皇亲苑“女儿家”老年食堂投入使用】 2020年12月8日，天水街道为方便辖区东片区老人用餐，新开设皇亲苑“女儿家”老年食堂，与“女儿家”老年食堂总店形成东西两个片区的服务联动，扩大服务覆盖范围。皇亲苑分店与总店的装修风格一致。食堂内有4人桌10张，可同时容纳40人就餐，每天有菜肴品种8～9个，不仅品种多样，而且营养全面。食堂引进智慧结算平台，开通人脸识别付款，方便老人就餐。针对不同年龄段的老人推出不同的折扣，80周岁以上老人享受会员卡八五折优惠，60～79周岁老人享受九折优惠。

【社会治理综合服务中心建设】 2020年，天水街道以“强化便民服务措施、强化闭环机制建设、强化实际效能治理”为抓手，围绕基层矛盾纠纷调处化解、基层社会治理事件处置、基层社会风险研判三大职能，在辖区打造独具商圈特色的社会治理综合服务中心（社会矛盾纠纷调处化解中心）。中心位于百井巷坊81号，面积约2000平方米，于9月17日正式投入使用。中心由信访超市和办事服务大厅两部分组成，设办事窗口17个，为居民提供矛盾调解、法律咨询、劳动保障、信访受理、社保办理等服务，采取“一站式接待、一揽子调处、

2020年5月，杭州社区“智治在线”下城平台投用　　（天水街道　供稿）

一条龙服务”，人民网、浙江新闻客户端、《杭州日报》等媒体相继报道该做法。（张婷婷）

武林街道

【概况】武林街道地处商贸服务业高度发达、银行金融业高度集聚的市中心，是下城区武林商圈的重要组成部分。东自武林路折东经凤起路直至中河路，南到庆春路，西接环城西路，北靠环城北路，区域面积1.18平方千米。辖仙林、中北、竹竿巷、凤麟、长寿、环西、安吉7个社区和广利、武林2个楼宇社区。2020年，街道户籍人口4.2万人。辖区内有万向信托股份公司、嘉里置业（杭州）有限公司、浙江省旅游集团有限责任公司、物产中大集团股份有限公司、浙江省建筑设计研究院、杭州都锦生实业有限公司等重点企事业单位，有安吉路、教工路、武林路等民国时期建筑群，有马寅初旧居、陆游纪念馆、沙孟海故居、张同泰药店、十竹斋等名人名家故居、历史古迹和国家级非物质文化遗产保护研究基地。全年完成麒麟街小区89幢老旧小区楼房综合提升改造；完成街道综合治理中心和数字驾驶舱建设，在全区首创社区平安“五色预警”机制，实现“一键导停，抬头见车位”，解决浙江大学医学院附属医院儿童医院周边停车难问题。推进武林路国际商业街区建设，打造“下城最经典的街区”，“武林夜市”、城中里巷成为杭州“夜经济”金字招牌。街道获浙江省“三星级乡镇（街道）”食安办等市级以上荣誉17项。

【经济发展】2020年，武林街道实现税收16.17亿元，比上年增长20.1%，实现地方一般公共预算收入10.76亿元，增长43.8%。创新“武林店小二”服务平台，走访企业2486家次，解决难题508个，兑现17家企业街道扶持资金3217.95万元。拓展招商平台，引进企业246家，其中投资1亿元以上服务业企业11家、产业链项目6家。推动浙江物产中大元通电线电缆有限公司、乐博能源集团（杭州）有限公司等重点企业项目及德国乎泊立体停车有限公司等重点外资项目落户武林街道。

【环境综合整治】2020年，武林街道全力打好城市管理“上下协作、全面整治、长效维保”三项攻坚战。完成久安里地块搬迁清零工程，该工程被称为下城区旧城改造中“消防隐患最严重、历史问题最集中、现场情况最复杂”的搬迁项目，创造老城区有机更新新模式。高标准完成89幢老旧小区综合提升改造，麒麟街小区被评为2020年杭州市“旧改最佳案例”，并被推荐为住房和城乡建设部旧小区改造样板，麒麟街小区“美丽家园”项目被市旧小区改造办公室推荐参加全市改革攻坚“比学赶超”大比武活动。全年完成183幢楼房雨污分流工作。完成广福路、竹竿巷西段的“美丽街巷”提升工程。武林街道登上全市“美丽杭州”创建暨“城市环境大整治、城市面貌大提升”集中攻坚行动十佳优胜街道排行榜。深入推进垃圾分类工作，实施“五查三评一通报”检查督查工作机制，完成2个省级高标准生活垃圾分类示范小区、9个市级生活垃圾分类示范小区、7个再生资源回收站和5个大件垃圾临时堆放点建设，在凤麟、长寿社区探索大件垃圾预约收运制度。街道在市城管局两次月度垃圾分类考核中排名全市第一，获评浙江省生活垃圾分类示范片区和杭州市生活垃圾分类工作优胜街道。

【社会事业建设】 2020年，武林街道在疫情期间为一级、二级救助圈困难家庭发放物价补贴23万余元；为一级、二级救助圈困难家庭发放一次性消费补贴3.06万元。开展“春风行动”，全街道募捐15.83万元。对服务场所进行无障碍设施改造，完成10户重度残疾人家庭改造项目，发放残疾人家电统保卡。全年完成既有住宅电梯加装3部，包括武林路435号“五最楼道”（杭州市加装电梯户数最多、居民人数最多、老年居民最多、惠及面最广、使用频率最高）加装电梯工程。打造全区首个“家庭照护者培训基地”，养老服务水平进一步提升。完成国都公寓等4个小区重大消防隐患整改，完成大和弄小区等20个“智安小区”建设，开展电动自行车出行佩戴头盔宣传教育，完成7个社区的交通治理站建设。街道退役军人服务站成功创建首批“全国示范型退役军人服务中心（站）”。

【社区文化建设】 2020年，武林街道组织参加市区抗疫主题文艺创作，其中刺绣、盘扣获优秀作品奖。举办“云赏牡丹”牡丹主题艺术创作网络邀请展。7个社区创作社区之歌，竹竿巷和安吉社区在全市评比中分别获市金奖、银奖。组织13支业余文艺团队参加区星级评定，获评五星级2支、四星级4支、三星级6支、二星级1支。参加下城区“国家公共文化服务示范项目”台账编制工作。承办下城区“611”公筷公勺主题宣传、“七彩夜市，红动武林”开放式主题活动、下城工匠市集暨武林夜市匠心文化体验点启动仪式。环西社区创建成为杭州市四星级文化家园。竹竿巷社区获评杭州市高质量就业社区，环西社区获评杭州市国际化社区。

综合提升改造后的麒麟街小区　　（武林街道　供稿）

【社会稳定】 2020年，武林街道加大矛盾纠纷排查调处力度，深化矛盾纠纷调解机制。建成街道矛盾调处化解中心，中心累计接待群众600多人，矛盾纠纷化解率达90.5%，成功化解2起信访积案。全年调处各类矛盾纠纷78起，成功率100%；处理“12345”信访件、网上投诉件1112起，夯实社会稳定基础。疫情期间，街道各社区出动“武林大妈”志愿者2520人次，充分发挥群防群治作用和本土化优势。成立“武林大妈”心理服务中心，打造“武林大妈”亚运志愿服务亭，在首届浙江志愿服务大赛中获银奖。创新探索“大妈吹哨、队所报到”工作机制，对一般性矛盾交由各网格“武林大妈”志愿者先发现、先介入、先调解，调解不了的再提交给矛调中心，由专业力量介入调解，辖区探索形成“中心+大妈”横向到边、纵向到底的矛盾纠纷调处化解模式。组织数字化九一八防空警报试鸣和人民防空人口流散演练。

【基层党建】 2020年，武林街道深化党建引领社区治理工作。建成武林路国际商业街区党群服务驿站，中央政法委、全国妇联、团中央和全市“亚运城市行动”比学赶超大比武考察组分别到服务驿站调研考察。组建小区党组织20个，新建党群服务驿站10个。创新小区党组织“1234”工作法。配齐楼宇社区党委书记、楼宇社区专职党务工作者，推动楼宇社区党群服务中心规范化建设，深入开展

武林街道社会矛盾纠纷调处化解中心　　（武林街道　供稿）

"一名党员一幢楼""企企铺铺见党员"活动。探索"四责协同"机制，突出精准监督严肃执纪。打造"武林大妈"人大代表联络站，首创武林移动人大之家网上联络平台。设立杭州市政协侨联界别委员工作站。"武林乡贤馆"被评为全市基层统战工作典型范例。

【街道疫情防控】2020年，武林街道全力做好疫情防控各项工作。以"城市大脑"数据为基础，利用智慧小区等智慧系统，充分发挥"武林大妈"志愿服务力量，做好防疫宣传和信息排摸工作，形成"武林大妈"特色工作模式。围绕一个平台、"3+N"级人员力量、四类工作重点构建街道防疫工作网，确保"楼道"加"楼宇"管控"零疏漏"。境外回杭人员127人，重点地区回杭人员235人，核酸检测均为阴性，疑似及确诊病例均为零，辖区始终保持绿色低风险。

【老旧小区综合改造提升】2020年，武林街道聚焦"重要窗口"，以美好生活为目标追求，以美丽宜居为环境底色，以和睦共治为治理方式，推进老旧小区综合改造提升，形成创建"美好家园"的武林方案。组建以党工委主要负责人负总责，分管班子成员具体协调，街道干部、社工、居民、共建单位党员骨干为主体的工作专班，对各环节全程跟进、统筹管理。强化系统思维，坚持"10+X"改造模式，将老旧小区改造与水、电、气迁改、智慧安防、加装电梯、雨污分流等项目结合，实现"最多改一次"。完成89幢老旧小区综合改造提升、7个社区的183幢房屋雨污分流工程、70幢房屋"清肠"行动，创建美丽街巷1条。全面排查辖区范围内其他类单元排水户情况，确保排水许可证全覆盖。完善小区智慧安防基础设施建设，根据"新建、利旧、提升"三种不同改造模式，在小区主要出入口安装门禁系统和监控设备，单元楼道增加电控门、智能门禁、灭火装置等设备，让小区更安全、更放心、更整洁。引入小区管家，为老旧小区提供保洁、保绿、保序等准物业综合服务，实现辖区"小区管家"服务全覆盖。

【引才育才力度加大】2020年，武林街道深化街道引才育才奖励机制，健全班子领导联系重点人才企业制度，积极开展走企访才活动。聚焦现代商贸业、新型金融业、文化创意业、健康服务业、信息技术业五大产业，出台武林街道引才育才奖励办法。聚焦"关键小事"，加快建设人才服务阵地，构建"店小二"线上服务平台，提升人才服务精准度。全年街道申报下城区高层次人才8人，入选区"258"人才6人，对接杭州国际人才交流大会签约项目4个，为促成优质人才项目在武林落地打下基础。

【社区组织换届】2020年，武林街道围绕发现"好干部"、选出"好干部"的工作目标，提前谋划、严密组织、稳步实施，有序推进社区党委、社区居委会、居委监督委员会换届。全面推行书记、主任"一肩挑"选出社区党组织书记7名，平均年龄40.7岁，其中女性6人，大专以上学历7人；选出49名党委成员（含书记），平均年龄47.5岁，其中女性35人，大专以上学历41人；兼职委员18人，平均年龄46.3岁，其中社区民警7人，辖区单位负责人7人，机关党组织负责人4人。选出49名居委会成员（含主任），平均年龄59岁，其中女性33

人，大专及以上12人；兼职委员41人，平均年龄62岁。选出社区纪委委员35人，平均年龄55.8岁，其中女性20人，大专以上24人。

【新乡贤工作推进】 2020年，武林街道通过组织新乡贤游览弄堂故里、文保单位、非遗文化项目，进一步增进新乡贤对家乡的感情认同。通过挖掘乡贤故事、展示乡贤风采，凝聚思想共识。通过组织乡贤参观领略美丽街巷改造成果、现代街区建设新貌等，引导乡贤参与家乡建设。组织拍摄武林乡贤专题宣传片《武林十二时辰》，从多个角度拍摄记录宫廷杭绣传承人、都锦生掌门人、当代知名网络作家、书法家、曲艺家和“武林大妈”、武林夜市网红主播等10多名乡贤的十二时辰，展现新乡贤对下城发展和非遗文化传承推广做出的积极贡献，进一步激发新乡贤的荣誉感和责任感。武林乡贤围绕街道、社区社会治理的重难点问题，自觉参与美丽下城建设，有100多人次新乡贤参与城区“环境大整治、城市面貌大提升”攻坚行动，向广大居民群众发放环保宣传手册近1000本。疫情期间，新乡贤人士、武林夜市经营者陈水华为街道提供简易棚36个，并每天提供盒饭70多份，为日夜值守的工作人员撑起挡风遮雨的暖心棚。武林新乡贤、浙江耀江企业发展服务有限公司总经理邹斌圣主动设计适合复工过程中融资难的商户的金融产品，帮助商户渡过难关。武林新乡贤、物产中大集团股份有限公司董事、总经理周冠女带领集团连续入围世界500强，并连续10年上榜。武林新乡贤、“浙派古琴”项目浙江省非物质文化遗产代表性传承人章怡青，传承和弘扬传统文化，教授浙派古琴乐曲和演奏技法30多年，学生遍及世界各地。街道通过推进新乡贤工作，把乡音汇聚成宣传武林的时代强音，把乡愁固化成心系家乡的情感纽带，把乡情浓缩成推动街道发展的硬核力量。

2020年2月25日，武林街道“武林店小二”平台上线。图为宣传员向市民介绍平台功能

（武林街道　供稿）

【“武林店小二”平台上线】 2020年2月25日，武林街道整合辖区资源，在微信订阅号“武林微公众”推出“武林店小二”线上平台，助力企业复工达产。平台包括“复工达产、云上共享、健康家园、活动开展”四大功能模块，并开通公司设立登记线上办理入口、复工复产办理指南、惠企政策在线查询等，多渠道解决企业难题。其中，“云上共享”模块汇总辖区物资渠道、共享订餐、线上招聘、绿色出行、招商等资源，上线花式菜单，全方位助力企业复工。街道对接华东医药连锁经营公司等辖区医药企业，为辖区复工企业提供医疗物资渠道；对接新白鹿餐厅、肯德基、望湖宾馆等辖区餐饮企业，解决复工企业就餐难问题；对接辖区企业时空电动汽车股份有限公司，将其“安心复工车”品牌产品，推荐给有需求的复工企业。帮助浙江省成套设备进出口有限公司、杭州直捷科技有限公司解决员工用餐问题。“健康家园”功能模块提供线上义诊，并开通“武林大妈”罗睿绮的心理咨询热线，为企业员工进行心理疏导。

【居家养老服务提升】 2020年，武林街道构建线下“一站两员”为老服务模式和线上智慧养老服务体系，打造“武林幸福里”养老服务联盟。引入第三方社会组织“公羊会”运营养老服务中心，为辖区老人提供助洁、助浴、助餐等各类服务。依托街道级数字驾驶舱平台，开发“为老服务”平台模块，通过“一站两员”的线下服务，将数据汇总实时更新至平台，尝试以老人需求为导向，跟踪分析辖区老人服务需求，为老人提供精准服务。通过“1+4”站点建设（1个街道级居家养老服务中心带领4个社区级居家养老服务中心），将“为老服务”辐射至辖区各社区，老年人出门只需选择离家最近的一个中心，就可以享受生活照料服务、康养服务、日常便利服务三大类16小项的居家养老服务。培育首支街道级“养老顾问”队伍，探索形成“线上下单、线下服务”的智慧养老模式，街道享受政府资助型居家养老服务的老人通过拨打电话或告知上门的“养老顾问”，就可下单，数据“驾驶”人员根据老人需求即派单给“助老员”、社区和第三方社会组织等，对应的服务人员会第一时间前往老人家里进行服务。（陆力舟）

武林街道居家养老服务中心 （武林街道　供稿）

长庆街道

【概况】 长庆街道区域面积1.39平方千米，辖王马、吴牙、柳营、新华坊、十五家园、浙大御跸6个社区。2020年末，街道常住人口2.00万户、4.19万人，流动人口1.62万人。街道统筹推进稳增长、促改革、惠民生、防风险、保稳定工作，当好建设“重要窗口”“头雁战队”排头兵，街道经济社会发展全面提质增速。承办“新消费·醉杭州”休闲购物节暨杭州中国丝绸城省级高品质步行街开街仪式，获《人民日报》《新华每日电讯》等20多家中央、省、市媒体报道。推进浙江省全民健身中心工程搬迁工作，用17天完成搬迁签约清零。长庆街道基层“一支队伍管执法”改革项目获评浙江省县乡法治政府建设“最佳实践”案例，杭州中国丝绸城入选浙江省高品质步行街。街道党工委获评杭州市抗击新冠肺炎疫情先进集体称号，街道被评为第二批市级基层统战工作典型范例，“三和交流室”——志愿服务助推社区治理项目获评第五届中国青年志愿服务项目大赛金奖，浙大御跸社区获评省级民主法治社区。

【经济发展】 2020年，长庆街道实现税收12.71亿元，比上年下降17.4%，实现地方财政收入6.81亿元，下降9.3%；实现社会消费品零售总额12.44亿元，下降29.5%；完成固定资产投资9109万元，增长44.5%。年纳税100万元以上重点企业133家，其中1000万元以上企业28家、300万～1000万元企业39家。全年引进企业194家，注册资本153.23亿元。其中，注册资本100万～500万元企业80家、500万～1000万 元59家、1000万元以上29家。浙江省金融控股有限公司、金控天勤（杭州）创业投资合伙企业（有限合伙）、天道金科股份有限公司等大项目落地。完成签约项目8个，储备“大好高”项目6个。设立规模50亿元的摩根士丹利三期人民币股权基金。汇金金融产业集聚平台基金管理规模突破1000亿元。

【环境综合整治】 2020年，长庆街道推进6个社区老旧小区改造，完成御跸弄—大营盘美丽街巷整治。拆除违建38处、538平方米。完成17个小区97幢房屋“污水零直排”改造及49幢房屋地下管网“清肠”行动，改造提升垃圾房10座。完成14台既有住宅电梯加装。在全区率先实现无物业管理小区"小区管家"全覆盖。联合多部门推进环北市场和丝绸服装城周边环境集中整治，累计出动力量250多人次，查扣违法"四小车"271辆。在全区率先完成停车场（库）"先离场后付款"接入工作。街道食安办被评为2020年"浙江省三星级乡镇（街道）食安办"。横燕子弄小区和健康公寓小区被评为浙江省高标准示范小区，御跸苑小区被评为2020年杭州市"美好家园"。

【社会事业建设】 2020年，长庆街道新增就业6832人，实现失业人员再就业7353人，困难人员就业417人。街道为60多个单位702人次申请各类就业专项补贴27.68万元，疫情期间组织线上就业"云招聘会"2次，为辖区失业人员提供服务800多次。完成年度用人单位劳动保障书面审查工作1000多家，规范企业用工管理120多家，处理"12345"信访件、110联动案件等150多件，协调处理劳动纠纷100多件，用人单位协调为劳动者支付工资60多万元。发放节日慰问费3325.6万元。完成17户困难残疾人、老年人家庭无障碍改造家庭装修。完成街道居家养老服务中心、残疾人之家提升改造。全省首个普惠式托育园——奶牛城堡托育园开园。柳营社区获评杭州市首批"新时代枫桥式退役军人服务站"。

【社区文化建设】 2020年，长庆街道完成十五家园社区文化家园提升改造，建成百姓健身房，获"杭州市三星级文化家园"称号。绘制浙大御跸社区"雨天里的爱心伞接力"主题墙绘，弘扬"最美现象"正能量。杭州中国丝绸城"非遗"传承人蒋明接受中央电视台中文国际频道《记住乡愁》栏目组的采访和拍摄。承办下城区第三十三届社区文化月星级团队大展演活动，王马瓯雅艺术团、浙大御跸百老惠艺术团三和舞蹈室等5支团队获评区五星级团队，吴牙葫雅葫芦丝队、柳营舞蹈队团队等10支团队获评区四星级团队，新华坊越剧队获评区三星级团队，浙大御跸百老惠艺术合唱团获评杭州市学习型社团，乐明潮瑜伽队、蒋氏旗袍工作室获评下城区社区教育民家工作室。

【社会稳定】 2020年，长庆街道坚持数字赋能，拓宽数字驾驶舱运用场景，实现147家餐饮企业油烟清洗线上管理和在线预警，以及工地扬尘和噪声污染"24小时监督"，在线掌控12个停车场、1623个停车泊位实时停车数据。做好数据库数据入库工作，完成1.9万人次人员信息核查，收录企业信息2980条，修改、新建统一地址库3000多条，实现地址库丰富度100%。改造社区监控23处，新增监控9处，实现重点公共区域覆盖率、联网率均100%。全年开展14个智慧安防小区创建行动，实现6个社区全覆盖。全面排查安全隐患，提升改造社区微型消防站3个，安装电动自行车智能充电集中点位50多处、智慧用电216套。建成并启用长庆"空中慕课"直播间，疫情期间联合律师事务所专业力量，为辖区企业进行"云上"法律授课。

【基层党建】 2020年，长庆街道组织开展理论中心组学习40多次，开展"学习习近平总书记考察浙江、杭州时重要讲话精神"等知行讲堂主题活动3次。组织干部赴深圳、上海、智慧网谷小镇等地参观学习10多次。强化党建引领小区治理，成立14个小区党组织，完善"街道党工委—社区党委—小区党总支（支部）—楼道党支部"四级组织体系。如期完成社区组织换届，选出党委委员42名，居委会委员36名。建成全区首个新时代文明实践所，打造"红音书墙"，弘扬社会文明新风尚。认定杭州市高层次人才116名，为街道发展蓄势赋能。创新推出"精准监督，码上清廉"平台，畅通群众监督渠道。成立老旧小区改造"哨点"监督队，保障重点工作推进。

【街道疫情防控】 2020年初，长庆街道在新冠肺炎疫情发生后，第一时间成立疫情防控工作领导小组，定期开展疫情防控工作研判，发布《长庆街道新型冠状病毒感染的肺炎防控工作领导小组令》等小组令12个。紧急落实夜间异动人员应急小组值班和专人夜间疫情值班值守制度，全天24小时持续守岗30多天。完成上报重点人员排查日报表等1200多张、重点数据近7000个；核查有密切接触、异常情况的人员10批次20多人。完成辖区10个主要路口封闭和12个点位雨棚搭建，出动消杀人员300多人次，喷洒药水近2吨，累计消杀面积3万余平方米。帮助清运医疗垃圾120多车，防止疫情扩散。创新打好“硬隔离+软服务”“大数据+网格化”“大妈+大脑”防疫组合拳，发出“一名党员认领一幢楼”倡议，实现“一个卡口一面旗”，全街道有362名党员向党组织请战自愿包干辖区住宅楼367幢。开展“走亲连心三服务，企企铺铺见党员”活动，42名党员联系648家商铺，助力企业复工复产。人大代表、新阶层爱心企业等爱心群体为抗疫募捐资金和物资折合140多万元。实行“一名党员认领一幢楼”、建立“红色送餐队”、打造数字驾驶舱等做法被《人民日报》《光明日报》等中央及省、市媒体报道。

【深入推进“一支队伍管执法”改革】 2020年，长庆街道充分发挥基层治理改革创新的工作优势，不断巩固扩大综合执法队“队伍正规化、执法规范化”成效，创新推出红橙蓝绿“四色工作法”，开展“文化育队”抓学习（红色·党建引领）、“规范建队”抓队伍（橙色·热情服务）、“实干强队”抓改革（蓝色·依法履职）、“为民立队”抓作风（绿色·清风正气）活动。深化基层综合执法改革，为全区推进综合执法改革总结提供“12345长庆模式”，即整合一支队伍，保障执法力量；履行双重职责，保障权责统一（区局街道双证合一）；落实三项举措（厘清职责边界、跨域实战代训、强化案件审核），保障依法行政；理顺四套机制（执法协作机制、执法监督机制、执法保障机制、考核评价机制），保障运行畅通；聚焦“五化”目标（执法规范化、服务便民化、管控网格化、指挥智慧化、运行流程化），保障改革实效。基层“一支队伍管执法”改革被评为浙江省县乡法治政府建设“最佳实践”项目，相关工作经验在省委改革办《竞跑者》刊物上刊登。

2020年，长庆街道发出“一名党员认领一幢楼”“一个卡口一面旗”倡议。图为坚守在抗疫第一线的党员先锋队 （长庆街道　供稿）

【组织全国第七次人口普查】 2020年，长庆街道全力做好第七次全国人口普查工作。成立普查领导小组，组建6个社区人口普查工作小组，按照每个普查小区80户或250人左右的标准将街道6个普查区划分为256个普查小区。配强“两员”（普查指导员、普查员）队伍，多元化开展选聘工作，吸纳专职社工、居民骨干、物业管理人员、网格员、大学生志愿者等力量，选聘普查指导员51名、普查员256名。组织开展5场“两员”集中业务培训，提升普查员业务水平。做实普查登记，完成2.5万户家庭的摸底及登记工作。长庆街道普查工作通过上级普查机构质量验收，完成长表登记1809户、比对复查7008人。

【省全民健身中心搬迁】 2020年，下城区联合省体育局及相关部门，启动浙江省全民健身中心搬迁工程。区搬迁工作指挥部根据工作需要，设置政策保证组、动迁实施组、综合后勤组三大工作组，全力保障搬迁项目进行。长庆街道作为属地单位，会同省体育局成立现场搬迁工作专班。街道全体班子成员领衔包干，采用分片包干和组长负责制，做到7个小组“分而不散”。设计摸排表，用4天时间摸清130户被搬迁户和7家商户家庭情况、搬迁意愿等，并建立“一户一档”，做到家庭关系清、社会关系清、真实诉求清。根据预先工作计

2020年，长庆街道完成十五家园贡院小区的老旧小区改造提升工程

（长庆街道 供稿）

划倒排时间表，制定作战图，对各搬迁小组完成情况进行每日通报，形成倒逼机制，实现提前签约、原地回迁“两个100%”任务。

【老旧小区综合改造提升】 2020年，长庆街道实施19个小区、149幢住宅、7625户住户、53万平方米老旧小区综合改造提升任务，有序落实设计方案审查、招投标等工作。街道将老旧小区改造提升与城市有机更新、回应民生诉求结合，下足绣花功夫，充分挖掘杭城老小区的深厚历史底蕴，让“旧改”改出舒适、改出美丽、改出文化，全面提升城市环境品质。御跸弄—大营盘美丽街巷整治工程结合“旧改”工作同步进行，工程以“家风和畅御跸苑”为主题，实现道路、建筑立面、景观绿化整体提升。通过打造“两路一园八景”的布局，着力营造良好家风氛围，塑造浓厚书香气，再现历史人文底蕴。

【全区首个新时代文明实践所建成】 2020年，长庆街道根据《浙江省建设新时代文明实践中心试点工作指导方案》要求，全力打造符合群众期待的街道级新时代文明实践所。实践所位于王马社区，占地面积500多平方米。街道将习近平新时代中国特色社会主义思想深入蕴含其建设过程，设置初心客厅、初心书房、初心艺馆、初心讲堂等功能分区，吸纳“武林大妈”、安全委员会、“三和交流室”等多支志愿者队伍，打通宣传群众、教育群众、关心群众、服务群众、凝聚群众的“最后一公里”。实践所设置智能电子屏有声图书馆，举办“青春悦读”等活动，用心打造“一刻钟阅读圈”，促进全区精神文明建设。

【“老青互助”模式探索】 2020年，长庆街道整合社会资源，首试“老青互助”养老模式，即从孤寡、独居等困难老人的实际生活情况及主观意愿出发，调动辖区单位年轻群体的积极性，以驻家生活互助的形式，形成年轻人、老年人居家结对的创新养老服务办法，双向解决老年人生活日常照护和年轻人寻找居住场所难题。双方生活互助结对后，老年人为年轻人免费提供共同的居住场所，年轻人为老年人提供日常健康照看与简单的生活协助，搭建起老年人和青年人二代互助沟通的桥梁。6月23日，街道举办“乐助互助，健康养老”困难群众助老系列工程启动仪式，第一对“老青”结伴进行试住体验。街道同时推出“银发对对碰”“邻里家人”等助老工程，为辖区老人提供个性化一对一、组团型多对一、个案式全方位等服务，满足老人生活、情感、健康等各方面需求，让老人老有所学、老有所得、老有所乐。

【街道居家养老服务中心改造提升】 2020年12月25日，长庆街道居家养老服务中心经过整体提升改造后启用。养老服务中心有3层，总面积约1000平方米。街道引入专业社会组织——公羊队养老服务中心，由其承接街道居家养老中心运营服务工作，为辖区老年人提供包括生活服务、康复护理、家庭支持、心理疏导、康复辅具租赁等六大功能服务，构建家庭、社会、政府“三点一线”的全方位、综合性、社会化居家养老服务体系。中心对辖区“三无”老人、孤寡老人、60岁以上低保户及残疾老人，提供政府购买服务。推行“一站两员”为老服务模式，成立“养老

长庆街道居家养老服务中心　　（长庆街道　供稿）

顾问”和“助老员”两支队伍，实现养老服务全覆盖。　（何婕妤）

潮鸣街道

【概况】潮鸣街道位于下城区东南部，东临贴沙河、南接庆春路、西依东河、北靠大运河，三水环绕，环境宜人。区域面积1.98平方千米，辖东河、艮山门、体东、东园、艮园、所巷、刀茅巷、小天竺、知足弄9个社区和环北、凤起、庆春3个楼宇社区。2020年末，街道常住人口2.71万户、7.35万人，其中户籍人口4.95万人，流动人口2.40万人。潮鸣街道深入贯彻中共十九届四中、五中全会和习近平总书记考察浙江、杭州时的重要讲话精神，坚决落实中央和省、市、区委决策部署，克难攻坚，街道经济社会发展全面提质，彰显“重要窗口”“头雁战队”的潮鸣力量和潮鸣速度。探索信息化工作与养老工作相结合，着力构建“监测精准、响应敏捷”的智慧健康养老网络，潮鸣街道被工业和信息化部、民政部、国家卫生健康委评为全国智慧健康养老应用试点示范街道。“潮鸣议事厅”、“潮爸潮妈”志愿者服务队、“潮邻集市”等“潮字品牌”影响力不断扩大，《人民日报》、新华社、《浙江日报》、《杭州日报》等主流媒体报道潮鸣街道特点亮点工作270多次。街道获省级“五水共治”（河长制）工作考核优秀街道、省级文化强镇等多项荣誉称号。

【经济发展】2020年，潮鸣街道财政总收入10.2亿元，一般财政预算收入4.99亿元，均比上年下降。辖区有税收1000万元以上企业20家，其中9家增速在30%以上。数字经济增加值0.82亿元，增长50.6%，增幅全区第一；限额以上商贸销售额1331.28亿元，增长11.2%；固定资产投资17.43亿元，为全年计划的5.24倍。推进产业结构转型升级，以大项目招引为驱动，培育新兴税源，引进企业286家，总注册资金21.44亿元，其中五大产业52家、“亿元项目”8个。浙江物宝典当有限责任公司、中国广核集团浙江公司、北京北辰工程建设监理有限公司等企业和项目落户潮鸣。实施杭叉商务楼、三瑞大厦提升改造，提高楼宇招商资源利用效益。实施“凤凰行动”计划，助推浙江医学科技开发有限公司上市筹备工作。瑞丽医美国际控股有限公司作为全国首家医美企业在香港上市。杭州边浙网络技术有限公司、华茗设计集团有限公司2家企业进入国家高新技术企业行列。

【环境综合整治】2020年，潮鸣街道开展爱国卫生运动和环境整治百日攻坚行动，累计整治东园街、所巷、东园巷等区域卫生问题1300多个，清运垃圾600多吨。提升改造凤起农贸市场，该市场成为全市首个智慧O2O网红农贸市场，惠及居民4万余人。攻克泰和苑等小区二次供水设施改造难题，让1362户居民喝上放心水。完成214幢房屋雨污分流。推进生活垃圾分类工作，辖区15个小区被评为市级垃圾分类示范小区。

【社会事业建设】2020年，潮鸣街道聚焦群众最关心、最直接、最现实的“关键小事”，为老年人安装智能门磁、开通智守“e”家服务平台，推行养老顾问。潮邻益家居家养老服务中心为老年人提供日间照料、术后康复、失能照护、就餐送餐等服务，被评为杭州市五星级居家养老服务中心。建立健全退役军人服务保障体系建设，潮鸣街道退役军人服务站获评全国示范型退役军人服务站。融入专业社会力量，完成“潮邻伢儿”0～3岁婴幼儿照护中心和街道残疾人之家建设。建立省、市首批街道社会工作站，为居民提供家门口的一站式社会工作服务，让老有所养、幼有所育、弱有所扶。配合做好第七次全国人口普查工作，摸清辖区人口底数。完成企业退休人员体检、适老化家庭改造、爱心超市提升等任务。举办“云上招聘会”，全年新增就业1.09万人，失业人员实现再就业1.22万人，获杭州市第四届职业技能大赛团队三等奖。

【社区文化建设】 2020年，潮鸣街道深入挖掘潮鸣文化底蕴，在街道公众号上开辟《潮鸣印迹》专栏，打造系列文化符号。组织开展大型演出活动21场、文体培训18场、团队训练100场，推出抗疫之歌、公勺公筷快板、情景剧《防诈骗》等原创作品14个。组织征集群众文艺作品，其中书画《钟南山披甲上阵》获全国最具人气作品奖，剪纸《清政廉洁图》获第二届杭州市“廉值千金心向党”剪纸艺术展优秀奖。推进艮山门、体东、刀茅巷社区文化家园建设，艮山门社区被授予“杭州书法社区”称号。成立街道微融媒体中心，潮鸣老旧小区改造、潮鸣加装电梯、“亚运我先行活动”等相关内容视频被“学习强国”学习平台录用，小康主题、“国庆”主题、重阳节主题等10条视频被天目新闻、下城发布等平台录用。

【社会稳定】 2020年，潮鸣街道凝聚群防群治力量，加大反邪教、扫黑除恶、防范电信网络诈骗、交通综合治理等宣传力度，在主要路口和居民密集居住区悬挂横幅300多条、张贴海报3600多张，分发资料5.4万份。向居民推送短信15万条，发放电动共享头盔100多顶，辖区“平安三率”有效提升。建立街道、社区两级矛盾化解调处中心，成立多元调解队伍，制定即接即办等五大工作机制，推出点单服务，全年受理纠纷407件，解决率98.2%。组织普法宣传进机关、进企业、进社区，提升干部群众学法、守法和用法意识。增设视频监控点、智慧充电桩。安装老旧小区消防手报系统，开展消防安全综合治理，辖区签订安全生产责任书1089份，中大凤栖小区、裕达大厦2个挂牌督办的火灾隐患单位摘牌；完成知足弄微型消防站升级改造，组织辖区单位消防演练51次，施划消防通道线68处；组织安全生产检查2000多次，发现并整改隐患300多个，潮鸣街道安全形势持续稳定。

2020年12月28日，瑞丽医美国际控股有限公司在香港上市

（潮鸣街道　供稿）

【基层党建】 2020年，潮鸣街道深入推进党风廉政建设，认真履行党工委书记“第一责任”和班子成员“一岗双责”，落实民主集中制和“三重一大”集体决策，强化“四责协同”。组织党章党规学习、典型案例观看，筑牢拒腐防变防线。“东园清廉文化园”被市纪委监委、市委宣传部授予“杭州市清廉文化示范点”称号。开展“最强党支部”争创暨支部项目“互学互看”打擂比武，承办全区“益起服务，红色接力”两新组织开放式主题活动，组织“我和楼宇一小时”青年自助共享和“党建引领地摊经济，爱心助力辖区居民”公益活动。加强干部队伍建设，选派年轻干部到老旧小区改造、维稳处置等重难点项目挂职。完成社区党组织换届，9个社区选出新一届社区

党委委员55人、兼职委员29人、纪委委员45人。选好社区“领头雁”，成立社区“书记工作室”，推出“书记党课”点单、“书记项目”领办制，持续实施“雏雁成长”培育工程。组织网格长、在职党员和驻区共建单位党员建立老旧小区党建引领下的“小区党支部、小区自治会、小区管家”三方治理架构，通过“党员包楼亮身份”、微项目认领、红旗楼道争创等举措，打造居民群众“情感上离不开、生活上离不开、服务上离不开”的幸福社区综合体，综合体成为全市深化城市基层党建工作暨党建引领社区治理试点成果交流会的考察点。

【街道疫情防控】 2020年，潮鸣街道坚持外防输入、内防扩散，率先采取实行“硬隔离+软服务+精密智控”的管理模式，200多个基层党组织、3000多名党员第一时间投入疫情防控一线，推行“一名党员一幢楼、一个支部一个岗、1+X街巷长”制度，严格落实疫情防控举措，辖区形成先锋示范、群防群控局面，实现“零疑似、零确诊”的成效。市领导赴下城区实地检查疫情防控工作，对在回龙庙前凤起路交叉卡口慰问奋战在防疫一线的街道干部、社区工作者和志愿者，并给予高度肯定。

【整体智治推进】 2020年，潮鸣街道深化政务数字驾驶舱建设。抗疫期间，运用“大数据+网格化”手段，以区域性硬隔离+全天候软服务，让管控见效，让社工减负。上线“最多问一次”咨询服务，为企业提供帮助5万余次，助力企业复工复产。打造社区“微脑”，探索“最多录一次”。开通“潮鸣邻里会”，将议事、报事、办事、集事“四事”贯通，让居民办事更便捷。借力驾驶舱实时预警、科学研判、合理调度、精准施策，实现第一时间妥善处理有关涉稳事件。街道政务数字驾驶舱建设工作获全国人大常委会副委员长、民革中央主席万鄂湘，全国政协常委、港澳台侨委员会主任朱小丹，民政部副部长王爱文，以及杭州市委副书记、市长刘忻等领导充分肯定。潮鸣街道参加在呼和浩特市举行的“城市大脑”数字驾驶舱建设工作经验交流会，以及杭州市乡镇（街道）党工委书记交流会并做交流发言。

【深化人才服务】 2020年，潮鸣街道落实班子成员联系重点企业机制，更新人才“四库一栏”，对后备人才实行动态管理。成立“HR联盟”，建立人才工作联席会议制度，组织开展以“人才服务”为主题的培训活动和“潮邻人才云课堂”“经济沙龙”“青年读书会”等人才交流展示活动30多场。潮鸣街道新增省级社会组织领军人才、市级高层次人才23名、“区级民师民家工作室”2个。

【老旧小区综合改造提升和电梯加装】 2020年，潮鸣街道实施“潮鸣廻声、睦邻归德”老旧小区综合改造提升二期工程，改造面积14.69万平方米。结合综合改造提升工作，改造美丽小巷、口袋公园。运用“宣传好、调解好、计算好、支撑好、结合好”工作法，探索加装电梯“潮鸣模式”，全年完成加装电梯27台，解决378户居民“下楼难”问题，数量居全区第一位。9月27日，潮鸣街道在艮园社区17幢举行首幢连片加装电梯交付启用仪式，该项目是杭州市首个加梯涉及改造化粪池的项目。9月30

2020年2月20日，潮鸣街道参与疫情防控的社区工作者和志愿者合影

（潮鸣街道　供稿）

日，杭州市首台无障碍既有住宅加装电梯在东园社区春丰苑交付。通过组织业主签订“乘梯公约”、选举成立“自管会”等举措，加强加梯后的自治管理。

【潮鸣街道获评全国第四批智慧健康养老示范街道】2020年，潮鸣街道推进信息化与养老工作的深度融合，依托“数字潮鸣”“智慧潮鸣”及政务数字驾驶舱等平台，构建一张“监测精准、响应敏捷”的智慧健康养老网络，通过“五朵云”功能模块，借助人脸识别、大数据处理、AI智能监控等高新科技手段，提升养老服务全链路效率和质量。推进辖区医疗健康咨询服务工作与杭州市红十字会医院、杭州江城骨科医院等6个医疗机构联动。信息技术服务工作由浙江杭佳科技发展有限公司、杭州高厚智能科技有限公司承接；居家养老服务由“在水一方”健康社区等承接；家政服务由杭州三替集团有限公司提供支持；街道级居家养老服务中心由物产中大金石集团有限公司承接运营。充分发挥街道为老队伍作用。社区老龄干部和养老顾问负责服务对象的调查评估、计划制定、日常统计、个案建立；居家养老助老员队伍以政府购买服务的形式，为有服务需要的老年人提供家政、精神慰藉、购物等服务；50多个志愿者团队按照“低偿服务、无偿服务”相结合的原则，做好为老年人排忧解难工作；10多支老年人互助团队与孤老或困难老人结对，负责上门看望老人并提供帮助。12月22日，工业和信息化部、民政部、国家卫生健康委联合公布全国第四批智慧健康养老应用试点示范名单，潮鸣街道被评为全国智慧健康养老示范街道。

（徐蕴翰）

朝晖街道

【概况】朝晖街道辖区面积3.03平方千米，辖大家苑、大木桥、稻香园、河东、虹园、华联、老房地、黎园、施家花园、塘南、应家桥和玉公桥12个社区和潮王、河东、河西3个经济合作社。2020年，街道常住人口8.25万人，流动人口2.73万人。街道聚焦“两手硬、两战赢”，强化党建引领，全面从严治党，统筹推进街道“五个十”项目和区、街道、社区三级民生实事项目各项工作，打赢疫情防控和经济社会发展“双战役”，群众获得感、幸福感和安全感进一步提升。统筹推进西湖文化广场综合提升改造项目，创新西湖文化广场“一办三中心”楼宇服务机制，全方位、高品质服务场馆企业和市民游客。中央环保督察信访件及省环保督察信访件全部清零，全力破解辖区油烟扰民、有环境死角等问题。完成12个社区、3个经济合作社换届选举。街道推进社会治理综合服务中心建设，实现基层治理现代化水平全面提升。街道工作在市级以上主流媒体报道420多次，市委副书记、市长刘忻等领导多次对街道工作给予肯定。街道获评2020年杭州市五星级居家养老服务机构、2020年度杭州市四星“残疾人之家”、杭州市疫情防控内部审计先进集体。

【经济发展】2020年，朝晖街道实现财政收入20.69亿元，其中地方财政收入14.04亿元。外贸出口额44.24亿元，规模以上营利性服务业营业收入416.5亿元，均居下城区8个街道第一位。街道有重点企业134家，其中，年纳税1000万元以上企业28家、300万～1000万元企业30家。通过“西湖文化产业平台”引进内资企业104家，总注册资金20.38亿元，其中，注册资本100万～500万元35家、500万～1000万元1家、1000万元以上68家，重点签约全国500强新能源项目——华能（浙江）能源开发有限责任公司、全区唯一外资高端制造业项目——浙江辛克奥实业有限公司、可口可乐新零售项目——浙江乐趣小栈品牌管理有限公司、智慧城市5G新基建项目——杭州至诚时代网络科技有限公司等龙头项目。加大安商稳商力度，开发“数字驾驶舱”经济舱，走访重点企业480家，解决融资、销售、用房等问题180个，发放企业扶持资金8000多万元。推荐认定市、区高层次人才234名，为街道经济高质量发展注入新动能。

【环境综合整治】2020年，朝晖街道聚焦辖区老小区多、设施陈旧、资源不足等问题，统筹推进7个老旧小区综合改造提升工程，实现住宅屋顶补漏、楼道翻新、雨污管网分流等全覆盖。推进民生实事项目建设，完成黎明巷“美丽小巷”改造。加装电梯11部，其中包括全区首台整梯装配电梯。成片推进391幢住宅“污水零直排”和90幢住宅“清肠行动”。完成东方豪园、潮王公寓、施家花园3处高层住宅二次供水改造。推进“市级垃圾分类达标街道”创建工作、辖区获评省级示范小区3个、市级示范小区12个，西湖文化广场打造成为全省首个垃圾分类宣传教育基地。成立街道物业综合管理服务站，实现无物业老旧小区“小区管家”全覆盖。朝晖四小区、六小区农贸市场成为全省首批“五化”（便利化、智慧化、人性化、特色化、规范化）市场。落实环保督察“回头看”销号和长效治理机制，高质量完成中央环保督察迎检任务。巩固“基本无违建街道”创建成果，全年拆除存量违建248处，面积7193.5平方米。完成街道无障碍设施建设13个点位、137个问题整改。

【社会事业建设】 2020年，朝晖街道结合实施区、街道两级民生实事项目，全面提升改造12个社区服务大厅。完成慈善爱心家园改造，实现社会化组织运营。完成全区工程量最大、覆盖面最广的老旧住宅小区综合提升改造，涉及7个老旧小区、291幢居民住宅楼、1.2万户、80万平方米的改造任务。坚持“四问四权”，将居民意愿融入老旧小区改造实际，推进电梯加装、停车扩容、车棚改造、口袋公园打造，展现街道“老城风貌、新城生活”的独特景观。打造街道0～3岁婴幼儿照护机构。实现老年助餐点全覆盖。实施10户家庭适老化改造、14户家庭无障碍改造。开展四星级“残疾人之家”“枫桥式”退役军人服务站创建工作。鼓励社会组织、项目社工承接政府公共服务项目。深化“最多跑一次”改革，实施“一窗受理”，打造15分钟办事圈。推进省部属企退人员社会化管理，受理7436名城乡居民医保参保缴费。开展“五送”援助活动，辖区新增就业13450人，实现再就业14899人。完成766家用工企业劳动保障书面审查，协调用人单位为外来务工人员追回拖欠薪酬100多万元。配合杭州地铁3号线建设，完成房屋征收收尾和朝晖一区37幢、38幢地铁危房居民回迁安置。

2020年，朝晖街道社区文化家园建设覆盖至所有社区。图为虹园社区文化广场（文化家园）
（朝晖街道 供稿）

资料：口袋公园

“口袋公园”也称袖珍公园，指规模较小的城市开放空间，常呈斑块状散落或隐藏在城市结构中，为当地居民提供休闲服务的场地。“口袋公园”对较小地块进行绿化种植，再配置座椅等便民服务设施。城市中的各种小型绿地、小公园、街心花园、社区小型运动场所等均是身边常见的“口袋公园”。

【社区文化建设】 2020年，朝晖街道推进文化强街建设，联合举办“贺中秋、迎国庆”民乐演奏音乐会、“非遗乐购嘉年华”主题宣传展、星级群众文化团队展演等活动，组织社区参加全区社区之歌比赛，获金牌2枚、银牌1枚。朝晖街道艺术家联谊会举办线上作品展览8场。朝晖诗社举办“红动武林、诗韵朝晖”中秋诗会，编印诗刊《朝晖风雅》第二辑。朝晖文化综合体开设“文化微课堂”，组织文化培训和体验活动20场，受众近1000人。举办“文化惠民”培训班，授课96课时，参训800多人。朝晖文化公园开设

“古韵居”评话书场，吸引观众1万余人次。保护与传承王星记国家级非物质文化遗产，打造城市书房、青年音乐角、老年学堂。围绕“迎亚运、强体育”工作，新建成百姓健身房1家，提升改造健身苑点4处，至年末，朝晖街道建成健身苑点47处。高标准推进社区文化家园建设，实现社区文化家园全覆盖。

朝晖街道社会矛盾纠纷调处化解中心　　（朝晖街道　供稿）

【社会稳定】 2020年，朝晖街道调解处理信访件2752件、群体性信访195起，成功化解一批重点信访积案。发挥街道“邻里和睦互助协会”“黄飞华爱心车队”等社会组织力量，深化群防群治机制。深入开展安全生产（消防）排查整治专项行动，排查企业1512家次，签订责任书1339份。精心打造街道社会治理综合服务中心，建设智慧安防小区20个，安装社区监控探头128个、智慧用电系统45套、楼道智能烟感器2000多个，新增智能充电场所12处，更新老旧车库喷淋系统10个，对社区微型消防站进行提升改造。辖区未发生重特大安全生产和食品安全事故。

【基层党建】 2020年，朝晖街道深化推进党建引领小区治理，充分发挥小区党组织作用，推动各方力量下沉。以灌南驻杭流动党员党委成立20周年为契机，深化“三服务”品牌。全力打造灌南驻杭流动党员党委金字招牌，凝聚近3万名灌南在杭务工人员，在疫情防控、小区管家服务等方面发挥重要作用。建立施家花园社区、绿洲花园小区“1+5+N”联动共管平台（即以社区党委为核心，联动物业共促平台、业委会互助平台、多元议事协商平台、问题矛盾调处平台和党建共建议事平台）。施家花园将小区党建作为破解社区建设瓶颈、提升基层治理水平的关键支点，实现物业费收缴率大幅度提升，年内收回历史欠账40多万元。成立绿洲花园小区党总支和银龄服务团、在职党员先锋团、能人服务团等团队，定期开展助老为老、政策咨询、矛盾化解、平安巡防、免费义诊等服务活动。与20多家重点企事业单位开展党建共建，实现重大事项联议、公益事业联办、文化活动联谊、党员队伍共管、创新举措共享。通过志愿公益、青年议事会、团建联盟，发动团员青年参与社会治理。10月20日，施家花园社区党委作为唯一社区代表，在长三角党建引领小区治理论坛上做交流发言。

【街道疫情防控和复工复产】 2020年，朝晖街道创建防疫“六六六”工作法，完成70655户次的社区摸排，居家医学观察1736人，单日监测最高人数915人，实现3平方千米、11万居民百姓“零疑似、零确诊”。建立“店小二专班”“企业帮帮团”的双线复工队伍，建立“一楼一人”“一日一报”“一企一档”的“三个一”楼宇复工机制，建立“街道领导+楼宇党小组+机关党员+社区党员”的四级服务圈，开启“云联盟”“云家政”“云停车”“云咨询”“云零售”复工新模式。深化“走亲连心三服务”，走企入户6200多家次，帮助解决困难和问题480个，兑现企业扶持资金2400万元。推出“网红主播”直播带货、线上陪聊、无接触派件等暖心举措，绿洲花园小区成为全市党建引领三方联动抗疫典型。金盛华、黄飞华获评全市抗疫工作先进个人，灌南驻杭流动党员党委获评全市抗疫工作先进集体。

资料："六六六"工作法

"六六六"工作法指疫情防控"六个一"(一套专班运转、一条路径到底、一张网络铺开、一份档案跟踪、一个声音宣传、一份简报留存),"三返"人员"六步法"(一排查、二询问、三告知、四设岗、五记录、六隔离),居家医学观察做到"六服务"(宣传告知服务、专人联络服务、定期随访服务、代领代买服务、医疗保障服务、心理疏导服务)。

【社区组织换届】 2020年,朝晖街道聚焦人口选民多、特殊人群多、风险隐患多等难点,推进组织换届工作,街道12个社区、3个经济合作社全部完成选举。社区党组织换届参选率98.09%,党委书记平均得票率96.74%,平均年龄41.67岁,学历均为本科及以上,形成老中青相结合、知识水平较高的队伍梯次结构。社区居委会换届登记选民51903人,登记率97.3%,参选率99.27%,居委会主任平均得票率97.49%,居委会委员平均得票率95.11%。完成12个社区团组织、妇联换届选举。新任班子聚焦"开门一件事",实施20多项民生实事项目。

【全区首个老年学堂打造】 2020年,朝晖街道常住人口中60以上老年人有近3万人,老龄化率超过30%。街道重视为老服务工作,全力打造"文化养老"品牌,着力提升老年人的生活品质,为老年人营造温馨的养老氛围。5月,朝晖街道投入210万元,在街道居家养老服务中心打造全区首个老年学堂,老年学堂设立手工、益智、艺术三大学区,为老年人提供日间照护、社区互助、健康管理、休闲娱乐、心理咨询等服务。在满足老年人生活需求的同时,融入老年学堂课程,形成"养学一体化"养老模式。老年学堂日常教学工作由中大金石集团有限公司负责,先后开设数独、瑜伽、衍纸、智能手机培训等课程,为辖区内老年人提供高质量的老年教育,第一期学员有130人。

2020年6月28日,朝晖街道召开庆祝中国共产党成立99周年暨街道党建引领社区治理试点工作推进会
(朝晖街道 供稿)

【"无接触式"再生资源回收体系构建】 2020年。朝晖街道构建"无接触式"再生资源回收体系,按照"就近、便民、高效"原则,指导各社区建立完善智能回收站点19个,推广"互联网+回收"模式,有效实现垃圾减量、回收增量。打造规范化再生资源回收网点,位于潮王支路的大型再生资源回收网点占地面积80平方米,配有专职人员3人,大型载重车和铲车5辆,以及专业回收、压缩打包设备。高峰期间,单日可回收各类再生资源15吨以上,日平均回收5～6吨,有效覆盖周边3千米内的小区及商户,实现可回收资源"应收尽收"。回收网点配置专业回收人员,现场指导居民使用手机程序操作回收流程、兑换积分,对不会操作手机的老年居民,推出"在线称重、预约上门"的方式,定时上门回收。

【朝晖四区楼道堆物难题破解】 2020年6月,老房地社区结合百日集中攻坚行动,坚持以党建引领、民主协商、居民公约为抓手,通过召开党群议事会、居民点评会、网格议事会等形式,强化社区、"小区管家"、楼道党员、在职党员、居民代表多方联动,开展入户宣传176次,清理楼道垃圾21吨,整治安全隐患30个,并充分发挥社区公约、

2020年10月30日，朝晖街道西子花园消防安全隐患挂牌小区摘牌

（朝晖街道　供稿）

楼道公约、装修微公约的作用，实现党建聚力、社区共治、居民自治的有机融合，成功破解老旧小区楼道堆物难题，为全区探索党建引领社区治理新模式提供可借鉴、可复制、可推广的朝晖经验。此前，老房地社区和"小区管家"在接手该区域的物业管理后，仅用10天时间拆除地锁176把，彻底解决遗留10多年的地锁泛滥和乱停车问题。

【消防隐患整治】2020年，朝晖街道坚持底线思维、靶向施策、常态管控，围绕"实"字为先、"合"字为要、"治"字为本，打好组合拳，完成西子花园小区、耀江高层公寓、天盛居3个市、区级消防安全隐患挂牌小区摘牌，完成地下空间住人问题清零，小区消防系统不完备、地下空间住人、电瓶车楼道充电等隐患得到有效治理。通过建立街道督查、部门检查、单位自查的共治模式，以及制定《业主公约》、成立"武林大妈"志愿巡查队、召开居民议事会等形式，充分发挥居民自治在老旧小区消防安全隐患治理中的作用。（韩　芸）

文晖街道

【概况】文晖街道位于下城区中东部，是下城区行政中心所在地。面积5.48平方千米，辖京都苑、流水西苑、流水东苑、打铁关、和平苑、现代城、胜利、三里家园8个社区和打铁关、胜利2个经济合作社。2020年，街道常住人口2.22万户、5.53万人，流动人口2.99万人。辖区有杭州万哲置业有限公司、堡盈房地产（杭州）有限公司、杭州朗优置业有限公司、杭州电力承装有限公司、杭州制氧机集团有限公司等重点企业，有艮山门侵华日军碉堡旧址等市级文物保护单位。街道推进重大项目建设，嘉里数创港项目开工，苏荷汇综合体、农都"城市厨房"等项目进度加快。推进"数字文晖"建设，打造并完善"智汇"文晖数字驾驶舱系列模块，推出"人脸口罩识别、健康码实时获取、体温测量"的三合一智能门禁系统，以及"智汇"文晖工地复工精密智控管理系统，服务返工人员3382人。创新"社区微治理""一名党员一幢楼""三小监督"等特色模块，成立健康码工作专班，依托城市大脑·数字驾驶舱，开发"1Call"健康码申诉答疑和复核自主申报平台，通过"线上赋能、线下代跑"方式，优化办事流程，为企业、工地人员代办健康码事项664件。设立驻企信访代办员178人，代办员为杭州广安仓储有限公司、浙江星汉信息技术股份有限公司等57家重点企业和小微企业申报口罩21万余只，缓解口罩紧缺需求，保障企业安全有序复工复产。文晖街道党工委获评杭州市第一批战"疫"先进党组织，现代城社区党委获"浙江省抗击新冠肺炎疫情先进集体"和"浙江省先进基层党组织"称号。

【经济发展】2020年，文晖街道实现税收9.07亿元，地方财政收入4.78亿元，到位外资1.02亿美元，固定资产投资59.5亿元。街道组织赴北京、上海、成都等地开展敲门招商，实现107家企业落户文晖，总注册资本99亿元。浙江云智迪科技有限公司等5个集中签约项目落地。举办中国企业创新能力白皮书发布会等高层次活动。申报杭州市十大青年科技英才1人，新增杭州市高层次人才40人。浙江卓锦环保科技有限公司建立省级博士后工作站，人才集聚度进一步提升。深入开展“走亲连心三服务”活动，走访企业605家次，解决办公场地、人才公寓等问题500多个，协助企业申报国家高新企业、专利示范企业等项目30个，街道安排扶持企业资金1337万元。

【环境综合整治】 2010年，文晖街道推进生活垃圾定时定点投放工作，在全市投入使用首台地埋式垃圾房，创建2个省级、14个市级垃圾分类示范小区。开展“百日攻坚”环境整治行动，街道在全市五水共治“斩污清流”攻坚赛中位列市区第一，在“迎亚运”集中攻坚行动首月评比中位列全区第一，以“优秀”等次获评市级“污水零直排”街道。完成艮山农贸市场改造和会安坝弄美丽小巷建设。结合老旧小区改造，推进小区地下室智慧消防改造，实现8个社区微型消防站全覆盖。新建公园6个，新增停车泊位141个。将存在安全隐患的打铁关陈列馆改造成为“同心·汇贤堂”统战之家，将废弃多年的配套用房打造成为运河党群驿站。

【社会事业建设】 2020年，文晖街道推行居民议事制度，票选街道级居民实事项目7个，推进金晖福苑居家养老、0～3岁晨晖乐园托育、“星晖e家”残疾人之家等“晖”字号系列民生实事项目。其中0～3岁晨晖乐园托育项目设立托位60个，引进绿城育华教育集团进行日常运营。完成独居、高龄老年人、重度残疾人家庭适老化及无障碍设施改造，对8户困难老人家庭进行适老化改造，对9户残疾人家庭进行无障碍改造。建成下城区首批百姓健身房。完成第七次全国人口普查。“星晖e家”残疾人之家获评省、市五星级残疾人之家，胜利社区获评第三批浙江省无障碍社区。街道退役军人服务站获评全国“示范性退役军人服务站”、全市“新时代枫桥式退役军人服务站”。

【社会稳定】 2020年，文晖街道迭代升级“智汇”街道数字驾驶舱。现代城社区率先上线社区智治在线，开发“最多录一次”应用场景，成为全国街道体制改革和服务管理创新经验现场交流会的实地参观点。推进矛盾调解中心建设全覆盖，实现重点信访积案清仓见底。夯实辖区平安建设基础，提升改造微型消防站3处，辖区“三合一”场所清零，全年平安暗访“零失分”，消防事故连续5年下降。最美网格员邵莉静事迹入选中央政法委“四个一百”活动交流案例，和事佬斯利民获评“杭州市十大金牌和事佬”。

【基层党建】 2020年，文晖街道率先打出“五色五心通行证”“工地复工精密智控管理系统”等一系列组合拳，350多名党员包楼联户，65名党员联企走铺，以“一名党员一幢楼”“企企铺铺见党员”“零疑似、零确诊”创新举措推动复工复产，获市委常委、纪委书记陈擎苍，市委常委、组织部部长毛溪浩等领导肯定。实现试点小区党组织全覆盖，业委会党建全覆盖，成立“文小红”党建工作室，领办“扶贫攻坚”等12个共建项目，向湖北省恩施土家族苗族自治州巴东县、贵州省黔东南苗族侗族自治州黎平县等地捐赠85万元，“文小红”工作室被区委组织部评为“两新党建优秀项目”。完成社区组织和经合社换届，党组织换届参选率全区第一，居委会主任和居委会班子成员得票率位居全区前列，经合社换届得票率大幅提升。推进清廉文晖建设，创新实践纪检监

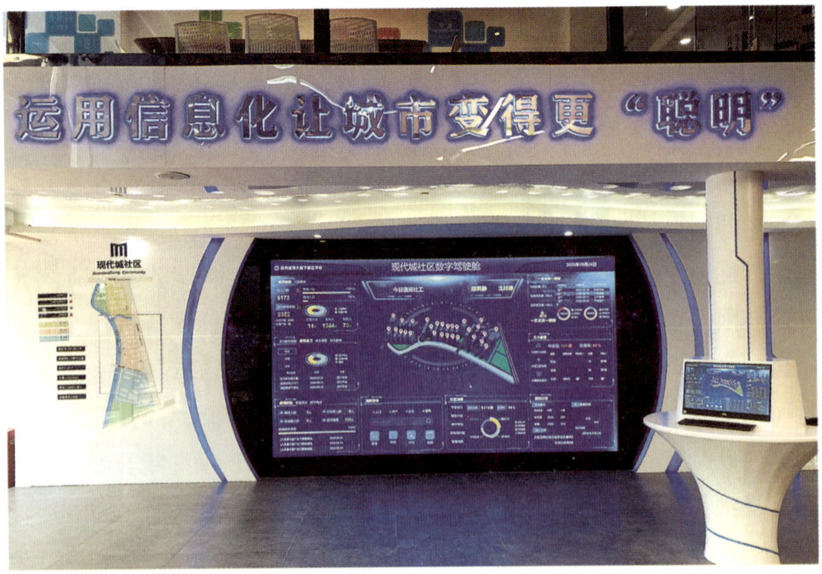

文晖街道现代城社区数字驾驶舱 （文晖街道 供稿）

察“五个一”工作法。在全市率先试点政协系统党的建设“两个全覆盖”机制，建立街道政协委员活动小组临时党支部。建强“和事佬”、运河党群驿站、“同心·汇贤堂”统战之家等党建特色品牌，推进人大代表联络站建设，打造党群综合活动阵地。

【浙金钢材市场搬迁清零】 浙江浙金钢材现货市场位于下城区绍兴路116号，成立于1997年11月，占地面积3.48万平方米，有摊位480个、商户217家、从业人员近1000人，是主城区专业钢材现货交易市场之一。2020年，浙金钢材市场实施搬迁，文晖街道会同区国投集团成立搬迁项目工作专班，全力以赴做好征迁各项工作，实现3天签约清零、88天腾房清零，比既原定计划提前10天完成搬迁，刷新全市同类市场搬迁最快速度。

【老旧小区综合改造提升】 2020年，文晖街道坚持建管并举、共治共享，推进老旧小区综合改造提升。历时180天，完成流水西苑老旧小区改造，小区涉及房屋53幢、单元154个。历时77天，完成河西南38号老旧小区改造，成为全市首个“小而美、小而精”老旧小区改造样本。历时120天，完成流水北苑小区改造，同步签订居民自治公约，共建共享美好家园。流水北苑小区以“智汇立体化”特色入选全市老旧小区改造最佳案例，并获杭州市首批美好家园称号，市委副书记、市长刘忻等领导调研后予以肯定。河西南38号、盛景都会小区获评市美好家园小区。完成既有住宅电梯加装11台，其中流水西苑47幢加梯受益户数48户，是下城区单台受益户数最多的加梯项目。街道相关经验做法被《人民日报》《浙江日报》等主流媒体报道。

【无障碍通行“最后一公里”打通】 2020年，文晖街道胜利社区完善公共服务场所无障碍设施，在社区文化礼堂里设置2条4米宽、10米长的轮椅通道，将20多个店铺门口台阶改造成平缓的坡道，并在社区周边道路的人行道上增设长500米的盲道，打通无障碍通行“最后一公里”。胜利社区卫生服务中心为残疾人专门改建路面坡度，医药服务台配备可以伸缩的触屏笔，并建立94名残疾人需求档案，开展责任医生签约服务，为残疾人提供健康管理。社区为残疾人申报无障碍康复进家庭的改造项目，添置乳胶康复垫，加装淋浴间扶手，更换防滑地板，并为高龄老人配备防走失手环和盲人专用收音机。

【“日托式”养老中心启用】 2020年11月2日，文晖街道居家养老服务中心启用。中心位于胜南路319号～329号，面积1100多平方米，设老年食堂、助浴间、理疗室、理发室、康复训练室、日间照料室等服务型空间，并配套多功能活动室、书画室、舞蹈健身活动室和智能放映厅等活动空间。日常开设智慧课堂，课程包括智能手机的使用等。针对家中有需要“日托”的老人托管问题，中心推出“日托”服务，为老人提供日间照料。搭建智能适老化改造居家样板间，让老人对智能适老化改造有直观认识。辖区为老人提供生活照料服务、康养服务、日常便利服务三大类居家养老服务时，老人可以通过可以刷市民卡内的积分，以积分抵现金使用。

【“文晖社区一家”公益创投评审会】 2020年4月28日，文晖街道第六届“文晖社区一家”公益创投大赛评审会在街道文化综合体微剧场召开。来自8个社区的25个项目团队依次上台介绍展示各自的项目计划和主要内容，项目类型涵盖社区服务、社区融入、协商议事和社区社会组织培育等与居民生活息息相关的领域。项目汇报人通过陈述介绍或PPT展示，汇报目标计划、项目内容、执行推进、成员组成、经费使用等情况。创投项目团队中，本土居民占比超过95%，进一步激活基层社区治理的“源头活水”，进而营造社区居民人人融入、参与、分享的熟人社区氛围。创投评审会对项目评审机制进行优化，促进部分居民自治项目的变革与创新，增强居民对项目需求与目标的认识，强化社区自治开展过程中居民参与社区治理的核心理念。通过“社区一家”公益创投大赛，社区居民自治能力进一步提升。

【“文小红”工作室成立】 2020年5月15日，文晖街道举行“党建联盟聚力，云上援鄂助贫”暨“文小红”工作室成立仪式。“文小红”工作室由街道党务工作者组成，专门帮助辖区企业架起党建共建桥梁，开展系列活动，属于街道“一名党员一幢楼”“一个支部一楼宇”党建品牌的重要内容。辖区企业复工复产前，“文小红”团队摸清辖区企业需求，制作《企业防疫工作指引手册》并实时更新手册内容，组织“党员代言当先锋，融媒推送促发展”活动，企业“两新”组织党员带头在线上平台介绍本单位的产品，解决企业销售受阻问题。通过党建共建，促成浙江卓锦环保科技股份有限公司与杭州燃气工程安装有限公司达成战略合作。成立仪式上，“文小红”工作室代表与湖北省恩施土家族苗族自治州巴东县代表签订入驻楼宇社区协议，联合街道党工委推出直播带货，通过“基地+直播间”的形式，帮助巴东县销售特色农产品。活动获辖区积极响应，杭州老板贸易有限公司党支部向巴东县助贫捐款10万元，杭州中谷米业有限公司党支部和济邦邦科技有限公司党支部利用自身渠道优势，推出线上线下联合直销。“文小红”工作室在辖区深入推进“1+1+N”党建共建工程，通过开展红色故事会、红色讲师团、教师咨询团、党务知识竞赛、演讲比赛等活动，进一步发挥桥梁纽带作用，梳理“两新”组织“需求、资源、项目”三张清单，形成契约化的运转方式。

【社区矛盾调解中心挂牌成立】 2020年3月，文晖街道8个社区级矛盾调解中心挂牌成立。调解中心设受理台、引导区、聊天区、调解室等，主要负责处理群众邻里纠纷、政策咨询、投诉建议等。调解中心以“矛盾纠纷最多跑一地”为宗旨，在统一制度、统一人员、统一标准的基础上，践行“四个一”（“一体化运作、一站式接访、一条龙调处、一揽子化解”）做法，对于比较复杂的诉求，中心的“和事佬”提供代办代跑服务。在人员配置上，由居委会主任担任矛盾调解中心主任，居委会委员、“和事佬”、专职社工和律师担任成员。全年中心调处矛盾纠纷1732起，化解1起信访积案，终结江南园等历史遗留积案3起，销号1起，实现街道信访积案“一揽子清零”。11月15日，街道8个社区完成居委会换届选举。在换届过程中，中心履行搜集民意、反映建议、政策宣传、沟通解释的功能，强化群众与业委会、物业之间的关系，为提高换届选举参与率与认同感打下基础。经过换届，街道8个社区矛盾调解中心主任均由社区书记、居委会主任担任。通过实施党建引领、居民自治、矛调联调“三位一体”，社区党建及公共服务的各项资源与矛盾纠纷调解的功能进一步融合，合力实现“小事不出社区，大事不出街道，矛盾不上交”目标。

【“武林书房”启用】 2020年3月22日，“武林书房”（后更名为“杭州书房”）启用。书房面积近200平方米，位于文晖街道流水苑小区37幢底层。流水苑建于20世纪90年代，小区里有楼房62栋、居民3000多户，公共文化场地偏少。书房原址是一家营业近18年棋牌室，存在油烟和噪声扰民现象。2019年，街道依托河埣上美丽小巷改造项目，提升调整业态，关闭棋牌室，并联合区文广旅体局，将棋牌室改建成城市书房。书房拥有藏书5300册，全部由区图书馆专门挑选和采购。书房采用智能进出系统，实现身份证、市民卡、读者证刷卡入场。书房内提供杭州图书馆“悦借”服务，点击图书即可快递到家，实现市、区、街

文晖街道“武林书房” （文晖街道 供稿）

道、社区四级图书馆服务网络的通借共享。在传统纸质阅读的基础上，街道与喜马拉雅合作共同开发有声图书馆的概念，引进新潮的有声阅读方式，配备平板电脑10台和耳机10副，提供免费优质的有声图书资源，为前往阅读的周边居民带来全新的阅读体验。

【街道文体团队妇女联合会成立】2020年，文晖街道妇联贯彻落实党的群团工作精神，推进“四新”（新领域、新业态、新阶层、新群体）妇联组织建设，实现妇联组织体系有效覆盖。10月16日，街道召开文体团队妇女联合会成立暨第一次妇女代表大会。街道机关、各社区、辖区文体团队45名妇女代表参加会议。街道妇联进一步夯实妇联基层基础，压实横向到边、纵向到底覆盖全领域、全区域的基层妇女工作网络，使妇联组织和妇联工作在妇女群众身边有形化、常态化，将更多的广场文体团队、自由职业女性、“海归”、“创客”等新群体中的妇女纳入妇联组织工作范畴，打造妇女群众工作的“坚强阵地”和深受妇女群众信赖和热爱的“温暖之家”。（王　瑞）

东新街道

【概况】东新街道位于下城区北部，区域面积7.3平方千米，辖中舟、灯塔、三塘、西文、沈家、富春园、杭氧、德胜东村、长青苑、三塘苑、三塘北苑、沁苑、新颜苑、东新园、水漾苑、万家星城16个社区和长木、灯塔、三塘、西文、沈家5个经济合作社。2020年末，街道常住人口2.50万户、7.11万人，流动人口1.97万人。辖区内有新天地城市大脑应用示范区、中国（杭州）汽车文化精品街区、杭州城北体育公园、中国杭州人力资源服务产业园、“太阳马戏”亚洲唯一驻场秀等。街道完成浙江省工业品市场搬迁，28天腾退760户商户。实现重机宿舍4幢危房搬迁清零，156户居民全部签约，成为高质量、高速度搬迁的“下城样本”。启动德胜东村、长木新村老旧小区提升改造项目，成为全区单体量最大的“旧改精品”项目。推动107亿三芒星地块出让和杭州银行金融科技大厦奠基，推进“武林新城”建设。构建横向联动、纵向贯通的街道综合指挥体系，全面提升街道政务数字化管理水平。打造新天地数字驾驶舱，提升精细化治理能力。在疫情防控期间打造“复工资源库”线上小程序，实现需求政策扫码对接；举办中国（杭州）汽车文化精品街区2020春季“车享节”，推广购车“云平台”，实现线上体验、线下提车。街道获评杭州市抗击新冠肺炎疫情先进集体、杭州市先进基层党组织、杭州市数字赋能基层社会治理十佳乡镇（街道）、杭州市最具活力基层侨联组织、下城区第四次全国经济普查先进集体。

【经济发展】2020年，东新街道实现税收27.7亿元，比上年下降17.6%。地方财政收入15.12亿元，下降14.9%，税收、地方财政收入总量居全区首位。中国（杭州）汽车文化精品街区实现税收1.87亿元，中国杭州人力资源服务产业园实现税收1.17亿元。累计完成有效投资58.73亿元，完成年度目标任务的92.8%，其中街道本级项目完成投资额40.81亿元，完成率112.1%。实现商贸销售额927.79亿元，增长20.3%；实现社会消费品零售额103.53亿元，增长9.9%；商贸销售额及社会消费品零售总额增幅均居全区首位。全年引进内外资企业642家（其中注册资金1000万元以上企业86家），总注册资金97.7亿元，完成到位外资18459万美元，完成年度计划的185%；引进投资1亿元以上服务业大项目11个，完成年度计划的138%；引进“大好高”项目5个，完成年度计划的2.5倍；引进注册资金1000万元以上产业链项目9个、固定资产总投资1亿元以上产业大项目8个、10亿元以上产业项目5个，分别完成年度计划的180%、2.7倍和2.5倍。完成集中签约项目12个。

【环境综合整治】2020年，东新街道以“百日攻坚”行动为契机，发动街道、社区各层级力量，持续推进环境整治工作。对社区楼道、屋顶、地下室、绿化带、卫生死角、积水容器等进行大整治，累计清理垃圾、堆积物1980吨及卫生死角2330处，补种绿化带3000多平方米，清理牛皮癣7000多处。完成横河港智慧河道的施工建设，并落实长效化管理。推进51个生活小区560幢房屋的“污水零直排改造”及70幢房屋的“清肠”工作。

对3个禁开区域的43家餐饮店进行专项整治。以网格为单位，逐幢清零，巩固“无违建街道”创建成果。坚持党建引领、多方协作、志愿带动，垃圾分类工作走在全区前列。全年52个小区设置202个分类投放点，统一实行垃圾分类定时定点投放，辖区创建市级垃圾分类示范小区18个，申报省级示范小区4个，完善50个大件（园林、建筑）垃圾堆放点建设并启用。

【社会事业建设】 2020年，东新街道对132项政务服务项目进行分类梳理，设立24小时自助服务区，推行“就近办”“集成办”，实现39项审批审核事项街道社区直接办结，群众办事体验度进一步提升。东新园社区作为全区智治在线平台试点，推出政府购买智慧养老服务项目，定期安排养老顾问上门走访慰问老人，社区服务精准度不断提升。加大民生投入，推动29件四级民生实事落地。以东新园社区为试点，建设“邻聚里”邻里共享服务中心，丰富百姓文化生活，打造“居民离不开”的社区。推进残疾人精准康复工作，做好辖区35名残疾人康复器材辅具发放、189名残疾人辅具需求上报，并对辖区内14户残疾人家庭实施无障碍改造。完成东新街道残疾人之家提升改造，并获评杭州市四星级残疾人之家。11月4日，东新街道作为全国唯一特邀的街道代表参加全国街道服务管理创新经验现场专题交流会，交流街道服务管理创新工作成果。

【社区文化建设】 2020年，东新街道组织丰富多彩的社区文化活动，推动辖区文化事业高质量发展。举办街道第二届文化艺术节，开展各类文化惠民活动200多场。举办长三角水上运动节，为市民带来精彩的运动、观赛、娱乐体验。启动全市首批城市青年音乐角之一，在新天地活力PARK以极具代入感的互动表演为年轻人打造开放、互动的音乐舞台。推进社区之歌创作，16个社区根据自身特色创作社区之歌，灯塔、万家星城、沈家3个社区创作的歌曲入选区级精品歌曲，并在全区现场评比中分别获金奖、银奖、铜奖。新打造东新园、万家星城、三塘、灯塔4个社区文化家园，为社区居民打造充满文化韵味的共享空间。开展优抚对象、退役军人信息采集及光荣牌悬挂工作。开展省退役军人服务站创建工作，确定街道、三塘北苑社区、东新园社区和沈家社区4个退役军人服务站作为示范点。通过与公益新动力共融服务中心合作，开展“军民一家，鱼水情深”项目化、品牌化运作，八一建军节开展“畅叙鱼水情，奉献展胸怀”大型主题活动，增强对重点退役军人服务对象的精神关爱。

【基层党建】 2020年，东新街道推动“不忘初心、牢记使命”主题教育常态化，贯彻落实新时代党的组织路线，抗疫和发展“两手抓”，为全街道经济社会高质量发展提供坚强的组织保证。在“疫”线识人用人，开展社区“三个一批”工作（即在防疫一线火线提拔一批干部、火线培养一批后备干部、优先发展一批党员），树立“重实干、重实绩”的鲜明导向，激发干部动力。全年重用提拔科级干部1名、5名社区副职被提拔为社区正职，4名社工被提拔为社区副职，38名社工被纳入街道社区干部后备库进行重点跟踪培养。

2020年12月，东新街道德胜东村社区主干道蝶飞巷建成美丽小巷

（东新街道　供稿）

2020年2月16日，东新街道楼宇临时党支部成员在杭州新天地疫情防控点值守

（东新街道　供稿）

高质量完成16个社区和5个经合社的党组织换届，配强社区（经合社）党组织书记力量，组织上任培训和廉政谈话。借鉴楼宇疫情防控经验，推进辖区全域“一支部一楼宇”建设，搭建“楼宇社区（集聚区）党委—楼宇党总支—两新组织党支部”框架，在“太阳马戏”广场打造党群驿站，为“两新”集聚区党员群众提供家门口的党群服务。持续开展“扫楼扫街”行动，实现“两新”组织数量、经营状况、职工人数、组织设置、党员数量、企业负责人身份“六个清”，全年走访企业1269家。持续巩固深化“不忘初心、牢记使命”主题教育成果，年内规范发展党员17名，开展主题党日12次，上党课79次，对5352名党员开展民主评议。

【街道疫情防控】 2020年初，东新街道面临全区最多小区、最多隔离数、最多企业、最多工地的疫情防控现实，克服卡口多、隔离户多、排查量大的困难，建立“三表、五问、五必须”工作机制。通过“大隔离、大包围”“硬隔离、软服务”举措，筑起疫情防控墙。成立再行路卡口临时党支部、爱心接驳站，为居民筑实安全防线。创新运用数字驾驶舱“疫情监测”“安心堂食”“返岗返家”“工地智管”模块场景，率先在全市实现精密智控。创新推出“一支部一楼宇”“一楼三员”“三张清单”“十大资源库”等举措，举办“车享节”“云招商”等活动，助力企业复工复产，绍兴路汽车街区成为全市首家复工的特色街区。街道“战疫情、促发展”典型经验获央视新闻直播报道，时长60分钟。

【人才引进】 2020年，东新街道大力实施人才强街战略，确立人才引领发展地位，着力构建高素质人才队伍。推进国际人才驿站实体化运作，多渠道、全方位开展招才引智，主动对接跟进BBMD（广播管理设备）、浙江吉涛医学检验有限公司、中南经济研究院等多个高端人才项目。全年推荐申报各类人才12名；新认定市高层次人才31名，其中D类及以上7名。推广杭州市“人才码”，梳理辖区特色资源，为人才提供专属优惠服务共4大类20项。11月8日，航天科工广信智能技术有限公司院士工作站揭牌，工作站组织开展院士论坛活动，借院士之力助力企业发展，推动街道智慧城市、智慧建筑等相关产业发展壮大。

【街道数字驾驶舱建设】 2020年，东新街道进一步深化城市大脑街道数字驾驶舱建设。归集16个平台、7000多万条数据，设立社区、街区两级数字治理平台，场景应用遍及57个工地、4个园区。街域治理工作全部“入脑上线”，实现“一支队伍管执法、一个平台管治理”，让数字化、精细化、智慧化贯穿基层治理各领域，实现基层治理业务操作、事件流程、具体执行各方面、全领域的数字化管理。建立街道社会治理综合服务中心，12个部门集中进驻，全面承接420项事项。构建“五调联动”工作体系，形成“信访—调解—仲裁—诉讼”全链条服务，实现矛盾纠纷分类分层处置闭环，推动问题“前端化解、就地解决”，打造街道矛盾纠纷化解“终点站”。

【“共享车位，错峰停车”项目推进】 2020年，东新街道为解决居民“停车难”问题，率先在杭州新天地推出“共享车位，错峰停车”项目，基于城市大脑对大数据的深入分析运用和多方协同治理的不断探索，计算出“共享车位”的范围及泊车高峰，在新天地商业区两个停车场内划出“共享车位”600个。周边小区居民办理错峰停车套餐后，可在晚间6：00至次日9：00将车辆停入停车场内。街道在小区附近设置错峰停车引导牌，实时呈现空余车位数和“停车指数”，引导车辆快速找到就近“共享车位”。交警在处理违停车辆时，引导车主使用导视牌上的二维码，扫码咨询即刻加入错峰停车。错峰停车通过盘活商业区夜间空闲车位资源，缓解小区“停车难”和道路“违停多”两大治理难题，道路违停环比下降83%，违停类投诉比上年下降86%。

2020年4月2日，下城区举行浙江省工业品市场腾房交接仪式

（东新街道 供稿）

【浙江省工业品市场搬迁】 2020年3月，受疫情影响，东新街道以最快速度完成浙江省工业品市场搬迁项目“从市场搬迁到商户遣散”方案调整。市场主体西文经合社在做好疫情防控的同时，积极推动市场腾房进展。设立工作专班、专人，了解商户返杭情况，告知健康码申报流程及市场复工申报流程等；提供部分临时仓库供经营户过度使用，解决商户老板迁入新址前的货物存放难题，切实做好“店小二”服务，为商户解决实际困难；联系多家周边的专业市场驻点招商，并由市场管理方出面，统一为商户争取到入驻补贴、租金减免等优惠政策，帮助商户落实店铺新址。搬迁项目用时28天完成腾退商户650户，成为全区同等体量搬迁速度最快的项目。

【老旧小区综合改造提升】 2020年，东新街道启动德胜东村、长木新村老旧小区综合改造提升项目，完成76幢房屋基础设施、7处社区配套保障、6个口袋公园、1条“美丽小巷”、222个新增泊位提升改造及10多万米管线铺设，成为全区单体量最大的“旧改”精品项目。项目整体按照下城区“保持旧肌理，赋予新功能，展现老味道”思路，努力为居民打造“5分钟生活圈”，提升居民生活环境品质。主干道蝶飞巷以“从前慢”为主题完成墙绘创作，成功打造美丽小巷。新建成居家养老服务中心，满足老年居民用餐、托管需求。改造后的小区，外立面为米黄色，通过电力线路“上改下”，清除密布在天空中的“蜘蛛网”，小区环境进一步提升。

【物业综合管理工作站建设】 2020年，东新街道在成立全省首家物业综合管理工作站（简称“物管站”）的基础上，组织61家物业企业、业委会、社会组织成立物业联盟，实行轮值主席制，推行“五带头”，实现对联盟成员单位的政治引领。至年末，13个业委会、5个物业公司建立党组织，15个物业服务项目建立党小组。逐步分批提升业委会中的党员比例，有18个业委会党员比例超过50%，14名党员担任业委会主任，5名社区“两委”班子成员进入业委会。5月，街道物管站推出“周五接待日”创新服务，即每周五组织专业人士到物管站参与咨询调解，帮助社区、居民、物业公司解决各类小区管理相关的难题。专家团由职能部门、代表委员、专业机构、社会组织、共建单位共同组成，开设“专家门诊”，提供面对面专业指导、政策咨询，全年开展多方联席交流会、专题调处会30多场，解决物业管理历史积案20多件。

【东新园“邻聚里”邻里共享中心启用】 2020年6月13日，东新街道东新园社区“邻聚里”邻里共享中心启用。中心由原来的社区办事大厅、交管站和慈善超市仓库重新装修改建，改建后的邻里共享中心有宽敞明亮的大厅、便捷的24小时自助服务区、宽敞的会议室、充满科技感的VR设备、设施齐全的健身房，为居民提供办事、休闲的便利。中心一楼是公共服务区，有社区接待处、24小时自助服务区和长者服务区等，长者服务区是为社区60岁以上老人提供活动、交流、康复等功能的场所，经常开展义诊、健康咨询、免费理发等关爱长者活动。二楼为党群服务区，有支部活动室、人大代表联络站（居民议事厅）、社区讲堂等，系日常沟通社情民意的重要场所。三楼为邻里共享区，有下城区首个挂牌的“百姓健身房”、排练厅、图书室、亲子活动坊等，定期举办各种文体活动。街道社区通过打造“邻聚里”社区品牌，为东新园居民提供一个有温度、有幸福感、有舒适感的共享空间，让不同年龄的居民都能聚在一起，共享美好和谐家园。

【中国国际动漫节下城分会场活动】 2020年9月29日至10月4日，第十六届中国国际动漫节下城分会场活动在东新街道新天地园区举行。分会场活动由区委、区政府主办，区文创产业发展中心、东新街道、杭州新天地集团共同承办。分会场设立星光文化广场和太阳广场2个舞台，围绕“绮幻新天地”主题，融入太阳马戏元素及夜经济地标特色，推出“动漫主题市集”“次元新风尚”“潮玩新人类”“动漫亲子嘉年华”等10多项动漫主题活动，其中包括“汉服快闪”、手游挑战赛、街舞表演、声优表演、动漫涂鸦等特色活动，为动漫爱好者和市民打造一个“动漫黄金周”。

2020年6月13日，东新园社区“邻聚里”邻里共享中心启用

（东新街道 供稿）

【第十四届中国国际女装设计大奖赛在新天地太阳剧场举行】 2020年11月25日，第十四届中国国际女装设计大奖赛总决赛暨颁奖晚会在杭州新天地太阳剧场国际舞台举行。大赛由中国服装设计师协会和下城区政府主办，以“云尚天地，数创下城”为主题，组织发动全国高校、职业设计师们参赛，大赛突出国际化和人才元素，向英国、意大利、法国、日本、韩国等国家的院校和设计师发出邀约，征集各国优秀设计作品进行创意对垒，并邀请英国、比利时、加拿大等国家的知名设计师和专家教授加入评委队伍。活动现场，20组决赛作品在6块大荧屏、升降梯台、旋转座椅的现代化、智能化科技装置配合下，将时尚、创意、科技深度融合，展现服装设计独有的文创魅力。东新街道50名工作人员和新天地70多名综合执法人员，定点值守、动态执勤，为活动举行提供服务保障。 （赵寄言）

石桥街道

【概况】 石桥街道位于下城区北部，区域面积9.73平方千米，辖石桥、杨家、华丰、永丰、天堂园、景荣、景安、华中、景春、华锦10个社区。2020年，街道常住人口1.25万户、8.07万人，流动人口6.09万人。街道聚焦“两手硬、两战赢”目标任务，创立“党员包干到户、支部包干到楼、网格总支包干到

2020年11月25日，第十四届中国国际女装设计大奖赛总决赛暨颁奖晚会在杭州新天地太阳剧场举行 （东新街道 供稿）

片”工作机制，采取组建党员突击队、“无人机”喊话等举措，实施党建引领、数字赋能、精准服务。举办首届武林新城花香消费节，发送60多个提振消费礼包，助力辖区1.26万家企业、4160户个体户复工达产。全年街道人大、政协开展视察调研活动16次。在经纬创意园成立全市首个文创设计园区人才驿站，总面积5000多平方米。街道“群英·同心荟”被省委统战部确定为第三批省级新的社会阶层人士统战工作实践创新基地，街道妇联被评为浙江省示范乡镇（街道）妇联，街道武装部获评杭州市首批“五星级”基层武装部，街道退役军人服务站获评杭州市首批“枫桥式”退役军役军人服务站。

【经济发展】 2020年，石桥街道实现税收15.44亿元，地方财政收入8.32亿元；完成固定资产投资36.69亿元；限额以上社会消费品零售额27.12亿元。完成数字经济核心产业增加值7500万元，比上年下降15%；完成规模以上商贸及其他服务业增加值25.48亿元，增长2.9%；规模以上文化创意产业增加值12亿元，增长77.2%。服务贸易2.52亿美元，完成年度服务贸易计划；外贸出口31.78亿元，增长4.9%。引进企业659家，注册资本41亿元，其中引进投资1亿元以上服务业大项目12个、产业链项目10个，引进10亿元以上固定资产投资项目2个。永丰印象城、中电智能科技有限公司、鼎泰安消一站式服务平台等11个项目在全区重点招引项目集中签约仪式上签约。杭州都之漫文化创意有限公司、杭州茜谷科技有限公司、杭州都爱漫贸易有限公司等公司通过新设、增资等方式，实际利用外资2186万美元。街道走访重点企业550家次，帮助对接融资、招聘人才等需求50多项。推进金通数字经济科创园、浙大网新产业园、新华互联网汽车产业园等园区转型升级和招商工作，加快培育经济发展新动能。

【环境综合整治】 2020年，石桥街道对照杭州市“无违建街道”标准，加大环境综合整治力度。完成124个无障碍设施问题整改及景洲公寓二次供水改造等项目。开展环境整治百日攻坚行动，整改环境问题3125个。整治建筑垃圾非法处置点11个。完成34个小区366幢房屋雨污分流改造，街道通过市“污水零直排区”验收。17个再生资源回收站点、25处大件垃圾堆放点完成治理并重新投入使用。11个小区创建成为杭州市垃圾分类示范小区，其中新鼎家园成为全市垃圾分类示范小区样板。完成天堂园社区23幢房屋改造和文化公园建议，该社区获评市三星级文化家园。

【社会事业建设】 2020年，石桥街道完成8项地铁建设征迁任务。结合老旧小区改造，在天堂园社区打造重点民生实事项目——石桥街道居家养老服务中心，并由专业养老机构开展助餐、日托等为老服务。引进浙江连信科技有限公司多功能心理机器人项目，实施新冠肺炎疫情心理健康服务行动计划，为有关人群提供心理疏导“智慧化”服务。发挥辖区军嫂的特长，打造全市首个“军嫂增能营”，形成独具特色的“81232”模式。街道退役军人服务站定期组织退役军人学习和活动，为退役军人提供多方面服务，获评杭州市首批“枫桥式”退役军人服务站。

资料："81232" 模式

“81”为“八一”建军节，“2”为红色（党员）和绿色（青年），“3”为宣讲型、帮扶型、引领型，“2”为每个周二为固定活动日。石桥街道通过在“八一”建军节和固定活动日举行宣讲型、帮扶型、引领型活动，推动“军嫂增能营”运行。

【社区文化建设】 2020年，石桥街道景安社区打造“景韵·金侨之家”，完善侨胞风采展示走廊、民情直通车、喜马拉雅有声图书馆、书画区、主题墙、爱在金侨之家打卡点、侨情大事件七大功能区域。结合传统节日，组织侨眷开展包饺子、包粽子、做月饼等活动，共同体会中华文化。“景韵·金侨之家”举办以“节俭养德，爱惜粮食”为主题的剪纸活动，宣传勤俭节约的中国传统美德，倡导杜绝餐桌浪费的社会风尚，该活动被杭州市“学习强国”学习平台选用。举办以“和”文化为主题的国学培训活动，将传统国学通过书法、绘画、篆刻等艺术形式融入居民日常生活，构建以价值导向、道德引领、文化浸润为核心的平安文化。9月12日，华中社区“家门口的少年宫”开课，“家门口的少年宫”以半公益性质的模式向辖区居民提供书法、篆刻、国画、葫芦丝等课程，满足青少年学习需求。9月22日，石桥街道星级群众文化团队在永丰社区文化家园举行展演活动，来自9个社区的11支文艺团队带去越剧表演、舞蹈、旗袍秀、合唱等节目，向辖区居民展示星级群众文化团体的文艺风采。

【社会稳定】 2020年，石桥街道建成并启用街道社会治理综合服务中心和社会矛盾纠纷调处化解中心，为辖区居民提供“一站式”服务。推进扫黑除恶专项斗争，破获团伙案件32起，化解群体性上访事件6起。协调区相关部门解决困扰田逸之星小区577户居民不动产证办理问题。会同街道派出所、下城交警中队开展电动自行车专项整治和校园治理。辖区建成集停车、安防、预警等功能于一体的智安小区17个，提升小区管理水平。

2020年，石桥街道景安社区打造“景韵·金侨之家”　（石桥街道　供稿）

【基层党建】 2020年，石桥街道开展“一个党员一幢楼”“企企铺铺见党员”等行动，104名社工、406名党员骨干、86个党建共建单位、900多名“武林大妈”志愿者共同参与抗击疫情。出台《关于建立健全经社“三小”监督体系的指导意见》，积极探索党建引领社区治理新路径，在全区率先建成并开放小区“红色邻里港湾”12个，实现街道各社区全覆盖，打通党组织服务群众“最后一百米”。建立推行小区党组织议事、评议审议等4项机制，街道党工委作为全区代表在长三角党建引领小区治理研讨会做交流发言，人民网、《浙江日报》、浙江新闻客户端等主流媒体进行宣传报道。编印下发关于“十严禁、十不准”选举纪律的宣传手册1200份。完成社区党组织换届选举，选举产生新一届社区“两委”委员78人、经合社董事会成员22人。换届选举中，党员平均参选率98.3%，“一肩挑”人选（书记）平均得票率96.6%，委员平均得票率92.7%。成立下城区首个电竞社团党支部，举办全区首届“两新”电竞嘉年华系列活动。打造“群英·同心荟”和“景韵·金侨之家”等特色统战阵地。“群英·同心荟”被评为省级第三批统战工作实践创新基地，“景韵·金侨之家”被评为全市统战系统单项特色典型范例。

【杭州北景园生态公园电竞场馆开工】 2020年9月24日，下城区举行第三批重点项目集中开工活动暨杭州北景园生态公园电竞场馆开工仪式。11个重点项目集中开工，总投资205.15亿元。其中，杭州北景园生态公园电竞场馆、嘉里数创港等产业类项目4个，总投资196.86亿元。杭州北景园生态公园电竞场馆位于灯塔单元。总投资45.86亿元，占地面积36万平方米。电竞场馆建筑面积8万平方米，其中，地上建筑面积2万平方米，地下建筑面积6万平方米。项目以生态休闲为特色，打造集休闲游憩、运动健身、文化体验、智能互动等功能于一体的城市休闲游憩型绿地和综合性场馆。

【街道居家养老服务中心开业】 2020年11月20日，石桥街道居家养老服务中心投入运营。该中心位于永华街332号（原132号）是下城区民生工程重点项目，由中大金石集团有限公司运营。中心面积1000多平方米，设托位12张、助餐位40个，具有日间综合照护、老年食堂、康复护理、休闲娱乐、辅具租赁、心理咨询六大助老功能，并配备“养老服务顾问”，提供专业细致的养老服务。中心通过公建民营运作模式，提升社区居家养老服务能力，为老年人提供更加贴心、智慧的养老服务。开业仪式上，中心在功能区域设置打卡游戏，前往参观的老年人可通过游戏路线体验中心的全部功能区域，满足老年人多样化、个性化与品质化的服务需求。

【“红色邻里港湾”打造】 2020年，石桥街道创新基层治理模式，探索“党建引领+基层治理”小区治理路径，打造“红色邻里港湾”12处，实现辖区社区全覆盖。华中社区“红色邻里港湾”聚焦突出问题，聘请第三方专业机构，安排3名专职人员为居民和物业公司提供法律咨询、专业指导等服务，并加强沟通、协调，实现“矛盾化解不出小区”。景荣社区“红色邻里港湾”设立社区监察联络点，通过月度监察议事、季度廉政讲堂、年度工作评议等载体，受理群众举报投诉，收集居民反应强烈的痛点、难点、堵点问题和线索，发挥监察监督“最后一公里”的作用。景安社区“红色邻里港湾”将“党群暖心坊”与物业公司、业委会办公场地相连接，放大党建引领、服务群众、居民议事功能。枫丹苑小区“红色邻里港湾”立足“做足党味、做暖家味、做浓情味”宗旨，搭建基层治理平台，成立红色义工、法律援助、文体娱乐、环境卫生等8支富有特色的小区服务队，通过党建引领与共建共享、清廉文化、议事协商、文明创建、公益便民等方面的融合，推出“红心门、清风里、和谐里、文明里、幸福里”功能区，功能区集会议、教育、活动、培训、宣传展示、谈心谈话等20多种功能于一体。街道“红色邻里港湾”通过建立“邻里议事会”“夜间诊疗会”“专家接待日”等议事机制，健全“街道党工委—社区党委—网格党总支（支部）—楼道党支部—党员—群众”工作联动体系，发挥基层党组织和党员在价值引领、宣传动员、联动服务等方面的作用。

【电竞数娱嘉年华活动】 2020年11月27日，由区委组织部（“两新”工委）、区数产园管委会、团区委、石桥街道共同主办，杭州艾及帝文化创意有限公司LGD俱乐部承办的电竞数娱嘉年华活动在石

2020年11月20日，石桥街道居家养老服务中心开业　（石桥街道　供稿）

2020年6月4日，杭州经纬创意产业园人才驿站启用　（石桥街道　供稿）

桥街道电竞小镇LGD主场馆举行。各街道有关人员、电竞社团代表和“两新”组织电竞爱好者等120多人参加活动。活动分王者争霸赛、竞技初体验、大咖分享会、红色观影月、红色沙龙会五大系列。其中，王者争霸赛吸引全区近100个“两新”组织党员青年报名。经过小组晋级赛、资格淘汰赛，8支队伍晋级决赛，文晖街道江南巷青铜战队和朝晖街道铁头战队分别获首届“LGD”杯“两新”组织王者荣耀争霸赛冠军和亚军。活动现场，区委常委、组织部部长沈华锋为冠军、亚军队伍颁奖，团市委副书记罗孙一鸣为各街道首批楼宇社区电竞社团授牌。

【杭州经纬创意产业园人才驿站启用】 2020年6月4日，由区委组织部（区人才办）、团区委、石桥街道党工委办事处联合主办，杭州经纬天地创意园承办的杭州经纬创意产业园人才驿站成立仪式举行。成立仪式上，石桥街道和相关部门、杭州经纬天地创意园及党建共建单位共同为入驻驿站的高层次人才送上“人才经遇礼包”，礼包包含创业优惠贷款、创业基金扶持、人才公寓提供等服务20多项，为入驻人才提供全方位、全天候、无忧式的保障服务。年内，驿站为人才提供咨询管理、学习活动、资本运作、价值管理、文化娱乐等多元服务，打造青学汇、青乐汇、青创汇3个主阵地及射箭馆、茶道馆、咖啡馆等5个活动阵地。依托经纬大讲堂、青年读书会、创业故事汇等载体，开展人才学习、交友、创客、赛事等活动30多场，成为“人才创业在经纬、学习在经纬、活动在经纬、成长在经纬”的“一站式”人才驿站。

（富炎强）

32 人物

全国先进工作者

叶　英　男，1975年8月出生，中共党员，杭州市公安局下城区分局党委委员、三级高级警长。长期坚守刑侦一线工作。2016年，被授予个人一等功。2016年8月5日，在专案会商时，因连续多日加班，引发急性脑出血晕倒，经开颅手术脱离生命危险，但左手和左腿部分生理功能丧失，为尽快投入工作，每天坚持4小时康复训练。2017年，重返工作岗位后，协助分管分局刑侦工作，成立强化刑侦实战培训的“叶英工作室”，致力于培养高素质刑侦人才。工作室在扫黑除恶专项斗争发挥重要作用。2017年5月19日，被授予“全国特级优秀人民警察”荣誉称号。2017年9月，被公安部刑事侦查局评为全国公安百佳刑警。2020年11月，获评全国先进工作者。

全国脱贫攻坚先进个人

吴　斌　男，1983年4月出生，中共党员，杭州市下城区教育局团工委书记、办公室副主任。2018年4月，在湖北省恩施土家族苗族自治州巴东县挂职，担任县扶贫办副主任。注重实地调研，走遍全县12个乡镇、118个贫困村、40多个非贫困村，秉持“巴东所需，下城所能”理念，协调构建党委领导、政府主抓、部门牵头、各负其责、统筹推进的工作格局，推进两地全方位、深层次、多领域扶贫协作。杭州市和下城区累计投入帮扶资金1.64亿元，组织社会帮扶资金和物资价值4600万元，实现消费扶贫1.37亿元。结对帮扶贫困村42个，引进投资6.69亿元，举办党政干部、专技人才培训55期，8180多人参加；举办劳务协作培训和致富带头人培训，1750多人参加。挂职期间获评湖北省东西部扶贫协作优秀挂职干部、恩施土家族苗族自治州脱贫攻坚先进个人，被表彰为全国脱贫攻坚先进个人。

全国抗击新冠肺炎疫情先进个人

李志会　男，1977年3月生，中共党员，浙江省杭州市红十字会医院重症医学科副主任。2020年2月9日，担任杭州市第三批支援武汉抗击新冠肺炎一队医疗队长、华中科技大学同济医学院附属同济医院光谷院区重症病区主任。2月10日，到达武汉后，第一个进入隔离区接诊重症患者，并组织医疗突击队迅速完成确诊重症新冠肺炎患者的收治工作。作为医疗队长和病区主任，他第一个对科内重症患者开展第一轮呼吸道核酸标本采样，第一个开展床边重症超声检测，第一个操作无创呼吸机给患者以生命支持。在完成科室患者诊疗同时，严格做好医院科室和驻地的防护管理，设定缓冲区，防止驻地感染。他连续奋战52天，带领团队收治重症新冠肺炎患者，患者整体治愈率达90.6%，成功实现“打胜仗、零感染”的救援目标。2020年9月，被中共中央、国务院、中央军委授予全国抗击新冠肺炎疫情先进个人称号。

（杭州市红十字会医院）

黄海军　男，1977年8月生，中共党员，浙江省人民医院感染病科副主任，主任医师。2月19日，被任命为浙江省第五批援鄂医疗队副队长。援鄂期间，任武汉大学中南医院重症病区主任、武汉市金银滩医院重症病区副主任兼联合专家组成员。援鄂45天里，他所在的医疗队收治、经管患者无一人转化为危重症，实现患者“零死亡”、医务人员“零感染”。2020年9月，被中共中央、国务院、中央军委授予全国抗击新冠肺炎疫情先进个人称号。（浙江省人民医院）

胡元勇 男，1978年11月生，中共党员，浙江日报全媒体视频影像部采访室副主任。2020年2月23日，跟随浙江支援湖北荆门医疗队赴荆门采访。在荆门市的日日夜夜，他用文字和镜头，第一时间发回一线救援信息，并出镜做起直播。他经常进入重症病房，忠实记录生死时速。为减少防护服消耗，他争分夺秒拍摄、采访、撰稿、整理照片、剪辑视频，经常“连轴转”。在荆门的37天里，他和浙江日报社后方团队在《浙江日报》、浙江新闻客户端及中央媒体的新媒体、互联网平台发稿150多篇，全网总传播量超过7800万。2020年9月，被中共中央、国务院、中央军委授予全国抗击新冠肺炎疫情先进个人称号，是浙江省新闻界唯一获此荣誉的媒体人。（年鉴编辑部）

全国卫生健康系统新冠肺炎疫情防控工作先进个人

李志会 参见“全国抗击新冠肺炎疫情先进个人”事迹介绍。

何　强 男，1973年7月生，中共党员，浙江国家紧急医学救援队队长，浙江省人民医院党委委员、副院长。2020年2月3日，主队请缨支援武汉。2月4日，组建一支由省人民医院重症医学科、呼吸内科、感染病科、急诊医学科等科室21位医务人员参加的浙江国家紧急医学救援队。救援队抵达武汉后，负责武汉第一家方舱医院——江汉方舱医院的建设与管理。他组织救援队制订周密、有效的查房救治体系，并对方舱医院建设提出诸多开创性意见。后救援队随转战、日海、袁家台方舱医院，何强担任黄陂方舱医院和袁家台方舱医院院长，率先将基于5G的超声机器人技术用于新冠肺炎患者的诊疗，开创方舱医院又一个先河。援鄂56天里，他带领的救援队转战4家方舱医院，无一例死亡。2020年3月，被国家卫生健康委、人力资源社会保障部、国家中医药管理局授予全国卫生健康系统新冠肺炎疫情防控工作先进个人称号。

俞　平 女，1975年4月生，中共党员，浙江省人民医院神经外科护士长。2020年2月3日，带领护理组驰援武汉，承担江汉方舱医院日常管理工作。2月11日，随救援队奔赴黄陂区筹建黄陂首家方舱医院，对方舱医院的整体设计、岗位设置、医护人员排班等提出许多有操作性的意见，为方舱医院迅速开张和正常运转做出积极贡献。2月15日，救援队接到黄陂方舱医院B馆开馆任务，她带领团队迅速制订各项护理流程和岗位职责，确保B馆顺利开馆。2月21日，救援队再次转战武汉光谷日海方舱医院，负责整个医院的护理工作。2月23日晚，接到紧急电话，又立即赶赴蔡甸区袁家台方舱医院，当夜和对接单位商定病区的护理方案，推进袁家台方舱医院在最短时间内实现正常运转。援鄂期间，她带领浙江国家紧急医学救援队护理团队，赴4个区建设5所方舱医院，成为方舱医院建设的先行者。2020年3月，被国家卫生健康委、人力资源社会保障部、国家中医药管理局授予全国卫生健康系统新冠肺炎疫情防控工作先进个人称号。

（浙江省人民医院）

郑建娣 女，1982年4月生，农工党党员，浙江省杭州市红十字会医院病区副护士长，主管护师。2020年2月9日，担任杭州市第三批驰援武汉医疗队一队护理总护士长，带领近100位护士组成的护理团队，支援华中科技大学同济医学院附属同济医院光谷园区。面对庞大的人员队伍和艰巨的工作任务，负责人员培训、物资调配、生活安顿，操作指导等工作，带领护理团队精心做好患者的生活护理和心理疏导。她发挥专业在糖尿病患者中推广无痛测血糖法，并运用AIDET沟通模式，加强与患者的沟通交流。2020年3月，被国家卫生健康委、人力资源社会保障部、国家中医药管理局授予全国卫生健康系统新冠肺炎疫情防控工作先进个人称号。

（杭州市红十字会医院）

刘元春 女，1989年2月生，中共预备党员，浙江省树兰（杭州）医院感染科人工肝治疗中心护士。2020年1月31日，第一时间报名参加树兰（杭州）医院支援武汉疫情防控工作。2月1日，跟随李兰娟院士参加武汉大学人民医院东院区重症监护室抢救危重症患者，帮助患者接受人工肝治疗。进驻武汉15天时间里，和队友完成14人31例次李氏人工肝治疗。治疗任务最重时，她穿着防护服在治疗室持续值班近9小时，浑身浸满汗水。为让更多医护人员掌握人工肝治疗技术，她承担现场教学工作。面对高强度的工作，她因低血糖发作差点晕倒。她在抗疫前线提交入党申请书，表达对中国共产党的忠诚。2020年3月，被国家卫生健康委、人力资源社会保障部、国家中医药管理局授予全国卫生健康系统新冠肺炎疫情防控工作先进个人称号。

（树兰<杭州>医院）

浙江省抗击新冠肺炎疫情先进个人

寿　钧 男，1975年1月出生，中共党员，下城区疾病预防控制中心传染病防制一科科长，主任医师。主要负责传染病疫情监测、突发公共卫生事件调查处置等工作。参加过2003年SARS、2009年甲型H1N1流感、2013年人感染H7N9禽流感、2017年登革热等重大疫情防控工作。获省市级荣誉10多项，在全省卫生应急技能竞赛中获“突发急性传染病”防控技能一等奖。带领流调队员第一个进入隔离病房开展疑似病例调查，24小时内上交标准流调答案，为疫情处置提供专业指导。在他带领下，下城区形成快速有效的新冠肺炎流行病学调查模式。抗疫期间，他连续两个月放弃节假日，白天反反复复穿脱防护服，并给自己的手机设置深夜闹钟，怕半夜睡着错过疫情预警信息。2020年11月，获评浙江省抗击新冠肺炎疫情先进个人。

包福英 女，1971年2月出生，中共党员，下城区石桥街道天堂园社区党委书记、居委会主任。面对2020年新冠肺炎疫情防控，坚守社区防控一线，坚持24小时值班，四五天回家一次，展现社区领头雁强烈使命意识。她走访辖区物业公司时，因接触1名新冠确诊病人，被集中医学隔离。在隔离点依然心系社区，每天了解疫情、布置工作。她爱护身边同事，关心年轻干部，坚持把危险留给自己，把安全让给同事。2020年11月，获评浙江省抗击新冠肺炎疫情先进个人。

陈国敏 男，1963年10月出生，中共党员，下城区城管局环卫保障中心环卫工人。区城管局成立抗击新冠肺炎疫情党员突击队时，他第一时间报名，坚决要求加入“隔离人员垃圾清运先锋队”。担任垃圾清运先锋队队长，主动承担石桥街道隔离人员生活垃圾清运工作。为避免感染和发生二次污染，每次清运垃圾，他都会多看一眼，多问一句，确保全部垃圾投进桶内。平时，他主动进行自我隔离，与家人联系均通过手机视频。一次结束清运任务后，不慎被汽车撞伤，住院期间，他仍心系隔离点清运任务。在他的带领下，清运队全体人员克服困难，无私奉献，仅石桥街道华中社区隔离点，清运垃圾130多桶，服务居民约300多人，清运人员做到“零感染”，2020年11月，获评浙江省抗击新冠肺炎疫情先进个人。

杭州市担当作为好干部

魏海涛 男，1961年7月出生，中共党员，下城区委政法委二级调研员。在推进全区平安创建的关键时期，经常以单位为家，加班加点工作。2019年退出领导岗位后，仍以只争朝夕、时不我待的精神，深入街道、社区一线调研指导。对8个街道“武林大妈”分中心和75个社区“武林大妈”工作站的从组织架构、运作机制和发展方向等问题进行潜心研究，为下城区“武林大妈”群防群治“金名片”的打造和推广打下基础。下城区平安创建工作取得2018年全省第一名、2019年全市第三名的成绩，得益于他和干部群众的共同努力。2020年11月，获评杭州市担当作为好干部。

曹　炯 男，1973年8月出生，中共党员，下城区住房和城市建设局物业综合管理科科长、区物业服务中心主任。1992年参加工作。2017年，牵头组建下城区物业管理协会，参与完成协会党委筹建，下城区成为全市率先实现行业协会和协会党建双覆盖的城区。2018年，为解决无物业小区物业管理问题，创新推出"小区管家"模式，在10个小区进行试点，后在20个小区推广，逐步实现"小区管家"全区覆盖，该项工作得到省、市领导批示肯定。积极探索街道级物业综合管理工作站的建设，于2020年8月实现物业管理工作站在8个街道的全覆盖。参与制定《关于加强党建引领推进小区治理建设幸福家园的指导意见》，为全市全省甚至全国提供小区治理"下城经验"。2020年11月，获评杭州市担当作为好干部。

沈华锋　男，汉族，1970年1月出生，中共党员，下城区委常委、组织部部长。2020年，面对新冠肺炎疫情，从2月16日起连续30多天坚守岗位、靠前指挥，在卡口一线走访。在防疫和复工复产关键时期，牵头组织4600多名党员包楼、800多名党员走铺，联系服务居民11.5万户，服务企业3万余家，形成"一名党员一幢楼""企企铺铺见党员"的工作机制。推进党建引领小区社区治理全域试点，在115个小区建立党组织，发挥小区党组织"党员活动主阵地、在职党员报到地、党建共建实践地、凝聚群众核心地、矛盾纠纷调处地"的作用，打造居民离不开的社区。注重年轻干部培养使用，建立"151"优秀年轻干部库，制订三年行动计划，54名年轻干部走上领导岗位。打造人才生态最优区，将"一会两赛"打造成为下城人才工作的金名片。2020年11月，获评杭州市担当作为好干部。

朱鸿刚　男，汉族，1969年4月出生，中共党员，下城区城市管理局党委书记、局长、区综合行政执法局局长。坚持率先垂范的工作作风和精益求精的"绣花"精神，推进全域、全面、全员生活垃圾分类"定时定点"投放，组织策划部分连锁餐饮专项整治，以"零容忍"的态度和啃"硬骨头"的决心，成功破解违建扩建、油烟扰民等难点问题。组织实施美丽小巷、雨污分流、管网"清肠"、二次供水、僵尸车整治、公厕提升改造等民生工程。在疫情防控阻击战中，挺身在前，组织推进"战疫"突击、居家观察点垃圾清运、小区防疫保障、地铁分流管控、复工复产包车服务等工作。推进全省综合执法改革试点、全市首个"红旗班"创建、智慧路长、智慧河道、"先离场后付费"等创新工作。在杭州市百日集中攻坚行动中，下城区成为主城区唯一一个连续5个月获得优秀等级的城区。2020年11月，获评杭州市担当作为好干部。

杭州市优秀共产党员

崔　欣　女，1976年5月出生，中共党员，下城区武林街道环西社区党委书记。任职14年来，先后获评浙江省"千名好支书"、浙江省"服务保障G20杭州峰会"先进个人、杭州市"五一巾帼标兵"等。抗疫期间，带领社工和楼道党员、志愿者，利用宣传栏、微信群等媒介宣传防控防治常识，并跟踪掌握最新动态。组织居民联防小组，开展小区巡逻，督促居民加强自我防范，每天晚上10点多钟她还在社区不停地忙碌。在她的带头守护下，环西社区无一例确诊病例和疑似病例。疫情平稳后，她按照网格划分责任区块，把防控责任落实到全社区130多家沿街店铺及5幢商务写字楼，发动党员、骨干当好健康守护员、政策宣传员、助企服务员。同时深入辖区单位开展复工复产摸排，向企业转发《给全市用工企业的倡议书》，督促企业将联防联控措施落实到位。她以实际行动践行初心、担当使命，为打赢疫情防控阻击战、助推企业复产复工做出应有的努力。2020年3月，被授予第一批疫情防控斗争第一线"杭州市优秀共产党员"称号。

周晓红　女，1968年9月出生，下城区疾病预防控制中心党总支书记、主任。从事防疫、疾控工作30年，担任党总支（支部）书记10多年，先后获浙江省疾控系统优秀思想政治工作者、浙江省疾病防控工作先进个人、杭州市优秀共产党员、国家"十二五"科技支撑计划课题"全国脑血管流行病学专项调查"先进个人等荣誉20多项，发表论文、著作近20篇。她始终践行"为人民护健康"的初心使命，带领党员职工打造“疾先锋”党建品牌；不断完善传染病防控模式，将“非典”时期构建的五级社区公共卫生报病网升级为新冠肺炎疫情期间的共防共赢“5G”防控网，有效处置各类不明原因聚集性疫情，有序平稳地做好新冠疫苗接种、冷链监测、重大活动保障等新冠肺炎疫情常态化防控工作。在她的带领下，中心连续11年获得全市业务考核第一名、省市卫生应急技能比武前三名的好成绩，获省先进集体、市“最强党支部”、省疾控工作先进集体等荣誉。2020年3月，被授予第一批疫情防控斗争第一线“杭州市优秀共产党员”称号。

卢　栋　男，1970年1月出生，中共党员，下城区卫生健康局党委书记、局长。从事基层工作近30年，曾记三等功一次，获评浙江省G20杭州峰会工作先进个人。在2020年抗击新冠肺炎疫情的前沿阵地，他带领下城区卫健系统全体人员勠力同心、共克时艰，全力打赢疫情防控攻坚战，用实际行动诠释一名共产党员的责任与担当。2020年6月，被授予第二批“杭州市优秀共产党员”称号。

何海霞　女，1967年4月出生，中共党员，下城区朝晖街道老房地社区原党委书记。面对疫情，她响应“一名党员一幢楼”的号召，发动100多名党员包干认领楼道，开展地毯式排摸涉外人员136人，签订外来回杭人员承诺告知书883份，做到户户了解、事事掌握、重点把控，实现辖区4986户7623名居民“零疑似、零感染”。带领志愿者上门为200位出征湖北的医务人员免费理发，主动对接驰援武汉医护人员家属，送上爱心结对卡。她积极投入“走亲连心三服务”活动，带队包干认领80多家辖区企业和沿街商铺，主动靠前服务。创新建立“居民点评会”协商机制，通过“我说你评、你问我答、协商于民、协商为民”的模式，协商解决各类基层问题20多个。2020年6月，被授予第二批“杭州市优秀共产党员”称号。

张永兵　男，1964年6月出生，中共党员，下城区天水街道党工委委员、办事处副主任、二级调研员。担任分管城建、城管工作的副主任多年，曾获浙江省服务保障G20杭州峰会先进个人、记三等功一次等荣誉。面对疫情，他组织制定一系列防疫举措，带领街道有条不紊处置各类突发情况。在他提议下，街道以最快速度建立疫情防控“一办四组”专班，通过每日早例会布置工作、晚研讨分析形势，确保政令畅通和统一行动。在构建顺畅组织体系的基础上，又以最快节奏推进各项防控任务的落实，并去各社区、卡口进行检查督促。疫情防控工作进入常态化后，他回到城管一线，继续投身辖区美丽环境创建，在环境整治“百日攻坚”、老旧小区改造、垃圾分类等重点工作中，既当指挥员，又当战斗员。2020年6月，被授予第二批“杭州市优秀共产党员”称号。

姜演君　女，1982年8月出生，中共党员，杭州市下城区长庆潮鸣街道社区卫生服务中心副主任。新冠肺炎疫情发生后，她负责社区防控指挥部统筹医学观察组、应急处置组、数据报表组工作，第一时间建立居家医学观察工作流程，安排医护人员与社工、民警组成“三人小组”，做好居家医学观察重点人员的监管工作。创新推出“居家医学观察十个一”“微信一对一”等服务，为辖区1053户2092名重点人员开展上门居家医学观察，并主动承担医学观察人员具体指导工作。全方位参与街道抗疫方案的制定和完善、突发事件应急处置等防控工作，带领全体医务人员与街道、社区、派出所、居民共同抗疫协作。疫情进入常态化防控阶段后，她和团队成员开展开学前健康指导、开学后驻校健康指导和校外培训机构核验等工作，协助辖区企业学校做好疫情防控和复工复学工作。她在完成应急任务回家的路上，被逆向行驶的外卖送货员电瓶车撞倒，身上多处受伤，医生建议在医院留观，她仍然心系工作，每天忍着疼痛，坚持上班，彰显一名医务人员奋不顾身的责任担当。2020年12月，获评杭州市抗击新冠肺炎疫情先进个人、杭州市优秀共产党员。

陶立刚　男，1970年12月出生，中共党员，杭州市下城区委办公室副主任。面对新冠肺疫炎疫情，临危受命，大年初一从外地连夜赶回单位，投入防控一线。作为区委督查分管负责人，加班加点制订全区疫情期间专项督查指导方案，成立1个综合协调组，4个实地督查指导小组，对全区8个街道75个社区，实行全区域、全时段、全覆盖督查，并将服务基层、帮助指导、解决问题贯穿督查全过程。走遍全区300多个值守点，做好上情下达、下情上报工作，连续30多天无休息天。复工复产期间，会同工作专班分头走访全区1700多家规模以上企业和其他中小企业，了解情况，收集问题，帮助解决实际困难，为下城区在全市主城区中率先成为绿色低风险区及有序推进复工复产做出积极贡献。作为区委办党总支书记，春节假期，合理安排区委办党员到结对的灯芯巷社区协同开展抗疫工作，提出许多意见建议。2020年12月，获评杭州市抗击新冠肺炎疫情先进个人、杭州市优秀共产党员。

杭州市五一劳动奖章获得者

肖尚略 男，1978年12月出生，民革党员，云集共享科技有限公司首席执行官。2003年成为“淘系”创业者。2015年5月云集公司在美国上市。个人获评“2015杭州十大年度创新力人物”、2017年中国（杭州）“十大创新经济人物”、“2018十大浙商新领军者”、杭州第三届万物生长大会“2018年度创业人物”。云集公司发起“百县千品”“乡村振兴千人计划”，打造电商平台首个消费扶贫购物节，助力精准扶贫和乡村振兴。云集公司在推动社会就业方面取得一定成效。2020年5月，肖尚略获得杭州市五一劳动奖章。

沈　洪 女，1968年12月出生，中共党员，下城区教师教育学院副院长兼德育研究室主任。从事教育工作33年，担任小学校长21年，几十年如一日，默默奉献，无怨无悔。主持学校工作期间，创立“新概念集邮”“幸福成长果袋”“培育有教养学子”等德育品牌，打造“下城师德教育基地”“下城好教师精神”“新集体教育”等特色品牌。新冠肺炎疫情期间，带领团队开展新集体教育和爱国主义、集体主义、社会主义教育，组建心理志愿者团队，开展师生心理关怀工作。德育团队开发微课120节，组织家长大课堂直播6期，2.5万人转发，被媒体持续跟踪报道，2个系列微课被推上“学习强国”学习平台。2020年5月，沈洪获得杭州市五一劳动奖章。

李晓聪 男，1967年10月出生，下城区长庆街道办事处党工委委员、办事处副主任。参加工作以来，工作任劳任怨，主动当好主要领导参谋。新冠肺炎疫情发生后，全身心投入抗疫一线。作为街道防控办主任，勇于担当，统筹协调处理应急问题。疫情平稳后，坚持防控不放松，并抓紧组织复工复产。他配合领导班子在老旧小区改造提升、垃圾分类、五水共治、二次供水和加装电梯等工作中取得较好成绩。2020年5月，李晓聪获得杭州市五一劳动奖章。

徐艳萍 女，1972年5月出生，中共党员，下城区天水街道戒坛寺巷社区党委书记。作为“小巷总理”，她把戒坛寺巷社区居民放在心上，工作兢兢业业，始终冲在一线。新冠肺炎疫情发生后，她连续作战，每天研究社区疫情防控工作，及时提出有针对性的防控措施，用真情诠释党员初心，用行动践行责任担当，为辖区群众筑起一道安全屏障。2020年5月，徐艳萍获得杭州市五一劳动奖章。

赵　军 男，1973年12月出生，下城区市政园林工程有限公司班长。2009年5月参加环卫工作，每日起早贪黑，收集垃圾，冲洗油污，样样工作包揽一身，曾获评杭州市区级优秀美容师。2014年3月，被选为环卫小分队路段小班长，成为应急主力军的一员，更是忘我工作，在抗雪防冻、抗台防汛等应急工作中，无论是扫积水、清积雪，还是掏窨井，他都抢着干。2018年，获下城区防雪抗冻应急演练中环卫作业二等奖。2020年1月23日，浙江省启动重大公共突发卫生事件一级响应，本打算回老家过春节的赵军主动请缨，参与防疫工作，没有一天缺席，一丝不苟地做好环卫设施杀毒、公共场所卫生消杀工作，为市民健康出行保驾护航。2020年5月，赵军获得杭州市五一劳动奖章。

莫一青 男，1979年10月出生，中共党员，下城区长庆潮鸣街道社区卫生服务中心主治医师。连续19年默默扎根在社区卫生服务工作岗位，在庆祝中华人民共和国成立70周年大典活动中，深夜受命，奔赴北京，为驻京安保人员提供医疗保障服务，确保在京人员顺利完成安保任务。在“8·28”建国北路路面塌陷险情处置中，第一个到达安置点，设立临时医务室，发放居民急需药品，连续3天奋斗在一线，为后续工作顺利推进创造有利条件。2020年5月，莫一青获得杭州市五一劳动奖章。

魏立中 男，1968年6月出生，民主建国会会员，杭州十竹斋艺术馆馆长、创始人。2001年创办杭州十竹斋，使消失数百年的明代木版水印工坊“十竹斋”重新恢复并焕发生机。从事木版水印近30年，被认定为浙江省非物质文化遗产“木版水印技艺”的代表性传承人，著有“十竹斋文献集成”丛书、《饾版风华》、《杭州木版水印技艺》，被十多所专业美术院校收藏。2012年，获文化部中国非物质文化遗产生产性成果保护大展突出贡献奖。2013年11月，在国家图书馆古籍馆举办“十竹斋文献展”，并发行《十竹斋画谱》邮票。同年，杭州十竹斋艺术馆被评为第二批“国家级非物质文化遗产保护研究基地”。2014年，获“中华非物质文化遗产薪传奖”。2017年，十竹斋《二十四节气》水印版画在联合国教科文总部展出。2018年5月，被文化和旅游部授予“国家级非物质文化遗产代表性项目代表性传承人”。2019年，获评“中国当代杰出非物质文化遗产传承人”。2020年5月，魏立中获得杭州市五一劳动奖章。

杭州工匠

魏立中 参见“杭州市五一劳动奖章获得者”魏立中事迹介绍。

2020年下城区国民经济和社会发展统计公报

杭州市下城区统计局

（二〇二一年三月）

2020年，面对复杂严峻的国内外环境和新冠肺炎疫情巨大冲击，全区上下团结一致，蹄疾步稳，科学统筹疫情防控和经济社会发展，扎实做好“六稳”工作，全面落实“六保”任务，有力有效推动生产生活秩序快速恢复，经济运行稳步向好，社会发展和谐稳定。

一、综合

经济总量。据初步核算，全区实现生产总值1134.38亿元，按可比价计算，同比增长8.0%，增速列全市第1。其中，第二产业增加值46.85亿元，同比增长8.3%；第三产业增加值1087.53亿元，同比增长8.0%；三次产业结构比例0∶4.1∶95.9。

稳增长调结构，大力实施经济转型行动，金融、商贸、文化、健康、数字经济等主导产业稳步发展。全区金融产业增加值445.39亿元，占地区生产总值的比重达39.26%，同比增长11.3%；人民币存贷款余额同比增长22.5%，证券交易额同比增长46.0%，保费收入同比增长12.9%。商贸业增加值181.41亿

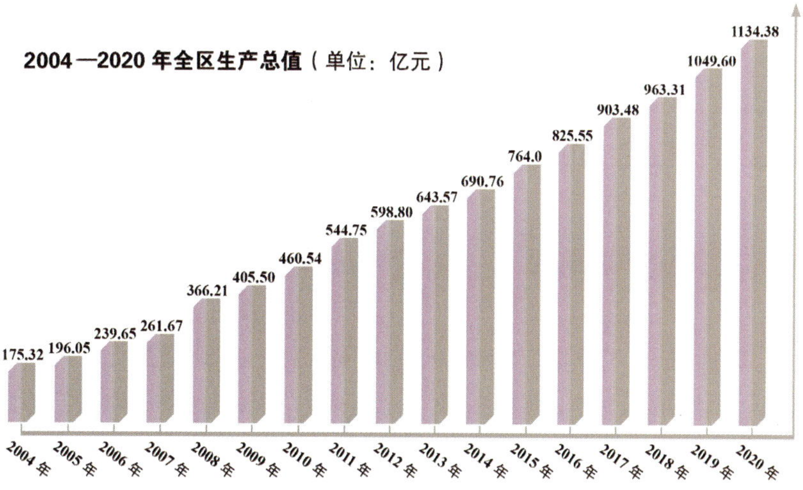

注：2008年起地区生产总值包含金融业。根据第四次全国经济普查结果和我国GDP核算制度规定，2018年下城区生产总值修订为963.31亿元

元，同比增长3.2%；文化产业增加值65.46亿元，同比增长6.5%；健康产业增加值128.87亿元，同比增长6.2%；数字经济核心产业增加值25.13亿元，同比增长0.2%。

财政收支。受疫情影响全年财政总收入145.68亿元，同比下降16.81%；其中地方一般公共预算收入81.23亿元，同比下降15.89%。一般公共预算支出54.30亿元，同比增长22.15%。坚持民生优先，区级民生事业投入39.44亿元，同比增长15.30%，区级民生事业支出占财政支出的比重达82.36%。为民办实事项目投入18.55亿元，同比增长301.40%。

市场价格。全年市区居民消费价格比上年上涨2.1%。其中食品烟酒类价格上涨6.9%，其他用品和服务价格上涨3.8%。商品零售价格上涨0.9%。工业生产者出厂价格下降2.5%，工业生产者购进价格下降3.9%（城区用市区数据）。

2020年市区居民消费价格涨幅一览表（%）

表5

项　目	2019年	2020年
市区居民消费价格	3.1	2.1
1.食品烟酒	6.3	6.9
2.衣着	1.3	0.1
3.居住	0.9	-0.3
4.生活用品及服务	3.0	3.1
5.交通和通信	-1.0	-3.4
6.教育文化和娱乐	4.3	1.7
7.医疗保健	7.0	3.1
8.其他用品和服务	2.8	3.8

人口就业。全区新增就业5.1万人，实现失业人员再就业1981人；发放促进就业专项资金6429.8万元，惠及1.76万人次。

2020年户籍人口数及构成一览表

表6　单位：万人

指　标	年末人口数	同比（%）
总人口数	43.22	2.02
其中：男性	21.13	1.54
女性	22.09	2.48

二、工业和建筑业

工业。全年工业增加值16.40亿元，同比增长8.9%，其中规模以上工业增加值13.25亿元，同比增长12.5%。规模以上工业新产品产值21.05亿元，新产品产值率44.53%。万元工业增加值能耗降低率为19.82%。高新技术产业增加值、高端装备制造业增加值以及战略性新兴产业增加值同比分别增长18.3%、17.0%和20.7%，均高于规上工业增加值增速，带动作用明显。

建筑业。全年建筑业增加值30.47亿元，同比增长7.8%；建筑业总产值275.5亿元，同比增长11.9%；竣工产值101.9亿元，同比增长1.3%。

三、服务业

全年服务业增加值1087.53亿元，可比价同比增长8.0%，增速列

2004—2020 年服务业增加值（单位：亿元）

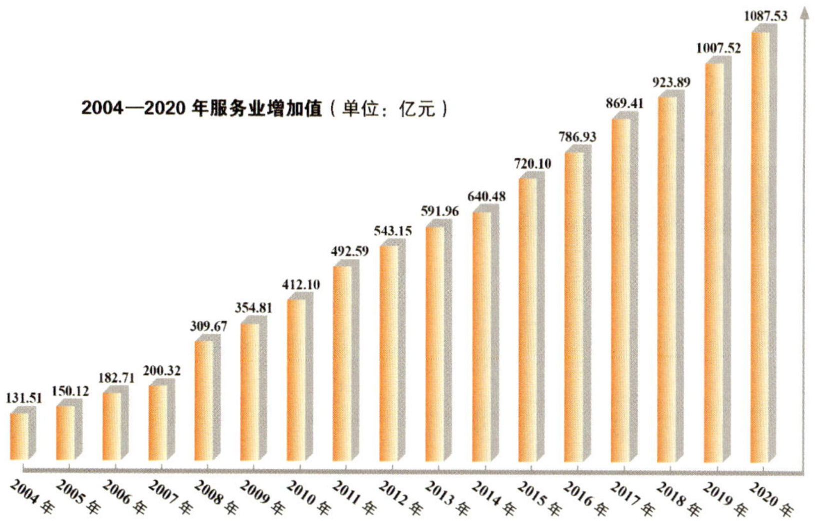

注：2008 年起服务业增加值包含金融业。根据第四次全国经济普查结果和我国 GDP 核算制度规定，2018 年下城区服务业增加值修订为 923.89 亿元

全市第1，占地区生产总值比重达到95.9%。其中，金融业、房地产业、批发和零售业及营利性服务业增加值分别增长11.3%、16.8%、4.9%和10.3%。

金融业对经济增长贡献较大。金融业增加值同比增长11.3%，对经济增长贡献度达52%。权重商品销售增长较快。全区商品销售额同比增长9.2%，其中，占比超过50%的金属材料类商品销售同比增长25.7%，拉动力强。营利性服务业稳定恢复。规上营利性服务业营业收入同比增长27.4%，其中科学研究和技术服务业带动有力，营业收入同比增长62.7%；租赁和商务服务业恢复到上年的八成；文化、体育和娱乐业恢复到上年的九成。

四、国内贸易

全年商贸销售额同比增长9.2%；其中批发业同比增长10.0%，零售业同比增长4.7%，住宿业同比下降33.8%，餐饮业与去年持平。

实现社会消费品零售总额538.05亿元，同比增长0.6%。限额以上八大类商品零售中，升级类商品支撑明显，汽车类和金银珠宝类商品同比分别增长1.0%和35.8%；民生类商品增长较快，日用品类和粮油食品类同比分别增长29.5%和4.7%。

2020年末拥有区属各类商品交易市场35个，其中农副产品市场24个，工业消费品市场9个，服务市场2个；全年城乡集市贸易成交额72.09亿元。

五、固定资产投资

全年固定资产投资195.35亿元，同比增长33.2%。从固定资产投资方向看，第二产业投资1.52亿元，第三产业投资193.83亿元。从投资结构看，交通投资12.88亿元，同比增长4333.3%；生态环境和公共设施投资6.31亿元，同比增长15.9%；高新技术产业投资0.73亿元，同比下降89.2%；民间项目投资3.37亿元，同比下降18.7%；工业投资1.52亿元，同比下降1.7%。

全年房地产开发投资156.56亿元，同比增长30.8%。房屋施工面积665.04万平方米，同比增长48.1%。商品房销售面积11.51万平方米，同比增长153.4%。

六、对外经济

对外贸易。全年货物进出口513.80亿元，同比增长22.3%。其

2004—2020 年实际利用外资（单位：亿美元）

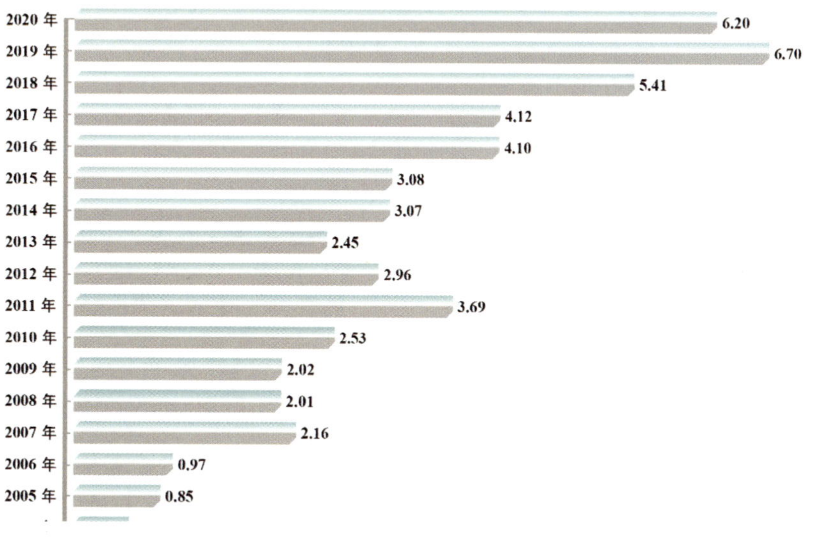

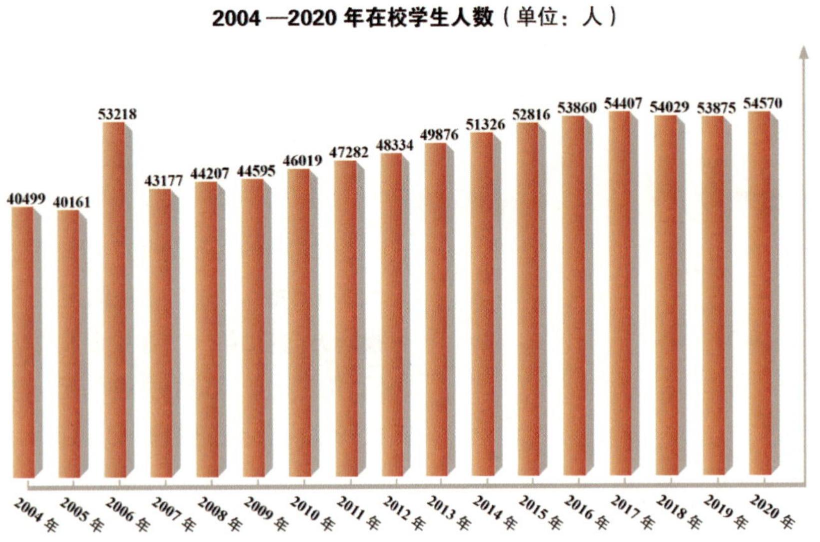

中进口307.95亿元，同比增长41.4%；出口205.85亿元，同比增长1.7%。完成跨境电商出口9.23亿美元，比上年增加0.03亿美元。

服务贸易。全年服务贸易出口额10.06亿美元，受疫情影响，同比下降23.37%，其中服务外包离岸执行额3.23亿美元。

利用外资。全年共引进项目1724家，注册资金490.27亿元，其中亿元以上企业72家，同比增长94.59%。实际利用外资6.21亿美元。

七、教育和科技

教育。全区有各类教育机构71个，其中：高中1所，初中8所，九年一贯制学校5所，小学19所，幼儿园36所（含民办、部门办、街道办幼儿园），特殊教育学校1所，教师教育学院1所。在校学生人数54570人，其中幼儿园在校学生14822人，小学在校学生27051人，中学在校学生12607人，特殊教育学校学生90人。教职工人数5634人。1所学校获评全国文明校园，5所校园获评省现代化学校。

科技。全区专利申请量7428件，同比增长10.50%，其中发明专利申请量3832件，同比下降0.6%；专利授权量4447件，同比增长28.27%；其中发明专利授权量1342件，同比增长20.58%。新认定高新技术企业62家、省科技型中小企业145家，新培育雏鹰企业31家。新增省万人计划科技创新领军人才、青年拔尖人才6名，入围国家万人计划推荐人才1名，组织申报市级以上外籍人才项目11项。

八、文体和卫生

文体。建立文化云平台，推出艺术云课堂400余门，举办线上文化云走亲、非遗直播带货等活动近百场。建成5家城市书房、2个城市书吧，总面积2700平方米、藏书3.5万册、覆盖辖区全域、惠及38万市民。建成社区百姓健身房6个、多功能运动场2个、其他各类体育场地20余处。全区公共体育设施总面积92万平方米、人均面积1.7平方米，场地递增率10%。

卫生。全区共有卫生机构数350家，实有床位7520张，每千人执业医师数14.29人，每千人注册护士数18.62人，全区社区卫生服务机构年诊疗量223.58万人次。全力以赴防控新冠疫情。提升基层医疗服务能力，深化家庭医生签约服务，探索补偿机制改革，推进中国计生协3岁以下婴幼儿照护服务示范区建设。

九、人民生活、社会保障、社会福利

人民生活。2020年全区居民人均可支配收入为73565元，比上年增长4.6%。全区居民人均消费支出49557元，比上年下降1.6%。

社会保障。2020年末下城区职工养老保险参保人数328850人，同比增长6.50%；生育保险参保人数304730人，同比增长1.17%；工伤保险参保人数342038人，同比增长7.44%；失业保险参保人数307435人，同比增长3.54%；医疗保险参保人数430106人，户籍人口基本医保参保率达到99.58%。加强医保定点机构监管，全年完成35家医保两定机构申请受理及实地考察工作。

社会福利。全区投入资金1970余万元，建成示范型街道居家养老服务中心5家，已全部由第三方专业团队运营，总面积约5700平方米。深化“春风常驻”困难群体帮扶机制，整合资源，统筹社会救助工作。全区四级救助圈合计2227户3134人。累计发放低保、特困人员保障金2333万元；发放低边定期补助金45万元；发放低保、特困人员物价补贴327万元；低边人员物价补贴56万元。审核发放市级临时救助603户385万元；区级临时救助96户49万元，困难家庭老人住院护理补贴181人次106万元。累计发放孤儿及困境儿童生活费补贴3342人次176.7万元。

十、城建城管、平安建设和环境保护

城建城管。完成52个老旧小区综合改造，受惠居民近10万户；完成加装电梯联审102台，其中完工86台；治理改造10处C、D级危旧房；有序开展建国路等5条迎亚运主次干道建设，同步实施15条迎亚运道路前期工作；大城北建设完工6个项目，开工建设27个安置房项目，完成15个安置房项目地下部分工程建设；全市率先并首个完成对3座天桥无障碍设施的整治提升；新增地下空间16万平方米；新建并开通2处公交站点，完成3处堵点治理，新增停车泊位4360个，建成新能源汽车充电桩160个；有序完成46项地铁征迁任务。累计拆除违法建筑22830.1平方米，完成7条美丽小巷、20座公厕、24个小区二次供水提升改造，完成1766个无障碍环境问题整改，升级改造停车引导、先离后付系统，已接入点位共334个，基本实现全覆盖。完成28个低洼积水点改造，解决城市道路积水隐患。

平安建设。深入开展安全生产、消防安全专项整治，全年未发生较大及以上安全事故。全年发生各类生产安全事故5起、死亡2人，事故数较上年下降58.3%，死亡人数与上年持平。

环境保护。推进4条无违建河道创建工作；创建10条省、市级美丽河道，创建3个污水零直排试点街道。完成117个老旧小区雨污分流工程整治，800幢老旧小区房屋管网“清肠”，1600个化粪池清掏及797.3公里区管管网清疏。

注：1.本公报为初步统计数；
2.户籍人口数为公安部门年报数。

统计表

2020年下城区生产总值及重点产业增加值一览表

表7

项　目	实绩（亿元）	增幅（%）
一、地区生产总值（快报数）	1134.38	8.0
第二产业增加值	46.85	8.3
第三产业增加值	1087.53	8.0
二、重点产业增加值		
商贸业增加值	181.41	3.2
金融业增加值	445.39	11.3
文化产业增加值	65.46	6.5
健康产业增加值	128.87	6.2
数字经济核心产业增加值	25.13	0.2

说明：地区生产总值（GDP）为可比价增幅

2020年下城区规模以上工业、建筑业经济指标一览表

表8

项　目	实　绩	增幅(%)
一、规模以上工业		
增加值(亿元)	13.25	12.5
高新技术产业增加值(亿元)	11.54	18.3
总产值(亿元)	47.27	5.2
新产品产值(亿元)	21.05	-1.5
新产品产值率(%)	44.53	-
高新技术产业总产值(亿元)	39.67	8.0
销售产值(亿元)	46.61	1.8
出口交货值(亿元)	3.47	2.3
高新技术产业销售产值(亿元)	39.07	5.3
利润总额(亿元)	6.17	49.9
二、建筑业		
建筑业总产值(亿元)	275.52	11.9

2020年下城区国内贸易情况表

表9

项　目	实　绩	增幅(%)
商贸销售额(亿元)	6035.68	9.2
批发零售业(亿元)	5978.40	9.5
住宿餐饮业(亿元)	57.28	-10.6
社会消费品零售总额(亿元)	538.05	0.6
批发零售业(亿元)	452.23	1.5
住宿餐饮业(亿元)	85.82	-3.9
亿元以上商品交易市场成交额(亿元)	—	—
商品交易市场数量(个)	35	-2.8
集市贸易成交额(亿元)	72.09	-9.3

2020年下城区对外贸易、招商引资情况表

表10

项　目	实　绩	增幅(%)
一、对外贸易		
自营进出口总额(海关统计)(亿元)	513.80	22.3
进口总额(亿元)	307.95	41.4
出口总额(亿元)	205.85	1.7
服务贸易出口额(亿美元)	10.06	-23.37
二、招商引资		
到位外资(亿美元)	6.21	20.6

2020年下城区规模以上服务业企业分行业主要经济指标一览表

表11 单位：亿元

行　业	营业收入	利润总额
交通运输、仓储和邮政业	109.07	50.19
信息传输、软件和信息技术服务业	97.01	2.77
房地产业（除房地产开发经营）	33.10	2.32
租赁和商务服务业	88.60	−3.64
科学研究和技术服务业	458.58	13.00
水利、环境、和公共设施管理业	4.32	0.74
居民服务、修理和其他服务业	9.32	−0.16
教育	12.83	0.57
卫生和社会工作	44.52	4.03
文化、体育和娱乐业	31.32	2.64

2020年下城区固定资产投资、房地产开发及销售情况表

表12

项　目	计量单位	实　绩	增幅（%）
一、固定资产投资	亿元	195.35	33.2
（一）按产业分			
第二产业投资	亿元	1.52	−1.7
第三产业投资	亿元	193.83	33.5
其中房地产开发投资	亿元	156.56	30.8
（二）按投资主体分			
国有投资	亿元	93.38	9.2
非国有投资	亿元	101.97	66.7
其中民间投资	亿元	77.94	79.1
二、房地产开发及销售情况			
房屋施工面积	万平方米	665.04	48.1
房屋竣工面积	万平方米	29.39	115.9
商品房销售面积	万平方米	11.51	153.4
其中住宅销售面积	万平方米	7.94	293.1
商品房销售额	亿元	50.48	125.8
其中住宅销售额	亿元	40.10	170.2
商品住宅销售套数	套	660	816.7

2020年下城区财政收支情况表

表13

项　目	实绩（亿元）	增幅（%）
财政总收入	145.68	−16.81
地方一般公共预算收入	81.23	−15.89
增值税	27.91	−7.88
企业所得税	15.35	−33.06
个人所得税	8.59	−1.88
一般公共预算支出	54.30	22.15

34 附 录

重要文件选录

表 14

文 号	标 题
区委办发〔2020〕4号	关于印发2020年度区级领导调研课题的通知
区委办发〔2020〕5号	区委理论学习中心组2020年学习计划
区委办发〔2020〕7号	2020年法治下城建设工作要点
区委办发〔2020〕11号	下城区贯彻落实省生态环境保护督察反馈意见整改方案
区委办发〔2020〕12号	关于印发刘颖同志在区委十届八次全体（扩大）会议上的报告的通知
区委办发〔2020〕13号	关于印发《下城区迎接第二轮中央生态环境保护督察协调保障工作方案》的通知
区委办发〔2020〕14号	《关于落实省委办公厅〈进一步加强检察机关法律监督工作若干意见〉的重点任务分工方案》
区委办发〔2020〕15号	关于印发《2020年度全区综合考评办法》的通知
区委办发〔2020〕16号	《下城区2020年督查检查考核年度计划》
区委办发〔2020〕18号	关于高质量做好社区组织换届选举工作的意见
区委办发〔2020〕21号	下城区亚运城市行动“六大工程”实施方案
区委办发〔2020〕29号	关于印发刘颖同志在区委十届十次全体（扩大）会议上的报告的通知
区委发〔2020〕1号	中共杭州市下城区委关于建立中共下城区第十五届人大四次会议和政协下城区五届四次会议临时委员会的通知
区委发〔2020〕6号	中共杭州市下城区委关于建立区人民政府向区人大常委会报告国有资产管理情况制度的通知
区委发〔2020〕9号	关于推进新时代民政事业高质量发展的实施意见
区委发〔2020〕12号	贯彻《中国共产党和国家机关基层组织工作条例》和省市委相关文件的通知
区委发〔2020〕13号	关于推进城市党建引领社区治理现代化的实施意见
下政办发〔2020〕4号	杭州市下城区人民政府办公室关于印发《关于进一步加强下城区新型冠状病毒感染的肺炎防控工作意见》的通知
下政办发〔2020〕5号	杭州市下城区人民政府办公室关于印发《下城区2020年重点建设项目计划任务表》的通知

续表14

文　号	标　题
下政办发〔2020〕6号	杭州市下城区人民政府办公室关于转发《下城区2020年政府投资计划》的通知
下政办发〔2020〕8号	杭州市下城区人民政府办公室关于印发2020年全区主要经济指标任务分解表的通知
下政办发〔2020〕9号	杭州市下城区人民政府办公室关于公布下城区第五批非物质文化遗产代表性项目名录的通知
下政办发〔2020〕10号	杭州市下城区人民政府办公室关于印发《下城区经济运行工作专班工作方案》的通知
下政办发〔2020〕13号	杭州市下城区人民政府办公室关于印发《下城区全域"无废城市"建设工作方案》的通知
下政办发〔2020〕14号	杭州市下城区人民政府办公室关于印发《杭州市下城区"迎亚(残)运"无障碍环境建设行动计划(2020—2022年)》的通知
下政办发〔2020〕16号	杭州市下城区人民政府办公室关于公布《2020年度下城区重大行政决策目录》的通知
下政办发〔2020〕18号	杭州市下城区人民政府办公室关于印发《下城区农贸市场和专业市场"五化"提升行动方案》的通知
下政办发〔2020〕27号	杭州市下城区人民政府办公室关于印发《杭州市下城区较大以上生产安全事故应急救援预案》等11个专项应急预案的通知
下政办发〔2020〕28号	杭州市下城区人民政府办公室关于印发《下城区发展学前教育第三轮行动计划(2020—2023年)》的通知
下政办函〔2020〕5号	杭州市下城区人民政府办公室关于印发2020年下城区法治政府建设工作要点的通知

区级组织机构及其主要负责人

中国共产党下城区第十届委员会

书　记:刘　颖

副书记:柴世民

　　　林炳达

常　委:赵一文(女)

　　　沈国祥

　　　郑学龙

　　　谢浙升

　　　沈华锋

　　　沈凯波

　　　黄　飞

　　　潜友华

委　员:(按姓氏笔画为序)

　　　丁向崧

　　　王振霄

　　　王晓光

　　　刘　颖

　　　杨国琴(女)

　　　何　敏(至9月)

　　　何政祥

　　　应彩虹(女)

　　　沈华锋

　　　沈国祥

　　　沈凯波

　　　张毅敏(女)

　　　邵伟华

　　　林炳达

　　　周国江

　　　郑天华(女)

　　　郑学龙

　　　赵一文(女)

　　　胡建岚(女)

　　　姜利民

　　　柴世民

　　　唐　锋

　　　唐国宏

　　　黄　飞

　　　黄　伟

　　　谢浙升

　　　蔡延平

　　　樊　峥(女)

　　　潜友华

候补委员:(按得票多少为序)

　　　朱卫东

　　　周国强

　　　江海灵(女)

　　　李　驷

　　　凌　智(女)

　　　魏爱琴(女)

　　　俞　红(女)

区委工作部门

区委办公室

主　任:王振霄

区委组织部

部　长:沈华锋

区委宣传部

部　长:赵一文(女)

区委统战部

部　长：黄　飞

区委政法委

书　记：林炳达（兼）

区委改革办（区委政研室）

主任、党组书记：黄庆芳

区委编办

主　任：胡耀明（至3月）
　　　朱宝庆（3月始）

区委直属机关工委

常务副书记：林　铁

区委巡察办

主　任：袁望平

区信访局

局　长：丁文伟

区委老干部局

局　长：朱建芬（女）

中国共产党下城区纪律检查委员会　下城区监察委员会

纪委书记、监察委员会主任：
　　沈国祥
纪委副书记、监察委副主任：
　　胡建岚（女至8月）
　　郑　斌（8月始）
　　胡建设
纪委常委：费志国
监委委员：袁望平
　　费志国

下城区第十五届人民代表大会常务委员会

主　任：杨国琴（女）
副主任：何　伟
　　陈　康
　　王守全
　　费英明
　　赵行光
委　员：（按姓氏笔画为序）
　　丁杭缨（女，至1月）
　　马德华
　　王心平
　　王绍庆
　　史　梁
　　包志明
　　朱云祥（1月始）
　　朱雅仙（女）
　　伍卓凌（1月始）
　　伍　洲（至11月）
　　李一崇
　　李信明
　　杨兆麟
　　杨小兰（女）
　　林　辉（女）
　　周国明
　　周国强
　　郑天华（女）
　　郑英奇（女，至7月）
　　金　浪（至1月）
　　哈军礼
　　祝　敏
　　徐嘉骅
　　蒋　毅
　　傅真义
　　鲁　韵（女）
　　舒　健（女）
　　潘华法
　　戴　雍（女）
党组书记：杨国琴（女）

下城区第十五届人民代表大会财政经济委员会

主任委员：何　伟（兼）
副主任委员：傅真义
委　员：（按姓氏笔画为序）
　　王竞天
　　任勤民
　　许惠铭
　　吴　斌
　　邹鹤海
　　沈　敏（女）
　　张爱清（女）
　　张慧勤（女）
　　陈　栋
　　周国明
　　韩华龙

下城区第十五届人民代表大会监察和法制司法工作委员会

主任委员：王守全（兼）
副主任委员：蒋　毅
委　员：（按姓氏笔画为序）
　　马明富
　　卢　楠
　　孙建磊（女）
　　李德成
　　杨小兰（女）
　　吴伟强
　　张顺洪
　　范　里
　　赵建荣

区人大常委会工作部门

办公室

主　任：哈军礼

代表工作委员会

主　任：林　辉（女）

监察和法制司法工作委员会

主　任：蒋　毅

财政经济工作委员会

主　任：傅真义

教科文卫民宗侨工作委员会

主　任：王绍庆

城建环保工作委员会

主　任:李信明

社会建设工作委员会

主　任:杨能丹(12月始)

下城区人民政府

区　长:柴世民
副区长:谢浙升
　　　包晓东
　　　唐　锋
　　　樊　峥(女)
　　　邵伟华
　　　王振峰
　　　刘国娟(女,8月始)
党组书记:柴世民

区政府工作部门

区政府办公室

主任、党组书记:丁向崧

区发改经信局

局　长:房雪峰
党组书记:郑绮娟(女)

区教育局

局长、党委书记:黄　伟

区科技局

局长、党组书记:杨　军

区公安分局

局长、党委书记:郑学龙

区民政局

局长、党组书记:杨晓萍(女)

区司法局

局长、党委书记:黄向阳

区财政局

局长、党组书记:蔡延平

区人力社保局

局长、党组书记:江海灵(女)

区住建局

局长、党委书记:朱卫东

区商务局

局长、党组书记:孙丽萍

区文广旅体局

局长、党组书记:高晓岚

区卫生健康局

局长、党委书记:卢　栋

区退役军人事务局

局长、党组书记:金煜雷

区应急管理局(2020年3月撤销党组,成立党委)

局　长:陈　安
党组书记:徐海燕(女,至3月)
党委书记:徐海燕(女,3月始)

区审计局

局长、党组书记:潘德娴(女)

区金融办

主任、党组书记:宋震跃

区市场监管局

局长、党委书记:陈利平(至7月)
　　　　　　　赵　斌(7月始)

区统计局

局长、党组书记:邵兰珍(女)

区城管局(综合行政执法局)

局长(大队长)、党委书记:朱鸿刚

区数据资源管理局

局长、党组书记:姜云洲

区投资促进局

局长、党组书记:孔　奇

区审管办

主　任:奚倩文(女)
党组书记:谢浙升(兼)

政协杭州市下城区第五届常务委员会

主　席:陈　晨
副主席:任雁鸣
　　　潘松萍
　　　陈圣杭
　　　周　钢
　　　傅丽华(女)
秘书长:吴　俊
常务委员:王广强
　　　　王勤保
　　　　朱　琦
　　　　朱家辉
　　　　朱敬东
　　　　刘　巍
　　　　李西文(女)
　　　　严娜俊(女)
　　　　杨　军
　　　　杨小明
　　　　孟　飞
　　　　肖　铳(女)
　　　　沈叶芝(女)
　　　　宋晓赟
　　　　陈　安
　　　　陈　曦(女)
　　　　房雪峰
　　　　夏亚林
　　　　徐　虹(女)
　　　　徐　红(女)
　　　　黄为群(女)
　　　　章　前(女)
　　　　鲁　韵(女)(至1月)
　　　　曾　婷(女)
　　　　楼晓光
　　　　雷松美(女)
　　　　蔡才河
　　　　颜纯华
党组书记:陈　晨

区政协工作部门

区政协办公室

主　任:吴　俊

经济科技委员会

主　任:顾杭靖(至7月)

文史和教卫文体委员会

主　任:姚建农

社会法制和港澳台侨委员会

主　任:陈东明

城建和人口资源环境委员会

主　任:范侠义(至7月)

提案委员会

主　任:黄益民

委员学习和工作联络委员会

主　任:陈杭萍(女)

区法院

院　长:何　敏(至9月)
　　　陈奇策(代理院长,9月始)

党组书记:何　敏(至9月)
　　　　陈奇策(9月始)

区检察院

检察长、党组书记:王晓光

民主党派・工商联

民革下城区基层委员会

主　委:郭　兵

民盟下城区基层委员会

主　委:徐　虹(女)

民建下城区基层委员会

主　委:费英明

民进下城区基层委员会

主　委:房雪峰

农工党下城区基层委员会

主　委:傅丽华(女)

致公党下城区基层委员会

主　委:张菊美(女)

九三学社下城区基层委员会

主　委:陈　安

区工商联

主席、党组书记:舒　健(女)

群众团体

区总工会

主　席:陈　康(3月始)

党组书记:朱云祥

团区委(2020年11月撤销党组)

书　记:鲁　韵(女)

党组书记:鲁　韵(女,至11月)

区妇联

主席、党组书记:杨小兰(女)

区残疾人联合会

理事长:杨小明(至7月)
　　　李卫东(7月始)

党组书记:李卫东

区红十字会(2020年3月新设立党组)

会　长:包晓东(兼)

党组书记:陈洁秋(3月始)

区科协

主　席:杨　军(兼)

区归国华侨联合会

主　席:严娜俊

区老龄工作委员会

主　任:包晓东(兼)

区计划生育协会

会　长:费英明(兼)

区社科联

主　席:李西文(女,至7月)
　　　凌　智(女,7月始)

其他综合部门、有关单位

区数字经济产业园区管委会

党组书记:沈凯波(兼)

主　任:肖军文

区建管中心

主　任:楼晓光

党组书记:林剑云

区城投集团

董事长、党组书记:王跃平

总经理:潘云山

区国投集团

董事长、党组书记:俞　康

总经理:赵伟东

区市政公司

董事长:王　震

总经理:江向东

街道

天水街道

党工委书记:伍　洲(至11月)

人大工委主任:徐嘉骅

办事处主任:卢名辉

武林街道

党工委书记:唐国宏

人大工委主任:李一崇

办事处主任:章　柯

长庆街道

党工委书记:应彩虹(女)

人大工委主任:周国强

办事处主任:袁　俊

潮鸣街道

党工委书记:金　浪

人大工委主任:杨兆麟(至8月)
　　　　　　胡建岚(8月始)

办事处主任:吴　琳

朝晖街道

党工委书记:何政祥

人大工委主任:马德华(至8月)
　　　　　　李西文(8月始)

办事处主任:李　驷

文晖街道

党工委书记:毛　欢

人大工委主任:王心平

办事处主任:冯琼梅

东新街道

党工委书记：王 卉（女）
人大工委主任：祝 敏
办事处主任：郑 斌（至8月）
吴 昊（8月始）

石桥街道

党工委书记：姜利民
人大工委主任：包志明
办事处主任：吕东东

先进名录

先进集体

2020年度国家级和部级先进集体

表15

获奖单位（项目）	先进荣誉称号	颁奖单位	颁奖时间
长庆街道王马社区	全国文明单位	中央精神文明建设指导委员会办公室	2020年11月
杭州市安吉路实验学校	第二届全国文明校园	中央精神文明建设指导委员会	2020年11月
潮鸣街道	第四批智慧健康养老应用试点示范街道	工业和信息化部、民政部、国家卫生健康委员会	2020年12月
下城区退役军人服务中心	全国“示范型”退役军人服务中心（站）	退役军人事务部	2020年12月
武林街道退役军人服务站	全国“示范型”退役军人服务中心（站）	退役军人事务部	2020年12月
潮鸣退役军人服务站	全国“示范型”退役军人服务中心（站）	退役军人事务部	2020年12月
文晖街道退役军人服务站	全国“示范型”退役军人服务中心（站）	退役军人事务部	2020年12月
石桥退役军人服务站	全国“示范型”退役军人服务中心（站）	退役军人事务部	2020年12月
杭州市春蕾中学	全国垃圾分类样板学校	中国环境文化教育专家委员会	2020年12月
杭州市东园小学	2020年度“全国优秀少先队集体”	共青团中央、全国少工委	2020年12月

2020年度省级和省属部门先进集体

表16

获奖单位	先进荣誉称号	颁奖单位	颁奖时间
区人力社保局	2019年度全省人社系统绩效考评优秀单位	省人力资源和社会保障厅	2020年1月
区数字经济产业园管委会	浙江省参与第二届中国国际进口博览会突出贡献集体	中国国际进口博览会浙江省交易团	2020年1月
潮鸣街道所巷社区	浙江省2019年省级“民主法治村（社区）”	省司法厅、省民政厅、省普法办	2020年1月
潮鸣街道	2019年度全省“五水共治”工作考核优秀乡镇（街道）	省治水办（河长办）	2020年2月
下城区（下城区布店弄小区、御跸苑、天赐苑、现代家园、万家星城二期）	2019年度全省生活垃圾分类高标准示范小区	省生活垃圾分类工作领导小组办公室	2020年3月
天水街道	2019年度全省生活垃圾分类示范片区	省生活垃圾分类工作领导小组办公室	2020年3月

续表16

获奖单位	先进荣誉称号	颁奖单位	颁奖时间
下城区	2019年度全省生活垃圾分类工作良好单位	省生活垃圾分类工作领导小组	2020年4月
潮鸣街道	浙江省文化强镇	省文化和旅游厅	2020年4月
潮鸣街道残疾人之家	浙江省2020年度五星级残疾人之家	省残疾人联合会	2020年4月
杭州市绿洲花园幼儿园	浙江省巾帼文明岗	省妇联	2020年5月
杭州市景成实验幼儿园	浙江省巾帼文明岗	省妇联	2020年5月
长庆街道基层“一支队伍管执法”改革项目	浙江省县乡法治政府建设“最佳实践”项目	省政府办公厅	2020年7月
区法院	全省法院党建工作创新案例优秀奖	省高级法院	2020年8月
武林大妈志愿服务项目	首届浙江志愿服务项目大赛银奖	省委宣传部、省文明办、省民政厅、省总工会、团省委、省妇联	2020年9月
区城管局	浙江省城市市容环境卫生工作成绩突出集体	省住房和城乡建设厅、省总工会	2020年10月
区法院	全省法院“战疫情，保民生，促发展”十佳执行典型案例	省高级法院	2020年11月
文晖街道现代城社区党委	浙江省抗击新冠肺炎疫情先进集体	省委组织部	2020年11月
杭州市绿洲花园幼儿园	浙江省绿色学校	省教育厅、省生态环境厅、省发展和改革委员会	2020年12月
杭州市天水小学	浙江省绿色学校	省教育厅、省生态环境厅、省发展和改革委员会	2020年12月
杭州市文龙巷小学	浙江省健康促进学(金牌)	省爱国卫生运动委员会、省教育厅、省卫生健康委员会	2020年12月
杭州市长青小学	浙江省健康促进学(金牌)	省爱国卫生运动委员会、省教育厅、省卫生健康委员会	2020年12月
杭州市安吉路实验学校	浙江健康促进学校(金牌)	省爱国卫生运动委员会、省教育厅、省卫生健康委员会	2020年12月
下城区	2020年浙江省省级美丽河湖(下城区运河片区)	省水利厅、省美丽浙江建设领导小组“五水共治”河长制办公室	2020年12月
下城区	2019年度省级国土资源节约集约模范县(市、区)	省自然资源厅	2020年12月
杭州市长寿桥岳帅小学	2020年义务教育标准化学校	省教育厅	2020年12月
长庆街道浙大御跸社区	2020年度省级民主法治村(社区)	省司法厅办公室	2020年12月
文晖街道胜利社区	浙江省无障碍社区	省人民政府残疾人工作委员会	2020年12月
石桥街道景春社区	浙江省无障碍社区	省人民政府残疾人工作委员会	2020年12月

2020年度市级先进集体

表17

获奖单位	先进荣誉称号	颁奖单位	颁奖时间
下城区	2019年度杭州市绿化工作最佳管理单位	市政府办公厅	2020年4月
石桥街道	2019年度基本无违建乡镇街道	市政府办公厅	2020年6月
长庆街道党工委	杭州市抗击新冠肺炎疫情先进集体	市委、市政府	2020年11月
潮鸣街道艮山门社区党委	杭州市抗击新冠肺炎疫情先进集体	市委、市政府	2020年11月
东新街道	杭州市抗击新冠肺炎疫情先进集体	市委、市政府	2020年11月
东新街道	杭州市先进基层党组织	市委、市政府	2020年11月
市规划资源局下城分局	2019年度杭州市全域土地综合整治和土地要素保障工作集体嘉奖	市政府办公厅	2020年11月

先进个人

全国卫生健康系统新冠肺炎疫情防控工作先进个人

表18

获奖单位	获奖人姓名	先进荣誉称号	颁奖单位	颁奖时间
树兰（杭州）医院	刘元春	全国卫生健康系统新冠肺炎疫情防控工作先进个人	国家卫生健康委、人力资源社会保障部、国家中医药管理局	2020年3月
杭州红十字会医院	李志会	全国卫生健康系统新冠肺炎疫情防控工作先进个人	国家卫生健康委、人力资源社会保障部、国家中医药管理局	2020年3月
浙江省人民医院	何 强	全国卫生健康系统新冠肺炎疫情防控工作先进个人	国家卫生健康委、人力资源社会保障部、国家中医药管理局	2020年3月
杭州红十字会医院	郑建娣	全国卫生健康系统新冠肺炎疫情防控工作先进个人	国家卫生健康委、人力资源社会保障部、国家中医药管理局	2020年3月
浙江省人民医院	俞 平	全国卫生健康系统新冠肺炎疫情防控工作先进个人	国家卫生健康委、人力资源社会保障部、国家中医药管理局	2020年3月

2020年度省级和省属部门先进个人

表19

获奖单位	获奖人姓名	先进荣誉称号	颁奖单位	颁奖时间
杭州市绿洲花园幼儿园	蔡咏梅	浙江省第二十八届“春蚕奖”	省人民教育基金会	2020年9月
杭州市长青小学	彭 音	浙江省第二十八届“春蚕奖”	省人民教育基金会	2020年9月
杭州市明珠实验学校	白万红	对口支援青海先进个人	青海省委、青海省政府	2020年9月
区人力社保局	江海灵	浙江省“无欠薪”县（市、区）建设先进个人	省根治欠薪工作领导小组	2020年12月

续表19

获奖单位	获奖人姓名	先进荣誉称号	颁奖单位	颁奖时间
区教育局	吴　斌	湖北省东西部扶贫协作优秀干部人才	湖北省委组织部、湖北省人力资源和社会保障厅、湖北省人民政府扶贫开发办公室	2020年12月
杭州市景成实验学校	朱晓岚	湖北省东西部扶贫协作优秀干部人才	湖北省委组织部、湖北省人力资源和社会保障厅、湖北省人民政府扶贫开发办公室	2020年12月
杭州市求知小学	严醒虎	湖北省东西部扶贫协作优秀干部人才	湖北省委组织部、湖北省人力资源和社会保障厅、湖北省人民政府扶贫开发办公室	2020年12月
下城区青少年活动中心	施姗姗	湖北省东西部扶贫协作优秀干部人才	湖北省委组织部、湖北省人力资源和社会保障厅、湖北省人民政府扶贫开发办公室	2020年12月
杭州观成实验学校	吴良红	湖北省东西部扶贫协作优秀干部人才	湖北省委组织部、湖北省人力资源和社会保障厅、湖北省人民政府扶贫开发办公室	2020年12月
杭州市京都小学	江　涛	湖北省东西部扶贫协作优秀干部人才	湖北省委组织部、湖北省人力资源和社会保障厅、湖北省人民政府扶贫开发办公室	2020年12月

2020年度市级先进个人

表20

获奖单位	获奖人姓名	先进荣誉称号	颁奖单位	颁奖时间
市规划资源局下城分局	杨新东	2013—2020年美丽杭州建设工作突出贡献个人	市委、市政府	2020年6月
区城管局	袁君安	2019年度杭州市城乡建设工作“三改一拆”行动个人嘉奖	市政府办公厅	2020年10月
武林街道	朱凯峰	2019年度城乡建设工作个人嘉奖	市政府办公厅	2020年10月
市规划资源局下城分局	周宁宁	“城市基础设施建设工作”个人嘉奖	市政府办公厅	2020年10月
市规划资源局下城分局	邓廷元	2019年度杭州市全域土地综合整治和土地要素保障工作个人嘉奖	市政府办公厅	2020年11月
潮鸣街道石板巷小区	谢跃进	杭州市抗击新冠肺炎疫情先进个人	市委、市政府	2020年12月
长庆潮鸣街道社区卫生服务中心	姜演君	杭州市抗击新冠肺炎疫情先进个人	市委、市政府	2020年12月
石桥街道社区卫生服务中心	芮　娴	杭州市抗击新冠肺炎疫情先进个人	市委、市政府	2020年12月
朝晖街道社区卫生服务中心	朱玉妃	杭州市抗击新冠肺炎疫情先进个人	市委、市政府	2020年12月
区卫生健康局	余云峰	杭州市抗击新冠肺炎疫情先进个人	市委、市政府	2020年12月

媒体看下城

下城10位道德模范受表彰

“从小我就想做一名警察，尽管现在只是一名辅警，我也会像一名真正的警察那样秉公执法、英勇善战。”走下领奖台，年轻的杨朋，手捧着鲜花和奖杯说道。

2019年3月27日晚10时，武林派出所接到“110”报警电话，称有人在武林路上的“鸡公煲”饭店内持刀行凶，伤人后持管制刀具朝武林小广场方向逃离。接警后，杨朋跟随教导员火速前往抓捕，在制服行凶男子过程中，穷凶极恶的嫌犯持刀具用力向杨朋身上砍来，顿时，他的左手腕鲜血直流。面对挥舞刀具的歹徒，他毫不畏惧，绝不退缩，忍住钻心的剧痛，用钢叉近距离死死地顶住行凶男子不松手，使歹徒毫无还手之力。最终，在民警及辅警特保人员的配合下将嫌犯彻底制服。而年仅25岁的杨朋，手腕因多处开放性损伤、肌腱断裂，需要长期的康复治疗才能恢复部分功能。

1月7日下午，第七届下城区道德模范颁奖仪式在杭文广集团演播厅隆重举行，现场表彰了下城区10位道德模范和10位道德模范提名奖获得者。

获奖者虽然都是平凡人，但他们却都有着不平凡的义举和事迹。除了勇斗歹徒的辅警杨朋，还有被新华社刊文评价为“最美逆行者”的救火英雄沈玉洪；30年如一日勤勤恳恳为民服务的优秀志愿者詹伟勤；积极推动基层治理综合执法改革的创新实践者李云龙；资助4位困难学生，每半年无偿献血400毫升，至今累计捐献全血血量约13000毫升，20年初心不改做公益的周欢；20多年捐资助学，用一颗滚烫的爱心和毕生积蓄为困难学生照亮学业之路的85岁退休教师王慕桢等。

一个个闪亮的名字，一件件感人的事迹，传递着人间温暖，彰显了向善向美的精神。

（《杭州日报》2020年1月8日7版）

下城主题教育以“四大行动”诠释初心本色

不忘初心方能行稳致远，牢记使命才能开辟未来。

从盛夏到冬日，下城区紧扣“守初心、担使命，找差距、抓落实”12字总要求，以“解放思想促两高、凝心聚力争一流”作为主题教育的总载体，实施理论武装“大学习”、解放思想“大讨论”、对表对标“大检视”、克难攻坚“大比武”等“四大行动”，不断推动学习贯彻习近平新时代中国特色社会主义思想往深里走、往心里走、往实里走，夯实基层“战斗堡垒”，把主题教育激发出来的干事热情和进取精神转化为打造“世界名城一流核心城区”的磅礴力量。

据悉，下城区共有区属单位57家、基层党支部1644个，党员3.3万余名参加第二批主题教育，认真接受这场严肃而深刻的党性洗礼。在此期间，全区开展党员志愿服务3.4万人次，为群众办实事好事共2600余件。

理论武装“大学习”在真学真懂上下功夫

“我深深感到要跟上时代步伐，必须要努力学习，习近平主席教导要坚持不忘初心，坚持一切为了人民，14年来，我们聊天室总计服务人次已达到46000余人次。”鲍大妈聊天室创始人鲍倩在下城区为主题教育量身打造的《“潮”说武林3分钟》视频宣讲活动中认真地说。该栏目是下城区针对不同类型基层党员，创新学习形式，依托下城发布微信公众号开设的理论宣讲活动专栏，“鲍大妈聊天室”创始人鲍倩等一批红色讲师团成员和市级以上“两优一先”代表带头开展理论宣讲。

该区在全区开展理论武装大学习行动，要求全体党员干部真正做到“真学真懂”。四套班子领导率先垂范，坚持坐下来、静下心读原著学原文悟原理，围绕党的政治建设等8个专题，分3场举办专题读书会，参观红色教育基地、聆听辅导讲座、交流学习心得，做到理论学习入脑入心；处级以上领导干部认真研读“两书一章”，参加主题教育集中轮训，深入基层讲专题党课，不断巩固学习成果；基层党支部和党员认真完成研读一本党的理论著作等“八个一”的规定动作。

此外，该区不仅积极选树身边的先进典型，向“担当作为好干部”、抢险救灾中涌现的身边榜样开展学习，还举办“初心·使命”下城先锋故事会，12位来自两新组织的年轻党员，讲述身边优秀党员的先进事迹。

解放思想“大讨论”在推动发展上出实招

对于上班族而言，3岁前“宝宝谁来带”是一个难题。作为3岁以下婴幼儿照护服务工作的浙江省试点，下城区积极推动婴幼儿照护服务向专业化、规范化发展，实实在在满足人民群众需求。依据试点工作实施方案，下城区确定第一批14家示范点，覆盖家庭自主照护养育模式、托幼一体延伸服务模式、社区开发开办普惠模式、企事业单位自办福利模式、社会力量兴办托育模式等5种主要服务模式，探索试点经验。位于下城区沈家路的星星幼托园正是14家示范点之一，属于五种模式中的社区开办普惠模式。“我们幼托园以招收本社区以及周边社区婴幼儿为主，价格只有纯民办机构的三分之一。辖区的外来务工人员子女，只要有名额也可以来报名。”星星幼托园吕园长说。

而这次，下城区作为婴幼儿照护服务工作的浙江省试点能够总结五种模式有力推进该项工作，正是在主题教育中针对百姓需求，在党员干部中开展解放思想“大讨论”所得来的经验和打出的“实招”。

主题教育中下城区在全区层面开展解放思想大讨论，针对如何推动下城发展出“实招”。该区通过深化“走亲连心三服务”活动，围绕下城高质量发展、高品质生活这一主题，聚焦区委区政府中心工作和民生实事，结合工作中遇到的热难点问题，下城各级党员领导干部每人领衔1–2个重点调研课题，带着问题深入基层开展集中走访，听取群众心声，征求意见建议，实打实解决问题。

同时，围绕市委提出的“十个如何”，结合学习和调研体会，开展解放思想“大讨论”行动，在下城报、下城新闻网、下城发布等区级媒体上开设“解放思想大讨论”专题专栏专刊，及时宣传报道大讨论活动情况。

下城区委理论学习中心组召开专题交流会，区四套班子领导广泛深入研讨、理清工作思路、提出解决办法。各级领导班子通过党委（党工委、党组）会议、理论学习中心组学习等开展专题讨论。全区各基层党组织也结合固定主题党日开展形式多样的学习讨论，畅谈心得体会、积极建言献策。该区57家区属单位全部开展了专题讨论，参与讨论人数达3.3万余人。

对表对标“大检视”在动真碰硬上强担当

如今，走进杭州下城金都华庭小区，眼见的是道路干净，花草如茵。花园里，业主散步、打球，一派和谐之景。谁能想到，这个小区四年前还因业主和业委会互相攻击上了报纸版面头条。

邻里纠纷、物业矛盾、业委会乱象……近年来，小区治理难屡见报端。如何破解，成了摆在政府面前的一道难题。下城区摸索出了一条党建引领助推小区治理的“新路子”。研究出台《区委关于加强党建引领推进小区治理建设幸福家园的指导意见》，形成以“一核引领”“双向驱动”“三方协调”“十法并举”为主要内容的“12310”小区治理模式，有效破解了金都华庭、平安居、中大凤栖花园等一批矛盾突出小区的难点问题，提升了小区治理整体水平，全区物业方面信访投诉量同比下降40%以上。

据悉，主题教育中下城区紧扣问题检视这个关键，逐条对表对标，深入开展自查自纠，面向全区所有党组织和党员群众，通过网站、新媒体等各种渠道开展“我为下城发展献一计”金点子征集活动，全面收集破解下城发展改革瓶颈的建议，共收到点子或建议150余条。

下城区四套班子主要领导分别牵头召集基层代表、人大代表、政协委员代表等召开6场座谈会，面对面开展谈心谈话，认真听取不同层面的代表关于企业发展、老旧小区改造、基层治理等方方面面的意见建议，共征集到意见建议191条。各级领导班子认真召开对照党章党规找差距专题会议，党员领导干部围绕"18个是否"查摆问题，列出问题清单。

克难攻坚"大比武"

在整改落实上求实效

一幢整修一新的老房子，如同一位待出嫁的漂亮新娘，引来了街坊邻居们的争相围观。最近，作为杭州老旧小区改造的全市试点社区，下城区潮鸣街道小天竺社区又一批完成旧改的楼房揭开了"红盖头"，接受居民们的"检阅"。"改造前，楼道里黑乎乎的，楼下的化粪池还经常要满出来，我们住在这里真是苦不堪言，现在改造得这么好，真是太开心了。"70岁的郦林生是旧改楼里的居民，她激动地述说着喜悦的心情。

老旧小区改造只是下城区主题教育克难攻坚的一个缩影。据悉，主题教育期间，下城区围绕事关下城未来发展的根本性关键性问题，结合年度重点工作目标任务，由区领导领衔，围绕全国街道服务管理创新实验区建设、基层整合审批服务执法力量下沉试点、延安路国际化商业大街提升、城市大脑下城综合版试行、老旧小区综合改造提升、农贸市场改造提升等26个"攻坚克难保发展"重点项目进行互学互看"大比武"活动，积极营造比学赶超的浓厚氛围。该区四套班子主要领导带头领衔破难，各部门主动作为，解决群众身边的关键小事，如完成既有住宅加装电梯60部，签约并入驻服务的"小区管家"项目20个，启用观成实验学校等新校园5所，有效地提升了居民群众的获得感。

收官不收兵，永远在路上。

主题教育虽然即将告一段落，但"不忘初心、牢记使命"是党的建设永恒课题和党员干部的终身课题。下一步，下城将按照中央和省、市委的要求，持之以恒强化理论武装、坚守人民立场、推进攻坚克难、净化政治生态，进一步完善党员学习教育相关机制，建立"不忘初心、牢记使命"制度，巩固发展主题教育成果。

（《杭州日报》2020年1月9日3版）

下城，构筑繁华"不夜城"

老牌商业聚集区如何激发消费新动能？1月19日晚，杭州市下城区启动夜间经济十大示范创建项目，重磅推出发展夜间经济十大举措，建立"夜间区长"制度，并设立专项资金，着力打造繁华"夜下城"。

今年的省政府工作报告提出，以新服务带动新消费，加快建设现代消费体系，积极创建国际消费中心城市。其中，推进夜间经济数字化是一项重要内容。此次下城区推出夜间经济发展新政，正是希望通过一系列扎实举措，进一步提人气增效益，激发新一轮消费升级潜力。

试点引领，标准先行。根据计划，下城区将积极引导杭州大厦、武林银泰、国大城市广场、嘉里中心、杭州剧院、武林路9号音乐街区、武林夜市、皇后公园、西湖文化广场运河·北岸文化街区、新天地集团（含太阳马戏）等企业开展夜间经济示范创建项目，力争用半年左右的时间形成示范创建经验，并向全区推广。此外，下城区还将依托武林商圈、新天地商圈，以及各特色街区，建设具有下城特点的夜间经济集聚区（街），全面促进夜间消费。

下城区将设立1000万元夜间经济财政专项资金，促进夜间经济发展，对创建成功的示范项目进行奖励。同时营造舒适夜间环境，做好街景打造、装饰照明等工作；完善夜间标识体系，环卫设施、公共WiFi和5G通信等配套设施建设；探索设立夜间经济停车点，协调地铁、公交加密或开通夜间班次，方便夜间出行。

根据新政，下城区将建立"夜间区长"制度，统筹协调推进全区夜间经济发展。"夜间经济的发展是一项系统工程，需要多个职能部门协同配合。"下城区政府相关负责人介绍。该区还成立了发展夜间经济工作领导小组，由专人担任"夜间区长"，凡是与夜间经济相关的工作，都由"夜间区长"负责。同时，建立科学决策机制，便于及时调动各职能部门及社会力量解决相关问题。

据悉，下城区2019年社会消费品零售总额位居全省前列。下城区政府相关负责人表示，下一步，下城区将全面瞄准发展夜间经济目标，创新模式、升级环境，积极创建国际消费中心城区。

（《浙江日报》2020年1月20日头版）

杭州下城区对独居老人不停歇帮扶

这几天，杭州市下城区朝晖街道的1668名独居老人，每天都会接到结对的网格员打来电话，询问需求、了解情况。

工作人员给老房地社区88岁的孤寡老人赵奶奶打电话，听说老人刚刚不慎摔倒，勉强站起来后仍觉腰部疼痛。得知情况后，社区书记何海霞和社工立刻上门查看，帮老人戴好口罩，借来轮椅推着她去附近就医。幸好赵奶奶伤势不重，医生嘱咐卧床静养。但这些天社区老年食堂的送餐服务都停了，赵奶奶一日三餐怎么办？何海霞自告奋勇：“我每天做好饭，给您送过来。”

因为疫情防控需要，杭州所有住宅小区从2月4日开始实行封闭式管理。朝晖街道地处市中心，是杭州主城区最大的老旧小区聚集地，辖区8.2万多人口中，有2.2万多老年人，占比近30%。疫情来袭，老年人既是易感人群，又是信息获取“洼地”，日常生活也会碰到各种难题。这些天，朝晖街道把助老服务的“网”编织得更细密，把暖心服务送到出入不便的老年居民家中。目前，社区工作者、志愿者对辖区4950名80岁以上的高龄老人全部上门摸排了情况，疫情期间关心关爱独居孤寡老人不停歇。

（《人民日报》2020年2月11日13版）

杭州下城区王马社区确保每户都有责任人——一名党员一幢楼

“好，就这么干！”在科普楼党支部的微信群里，胡泰和发来语音。随后，他急忙提笔写下一封《“一名党员一幢楼”——致广大党员干部的倡议书》。

胡泰和是杭州市下城区长庆街道王马社区科普楼党支部书记。眼下“三返”高峰已到，王马社区已在各路口设置了志愿岗，进行封闭式管理。志愿者不够咋办？胡泰和随即召开视频会议，一封倡议书诞生了。“一名党员一幢楼、一个支部三件事、所有党员五大员……”倡议书短短458字，却体现了支部的集体智慧。胡泰和介绍，一名党员一幢楼，就是让每名党员认领一幢楼，确保每家每户都有党员责任人；一个支部三件事，是以楼道支部为单位，服务好居家观察户，管理好出租户，守护好独居户；所有党员五大员，就是要求所有党员成为疫情防控阻击战中的排查员、防控员、宣传员、互助员、信息员。

倡议书发布后，党员纷纷响应。王马社区物管楼党支部书记张雪蓉积极开展工作，“我一定管好楼道，确保不出问题。”

（《人民日报》2020年2月13日6版）

五员八人看一楼　杭州下城长庆推出数字赋能“动态楼宇”

“有多少企业复工？有没有来自疫区的员工？”在汇金国际大厦，杭州下城区长庆街道红色应急党小组监督员范青正在和物业负责人仔细核查大厦内企业复工情况。核查结束后，她会将数据上传至街道数字中枢——长庆微脑·数字驾驶舱。这样线上线下的深度融合，是长庆街道加强党建引领，深化数字赋能，建设“动态楼宇”，保障企业有序复工的重要举措。

一楼五员八人

一个应急组管好一幢楼

范青是浙大御跸社区纪委书记，也是汇金国际楼宇红色应急党小组中的监督员。随着汇金国际楼宇复工企业的增加，范青每天的工作量也在不断增加。除了要跑上跑下，一家家了解企业复工的详细情况，她还会上门到已复工的企业检查硬件设施。有没有做好消杀情况？公司员工来自哪里？到过哪里？这些都是范青的关心的大问题。除此之外，她还贴心送上街道自制的复工手册，详细叮嘱企业负责人复工后要注意哪些问题。

范青做的这些事，也是每位“1+8”红色应急党小组监督员要做的事。为了保障企业有序复工，长庆街道建立一楼五员八人红色应急党小组，小组由联络员2名、执法员3名、健康咨询员1名、法律顾问1名、监督员1名组成，一个应急组包一幢楼，涵盖联络、排查、宣传、监督、法律咨询、互检互查等八大功能，坚持成熟一个楼宇、核查一个楼宇、开放一个楼宇、监督一个楼宇。

目前，“1+8”红色应急党小组已经在汇金国际楼宇、永通楼宇等11幢楼宇社区成立，已为25家复工企业做好全面保障。

数字赋能动态楼宇

防控疫情　跳动经济

核查结束后，范青还要做一件事——将复查后的数据录入基层治理四平台。

利用大数据赋能，长庆街道在数字驾驶舱专门开辟了“返岗返家”模块，将辖区11幢楼宇1776家企业和“一楼五员八人”名单、联络方式全部纳入其中，一端连接排查端，一端连接处置端，事件闭环助推“企业复工”有序开展。

在排查端，“一楼五员八人”党小组队伍负责对辖区楼宇及企业核查，发现未审批开工，或已审批但不符合“五个一律”等问题后，通过“四平台”报送事件至数字驾驶舱；

在处置端，指挥中心依情况派遣派出所、市场监管所、综合执法队队员，在接收到企业复工相关的隐患事件后，迅速出动力量对相关情况进行处置。

2月11日，永通信息广场应急小组联络员周旋上报数字驾驶舱，发现有4人声称是某企业财务，急于复工。数字驾驶舱流转事件后，街道区域发展办公室第一时间核查，发现该企业其实并非民生保障类，不符合复工条件，于是经过劝导，成功阻止该企业复工。据悉，长庆街道通过闭环机制实现排查端与处置端迅速联动，目前已顺利处理各类不符合复工事件4件。

让数据会说话，让楼宇“活”起来，数字驾驶舱还能提前进行“神预测”。如根据前期联络员上报的“待返杭”数量、“确定返杭”数量，驾驶舱还会形成密度分布图，指出高峰复工时间，为“一楼五员八人”党小组开展工作进行预警，为做好企业复工准备做好支撑。

“所谓‘动态楼宇’，其核心就是一个‘动’字。就是以党建引领和科技支撑为抓手，以‘动’的工作机制去服务时刻‘动’的人群，充分做好疫情下企业复工服务，”长庆街道区域发展办公室主任项坤表示。

（人民网2020年2月13日）

杭州下城区：“武林店小二”平台正式上线

“一直没时间去办理房租减免，没想到这个平台上线第一天，通过手机线上就把材料提交，并第一时间得到了反馈！”2月25日，浙江天天好大药房连锁有限公司总经理胡歙绩通过“武林店小二”平台了了一桩心事。之前，杭州下城区发布《关于支持小微企业共渡难关的意见》，对承租下城区自有的国有经营性房产的小微企业免收两个月房租。胡歙绩因为公司刚复工，抽不出空办理。"之前还在愁没时间，街道的工作人员主动联系我们，手把手指导我们线上填写资料申报，实现'零'跑动，真的太方便了。"

原来，为助力企业复工达产，武林街道整合辖区资源，于2月25日正式推出"武林店小二"线上平台。通过微信订阅号"武林微公众"，点击右下角"武林店小二"按钮，即可进入。平台包括"复工达产、云上共享、健康家园、活动开展"四大功能模块，这房租减免申报窗口就是复工达产模块下的其中一个小功能。

企业难题"一点即通"

除了房租减免申报窗口，"武林店小二"平台同样开通了公司设立登记线上办理入口、复工复产办理指南、惠企政策在线查询……助力企业渡过难关。除了线下走访，电话联系企业，同时开设了在线咨询，多渠道第一时间解决企业难题。

截至2月25日，武林街道累计复工企业1815家，复工率达96.03%。针对疫情期间企业复工复产过程中可能面临的法律问题，武林街道还邀请到辖区律师事务所入驻"店小二"平台，为企业免费提供疫情相关的法律咨询。"受疫情影响，部分企业面临较大的生产经营压力，劳动者面临待岗、失业、收入减少等风险。"北京东卫（杭州）律师事务所执行主任陆富介绍，帮助企业解决这一类问题，也是为企业复工达产保驾护航。

辖区资源"一键共享"

为解决企业陆续复工带来的用餐难、出行难、用工难以及物资紧缺等难题，在全面开展"走亲连心三服务、企企铺铺见党员"活动的基础上，武林街道进一步整合辖区企业和党建联盟成员单位等各方资源，推出"云上共享"模块，汇总辖区物资渠道、共享订餐、线上招聘、绿色出行、招商等资源，上线花式菜单，全方位助力企业复工。对接华东医药连锁经营公司等辖区医药企业，为辖区复工企业提供医疗物资渠道；对接新白鹿、肯德基、望湖宾馆等辖区餐饮企业，解决复工企业就餐难问题；对接辖区企业时空电动汽车股份有限公司，将其公司旗下品牌蓝色大道推出的"安心复工车"产品，推荐给有需求的复工企业。顺利帮助浙江省成套设备进出口有限公司、杭州直捷科技有限公司解决员工用餐问题；帮助广利大厦、恒通大厦解决额温枪等物资匮乏等问题。

"本来还在担心复工后吃饭问题没法解决，街道帮忙联系了新白鹿，菜色既丰富又实惠，对我们来说简直是及时雨。"浙江省成套设备进出口有限公司财务总监杨巨综说道，他们复工后的员工餐，便是通过辖区资源共享解决的。

挖掘需求"全面服务"

平台除了给企业提供刚需服务，也注重人文关怀。疫情期间，上下班公共交通搭乘，大开间办公难免引发复工人员对于健康状况的担忧。对此，平台特别上线了"健康家园"功能模块，提供由街道党建共建单位杭州美年医疗门诊部有限公司参与的线上义诊平台，开通"武林大妈"罗睿绮的心理咨询热线，从生理、心理全面解决企业员工对于疫情期间复工带来的健康困扰。

同时，"武林店小二"开设活动报名入口，疫情期间招募战"疫"志愿者。"我们的'武林店小二'平台旨在为企业提供'一站式服务'，全方位助力企业发展。"武林街道党工委书记唐国宏介绍说，"疫情稳定后，街道还将通过线上报名，组织各类学习培训、交友、文体等活动，让企业服务多方面、多功能'活'起来。"

（人民网2020年2月25日）

下城确保实现疫情防控和经济社会发展"两战都要赢"

2月17日上午，位于体育场路与延安路交会处东南侧的恒隆广场建设工地上，项目管理人员孔涛激动地与操作人员一起按下桩机启动按钮——"轰隆隆"的施工声再次响起。"感谢下城区的大力支持，帮助我们以最快的速度开工，防控疫情和加快建设都是我们的责任和使命。"

疫情防控战役打响以来，下城区党员干部、医务工作者、公安干警、社区工作者、志愿者、居民群众等上下同欲、团结奋斗、夙兴夜寐、无私奉献，构筑起疫情防控的铜墙铁壁，形成了复工复产的强大推力。

战“疫”期间，下城区在基层治理上，坚持党建引领，推行“一名党员一幢楼”“一个支部一座楼宇”“企企铺铺见党员”，实施“区域性大包围封闭式管理”、“硬隔离+软服务”、“城市大脑+武林大妈”管控举措，通过宣传“推码十招”使杭州健康码“三率”走在全市前列；在推动复工复产上，启动数字赋能让武林商圈在全市率先“动起来”，“精密智控管理系统”让工地返岗人员管控“准起来”；在政策引导上，相继出台助推企业复产“十大举措”、激励关爱医护人员和一线党员干部“十条”、关心社工“暖心十条”……而这一系列组合拳，为下城取得防疫防控与复工复产的阶段性胜利打下了坚实的基础。

截至3月1日24时，下城作为杭州市主城区首个并一直保持的疫情评估低风险区（绿色区域），已连续25天没有新增确诊病例；全区累计走访企业8614家次，解决问题1278个，累计企业复工率达到98.83%，规上服务业复工率为97.88%。

A
精准防疫：
企企铺铺都见党员

“美味的红烧带鱼、糖醋排骨，喜欢的多点关注，可以直接下单哦！”长庆街道王马社区党员金明上街“包铺”服务，帮助新华路一家餐饮企业拍摄抖音小视频，做起了“网红达人”。

该区坚持党建引领，建立党员助企复工复产工作组团90余个，选派联企党员440名，服务企业5462家；共有走铺党员440余名，服务沿街商铺7600余个。尤其在全区范围内推广开展了“走亲连心三服务、企企铺铺见党员”行动，整合区、街、社三级服务力量，拧成“一股绳”，联动助推企业（商铺）复产复工。把为企服务对象从重点骨干企业拓展到楼宇小微企业、市场园区、沿街商铺等各类经济组织，既关注顶天立地的大企业又关心铺天盖地的与老百姓休戚相关的商家店铺，打通了城市社会面的“毛细血管”和“末梢神经”。

天水街道依托“武林商圈党建联盟”，帮助辖区内5家复工企业申请贷款1.2亿元；武林街道、长庆街道发动网格党员，对网格内的沿街店铺开展每日巡查、情况日报等工作，全方位动态掌握每家店铺复工准备、自防自控和每名员工身份信息、身体状况、行动轨迹等情况。

石桥街道在楼宇、园区企业中建立了100个党员先锋示范岗，企业党员迎难而上、冲锋在前，带领全体职工发挥主人翁意识，群防群控，有序复工；朝晖街道抽调党员干部组建“企业帮帮团”，结合疫情变化实际，主动靠前服务，做到开工一家、检查一家、服务一家，杭州顶全便利店有限公司相关负责人专门给街道送去锦旗表示感谢。

东新街道党工委成立26个楼宇临时党支部，实行一个支部管好一栋楼宇的工作机制，形成“一楼三员，一企一人”的联防共管工作新格局，助力企业复工复产。

B
精密智控：
城市大脑助力复工

大数据+健康码，畅通复工生产路；信息+网格，全域实现“精准智控”；线上+线下，隔离病毒不隔爱……疫情发生后，下城区依托“城市大脑下城平台”，各街道数字驾驶舱投入实战，用数字赋能管理，实现疫情精密智控，多措并举稳推复工复产。

下城区数据资源管理局通过数据筛选，整合形成“疫情风险图”和“企业复工复产情况图”，精准研判防疫的风险点和薄弱点，同时开启人工智能模式，向相关人员讲解杭州健康码，介绍企业复工审批程序；天水街道开发“共享停车”模块，整合辖区停车位缓解企业员工上班停车难问题，目前已为辖区企业提供了800个共享车位；潮鸣街道上线企业有序复工“最多问一次”信息咨询平台，只需手机扫一扫，就能掌握复工复产的权威信息；文晖街道向辖区18个工地推出杭州市首个“工地智能复工系统”，通过大数据比对，实时掌握并追踪工地人员情况，准确摸排重点区域人员，目前已在下城区102个工地全面推广；武林街道推出“武林店小二”线上平台助力企业复工达产，有效解决了租房难、用餐难、出行难、用工难以及物资紧缺等难题……借助大数据提升社会治理能力，下城区把全区的小区、楼宇、园区、企业“家底”一一摸清，编织起一张复工复产防疫“天网”。

疫情对民众的影响不止在生活，人们产生的心理反应也超乎想象。因此，心理支持、心理援助变得越来越需要。1月31日，下城区推出了全市首个“线上心理干预平台”，可以向居民提供心理健康测评、心理干预服务及后期复测的全程管理。

2月21日，一场“云签约”仪式在下城区举行——下城区政府与日本株式会社东京电视台通过互联网终端，分别在杭州和东京远程签署了“都之漫项目”投资合作协议书。据悉，下城区投促局充分发挥互联网平台优势，通过“云招商云服务”，确保招商引资工作不因疫情而中断。目前，已有10余个重点项目将于近日进行“线上签约”，总投资额超110亿元。

C
精细服务：
政策指导温暖给力

2月19日上午，按下暂停键23天的武林商圈于全市率先开门迎客。武林银泰店商场入口处，摆放着“健康ETC”和热成像设备，入场的顾客通过杭州健康码的终端扫描，听到设备发出“绿码，请通行”的指示后，向前至“热成像系统”测量体温，如体温显示正常，则可进入商场购物。而随后一天开业的杭州大厦，仅5个小时就实现销售额破千万。在这场疫情大考中，下城企业“静若处子，动若脱兔”的能力与该区精准出台一系列惠企政策、服务机制、管理指导等密不可分。

在推动企业复工复产的过程中，下城区组建企业复工专班，下设复工复产综合组、助企服务保障组、工程复工专项组，全力做好企业复工的对上沟通、对下指导、咨询反馈、集中审核等工作。四套班子领导分别带队开展复工大督查，对复工复产重难点问题、需要跨部门研究解决的问题，及时通过现场办公、联合会商等形式进行统筹协调和督查指导。下城区持续深化“走亲连心三服务”，率先落实驻企服务员制度，出台《全力开展“三服务”活动建立驻企服务员工作机制的通知》，确定30位区领导对口联系全区102个重点项目，明确900余位区直机关干部对接1346家规上及重点税源企业开展驻企服务。

据悉，根据企业的实际需求，下城区第一时间制定出台了《关于支持小微企业共渡难关的意见》《助力企业复工复产劳动用工十项举措》等，各类惠企政策共涉及资金约6.6亿元。截至3月2日，全区已兑现各项惠企政策资金1.96亿元，惠及企业636家。

2月22日，伴随着最后一个三塘单元XC0506-R22-27地块12班幼儿园项目通过复工备案审核，下城区所有102个在建项目已全部通过复工备案，其中包括恒隆广场、杭州中心、浙江印刷集团工业厂房在内的15个省市重点项目，复工率已达100%。为全力保障下城区建筑工地在疫情防控期间有序复工复产，下城区住建局第一时间采用通俗易懂、图文并茂的形式，推出《下城区复工工地防疫、生产管理导则》，分为日常管理、应急处理、健康宣传三大块，尤其对于包含掌握人员情况、落实专人管理、健康监测、就餐管理、工作场所管理、生活区管理、预防性消毒、生活垃圾处置、安全生产等内容在内的“日常管理10条”进行了详细说明。

2月24日下午，载着下城区首批复工企业返岗人员的包车陆续到达集中观察点，来自四川、安徽和台州等地的130名务工人员顺利返杭。工作人员提前等候在现场，待车辆到达后，悉心询问车上人员身体状况，并引导复工人员接受健康检查。“截至24日，我们共收到包车返岗需求信息36条。按照最新出台的助力企业复工政策，包车企业还可以得到一半的补贴。”下城区人社局工作人员说。

2月25日上午，长庆街道分批上门退回杭州中国丝绸城的285家承租户2个月共469万元租金。“这是今年以来收到的最好消息了，感谢政府对我们商户的切实关心，我完全有信心再把生意做起来。”杭州储秀丝绸负责人朱明霞拿到一张数万元现金支票后开心地说。

武林路上的玉兰花已经怒放，一个生机勃发的春天已经到来。下城将紧盯全年经济社会发展目标，以更大的勇气和担当，迎难而上、奋力拼搏，统筹推进“双线作战”，努力把疫情耽误的时间“抢”回来，将疫情造成的损失“夺”回来，确保实现疫情防控和经济社会发展双胜利。

（《杭州日报》2020年3月3日5版）

杭州下城“1Call链”上线

近日，准备从安徽老家返杭复工的李师傅按照公司发出的通知，在“下城1Call移动办事平台”进行复工复产信息录入，并签署了一份“工地工作人员返岗承诺书”。全部录入完毕点击上传后，细心的李师傅还是不放心，他再次点击进入查看，页面显示已经通过审核可以返杭复工。而在承诺书的最上面，还多了五个字：信息已上链。

这是杭州市下城区数据资源管理局为了保证员工承诺书信息的真实性，让杭州城市大脑下城平台与区块链技术优势互补进行的探索。

区块链技术可通过对所有信息分时间区块存储，并通过加密验证的方式将前后区块进行连接，形成不可篡改的区块链数据固证方式，再将链式数据共享存到所有节点服务器中，可以有效防止单点的证据遭到篡改或破坏。

依托区块链技术的这一原理，下城创造性的搭建了“1Call链”项目，使疫情大数据实现了全网同步、安全加密，极大提高了数据获得率和安全性。目前，“1Call链”已成功为杭州市下城区1674名复工复产员工提供服务。

下城区数据资源管理局相关负责人介绍，员工在线填写承诺书提交后，会自动生成一个“承诺书特征码”同步到区块链，确保电子承诺书相关数据不被修改。不仅员工自己可以进行点击查询，后台也可以通过特征码，对不同员工的承诺书进行分类鉴别保存，确保信息的安全透明有效，提高办事效率。

与此同时，后台信息的分类鉴别，也为线下工作提供了参考。通过杭州城市大脑下城平台“工地复工精密智控管理系统”，工作人员可以统计出未来3–7天内即将返杭员工的来源地、所属项目，合理安排包车。近日，该区文晖街道就顺利接回在两个在建项目上班的21位河南周口工友。

据悉，早在去年12月，区块链服务网络BSN全球运维中心和合作伙伴大会永久会址便落户在杭州下城区数字经济产业园区。下城区充分利用这一优势，致力打造“区块链技术与城市基层治理”完美集合的全国样板，将研究探索进一步深入。

（人民网2020年3月5日）

杭州下城：提信心云转型万企联动促万亿消费

随着疫情形势逐步向好，杭州千亿级武林商圈在科学防控的前提下，于3月28日举办“浙里来消费·万企联动促万亿消费”发布会暨“云购武林”启动仪式。活动依托互联网科技、武林商圈党建联盟企业等丰富资源，围绕“提信心云转型促消费”的主题，培育数字消费新模式，实现杭州商贸企业云转型。

为进一步重塑商流、人流，武林商圈抢抓先机，数字赋能“云转型”，下城区启动数字生活新服务合作，联合阿里巴巴集团，以生活性服务业、传统零售企业、夜间经济和街区（商圈）的数字化改造为主线，打造支付宝“武林商圈”小程序，提升重大突发公共事件下的经济韧性，释放城乡居民消费潜力，构建扩大消费的长效机制。

在支付宝中搜索“武林商圈”即可点击进入武林商圈云MALL平台界面，千余家武林商圈商户的优惠信息、商圈的大型主题活动立刻展现在眼前。武林商圈小程序为线下商场与门店带来更多流量、忠诚会员及交易；多样化的营销方式结合阿里大数据更易触达消费者，实现更高的转化成交，提升整体商业效率。

武林商圈借助本次活动，发动四大商业综合体，打造“云直播”、“云体验”、“云海淘”、“云拍卖”、“云点单”、“云闪送”、“云抽奖”七朵云，引领“云逛街”这一数字生活新消费形式。

为进一步助企业减损失、去库存，武林商圈发动杭州大厦、银泰百货、国大城市广场、嘉里中心四大商业综合体及浙江土畜、浙江粮油、联通杭州分公司、同心妇幼、杭州电信下城分局等30余家企业共同加入，举办了精彩超惠的“线上+线下”展销活动，靓衫、名包、口红、汽车、童鞋、红酒……不胜枚举，应有尽有。展销品类繁多、覆盖广泛，力求满足消费者各项需求，万件优品折惠出售。

据悉，为贯彻落实中央和浙江省市“一手抓疫情防控、一手抓复工复产”与“两手都要硬、两战都要赢”工作要求，下城区先后出台了《下城区关于支持小微企业共渡难关的十条意见》等多个惠企措施，累计兑现各项惠企政策资金3.38亿元，惠及企业3000余家次。

（人民网2020年3月28日）

杭州下城：医校携手打好“校园防疫安全战”

进入4月，全国19省份已公布最新开学时间，其中9省已经开学，10省将在4月开学。而杭州市的“学校大概什么时候开学？”“开学后学生安全怎么保障？”“校园环境安全如何落实？”等等类似问题，学生想了解，家长在追问，老师在思考，学校也在考量。新冠肺炎疫情影响下，学生们度过了史上最长寒假，如今他们也渴望着早日回到学校。

为及时回应群众需求，最大满足民众期待，杭州市下城区卫健局结合当前新冠肺炎疫情防控形势，迅速启动驻校助学健康指导服务。在市级派驻指导员的指导下，下城区卫健局主动联合区教育局，抽调系统精兵强将，组建了6支联络员队伍，充分发挥卫健系统专业特色，帮助学校（幼儿园）落实复课复学必需的疫情防控举措，推进校园顺利复学、安全复课。

“我们感觉已经为开学后的疫情防控工作做足了准备，但谈到实操还是有点慌，不知道有没有遗漏，够不够妥当。”针对下城辖区内多所学校提出的共性需求，3月27日上午，区卫健局联合区教育局主办了一场新冠肺炎疫情防控桌面演练，为下城各所学校（幼儿园）送去指导服务，帮助理顺疫情防控思路，强化疫情应对能力。

本次桌面演练采用视频会议形式，通过6个场景的模拟全面梳理了学校应对新冠疫情的全流程，以演促练、以练为战，确保一旦发生疫情，学校能够快速应对，为学校正常开学、保障辖区师生安全打下坚实基础。辖区各中小学、幼儿园设立了32个分会场，75个校园的负责人、卫生（保健）老师共计160余人参加。

把握“吃住通用消”，落实校园防疫安全工作。

下城区提供的复学指导服务不是“一锤子买卖”，而是“长周期服务”。“我们医校人员建立了互动社交联络网，市级特派员、健康指导员、学校联络员建立钉钉、微信联络群，通过‘云端晨会’制度实现了培训、答疑的远程围观。”健康指导员余海玉介绍。

据了解，“云端晨会”是区卫健局通过钉钉会议功能线上与各校公共卫生老师或防疫联络员沟通交流的工作机制，重点进行五大内容的云协商，一是复学前期消杀准备，指导学校进行消杀药水的配比、掌握一定消杀技巧；二是防控物资储备情况，交流各校必需物资是否储备到位、是否符合要求；三是师生防疫知识宣传，通过网盘等智慧多媒体，将指导方案、规范流程、防控课件等宣教信息在辖区各个校园内互联互通；四是突发应急预案制定，指导各校园设置临时隔离区域，做好突发情况应对的多手准备；五是重点环节防疫要点，从进校门、到教室、去食堂、到洗手间路径中的各重点环节进行细化剖析指导。

据悉，下城区健康指导队还为各所校园（幼儿园）送去了“十个一”健康大礼包，内含1次应急演练、1个指导标准、1次上门指导、1个网络联络群、1份学校档案、1名校园防控监督员、1周云指导、1份宣传资料包、1份指导意见书和1名签约医生，助力完成复课复学准备。

截至4月1日，下城区出动健康指导员189人次，累计走访指导学校和幼儿园112家，指导整改问题122个，已提前实现下城区第一轮现场健康指导全覆盖的目标任务，并为学校和幼儿园送去专业的帮扶建议，切实解决了实际难题，受到了普遍欢迎。接下来，下城区健康指导队还将继续采取明察暗访、随机抽查和巡回督导等方式，深入排摸日常防控和健康管理各项措施落实情况，督促堵疏补漏，全力护航学校复课复学。

（人民网2020年4月3日）

下城：线上线下融合构筑平安新生态

武林门外正春华，人间最美四月天。

新冠肺炎疫情发生后，作为“杭州的心、城市的眼”，坐拥31.46平方公里繁花似锦的下城，是全市最早实现“全省县域疫情低风险”的主城区，成为五色疫情图中的一抹“平安之绿”。这给辖内52.6万余名常住百姓带去了黄金般的信心，为该区打好“两战”、推动高质量发展，掌握了转“危”为“机”的先机。

战“疫”治“危”能够“一触即发”，源自常态治下的“厚积薄发”，更发轫于治理体系区级架构中的先行先试。下城区委主要负责人介绍，该区从“非典”之战和“G20杭州峰会”筹办的基础经验中不断提炼完善治理“方法论”，部署区街两级“城市大脑”实现精密智控，发动42000余名“武林大妈”夯实群防群治，将线上“算法”和线下“人防”深度融合，迄今已交换数据516万余条、归集信息372万余条、整理指标116项，以“收放自如”的善治实效，向市域社会治理现代化“六和塔”工作体系，提供了可按图索骥的“下城路径”。

“城市大脑”数治赋能
在“云端”实现“为人民服务”

在杭州，“城市大脑”是和水、电、燃气一样基础的“新刚需”；在下城，“数治基建”则是基层治理的“新标配”。疫情大考，不啻一次显山露水的压力公测。

这场动真碰硬的实战交锋中，由下城区委政法委和数据资源管理局牵头，区、街道、部门及园区内全域铺开的“数字驾驶舱”矩阵，发挥了“四两拨千斤”的作用。该区在AI、物联网等技术生态领域长期深耕的供给侧改革，发挥了显著成效。下城通过“数字驾驶舱”矩阵，缩短政府服务周期、拓宽政务应用场景，把公共服务精准“滴灌”到百姓手中，夯实了一线治理的“信任基石”——

天水街道在“舱”内进行24小时可视化信息建模，精密测算重点社区楼宇日均3.6万次人员流量、延安路等主干道日均8.3万车次流量、四大商场日均10万客流等基础数据进行分析研判，科学打通了23条与楼宇、企业、市场汇通的“毛细血管”道路，增设错峰停车位约800个，为商场设置“健康码ETC”和热成像设备，确保“一码通行”。

长庆街道将重点场所的智能用电系统、为独居孤寡老人安装的500套智能烟感设备接入“舱”内，落实风险预警；借助“舱”中的出租房“旅馆式”管理系统，以5000户出租房数据、撬动1.4万流动人口的涉疫信息排查；利用“舱”里的智安小区系统，进行人车比对、前置风险管控，让居民安居无忧。

当前，数据已成为保障平安治理、推进复工复产的“新能源”。下城区借助“数治基建”的“云砖智瓦”，实现了信息异动拦截，让数据“跑在阳光下”，也从根本上重构了治理流程——

譬如，文晖街道针对复工中“核查难”“手续繁”“反馈慢”等桎梏，借助区块链技术迭代开发“1call智能复工系统”，在18个工地实现绿码申报、云端审核、返岗预约、数据沉淀、一人一档等流程“一站清”。据此，施工单位可预估3~7天后的返杭人数，并视情申请专列包车，打好防疫“提前量”，提高了项目治理精度。

石桥街道以需求导向开通“你呼我应”云服务，畅通复工审批流程，快速平稳实现9.73平方公里辖区内6540余家企业复工、46750余名员工返岗、6处工地开工。

从房租减免到贷款融资，武林街道小微企业的各类复工难题，在小程序“武林店小二”里都能得到破解。2月25日，为了助力稳健复产，武林街道在微信订阅号内推出“武林店小二”，迄今已为嘉里中心15家商铺解决“重启”资金逾百万元。

3月27日，区卫健局联合区教育局在“云端”联合主办了一场防控演练，在6个场景下梳理校园应对疫情的全流程，为区内数十所学校送去指导服务，为开学复课作准备。

在“云端”实现“为人民服务”，以“数治新基建”涵养“治理新生态”，下城区在社会急剧转型时期，对基层治理体系不断优化和完善调整，为百姓提供更真切的获得感、幸福感、安全感。

“武林大妈”守土有责

落细“绣花”式群防群治

战“疫”期间，“武林大妈”俞翠英，把一首杭味Rap唱进了中央电视台《焦点访谈》：“勤洗手，戴口罩；邻居见面点点头，陌生见了要登记，大妈不是不热情，非常时期要无情，道是无情却有情，平安健康合家欢！”

打“两战”，下城区一手抓涉疫信息采集“从群众中来”，一手抓处置力量下沉“到群众中去”，52.6万余常住人口中，每12人里就有一名“武林大妈”。志愿者们自备药水口罩，臂佩红袖章，携手电、手机、喇叭，每天步数过万巡逻密防，引导亲友邻舍与广大群众科学预防。

战“疫”以来，4.2万余名“武林大妈”活跃在下城区潮鸣、东新、朝晖等8个街道的小区楼宇，不仅帮助邻里代购日用、代取快递、代运垃圾、代疏管道，还关注到每一位鳏寡孤独和智障肢障者，送餐送药送关爱；防疫物资缺口较大时，“武林大妈”用三台缝纫机，4天内制作270余枚口罩……志愿者们还带头捐款60余万元，累计走访排查35万余户192万余人次，在非常时期把“绣花”式的城市治理落实落细。

“武林大妈”这支队伍从下城成长起来，绝非偶然。该区一贯重视基层群防群治，早在2002年7月，中国第一个楼道党支部就在这里的王马社区诞生，支部成员自发参与纠纷调解、平安巡防等公共服务。2016年3月，从楼道党支部培育的18名党员志愿者，成了“武林大妈”的初创骨干。

截至2020年4月，“武林大妈”迅速壮大，有识之士均在此：4.2万余名“巾帼”与“须眉”，涵盖医教文卫、金融法律等各行各业，累计参与纠纷调解1.04万起，成功率达99.8%，涉及金额2.6亿元。

卓越的治理实绩，来自严密的工作机制：“武林大妈”切实做好“安全巡防员、纠纷调解员、平安宣传员、邻里互助员、文明劝导员、民情收集员”，以“清底数、明情况、熟人头、灵信息、精业务”这五项基本功，实现“安全防范零发案、矛盾纠纷零激化、网格管理零盲区、入户走访零遗漏、邻里互助零距离”。

如今，“武林大妈”这支队伍已在善治中留下姓名：荣获第四届中国青年志愿服务项目大赛银奖，入选新时代“枫桥经验”实践100例。

“两战”打响以来，下城通过“城市大脑”和“武林大妈”重构了精密智控、联防联治的治理生态。该区充分利用浙江省力推的“四平台”信息系统和辖内各街道全面布阵的“数字驾驶舱”优势，把4.2万余名“武林大妈”作为遍布社区网格的“千里眼”“顺风耳”，建立双线推进的防控体系，凝聚了众志成城的磅礴力量，打通了共建共治共享的“最后一公里”。

下城，在长治久安中扬帆起航，拥抱春天里又一个新的“增长点”。

（《浙江日报》2020年4月13日25版）

加快复工复产杭州下城区"云办理"开启工程招标加速度

疫情虽未结束，复工复产却不停步。近日，杭州市下城区建设工程招投标工作借力科技助跑，通过“远程线上投标”、“网上开标”、“辅助评标”系统保障项目推进，降风险，减成本，实现全流程网上“不见面”电子招投标。“窗口”各项流程均通过不见面、不接触、不用跑的网上办公模式即完成办理事项，实现项目推进不断档。

不久前，下城区一装修项目顺利开标，吸引了345家投标企业投标，投标企业家数达到全市新高。若是以往，300多家企业人员集聚，开标现场早就人满为患，可不同的是，这次开标现场却不过寥寥几人，四十分钟完成开标，效率之高让人惊奇。

该次开标从投标文件接收到资格审查，全程线上操作，27分钟便成功读取345份投标书，15分钟后开标系统便自动完成全部投标企业与人员的资格审查，投标人无须到现场即完成了整个投标过程。

“以前还没使用全流程电子标的时候，我们招标代理早上6、7点就开始准备接收纸质投标文件和人员到场刷卡，200家企业的投标文件拆封、光盘读取就要到下午两三点才能完成，公司派4名人员到现场都还忙不过来，更何况像今天345家投标单位。这种线上形式，速度比以前快了十多倍，今天我们终于可以在开标当天吃上午饭了。”开标现场的招标代理感慨道。

关于全流程电子招投标，下城区住建局建管科工作人员介绍到，“从2019年11月中旬开始，下城区住建局即按照市委、市政府关于深化我市建设工程招投标改革要求，先行先试，积极运用先进技术，主动拥抱数字化改革，先后试行了6个项目的全流程电子标。今年，受新冠肺炎疫情影响，为切实加快推动项目建设进度，助力企业复工复产，做到防疫复工两手抓，两不误，我们结合新评标办法，全面推行电子招投标方式，顺利开启了5个全流程电子标，为企业参与招投标活动开启‘绿色通道’”。

参与过“云办理”的招标人表示，通过电子标的形式大大简化流程，降低了开标、评审过程中出现的失误率，比常规导光盘的方式更加有效、快捷，新的评标系统设置让评标委员会中的业主代表也能快速地完成评标，体验感相当不错。

据介绍，和传统招投标方式相比，全流程电子招投标活动插上了科技的翅膀，让速度“快”起来、结果“准”上来、成本“降”下去、过程“透”出来，活动参与“便”起来，更大程度激发市场活力。也进一步促进了建设工程招投标活动更加公平、公正地开展，为优化营商环境注入了新动力。

（央广网2020年4月16日）

“云购物”助力武林商圈强势复苏

近日，由下城区主办的“云购武林”消费嘉年华活动举行颁奖活动，通过“云抽奖”揭晓了大奖获奖人，两名幸运儿获得了终极大奖——吉利博越PRO越野车一年免费使用权。

昨天，记者从下城区有关部门获悉，自3月28日以来，为期3周的“云购武林”消费嘉年华活动为武林商圈带来近16.1亿元销售额，占总销售额的30%。伴随活动发布的1.9万个短视频、2万分钟的网红“云直播”吸引了近3亿人次在抖音、微博、淘宝等平台上参与互动；最新上线的武林商圈云mall平台吸粉5万人，核销优惠券373万元，助推千亿级武林商圈强势复苏。

据了解，“云购武林”是一次武林商圈各大商业体的线上线下“联合作战”。在线下，有杭州大厦、武林银泰、国大城市广场、嘉里中心、省土畜集团等30余家企业及千余家商铺参与；在线上，有“银泰喵街”、武林商圈云mall智慧平台、“云海淘”“阿里拍卖”等平台热销，基本实现了商圈品牌全覆盖，吸引顾客人数逾千万人次。

“商业升级的背后，是消费升级以及生活方式的演进。受疫情影响，人们的购物习惯发生了改变，好在武林商圈此前就已经植入了‘智慧基因’，导入了‘互联网+商圈’发展模式，这次发起‘云购武林’嘉年华，可以说是水到渠成。”天水街道党工委负责人说。

在此次“云购武林”嘉年华期间，下城不仅依托支付宝打造了一个“武林智慧商圈云mall”平台，能实时掌握商圈千余家商户信息和促销活动；为了把商圈联动起来，还建立起武林商圈线上会员中心，实现了四大商业综合体“一卡通”，通过大数据分析为商场与门店引导“流量”。

“云购武林”消费嘉年华，同时也掀起传统业态转型潮流——武林商圈各大商场柜面加装智能VR设备，消费者可通过镜面屏幕操作，实现各种产品虚拟试用并可视化呈现；万寿亭农贸市场及7个社区爱心菜摊位配置了直播设备和平台，摊主们纷纷开始了线上直播卖菜的网红生涯……

“未来，下城武林商圈将继续走智慧路径，着力云商圈建设，进一步转危为机、提信心、促消费。”下城区商务局相关负责人表示。

另据了解，迎来复苏的武林商圈，虽热闹但秩序井然。这得益于“城市大脑”数字驾驶舱497个高清天眼的信息数据、健康码ETC和红外测温仪，将人均通行时间缩短至3秒。

（《杭州日报》2020年4月21日头版）

下城区产权交易服务云平台上线

如何方便投资者参与资产竞争、增强市场活力，又避免人群大规模聚集？4月28日，杭州市下城区和阿里拍卖联手打造的下城区产权交易服务云平台正式上线。

上线首日，下城区产权交易服务云平台推出“招商推介、资产交易、阳光监督”3个功能模块，首批8件标的上线“资产交易”模块招租。该平台通过资产线上推介模式、资产竞价全委托服务、资产网络交易信用探索，实现区属资产最大范围招商推介、竞价交易，并全程接受公开监督。

三大模块中，“招商推介”尤其引人关注。记者了解到，目前，下城国投集团打算通过这一平台推出一个中央商务CBD的总部地标。该项目地理位置优越、配套设施齐全，下城国投集团相关负责人表示：“通过产权交易服务云平台，借力阿里拍卖这个全球最大的网络竞价平台，可以让国有资产提前得到充分展示，实现最大范围招商，也能帮助投资者做出更理性的决定，为后期竞价打下基础。”

资产竞价全委托，交易费用更节省。在“资产交易”模块，记者看到，首批上线该平台的标的项目包括商铺、住宅，起拍价从3万元/首年至27万元/首年不等。据介绍，这些资产交易均采用网络竞价方式，由阿里拍卖提供实勘、标书制作、上拍、咨询、带看、交接等全流程服务。这种全委托竞价模式，也大大降低了成本。与下城区之前国有房产线下拍租收取的5%拍卖佣金相比，全委托竞价模式只收取1.2%至2.5%的交易费用，综合成本降低50%以上。

依托该平台，公共资源交易在“阳光下”“云端上”进行，打破了恶意串通的生存空间。阿里拍卖相关负责人表示，该平台可以实现对资产全程监督。利用大数据平台和技术手段，下城区也可以建立买受人名单管理机制，对于恶意悔拍、扰乱竞买秩序的竞买者进行名单管理。

（《浙江日报》2020年4月29日2版）

以绣花功夫探索大城市治理现代化新路

5月2日，市长刘忻专题调研城市管理工作。他强调，要深入贯彻落实习近平总书记在浙江、杭州考察时的重要讲话精神，坚持以人民为中心的发展思想，深入实施“善治六策”，下足绣花功夫，强化机制创新，积极探索具有杭州特点的大城市治理现代化新路，为全省全国城市治理体系和治理能力现代化提供杭州样板、贡献杭州经验。

下城区在“两广一路”和“新天地”区域试点组建杭州首个城市管理“红旗班”，升级环卫作业岗位，开展综合性城市管理服务。刘忻来到“红旗班”管理服务中心，认真了解人员构成、设施配备、组织运作等情况，并与一线工作人员面对面交流，感谢大家的辛勤付出，鼓励他们继续发扬“红旗精神”，当好“城市管家”，努力让群众生活环境更洁净、更美好。

在天水街道灯芯巷社区，刘忻实地察看了垃圾投放点、积分兑换站等，深入了解社区垃圾分类工作推进情况。去年以来，灯芯巷社区持续开展“撤桶并点”“定时定点”“破袋投放”行动，取得了显著成效。刘忻希望社区再接再厉、持续创新，进一步完善“社区主场、书记主战、党员主动、群众主力、志愿先行”的工作机制，培育垃圾分类社区新风尚，像灯芯一样照亮杭州更多街巷。

随后，刘忻来到市城管局，听取城市大脑应用、基础设施管理、城市环境整治等工作汇报。刘忻指出，要切实按照习近平总书记“城市管理要像绣花一样精细”的重要指示要求，坚持问题导向、目标导向、结果导向，以实招硬招不断提升杭州城市管理水平。要狠抓城市洁化，深入开展“城市环境大整治、城市面貌大提升”集中攻坚行动，精心做好日常保洁、垃圾分类、市政设施养护等工作，加快建设“无街不美景、无处不精细”的宜居城市。要健全长效机制，聚焦户外广告管理、渣土处置消纳等重点难点问题，优化职责权限划分，加强综合协调和监督管理，让“看得见的管得了”，以实际成效增进群众获得感和满意度。要强化比学赶超，压实区县（市）、街道管理责任，完善激励和约束制度设计，用好“赛马”机制，进一步营造互学互鉴、争先进位的浓厚氛围，合力推动杭州城市管理水平再上新高度。

（《杭州日报》2020年5月4日头版）

下城推出党建引领社区治理“十项机制”

如果社区治理是城市治理的“根”和“魂”，那么社区党建就是社区治理的主心骨。昨天上午，作为全市唯一党建引领社区治理综合试点城区，下城区制定了试点工作方案并推出深化党建引领社区治理“十项长效机制”，为全区高水平推进中心城区基层治理现代化提供坚强保证，吹响了党建引领社区治理的新号角。

作为杭州的中心城区，下城区的党建引领社区治理工作一直走在省市前列。为了继续在社区治理工作中发挥红色引领作用，下城区在此次试点中提出以实施社区治理“赋能聚力”工程为抓手，健全基层组织、工作运行、服务赋能、多元治理和保障支撑五大体系，明确创新推进小区党建等十二项具体任务，还总结推出了领导干部“包街走社”机制、社区党员“包楼联户”机制、在职党员“报到服务”机制、基层协商“百姓议事”机制、党建共建“红色纽带”机制、物业小区“三方协调”机制等深化党建引领社区治理的十项创新做法。

其中的社区党员“包楼联户”机制，就来自于此次新冠肺炎疫情防控中的“一名党员一幢楼”“企企铺铺见党员”等经验做法。该机制将结合优化完善治理网格，在居民小区中广泛推行“党员亮身份”“党员责任区”制度，通过一名党员或多名党员认领一个楼幢、一条街区或志愿服务岗等形式，发挥党员在社区治理中的先锋模范作用。

党建共建“红色纽带”机制则将深入推进区域化党建共建“红色纽带”工程。不仅要发挥街道大工委、社区大党委作用，完善社区需求清单、辖区单位资源清单，比对形成项目清单，使隶属不同系统、掌握不同资源的党组织成为联系紧密的区域化党建共同体，还要加强党群共建，发挥好工会、共青团、妇联等群团组织的“桥梁”和“纽带”作用，引导各类群体参与党建共建。

（《杭州日报》2020年5月20日2版）

下城区：集智聚力，打造青年人才双创高地

“请你为这篇微信推文想一个标题。”隔着手机屏幕，企业面试官给考生出了一道题目。思考一会儿后，考生给出了答案。接着面试官又提了第二个问题……线上平台上传简历、双向视频语音洽谈面试，这样的场景，在今年的杭州市下城区成为常态。

疫情当前，人才招引不能止步。短短一个月内，全区共举办7场人才招聘会，为2400多名人才找到合适岗位。

人才，是新时代发展的第一资源。城市的发展离不开一个个“人”的参与，作为“杭州的心、城市的眼”的下城亦不例外。

事实上，下城始终贯彻落实新发展理念，进一步做优人才生态，推进高水平建设人才强区。

目前，下城全区已有经认定的高层次人才527名，其中市级以上领军人才208名。近两年来，每年认定的高层次人才总量翻番，每年新引进硕士以上应届毕业生1000名以上，人才集聚速度不断加快。

不断扩张的人才“金字塔”，让这里成为创新活力之地。从政策到制度、从机制到平台、从环境到服务，下城绘就了引才用才与高质量发展的壮丽画卷，着力打造人才生态一流城区。

“云上云下”聚力
张开怀抱广纳青年英才

今年2月，一场“云聘会”成为最火热的线上平台之一。为了集聚青年人才，下城结合“杭向未来”高层次人才“云聘会”契机，搭建统一的网上职位发布和招聘平台，吸引人才企业、求职人才集聚。下城79家企业齐聚“云聘会”，提供岗位数385个，需求人数逾1600人，目前已收到人才简历6372份。

生物制药、卫生医疗等领域是“云聘会”的招引重点。位于下城区的树兰医院、华东医药、英特医药等，都成为大会的“香饽饽”。其中，在疫情防控期间表现突出的树兰（杭州）医院，吸引了大批人才慕名前来。推出的22个专业岗位，已收到2000多份简历，岗位数和简历投递比近1∶100。

联合工程、水利水电十二局、航天科工等知名企业，省交通科学研究院等科研院所也纷纷设岗招聘，这些企业涵盖数字经济、生物医药、智能制造、医疗卫生、教育科研、金融服务、人力资源等重点行业，力度空前，对广大应聘人才的吸睛热度持续上升。

同时，下城还创新推出战“疫”春风行动紧缺岗位线上招聘会，帮助企业招录求职人才。目前，平台共登记企业952家，推出岗位4317个，需求人数6090人，应聘人才4872人。

疫情防控期间，下城不遗余力服务人才，相继出台“人才返岗复工十项服务举措”“支持小微企业共渡难关的十条意见”“助力企业复工复产劳动用工十项举措”等政策，在人才评聘、减租融资、法律援助、招才返工、生活服务等方面精心推出多项实在、管用、暖心的人才复工复产服务举措。其中，对人力资源服务机构为下城企业推荐或派遣员工，按每人1500元的标准给予机构补贴。政策和市场手段的有效结合，大大减轻了新冠肺炎疫情对企业生产和员工生活的影响。

营造创业空间
为大学生创客插上翅膀

除了提供岗位外，下城还通过创业集聚优秀人才，增强市场活力。根据计划，到2022年，杭州全市将新引进100万名以上大学生来杭创业创新，形成充满活力的大学生创业创新体系。作为杭州的中心城区，下城如何发挥优势，打造成为大学生“双创”人才集聚地、“双创”成果转化地、“双创”文化引领地？

走进位于杭州城北的下城数字产业园留学生创业中心，50多平方米的公共办公区域内，30多名留学生的创

业生活忙碌又有序。塔吉克斯坦小伙孟轲正在为他创办的电子商务公司设计网站。据了解，孟轲所在的数字产业园目前入驻了许多来自“一带一路”沿线国家和地区的创业者创办的创业项目，数字产业园的留学生创业馆更是为像孟轲这样的留学生创业者提供了免费的工位和创业指导。

随着杭州国际化程度与日俱增和杭州数字经济的突飞猛进，许多来杭留学生选择留在杭州进行创业，但往往迫于缺乏经验和不懂政策，不得不停下脚步。3年前，下城区打造了杭州首个来华留学生“创业园”和“创业馆”，不仅为来华留学生搭建贸易实操的平台，也打造了未来国际贸易伙伴的孵化平台。目前，园区已经和浙江大学、浙江工业大学、浙江理工大学等10所高校签订战略合作协议，30名来华留学生在“创业馆”的帮助下成功注册了自己的公司，实现自己的创业梦想。

为青年人才创新创业提供广阔的平台，下城充分鼓励各类主体发挥自身优势建设众创空间、孵化器，双创孵化“摇篮”不断提升。鼓励龙头企业、特色楼宇发挥自身优势，打造以国际化创业为特色的跨贸小镇国际众创空间、西想村众创空间、新天地众创空间集聚地等。新培育市级众创空间3家，省级、市级孵化器各1家，累计拥有区级以上众创空间23家，其中市级以上众创空间11家、市级以上孵化器5家，总孵化面积超过10万平方米，在孵企业超过1000家。

位于下城区高新技术产业基地内的杭州市大学生创业园（下城），自2009年开园起，便积极发挥作用，先后引进企业68家，成功孵化了一大批大创企业。

根据大学生创业企业的需求，创业园建立下城区大学生创业导师制度，聘请创办或经营企业的专家，对创业大学生进行针对性辅导，帮助大学生创业成功。同时，下城还定期举办大创政策解读讲座、税法知识讲座、小额企业担保贷款讲座、律师公益服务大创企业系列活动等，特别设立大学生创业服务专人专区，为大学生创业企业提供一条龙服务。

近年来，下城区深入贯彻落实各级大学生创业政策，取得了较明显的经济社会效益。下城区目前登记在册的大创企业共有297家，2019年全区大创企业年销售总额共计24566.23万元，其中销售收入1000万元以上的大创企业共有5家，销售收入1000万以下500万元以上的共有8家，100万元以上500万元以下的共有29家。2019年全区拨付大创项目无偿资助区配套资金共计35.5万元，大创企业园区外房租补贴共计40.3518万元。53名下城区大创企业负责人进入杭州大学生创业学院进行系统培训和培养。

搭建国际平台培育“热带雨林”式人才系统

产业集聚人才，平台培育人才。打造人才生态一流城区，下城聚焦国际化，充分发挥创新载体引才聚才作用，构建人才引领创新驱动新格局。被誉为“杭州人才旗舰店”的中国杭州国际人力资源产业园，便是承载重任的一大“强磁场”。

2016年，园区成为全国首家国际人力资源服务产业园。在2019中国杭州国际人力资源峰会上，全球十大高端猎头公司之一的斯坦顿大通国际与下城区签署了意向入驻协议，这也是迄今为止我省引进的国际排名最高的高端猎头公司。同时，下城区政府还与两家国家级小微企业园代表签署了合作协议，并举行了项目对接会，推动两大平台携手共进。目前，产业园集聚了超过100家的国内外知名人力资源机构。

第二届浙台合作周·人力资源交流与产业合作论坛活动中，来自浙台两地知名科研机构和人力资源机构、文创企业负责人共计200余人共襄盛会，进一步推动浙台两地在人力资源服务业、文创产业、大健康产业方面的合作。作为东道主，下城吸引了包括台湾地区在内的各类人才到下城创新创业，进一步提升城市综合能级和核心竞争力，全力打造长三角南翼强劲增长极……

近年来，随着下城在全国影响力不断扩大，各项重要赛会也落户于此。借助盛会，下城一方面从全球引进人才，同时也为本地人才搭建舞台，寻找良机。

2019年6月，“创客天下·2019杭州市海外高层次人才创新创业大赛”来华留学生专场暨浙江省外国留学生创新创业大赛决赛在杭州市下城区跨贸小镇举行。来自清华大学、浙江大学、深圳大学等25所省内外高校的创客，携163个项目参赛。这些参赛选手来自美国、德国等80多个国家和地区。“大赛充分展示了全国高校来华外国留学生教育的发展成果，并让来华外国人才感受到了杭州良好的创新创业生态，吸引并集聚更多的优秀来华留学生也来杭留学、就业、创新创业。”跨贸小镇相关负责人说。

下城区第二届天使梦想基金创业大赛决赛现场，十余家投资机构向10个优质创业项目伸出“橄榄枝”。除了获得社会资方和天使基金的共同投资，项目方还能优先入驻创投中心，下城区将给予优惠政策和全面创业指导，并帮助项目申请科技和人才的扶持政策。

据悉，天使梦想基金创业大赛将在今年6月再次启动。2020国际人力资源峰会也将于7月左右举办，打造长三角地区的人力资源盛会。

写好人才“文章”打造最优“生态圈”

今年36岁的徐清华，生物信息学硕士、肿瘤学博士，是一位极有潜力的80后海归创客。6年前，被良好的创业环境吸引，他带领一支由海归高端人才和本土化精英组成的项目团队到下城创业，基于10余年的研究积累并通过近3年的潜心开发，打造出以生物信息学数据分析为核心、分子生物学技术应用与病理临床实践紧密结合的癌症分子诊断产品研发与转化平台。如今，他已入选中国留学人员回国创业启动计划、杭州市级海外高层次人才计划、杭州市十佳来杭创新创业青年、下城区“十佳杰出青年”、下城区“513”武林英才、“258”第一层次人才。

“梧桐繁茂，凤凰自来”，吸引“金凤凰”的第一要素还是有特色优势的人才政策。

着眼人才政策顶层设计，建立健全全方位人才政策体系。2019年10月，下城区重磅发布《关于聚焦下城高质量发展打造人才生态一流城区的实施意见》，向天下英才抛出橄榄枝。这一“揽才新政”，在6个方面提出30条“含金量”较高的政策，也被称为下城人才生态“黄金30条”。

“新政立足下城发展现状，聚焦破解人才发展中的重点难点问题和薄弱环节，聚焦吸引青年人才，对处于加速器、产业化阶段的人才项目加大扶持，补齐发展短板，激发潜在优势。”下城区委人才办负责人说。

“环境好，则人才聚、事业兴。”在下城，不只有优化人才服务的政策举措以及大平台、广阔事业空间的吸引，更有新型政商关系和细致入微服务的满满诚意。

优化环境，静待花开，下城正朝着打造人才生态一流城区的目标坚实迈进——

提升城市环境品质。高标准推进老旧小区综合改造提升，高水平打造东新路景观大道、新天地商业圈，提升改造建国路等一批重点工程，加快基础配套设施建设。交通、医疗、教育等条件进一步改善，让人才有了“此心安处是吾乡”的幸福感、获得感。

强化人才政务服务。下城落实区四套班子领导联系重点人才制度和区领导带队开展“走企访才”，以及专题培训和评选等工作。结合“1Call办、掌上办、网上办、自助办”，下城还为人才提供网上办理高层次人才认定、人才居住证、人才落户等审批服务。

保障人才生活服务。南临德胜高架、北至杨六堡路、西至珠埠漾西路、东沿珠埠漾河，总建筑面积35361平方米的人才专项租赁用房项目正在如火如荼建设中。到2022年3月，这里将成为人才的“新家”。下城还整理出台了《下城区人才保障性住房申请攻略》，详细介绍市区两级与人才保障性住房有关的政策，方便本区各层次人才了解使用，使人才住有所居、应享尽享。

筑巢引凤栖，花开蝶自来。接下来，下城将充分发挥省会城市核心城区的区位优势、环境优势、人文优势，找准差距、补齐短板、争先进位，重点在体制机制等方面实现新突破，在引领下城经济社会高质量发展上彰显人才的支撑作用，为纵深推进高质量发展、高品质生活的全域中央商务区建设，奋力打造世界名城一流核心城区做出更大贡献。

（《浙江日报》2020年5月27日16版）

杭城演艺行业“重启”首演请来战疫英雄感受“奇妙夜”

情暖英雄，文化润心。昨晚（5月30日），由杭州市委宣传部与下城区委、区政府共同主办的“战疫情促发展主题巡演千里行”首演《美术馆奇妙夜·星夜》在杭州剧院举行，全市战疫一线医护人员代表及其家人共400余人到场观看，在大朋友和小朋友的欢声笑语中，重新燃起了整个杭城的演艺热潮。该场演出的举办同时也标志着“沉睡”了100多天的杭州演艺业终于被重新“唤醒”。

“感谢对我们援鄂医护人员的关心关爱，我们全家非常感动，孩子看得非常开心。”带着家人前来观看演出的杭州市中医院男护士梅建鹏激动地说道。他大年初四出征武汉，上个月初才解除隔离回家。首演仪式上，下城区还为战疫英雄们送上了一道“文化大餐”——“情暖战疫英雄”下城文化消费大礼包，内有免费观影、土布纺织体验、全家福免费拍摄等内容。

下城区另一知名国际演艺品牌太阳马戏亚洲唯一驻场秀《X绮幻之境》也将于6月3日正式恢复演出。这将是该剧目自今年1月23日宣布停演之后的首次复演，也是全球疫情发生后，太阳马戏娱乐集团在全球范围内的首个复演项目。首场演出同样将回馈“战疫”一线医护人员，届时将有600多名医护代表作为嘉宾提前尝鲜升级版《X绮幻之境》的首次公演。

下城区还在全市率先推出针对文化企业个性化定制的战疫情促发展十项举措，支持企业参与战疫公益等内容，并结合“走亲连心三服务”活动，将帮扶政策及时、精准送达企业手中。

（人民网2020年5月31日）

杭州社区智治在线下城平台上线

寻找就近的停车场，了解和报名参加社区活动，在线进行政务服务咨询和办理……这些便民的贴心服务，今后在一个平台上就能得以实现。昨天上午，“杭州社区智治在线平台下城平台”正式上线，为居民和社区工作者打造24小时的贴心助手，也为全市构建社区智慧治理开启新篇章。

今年3月开始，下城区在去年打造全国唯一以信息化为主题的全国街道服务管理创新实验区的基础上，又率先开发“杭州社区智治在线下城平台”，以习近平总书记基层“全周期管理”理念为引领，以在城市社区实现精密智控、精准服务、整体智治为目标，打造预防管理、事件管理、修复管理的闭环流程，全面构建社区智慧治理新模式。

该平台是城市大脑向社区的延伸，能实现与杭州城市大脑、“基层治理四平台”等数字化平台之间信息的快速流转，并且打通民政、社保、城管等部门数据以及小区物业、智能安防、市政服务、社会服务机构等信息系统，构建实时动态的基础资源数据库。

有了智治在线平台和大数据的支持，社工管理更精准，老百姓生活、办事更快捷。比如，只要关注“智慧下城”微信公众号，你会发现：点击“智慧停车”模块，可就近寻找停车场及空车位；点击“亲邻E站”，不仅社区、社会组织、志愿服务机构可实时发布服务活动信息，接受居民在线报名，居民还可以就近找到社区、物业、长者照护等服务，还能线上说事、议事、评事；点击“1CALL”办，聊天化的服务场景，能为老百姓提供“一句话就能办事”的24小时贴心政务在线咨询和办理服务。目前，已有交警、残联、人社等部门的8个事项实现全流程“跑零次”“视频办”。此外，社区智治在线还能实现社区行政执法队伍、社区工作者队伍以及志愿者队伍的联动指挥。

昨天发布会上还发布了杭州市智能化线上社工形象——小智。小智头上的“WIFI信号”象征着网络全覆盖，实现社区智治在线的数据实时归集、互联互通。"大眼睛"不仅象征整合监控系统、AI设备等设施，实时掌握辖区动态情况，也象征着对信息数据的实时监测，实现各类数据的安全管理。胸口的"大脚印"是杭州市社区工作者节的LOGO，象征社区工作者脚踏实地，一步一个脚印，通过线上线下协同联动，让社区服务变得更加扎实、精细、智慧。

（《杭州日报》2020年6月9日头版）

下城区助力贫困山区女性自强奋进

虽然疫情来袭，但湖北恩施巴东县溪丘湾村的高三学生许玉梅没有落下一节网课，她对即将到来的高考和自己的未来充满信心。

无论是窗外高耸的巴东群山，还是家里暂时的困境，都无法阻挡她实现梦想。这其中有一个重要原因是：许玉梅得到了一份"保障"——"加油，木兰"保险，它是来自于杭州企业的资助。

而把这份"礼物"送到大山里的，正是来自下城区对口帮扶巴东的挂职干部们。

走遍山沟沟
要为山中"木兰"送保障

巴东县是恩施州唯一一个国家级深度贫困县，土地贫瘠、交通不便。2018年下城区首批帮扶干部韦锋和吴斌抵达巴东后，马不停蹄地走访了当地的12个乡镇、22个深度贫困村。

韦锋发现，这里的老百姓，特别是女性因病致贫、因学致贫和因生育致贫的现象屡见不鲜："家中一旦有女性病了，很容易拖累全家；她们受教育程度低，又会影响到下一代。所以她们的生活状态对于整个家庭的脱贫，往往起到关键性作用。"

怎么为山里的女性送保障，通过她们撬动脱贫，成了韦锋和吴斌挂在心中的事。2018年4月，他们无意中了解到阿里有一款公益保险——"加油，木兰"，是专门为山区贫困女性开设的，投保后女学生考上高中每学期可获资助500元，考取大学补助5000元；女性生育后可获补助2000元；女性大病可有20000元补助等。

"说也巧，阿里负责此项目的工作人员家属就在下城，我们迅速联系上并提出了申请。"韦锋说，当时就一个念头，希望为巴东县85000多名女性"加油"。

2018年10月，"加油，木兰"项目成功落地——阿里捐助的852.45万元资金全部到位，为巴东县全部85245名建档立卡贫困成年女性每人投保100元。

8万份保险落地
巴东女子脱贫更有劲

投保只是第一步，要让这份保障真正惠民，工作其实比我们想象得多。除了前期核实信息建档办卡，确保隐私不外泄，后期韦锋和吴斌又着手与当地合作办起理赔培训班、落实各乡镇理赔专员、建立理赔专员群。正是因为有了这样细致又高效的工作，截至2020年6月8日，"加油，木兰"已累计支付给全县贫困女性家庭1526.4万元，7375人次获得资金理赔。

溪丘湾乡的贫困女高中生许玉梅，便是受益者之一。她因父亲双目失明，母亲残疾，全家人仅靠每月1000多元低保生活。如今，每个学期500元的助学金，再加上亲人和社会各界的帮助，让她得以在县城高中学习。成绩优异的她，正凭借自己在音乐方面的特长，向心中的梦想学府——武汉音乐学院迈进。"感谢杭州人民，感谢杭州来巴东扶贫的叔叔们，只要我考上大学，我的家庭就有希望摆脱贫困，等我有能力了，我还要回家乡来帮助更多的贫困乡亲。"许玉梅说。

而距离许玉梅家5公里的将军岭村里，36岁的周家艳正高兴地哄着17个月的儿子晨晨。去年，她也拿到了

“加油，木兰” 2000元的生育补贴。“家里条件差，生第一个孩子时，买只鸡都要想半天；这次生完孩子后买了不少平时不舍得吃的营养品补充营养，身体养好了，带孩子干农活都有力气。”

“倾尽下城所能，满足巴东所需。” 助力巴东女性自强奋进，只是下城与巴东协作的众多项目中的一项。截至目前，下城对口巴东的东西部扶贫协作财政帮扶资金达到1.48亿元，城乡建设用地增减挂钩节余指标跨省域调剂兑现2.47亿元，东部企业投资累计达8.1亿元；实施帮扶项目超过100个，共建产业园5个；累计支援专业技术人才80人次，培训各类人才4018人次，带动各类就业2000余人，累计实现118个贫困村出列、55913户181248人脱贫。

（《杭州日报》2020年7月3日头版）

杭州下城推动高质量发展“双箭齐发”

招商引资和大项目开工，双箭齐发。昨天（7月2日），杭州下城区举行2020年第二批重点招引项目集中签约仪式，集中签约项目19个，总投资规模101亿元，主要涵盖新基建、大健康、创新技术应用等行业和领域，是下城区危中寻机、寻求经济高质量发展的重要举措。

今年以来，下城区积极抓住用好国家恢复经济发展的政策机遇、疫情催生的市场机遇、长三角一体化的战略机遇，紧盯数字经济和制造业高质量发展“双引擎”及“双招双引”六新招引要求，推动投资促进工作呈现新面貌。1–6月共引进项目628家，注册资金269.2亿元，其中亿元以上企业31家。外资到位4.56亿美元，目前总量、完成率均为全市第一。

紧盯“新基建”风口，这次签约的“数字经济”项目有至诚时代网络科技、中电（浙江）智能装备项目等。至诚时代项目隶属于国资委直属商业网点建设开发中心，将利用融合大数据、人工智能等技术致力于5G基建建设。

围绕医养大健康方向，这次签约的有国药医养全国运营中心、明医即视智慧医疗、多方拜特未来健康等3个项目。

一手抓招商引资，一手抓项目落地。当日，下城区2020年度第二批重点项目集中开工活动在杭钢地块安置房现场举行。此次集中开工的重点项目共计15个，总投资128.63亿元。其中，既有补短板、强链条的产业类项目，也有打基础、惠民生的保障类项目。其中，安置房项目1个，总投资3.39亿元；产业类项目4个，总投资118.47亿元；老旧小区等民生改善项目6个，总投资4.35亿元；基础设施项目4个，总投资2.42亿元。

本次集中开工主会场的杭钢地块安置房项目，位于三塘单元，总用地面积1.6万平方米，总投资约3.39亿元。由6幢17–18层高层住宅多种户型组成，建成后将为下城区提供492户优质安置房源。

产业类项目的加快建设，将为下城区经济社会持续发展增添新活力。昨天开工的杭州中国丝绸城能级提升工程项目位于长庆街道，项目总投资约2500万元。

（人民网2020年7月3日）

杭州下城：“决胜全面小康，聚焦美丽下城”融媒体宣传行动正式启动

为做好高水平全面建成小康社会宣传报道工作，7月10日，由杭州市下城区委宣传部牵头举办的“决胜全面小康，聚焦美丽下城”融媒体宣传行动正式启动。

据悉，此次融媒体宣传行动将重点围绕区委十届八次全会精神，策划推出“拍小康、看小康、赞小康、谈小康”系列宣传报道活动，全方位讲述全区干部群众奔小康的奋斗故事，多角度展示下城聚焦“两高两区”建设，高水平全面建成小康社会的重要成就和精神风貌，在建设“重要窗口”“头雁战队”排头兵的新征程中贡献下城力量，

做出下城样本。

"拍小康"系列，举办"身边的美好——全面小康看下城"短视频大赛。以"身边的美好——全面小康看下城"为总主题，面向广大影像爱好者，以体验、分享的视角拍摄、创作各类短视频作品。

"看小康"系列，开展"高水平全面建成小康社会体验点"打卡宣传活动，以"全面展示下城'两高两区'建设成果"为主题，由该区街道及有关部门推荐遴选产生10个体验点，组织街道、部门"互看互学"并邀请中央、省、市和区四级媒体开展联合采风行动。

"赞小康"系列，组织该区文联等艺术团体开展主题创作活动。由下城区文联、区文广旅体局邀请区美术家协会、音乐家协会、摄影家协会、舞蹈家协会、戏剧家协会及文艺创作者等走进下城，创作一批反映下城人民群众身边变化，展现下城发展成就的文艺作品，适时组织文艺公演等展示活动。

"谈小康"系列，举办"下城百姓谈小康"故事宣讲。邀请下城道德模范、非遗传人、"武林大妈"、知名企业家等，结合他们的亲身经历，讲述具有下城特色的小康故事，通过短视频形式进行广泛传播。

全面小康，蕴含着千钧的力量、无穷的意义，它是每个人、每个家庭梦想成真、笑颜绽放的鲜活印记。在启动仪式现场，邀请了市民代表和记者代表分享了各自的小康故事，述说在下城奋斗历程中的经验与感受，抒发了对下城真挚而深刻的感情。

此外，活动现场还开展了街道级微融媒体中心授牌仪式。

据介绍，为更好地立足基层、面向群众，生动展现下城区高水平全面建成小康社会的发展成就，下城区委宣传部不断下沉宣传力量，在"融"字上做文章，积极打造镇街、部门全覆盖的融媒体矩阵。此次街道级微融媒体中心的成立，便是在这个过程中的创新性探索，力争用"带露珠""冒热气"的新闻佳作，讲好下城故事，传播好下城声音，展示好下城形象，为加快推进"两高两区"建设，奋力争当建设"重要窗口""头雁战队"排头兵，提供有力的舆论支撑。

活动最后，下城区委书记刘颖、人民日报社浙江分社李中文社长上台为融媒体联合采访，文联、文创企业主题创作启动授旗。这也意味着下城区"决胜全面小康，聚焦美丽下城"融媒体宣传行动正式吹响了集结的号角。

坚定信心克难关，同心同德奔小康。此次融媒体行动把视角聚焦在"下城的小康生活"，把镜头对准群众、版面留给群众，贯穿"暖色调"、突出"幸福感"，充分展示全区凝心聚力抓发展、勇立潮头争一流的精神风貌，动员下城区广大干部群众坚决扛起省会城市核心城区使命担当，奋力当好建设"重要窗口""头雁战队"排头兵，为纵深推进高质量发展、高品质生活的全域中央商务区建设，奋力打造世界名城一流核心城区，谱写新时代建设"重要窗口"的壮丽篇章做出新的更大贡献。

（人民网2020年7月10日）

杭州下城"云上城管"全面上线12项城市管理工作智慧升级

2019年，浙江杭州第一个"云上城管"平台在下城区完成了一期与二期的部署，应用了人工智能、大数据、区块链等多项信息化技术，实现了在市政、道路、环卫、河道等12项城市管理工作上的创新和升级。

在经历了半年多的打磨和优化，尤其受到防治疫情经验的启发后，近期，当地全面升级市政道路健康监测和管理的"云上城管"三期建设全部调试完成并全面上线。

从"发现"到"看见"："云上城管"守望下城

据悉，在"云上城管"中，下城区的每条道路被划分为成千上万个平方米级的评价点位。

"系统将每个点位打上相应的定位和信息化标签，通过动态布及全区行车路面的智能感知设备，将每条道路每个点位的状况实时反馈到云端，通过大数据人工智能处理，对道路的坑洞、沉陷、裂缝等16种病害，做到实时监测、分类识别、智能推送、持续跟进。”下城区城管局相关负责人介绍。

而此次三期工作的升级重点在于，“云上城管”增加了海量图像信息的采集，并应用云计算和图像识别技术，对其进行智能研判和分析筛选，将道路病害的照片直观呈现在平台中。

“看见路上的问题，这项原本需要专人专车现场巡检才能完成的工作，现在正在‘云上城管’平台中自动化进行。”前述相关负责人说。

目前，下城区已对该区100多条道路、近百万个点位实现了信息化覆盖；路面问题发现平均用时由原先的5–7天，缩短到1–2天，系统实现了主支干道全覆盖，主要道路覆盖率近100%，次干道路覆盖率超过92%，点位覆盖率超过90%。

杭州下城“云上城管”道路智慧检测系统。下城区委宣传部线上推送线下修：不达绿码“不罢休”受疫情防治工作启发，下城区为百万个路面点位赋予了道路健康码。

当红码出现时，“云上城管”会自动推送相应的路面病害信息，并生成包含、照片、类型、位置等详细信息的工单，派发到一线养护人员的手机App中，完成养护派发、现场施工、修复汇报、效果评价、记录留存的闭环流程；修复后，平台中相应的点位红码通过了养护效果评价即可转绿。

在“云上城管”三期工作中，平均每日上报问题数量超过200个，病害分型准确率超过90%；平均病害响应修复时间缩减至48小时以内，严重病害响应修复时间不超过24小时；修复效果评价在24小时内完成；道路养护整体流程的用时节约了50%以上。

数字赋能更进步：“智慧路长”护坦途下城区城管局相关负责人介绍，由于积累了大量的道路养护信息化数据，又能智能化管理道路养护全流程，“云上城管”三期打造了全闭环、可复制的“智慧路长”系统，除了全面的道路健康监测和养护管理外，实现了自动化输出全面的养护报表、道路检测报告等一系列专业文件，为养护工作提供数据支持，减少养护人力支出，进一步提升道路修复的及时性，降低养护成本，全面优化道路养护工作成效。

此外，“智慧路长”分析输出的数据还将通过BSN的区块链加密算法和证书许可授权，在“道路智能系统”中植入了“道路信息存证共享”功能，可有效保障区块链服务提供的道路检修指数更加安全、真实、便捷，从而逐步构建起城市道路生态系统版图。

在“智慧路长”的守护下，道路养护工作的自动化监管、数据化评价和可视化呈现会在“道路智能系统”的大屏中得到全方位的展现，全面助力城市道路管理和养护工作信息化，推进养护效率提升和路面质量改善。

（中新网客户端2020年7月28日）

念好“变与不变”的治理经

社会治理是国家治理的重要方面。党的十九届四中全会对加强和创新社会治理，构建基层社会治理新格局作出明确部署。

基础不牢，地动山摇。习近平总书记指出，一个国家治理体系和治理能力现代化水平很大程度上体现在基层。

如何做好基层社会治理这篇大文章？我们先从一个小小的停车位讲起。

长庆街道辖区内的杭州中国丝绸城位于杭州市中心，是许多来杭游客购买丝绸产品的首选地。这里人流如织，加之周边小区停放车辆众多，交通拥堵，停车成了大问题。

民有所呼、我有所应。十五家园社区党委书记郦娜说，通过城市大脑的应用场景，长庆街道在基层建立泊位划分的“指挥中心”。通过将周围区域停车泊位重新纳入网格计算，街道共吸纳小区、场馆、楼宇、公共泊位等停车场12个，停车泊位1623个。不同类型的停车场不仅带来了丰富的资源，更带来了相互补充、协调配合的可能性。

"如果单靠人力引导，以前这样一件微不足道的事就得让基层干部'跑断腿'。"郦娜说。

数据赋能，带来的是治理效能的大幅提升。"科技手段的运用，让我们腾出手，扩大服务领域，精细服务群众。"郦娜认为，"创新社会治理始终离不开群众的参与，依靠群众、服务群众的宗旨始终不变。"

改变的是方式方法，不变的是党执政为民的初心。

今年新冠肺炎疫情发生以来，由于工作人员无法正常到岗，长庆街道一些老年食堂暂时歇业，而一支"红色快递队"却迅速到岗。他们就是杭州著名的"武林大妈"，在整个防疫过程中，累计为190多名有需要的老年人提供送餐、送药等服务1000余次。

记者采访中了解到，现在的"武林大妈"已经不仅仅是一支热心阿姨的团队，志愿服务的老大爷、乐于助人的小伙子……都积极参与其中。如今的"武林大妈"，已经成为依靠群众、发动群众，让群众积极参与自治的"金名片"。

人民的诉求是推动基层社会治理改革的动力源泉，加强党的领导则是关键所在。党建引领基层社会治理，不仅让党的工作做得更深更实更细，也打通了服务群众、密切党群干群关系的最后一公里。

——新疆石河子等地把党支部建在网格上、党小组设在楼栋里，把党的建设延伸到社会最小单元，激活社会治理体系的基层细胞。

——一些地方发展"红色物业"，推动基层党组织有机嵌入群众自治组织、社会组织、企业组织，让党建引领基层治理有平台、有抓手。

——浙江台州对苗头性、倾向性、趋势性问题实行"三色预警"，补齐基层风险治理短板，不断提升对各类风险预警防范、源头化解的能力。

——河南开封"一中心四平台"统一指挥、协调联动，推动各主体、各部门信息互通、资源共享、工作联动，构建扁平化治理模式，提高快速响应、精准落地能力。

"红色物业"、"三色预警"、数据赋能……各地基层社会治理的生动实践令人耳目一新、印象深刻。

习近平总书记强调，要着力完善城市治理体系和城乡基层治理体系，树立"全周期管理"意识，努力探索超大城市现代化治理新路子。

加强和创新社会治理需要一把"金钥匙"。"全周期管理"意识就要加强全程治理、协同治理和源头治理的结合，形成从源头到末梢的社会治理有机闭环。

重庆市社科院研究员孙元明说，破解基层治理"条块分割、力量分散"难题，多地走出了一条以党建引领基层治理的新路子，化解了许多难题。各地积极探索如何做强街道、做优社区、做实小区，把基层党组织建设成为坚强战斗堡垒，让党组织领导的城乡基层治理体系不断健全、完善。

（《新华每日电讯》2020年8月18日头版）

在细小处"绣花"精细化治理让杭城越智慧越温暖

凌晨5点，杭州市下城区的街道上，黄红梅准时开始了一天的清扫，这已是她在这里工作的第26个年头。

最近一年，她的工作变多了，不只要做环卫保洁，还要协助管理市政、交通、停车、垃圾分类等12项不同领域。

工作看似变多了，工作量却没有随之增加，而工作成果更是亮眼了——城市街道却更整洁、更有序了。

这一切改变，源于一个"班"的成立和很多"帮手"的到来。

今年4月，杭州市下城区"两广一路"城市精细化管理"红旗班"正式上岗，专用手机预警、智能清扫机器人、高温蒸汽喷枪、管家式保洁车……黄红梅由一名传统的“蓝领”环卫工升级成了协同机器、智能化的“灰领”城市管家。

“精细化管理开始后，我们的工作比以前幸福多了。”黄红梅对记者感叹，“我在这片街道已经工作了26年，以前一把扫帚、一块抹布要扫一条街，现在用上了高级作业器具，我们更轻松了，街道反而更整洁了，行人也更舒心了。”

近年来，为提升城市精细化管理水平，提高人民群众生活幸福感，杭州在细小处做“绣花”文章，用细心、耐心、巧心关注老百姓日常生活的方方面面，更结合现代科技手段，通过城市大脑建设，走出了一条科学化、精细化、智能化的数字治理之路。

在“红旗班”的指挥中心大屏幕上，记者看到各类城市家具正在反馈实时数据：延安路496号杭州银行北广告牌倾斜预警、天水街道非机动车违停、2个果壳箱发生满溢……杭州市下城区城市管理局办公室主任张毅恒告诉记者，目前该区域73只果壳箱、193个树穴、375米护栏7段、4个宣传栏、35个停车场、41个立面幕墙均已纳入实时监管。

“区域内有任何风吹草动，指挥中心都能第一时间知晓。”张毅恒以路面破损检测为例介绍称，通过对100台出租车加装手机传感器，指挥中心通过算法和大数据，即可实现对区域内道路的坑洞、沉陷、裂缝等16种病害进行实时监测。

“这个道路健康生态监测系统是我国首个在城管领域的区块链应用。系统一旦检测到路面破损，再借助城市大脑进行采集、回传、分析，市政部门即可前去处理。”

从街道到区县，再到市级中枢，一条条数字信息在各部门间往来穿梭，勾勒出一幅完整的智慧城市图景。

杭州市数据资源管理局副局长章琪向记者介绍，目前杭州城市大脑已基本构建“中枢系统+部门（区县市）平台+数字驾驶舱+应用场景”的城市大脑核心架构，建成了横跨省市县各级的148个数字驾驶舱。

“人民群众的痛点、社会治理的难点，才是城市大脑建设的起点。”章琪认为，让城市变得更智慧、更聪明，不能简单地汇聚海量数据，形成一根根无用的“数字烟囱”，而应该着力推进数据协同交互、流程再造，让老百姓得到更多场景化感知。

聚焦改善令市民不满的交通状况，正是杭州智慧城市建设的起点。

据了解，自2016年起，杭州城市大脑通过整合在途车辆数、拥堵指数、延误指数等多项数据资源，不断提高治理效能效率。目前，杭州交通拥堵排名从2014年的全国第2位已降至去年的第35位。

以人为本，靶向发力。在打造“全国数字治理第一城”的道路上，杭州加大创新，打造出以“亲清在线”“民生直达”等为代表的数字应用场景，正在释放从惠企到民生再到基层治理的诚意和真心。

杭州西北部的西湖区三墩镇聚集了众多经济适用房和廉租房，居民中企退人员、残疾人、高龄老人等困难人员基数较大，占比达19.5%。一直以来，面对如此众多的补助对象，当地在惠民政策落实方面承受较大压力。

如今，在城市大脑中枢系统的统一指挥下，涉及公安、民政、残联、人社、卫健等多部门的端口数据可实现协同汇集、集中运算，让老百姓享受“零纸质材料、零申请、零等候”的“秒达”政策服务。

单身母亲冯晓娟对于补贴发放的变化感触颇深。“我一个人带两个孩子真的挺忙的，以前需要交各种材料，现在不需要了。”她告诉记者，7月份自己先是收到了一条物价补贴短信提醒，随后卡上就多了500多元人民币。

城市是人民的城市，人民城市为人民。杭州城市大脑有力推动着城市的精细化管理，越来越多体现“以人为本”理念的应用场景相继诞生。这座城，正在变得更智慧、更温暖。

（人民网2020年8月21日）

武林商圈＋“健康”，杭州下城区又添健康“新标签”

2020年9月1日是全国第14个全民健康生活方式日，杭州下城区在浙江展览馆举办“健康浙江、健康杭州全面普及健康知识专项行动”，并以此为契机启动下城区“武林健康商圈”。

健康武林商圈，是下城区政府组织多部门从环境、社会、人群、服务、文化、产业等多维度共同推进健康建设的一个系统工程，意在将城市生活中融入健康理念、打造健康环境、引导健康行为、提升健康素养，提升商圈整体健康标准和健康水平，并通过示范辐射作用，带动“健康下城”向更高水平迈进。

目前，武林商圈内拥有健康单位23家，形成了一个高质量的健康细胞聚合体。现有全省首个3岁以下婴幼儿照护服务发展中心，配合大型综合体母婴室全覆盖，有力促进妇幼健康。全市首个城市精细化管理“红旗班”和高科技作业设备，结合助力“新时代开展爱国卫生运动”。阳光厨房、“小份菜”和公筷公勺，焕发文明餐饮新“食”尚。健康楼宇“跑楼”活动和“武林杯”系列比赛，掀起“迎亚运・更健康”的全民健身热潮。更不用说艾滋病日、结核病日，武林商圈12块楼宇大屏同步投放的“健康点亮行动”，营造了良好的健康促进氛围。

此外，民营医疗机构参与建立“1+4”行业党建联盟，进一步优化商圈医疗机构服务质量、提振服务能级，公办民营医疗机构共同参与疫情防控、复工复产、复课复学指导，助力经济社会发展，并为有需要的群众提供个性化的医疗卫生服务。武林银泰还打响杭州大型商业综合体复市复业“第一枪”。武林商圈标准即引领社会风尚的标杆。

“武林健康商圈”启动后，下城区卫生健康局将充分利用商圈的特点，组建武林健康联盟，把健康文化、健康行为与时尚潮流相互贯穿，将健康与人们的主流生活方式相互融合，营造更浓厚的健康氛围，引导更多的人选择健康的生活方式。

建立武林商圈健康学院。有针对性地对问题源头进行干预，在不同业态特点的基础上开展系列健康促进行动，打造“武林健康说”品牌，健康餐厅之厨师健康饮食行动，健身场所运动保护行动，提升商圈健康素养。

开展四项健康行动。在健康餐厅食堂继续推行小份菜等合理膳食行动，试点利用积分模式推进营养餐，“厉行节约合理膳食”；在广场和街区复古门前三包和月末周五大扫除，打造绿色环境行动，“新时代开展爱国卫生运动”；在健康联盟内建立健康“守门人”制度，签约医生与楼宇、综合体健康管理结对，开展当下的疫情防控和长期的传染病防控行动；配备健康支持性硬件，在健康联盟单位内配备“微型急救站”、健康小站、母婴室等，并配齐人员设备，建立全生命周期健康管理理念。

辐射传递健康理念。结合跨年活动、双11武林巡游活动、武林洋淘节、武林广场灯光秀、动漫巡游等现有活动，注入健康理念、增加健康元素，以多元化形式开展健康教育、宣传健康知识、营造健康氛围。

（人民日报客户端2020年8月31日）

下城推进“区块链”产业赋能高质量发展

近日，记者从下城相关部门获悉，该区最新制定出台了《关于促进区块链产业发展的实施意见》，专门设立规模达10亿元的区块链产业创投基金，扶持区块链创新企业发展壮大。

事实上，去年以来，下城已在其主力数字经济产业平台——下城区数字经济产业园区着力布局区块链产业，成功举办首届区块链服务网络合作伙伴大会暨区块链服务网络助力社会治理和城市大脑下城平台试点启动仪式，区块链服务网络（BSN）全球运维中心、展示中心、全球合作伙伴大会永久会址等7大重点项目落户园区，为区块链相关产业、技术、人才汇聚奠定了基础。

与此同时，下城区在“区块链+城市大脑”“区块链+社会治理”“区块链+疫情防控”等多领域的尝试，更使“区块链”技术全面应用于该区的城市管理、社区治理、政务服务、疫情防控等各个领域，为下城经济社会高质量发展增添新动能。

如在智慧城市建设上，区块链技术就为城市数据的安全、追溯、认证等提供了低成本解决方案。位于东新路上的下城城管“云上城管”平台是下城区城市管理数字化应用的“大脑”，其中的道路健康生态检测系统完成上链，成为全国第一个城管领域的区块链应用。下城区的每条道路被划分为成千上万个平方米级的评价点位，为百万个路面点位赋予了道路健康码，几千辆装有道路监测传感器的车辆一天24小时监测着路面。一旦发现问题，路面点位就从绿码变成红码，问题自动推送系统，生成工单后再派送相关养护人员。截至目前，“区块链”赋能的“云上城管”平台已解决问题近千次，道路养护整体流程的用时节约了50%以上。据了解，目前区块链技术在城市大脑下城平台上已有政务服务“最多跑一次”、酒店消毒监管、道路健康生态检测三个应用场景。

另据了解，下城区数字经济产业园区已经集聚了中科扶云、微蜂泰科、联盟连科技等代表性区块链企业。其中中科扶云（杭州）科技有限公司是一家以区块链核心技术研究与应用为主的技术公司，主要应用于司法、政务、公益、溯源、供应链金融、数字资产等领域；

微蜂泰科公司拥有50多项区块链底层技术专利，用数字科技连接金融和实体产业，截至目前，该公司已完成上链资产近200亿元、完成上链智能设备超1万台。

此次，下城区专门研究制定《关于促进区块链产业发展的实施意见》、设立规模10亿元的区块链产业创投基金，是该区贯彻长三角一体化发展国家战略、积极开展双引擎驱动的重要举措。该区还将设立区块链产业发展专项扶持资金，用于区块链产业项目房租补助、专项补助、平台奖励、技术奖励、活动补助、上规模奖励等多维度多方面扶持支撑；对相关企业免费提供由区块链服务网络（BSN）培训中心组织的区块链技术及有关内容培训。

（《杭州日报》2020年9月15日）

城市更“智慧”群众得实惠

人均GDP2.2万美元，全市生产总值突破万亿；国际级软件名城，全国云计算之城……杭州的“蛋糕”正越做越大。

成就令人瞩目，人民群众的幸福感也不断增强。近年来，杭州在持续推动经济社会快速发展的同时，坚持以人民为中心，让发展成果更广泛地惠及普通群众。

“让群众更舒服，政府舍得花钱”

11时30分，下城区潮鸣街道小天竺社区，“潮邻益家”居家养老服务中心食堂里热闹起来。

“我一日三餐都在这里吃。”85岁的沈小花说，“政府有补贴，菜不贵。在这吃饭还有优惠，有的菜打七折。”

“潮邻益家”，由潮鸣街道投资建设，一楼提供就餐、文娱服务，二、三楼为失能失智、术后康复等有特殊需要的老人提供专业照护。

工作人员胡亮介绍，“对糖尿病、高血脂、高血压的老人，我们配制了三项套餐。”

跟着胡亮，记者来到需要送餐服务的居民家中探访。客厅安装了一键呼叫器，增添了急救设备，卧室的床也做了改造，马桶旁、淋浴房增加了扶手，做了防滑处理……

“虽然改造预算提高了，但政府有补贴。”社区居委会主任刘国芳说，“让群众更舒服，政府舍得花钱。”

小天竺社区，是杭州主城区典型的老龄化小区。作为国内最早进入人口老龄化的城市之一，截至2019年底，杭州市60岁以上的老年人口占总人口的比重达19.9%，老龄化、高龄化、失能化和空巢化等趋势明显。

近年来，杭州市将3/4的财政支出用于民生。如养老方面，杭州出台《杭州市基本养老保障办法》，将人均养老金上升至每人每月2983元，在制度建设、保障标准、覆盖面和参保率等方面都走在全国前列。

（《人民日报》2020年9月24日）

下城“新消费马车”引领新发展格局

杭州大厦“店庆”3天销售3亿元，在浙江展览馆及武林商圈各大商场联动举办的浙江国际进口“武林洋淘”博览会，4天迎来10万人次，直接销售额达1亿元……国庆前夕，在冲刺全年目标任务最后百天、“十一”黄金周即将来临的关键节点上，下城武林商圈“神奇再现”，又一次乘风破浪引领潮流，掀起猛烈的新消费热潮。

“消费是拉动经济的三驾马车之一，消费既是生产的最终目的，也是助推生产的动力。”聚焦新型零售、拓展消费新维度、打造消费新载体……作为老牌商业强区下城的“新消费马车”早已瞄准赛道，奔跑起来。

据统计，今年1–8月下城区社会零售总额达326.4亿元，8月当月同比增幅达4.2%。

新零售

数字赋能购武林

如果说疫情发生前，实体商业距离数字化还有些距离，那么，经过疫情下的“演练”，反而促使实体商业加快转型升级步伐。当前的新消费趋势，也让此前一直致力于数字化转型、植入“智慧基因”、导入“互联网+商圈”发展创新模式的下城武林商圈占得先机。

银泰百货旗下APP喵街提供线上服务，导购在家直播卖货，杭州大厦联合100+品牌推出线上“云采购”服务，国大城市广场推出“云逛街”……如今，“网红带货”、“云采购”、“云逛街”已经成为武林商圈的消费新时尚。

值得一提的是，今年3月，下城区依托支付宝打造了“武林智慧商圈云mall”平台，举办了为期3周的“云购武林”消费嘉年华活动，各大商业体“联合作战”为武林商圈带来16.1亿元销售额，占总销售额的30%。

“走，到武林广场浙江展览馆里淘点洋货去。”近日，2020浙江国际进口（武林洋淘）博览会在浙江展览馆正式启幕。汇集30多个国家和地区的上万种进口精选商品，展览规模达到8000平方米，为杭州市民献上精彩纷呈的购物嘉年华。

20寸的行李箱168元；丝绸围巾六折出售，最低只需200余元；原价上千元的品牌箱包，现价也仅需300元……今年，7月17日，“2020浙江省外贸优品进商场暨下城区外贸企业进商圈展销活动”在杭州大厦中央商城举行。46家出口知名品牌企业，携服装服饰、电子产品、箱包鞋、家具、日用品等参加活动。下城区商务局相关负责人表示，“在帮助企业开源创收，推动外贸促稳回暖的同时，也能让广大居民乐享身边的高品质消费，最终实现境外消费的回归。”

亚马逊创始人曾说过：“在变化中找到不变，最终就是消费者的满意度。”因为极其注重消费者体验感，武林商圈推出“智慧服务”。下城天水街道利用城市大脑下城枢纽数据开发了小程序“武林智慧商圈”，里面已经有了智慧武林商圈停车、公厕、党群服务、地铁、单车租赁、母婴室、景区景点、公交邮政、医疗服务、警务室等10余种便民应用，点点手指就能查遍商圈的角角落落。

其中，为了让武林商圈“停车”更便捷、更高效，下城区依托城市大脑平台，上线商圈公共停车引导小程序，推进数字驾驶舱与停车场库系统并联。不仅对杭州大厦、国大百货等8个公共停车场库2685个停车位信息进行资源整合，还在延安路等主干道上搭建起17块停车场库信息电子引导大屏，以及在商圈内外增设158处泊车引导牌，线上线下同步引导、实时显示各场库车位情况，让消费者“抬头见车位”，少跑“冤枉路”。

该系统上线以来，商圈场库泊位平均利用率提升45%、延误指数下降6.6%、掉头率下降62%。

新维度
点亮武林“夜明珠”

不仅是在线上，下城区针对线下消费同样找到了突破口——拉长消费时间维度，拓展网红武林夜市、开出城中里巷文艺范夜市、“Wake Town”打造“夜巷江湖”、银泰8楼露台举办微醺市集、举办“国大夜未央”等，全力“点亮”夜间经济。“80年代，杭州第一家24小时商店就开在下城区武林门附近，当时还上过报纸。”68岁的灯芯巷社区居委会主任陈宏琦说。

据统计，相关“夜武林”活动开展以来，武林商圈夜间人流量平均上升14%，销售额平均上升20.5%，商圈的影响力不断扩大。下城区商务局相关负责人告诉记者。前不久，下城区还被省商务厅选为“浙江省夜间经济试点城市（区）”，成为展现浙江“夜生活”的一个重要窗口。

夜幕降临、华灯初上，深受杭州本地人和外地游客喜爱的龙游路武林夜市里人流如织，一派欣欣向荣景象，夜市摊点相比去年还增加了30多个。“在政府的支持下，我们的夜市摊点相比去年还进行了拓展，人流量非常稳定，前几天还专门创办了一个工匠市集。”武林夜市经理叶连忠说。

与武林夜市仅一街之隔的城中里巷最近C位“出道”，该潮流夜市由上海安义夜巷团队打造，成为融合杭州特色潮流文化元素的新坐标。300米的夜巷区域内，入驻了包括美食、文创、农产品、花艺、娱乐互动、舞台表演、手作体验等60多个摊位。据悉，从8月到12月，城中里巷计划将有100多场艺术表演上演，包括贯穿下半年的KML音乐节。

夜幕降临，走在武林路9号“Wake Town”的小路上，街两旁餐车，榴莲酥、红酒牛肉、椰子蛋、铜锣烧等特色美食一字摆开。霓虹灯下，热气与香气直旋而上，描绘着这座城市的烟火气。传统美食、网红达人、非遗匠人、文创精品、潮音玩家……各路身怀绝技的创作达人云集此地，这里被称为“夜巷江湖”。

今年夏天，武林银泰8楼露台，微醺市集如约而至，不仅有酒有花有电影，还有文艺腔与烟火气，成为杭城极具特色的青年文化地标。与武林银泰一路之隔的国大城市广场也推出了“国大夜未央”、“深夜书房”、“仲夏之梦”等各类娱乐美食体验活动让城市夜生活丰富多彩。

下城新天地也已经成为深受年轻人喜欢的“夜地标”——酒吧、电音嘉年华、网红餐厅、马戏等构成充满腔调的“夜生活氛围”，还有体育场路上的中国丝绸城改造完成后，也将引入夜经济，开出夜市场。

据悉，下城区专门设立了1000万元的夜间经济财政专项资金，以及杭州大厦、武林银泰、国大城市广场、嘉里中心、杭州中国丝绸城、武林路9号音乐街区、武林夜市、皇后公园等10个夜间经济创建示范项目，用于促进夜间消费。

新载体
文旅活动促消费

动漫狂欢、中国国际女装设计大奖赛、ADM亚洲设计管理论坛生活创新展、加拿大太阳马戏……作为文化强区的下城，所举办的一系列充满创意的文化、科技、市集等活动，不仅丰富了常态化疫情防控下的居民文化娱乐生活，也为消费复苏注入了新活力、新动能。

今年国庆期间，下城新天地将成为“动漫的海洋”。从9月29日起，新天地活力PARK将化身二次元乐园，持续6天的动漫狂欢，两大舞台live，不仅有二次元大咖光临现场，还有动漫市集、cosplay大乱斗、国风大赏、次元新风尚、潮玩新人类、动漫亲子嘉年华等十余项主题活动。从10月1日起，《X绮幻之境》所在的新天地太阳广场，还将融合街头艺术演出形式，呈现杂技、魔术等精彩纷呈的演出。

今年8月，已经在下城连续举办三届的中国国际女装设计大奖赛再次启动，总奖金高达近40万元。中国国际女装设计大奖赛已成功举办了十三届，是目前国内最具权威和顶尖的创意设计赛事之一。自2018年第十二届大奖赛移师下城以来，下城主办的两届大赛共有来自英国、法国、意大利等10余个国家和地区近1500组海内外作品参赛，集聚了来自法国、意大利、丹麦等国的顶尖设计大咖担任评委。“我们希望把优秀的获奖女装设计师留在下城，从而提升下城的时尚女装产业地位，拉动相关消费。”下城区文创办相关负责人表示。

6月3日，太阳马戏《X绮幻之境》正式恢复演出。这是《X绮幻之境》自1月23日宣布停演之后的首次复演，同时也是疫情过后太阳马戏娱乐集团在全球范围内的首个复演项目。现在的《X绮幻之境》在经历了优化升级、迭代，团队整合之后，蜕变为更凝练、完美、震撼的舞台艺术作品。暑假期间，演出一度出现“场场爆满”、“一票难求”的盛况。

在接下去的国庆中秋双庆佳节中，下城各大商业体也准备了不少促销和节庆活动——嘉里中心城中里巷依旧会如约而至并在10月7日举行KML音乐节8强展演；杭州大厦推出“金秋狂欢 礼遇双节——国庆档促销活动”，化妆品、服饰、家居用品和超市等都有折扣；国大城市广场推出了互动性极强的国庆中秋游园及戏剧节活动；武林银泰除了“美妆满返”、“食游记”等活动外，还联合中国航天文化官方打造了一个知识普及类航天展，以潮流和沉浸式体验的方式为大众科普月球知识。

下一步，下城将加快武林中央商城提升改造，建设“潮中央不夜城”，启动西湖文化广场“运河湾国际风情港”建设，将杭州中国丝绸城打造成为省级高品质步行街，擦亮杭州丝绸文化金名片，并持续推动杭州大厦、武林银泰、嘉里中心、国大城市广场、新天地等夜间地标建设。

（《杭州日报》2020年9月29日T04版）

下城：集智聚力　打造人才生态一流城区

人才引领创新，创新驱动发展。

省委十四届七次全会将人才强省和创新强省作为首位战略，特别提出要打造人才生态最优省。

近年来，各地纷纷花大力气招才引智，创造各种条件引进高层次创新人才。地处杭州市中心的下城区，更是推出具有吸引力的政策、竞争性的待遇、完备的服务保障。

在下城区委十届八次全会上，下城区进一步提出“加快释放人才生态‘黄金30条’政策效益，厚植重才用才爱才沃土，努力打造人才生态一流城区”的要求。

在危机中育先机，于变局中开新局。带着满满的诚意，下城一路高歌引贤。据统计，近3年全区经市级认定的高层次人才总量和增量均呈每年翻番的速度增长，目前高层次人才总量已突破1000名，其中，市级以上领军人才368名。每年引进的应届硕士以上学历毕业生超过1000名，并连续4年在市级以上海外引才计划申报上实现突破。

求贤若渴提升政策含金量广纳人才

在城市高维竞争的今天，人才已成为城市发展增速提档的关键，事关城市的核心竞争力。从根本意义上讲，能不能实现更高质量的发展，能不能建成“重要窗口”，归根结底还是取决于人才的集聚度、活跃度、贡献度和创新的能力、动力、活力。而下城对人才的渴求比以往任何时候都要强烈。

面对引才、留才难题，下城区出台“人才生态‘黄金30条’”，围绕广纳海外人才、厚植本土人才、集聚青年人才、打造人才平台、创新体制机制、优化人才服务6个方面制定30条政策，并优化提升“513武林英才”和“518武林英杰”2个人才计划，制定高层次人才分类认定、住房保障、生活服务，以及人才发展专项资金管理等办法，形成了以“1+6”为核心的人才政策体系，确保政策落地落细。

一个个“大礼包”相继释放并落地：对经认定的高层次人才给予5年内每月最高5000元住房租赁补贴；海外人才项目最高可获得1500万元的项目资助；对特别优秀的人才团队和项目“一事一议”，最高可获得1亿元的资助……

作为杭州中心城区，下城正抢抓长三角一体化发展战略机遇，聚焦高品质发展、高品质生活，打造世界名城一流核心城区。而在此过程中，各种类型的人才需求也与日俱增。

不拘一格引人才。除了海内外高层次人才，下城区针对本土蓝领人才，还开展“下城工匠”建设，对“下城工匠”“技能大师工作室”领衔人等蓝领人才，给予最高10万元资助。

打造有温度的人才服务。在“人才生态‘黄金30条’”中特别提出，经认定的高层次人才可享受住房、子女入学、健康体检、疗休养、医疗、交通等覆盖“衣食住行”的生活服务。今年，下城区高层次人才体检等工作全面展开，受到了人才的点赞。

“我们以政策环境展现求贤若渴的诚意，以实际行动践行广纳贤才的决心，让人才实实在在地享受到政策红利，实现创业有平台、发展有前景、服务有保障。”下城区委人才办相关负责人说。

聚才纳智链式引才夯实“人才金字塔”

“引才要出实效，最关键还是在引才的平台、渠道、模式等手段上的拓展拓宽。”下城区委组织部相关负责人说。

从环境推介到项目对接、从项目研判到人才落地，人才的引进往往环节众多，一旦某一环节没有跟踪服务到位，就可能无疾而终。今年来，下城区将链式引才工作机制作为年度人才工作的重点项目进行推进，根据“谁主管、谁负责”和“属地管理”的原则，设立协调工作组、平台工作组、保障工作组三个工作小组，做好人才引进的7大环节。

“及时发布引才信息，加强引才工作队伍建设，落实各级人才工程，组织实施引才活动，做好人才项目引进全周期跟踪服务，及时兑现相关政策。”下城区委组织部相关负责人说，最终旨在加快推进人才项目集聚，提升引才引智工作实效。

今年8月，经过了近一年的考察商谈，预计总投资达10亿元的氢谷新能源汽车项目落户下城区汇金国际大厦。该项目属于新能源产业，瞄准高端制造业，在下城打造区域总部和人才中心。

汇金国际大厦作为下城区“招商引资”和“招才引智”的重点平台之一，在去年底得知氢谷新能源汽车项目信息后，属地街道立即成立专班进行跟踪引进。

“以往项目对接没有指定人员和专班，有时对于项目的把握无法精准判断，而企业也不知道该如何落地。”在链式引才工作机制下，下城区委组织部（人才办）、区科技局、区投促局等相关部门对项目“会诊”，建立项目顾问制度，对人才、行业等领域都有了更精准、专业的判断。对于企业来说，办事也更有针对性。

与此同时，下城区“双招双引”职能部门联手，会同区内3大平台和8个街道，把力量整合起来，形成“1+3+8+X”双招双引平台联动。在这种环环相扣的引才机制下，今年该区对接的45个重点人才项目中，已有10项顺利落地，项目对接的成功率比往年大幅提高。

广栽梧桐，争引凤凰。城市发展离不开人才，人才发展离不开平台。下城区以产业引人才，实现人才引进与城市发展良性互动。围绕杭州市委数字经济“一号工程”，下城区在数字经济领域卓有成效。其中下城区数字经济产业园是杭州市首个以数字经济命名的产业园。去年以来，下城在此着力布局区块链产业，7大重点项目落户园区，为区块链相关产业、技术、人才汇聚奠定了基础。如今，中科扶云、微蜂泰科、联盟连科技等代表性区块链企业落户，下城也逐步成为数字经济领域人才集聚的新高地。

以业聚才，以才兴业。通过平台打造、政策供给、机制保障和服务优化等方面的创新举措，构建起“引进人才-留住人才-人才反哺”的发展格局，更好地打好招才引才“组合拳”。

搭建平台

尊才爱才让人才唱主角

不久前，2020中国杭州国际人力资源峰会在下城区举办。下城区政府与Infor和Automation Anywhere两家创新型国际知名人力资源服务机构签署意向入驻协议。

人才是赢得市场竞争的战略资源。如何将人才与企业信息有效对接？人力资源机构便是一大载体。据悉，下城区打造的中国杭州人力资源服务产业园作为全国第五家、全省第一家国家级人力资源服务产业园，已经成功举办了三届国际人力资源峰会。截至目前，中国杭州人力资源服务产业园聚集的150家机构，累计为各类人才提供服务774万人次，成功引进海外专家及高端智力项目350个，各类高端人才9300余人。

在今年杭州国际人才交流与项目合作大会上，下城区还将举办2020高学历人才创新创业“加油站”活动，为参加招聘的高学历人才提供政策咨询、面试指导、职业规划、创业辅导等服务，拓宽高学历人才创新创业发展渠道。

各路精英纷至沓来，离不开自主培育和大力引才引智“有形之手”的主动作为。借力重要会展活动招才引智，成为下城区的常态举措。

据悉，“创投汇智”下城区创新创业大赛，即将进入火热的决赛阶段。这个连续举办三届的创业大赛，已成为下城人才招引的一张“金名片”。

与往届相比，本次赛事分数字经济、医疗健康、文创消费三个重点赛道进行评比，更注重投资落地、专业指导及人才招引。“优胜项目中落户下城并符合条件的，可享受政策、资金、资源等多方面的招商政策，如优先入驻创投中心，获得优惠的房租政策、全面的创业指导与优质的创业支持。”下城区国投集团相关负责人说。

当然，提升尊才爱才意识，是“固巢留凤”的必需。为此，下城区定期评选十佳人才企业，以多种形式在全区营造“识才、爱才、育才、用才”的浓厚氛围。

视才若宝

办好“关键小事”解人才后顾之忧

引人不易，留人更难。政策优惠只是一时之举，优化人才生态环境才是用好人才、留住人才的长久之计。

面对长期以来“夹心层”企业人才住房问题，人才房的建设有利于优化人才环境，提高人才吸引力。

在下城区石桥单元，人才专项租赁用房项目拔地而起。继去年三塘单元人才专项租赁用房顺利开工建设，今年9月，石桥单元人才租赁房也正式开工。该项目总投资约5.69亿元，用地面积1.47万平方米，配套用房及地下停车库。项目建成后，将提供472套租赁住房，为各类人才提供住房支持。

欢迎人、吸引人、留住人、用好人、成就人，让人才“才尽其用”，是一流营商环境的最直接体现。而持续打造人才生态一流城区，则需要把服务做到人才的心坎上，办好人才“关键小事”。下城加快建设人才服务阵地，构建“店小二”线上服务平台，提升人才服务精准度。

今年6月，下城区首个文创设计园区人才驿站——杭州经纬创意产业园人才驿站正式成立。

杭州经纬国际创意产业园作为国家级众创空间、国家级科技孵化器、国家级广告业创新创业示范基地，拥有良好的产业基础和人才孵化能力。虽然有着良好的基础，但园区也面临着不少难题：招引的好项目留不住，培育的人才也逐渐流失。因此园区开始思考，如何能够为这些人才和企业提供更好的平台，让他们真正留下来？具有特色的人才驿站，提供了很好的支撑作用。

在引才育才上，经纬创意园人才驿站通过经纬大讲堂、青年读书会、创业故事汇等载体，不定期开展学习、交友、创客、赛事等30余项活动，实现人才创业、学习、活动、成长的“一站式”服务。此外，人才驿站还实施“名师带徒”引凤还巢计划，聘请创新创业导师，为初创的人才企业提供创业咨询、市场资源嫁接等帮助。

这不是下城人才驿站唯一的成功案例。根据产业发展中的人才需求，下城先后打造了12家各具特色的人才驿站，其中5家获得了区级驿站授牌。这些驿站作为服务人才的“桥头堡”，在设立创业对接、创新服务、联谊活动、综合服务4个板块18个项目服务的基础上，根据园区、楼宇特色，差异化打造人才引进、人才孵化、人才社群的功能，近距离服务人才创新创业“全生命周期”。

群英荟萃的集结号已经吹响，创新创业的浪潮正在奔涌。下城正以优惠的政策留人、优厚的平台引人、优质的服务暖人，聚天下英才而用之，让更多千里马竞相奔腾，为高质量发展提供强大动能。

（《浙江日报》2020年11月7日8版）

杭州中国丝绸城　高品质步行街精彩亮相

杭州中国丝绸城（以下简称“丝绸城”）位于浙江省杭州市下城区长庆街道。作为杭州丝绸的重要窗口、杭州起步最早的商业特色街之一，丝绸城始建于1987年，古承钱塘蚕桑之盛，现传丝绸文化之道，是一个集旅游、休闲、文化、购物于一体的特色街区。今年，下城区立足特色产业谋发展，谋定数字赋能促提升，大力推进丝绸城高颜值、高质量、高服务、深内涵“三高一深”的品质街区建设。经过近5个月的精心打造，丝绸城高品质步行街在11月精彩亮相。

新业态：拉动消费“旺”起来

携手网易严选，着力打造“云上中国丝绸城”，并在街区设置“网易严选精品”线下店专区，通过“线上+线下”的双重体验，让丝绸产品走进更多消费者的视野。创新打造网红直播间，将传统售卖方式与网红经济相结合，助力传统丝绸商贸转型跨越发展，形成线上线下联动消费格局。同时，开启丝绸夜市，街区中间设置特色小商店，除了销售各类丝绸手工艺品、文创产品之外，市民游客还可以购买特色“丝巾奶茶”、特色糕点、咖啡小吃。丝绸城内还将设置“国风民乐·城市青年音乐角”，邀请对国风民乐感兴趣的音乐爱好者进行演出，让丝绸城成为既能购物又能休闲游玩的多元化、高品质商业特色街。

新体验：历史文化“活”起来

着力打造杭州首个“丝里杭间”丝绸文化数字体验馆。体验馆设置云锦入梦、丝韵流芳等五大板块，通过AI互动、动画投影展示、墙面趣味互动、异形装置投影等现代科技，重现杭州丝绸昔日盛况。通过丝绸文化数字体验馆沉浸式体验，市民游客不仅能直观了解丝绸的发展历史、学习丝绸知识，还能云游陆上丝绸之路和海上丝绸之路，感受千年丝路的繁华。同时，充分挖掘国家非物质文化遗产盘扣等，对传统丝绸文化资源进行展示，辅以“春蚕到死丝方尽”等绝美诗句雕饰，让丝绸城处处皆历史、步步皆美景。

新模式：服务提档“精”起来

运用城市大脑思维，借助5G、AR、大数据等新技术手段，打造丝绸城“数字驾驶舱”，探索振兴传统市场的智慧赋能之路。采用“AR+5G”技术打造超融合实景应用平台，将407家商户的经营者、店铺面积、经营品类等信息标注到实景中，满足了人、房、企信息的立体化展示，实现丝绸城管理信息的可视化。同时，聚焦智慧化购物全流程体验，运用智慧服务小程序、停车引导、5G穿衣镜等多种服务功能，让市民游客购物时全方位感受“智能+丝绸”服务，全面提升购物体验。

此外，下城区积极推动丝绸城数字赋能新消费。11月19日，2020杭州休闲购物节将在丝绸城开启。本届休闲购物节以“新消费·醉杭州”为活动大主题，包含“醉（最）时尚、醉（最）韵味、醉（最）生活”三大板块活动，打造一场数字赋能下的新消费嘉年华，展示杭州的魅力。

（《人民日报》2020年11月18日13版）

2020杭州休闲购物节开启新消费模式

昨晚，“新消费·醉杭州”2020杭州休闲购物节启动暨杭州中国丝绸城省级高品质步行街开街仪式在杭州中国丝绸城举办。活动将秀场、直播场、互动场景、展会点整合到步行街上，移步换景，让人沉浸其中，亲身感受传统与现代交织、数字与文化交融的美好体验。

由杭州市商务局主办的休闲购物节，自2008年以来连续成功举办了十二届，是杭州建设国际消费中心城市的优质载体。2020第十三届杭州休闲购物节，充分发挥“数字经济第一城”的魅力，以“新消费·醉杭州”为大主题，囊括醉（最）时尚、醉（最）韵味、醉（最）生活三大版块120多项活动，从现在起到明年1月，打造一场跨年度的新消费嘉年华，展示醉杭州的独特魅力。

活动采用“AR+5G”技术打造超融合实景应用平台，将407家商户的经营者、店铺面积、经营品类等信息标注到实景中，满足了人、房、企信息的立体化展示，实现丝绸城管理信息的可视化。同时，聚焦智慧化购物全流程体验，运用智慧服务小程序、停车引导、5G穿衣镜等多种服务功能，让市民游客购物时全方位感受“智能+丝绸”服务，全面提升购物体验。

浙江省老字号企业协会带来“老字号 新国潮”主题展陈；里街绸庄上演了一场精彩的穿越情景剧，再现民国绸庄开市的热闹场景；凯喜雅和丝绸城推出了联名款丝巾礼盒，设计以古今下城为主题，经典又不失时尚……活动现场，丝绸旗袍走秀、民国绸庄情景剧、AI互动“丝”词歌赋、云上丝绸城等一幕又一幕精彩活动让人应接不暇。

此外，活动还着力打造“云上中国丝绸城”，在街区设置中国丝绸城精品馆，展示来自柬埔寨、老挝、意大利、巴西、孟加拉国等多个国家的丝绸产品。与此同时，丝绸夜市也正式启幕，街区中间设置特色小商店，除了销售各类丝绸手工艺品、文创产品之外，市民游客还可以购买特色“丝巾奶茶”、特色糕点、咖啡小吃。

（人民网2020年11月20日）

云尚天地　数创下城——第十四届中国国际女装设计大奖赛盛大举行

360度的观影剧场，光与影的雕刻，视觉与听觉的触碰，制造了一场精彩的时装秀。2020年11月25日晚，由中国服装设计师协会和杭州市下城区人民政府主办的第十四届中国国际女装设计大奖赛总决赛暨颁奖晚会在新天地中央活力区太阳剧场国际舞台盛大举行。

今年，大赛首次纳入2020杭州国际人才交流与项目合作大会，成为大会的重要活动之一，以“云尚天地　数创下城”为主题，突出国际化和人才元素，除了广泛发动全国高校、职业设计师们前来参赛，还向英国、意大利、法国、日本、韩国等国家的院校和设计师发出邀约，征集各国优秀设计作品进行创意对垒，并邀请英国、比利时、加拿大等国家的知名设计师和专家教授充实评委队伍。

多元文化碰撞，舞台融合科技，呈现跨越时空视觉盛宴

本届大赛由杭州市下城区委人才办、下城区文化创意产业发展中心、杭州市服装设计师协会、浙江文创控股集团、下城区东新街道办事处联合承办。决赛当晚，1000余位时尚界、产业界、传媒界人士应邀来到太阳剧场，共同欣赏一台独特的光影秀场。

20强100套成衣作品通过超模走秀的形式在长达100米的演出舞台上惊艳亮相，以360度沉浸式舞台融合感官科技互动，异域多元文化的碰撞，自由、浪漫与美好的表达，以及推陈出新的演绎，带给现场观众一场沉浸式的视觉盛宴。

赛制革新，云上互动，推动大赛向市场化、大众化转型

今年的大赛一改往年的赛制，首次分设学生组与职业组，同时充分考虑疫情防控需要，结合当前数字化发展潮流，初赛、复赛首次尝试采用云上评审的方式进行选拔，其中，初赛对参赛作品电子稿进行评分，复赛则结合设计师视频面试考核；新增大众评审环节，首创学生组作品短视频展示投票、职业组作品以直播电商销售结果作为考核标准，将“云尚”与“数创”的主题体现得淋漓尽致。

职业组入围总决赛10组作品在大众评审直播销售环节累计实现销售额超1229.3万元，而学生组入围总决赛10组作品短视频展示共吸引43858人次观看，超1.5万人次投票。

依托人才，创新手段，营造下城数字时尚新生态

近年来，杭州市下城区坚持差异化发展，出台区人才生态“黄金30条”，从广纳海外人才、厚植本土人才、集聚青年人才、打造人才平台、创新人才机制、优化人才服务等方面给予各行各业的人才全方位扶持。本次大赛专注于设计和直播人才的引育，当晚，学生组优秀设计师现场签约下城知名企业浙江佰丽源实业有限公司。职业组优秀设计师与奇光MCN机构及幸会直播基地签约。

未来，中国国际女装设计大奖赛将继续深挖大赛创新内核，拓展新颖比赛选拔模式，加强对优秀设计师人才的培养，促进杭州创新设计产业蓬勃发展，让中国服装设计走向世界，打造大赛新模式，创造中国新品牌。

（《人民日报》2020年11月27日16版）

下城辖区五百余家省市单位、企业与区街道社区结成“党建共同体”

最近，不少在杭州武林商圈购物的人都感受到了“通停通付”模式的便利：消费者在商圈附近的公共场库停车，能同样享受商场的停车优惠。这背后，武林商圈党建联盟功不可没。

为基层赋能，让隶属不同系统、掌握不同资源的党组织成为紧密的党建共同体。今年以来，杭州市下城区推进区域化党建共建“红色纽带”工程，把辖区内政府职能部门、企业和街道社区紧密联系在一起，共商区域发展、共同服务群众、共建幸福家园。目前，该辖区内582家省、市单位和企业与区、街道、社区三级组建成党建“武林红盟”，参与到720余个党建共建项目中。

抗疫期间，“武林红盟”发挥了大作用。天水街道负责人介绍，武林商圈党建联盟集结了辖区内166家部门、企业、单位，大家在疫情防控中充分发挥各自专业、资源、平台优势，极大助力了疫情防控和复工复产。这次商圈又合力推进“通停通付”模式创新，实现银泰百货等三大商业综合体及周边9个停车场库的2840个车位资源共享，大大缓解了购物和社区停车难问题。

组织共建、工作共商，“武林红盟”推动企业互助互促，共赢发展。东新街道共有52个在建工地，约占全区工地数量的一半。为解决多单位交叉作业出现的矛盾问题，街道整合辖区60余家建筑、设计企业成立工地党建联盟，通过定期召开党建工作联席会议充分沟通商议，难题得以逐个破解。

资源共享、闻讯而动，为社区提供精准服务。不久前，长庆街道的横燕子弄片区因电路线缆老化而停电，社区党委书记俞红联系上党建联盟单位、城南供电分公司后，该公司马上到社区“问诊”，并与街道、社区加班加点，反复优化方案，最终5天内便完成了故障电缆更换。“没想到效率这么高。”俞红说，通过联盟助力，基层很多工作有了“抓手”。

在汇集各类资源优势的同时，下城区还推行“三张清单”制度，收集社区现实需求和困难、辖区单位优势资源，形成需求清单、资源清单和项目清单。为助力复工复产，天水街道与辖区单位省商务厅共同举办“浙里来消费·云购武林”活动；武林街道文化需求高，省文化馆认领“文化惠民暖心行动”项目，“一对一”辅导培育街道社区文体团队……联盟单位按单服务，让各领域党组织共享资源，实现联盟常态化运转。

“通过推进党建共建，我们把方方面面的资源引入社区、小区，提升了基层治理的统筹水平、破难水平、服务水平以及保障水平，有力地提升了百姓的幸福感、获得感。”下城区委主要负责人表示。

（《浙江日报》2020年12月4日头版）

杭州下城区：智能化时代，多措并举让老年人添保障

通过搭建智守e家智慧养老运营平台，针对70岁以上独居孤寡空巢及80岁以上高龄老人配发智能终端，通过统一的呼叫，确保本地老人能够“一键”“一号”连接运营中心，由运营中心工作人员人工介入，梳理需求，保障应急安全。

结合互联网+传统服务共存模式，在呼叫服务方面，老人可以多种方式链接平台进行下单。老人可通过web端、小程序、公众号、微信群等方式呼叫服务；针对年纪更大或者不识字的老人，他们还是可以继续选择拨打24小时服务热线进行下单，或者也可以直接来到线下站点，由前台工作人员代为下单。

长庆街道为了帮助老年人克服数据障碍，推出了专门为老年人服务的智慧老人课堂，深受居民群众喜爱。智慧老年课堂的其中一项重要课程就是引导老年人使用智能手机。据悉，2019年7月至今，长庆街道已免费为老年人发放智能手机3865台，除基本的亲情通话外，这些智能手机还具有GPS定位、绿键服务、红键呼救等多项便捷贴心的服务功能。今年疫情期间，智慧老人课堂还特别联合杭州老干部大学长庆分校学起了“潮流”，开启了“云学习”模式，二胡、瑜伽等“云课堂”在老年人中间流行起来。丰富多彩的网上“云课堂”，让老年人足不出户感受到文化的熏陶的同时，也帮助他们打破了对网络的陌生感、隔阂感。

今年疫情期间，智慧老人课堂还特别联合杭州老干部大学长庆分校学起了“潮流”，开启了“云学习”模式，二胡、瑜伽等“云课堂”在老年人中间流行起来。丰富多彩的网上“云课堂”，让老年人足不出户感受到文化的熏陶的同时，也帮助他们打破了对网络的陌生感、隔阂感。75岁的学员孙奶奶说：“刚开始有点迷糊，但越学越觉得这样的学习方式‘很新潮’、‘有意思’”。

（人民日报客户端2020年12月4日）

杭州下城：居民“议”事议出“生活好光景”

“我做梦都没有想到，我们家的旧楼还可以装上电梯，以后再也不用担心下楼难问题了，到楼下逛逛，买点东西真是太方便了，这里就是我的养老房了！”12月18日，在杭州市下城区武林路435号加装电梯交付仪式上，家住3楼、腿脚不便的楼师傅坐着轮椅第一个乘坐完电梯后激动地说道。这份喜悦与幸福的背后，离不开武林街道居民议事制度的推动。

今年以来，在下城区委区政府的高度重视下，区人大常委会聚焦全区重点工作，组织长庆街道等8个人大街道工委紧紧围绕助力安置房建设、校园建设、文化家园建设、小区管家服务、为老服务和卫生站点建设等民生实事项目，深入推进街道居民议事制度，着力深化紧贴民心、多方参与、长效运作的基层群众自治机制，以民主促民生，着力打通社区治理“神经末梢”，让居民意志得到更集中体现、居民智慧得到更广泛汇聚、居民权利得到更充分保障。

议有重点，实事办理提质增效

下城区通过建立健全街道居民议事制度，扩大了民生实事项目居民参与率，成为加快民生实事项目建设的“催化剂”，助推了安置房建设、老旧小区改造提升、电梯加装等区、街民生实事项目的有效实施。据统计，今年以来，居民议事会议成员参与民生实事项目监督500余人次，提出意见建议150余条，有力推动了项目的落地见效。

武林街道武林路435号作为杭州市首个连廊住宅加装电梯项目，也是百姓口里常说的居民人数最多、户数最多、老年居民最多、惠及面最广、使用频率最高的“五最”楼道，加梯成功的背后，其实有诸多不易。在加梯推进过程中，加梯费用分摊办法、电梯品牌选择、电梯外观、施工时间等问题都成为影响工程进度的“拦路虎”。对此，人大武林街道工委积极借助街道居民议事会平台，多次组织居民议事会成员、居民代表和加梯设计、施工单位一

起协商，让居民全程参与到加梯过程中来。

如根据设计方案，电梯轿门开间为1.3米，但在实际施工中，家住6楼的张阿姨因入户门在早年装修时有所改动，轿门将正对她家房门，为此她发起了牢骚。在专题居民议事会上，居民代表、张阿姨、加梯设计单位等坐在一起协商。最后，在充分听取各方意见、全面协商共议的基础上，敲定了在符合消防规定的情况下，将原1.3米的轿门，缩小为1.2米，同时拆除顶楼破旧挡雨棚，使张阿姨家过道更为明亮通透的方案。街道居民议事会议既解开了张阿姨的心结，也按下了加梯工作的“快进键”。

议有力度，“关键小事”有效破解

武林街道武林大妈人大代表联络站里的“议事高手”们，就帮百姓们解决了一桩桩的“关键小事”。如疫情期间，区人大代表杨小君等在内的街道居民议事会成员，“逆行”而上，哪里需要就出现在哪里，不是在宣传防控，就是在卡口值守；不是在为居家观察者上门送餐，就是在为居民送快递的路上，为下城从主城区首个疫情防控“低风险区”“一颗绿豆”成为“一抹绿”做出了积极贡献。

潮鸣街道充分发挥“潮邻议事厅”“邻里会”等居民议事平台，为老旧小区综合提升改造等民生实事项目出谋划策。通过近两年老旧小区提升改造项目的实施，实现了辖区整体环境的大提升，居民群众的幸福感、获得感进一步增强。

位于下城区潮鸣街道小天竺社区的潮邻益家居家养老服务中心一经投用便深受周边老年人欢迎。小天竺社区党委书记陈志新既是区人大代表，又是街道居民议事会成员，令她感到欣慰与惊喜的是在服务中心建设过程中，街道居民议事制度发挥了重要作用。从项目选址到设计、施工、验收等各个环节，陈志新将社区的议事会成员全员发动起来，多次组织他们入户调查、座谈沟通、收集民意、答疑释惑，并通过召开专题议事会，快速统一意见、确定方案、监督施工、体验评价、跟踪反馈，让这家总面积1165平方米、总投资金额超400万元的居家养老服务中心以最优方案、最快速度、最佳体验给老人们带去温暖与爱意。

议有机制，民意诉求制度护航

街道居民议事制度要保持持久活力，必然需要建立完善科学规范、运行有效的制度体系。今年以来，为了让街道居民议事制度持续呈现“百花齐放春满园”的治理效能，下城区人大常委会不断健全组织体系，进一步规范了街道居民议事制度。各街道也根据要求，相应出台规范性文件，并成立议事工作领导小组，在街道党工委的领导下，由各人大街道工委具体牵头负责街道居民议事会的组织实施；不断规范议事程序，建立落实“半年一会议”，议事会议成员“一季一活动”，参加重大事项“一年一列席”，接待群众“一月一接待”，民生实事项目“一年一报告一测评”等工作制度；积极拓展日常议事活动内容，明确了人大主题活动、民生实事项目征集和监督、专项小组监督活动、群众接待、街道办事处工作报告意见征求“五个必进”工作机制。有了这些机制“保驾护航”，街道居民议事制度更能落地生根、开花结果。

人大天水街道工委积极发挥街道居民议事会成员作用，擦亮“天水圆桌会”品牌，围绕垃圾分类这项重点工作定期召开微型议事会议，就新修订的《杭州市生活垃圾管理条例》贯彻落实中存在的问题进行讨论，梳理问题反馈给相关部门。“圆桌会”还邀请专家组织开展垃圾分类知识培训，为议事会成员、居民群众就垃圾分类工作答疑解惑。工委还专题组织代表、议事会成员开展专项监督，对辖区酒店、商场、营业厅、机关等单位垃圾分类情况进行抽查，提出意见建议，督促整改到位。

“有事好商量，众人的事情由众人商量。我们将始终坚持以人民为中心发展理念，深入贯彻《浙江省街道人大工作条例》和省、市人大常委会有关工作要求，把深化完善街道居民议事制度作为提升基层治理能力与治理体系现代化的创新之举、务实之举、长远之举，让人民对美好生活的向往照进可触碰、能感受、暖人心的现实。”下城区人大常委会党组书记、主任杨国琴说。

（人民日报客户端2020年12月25日）

下城区直属各单位和相关单位规范化简称

表 21

全 称	简 称
中共杭州市下城区委员会	区委
杭州市下城区人民代表大会常务委员会	区人大常委会
杭州市下城区人民政府	区政府
中国人民政治协商会议杭州市下城区委员会	区政协
中共杭州市下城区委办公室〔中共杭州市下城区委保密委员会办公室(杭州市下城区国家保密局)、中共杭州市下城区委机要局(杭州市下城区密码管理局)、杭州市下城区档案局〕	区委办
杭州市下城区人民代表大会常务委员会办公室(杭州市下城区人民代表大会常务委员会研究室)	区人大办
杭州市下城区人民政府办公室	区政府办
中国人民政治协商会议杭州市下城区委员会办公室	区政协办
中共杭州市下城区纪律检查委员会、杭州市下城区监察委员会	区纪委、区监委
中国人民解放军浙江省杭州市下城区人民武装部	区人武部
杭州市下城区人民法院	区法院
杭州市下城区人民检察院	区检察院
中共杭州市下城区委组织部(中共杭州市下城区委新经济与新社会组织工作委员会、中共杭州市下城区委党史研究室、杭州市下城区公务员局)	区委组织部
中共杭州市下城区委老干部局	区委老干部局
中共杭州市下城区委宣传部(杭州市下城区人民政府新闻办公室、杭州市下城区精神文明建设委员会办公室、杭州市下城区新闻出版局)	区委宣传部
中共杭州市下城区委统一战线工作部(杭州市下城区民族宗教事务局、杭州市下城区人民政府侨务办公室)	区委统战部(区民宗局、区侨办)
中共杭州市下城区委政法委员会	区委政法委
中共杭州市下城区委全面深化改革委员会办公室(中共杭州市下城区委政策研究室、杭州市下城区最多跑一次改革办公室)	区委改革办
中共杭州市下城区委直属机关工作委员会	区委直属机关工委
中共杭州市下城区委机构编制委员会办公室	区委编办
中共杭州市下城区委巡察工作领导小组办公室	区委巡察办
中共杭州市下城区委下城区人民政府信访局	区信访局
杭州市下城区发展改革和经济信息化局(杭州市下城区对口支援和区域合作局)	区发改经信局
杭州市下城区教育局	区教育局

续表21

全　称	简　称
杭州市下城区科学技术局	区科技局
杭州市公安局下城区分局	区公安分局
杭州市下城区民政局	区民政局
杭州市下城区司法局（杭州市下城区行政复议局）	区司法局
杭州市下城区财政局（杭州市下城区人民政府国有资产监督管理办公室）	区财政局
杭州市下城区人力资源和社会保障局	区人力社保局
杭州市下城区住房和城市建设局（杭州市下城区人民防空办公室、杭州市下城区民防局）	区住建局（区人防办、区民防局）
杭州市下城区商务局	区商务局
杭州市下城区文化和广电旅游体育局	区文广旅体局
杭州市下城区卫生健康局	区卫生健康局
杭州市下城区退役军人事务局	区退役军人事务局
杭州区下城区应急管理局	区应急管理局
杭州市下城区审计局	区审计局
杭州市下城区市场监督管理局（杭州市下城区知识产权局）	区市场监管局
杭州市下城区人民政府金融工作办公室	区金融办
杭州市下城区统计局（杭州市下城区社会经济调查队）	区统计局（区社会经济调查队）
杭州市下城区城市管理局（杭州市下城区综合行政执法局）	区城管局（区综合行政执法局）
杭州市下城区数据资源管理局	区数据资源管理局
杭州市下城区投资促进局（杭州市下城区人民政府外事办公室）	区投资促进局
杭州市下城区行政审批服务管理办公室（杭州市下城区公共资源交易管理委员会办公室）	区审管办（区公资办）
杭州市下城区机关事务中心（杭州市下城区委、区政府接待中心）	区机关事务中心
杭州市下城区数字经济产业园区管理委员会	区数字经济产业园区管委会
杭州市下城区多层农居建设管理中心（杭州市下城区政府投资建设项目管理中心）	区建管中心
杭州市下城区城市建设投资发展集团有限公司	区城投集团
杭州市下城区国有投资控股集团有限公司	区国投集团
杭州市下城区市政园林工程有限公司	区市政公司
杭州市下城区总工会	区总工会
中国共产主义青年团杭州市下城区委员会	团区委

续表21

全 称	简 称
杭州市下城区妇女联合会	区妇联
杭州市下城区关心下一代工作委员会	区关工委
杭州市下城区工商业联合会	区工商联
杭州市下城区残疾人联合会	区残疾人联合会
杭州市下城区红十字会	区红十字会
中共杭州市下城区天水街道工作委员会、杭州市下城区人民政府天水街道办事处	天水街道
中共杭州市下城区武林街道工作委员会、杭州市下城区人民政府武林街道办事处	武林街道
中共杭州市下城区长庆街道工作委员会、杭州市下城区人民政府长庆街道办事处	长庆街道
中共杭州市下城区潮鸣街道工作委员会、杭州市下城区人民政府潮鸣街道办事处	潮鸣街道
中共杭州市下城区朝晖街道工作委员会、杭州市下城区人民政府朝晖街道办事处	朝晖街道
中共杭州市下城区文晖街道工作委员会、杭州市下城区人民政府文晖街道办事处	文晖街道
中共杭州市下城区东新街道工作委员会、杭州市下城区人民政府东新街道办事处	东新街道
中共杭州市下城区石桥街道工作委员会、杭州市下城区人民政府石桥街道办事处	石桥街道
国家税务总局杭州市下城区税务局	区税务局
杭州市生态环境局下城分局	市生态环境局下城分局
杭州市规划和自然资源局下城分局	市规划资源局下城分局
杭州市交警支队下城大队	交警下城大队
杭州市消防救援大队下城区大队	下城消防救援大队

35 索 引

说 明：

一、本类目设主题索引、图照索引和表格索引3个分目。

二、主题索引和图照索引均采用主题分析方法制作，数字开头的标目按数字0—9顺序排列；汉字开头的标目按汉语拼音顺序排列；英文字母开头的标目则按首字母A—Z顺序排列；如第一字相同则按第二字音序排列，依次类推。

三、主题索引标目后的阿拉伯数字表示内容所在页码。数字后的英文字母a、b、c分别表示从左到右第一、二、三栏。标目后有多个页码的，则表示相关信息在这些页码中均出现。

四、图照索引标目后的阿拉伯数字表示内容所在页码，不标注分栏。标目后有多个页码的，则表示相关信息在这些页码中均出现。

五、表格索引按序号排列，仅标注所在页码，不标注分栏。

六、本年鉴的“卷首彩页”“特载”“大事记”“统计资料”“附录”均未做索引。

主题索引

0~9

A

G

T

W

X

Z

图照索引

0~9

A

B

C

D

S

T

W

X

Y

Z

表格索引